Jesus, hebreu da Galileia

Pesquisa histórica

COLEÇÃO CULTURA BÍBLICA

- *A religião dos primeiros cristãos: uma teoria do cristianismo primitivo* – Gerd Theissen
- *As origens do cristianismo* – Justin Taylor
- *As origens: um estudo de Gênesis 1–11* – Heinrich Krauss e Max Küchler
- *História social do Antigo Israel* – Rainer Kessler
- *Jesus e Paulo: vidas paralelas* – Jerome Murphy-O'Connor
- *Jesus, hebreu da Galileia: pesquisa histórica* – Giuseppe Barbaglio
- *Mensagem urgente de Jesus para hoje: o Reino de Deus no Evangelho de Marcos* – Elliot C. Maloney
- *Quando tudo se cala: o silêncio na Bíblia* –Silvio José Báez
- *Um caminho através do sofrimento: o livro de Jó* – Ludger Schwienhorst-Schönberger

GIUSEPPE BARBAGLIO

Jesus, hebreu da Galileia

Pesquisa histórica

Dados Internacionais de Catalogação na Publicação (CIP)
(Câmara Brasileira do Livro, SP, Brasil)

Barbaglio, Guiseppe
   Jesus, hebreu da Galileia : pesquisa histórica / Guiseppe Barbaglio ; [tradução Walter Eduardo Lisboa]. -- São Paulo : Paulinas, 2011. -- (Coleção cultura bíblica)

   Título original: Gesú ebreo di Galilea: indagine storica
   Bibliografia.
   ISBN 978-85-356-2826-5

   1. Jesus Cristo - Ensinamentos   2. Jesus Cristo - Historicidade   3. Jesus Cristo - Pessoa e missão   I. Título.   II. Série.

   11-05260   CDD-232.0222

Índices para catálogo sistemático:
1. Jesus Cristo : Pesquisa histórica : Cristologia   232.0222

Título original: *Gesù ebreo di Galilea: Indagine storica*
© 2002, Centro Editoriale Dehoniano, Bologna.

1ª edição – 2011
4ª reimpressão – 2021

Direção-geral:	*Bernadete Boff*
Editores responsáveis:	*Vera Ivanise Bombonatto*
	Matthias Grenzer
Tradução:	*Walter Eduardo Lisboa*
Copidesque:	*Anoar Jarbas Provenzi*
Coordenação de revisão:	*Marina Mendonça*
Revisão:	*Equipe Paulinas*
Gerente de produção:	*Felício Calegaro Neto*
Capa e editoração eletrônica:	*Wilson Teodoro Garcia*

Nenhuma parte desta obra poderá ser reproduzida ou transmitida por qualquer forma e/ou qualquer meios (eletrônico ou mecânico, incluindo fotocópia e gravação) ou arquivada em qualquer sistema ou banco de dados sem permissão escrita da Editora. Direitos reservados.

Paulinas
Rua Dona Inácia Uchoa, 62
04110-020 – São Paulo – SP (Brasil)
Tel.: (11) 2125-3500
http://www.paulinas.com.br
editora@paulinas.com.br
Telemarketing e SAC: 0800-7010081
© Pia Sociedade Filhas de São Paulo – São Paulo, 2011

À querida memória de meus pais.

PREFÁCIO

Há quase três séculos a pesquisa histórica se ocupa de Jesus com diversos êxitos e ainda não foi dita a palavra definitiva. Os últimos vinte anos viram um pouco por todo lugar, mas sobretudo nos Estados Unidos e, mais em geral, na área anglófona, o florescer de estudos de grande empenho e desses, não poucos valiosos e inovadores; em breve, *fervet opus*. O resultado é uma série impressionante de hipóteses e reconstruções que poderiam induzir a cômodas posições de indolente desobrigação. Limitando-nos a estes dois últimos decênios, eis um elenco das leituras mais difusas, muitas vezes viciadas de unilateralismo: Jesus foi um "profeta escatológico" propenso à reunificação das doze tribos de Israel (Sanders); um carismático de grande fascínio capaz de gestos taumatúrgicos (Vermes); um mestre de vida subversivo ou um guru revolucionário (Borg); um camponês hebreu mediterrâneo de tendência cínica (Crossan) ou um filósofo cínico *tout court* (Mack, Downing); um revolucionário social pacífico (Horsley e Theissen); um judeu que exaltou a Lei mosaica radicalizando suas exigências, em particular o mandamento de amor ao próximo (Flusser); inclusive um fariseu de tendência hillelita (H. Falk); um judeu marginal, diz Meier; um rabino, como B. Chilton titula sua recente *Intimate biography*; acrescentando M. Smith, que o representa nas vestes de um mago que recorria a artes secretas para curar doentes e libertar endemoniados.

Não parece, contudo, uma iniciativa desesperada a tentativa de enfrentar, de novo, a questão, na confiança de poder esclarecer de forma mais ampla seus termos e propor soluções fundadas: fiquei atento aos resultados conseguidos ao longo da centenária história da pesquisa, ponderei criticamente propostas e leituras, mas, sobretudo, preocupei-me em examinar toda a documentação cristã que possuímos, sem excluir portanto os evangelhos apócrifos, e valendo-me largamente dos escritos judaicos do tempo que evidenciam o contexto histórico-cultural no qual ele viveu: os manuscritos de Qumrã, os pseudoepigráficos ou apócrifos do AT, as obras de dois grandes escritores hebreus contemporâneos, o historiador Flávio Josefo e o filósofo Fílon de Alexandria do Egito, a literatura rabínica.

As antigas fontes cristãs caracterizam-se pela parcialidade das apresentações de sua figura: nenhuma delas entendia fazer obra estritamente histórica; as lembranças de suas ações e de suas palavras foram filtradas com grande liberdade criativa por precisos interesses espirituais dos primeiros cristãos desejosos de dar voz à sua fé nele. Por essa razão a pesquisa histórica apresenta-se árdua: deve colher elementos historicamente certos, ou mesmo só plausíveis, em documentos não estritamente históricos, mas de fé e de piedade cristãs, interessados sempre, porém, em uma pessoa histórica. Procedeu-se com rigor crítico e com ânimo livre de preconceitos fideístas, reconhecendo à pesquisa histórica seu específico campo de investigação e seu método de análise, que excluem invasões de campo por parte das ortodoxias dogmáticas ou também de preconceituosos ceticismos filosóficos.

Para evitar equívocos, gostaria de precisar que, fiéis ao estatuto da pesquisa histórica, não nos propusemos reconstruir quem tenha sido verdadeiramente o Nazareno; somente por ingenuidade e culpável ligeireza, às quais não fugiram alguns estudiosos indicados anteriormente, pode-se pensar em dizer: "Eis o *verdadeiro* Jesus". O escopo é mostrar o que podemos dizer dele com base nas fontes documentárias criticamente ponderadas; e não é pouco! Certamente, A. von Harnack afirmou que dele é impossível escrever uma biografia (*Vita Jesu scribi nequit*), e hoje ninguém o pode contradizer; mas alguns traços de sua vida histórica podem ser indicados ora com suficiente segurança, ora com plausibilidade e verossimilhança.

O título da obra quer responder de pronto a uma importante peculiaridade dos estudos atuais: Jesus era um hebreu que viveu há mais de dois mil anos, filho de seu tempo e de sua terra de origem, a Galileia, região distante do centro cultural e religioso de Jerusalém — do qual, porém, ele não esteve totalmente ausente —, e artesão de uma pequena aldeia que compartilhou uma cultura camponesa, não sem certa distância crítica das duas cidades importantes de sua região, Séforis e Tiberíades. O confronto com fenômenos, movimentos e figuras da terra palestinense de então, sobre o qual insisti, mostra-o bem inserido no seu mundo, herdeiro da nobre tradição religiosa judaica, mas também presença incômoda suscitadora de oposições tenazes e reações violentas até a condenação na cruz. Nenhum homem é uma ilha; não o foi Jesus.

Procurei não sobrecarregar o já denso texto com notas analíticas e citações bibliográficas no rodapé. Cada capítulo é munido de um rico elenco de estudos, escolhidos sem parcimônia entre os inúmeros que já foram publicados; ao longo do texto faço referências a eles com breves alusões. O diálogo com as muitas e diversas vozes dos estudiosos enriquece a pesquisa.

ABREVIATURAS

Livros bíblicos

Antigo Testamento

Ab	Abdias
Ag	Ageu
Am	Amós
Br	Baruc
lCr	1º Livro das Crônicas
2Cr	2º Livro das Crônicas
Ct	Cântico dos Cânticos
Dn	Daniel
Dt	Deuteronômio
Ecl	Eclesiastes (Coélet)
Eclo	Eclesiástico (Sirácida)
Esd	Esdras
Est	Ester
Ex	Êxodo
Ez	Ezequiel
Gn	Gênesis
Hab	Habacuc
Is	Isaías
Jl	Joel
Jn	Jonas
Jó	Jó
Jr	Jeremias
Js	Josué
Jt	Judite
Jz	Juízes
Lm	Lamentações
Lv	Levítico
1Mc	1º Livro dos Macabeus
2Mc	2º Livro dos Macabeus
Ml	Malaquias
Mq	Miqueias
Na	Naum
Ne	Neemias
Nm	Números
Os	Oseias
Pr	Provérbios
1Rs	1º Livro dos Reis
2Rs	2º Livro dos Reis
Rt	Rute
Sb	Sabedoria
Sf	Sofonias
Sl	Salmos
1Sm	1º Livro de Samuel
2Sm	2º Livro de Samuel
Tb	Tobias
Zc	Zacarias

Novo Testamento

Ap	Apocalipse
At	Atos dos Apóstolos
Cl	Carta aos Colossenses
1Cor	1ª Carta aos Coríntios
2Cor	2ª Carta aos Coríntios
Ef	Carta aos Efésios
Fl	Carta aos Filipenses
Fm	Carta a Filemon
Cl	Carta aos Gálatas

Hb   Carta aos Hebreus
Jd   Carta de Judas
Jo   Evangelho de João
1Jo   1ª Carta de João
2Jo   2ª Carta de João
3Jo   3ª Carta de João
Lc   Evangelho de Lucas
Mc   Evangelho de Marcos
Mt   Evangelho de Mateus

1Pd   1ª Carta de Pedro
2Pd   2ª Carta de Pedro
Rm   Romanos
Tg   Carta de Tiago
1Tm   1ª Carta a Timóteo
2Tm   2ª Carta a Timóteo
1Ts   1ª Carta aos Tessalonicenses
2Ts   2ª Carta aos Tessalonicenses
Tt   Carta a Tito

Revistas, enciclopédias e coleções

ABD   Anchor Bible Dictionary
ANRW   Aufstieg und Niedergang der Römischen Welt
Bib   Biblica
BK   Bibel und Kirche
BTZ   Berliner Theologische Zeitschrift
BZ   Biblische Zeitschrift
CC   Civiltà Cattolica
CBQ   Catholic Biblical Quarterly
Conc   Concilium (edição italiana)
DBS   Dictionnaire de la Bible, Supplément
EstBibl   Estudios Bíblicos
ETL   Ephemerides Theologicae Lovanienses
EvTh   Evangelische Theologie
GLAT   Grande Lessico dell'Antico Testamento
GLNT   Grande Lessico del Nuovo Testamento
Greg   Gregorianum
HTR   Harward Theological Review
JBL   Journal of Biblical Literature
JBTh   Jahrbuch für biblische Theologie
JSNT   Journal for the Study of the New Testament
JThSt   Journal of Theological Studies
MTZ   Münchener Theologische Zeitschrift
NRT   Nouvelle Revue Théologique
NT   Novum Testamentum
NTS   New Testament Studies
PG   Patrologia Graeca
PL   Patrologia Latina
RasT   Rassegna di Teologia
RB   Revue Biblique
RivBib   Rivista Biblica
RechSR   Recherches de Science Religieuse
SBL   Society of Biblical Literature

StPat	Studia Patavina		
ST	Studia Theologica		
Teol	Teologia		
ThBeitr	Theologische Beiträge		
ThBer	Theologische Berichte		
ThQ	Theologische Quartalschrift		
ThR	Theologische Rundschau		
TThZ	Trier Theologische Zeitschrift		
TyndBull	Tyndale Bulletin		
VF	Verkündigung und Forschung		
WissWeis	Wissenschaft und Weisheit		
ZNT	Zeitschrift für Neues Testament		
ZNW	Zeitschrift für die neutestamentliche Wissenschaft		
ZTK	Zeitschrift für Theologie und Kirche		

Outras abreviaturas

AT	Antigo Testamento
FS	Festschrift (Em honra de)
LXX	tradução grega do AT
NT	Novo Testamento
nt	neotestamentário
par.	texto paralelo
YHWH	Tetragrama sagrado não pronunciado

EDIÇÕES E TRADUÇÕES DAS FONTES

Bíblia

Bíblia Hebraica: segui normalmente a tradução de F. Nardoni (Ed. Fiorentina).
Livros do NT: apresento minha tradução.

Literatura cristã antiga

Em geral: *Sources Chrétiennes; Corpus Christianorum* e PG e PL.
Apócrifos do NT, 3 vol., editado por L. Moraldi. Casale Monferrato, Piemme, 1994.
Justino. *Dialogo con Trifone*, editado por G. Visonà. Milano, Edizioni Paoline, 1988.
Orígenes. *Contra Celsum*, editado por A. Colonna. Torino, UTET, 1971.

Literatura judaica

Diante dos tratados da Mishná, da Toseftá e dos Talmudes babilônico e jerosolimitano se antepõem respectivamente as letras m, t, b, j.
Apócrifos do AT: editado por P. Sacchi, I-II. Torino, UTET, 1981, 1989; III-V, Brescia, Paideia, 1997, 1999, 2000.
Bereshit Rabbá. *Commento alla Genesi*, editado por A. Ravenna. Torino, UTET, 1978.
Fílon. *Les oeuvres de Philon d'Alexandrie*. Paris, Cerf, 1966-1988.
_____. *Hypotetica*, in Eusebio, *Praeparatio evangelica*, Libro VIII (Sources Chrétiennes).
_____. *La Vita Contemplativa*, editado por P. Graffigna. Genova, Il Melangolo, 1992.
Flávio Josefo. *Antichità giudaiche*, 2 vol., editado por L. Moraldi. Torino, UTET, 1998.
_____. *In difesa degli Ebrei (Contro Apione)*, editado por F. Calabi. Venezia, Marsilio, 1993.
_____. *La guerra giudaica*, 2 vol., editado por G. Vitucci. Fondazione Lorenzo Valla, 1974.

_____. *Autobiografia*, editado por G. Tossa. Napoli, D'Auria, 1992 (sigla Vida).
Mishná: *Mishnaiot*, editado por V. Castiglioni. Roma, Tipografia Sabbadini, 1962ss; também *The Mishnah. A New Translation*, editado por J. Neusner.
Máximas dos rabinos/Pirké Avot, editado por A. Mello. Comunità di Bose, Edizioni Qiqajon, 1993.
Pirké R. Eliezer. *Pirqê r. Eliezer- Chapîtres de rabbi Eliezer*, editado por M. A. Ouaknin-E. Smilevitch. Verdier, 1992.
Qumrã: *Testi di Qumran*, editado por F. García Martínez, ed. italiana de C. Martone. Brescia, Paideia, 1996. [Ed. bras.: *Textos de Qumran*. Petrópolis, Vozes, 1995.]
Talmude Babilônico: *The Babilonian Talmud*, editado por I. Epstein; *The Talmud of Babilonia: An American Translation*, editado por J. Neusner.
_____. O tratado *Berakhôt* editado por S. Cavalletti. Torino, UTET, 1968.
Talmude Jerosolimitano: *The Talmud of the Land of Israel*, editado por J. Neusner.
Tosefta: *The Tosefta translated from the Hebrew*, editado por J. Neusner. New York, 1977-1984.

Literatura clássica grega e latina

Em geral: *The Loeb Classical Library/Les Belles Lettres*.
Diógenes Laércio. *Vite dei filosofi*, editado por M. Gigante. Bari, Laterza, 1962.
Hesíodo. *Le opere e i giorni*, editado por A. Colonna. Milano, Istituto Editoriale Italiano, 1968.
Filóstrato. *Vita di Apollonio di Tiana*, editado por D. Del Corno. Milano, Adelphi, 1988.
Juvenal. *Satire*, trad. de E. Barelli. Milano, Rizzoli (BUR), 1980.
Marco Aurélio. *Ricordi* (= Meditações), editado por E. Turolla. Milano, Rizzoli (BUR), 1980.
Platão. *Opere complete*, trad. de M. Gigante et al. Bari, Laterza, 1966-1971.
Sêneca. *Epistulae*, trad. de G. Monti. Milano, Rizzoli (BUR), 1980.
Suetônio. *Le vite dei Cesari*, editado por F. Dessè. Milano, Rizzoli (BUR), 2000.
Tito Lívio. *Storie di Roma* I-II, editado por G. Reverdito. Milano, Garzanti, 1999.

Capítulo I
HISTÓRIA DA PESQUISA: FASES, TENDÊNCIAS, RESULTADOS

Se o ponto de partida foi a obra de Reimarus (1694-1768), da qual G. E. Lessing publicou em 1774-1778 fragmentos póstumos, podemos afirmar que a pesquisa histórica sobre Jesus já tem uma longa história. Não é difícil dividir esse período em três grandes fases. A primeira, objeto da famosa *História da pesquisa sobre a vida de Jesus*, de A. Schweitzer (1906), chamada hoje *old quest*, chega até o início de 1900. Dominada pela figura imponente de Bultmann, seguem três décadas (1920-1950) de firme distanciamento na convicção, impregnada de forte ceticismo histórico e inspirada por exigências especificamente teológicas, de que a atenção deve voltar-se não ao Jesus terreno, pouco conhecido, de qualquer forma não significativo para a fé cristã, mas ao Cristo pregado e crido, fonte de preciosa compreensão existencial do homem. O interesse, porém, se reaviva na década de 1950 graças a alguns expoentes da mesma escola bultmanniana, *in primis* de Käsemann e Bornkamm, os quais se posicionam veementemente contra o mestre, ao afirmar que a pesquisa histórica sobre Jesus não somente *é possível* — certamente não no sentido de uma reconstrução de sua vida, miragem quimérica do século XIX, mas sim nos limites da delineação de alguns aspectos característicos e qualificantes —, mas também *teologicamente necessária*, porque o Cristo ressuscitado, confessado pelos crentes, não é outro senão o Jesus terreno, e que insistir unilateralmente sobre aquele é arriscar-se a aferrar uma Palavra desencarnada, um Logos sem carne. Essa fase é chamada convencionalmente *new quest*, nome proposto por J. M. Robinson. E finalmente, hoje, para indicar uma nova reviravolta na pesquisa histórica de Jesus, fala-se, seguindo N. T. Wright, de *third quest*, dominada sobretudo por estudiosos norte-americanos, mais otimistas sobre a possibilidade de conhecer não somente algumas características do Nazareno, mas também de encontrar-lhe um contexto histórico-social apropriado, aquele do tempo judaico, tirando-o do isolamento artificial no qual tinha sido aprisionado pelos estudos precedentes.

1. Os pontos fundamentais da *old quest*

Até o Século das Luzes o mundo cristão não via qualquer distância entre o Jesus que viveu na Galileia e morreu em Jerusalém e o Senhor glorioso testemunhado pelos primeiros crentes, apresentado nos evangelhos e confessado pela fé das igrejas: o sobrenatural cobria igualmente as duas esferas, e o esplendor da glória do segundo irradiava sobre a existência terrena do primeiro. Quem desfez esse encantamento com uma análise lúcida mas também com intenção ideológica, mesmo que precedido pelos deístas ingleses (cf. Kümel, *Il Nuovo Testamento*, pp. 64-80), foi S. Reimarus, professor de línguas orientais em Hamburgo e autor de escritos expressivos na defesa dos direitos da razão em campo religioso. "Antes de Reimarus ninguém tinha tentado compreender historicamente a vida de Jesus", declara Schweitzer (p. 85). De fato, ele contrapôs a realidade histórica de Jesus à apresentação que dele faziam os evangelhos. O dístico "Jesus histórico e Cristo da fé", que em termos antitéticos constituirá a bandeira dos expoentes desse período da pesquisa, título de uma obra do célebre Strauss, *Der Christus des Glaubens und der Iesus der Geschichte* (1865), faz seu ingresso no cenário dos estudos acadêmicos. Afirma como princípio: "Acredito que existam fortes motivos para distinguir perfeitamente o que os apóstolos relatam nos seus escritos do que Jesus na sua vida realmente expressara e ensinara" (*I frammenti*, p. 358). Estes são os dois quadros da sua reconstrução histórica: Jesus, dedicado à instauração do reino messiânico sobre a terra e, por isso, revolucionário combatente pela libertação de seu povo do domínio romano, falhou rotundamente na sua empreitada, pendurado na cruz por mão dos opressores romanos; mas seus discípulos históricos, incapazes de elaborar o luto da perda — dir-se-ia hoje —, puseram em obra uma engenhosa fraude que teve um extraordinário sucesso: roubado o cadáver do venerado mestre e suposto messias político, testemunharam-no messias espiritual ressuscitado do reino dos mortos e filho do homem que viria em breve a fechar a história e criar um reino celeste de salvação, não sem antes terem interpretado sua horrenda morte como sacrifício de expiação pelos pecados da humanidade. Nossos evangelhos são o resultado desta piedosa fraude dos primeiros crentes intencionados a colocar sobre os ombros de Jesus o manto de Senhor espiritual, tirando-lhe ao mesmo tempo a espada do Messias guerreiro de Israel, cujas marcas emergem sempre, aqui e acolá, entre as malhas dos textos evangélicos, por exemplo, no relato de sua ação subversiva no templo de Jerusalém. "Seu objetivo não era o de sofrer e morrer, mas o de estabelecer um reino terreno e de libertar os hebreus do cativeiro, e nisto Deus o abandonou, nisto desvaneceu sua esperança"; "depois da morte de Jesus, pela primeira vez foi inventada a nova doutrina de um redentor espiritual sofredor, simplesmente porque a autêntica esperança tinha se exaurido" (*Fragmento VII*, 8 e 9; p. 454). Sobre o astuto "achado" dos discípulos que furtaram o cadáver de Jesus para proclamá-lo ressuscitado voltaremos mais adiante.

Na prática, existiu mais de um tipo de leitura histórica sobre Jesus. Aquela dos racionalistas que se aventuraram nessa empreitada, dos quais por brevidade mencionamos somente H. E. G. Paulus, autor de *A vida de Jesus como fundamento de uma autêntica história do cristianismo primitivo* (1828), que focalizou o próprio interesse na explicação naturalista dos eventos milagrosos presentes nos evangelhos. Assim, as curas reputadas prodigiosas foram lidas como o resultado do influxo da personalidade de Jesus sobre o perturbado sistema nervoso dos beneficiários ou inclusive pelo uso que ele fazia de medicamentos desconhecidos pelos demais. O despertar de pessoas caídas em catalepsia foi visto pelos inexperientes e ingênuos discípulos como ressurreição da morte, e do mesmo gênero é a explicação da ressurreição do próprio Jesus. Na tempestade acalmada no lago da Galileia se deve ler a providencial indicação do Mestre aos medrosos discípulos de levar a barca para fora do olho do furacão. A multiplicação dos pães aconteceu por um ato de partilha pedido por ele àqueles que lhe eram próximos, conforme o ideal da partilha dos bens com os pobres. Vendo Jesus caminhar ao longo da margem envolto na neblina, os discípulos tiveram a impressão que caminhasse sobre as águas: um engano.

Strauss, com sua obra em dois volumes *A vida de Jesus criticamente elaborada* (1835-1836), mostra a artificialidade de tais explicações e o cego apriorismo dos racionalistas, e propõe, como alternativa, uma interpretação mítica do aspecto sobrenatural dos relatos evangélicos. A ressurreição do Crucificado, a ascensão ao céu do Ressuscitado, as curas do Nazareno, o seu despertar dos mortos etc., são mitos, isto é, revestimentos narrativos de ideias religiosas dos crentes da primeira hora que nesse modo expressaram sua fé em Jesus, venerado no culto como filho de Deus celeste vindo à terra para salvar a humanidade. De resto, também fora da corrente cristã estava presente e atuante o processo de mitificação das grandes figuras fundadoras de uma cidade, de uma religião, de um povo. Em Roma, por exemplo, Rômulo era venerado "deus nascido de um deus (*deum deo natum*)" e ascendido ao céu: "[...] e ele foi envolvido por uma nuvem tão compacta que desapareceu da vista de seus soldados" (Lívio, *Hist* 1,16). Assim, a reconstrução histórica de Jesus de Nazaré se obtém, segundo Strauss, depurando sua figura dos numerosos e múltiplos traços míticos e lendários: eliminada a mágica que o recobre, descobrimos sua verdadeira realidade de Messias que esperava de Deus a palingenesia.

Se Strauss salvava a historicidade substancial da figura do Mestre de Nazaré, devidamente demitizada, Bruno Bauer (1809-1882) foi o pioneiro daquelas leituras radicalmente céticas da vida de Jesus que fizeram sua aparição mais tarde, nos primeiros anos do século XX. Enquanto Bauer via em Jesus a encarnação fictícia do ideal messiânico da tradição hebraica, seus sucessores, Drews, Jensen etc., fizeram dele a expressão literária de mitos orientais, sem excluir aqueles astrais, e o descreveram, por exemplo, à imagem de Gilgamesh, seguindo assim de perto Strauss, de quem estenderam a interpretação mítica à pessoa mesma de Jesus. É, de qualquer modo, um filão sem futuro, dada a óbvia e insuperável objeção que dele possuímos por válidos testemunhos não só cristãos — portanto parciais, mas nem por isso destituídos *a priori* de valor histórico —, mas também judaicos, como Flávio Josefo e a literatura rabínica, e de historiadores romanos, como Tácito e Suetônio. É surpreendente que ainda hoje não falte quem se atreva a aventurar-se em caminhos sem saídas; um ousado estudioso merece ser mencionado pelo nome e sobrenome: G. A. Wells, *The Jesus myth* (Chicago, 1999).

A segunda parte do século XIX conheceu o florescimento de numerosas "vidas de Jesus" no seio do protestantismo liberal da época, empenhado em apresentar um Jesus moderno, grande personalidade proponente de uma religião nacional e de uma ética universal, depurado dos elementos particulares de sua origem hebraica e desprovido de qualquer aura sobrenatural. Em resumo, um grande e inigualável mestre de vida da humanidade, que ensinou verdades espirituais fundamentais, como a paternidade de Deus e a consequente fraternidade humana, a dignidade da pessoa humana e o valor inestimável da alma. A essa reconstrução se chegou por meio de um radical processo interpretativo que colocou à parte a tensão escatológica de Jesus, propondo uma leitura espiritualista e interior de seu anúncio do Reino de Deus em base ao dito legado por Lucas em 17,21: "O Reino de Deus está dentro de vós (*entos hymōn*)", e fechando os olhos às numerosas passagens evangélicas que atestam sua precisa colocação no quadro da apocalíptica judaica da época.

Merece, no mínimo, uma menção *La vie de Jésus* (1863), de E. Renan (1823-1892), que alcançou um grande e duradouro sucesso — em 1923 calculavam-se mais de 400 edições —, mesmo além de seus dúbios méritos científicos: um católico francês se insere em uma pesquisa de origem alemã e protestante, fazendo-a sua e divulgando-a fora dos estreitos confins da Europa central. De fato, ele descreve, com vigor de artista dotado, a figura do fascinante profeta da Galileia seguindo o fio das narrações evangélicas e suprindo suas lacunas com sua fértil imaginação de literato, acesa pela experiência direta dos lugares palestinos por ele visitados.

Porém, a leitura do Jesus histórico da *old quest* que mais influenciou, sendo uma preciosa herança, seguida de outros resultados de crítica literária, é sem dúvida a interpretação escatológica, da qual o precursor reconhecido foi J. Weiss com a obra *A pregação de Jesus do reino de Deus* (1892 e 1900). O Nazareno não é um mestre de verdades religiosas e morais universais, mas um profeta interessado no próximo advento do Reino de Deus que colocará a palavra "fim" a esta história e a este mundo. Esse seu anúncio se harmoniza com o apelo para que os ouvintes se abram com confiança a essa feliz perspectiva. A. Schweitzer vê em J. Weiss a última das três alternativas que, na sua opinião, guiaram a pesquisa histórica de Jesus até a alvorada do século XX: Weiss "reveste, ao seu modo, a mesma importância da primeira *Vida* de Strauss, formulando o terceiro *aut aut* da pesquisa sobre a vida de Jesus. O primeiro tinha sido colocado por Strauss: ou pura história ou pura sobrenaturalidade; o segundo tinha sido sustentado pela escola de Tubinga e por Holtzmann: ou os sinóticos ou João; e eis o terceiro: ou a escatologia ou a sua negação" (p. 326). Esta última alternativa percorrerá também as sendas da *new quest* das décadas de 1950-1970 e da *third quest* do período de 1980-2000, mas em direções contrárias: afirmação da interpretação escatológica no primeiro período e, em geral, leitura não escatológica de Jesus no segundo.

Depois de ser reconhecido patrono, mas sem se esquecer da leitura político-revolucionária de Reimarus e aquela mítica de Strauss, representante excelente da interpretação escatológica é o próprio A. Schweitzer. Na última parte de sua célebre obra, aqui sempre relembrada, expõe com acentos originais a própria "vida" de Jesus, interpretado sob o signo da "escatologia consequente" (pp. 494-550). "Jesus entra na luz da história somente quando na Galileia apregoa que o Reino está próximo" (p. 496). Sua confiança nesse evento proximamente futuro, considerado iniciativa exclusiva de Deus, é tal que quando envia seus discípulos em missão para anunciar o Reino, não aguarda seu regresso porque sua esperança se realizaria muito rapidamente. Eles, porém, regressam. Então, desiludido pela demorada realização do Reino, sobe a Jerusalém para morrer ali, decidindo padecer na sua carne os previstos sofrimentos dos últimos tempos, meio necessário para forçar a mão de Deus. Também as radicais exigências éticas de Jesus são interpretadas por Schweitzer em chave escatológica: denomina-a "ética interina", própria de um breve tempo de transição que deve preparar os espíritos de quantos o seguem ao decisivo encontro marcado com o dia final, quando este mundo deixará seu lugar àquele futuro no qual paz e justiça se beijarão, segundo a feliz expressão do Saltério hebraico.

O Reino de Deus, de fato, não teve cumprimento nem imediatamente nem logo depois. Jesus é filho de seu tempo e de sua terra, um e outra habitados por "sonhadores". Ele se iludiu. Não podemos, portanto, segui-lo nesse caminho. Embora nada moderno, não é, porém, totalmente insignificante para os homens de hoje. Neste sentido: "Jesus representa algo para nosso mundo, porque *uma grande corrente espiritual* [grifo nosso] nasceu dele e invade também nosso tempo. Nenhum conhecimento histórico pode abalar ou reforçar de fato esse dado"; "Deixado no seu tempo escatológico, ele é maior e, mesmo na sua singularidade, age de modo mais elementar e poderoso" (pp. 475 e 749). Efetivamente, conclui o grande Schweitzer, podemos compartilhar sua fé e sua esperança no Reino (p. 755); nós, porém, diferentemente dele, o compreendemos "como resultado da tarefa ética" (p. 753).

Depois dessa sumária exposição, impõe-se uma avaliação geral. Os estudiosos que nos séculos XVIII e XIX se empenharam na fascinante aventura da pesquisa histórica de Jesus não eram movidos por puro interesse científico. Eram estimulados, antes, por dois interesses colaterais: a rejeição polêmica do dogma das Igrejas que tinham transformado, nos seus enunciados, Jesus de Nazaré na máscara deslumbrante de um deus descido à terra, e o intento de redescobrir, por meio de uma leitura crítico-histórica dos evangelhos, seu genuíno rosto humano de Messias político ou espiritual, mas sobretudo de gênio religioso, portador de uma religião racional substanciada de perspectivas éticas universais e aceitável pelas gerações modernas. De fato, a ingênua pretensão de descobrir quem era realmente Jesus em oposição ao dogma eclesiástico se revelou quase sempre falaz: acabou-se, habitualmente, por criar várias figuras de Jesus à imagem e semelhança dos historiadores e segundo a índole do *esprit du temps*, vestindo-os com hábitos modernos e desancorando-os da cultura religiosa de seu tempo: um processo projetivo. A denúncia desapiedada é de Schweitzer que, abraçando com entusiasmo e desenvolvendo, por sua parte, a interpretação escatológico-apocalíptica de Weiss, com fina ironia pode concluir que a gloriosa pesquisa verá o Nazareno cumprimentar os modernos para regressar ao seu mundo de homem antigo e, portanto, pouco moderno:

> Estranho destino o da pesquisa sobre a vida de Jesus. Começou para encontrar o Jesus histórico, pensando poder colocá-lo em nosso tempo como ele é, como mestre e como salvador. Quebrou as correntes que havia séculos o tinham amarrado às rochas da doutrina eclesiástica, alegrou-se quando a vida e o movimento penetraram novamente sua figura e quando viu o homem histórico vir ao seu encontro. Ele, contudo, não se deteve, passou diante de nosso tempo, ignorou-o e regressou ao seu. A teologia dos últimos decênios ficou escandalizada e assustada, porque se tornou ciente de que todas as suas técnicas interpretativas e suas manipulações não eram capazes de retê-lo em nosso tempo, mas deviam deixá-lo retornar ao seu (pp. 744-745).

Tal crítica, naturalmente, não vale para os escatologistas como Weiss e Schweitzer.

Foi, então, um tempo desperdiçado? Não, porque os resultados conseguidos não foram irrelevantes. Em primeiro lugar, em termos negativos, a *old quest* sobre Jesus excluiu, para sempre, a possibilidade de escrever sobre ele uma vida no sentido moderno da historiografia moderna. Harnack disse, de modo lapidar, obtendo um consenso unânime: *vita Jesu scribi nequit*. Não o permite a natureza da documentação histórica de que dispomos, especialmente dos evangelhos, como se verá. Em segundo lugar, a análise histórico-crítica das testemunhas evangélicas indicou alguns pontos firmes: como fonte histórica, os evangelhos sinóticos — Mateus, Marcos e Lucas — são nitidamente preferíveis ao de João, no qual a interpretação de Jesus como Palavra encarnada de Deus, habitualmente, distancia-o muito de sua espessura humana e terrena. Em contrapartida, a opinião de Marcos como primeiro e mais antigo evangelho — fonte de Mateus e de

Lucas que, contudo, no material comum entre eles e ausente em Marcos, usaram uma segunda fonte, perdida e chamada Q — representa ainda hoje a solução prevalente dos estudiosos. Acrescente-se que o estudo de Wrede mostrou como o próprio Marcos não oferece uma apresentação neutra do Jesus terreno, mas interpreta-o teologicamente à luz do chamado "segredo messiânico", artifício redacional cujo propósito é indicar no Nazareno o ponto de partida e o fator de legitimação do messianismo cristão. Em terceiro lugar, a interpretação escatológica encontrou uma precisa colocação de Jesus dentro do judaísmo da época, profundamente marcado por correntes escatológico-apocalípticas. Transmitida às gerações seguintes, conhecerá caracterizações preciosas, obtendo um largo consenso na leitura do anúncio jesuano do Reino de Deus como evento emergente na história, enquanto protela ao futuro seu cumprimento final.

2. Os anos do desinteresse intencional: *no quest*

Na sua "História" da *Leben-Jesu-Forschung*, Schweitzer não considerou M. Kähler e fez mal, porque a posição deste último resultou em algo muito importante: em 1892 atacou a fundo a pesquisa histórica de Jesus com sua obra *O chamado Jesus histórico e o autêntico Cristo bíblico*, inaugurando uma nova direção no movimento do pêndulo da pesquisa moderna. Suas afirmações são polêmicas: "*O Jesus histórico dos escritores modernos esconde o Cristo vivo*. O Jesus das 'vidas de Jesus' é uma subespécie moderna dos produtos da arte inventiva humana" (p. 62). "Prova disso é a ausência de fontes históricas confiáveis" (p. 66). E afirma: "O Cristo real, isto é, o Cristo eficaz, aquele que atravessa a história dos povos, com quem milhões de homens mantiveram um relacionamento de fé filial [...], *o Cristo real é o Cristo pregado*". Em outras palavras, o "Cristo da fé" (p. 83). Na discutida contraposição entre o Jesus histórico e o Cristo da fé, os protagonistas da *old quest* tinham-se declarado a favor do primeiro, na convicção — revelada falaz, como vimos —, de ter nas mãos o verdadeiro Jesus; Kähler, ao contrário, escolheu o segundo como o único verdadeiro.

R. Bultmann irá segui-lo, movido por dois estímulos, diversos mas convergentes. O primeiro, de natureza literária, identifica-o como companheiro de caminho de Dibelius, Albertz, Schmidt, todos filiados à chamada escola da *Formgeschichte* (História das formas). Remontando além de nossos evangelhos, eles estudaram as tradições que estes conservaram por escrito, chegando à conclusão de que se trata de unidades dispersas, desarticuladas, de dimensões reduzidíssimas, modeladas segundo apropriados esquemas do dizer, inspiradas não por interesse histórico, mas pela exigência de satisfazer as necessidades espirituais das primeiras comunidades cristãs, palestinas e helenistas. Dibelius tinha indicado na atividade dos anunciadores do Evangelho o catalisador da formação das tradições: "No princípio era a pregação". Mas Bultmann conseguiu mostrar a incidência de múltiplas necessidades: missionária, catequética, exortativa, apologética, polêmica, litúrgica (*Die Geschichte der synoptischen Tradition*). Dessa forma, o que Jesus de Nazaré disse e fez é filtrado pela força criadora e modeladora da fé dos primeiros cristãos; por isso nossos evangelhos, que se tinham limitado a "um trabalho de ordenação e de justaposição" (*Geschichte*, p. 393) dos frutos de tal processo "atualizador", não podem em absoluto ser catalogados no gênero da história, nem mesmo naquele estilo mais livre empregado nas biografias. Jesus desaparece detrás das primeiras comunidades cristãs; dele sabemos muito pouco, insuficiente certamente para traçar, mesmo só em grandes linhas, a evolução da sua existência humana, tanto mais a parábola de sua personalidade. Nesse sentido, e somente nesse, introduzindo seu livro sobre *Jesus*, Bultmann afirmará que dele não se sabe praticamente nada. De fato, no confronto intenso com Käsemann — de quem falarei daqui a pouco —, na década de 1960, ele chegará a distinguir entre a pessoa de Jesus e sua personalidade, afirmando que os evangelhos estão interessados naquela, não nessa (cf. Schlosser, p. 376).

Não há, porém, motivos para lamentar-se, mesmo porque a história da pesquisa de Schweitzer tinha lançado grande descrédito sobre as muitas e contrastantes tentativas de escrever a vida de Jesus. Especialmente aqui se torna clara a segunda e mais importante motivação que incentivou o luterano Bultmann: a pura fé, suscitada pela Palavra, não somente não tem necessidade de apoiar-se sobre o Jesus terreno historicamente apresentado, como também deve prescindir dele, se quer conservar sua pureza e integridade. O verdadeiro Jesus que interessa aos crentes hoje é o Cristo pregado, não o Jesus pregador. Somente naquele, com efeito, hoje Deus oferece a salvação ao ouvinte da Palavra, chamando-o eficazmente a decidir-se por uma autêntica existência de acolhida do dom divino oferecido em Cristo. Do Jesus terreno o anúncio evangélico pressupõe somente o fato (*Dass*) de sua crucificação, não o conteúdo (*Was*) de sua existência histórica: o que ele disse, o que ele fez, e, sobretudo, com qual intenção enfrentou a morte.

E no confronto com seus discípulos que, ao contrário, afirmavam como teologicamente necessária a pesquisa do Jesus histórico e sustentavam uma fundamental continuidade entre os dois polos da sintética forma cristã de fé "Jesus Cristo", ele considera descontínuos o anúncio "teológico" do Reino por parte de Jesus e o anúncio "cristológico" da Igreja centralizado na morte e ressurreição de Cristo. Somente nesse, com efeito, Deus chama, no presente, "uma vez por todas" (ephapax) os homens a decidirem-se pelo dom da salvação final, enquanto a mensagem de Jesus ressoou "uma vez", no passado, como oferta de salvação limitada a seus ouvintes históricos. A prova disso é que não sabemos nada de como Jesus tenha vivido sua morte e se lhe tenha atribuído valor salvífico. De fato, diz Bultmann, Jesus acabou na cruz por "um mal-entendido da sua ação compreendida em sentido político. Do ponto de vista histórico seria, portanto, um destino sem sentido" ("Das Verhältnis", p. 453).

Seja como for, Bultmann tornou-se célebre, ainda mais, por seu trabalho de demitização do material evangélico. Coliga-se assim a Strauss, mas com uma diferença importante: este tinha identificado nos evangelhos diversos mitos ou lendas sagradas e se tinha proposto reconstruir o Jesus histórico, eliminando-os. Bultmann, livre de tal interesse, interpreta-os em chave existencial: são frutos de uma mentalidade e cultura pré-modernas, que os modernos leem como expressão profunda do sentido da existência. Assim, por exemplo, o nascimento virginal de Jesus exprime não um fato biológico, mas um evento de graça excepcional: Jesus é o dom salvífico de Deus; nele — morto e presente no anúncio evangélico —, Deus chama gratuitamente cada ser humano a crer e a decidir-se por uma existência autêntica aberta às possibilidades novas do futuro. Da mesma forma, a ressurreição de Jesus quer dizer que ele está vivo e presente no anúncio evangélico como "lugar" da ação salvífica definitiva de Deus.

Em síntese, como disse J. Reumann, não sem certo exagero, esses anos, marcados pela presença imponente de Bultmann, apresentam-se como tempo de *no quest*, sem pesquisa sobre o Jesus histórico.

3. A retomada da *new quest*

Um quarto *aut aut*, além dos três assinalados por Schweitzer, parece central na pesquisa histórica descrita até agora: ou o Jesus histórico ou o Cristo da fé. Pelo primeiro polo, tinha se expressado a *old quest*, ingenuamente convicta de colher, por meio de investigação científica, o verdadeiro Jesus, desprovido daquele esplendor divino do qual esteve ofuscado pela força criativa da fé dos crentes da primeira hora, fé participada no culto das Igrejas de todo tempo. Por sua parte, Kähler e Bultmann escolheram a segunda alternativa possível: o único verdadeiro Jesus, diremos *o Jesus da história*, não aquele criado *in vitro* pelos estudiosos, mas aquele que influenciou e influencia a vida humana, atraindo para si os crentes, espiritualmente presente e atuante neles, é o Cristo pregado e crido.

Ora, contra tal contraposição ou alternativa se pronunciou, em primeiro lugar, Käsemann, em 1953, na conferência realizada na sessão dos ex--alunos de Marburg: *O problema do Jesus histórico*. Ele releva como nos evangelhos está totalmente ausente tal *aut aut*, substituído por um claro *et et*: aquele que é confessado Senhor na fé é por identidade o Jesus terreno; este, porém, aparece envolto de glória divina, porque a tradição protocristã se encarregou de transmitir-nos não *bruta facta*, mas eventos interpretados pelos olhos da fé, carregados, portanto, de significado salvífico. Isso é normativo para nós: "Nem mesmo nós podemos eliminar a identidade do Senhor exaltado com o Senhor terreno, sem cair no docetismo e sem privar-nos da possibilidade de distinguir claramente a fé pascal da comunidade do mito" (p. 46). A continuidade fundamental entre o Jesus terreno e o Cristo ressuscitado e crido é exigida tanto por considerações teológicas como pela natureza mesma de nossos evangelhos.

O Jesus terreno, por outro lado, pode ser apreendido historicamente, continua Käsemann, não no sentido de traçar toda a sua vida — caracterizada por uma evolução externa dos eventos e por outra interna de sua personalidade, das quais sabemos respectivamente muito pouco e até mesmo nada —, mas de mostrar "alguns pontos essenciais" daquela (pp. 55-56). Ele se opõe a que "resignação e ceticismo tenham a última palavra e conduzam a desinteressar-se do Jesus terreno" (p. 56). Isso é possível pela análise atenta do material tradicional dos evangelhos, nos quais "existem elementos que o historiador, se quer permanecer como tal, deve simplesmente reconhecer como autênticos. O que realmente quero mostrar é que da escuridão da história [*Historie*] de Jesus emergem traços característicos de sua pregação" (p. 56), como a fórmula "Mas eu vos digo" de Mt 5, expressiva de extraordinária autoridade, evidente também a propósito do mandamento sabático e das prescrições acerca do puro e do impuro. Trata-

-se de uma análise rigorosa que sabe ponderar o material evangélico aplicando o critério da dessemelhança ou descontinuidade ou originalidade, assim definido por Käsemann:

> Temos um terreno em certo sentido sólido sob nossos pés somente em um caso: quando uma tradição, por qualquer motivo, não pode ser nem deduzida do judaísmo, nem atribuída ao cristianismo primitivo; e especialmente quando o judeo-cristianismo mitigou ou retocou o material recebido pela tradição, porque muito audaz (p. 48).

O estudioso é conhecedor do caráter minimalista de tal critério: "Devemos porém estar cientes desde o início do fato de que a partir daqui não podemos obter qualquer clareza sobre aquilo que ligou Jesus com seu ambiente palestino e com sua comunidade sucessiva" (p. 48). Isso lhe basta para sua impostação do problema, sobretudo para mostrar, contra seu mestre, que não se dá somente continuidade histórica ou pessoal entre o Jesus terreno e o Cristo da fé, admitida por Bultmann, mas também continuidade real, isto é, no conteúdo do anúncio jesuano do Reino e do Evangelho cristão a respeito de sua morte e ressurreição ("Sackgassen", pp. 55ss). E não teme afirmar que entre o Jesus terreno que promete a salvação aos sem salvação e a doutrina paulina da justificação do ímpio existe continuidade real: "Nisto não existe qualquer ruptura entre tempo pré e pós-pascal" ("Die neue Jesus-Frage", p. 52).

Sobre a questão retornou vinte anos depois, com a contribuição agora citada, nas *Journées Bibliques* de Lovaina, em 1973, repetindo com força seu ataque à posição bultmanniana, de querer e dever desistir do Jesus histórico para fixar-se no Cristo pregado e crido, e renovando sua luta contra o ceticismo radical daqueles que consideram "não poder salvar historicamente quase nada do fogo da crítica" (p. 48). Especialmente acentua "a relevância teológica" do Jesus terreno, presente nos escritos do Novo Testamento, pois todos, mas sobretudo os evangelhos sinóticos, longe de reduzirem o Cristo ressuscitado ao puro mito, preservaram-lhe intencionalmente o rosto do Nazareno; não por nada estes últimos insistiram sobre o seguimento do Crucificado e propuseram a solidariedade de Jesus com os marginais (p. 53). Käsemann não teme atribuir-lhes "uma tendência historicizante", visto o indiscutível interesse pelo passado de Jesus, e chama a atenção para fórmulas de fé como Rm 1,3-4; 1Cor 15,3ss, que contêm elementos narrativos essenciais (p. 54). Em poucas palavras, "não se pode separar o *vere Deus* do *vere homo*, sem tornar-se supersticioso". Por essa razão, a *new quest*, além dos puros interesses históricos, "possui uma dimensão dogmática" (p. 55).

Por sua parte, G. Bornkamm, com sua obra *Jesus de Nazaré* (1960), ofereceu uma aplicação clara e ampla das novas orientações metodológicas, resumidas assim no primeiro capítulo: "Ninguém é capaz de escrever uma vida de Jesus" (p. 7); as testemunhas evangélicas "unem, em um vínculo extraordinariamente intenso, relato sobre Jesus Cristo e confissão dele, testemunha da comunidade que nele crê e narração de sua história" (p. 9), "anunciam quem é Jesus, não quem foi" (p. 12). Na realidade, diz Bornkamm: "Os evangelhos são a *rejeição do mito*" (p. 19); eles "não justificam nem resignação nem ceticismo" (p. 20). E, se Käsemann no estudo de 1953 tinha somente indicado aqueles elementos certamente históricos que caracterizam Jesus, seu ilustre colega se delonga em tal reconstrução, apresentando-o em chave escatológica como anunciador da proximidade do Reino de Deus e mediador dos sinais que indicam a antecipação parcial, porém real, de Jesus, como, por exemplo, a comensalidade escandalosa com publicanos e pecadores públicos.

O fato de ambos terem se mantido firmes na difícil posição motivou Käsemann a opor-se com força a J. Jeremias (*Teologia do Novo Testamento*), excessivamente otimista no reconstruir quanto Jesus disse e fez, mas sobretudo devedor, por força, do velho protestantismo liberal que tendia a fazer do Jesus reconstruído historicamente o objeto da fé. Certamente, reconhece Käsemann, para Jeremias Jesus é o filho encarnado de Deus, não um simples homem como para os iluministas, porém ele pensa poder colhê-lo com a investigação histórica ("Sackgassen", pp. 40-41). Sem dizer — podemos acrescentar — que a grande confiança do *expert* Jeremias nos recursos filológicos, como critério de autenticidade histórica dos ditos de Jesus atestados nos evangelhos, parece problemática porque não vai além do caráter arcaico do testemunho literário. Em poucas palavras, o material evangélico que deixa transparecer conotações aramaizantes não necessariamente remonta a Jesus; pode muito bem ser da comunidade primitiva cristã palestina.

Para concluir, a *new quest* pretendeu alargar o *Dass* (o puro fato da existência de Jesus) de Bultmann ao *Wer*, ao *Wie* e ao *Was*, isto é, determinar quem é Jesus, seu modo de viver e o conteúdo objetivo de sua vida (H. Zahrnt. *Die Sache mit Gott*. München, 1966. p. 332).

4. A atual *third quest*

A partir de 1980, data puramente indicativa, registra-se uma forte reação do mundo anglo-americano ao domínio da pesquisa alemã, e não somente em nosso campo. Basta pensar, por exemplo, na demolição sistemática que E. P. Sanders fez da interpretação luterana da doutrina paulina da justificação pela fé e não pelas obras da lei (cf. *Paulo e o judaísmo palestinense*). O mesmo autor em *Jesus e o judaísmo* (1985) — ver também *Jesus; a verdade histórica* (1993) — abre novos caminhos à pesquisa histórica sobre Jesus. Primeiramente insiste sobre os "fatos" atestados nos evangelhos — Jesus batizado por João Batista / galileu que pregou e curou / chamado dos doze discípulos / limitação de sua atividade a Israel / controvérsia a respeito do templo / crucificado pelas autoridades romanas / depois de sua morte os discípulos continuaram como movimento identificável —, enquanto a escola alemã da *new quest* se fundava sobretudo nos "ditos", nisto herdeira de Bultmann que, em 1928, escreveu o livro *Jesus*, no qual expõe "somente sua 'doutrina', sua pregação" (p. 106), uma vez que é impossível reconstruir sua vida ou sua personalidade. O estudioso alemão atenua seu declarado ceticismo da seguinte maneira: "Se sabemos pouco da vida e da personalidade de Jesus, sabemos pelo contrário muito de sua pregação, tanto que somos capazes de fazer dela uma imagem coerente" (p. 106).

É sobretudo do ponto de vista da colocação do problema que Sanders cria uma ruptura com a precedente pesquisa histórica da *new quest*, mas também da escola bultmanniana: desvincula o estudo do Jesus terreno das questões teológicas, concretamente com o problema de sua continuidade-descontinuidade com o Cristo do anúncio e da fé. A pesquisa histórica deve conduzir-se por si mesma, sobre a base das fontes documentárias à nossa disposição, conscientes de seus limites pela natureza e escassez dos testemunhos. É uma característica geral da *third quest*.

O próprio título da obra diz, ademais, que Sanders quer compreender Jesus à luz do judaísmo do primeiro século, e também aqui rompe com o Jesus da *new quest*, visto em radical descontinuidade com o ambiente judaico da época e artificiosamente avulso de suas raízes histórico-culturais, um Jesus como tal inexistente. De qualquer modo, o caráter judaico do Nazareno, que alguns estudiosos, como G. Vermes e S. Freyne, qualificam em termos de "galileicidade" — com o perdão do termo —, para Sanders não significa o sacrifício de sua peculiaridade; essa aparece clara sobre o fundo do "comum judaísmo" compartilhado um pouco por todos, inclusive pelo Nazareno. Indo além dos relevos gerais, ele mostra como os testemunhos "se encaminham para o fato de que Jesus tivesse um programa definido" (p. 34), a restauração das doze tribos de Israel almejada pela profecia hebraica, consciente de ter recebido precisamente de Deus a missão "profética" de preparar o povo para a vinda final do Reino de Deus. É sobre isso, não sobre um pretendido e infundado repúdio da lei judaica — como diziam de bom grado os expoentes da *new quest*, principalmente Käsemann e Bornkamm —, que o Nazareno arriscou a vida quando, com gesto simbólico e palavras polêmicas, se pronunciou pela destruição do templo e pela sua reconstrução esperada para o fim dos tempos.

Como se vê, Sanders se mantém continuamente no álveo da interpretação escatológica de Jesus, apresentado como "profeta" voltado ao futuro cumprimento das esperanças hebraicas, portanto em continuidade com a pesquisa precedente. E com ele deve ser mencionado B. F. Meyer (*The aims of Jesus*), que em modo bastante similar se propõe explicar a escatologia do Nazareno, constituída por dois fatores complementares: a restauração das doze tribos de Israel e a vinda do Reino de Deus, "que não pode ser dissociado do destino de Israel", sob pena de reduzir-se a grandeza "não bíblica e anistórica" ("Jesus Christ", in *ADB* III, 779b).

Uma vasta fronte, por seu turno, propôs a interpretação de um Jesus desprovido de qualquer dimensão propriamente escatológica. Não se nega que tenha falado do Reino de Deus, mas essa fórmula é lida em chave de mudança ética ou social do presente. Especificamente, Borg fala de escatologia sapiencial: Jesus foi um mestre de sabedoria "não convencional", inclusive "subversiva e alternativa", capaz de modificar radicalmente o sentido da vida humana e a práxis das pessoas aqui e agora. Além do mais, os testemunhos nos dizem que foi um homem do Espírito (*holy man*) inserido na corrente carismática do judaísmo e um profeta social fomentador de uma pureza do coração. O iminente fim do mundo e o advento glorioso do Filho do Homem não pertencem ao seu anúncio, são criações das comunidades cristãs primitivas. Uma revolução copernicana, como fora definida com justiça.

Sobre a mesma estrada sapiencial se encaminharam os defensores de um Jesus à imagem dos filósofos cínicos, Mack, Downing, e, sobretudo, o mais célebre, Crossan. O último define Jesus como um camponês hebreu mediterrâneo que, à semelhança dos cínicos por ele qualificados "*hippies* em um mundo de *yuppies* de Augusto" (*Jesus*, p. 205), tentava subverter com sua palavra, especialmente com o exemplo, a vida do campesinato galileu da época. De fato, ele propôs uma ética do "igualitarismo radical" e da "comensalidade aberta" a todos, sem discriminação, colocando em discussão o código da honra e da vergonha, vigente então nos países mediterrâneos, e praticando uma taumatúrgica cura das enfermidades, mas, sobretudo, ocupando-se do mal-estar que estas implicavam em termos de marginalização e ostracismo em um ambiente obcecado pela pureza. Do ponto de vista metodológico, deve-se relevar que Crossan recorre também aos dados da antropologia cultural, aludindo ao código da honra típico da cultura mediterrânea e à estrutura de *patronus-clientes* da sociedade romana.

Grande ressonância, também fora do restrito âmbito dos estudiosos, teve o *Jesus Seminar*, constituído em 1985 por R. W. Funk com a participação de setenta estudiosos norte-americanos, entre os quais Crossan e Borg. Ocupou-se especificamente da autenticidade das palavras de Jesus reportadas nos evangelhos canônicos e no evangelho apócrifo de Tomé, razão pela qual falam de "cinco evangelhos". Além do ceticismo de marca bultmanniana na valoração de sua autenticidade, o método praticado foi motivo de comentários: os participantes votaram democraticamente sobre o valor histórico de cada dito evangélico, decidindo por maioria dos votantes e seguindo uma grade valorativa de quatro graus de veredicto evidenciados com as cores vermelha (autêntica: somente 18% dos ditos evangélicos e 26 parábolas em forma purgada), rosa (provavelmente Jesus disse algo similar), cinza (Jesus não disse isso mas as ideias expressas são próximas às suas) e preta (aquilo que pertence totalmente à tradição protocristã).

A leitura político-revolucionária de Reimarus, retomada não muitos anos atrás por S. G. F. Brandon: Jesus era um zelote rebelde à dominação romana (*Gesù e gli zeloti*. Milano, Rizzoli, 1983), e, ainda antes, por R. Eisler, nessa etapa da pesquisa praticamente não encontrou adeptos. O fato de que Pilatos não tenha prendido nem mandado matar os seguidores do "rei dos judeus" mostra claramente que Jesus não encabeçava um movimento político de rebeldes armados. Pelo contrário, registra-se grande interesse pela situação social da Palestina da época, em particular da Galileia. Horsley, nas suas obras, sustenta a tese de que o conflito existente não era tanto a disputa entre judeus e romanos, mas era totalmente interno ao mundo judaico, entre a classe dominante da aristocracia sacerdotal e laica, alinhada de resto à parte do dominador estrangeiro, e as classes subalternas, entre cidade e campo, entre Jerusalém e periferia. Sobretudo os camponeses e os artesãos das aldeias da Galileia levavam uma vida precária, explorados por tributos exorbitantes que deviam pagar ao poder político e ao templo de Jerusalém. O banditismo e os atos de revolta, que, segundo o testemunho de Flávio Josefo, tiveram então surtos não esporádicos, indicam um mal-estar difundido. Em tal situação, Jesus aparece como um revolucionário pacifista, contrário à violência, e anunciador de um Reino de Deus de matiz social, que deve realizar-se aqui e agora, fazendo justiça aos oprimidos. Por sua parte, G. Theissen, destacando-se por importantes estudos de história social e de sociologia do cristianismo das origens, aprofundou uma leitura de Jesus como líder de um movimento de carismáticos e itinerantes, sem casa e sem trabalho — portanto desenraizados da sociedade e portadores de exigências radicais —, apoiados por simpatizantes e discípulos que, ao contrário, conduziam uma tranquila vida sedentária: movimento continuado também depois da morte de Jesus e que pode ser entrevisto detrás da chamada fonte Q ou dos ditos de Cristo (cf. *Jesus e seu movimento*). E por razões de completude quero citar os estudos de E. Schüssler-Fiorenza, empenhada em mostrar um Jesus que combate contra todo poder senhoril, também — e sobretudo — aquele de caráter masculino e patriarcal.

Sempre com relação à Galileia da época, o estudioso G. Vermes, baseando-se na literatura rabínica como ponto de referência e confiante no substancial valor histórico dos evangelhos sinóticos — "O evangelho de base apresenta-se na forma de um relato da vida de Jesus" (p. 19) —, enquadrou Jesus no contexto dos *hasidim*, ou piedosos da Galileia, dos quais evidencia as figuras carismáticas significativas de dois rabinos do século I d.C.: Honi, "o desenhador de círculos", e Hanina ben Dosa, capaz de realizar milagres, ambos caracterizados pela grande familiaridade religiosa com Deus. Não diversamente, Jesus obteve grande fama e não poucos seguidores como curandeiro. Essa é a característica que o insere bem dentro do judaísmo da sua geração, fiel à preciosa herança religiosa dos antepassados, desprovido de qualquer pretensão messiânica; um rabino dotado do dom da cura.

É um dever registrar um forte interesse também de outros estudiosos hebreus — entre os quais se destaca D. Flusser, sem se esquecer, porém, do precursor J. Klausner do início de 1900 — pela figura de seu célebre conterrâneo, visto com crescente simpatia a ponto de chamá-lo *irmão Jesus*, como recita o título da obra de Ben Chorin. Procura-se sobretudo evidenciar seu caráter de piedoso e observante judeu e de sublinhar como fora conduzido à morte de cruz não por culpa das autoridades hebraicas, mas por decisão e obra de Pôncio Pilatos.

Concluindo, não é fácil indicar as peculiaridades unitárias e unificantes da *third quest*: os autores apresentados são uma prova convincente disso. Interpretação sapiencial e leitura escatológica estão igualmente representadas. A contextualização de Jesus no âmbito judaico — aliás, são bastante significativos o título da obra de J. H. Charlesworth, *Jesus no judaísmo de seu tempo*; a frase de J. Wellhausen alardeada aos quatro ventos: "Jesus não é um cristão, mas um judeu" e a resolução da necessária "repatriação de Jesus no judaísmo" (*Heimholung Jesu in das Judentum*) — coloca-se ao lado de autores que o compreendem em perspectiva cínica, fenômeno claramente grego. É grande a variedade de "definições" com as quais foi compreendido: profeta escatológico (Sanders), carismático mestre de sabedoria subversiva (Borg), camponês hebreu mediterrâneo de tendência cínica (Crossan), filósofo cínico *tout court* (Mack, Downing), pacífico revolucionário social (Horsley, Theissen), judeu que exaltou a Lei radicalizando suas exigências, em particular o mandamento do amor ao próximo (D. Flusser), fariseu de tendência hillelita (H. Falk, *Jesus the Pharisee*), um rabino, como o intitula B. Chilton na sua *Intimate biography* (2000). Acrescente-se M. Smith, que imagina Jesus como um mágico (*Jesus the magician*), identidade camuflada conscientemente pelo cristianismo das origens nos relatos milagrosos que silenciam os gestos e ditos mágicos do Nazareno, mas iluminada pela descoberta dos *Papyri Graecae Magicae* em nosso possesso. Por isso a *third quest* foi chamada — com justiça, penso — "uma nebulosa formada por diversos eixos de pesquisa" (Marguerat, p. 400), no qual "o *novum* dessa pesquisa com respeito à precedente está, na minha opinião, no fato de que Jesus é reconstruído com a ajuda de *um paradigma de continuidade com seu ambiente natural*" (Marguerat, p. 416).

Também no plano da valoração das fontes de documentação, não existe um endereço comum. O *Jesus Seminar*, como vimos, põe ao lado dos evangelhos canônicos, e muitas vezes acima, o *Evangelho Apócrifo de Tomé*. Crossan, líder de quantos proclamam "Abaixo a tirania do Jesus sinótico!", confiando no critério, o único decisivo para ele, da múltipla e antiga atestação, privilegia os dados das fontes mais antigas dos anos 30-60, que, surpreendentemente, e não sem macroscópica arbitrariedade, identifica em Q, versão primitiva, e nos evangelhos apócrifos de Tomé, de Pedro na sua versão originária de *Evangelho da Cruz*, dos *Hebreus*, do *Evangelho secreto de Marcos* e da "fonte dos sinais" da qual depende João. Em particular da fonte Q se diz, mas estudiosos renomados contestam sua validade, que tenha conhecido uma primeira versão de caráter sapiencial pura de todo dito escatológico de Jesus, e se exalta o caráter originário do primeiro "evangelho", no qual estão ausentes os milagres e a paixão, que aparecerão somente mais tarde no evangelho de Marcos (cf. Kloppenborg). Mas não poucos privilegiam os evangelhos sinóticos como fonte cristã e, entre a literatura não cristã, outorgam grande peso aos escritos judaicos de marca rabínica, apocalíptica, qumrânica e pseudoepigráfica (Vermes e Sanders). Seja como for, é um fato a revalorização da literatura cristã apócrifa, como também a atenção à historiografia de Flávio Josefo. M. Smith, ao contrário, destoa dos demais ao referir-se aos papiros mágicos de língua grega. A contribuição da arqueologia é valorizada de maneira especial por Charlesworth, muito otimista, porém, sobre as possibilidades de uma aprofundada e vasta pesquisa histórica sobre Jesus, beirando um positivismo histórico.

Bibliografia do capítulo

Aguirre, R. Estado actual de los estudios sobre el Jesús histórico después de Bultmann. In: *EstBibl* 54(1996), pp. 433-463.

Aletti, J. N. Exégète et théologien face aux recherches historiques sur Jésus. In: *RechSR* 87(1999), pp. 424-444.

Betz, H. D. Wellhausen's dictum "Jesus was not a Christian, but a Jew" in light of present scholarship. In: *ST* 45(1991), pp. 83-110.

Borg, M. J. *Jesus. A new vision: spirit, culture and the life of discipleship*. London, 1993.

_____. Reflections on a discipline: A North American perspective. In: Chilton, B.; Evans, C. A., eds. *Studying the historical Jesus. Evaluations of the state of current research*. Leiden, 1994. pp. 9-31.

Borg, M. J. Jesus and eschatology: A reassessment. In: Charlesworth, J. H.; Weaver, W. R., eds. *Images of Jesus today.* Valley Forge, 1994. pp. 42-67.

_____. *Jesus in contemporary scholarship.* Valley Forge, 1994.

Bultmann, R. Das Verhältnis der urchristlichen Christusbotschaft zum historischen Jesus. In: *Exegetica.* Tübingen, 1967, pp. 445-469.

_____. *Die Geschichte der synoptischen Tradition.* 7 ed. Göttingen, 1967.

_____. *L'interprétation du Nouveau Testament.* Aubier, 1955.

Charlesworth, J. H. Jesus research expands with chaotic creativity. In: Charlesworth, J. H.; Weaver, W. R., eds. *Images of Jesus today.* Valley Forge, 1994. pp. 1-41.

Crossan, J. D. *O Jesus histórico.* A vida de um camponês judeu do Mediterrâneo. Rio de Janeiro, Imago, 1994.

_____. *Jesus.* Uma biografia revolucionária. Rio de Janeiro, Imago, 1995.

Crossan, J. D.; Johnson, L. T; Kelber, W. H. *The Jesus controversy: perspectives in conflict.* Harrisburg, 1999.

Downing, F. G. *Christ and the cynics. Jesus and other radical preachers in first century.* Sheffield, 1988.

Flusser, D. *Jesus.* Genova, Lanterna, 1976; Brescia, Morcelliana, 1997.

Freyne, S. La "terza" ricerca sul Gesù storico. Alcune riflessioni teologiche. In: *Conc* 33(1997)1, pp. 60-79.

Funk, R. W.; Hoover, R.; The Jesus Seminar. *The five Gospels: the search for the authentic words of Jesus.* New York, 1993 (cf. a severa crítica de N. T. Wright. Five Gospels no Gospel. Jesus and the Seminar. In: Chilton, B.; Evans, C. A., eds. *Authenticating the activities of Jesus.* Leiden-Boston-Köln, 1999: pp. 83-120).

Fusco, V. La ricerca del Gesù storico. Bilancio e prospettive. In: Fabris, R., ed. *La parola di Dio cresceva (At 12,24): Scritti in onore di Carlo Maria Martini nel suo 70o compleanno.* Bologna, EDB, 1998. pp. 487-519.

_____. La quête du Jésus historique. Bilan et perspectives. In: Marguerat, D.; Norelli, E; – Poffet, J.-M., eds. *Jésus de Nazareth. Nouvelles approches d'une enigma.* Genève, 1998. pp. 25-57.

Harrington, D. J. The jewishness of Jesus: facing some problems. In: Charlesworth, J. H., ed. *Jesus' jewishness. Exploring the place of Jesus in the early judaism.* New York, 1991. pp. 123-136.

Horsley, R. A. *Jesus and the spiral of violence: popular Jewish resistance in Roman Palestine.* San Francisco, 1992.

Jeremias, J. *Teologia del Nuovo Testamento, I. La predicazione di Gesù.* 2 ed. Brescia, Paideia, 1976.

Kahler, M. *Il cosidetto Gesù storico e l'autentico Cristo biblico.* Napoli, M. D'Auria, 1991.

Käsemann, E. Il problema del Gesù storico. In: *Saggi esegetici.* Genova, Marietti, 1985. pp. 30-57.

_____. Sackgassen im Streit um den historischen Jesus. In: *Exegetische Versuche und Besinnungen,* II. Göttingen, 1964. pp. 31-68.

_____. Die neue Jesus-Frage. In: Dupont, J., ed. *Jésus aux origines de la christologie.* 2 ed. Leuven, 1989. pp. 47-57.

Kloppenborg, J. S. L'évangile "Q" et le Jésus historique. In: Marguerat, D.; Norelli, E.; Poffet, J.-M., eds. *Jésus de Nazareth.* Genève, 1998. pp. 225-268.

Kümmel, W. G. *Il Nuovo Testamento. Storia dell'indagine scientifica sul problema neotestamentario.* Bologna, Il Mulino, 1976.

Mack, B. *A myth of innocence: Mark and Christian origins.* Philadelphia, 1988.

Manns, F. Les Juifs et Jésus: 2000 ans d'interrogations, 200 ans de recherches exégétiques. In: Franco, E., ed. *Mysterium Regni Ministerium Verbi: Scritti in onore di mons. Vittorio Fusco.* Bologna, EDB, 2001. pp. 157-200.

Marcheselli-Casale, C. Gesù di Nazaret, messia di Israele? Verso un dialogo sempre più costruttivo tra cristiani ed ebrei. In: Fabris, R., ed. *La parola di Dio cresceva.* pp. 521-539.

Marguerat, D. La "Troisième quête" du Jésus de l'histoire. In: *RechSR* 87(1999), pp. 397-421.

Müller, P. Neue Trends in der Jesusforschung. In: *ZNT* 1(1998), pp. 2-16.

_____. Jesusbücher-Jesusbilder. In: *VF* 44(1999), pp. 2-28.

Pirola, G.; Cappellotti, F. *Il "Gesù storico". Problema della modernità.* Casale Monferrato, Piemme, 1988.

Puig I Tarrech, A. La recherche du Jésus historique. In: *Bib* 81(2000), pp. 179-201.

Reimarus, H. S. *I frammenti dell'Anonimo di Wölfenbüttel pubblicati da G. E. Lessing* (editado por F. Parente). Napoli, Bibliopolis, 1977.

Robinson, J. M. *Le Kérygme de l'Église et le Jésus de l'histoire.* Genève, 1961.

Sacchi, P. Gesù l'ebreo. In: *Henoch* 6(1984), pp. 347-368.

Schaller, B. Jesus, ein Jude am Galiläa. Zur Trilogie von Geza Vermes. In: *EvTh* 57(1997), pp. 552-559.

von Scheliha, A. Kyniker, Prophet, Revolutionär oder Sohn Gottes? Die "dritte Runde" der Frage nach dem historischen Jesus und ihre christologische Bedeutung. In: *ZNT* 2(1999)4, pp. 22-31.

Schlosser, J. Le débat de Käsemann et de Bultmann à propos du Jésus de l'histoire. In: *RechSR* 87(1999), pp. 373-395.

Schüssler-Fiorenza, E. *Gesù figlio di Maria, profeta della Sophia. Questioni critiche di cristologia femminista.* Torino, Claudiana, 1996.

Schweitzer, A. *Storia della ricerca sulla vita di Gesù.* Brescia, Paideia, 1986.

Segalla, G. "La terza ricerca" del Gesù storico. Il Rabbi ebreo di Nazaret e il Messia crocifisso. In: *StPat* 40(1993), pp. 463-515.

_____. La verità storica dei vangeli e la "terza ricerca" su Gesù. In: *Lateranum* 41(1995), pp. 461-500.

_____. Un Gesù storico incerto e frammentato: guadagno o perdita per la fede? In: *StPat* 45(1998), pp. 3-19.

Smith, M. *Jesus the magician: charlatan or son of God?* Berkeley, 1998.

Vermes, G. *Gesù l'ebreo.* Roma, Borla, 1983.

Weiss, J. *La predicazione di Gesù sul regno di Dio.* Napoli, M. D'Auria, 1993.

Wrede, W. *Il segreto messianico nei Vangeli.* Napoli, M. D'Auria, 1996.

Vv.Aa. L'exégèse et la théologie devant Jésus le Christ. In: *RechSR* 87(1999), p. 3.

Capítulo II
FONTES DE INFORMAÇÃO

Podemos dizer alguma coisa, muito ou pouco, sobre personagens e eventos do passado longínquo com uma só condição: se existirem fontes de informação confiáveis. O caso mais oportuno se verifica quando temos autotestemunhos escritos. Por exemplo, Paulo de Tarso se nos apresenta com clareza nas suas cartas, fonte primária de conhecimento sobre ele e sua trajetória. Mas Jesus não nos deixou nada escrito de próprio punho. Podemos conhecê-lo somente da palavra das testemunhas próximas a ele no tempo e especialmente dignas de confiança. De qualquer modo, não somos tão pobres quanto ao assunto: temos à nossa disposição antigas informações a respeito de sua pessoa, do ambiente no qual viveu e do movimento suscitado por ele. Certamente, quase sempre ouvimos a voz de pessoas "comprometidas" com a fé nele, testemunhas não neutras, antes partidárias, mas não por isso *fide indigni*, dos séculos I e II. Porém, não faltam poucos, e no entanto importantes antigos testemunhos diretos não cristãos, de matriz judaica — como Flávio Josefo (último terço do século I) e a literatura rabínica de datação posterior —, e também de historiadores romanos, como Suetônio, Tácito e Plínio, do início do século II. Também desses não se pode realmente dizer que sejam imparciais, como veremos. Falou-se, a propósito disso, de um *silentium saeculi*: "Os autores não cristãos dos séculos I e II calam quase todos, e quase de todo sobre Jesus" (Martini, p. 341). Deve-se, porém, dizer que não é um silêncio absoluto mas relativo e sobretudo compreensível, porque a vida de Jesus, fora de quantos a ele se referem, foi, na realidade, de pouca ou nenhuma relevância política e religiosa: uma das muitas presenças incômodas em uma região periférica do império romano, prontamente silenciada de modo violento pela autoridade romana do posto com a colaboração, mais ou menos decisiva, dos chefes judeus.

Os testemunhos indiretos, relativos ao ambiente que o viu presente e o cristianismo das origens que dele nasceu, não são menos numerosos.

Para as origens cristãs, dispomos especialmente dos escritos cristãos dos séculos I e II, *in primis* das cartas autênticas de Paulo, escritas nos anos 50. O mundo judaico de então surge nos escritos de Qumrã, os livros mais recentes da Bíblia do Primeiro Testamento, como Sabedoria, Daniel, 1-2 Macabeus, um número consistente de escritos pseudoepígrafos de tradição hebraica (por exemplo, Henoc, Testamentos dos 12 Patriarcas, Salmos de Salomão, Carta de Aristeas), e também as obras de Fílon de Alexandria e de Flávio Josefo, e finalmente a literatura rabínica: Mishná, Talmude, Midrash, sem esquecer os Targuns aramaicos.

Por último, mas não menos preciosa, é a documentação arqueológica com suas descobertas, inscrições e ruínas de construções que remontam ao nosso tempo. Insiste sobre isso, de modo particular, Charlesworth no seu *Jesus no judaísmo de seu tempo*. Entre as inscrições chegadas até nós, citamos aqui três importantes para contextualizar historicamente Jesus. A primeira leva o nome e o título oficial de Pilatos, prefeito romano na Judeia entre os anos 26 e 36. Está escrita em latim sobre um bloco calcário encontrado em 1961 no teatro romano de Cesareia Marítima, capital da província da Judeia, reutilizado para esta construção. Lacunosa, indica um monumento, aqui impreciso, que Pilatos erigiu em honra de Tibério: *Tiberieum/Po]ntius Pilatus,/prae]fectus Iuda[ea]e*. A segunda concerne diretamente ao mundo judaico: é a inscrição, em grego, da sinagoga de Teodoto, datada na primeira metade do século I d.C., na qual esse personagem, arquissinagogo, isto é, membro de direito do conselho dos anciãos do lugar, transmitiu seu nome como aquele que em Jerusalém edificou a sinagoga. O texto da inscrição, na tradução de Boffo, é o seguinte:

> Teodoto filho de Vetteno, sacerdote e arquissinagogo, filho de arquissinagogo, neto de arquissinagogo, edificou a sinagoga para a leitura da lei e para o ensino dos preceitos (*eis an[ag]nōs[in] nomou kai eis [d]idach[ē]n entolōn*), e o asilo e os quartos e as instalações hidráulicas para hospedar a quem tenha necessidade (vindo) do exterior, a qual (sinagoga) fundaram seus pais e os Anciãos e Simônides.

A terceira documenta *de visu* a norma que proibia os gentios de ultrapassarem o átrio atribuído a eles na área do templo de Jerusalém e de entrarem na parte mais interna reservada aos judeus — composta por três átrios: das mulheres, dos israelitas e dos sacerdotes —, e da construção do templo propriamente dita. Uma balaustrada de pedra delimitava o átrio dos gentios e desta partiam as escadas que levavam até a zona reservada. Flávio Josefo o descreve nestes termos, precisando mais adiante que os transgressores teriam sido punidos com a pena de morte (*Bell* 6,126; cf. *Ant* 15,417):

> Quem atravessava esta área para chegar ao segundo pátio a encontrava circundada por uma balaustrada de pedra, de três côvados de altura e finamente trabalhada; nela, em intervalos iguais, estavam colocadas lápides que lembravam a lei da pureza, algumas em língua grega e outras em latim, para que nenhum estrangeiro entrasse no lugar santo (*Bell* 5,193-194).

Ora, uma dessas lápides foi encontrada em 1871 por Ch. Clermont Ganneau na parte norte da área do templo: uma laje de calcário com 56 cm de altura, 86 cm de largura e 37 cm de espessura. O texto original está em grego e recita: "Nenhum gentil (*allogenēs*) ultrapasse a balaustrada do recinto do (segundo) templo. Quem for (ali) surpreendido, será responsável da própria morte que seguirá".

Por fim, impõe, se um breve aceno — para regressar mais adiante no capítulo sobre a morte de Jesus — à descoberta dos ossos de um jovem crucificado no mesmo período de Jesus, Yehohanan, encontrados em um ossário alguns decênios atrás em Jerusalém. A descoberta, além de confirmar as atestações literárias sobre a prática da crucificação em solo palestino naquela época, diz-nos que o condenado foi pendurado pelos braços amarrados, não pregados, a um travessão de madeira horizontal e faz pensar que permanecesse com as pernas abertas a cavalo na trave vertical, com os pés pregados lateralmente na cruz. A crucificação era, então, praticada em diversas modalidades. Essa descoberta nos oferece o testemunho de uma dessas maneiras. Naturalmente não nos diz de que modo Jesus foi suspenso.

1. Do mundo romano: Tácito, Suetônio, Plínio

São os três mais importantes testemunhos do mundo latino que remontam aos primeiros vinte anos do século II, e dizem respeito aos cristãos, ao novo culto, ao fundador. Na sua última obra, escrita provavelmente entre 115 e 120, falando do incêndio de Roma, Tácito acusa Nero por ter culpado injustamente os "crestãos" que se referiam a certo Cristo (*Ann* 15,44,2-5):

> (2) Nem intervenções humanas, nem gestos de generosidade do príncipe, nem sacrifícios aos deuses conseguiam sufocar a voz infamante que o incêndio tivesse sido ordenado (*quin iussum incendium crederetur*). Então, para silenciar todo boato, Nero declarou culpados e condenou aos tormentos mais refinados aqueles que o vulgo chamava Crestãos, odiados por seus crimes abomináveis (*quos per flagitia invisos vulgus Chrestianos*

appellabat). (3) Seu nome derivava de Cristo, que, sob o império de Tibério, fora supliciado pelo procurador Pôncio Pilatos (*auctor nominis eius Christus Tiberio imperitante per procuratorem Pontium Pilatum supplicio adfectus erat*); reprimida por um breve tempo, aquela funesta superstição (*exitiabilis superstitio*) agora recuperava forças não somente na Judeia, lugar de origem daquele mal, mas também em Roma, onde todas as atrocidades e práticas vergonhosas confluem de toda parte e encontram sequazes. (4) Foram portanto presos primeiramente aqueles que confessavam (ser cristãos); depois, a partir das revelações destes, outros em grande número (*ingens multitudo*) foram condenados não tanto pelo crime do incêndio quanto pelo seu ódio ao gênero humano (*odio humani generis*). E aos mortos foi acrescentada a zombaria, como o revesti-los com peles de animais a fim de serem dilacerados pelos cães, ou, afixados em cruzes (*crucibus adfixi*) e queimados ao cair do dia, eram acesos como tochas noturnas. (5) Nero tinha oferecido seus jardins (*hortos suos*) para tais espetáculos e organizava jogos no circo (*circense ludicrum edebat*), ora misturando à plebe vestido de auriga, ora estando de pé sobre um carro de corrida. Assim, mesmo que criminosos e merecedores das maiores penas, despertavam compaixão (*miseratio oriebatur*), porque eram sacrificados não para o bem de todos, mas para saciar a crueldade de um só homem.

Tácito transfere seu bem notório anti-hebraísmo (cf. *Hist*, V) sobre os "crestãos", variante nominal de "cristãos", réus de "funesta superstição", "odiados por seus crimes abomináveis", "criminosos e merecedores das maiores penas", mas vítimas da "crueldade de um só homem", portanto dignos de compaixão. Especialmente, ele menciona seu fundador, conhecido não com seu nome Jesus, mas com o título "Cristo" (= ungido), que já em Paulo, muitas vezes ao lado de Jesus, aparece como nome próprio. O historiador conhece dele, de fonte própria ou, mais provavelmente, de informação cristã, direta ou indireta, a condenação à morte: "Sob o império de Tibério, foi supliciado pelo procurador Pôncio Pilatos". A pena capital do suplício indica por si mesma, em termos gerais, morte por tortura, não crucificação, que contudo era uma de suas modalidades, ao lado da pira (*crematio*) e da decapitação (*decollatio*). Também a *damnatio ad bestias* era considerada pena máxima, mas nem sempre fácil de realizar. A responsabilidade recai, toda e somente, sobre a autoridade romana local: Pôncio Pilatos (26-36). Tácito deixa transparecer aqui uma pequena inexatidão: o governador da província romana de Judeia será chamado procurador somente a partir de Cláudio; Pôncio Pilatos, portanto, foi prefeito da Judeia, conforme atestado na famosa inscrição de Cesareia. O envolvimento dos cristãos no incêndio de Roma é confirmado por Suetônio em *Nero* 16: *Afflicti suppliciis Christiani, genus hominum superstitionis novae ac maleficae*.

Mais breve mas não menos precioso, é o testemunho de Suetônio em *De vita Caesarum*, considerada do ano 121. Ao falar da expulsão dos judeus de Roma menciona "Cresto", que está para "Cristo" como os "crestãos" de Tácito está para os cristãos. Fala dele como se tivesse sido ativo e pessoal fomentador das desordens. Um conhecimento impreciso, porém válido: Cristo devia ter sido, na realidade, o *casus belli* das divergências entre sequazes e adversários no seio das comunidades da diáspora judaica em Roma, agrupada em ao menos cinco sinagogas. "Os judeus que tumultuavam continuamente por instigação de (certo) Cristo, ele [Cláudio] os expulsou de Roma (*Iudaeos impulsore Chresto assidue tumultuantes Roma espulit*)" (*Claudius* 25). Também Dio Cássio (155-235) parece referir-se a isso em *Hist* 60,6,6. Na realidade, este não fala de desordens, mas somente de judeus multiplicados grandemente na cidade; considera impossível sua expulsão em massa, um ostracismo geral; indica como medida repressiva a proibição de realizar reuniões; data, finalmente, o fato no primeiro ano de Cláudio, ao poder de 41 a 54, portanto no 41. Uma datação polêmica, porque o historiador cristão Paulo Orósio, século V, em *Historia adversus paganos* 7,6,15, indica o ano 49. Em todo caso, sabemos assim que nos anos 40 já havia em Roma um grupo cristão consistente e ainda dentro das sinagogas.

Plínio, o Jovem, governador da Bitínia provavelmente nos anos 111-113, manteve nesse período um rico intercâmbio epistolar com o imperador Trajano. Na seguinte carta solicita diretivas sobre o modo de comportar-se a respeito dos cristãos denunciados no seu tribunal (*Epist* 10,96):

> (1) É uma regra para mim, senhor, submeter-te todos os assuntos sobre os quais tenho dúvidas. Quem, de fato, poderia melhor orientar minha incerteza ou instruir minha ignorância? Nunca participei de inquéritos contra os cristãos (*cognitionibus de christianis interfui nunquam*): não sei, portanto, quais fatos e em que medida devem ser punidos e perseguidos. (2) E com não pequena hesitação (me pergunto) se não há discriminações em razão da idade ou se a criança deve ser tratada da mesma maneira que o adulto; se se deve perdoar a quem se arrepende, ou se aquele que tinha sido totalmente cristão (*qui omnino christianus fuit*) não lucra nada abjurando; se é punido o simples nome (*nomen*), mesmo sem atos delituosos, ou os crimes (*flagitia*) relacionados a esse nome. Enquanto isso, eis como me comportei diante dos que me foram entregues como cristãos (*qui ad me tamquam christinani deferebantur*). (3) Perguntei a eles mesmos se eram cristãos (*an essent christiani*). Aos que respondiam afirmativamente, repeti uma segunda e uma terceira vez a pergunta, ameaçando o suplício: os que perseveravam mandei executá-los. Não duvidava, com efeito, de que, não importando o que confessassem, se devia punir ao menos tal teimosia e inflexível obstinação (*pertinaciam certe et inflexibilem obs-*

tinationem). (4) Outros, tomados pela mesma loucura, porque eram cidadãos romanos, os pus na lista dos que devem ser enviados a Roma. Bem cedo, como acontece em casos semelhantes, estendendo-se o crime (*diffundente se crimine*) com o avançar do inquérito, apresentaram-se diversos casos de tipo diferente. (5) Recebi uma denúncia anônima, contendo nomes de muitas pessoas. Os que negavam ser cristãos ou tê-lo sido (*qui negabant esse se christianos aut fuisse*), se invocavam os deuses segundo a fórmula que tinha estabelecido e sacrificavam com incenso e vinho diante da tua imagem, que eu tinha mandado trazer para tal fim, e se além disso amaldiçoavam Cristo (*male dicerent Christo*) — coisas todas impossíveis de obter, dizem, daqueles que são verdadeiramente cristãos (*qui sunt re vera christiani*) —, achei que devia libertá-los. (6) Outros, cujo nome tinha sido fornecido por um denunciante, disseram ser cristãos e depois o negaram (*esse se christianos dixerunt et mox negaverunt*); tinham sido, mas depois tinham deixado de sê-lo, alguns havia três anos, outros havia mais tempo, uns até havia vinte anos. Também todos estes adoraram tua imagem e as estátuas dos deuses e amaldiçoaram Cristo (*et Christo male dixerunt*). (7) De outro lado, afirmavam que a culpa deles, ou o erro, não passava do costume de reunir-se num dia fixo, antes do levantar do sol, e cantar alternadamente um hino a Cristo como a um deus (*quod essent soliti stato die ante lucem convenire carmenque Christo quasi deo dicere secum invicem*), e de obrigar-se por juramento (*sacramento*), não para cometer algum delito, mas para não fazer nem roubos, nem latrocínios, nem adultérios, a não faltar à palavra dada, e não negar, se requisitados, de efetuar um penhor. Terminados esses ritos, tinham costume de se separar e de se reunir novamente para tomar juntos uma refeição (*rursusque coeundi ad capiendum cibum*), mas comum e inocente. Mesmo a essa prática tinham renunciado, depois do edito com que, segundo as tuas ordens, proibi as associações (*hetaerias*). (8) Com muito maior razão, achei necessário arrancar a verdade, também por meio da tortura, a duas escravas que eram chamadas *ministrae*. Mas não descobri senão uma superstição irracional e desmesurada (*superstitionem pravam et immodicam*). (9) Por isso, suspendi o inquérito para recorrer ao teu conselho. O assunto me pareceu merecer tua opinião, sobretudo pelo grande número de acusados. Com efeito, são muitos, de toda idade, de toda condição, de ambos os sexos, os que estão ou estarão em perigo. Não apenas nas cidades, mas também nas aldeias e nos campos se espalhou o contágio dessa superstição. Creio, no entanto, ser possível contê-la e extirpá-la. (10) Sei com certeza que os templos, que há pouco estavam quase desertos, começam a ser frequentados novamente, que as cerimônias rituais (*sacra sollemnia*), há tempo interrompidas, são retomadas, e por toda parte vende-se a carne das vítimas, que até então encontrava poucos compradores. Disso é fácil deduzir que multidão de pessoas poderia ser curada, se fosse aceito seu arrependimento.

Trajano responde fixando os seguintes critérios de conduta para com os cristãos:

Não devem ser objeto de investigação por iniciativa oficial (*conquirendi non sunt*). Se forem denunciados e confessarem, devem ser condenados, mas neste modo: quem negar ser cristão (*qui negaverit se christianum esse*) e disso der prova clara, isto é, sacrificando aos nossos deuses, mesmo se for suspeito com relação ao passado, seja perdoado por seu arrependimento (*veniam ex poenitentia impetret*). Quanto às denúncias anônimas, elas não devem contar em nenhuma acusação, porque se trata de um exemplo detestável que não pertence à nossa época (Plínio, o Jovem, *Epist* 10,97).

Portanto, ao início do século II, os cristãos eram um grupo visível na região, portadores de um novo culto contrário às religiões oficiais e por isso merecedor de ser perseguido como "superstição irracional e desmesurada", como "crime". Suas expressões religiosas são uma dupla reunião: uma de manhã cedo de aclamação hínica a Cristo "como a um deus" e de um juramento de empenho ético, a outra de culto ritual de comensalidade, possivelmente à tarde. É importante também a notícia de mulheres cristãs empenhadas em um "ministério" eclesial. O testemunho de Plínio, ademais, faz-nos conhecer o processo de divinização de Jesus de Nazaré efetuado pelo cristianismo primitivo.

Que o movimento cristão e seu fundador fossem vistos de forma desdenhosa aparece também em vozes sucessivas de escritores do Império. Assim Marco Cornélio Frontão (100-160), autor de *Oração contra os cristãos*, reportada em *Octavius* de Minúcio Félix, expõe ao ridículo o fato de que "um homem punido por seu delito com a pena suprema (*summo supplicio*) e o lenho de uma cruz (*et crucis ligna*) constituem a lúgubre substância da sua liturgia", dos cristãos, "aqueles patifes sem lei" (9,4). Mais cáustico é Luciano de Samósata (120-190), que na obra *De morte peregrini* não somente descobre as astúcias fraudulentas de um cristão de nome Proteo e denuncia a crendice de tantos cristãos, mas também denigre o fundador da nova religião:

> (11) Foi então que, frequentando na Palestina seus sacerdotes e seus escribas, Proteo ficou conhecendo da portentosa doutrina dos cristãos (*tēn thaumastēn sophian tōn khristianōn*). E o que aconteceu? Em um piscar de olhos fê-los parecer todos como crianças, visto que ele era profeta, mestre do culto, chefe de suas reuniões, tudo sem nenhuma ajuda. Não somente interpretava e explicava seus livros, como também compôs muitos deles, e os cristãos o veneravam como um deus, se serviam dele como legislador e o tinham elevado como seu protetor à semelhança daquele que eles ainda veneram, o homem que foi crucificado na Palestina (*anthrōpon ton en tē-i Palaistinē-i anaskolopisthenta*) por ter introduzido esta nova religião no mundo.

E pouco depois diz dos cristãos:

> (13) [...] além disso, seu primeiro legislador (*nomothetēs*) os persuadira de que são todos irmãos entre si (*hōs adelphoi pantes eien allēlōn*), no momento em que se coloquem uma vez para sempre fora da legalidade, renegando os deuses gregos, adorando aquele mesmo sofista crucificado (*ton de aneskolopismenon ekeinon sophistēn*) e vivendo sob suas leis.

Portanto, desprezam toda coisa indiscriminadamente e a consideram propriedade comum (*kai koina hēgountai*), acolhendo tais doutrinas por tradição, sem nenhuma prova concreta.

Ao fazer um balanço final, é fácil relevar que se nos oferece um bem magro butim: no mundo romano, em marcha entre os séculos I e II, conhece-se que na origem do novo culto dos cristãos, associação execrada, está o judeu Cristo, condenado ao suplício sob Tibério por Pôncio Pilatos, prefeito da Judeia. Pouco, ou melhor, pouquíssimo, mas suficiente para inscrevê-lo nos anais da história romana do tempo.

Por uma questão de completude, reportamos um texto siríaco de datação incerta, em todo caso antigo, do século I ou II. Está presente na carta de Mara bar Sarapion, um filósofo estoico, ao filho que estudava em Edessa. O compilador, pagão, relembra ao filho três figuras exemplares da história, no entanto renegadas pelos seus conterrâneos, e por isso punidas pela vingança divina. Sob o apelativo de "sábio rei" dos judeus aparece certo a referência a Jesus:

> Que proveito tiraram os atenienses ao ter matado Sócrates, delito que tiveram que pagar com a carestia e com a peste? Ou aqueles de Samo ao terem prendido Pitágoras, se depois seu país foi em um átimo sepultado pela areia? Ou os hebreus ao executar seu sábio rei, já que daquele tempo foram espoliados de seu reino? Um Deus de justiça, com efeito, fez vingança daqueles três sábios. Os atenienses morreram de fome; aqueles de Samo foram afundados pelo mar; os hebreus foram mortos e expulsos de sua terra para viver dispersos em qualquer lugar. Sócrates não morreu graças a Platão; nem mesmo Pitágoras por causa da estátua de Hera; nem o rei sábio graças às novas leis por ele promulgadas.

2. Testemunhos judaicos

O mais importante testemunho é Flávio Josefo, judeu aristocrático de família sacerdotal ("Minha família não é sem glória, mas descendente de sacerdotes": *Vida* 1), chefe das tropas judaicas na Galileia durante a primeira guerra contra Roma, feito prisioneiro pelos romanos e passado para seu lado. Caído nas graças de Vespasiano com a predição de que se tornaria imperador, chegou a Roma em 70 com as tropas de Tito, teve proteção imperial e digno benefício:

> Quando cheguei a Roma recebi muitas atenções de parte de Vespasiano; com efeito, fez-me hospedar na casa que tinha sido sua antes de ser imperador, honrou-me com a cidadania romana, deu-me uma pensão e continuou a honrar-me até a passagem desta vida sem em

nada diminuir a sua benevolência para comigo [...]. E recebi de Vespasiano uma terra não pequena na Judeia (*Vida* 76, 423 e 425).

Escreveu primeiro *Bellum Judaicum*, depois *Antiquitates Iudaicae*, em cerca de 93, sem esquecer da *Autobiographia* e de *Contra Apionem*. Reconhece-se universalmente a autenticidade do seu testemunho sobre Tiago, irmão de Jesus, condenado ilegalmente à morte em 62 pelo sumo sacerdote Anano, filho de Anano, o Velho, isto é, o Anás dos evangelhos, que "teve cinco filhos e todos foram sumos sacerdotes de Deus, depois que ele mesmo primeiramente ocupou esta função por longo tempo" (*Ant* 20,198), isto é, desde quando Quirino o escolheu até o tempo em que foi deposto por Valério Grato, se estima de 6 o 15 d.C. (*Ant* 18,26 e 34). O historiador judeu fala dele para acusar o protervo Anano, o Jovem:

> Com o caráter que tinha, Anano, pensando ter uma ocasião favorável, pois que Festo tinha morrido enquanto Albino estava ainda a caminho, convocou os judeus do Sinédrio (*kathizei synedrion*) diante do qual fez comparecer um homem de nome Tiago, irmão de Jesus, chamado Cristo, e alguns outros. Acusou-os de terem transgredido a lei, e os entregou para serem apedrejados (*Ant* 20,200).

Acusado diante do prefeito romano Albino por ter reunido ilegalmente o sinédrio — não tinha o consenso da autoridade romana local —, perdeu o cargo por intervenção do rei Agripa (Ant 18,203). Do condenado à morte, Flávio Josefo indica, além do nome, o parentesco: irmão do mais conhecido Jesus. Mas sendo este um nome bastante comum, especifica de qual Jesus se trata; de fato, o identifica com o apelido de Cristo. Note-se que a fórmula "irmão de Jesus, chamado Cristo," não aparece como tal nos escritos cristãos, nos quais é indicado como "irmão do Senhor" (1Cor 9,5; Gl 1,19).

Bastante discutida é, por sua vez, seu mais difuso testemunho presente em *Ant* 18,63-64:

> (63) Por esse tempo viveu Jesus, homem sábio, se na verdade se pode chamá-lo de homem (*eige andra auton legein khrē*); de fato, ele realizava obras extraordinárias, doutrinava os homens que com alegria acolhem a verdade, e convenceu muitos judeus e gregos. Ele era o Cristo (*ho Khristos houtos ēn*). (64) E depois que Pilatos, por causa de uma acusação feita pelos maiores responsáveis de nosso povo (*tōn protōn andrōn par'hēmin*) o condenou à cruz (*staurō-i epitetimēkotos*), aqueles que o amaram desde o início não esmoreceram. Com efeito, ele lhes apareceu no terceiro dia, novamente vivo (*ephanē gar autois tritēn ekhōn hēmeran palin zōn*), como os divinos profetas tinham falado desta e muitíssimas

outras maravilhas sobre ele. E até hoje a tribo dos cristãos, que deve a ele esse nome, não desapareceu (trad. de R. Penna).

Assim como está, bem poucos poderiam sustentar sua autenticidade. Flávio Josefo deveria ter sido um cristão — *Si enim Josephus ita sensisset [...] Josephus fuisset chritianus*, tinha dito Osiander — para poder escrever de Jesus "se na verdade se pode chamá-lo de homem"; "Ele era o Cristo"; "Com efeito, ele lhes apareceu no terceiro dia, novamente vivo, como os divinos profetas tinham falado desta e de muitíssimas outras maravilhas sobre ele". As três expressões são, nada menos, que artigos da confissão cristã: divindade, messianidade, ressurreição de Jesus profeticamente predita. Isso e a falta de uma clara contextualização da passagem na trama da obra — Flávio Josefo está falando de Pilatos e de seu decênio de prefeitura romana sob o signo de insurreições e rebeliões, ausentes na menção de Jesus — levaram diversos autores a compreendê-la, *in toto*, como uma interpolação cristã. Mas não menos numerosos são aqueles que sustentam a teoria da reelaboração: eliminadas as supramencionadas manifestas inserções cristãs que deixam um texto perfeitamente homogêneo e fluente (J. P. Meier), talvez segundo uma versão ulteriormente depurada do halo de simpatia por Jesus e desprovida do envolvimento dos chefes judeus na sua condenação à morte, o texto assim reduzido é autêntico. Tanto mais que a definição de Jesus como "homem sábio" e sua apresentação de realizador de prodígios e mestre de verdade não parecem em absoluto de mão cristã.

Em favor de tal hipótese — de um texto mais neutro subjacente ao atual — recorre-se também a uma versão árabe de nosso *testimonium flavianum*, que remonta ao século X e atestada na *História universal* de Agapio, bispo de Hierápolis, na Síria:

> Nesse tempo houve um homem sábio que era chamado Jesus. Sua conduta era boa e era famoso por ser virtuoso. E muitos dentre os judeus e outras nações tornaram-se seus discípulos. Pilatos condenou-o a morrer crucificado. Mas aqueles que tinham se tornado seus discípulos não abandonaram seu discipulado. Eles relataram que ele se lhes apareceu três dias depois de sua crucificação e que estava vivo; talvez por isso era o Messias, do qual os profetas falaram maravilhas.

Mas o caráter tardio do texto e a acentuada positividade com que o autor olha o personagem levantam sérias dúvidas sobre sua autenticidade. Em breve, o *testimonium flavianum* é de questionável historicidade e não pode ser muito levado em consideração na pesquisa sobre Jesus.

Da literatura rabínica é importante a passagem de *Sanhedrin* 43a do Talmude babilônico. No contexto do procedimento a seguir no caso de lapidação de um transgressor da Lei, se introduz como tradição antiga, isto é, do tempo tanaítico (de 75 a 200 d.C.), a história de um condenado, identificado mais tarde — assim considera Maier, de quem citamos aqui a tradução — com nome e título: "Jesus, o nazoreu":

> Se transmite, porém: na [sexta-feira e] na tarde da parasceve foi enforcado *Jeshû* [*ha-nôserî*]; e o arauto saiu diante dele por quarenta dias [dizendo]: "Ele [*Jeshû ha-nôserî*] será lapidado, porque praticou a magia, instigou (*hissît*) Israel (à idolatria) e (o) perverteu (*hiddîah*). Quem souber alguma coisa para sua defesa, venha e apresente [a desculpa]". Mas não encontraram para ele nenhuma desculpa, e o enforcaram [na sexta-feira e] na tarde da parasceve.

Segue um dito de Ulla (Palestina/Babilônia, século IV) que insiste sobre a culpabilidade do acusado e estranhamente fala de colaboracionismo de Jesus com a autoridade romana:

> Disse Ulla: "Pensas que ele [*Jeshû ha-nôserî*] fosse alguém pelo qual se poderia ter esperado uma desculpa? Ele era um *mesit* (instigador de idolatria), e o Misericordioso disse: *Não deves ter misericórdia e não deves esconder (sua culpa)!*" (Dt 13,9). Com *Jeshû* era diferente, porque estava próximo ao domínio (*malkût*).

Finalmente, relata, sempre como tradição antiga, que Jesus teve cinco discípulos: "Os rabbanan transmitiram: cinco discípulos tinha *Jeshû* [*ha-nôserî*]: Mat(t)a'y, Naq(q)ay, Nêser, Bûnî e Tôdâ", todos levados ao suplício. Observe-se o caráter estranho da passagem: Jesus é lapidado como instigador à idolatria, quarenta dias de vã procura por testemunhas de defesa, com enforcamento ao termo do procedimento judiciário hebraico, sua proximidade ao poder romano, cinco discípulos de nomes diversos àqueles da tradição cristã. Por isso, descartada toda referência originária a Jesus, inserida em um segundo momento, Maier afirma: "A hipótese que melhor se adapta ao contexto é a de que se trate de um delinquente lapidado e enforcado por práticas idolátricas e instigação à idolatria" (p. 214). Talvez somente a determinação cronológica, "na tarde da parasceve", pode remontar a um tempo antigo, mas se discute a respeito (Maier, pp. 209-211). Outros, porém, são menos drásticos na valoração histórica da passagem talmúdica.

Celso, filósofo da segunda metade do século II, na sua obra polêmica contra os cristãos *Doutrina veraz*, da qual restaram as passagens citadas por Orígenes no *Contra Celsum* (por volta do ano 178), reporta boatos infames, provavelmente de origem judaica, sobre o nascimento de Jesus. Atesta Orígenes:

> (28) Celso, depois disso, introduz a figura imaginária de um judeu, que se dirige precisamente a Jesus e o acusa de muitas coisas (ao menos assim pensa ele!), e em primeiro lugar o acusa "de ter inventado a história de seu nascimento de uma virgem" (*tēn ek parthenou genesin*); lhe deita em rosto também "de ser originário de uma aldeia da Judeia, e de ter tido como mãe uma pobre nativa, que ganhava a vida fiando". Acrescenta "que a mãe foi expulsa por seu marido, artesão (*tektonos*) de profissão, tendo sido acusada de adultério (*hōs memoikheumenēn*)"; depois diz que "ela, expulsa pelo marido e errando de forma miserável, deu à luz Jesus de modo escondido" e também que "este, motivado pela pobreza, foi ao Egito para trabalhar como assalariado, e depois de ter aprendido algumas daquelas artes secretas (*dynameōn tinōn peirastheis*), pelas quais os egípcios são célebres, retornou entre os seus todo presunçoso pelas artes aprendidas, e em razão dessas se proclamou assim mesmo Deus (*theon hauton anēgoreuse*)". (32)

Voltamos agora ao discurso colocado na boca do judeu por Celso, no ponto em que fala da "mãe de Jesus, expulsa do artesão que a tinha esposado, acusada de adultério (*elegtheisa epi moikheia-i*), feita mãe por certo soldado de nome Panthera" (*Contra Celsum* 1,28 e 32). A calúnia é clara também a Tertuliano, que em *De Spectaculis* 30,3 fala de Jesus filho de uma *quaestuaria*, prostituta.

"Jesus, filho de Phantera", é motivo presente também na literatura rabínica, mas ainda como "reelaboração de uma tradição mais antiga que, em um primeiro momento, não tinha nada que ver com Jesus Cristo" (Maier, p. 238). Tudo, na realidade, se nos apresenta como uma paródia do relato de Mt 1,18-25 sobre o nascimento virginal.

Em conclusão, também aqui os dados atestados são pouquíssimos: certamente, o testemunho irrefutável da existência histórica de Jesus, chamado o Cristo. Flávio Josefo é um judeu muito próximo ao tempo do Nazareno, empenhado em um trabalho histórico valioso, fora de todo interesse pessoal, que o menciona em referência a Tiago, condenado à morte por Anano, o Jovem. Se depois se admite a autenticidade substancial do *testimonium flavianum*, o testemunho se enriquece muito: Jesus é taumaturgo e mestre, condenado à cruz sob Pôncio Pilatos — concordância com Tácito —, e está na origem da "tribo dos cristãos".

3. Fontes cristãs

Se prescindirmos dos evangelhos, canônicos e apócrifos, sabemos muito pouco de Jesus pelos outros escritos do cristianismo das origens. Não pretendemos fazer deles uma análise completa; basta uma alusão, para determo-nos depois sobre Paulo. Em Tg 5,12 ressoa o preceito de Jesus de não jurar, com o qual exalta a veracidade do falar. A carta aos Hebreus fala de sua pertença à tribo de Judá, não de Levi (Hb 7,14), da crucificação fora da porta da cidade de Jerusalém (Hb 13,12) e da oração no Getsêmani (Hb 5,7-8). A tradição paulina lembra que Jesus "perante Pilatos testemunhou sua boa profissão" (1Tm 6,13). Os Atos dos Apóstolos apresentam sumários da "vida" de Jesus nos lábios de Pedro e Paulo, anunciadores do Evangelho (At 2,22-24; 13,27-31), mas, por serem obra do mesmo autor do terceiro evangelho, a ele devemos nos remeter.

Da literatura patrística antiga se pode citar aqui uma passagem de Hegesipo, na segunda metade do século II, que nas suas *Memórias* se faz porta-voz de uma tradição cristã — cuja confiabilidade não é fácil de estabelecer —, concernente aos descendentes de Jesus. Denunciados perante o imperador Domiciano por serem da estirpe de Davi, foram enviados desdenhosamente a casa, livres, como pessoas sem valor nenhum:

(20,1) Da família do Senhor ficavam ainda os netos de Judas (*hoi apo genous tou kyriou hyiōnoi Iouda*), chamado seu irmão segundo a carne (*tou kata sarka legomenou autou adelphou*), os quais foram denunciados como pertencentes à estirpe de Davi. O soldado conduziu-os ante Domiciano César, porque também ele, como Herodes, temia a vinda de Cristo. (2) E ele lhes perguntou se eram descendentes de Davi e teve deles a confirmação. Perguntou então quantas propriedades e quanto dinheiro possuíam. Eles responderam que tinham em total nove mil denários, metade de cada um, e afirmavam não os ter em dinheiro, mas que era o valor de um terreno de somente trinta e nove *plethri*, do qual pagavam os impostos e com o qual ganhavam o sustento, cultivando-o eles mesmos (*autous autourgountas*). (3) E lhe mostraram as mãos, testemunhando seu trabalho pessoal (*martyrion tēs autourgias*) com a rudeza do corpo e os calos formados nas mãos pelo contínuo esforço (*epi tōn idiōn kheirōn tylous paristantas*). (4) Interrogados sobre Cristo e seu Reino, sobre sua natureza, o lugar e o tempo em que se manifestaria, responderam que seu Reino não era nem mundano nem terreno, mas celeste e angélico, e que se consumaria no fim dos séculos, quando Cristo viria na glória para julgar vivos e mortos e para dar a cada um segundo suas obras. (5) Após ouvir isso, Domiciano não pronunciou nenhuma sentença, mas os desprezou, julgando-os de pouco valor (*hōs entelōn kataphronēsanta*), deixou-os ir, e com um edito fez cessar a perseguição contra a Igreja. (6) Uma vez livres, eles ficaram à frente das Igrejas porque eram testemunhas e também parentes do Senhor (*martyras homou kai apo genous ontas tou kyriou*), e retornada a paz permaneceram vivos até a época de Trajano (Eusébio, *Hist eccl* 3,19-20,1-6).

3.1. As cartas autênticas de Paulo

As cartas de Paulo ostentam uma datação muito alta, os anos 50 — são os escritos cristãos mais antigos —, e oferecem um testemunho esporádico e paupérrimo, contudo muito significativo. Primeiramente, a memória tradicional da última ceia:

> O Senhor Jesus, na noite em que foi entregue à morte, tomou o pão e dando graças o partiu e disse: "Este é o meu corpo que é por vós; fazei isto em minha memória". Do mesmo modo, depois da ceia, tomou também o cálice dizendo: "Este cálice é a nova aliança mediante o meu sangue; fazei isto, cada vez que bebais, em minha memória". Toda vez, com efeito, que comais este pão e bebais este cálice, anunciais a morte do Senhor até que ele venha (1Cor 11,23-25).

Em segundo lugar, se podem registrar, aqui e acolá, algumas de suas palavras preceptivas: a proibição do divórcio: "Aos esposos prescrevo — não eu mas o Senhor — que a mulher não se divorcie do marido [...] e que o marido não se divorcie da mulher" (1Cor 7,10-11); a norma para os pregadores do Evangelho: "Assim também o Senhor ordenou, aos que anunciam o Evangelho, de viver do Evangelho" (1Cor 9,14); o mandamento do amor aos inimigos que ressoa livremente em Rm 12,14: "Bendizei aos que vos perseguem: bendizei e não amaldiçoeis". Acrescente-se a tradição da descendência davídica de Jesus reportada em Rm 1,3: "Nascido na carne da estirpe de Davi". Enfim, Paulo refere-se várias vezes à sua morte que gosta de especificar como crucificação. Se, com efeito, em 1Ts 2,15 acusa os judeus em geral: "Esses que mataram o Senhor Jesus e os profetas", outras vezes aduz o sintagma cruz/crucificar (1Cor 1,13.17.18.23; 2,2.8 etc.).

Essas poucas citações combinam-se aos muitos silêncios: nas cartas de Paulo não se diz nada de Jesus taumaturgo e exorcista; não existe sinal do rico material do relato da paixão; estão ausentes as parábolas; são ignoradas as controvérsias que opuseram o Nazareno aos fariseus e aos escribas a propósito da Lei mosaica; nenhum indício ao batismo recebido do Batista, às tentações e à missão na Galileia. E se o anúncio essencial de Jesus girava em torno do Reino de Deus — como veremos —, portanto um Evangelho "teológico", o de Paulo é Boa-Nova "cristológica", da morte e ressurreição de Cristo. E isso foi muito bem evidenciado por Bultmann.

Como interpretar, porém, tudo isso? Parece correto deduzir que Paulo não está interessado no que Jesus de Nazaré disse e fez; sua atenção está toda concentrada no evento da cruz e ressurreição compreendido como a revelação atuante da ação salvadora de Deus; demonstra-o a alusão ao anúncio evangélico reportado em 1Cor 15,3-5: "Com efeito, vos transmiti, primeiramente, o que por minha vez recebi: que Cristo morreu por nossos pecados segundo as Escrituras, que foi sepultado e que foi ressuscitado no terceiro dia segundo as Escrituras e que apareceu a Cefas e depois aos Doze". Objetar que na sua pregação oral, por sua vez, se tenha referido às palavras e aos fatos de Jesus é puramente hipotético. Tanto mais que o entendeu e viveu como ser transcendente e divino, descido à terra como Salvador da humanidade. Basta aqui citar Gl 4,4-5: "Mas, quando o tempo chegou à sua plenitude, Deus enviou seu filho, nascido de mulher, nascido sob o domínio da lei, para resgatar aos que estão sob o domínio da lei e para que nós recebêssemos a adoção filial"; e Fl 2,5-11, provavelmente um hino pré-paulino incorporado pelo apóstolo:

> [...] em Cristo Jesus que, sendo de condição divina, não considerou a igualdade com Deus como uma presa. Ao contrário, esvaziou a si mesmo, assumindo a condição de escravo, tornando-se similar aos homens. E encontrando-se na sua aparência externa como um homem qualquer, humilhou-se fazendo-se obediente até a morte, e mais, até a morte em cruz! E por isso Deus o exaltou e lhe doou o Nome mais excelso que exista, para que, no nome de Jesus, todos se ajoelhem, no céu, na terra e sob a terra, e toda língua confesse a glória de Deus Pai: Jesus Cristo é o Senhor!

Em tal perspectiva compreende-se muito bem que Paulo não se detivesse sobre os ditos e fatos do Jesus terreno, tenha-os conhecido ou não. Podemos, com justiça, ver nele um expoente de primeira grandeza, conhecido por nós, de uma das fontes cristãs dos primeiros decênios caracterizada pela visão de um Cristo "querigmático": sua verdadeira identidade, divina, desvela-se no evento da morte e ressurreição, evento escatológico, isto é, decisivo para a salvação da humanidade, porque no seu centro há um ser que desceu do céu à terra e depois voltou lá para cima. É uma imagem paralela a outras de significado diverso, propostas em diferentes documentos protocristãos que evidenciam um dado de absoluta relevância: as fontes cristãs não procuram atestar materialmente o que Jesus disse e fez, o que *era*, mas oferecer dele uma própria "leitura" ou compreensão, interessada no que é: certo, não diversos Jesus, mas diversas imagens suas, todas carregadas de significado para sua existência de crentes.

3.2. Os quatro evangelhos canônicos

Mateus, Marcos, Lucas e João emergiram ao longo do século II como os únicos evangelhos reconhecidos pela grande Igreja entre os não poucos em circulação. Os outros acabaram no elenco dos "apócrifos". Dá fé disso o cânone muratoriano (considerado de 180), mas também a voz autorizada de Ireneu (130-200), que os une na fórmula de "evangelho quadriforme" (*tetramorphon*): os evangelhos não são nem mais nem menos que estes, e têm como símbolos respectivamente o homem, o leão, o vitelo e a águia (*Adv Haer* 3,11,7-9). Sua autoridade era tal que Taciano (segunda metade do século II) redigiu uma versão unitária deles, dando forma ao Diatessaron, muito usado nas igrejas da Síria, e somente com esforço mais tarde abandonado porquanto concorrente dos evangelhos "separados" e negador, na prática, de sua individualidade e pluralidade, que resultou no final vencedora. Anônimos na origem, mas de qualquer modo atribuídos às grandes figuras apostólicas de Pedro, o evangelho de Marcos (Pápias cit. in Eusébio, *Hist eccl* 3,39,15: *hermeneutēs Petrou*; Ireneu, *Adv Haer* 3,1.1: *ho mathētēs kai hermeneutēs Petrou*), de Paulo o evangelho de Lucas (Ireneu, *ibid.*: *akolouthos Paulou*), de Mateus e de João (Ireneu, *ibid.*), sempre muito cedo foram identificados com o título de "evangelho segundo Mateus/Marcos/Lucas/João": o único evangelho em quatro versões. Além do mencionado testemunho de Ireneu (*Adv Haer* 3,11,7-), vejam-se a propósito as *inscriptiones* dos papiros 66 e 75 respectivamente de 200 e do século III.

Também a qualificação de "evangelho" não é originária, e se compreende o porquê: o termo indicava o anúncio cristão (cf. 1Cor 15,3-5) e a pregação de Jesus do Reino de Deus (cf. Mc 1,14). Suas designações eram várias, procedentes do ambiente cultural: *logia kyriaka* (*ditos do Senhor*: Pápias), *apomnemoneumata tōn apostolōn* (*memórias dos apóstolos*: Justino, *Apol* 1,66,3; 67; *Dial* 100,4; 103,8), *hypomnēma* (*recordo*: Clemente de Alexandria cit. in Eusébio, *Hist eccl* 2,15,1; Tertuliano, *De jejunio* 10,3). O primeiro inequívoco testemunho da qualificação de "evangelho" atribuída aos escritos é de Justino (100-165), que realiza a passagem dos títulos precedentes ao novo: ele, de fato, denomina *euaggelia* (evangelhos) às "memórias dos apóstolos" (*Apol* 66,3; *Dial* 10,2; 100,1).

Aqui nos interessa o problema específico de seu valor testemunhal. São testemunhos confiáveis? E, ainda antes, são escritos "históricos", mesmo que seja no sentido lato, ou devemos lê-los como livros de pura reflexão e edificação espiritual nos quais Jesus acaba por ser encarnação literária de idealidade ou ideologias religiosas? A história da pesquisa chegou a alguns resultados interessantes. Primeiramente, o evangelho de João, tomado no todo, deve ser colocado à parte; o Jesus terreno aparece ali transfigurado em ser divino; o escrito, com efeito, mostra-se como expressão de uma cristologia concentrada na Palavra eterna de Deus: "No princípio era a Palavra e a Palavra se dirigia a Deus e a Palavra era divina", feita "carne" no tempo (*sarx egeneto*), isto é, homem caduco e mortal (Jo 1,1.14). Encarnação finalizada à revelação, porque é Palavra reveladora do rosto escondido de Deus: "A Deus ninguém nunca o viu; o unigênito ser divino (*theos*) que está dirigido ao seio do Pai, ele fez para nós a 'exegese' (*exēgēsato*)", quer dizer, o trouxe para fora da sua impenetrabilidade (Jo 1,18), mostrando-o como aquele que "tanto amou o mundo humano a ponto de lhe doar seu filho unigênito, para que quem crer nele não se perca eternamente, mas possua a vida do novo mundo (*zōēn aiōnion*)" (Jo 3,16). Daqui a autodefinição de Jesus, de matiz tipicamente joanino, como luz, vida, caminho, verdade, ao centro de discursos muito desenvolvidos que cadenciam as etapas do relato evangélico. Os próprios sete milagres, dos quais somente dois em comum com os evangelhos sinóticos — a cura do filho do centurião (Jo 4,46ss) e a multiplicação dos pães (Jo 6,1ss) —, são apresentados, na realidade, como símbolos ou sinais que desvelam a identidade de quem os realizara: Pão vivo descido do céu, Palavra de vida, Luz do mundo, Ressurreição e Vida. Entre o material tomado das tradições e fontes, fora indicado, como muito provável, um livreto dos "sinais" de Jesus, isto é, de seus milagres.

No entanto, o escrito não abandona totalmente o campo histórico: a Palavra divina encarnada é sempre o Nazareno. Em seu Evangelho permanece a "memória" do Jesus terreno, de quem esboça, em grandes linhas, certa "biografia", entendida certamente em sentido lato. A fim de evitar equívocos, porém, precisamos assumir tal tipo literário não no sentido moderno, mas naquele antigo, quando indicava sempre um gênero ligado à historiografia porque se ocupava de personagens históricos e de algumas situações de sua existência, enquanto se distanciava da pura exaltação encomiástica (*egkōmion/encomium* ou *eulogia*) e dos romances, e conhecia atuações variadas e flexíveis. O Evangelho, de fato, começa com a origem do protagonista, origem divina; continua com o *incipit* da sua aventura pública introduzida pela relação com João Batista; o vê em movimento com seus discípulos na Judeia e na Galileia, nas três visitas à cidade de Jerusalém; um protagonista totalmente voltado, como ao clímax da vida, à hora principal, a glorificação na cruz que está no centro de interesse de um relato bastante detalhado de sua paixão, não excluída a determinação do dia da morte, a vigília da Páscoa. Se considerado *in toto*, o quarto evangelho não é testemunho histórico válido para nossa pesquisa; resta contudo sempre verdadeiro que alguns particulares da sua "biografia" são vistos como precisas lembranças históricas: os primeiros discípulos de Jesus saem do círculo de João Batista (Jo 1,35ss); o próprio Jesus, parece, foi seu discípulo; certamente também ele batizou (Jo 3,22-24); o quadro cronológico da atividade pública do Nazareno, restringido nos evangelhos sinóticos a um ano ou um pouco mais, aqui aparece alongado a cerca de três anos, ritmados pela menção de três Páscoas (Jo 2,13.23; 6,4; 11,55 e 12,1 e 13,1); o mais simples procedimento seguido no processo de Jesus: pura audiência perante o sumo sacerdote que, sem nenhum prévio processo judaico, envia-o ao tribunal de Pilatos (Jo 18,12ss). Do dia da morte já se falou. Hoje, a plausibilidade de alguns elementos da narração joanina é amplamente reconhecida e se superou o total ceticismo da pesquisa precedente.

O segundo resultado da história da pesquisa é a preferência concedida, normalmente, aos evangelhos sinóticos — em particular a Marcos — em face ao de João. Não que aqueles sejam escritos estritamente históricos. De fato, a intenção dos autores é apresentar específicos retratos "teológicos" de Jesus, fruto de sua compreensão de fé, fé no crucificado ressuscitado suscitada pelas suas "aparições" e amadurecida à luz das exigências espirituais — pregação, apologética e polêmica, exortação, liturgia — das comunidades cristãs no seio das quais nasceram. Se a força mitopoética de Paulo e de João se afirmou em larga escala, não se pode assegurar sua ausência nos evangelhos sinóticos. Marcos oferece a imagem de Jesus filho de Deus não glorioso, mas fraco e humilhado até ao escárnio da cruz, portanto, um filho de Deus em direção oposta às divinizadas figuras políticas do tempo; mas Deus o exaltou na ressurreição e ele virá no fim, desta vez, sim, de modo glorioso, como o Filho do Homem julgador. Mateus o compreende e o vive como competente mestre de vida, em palavras e obras, Intérprete divinamente autorizado da lei mosaica (Mt 5,17-19), que exige dos seus uma "justiça" superior àquela dos escribas e dos fariseus (Mt 5,20) — intento polêmico — e como Senhor ressuscitado que, dotado do poder divino conferido por Deus, reenvia sua "Igreja" (Mt 16,18; 18,17) às palavras do Jesus terreno contidas precisamente no evangelho (28,18-20). Mateus segue, habitualmente, a ordem de Marcos, mas propõe, como estrutura básica do escrito, cinco discursos de Jesus — da montanha (Mt 5–7), da missão (Mt 10), parabólico (Mt 13), comunitário (Mt 18), escatológico (Mt 24–25) —, construídos com materiais tomados de suas fontes. Por sua vez, Lucas propõe a imagem de Jesus salvador do mundo, como aparece também nos Atos dos Apóstolos, que formam com o evangelho uma obra unitária em dois volumes: "Hoje nasceu para vós um salvador" (Lc 2,11); "todo ser humano perecível (*sarx*) experimentará a salvação de Deus" (Lc 3,6); a Zaqueu: "Hoje a salvação se fez presente nesta casa" (Lc 19,9); segundo as profecias: "Deve ser anunciada no seu nome a conversão para o perdão dos pecados a todas as nações" (Lc 24,47); Deus: "O institui como luz das nações" (At 13,47); "será anunciado luz para o povo e para as nações" (At 26,23).

Nesse quadro teológico de conjunto, porém, os sinóticos são os transmissores das tradições mais antigas, também essas conservadas com finalidade de edificação e amadurecimento dos crentes, muitas vezes transformadas no processo atualizador e, às vezes, criadas *ex novo*, sobretudo nos ditos de profetas cristãos que falavam nas assembleias eclesiais em nome do Ressuscitado. Fica, contudo, sempre a ligação geral com o Jesus terreno: seu retrato teológico é nutrido substancialmente com material variado transmitido em um processo vital de memória. A escola da História das Formas dos anos 1920-1950 insistiu unilateralmente sobre a força criativa de grupos cristãos anônimos e acéfalos — guiados não por um propósito histórico, mas somente por suas exigências de vida —, aos quais faz remontar o material evangélico que será depois vertido nos seus escritos pelos evangelistas. Mas a partir dos anos 50 do século passado a escola da História da Redação soube mostrar a grande personalidade literária e teológica de Marcos, Mateus e Lucas, que — por conta própria — reelaboraram teologicamente as tradições sobre Jesus. A marca decisiva sobre o material evangélico confluído nos evangelhos é da redação dos evangelistas. Nestes, porém, ficam manifestos os intentos interpretativos; portanto, não parece impossível retroceder no processo de transmissão e chegar ao próprio Jesus, ao menos em alguns pontos essenciais qualificantes, como, por exemplo, o anúncio do Reino de Deus, as curas e exorcismos, as palavras parabólicas e os ditos sapienciais. Sem esquecer que certos interesses das comunidades primitivas, como o problema debatido da circuncisão dos gentios, a questão da glossolalia e a presença dos ministérios na comunidade, não encontram nenhuma ressonância nas tradições jesuanas. Portanto, ao menos em princípio, não se pode dizer que essas foram simplesmente criadas por necessidades sucessivas dos crentes. Mas também o excesso oposto, em relação à História das Formas, de autores como Gerhardsson (*Memory and manuscript*) e Reisner (*Jesus als Lehrer*), não teve grandes consensos ao ter conjecturado um processo linear da tradição: partindo de Jesus, que de viva voz teria inculcado aos discípulos seu ensinamento, essa chegaria de maneira substancialmente inalterada até os nossos evangelhos.

Hoje, ademais, tende-se a negar a originalidade do gênero literário "evangelho", um dogma na pesquisa da História das Formas que excluía dele qualquer valor histórico ao acentuar sua dimensão querigmática de Boa Notícia. Mas os evangelhos e o querigma são grandezas independentes e diversas. Certamente aqueles não são derivados deste porque o querigma ignora os fatos e as palavras de Jesus transmitidas nos evangelhos; parece justo dizer que se trata de dois filões distintos e separados (cf. Schmithals). De fato, não poucos autores (Burridge, Frikenschmidt, Stanton, Reiser) falam expressamente de "biografias", que no mundo greco-romano da época conheciam então um florescimento significativo. Pense-se nas biografias (*bioi*) dos filósofos, sobretudo aquela de Sócrates, nas *Vidas paralelas* dos grandes personagens de Plutarco, em campo romano nas *Vidas dos Césares* de Suetônio. No Primeiro Testamento é possível referir-se às "vidas" dos patriarcas, compreendido José, presentes no Gênesis, à de Moisés do livro do Êxodo, às "biografias" de Elias e Eliseu, mas também às perícopes "biográficas" de Jeremias no livro de seus oráculos, enquanto nos capítulos 40–48 do Eclesiástico temos o gênero encomiástico de uma *Laus Patrum*, celebrativa dos patriarcas. Nossos evangelhos não são inferiores: do personagem sobre o qual atraem o olhar de fé dos leitores cristãos, esboçam uma "história" em grandes linhas. Primeiramente o início da carreira pública: batismo por meio do Batista em Marcos, mas também em Q — como veremos —, enquanto em Mateus e em Lucas parte-se da genealogia e da narração do nascimento, que serviam para evidenciar suas "nobres" origens, presentes até mesmo no prólogo de João. Depois, a exposição dos fatos e das palavras mais importantes, para quem escreve e em relação aos destinatários, segundo um esquema topográfico e cronológico, ainda que sumário: na Galileia, depois em Jerusalém, para os sinóticos;

passagens contínuas entre Galileia e Jerusalém para o evangelho de João; breve período de tempo da atividade pública de Jesus em Marcos, Mateus e Lucas, mais longo no quarto evangelho. Não falta a indicação dos comprimários, indicados normalmente com nome e sobrenome e até proveniência, mas também dos grandes personagens da política e da religião: Herodes, Pilatos, Anás e Caifás, Augusto, Tibério, Quirino. Finalmente, o relato bastante extenso de sua paixão e morte com a conclusão gloriosa da ressurreição. É fácil relevar um crescimento dos aspectos biográficos em Mateus e em Lucas — nos seus chamados "evangelhos da infância" — comparado a Marcos, que parte da entrada de Jesus no cenário público, introduzido pelo Batista. Lucas também tem um prólogo no qual, à imitação de obras do ambiente grego, enuncia seu intento e seu método de "biógrafo":

> Visto que muitos se propuseram escrever ordenadamente uma narração dos fatos acontecidos entre nós, assim como no-los transmitiram aqueles que foram testemunhas desde o início e se tornaram servidores da Palavra, me pareceu bem também a mim, examinada cada coisa desde o início, escrever-te, ó ilustre Teófilo, um relato ordenado, para que possas perceber a solidez das palavras nas quais foste catequizado (Lc 1,1-4).

Fusco resume assim seu sentido: "Importância dos acontecimentos narrados, insuficiência das tentativas precedentes, acurada pesquisa, ordenada exposição, plena confiabilidade" (p. 77). Um ulterior progresso nessa direção se verificará mais tarde com o apócrifo *Proto-Evangelho de Tiago*, que estendeu seu interesse para a "vida" de Maria, a mãe. O gênero biográfico mantém estreitamente unidas a memória do passado e a interpretação voltada para o presente: não simples *bruta facta*, nem mesmo só elaboração mitológica, mas eventos carregados de significado para o hoje dos destinatários dos escritos.

Reiser ocupa-se profundamente de seu aspecto literário: distantes da alta literatura (*Hochliteratur*), produzida no seio da classe culturalmente elevada e a ela destinada — pelo qual E. Norden chama os escritos do Novo Testamento "monstros estilísticos" (*Die Antike Kunstprosa* 2,517) —, fazem parte, por sua vez, da literatura judaico-helenista do tempo e denunciam uma estreita parentela estilística com o gênero biográfico não do mundo grego, como afirma Frikenschmidt, mas do judaico, em particular com a biografia de Jeremias feita por seu "historiador" Baruc. E indica como suas características formais: o estilo episódico da narração, cenas individuais e histórias colocadas uma ao lado da outra sem conexões estreitas, e o uso do discurso direto e do diálogo, no entanto típico também da literatura popular grega, mas não de suas biografias.

Na valoração dos evangelhos, devemos considerar também o fato de que se trata de escritos não tão próximos no tempo a Jesus. O evangelho de João é datado de por volta do ano 100, nascido talvez na província romana da Ásia, em Éfeso; o famoso papiro Rylands, P52, o mais antigo que conhecemos, que reporta poucos versículos (Jo 18,31-33.37-38), é de 125 aproximadamente. Marcos é atribuído, no máximo, ao ano 70, quando da guerra judaica contra Roma, surgido, segundo alguns estudiosos, nos arredores de Roma, mas para outros na Palestina; Mateus remonta aos anos 80-90 na Síria, e Lucas ao redor do ano 90, em Antioquia. Datações muito mais altas consideradas recentemente, por exemplo, por Thiede, mas também por Ellis, que coloca o nascimento do evangelho de Marcos na Palestina na metade de 50, valendo-se talvez de pequenos fragmentos papiráceos, não encontraram vasta e qualificada acolhida.

Tendo os autógrafos se perdido, os manuscritos mais antigos dos evangelhos — à parte do fragmento joanino do papiro 52 da J. Rylands Library do primeiro quarto do século II —, são alguns papiros de 200 (P64, P66), outros mais numerosos do século III, todos fragmentários, enquanto para possuir textos completos devemos esperar o século IV com os códices Sinaítico e Vaticano. O estudo dos manuscritos dos evangelhos nos diz como as diversas lições textuais sejam atribuíveis, normalmente, aos copistas; em geral, existe uma substancial uniformidade testemunhal, se excetuarmos a conclusão de Mc 16 e a perícope da adúltera (Jo 7,53–8,11). Em outras palavras, nada de similar ao texto dos Atos dos Apóstolos, transmitido segundo duas versões diversas. Victor considera poder colocar dois fundamentos na base da história dos manuscritos evangélicos: primeiro, a forma de nossos evangelhos é a original, portanto, se excluiria um primitivo evangelho de Marcos (Ur-Markus); segundo, atrás de nossos evangelhos não é necessário considerar uma longa e rica tradição eclesial escrita ou oral criativa de seu material, porque de sua natureza menos fixa que um texto teria deixado traços muito mais visíveis de diversidade textual em nossos manuscritos.

3.3. Além de nossos evangelhos: as fontes Q, L, M

Outro resultado da crítica histórica do século XX, confirmado no século passado, é a solução do problema sinótico dita da dúplice fonte, adotada pela maioria dos estudiosos em preferência da hipótese da dependência entre si dos evangelistas. Pelo material que têm em comum com Marcos — uma centena de perícopes segundo a sinopse de K. Aland — e a ordem em que esse é apresentado, Mateus e Lucas dependem desse evangelho, mas talvez em suas diversas formas: se ambos os evangelhos contêm cerca de 96% de Marcos, Lucas contém aproximadamente apenas 60%. O texto de Marcos em poder do terceiro evangelista devia estar desprovido das seções Mc 6,17-29 e 6,45–8,26, ausentes nele. Menos provável é, com efeito, a hipótese de que seja Lucas a omiti-las. Em ambos os evangelistas faltam, ademais, as seguintes passagens de Marcos: "Início do evangelho de Jesus Cristo 'filho de Deus'" (Mc 1,1); "O sábado foi feito para o homem e não o homem para o sábado" (Mc 2,27); "E entra em casa e de novo a multidão se reúne ali, de tal modo que não podiam nem comer. Então os seus, tendo ouvido isso, saíram para prendê-lo, porque diziam: 'Está fora de si'" (Mc 3,20-21); a parábola da semente que, uma vez semeada, cresce por si só (Mc 4,26-29); a contextualização da diatribe sobre tradições farisaicas (Mc 7,2-4); a cura de um surdo (Mc 7,32-37); a cura progressiva de um cego (Mc 8,22-26); o dito de Mc 9,29: "Esta espécie de demônio não se pode expulsar de maneira alguma a não ser com a oração"; uma citação de Is 66,24 a propósito da geena "onde seu verme não morre e o fogo não se extingue" (Mc 9,48); a apreciação do escriba pela resposta de Jesus sobre o mandamento maior com citações bíblicas sobre os preceitos do amor a Deus e ao próximo (Mc 12,32-34); a fuga de um jovem, nu, no Getsêmani (Mc 14,51-52); Pilatos, que se maravilha que Jesus tenha morrido tão rápido (Mc 15,44s). Pode-se pensar que não estavam presentes na versão de Marcos no seu poder, mas do mesmo modo é válida a hipótese de que sejam perícopes deixadas de lado de propósito por Mateus e Lucas, que deviam ter boas razões para omitir, por exemplo, a parábola da semente que frutifica por si só, passível de uma leitura de caráter quietístico, e a aversão da família pelo Nazareno.

Pelo contrário, o material comum a Mateus e Lucas e ausente em Marcos, uma quarentena de perícopes, deriva de outra fonte, agora perdida — não chegou até nós nenhum manuscrito —, mas pressuposta como explicação necessária do fato indicado. Chamada em alemão Q (de *Quelle* = fonte), considera-se que seu texto e a ordem de seu material sejam, em geral, mais próximos à versão de Lucas que à de Mateus. Por essa razão, é citada seguindo a numeração do terceiro evangelho e, utilizando as versões lucana e mateana, tenta reconstruir-se o provável texto originário (cf. *The critical edition of Q*, de Robinson, Hoffmann, Kloppenborg e, mais maleável, o livro de Amsler). É uma fonte quase exclusivamente de ditos de Jesus — às vezes enquadrados em breves relatos —, chamados também apotegmas ou *chreiai*; por isso seu gênero é o de uma coleção de palavras. Diferencia-se, portanto, de Marcos, que privilegia os fatos do Senhor, mas também de Mateus e Lucas, que unem fatos e palavras. A fonte Q carece de um relato da paixão e das narrações da Páscoa, mas é um *silentium* explicável pelo gênero literário do escrito, como observou oportunamente M. Frenschkowski, que convida a não tirar conclusões arbitrárias: não é possível deduzir *nada*. A fonte Q apresenta um só relato de milagre — a cura do servo do centurião romano (Q 7,1-10) — e limita-se a mencionar brevemente um exorcismo (Q 11,14), mas que os conheça bem se deduz do dito jesuano sobre seu valor de "atualizações" da realeza divina (Q 11,20: "Se [como é verdade] expulso os demônios com o dedo de Deus, quer dizer que a realeza divina já chegou até vós"). Introduz Jesus em estreita relação com o Batista, e o faz com mais riqueza de dados que Marcos (Q 3,7-9.16s); seja como for, manifesta um forte interesse por João Batista. Pensa-se, por parte de diversos estudiosos, que Q tenha nascido na Galileia, verossimilmente nos anos 40-60, expressão de carismáticos cristãos itinerantes, portadores das exigências radicais de Jesus a respeito de renúncia à riqueza, trabalho, casa e família. Ausentes, pelo contrário, são os Doze, bem presentes em Paulo e em Marcos. Por consenso quase unânime, quando Mateus e Lucas a utilizaram, reconhecendo sua autoridade, existia em forma escrita e precisamente em grego, dada as semelhanças, inclusive de léxico, do material atestado nos dois evangelistas. Puramente hipotética, por sua vez, é a afirmação de que tenha sido escrita originalmente em aramaico. Igualmente é impossível dizer se continha outro material além daquele que encontramos nos nossos dois evangelhos; nesta hipótese, perdeu-se irremediavelmente.

Hoje é objeto de intensas pesquisas e é altamente valorizada, não somente como voz de um característico movimento de marca carismática das origens cristãs — M. Frenschkowski, porém, propõe como autor uma única pessoa, inclusive aquele Mateus de quem falou Pápias —, mas também como preciosa fonte de informação sobre o Jesus terreno. Robinson, por exemplo, não teme afirmar que em Q encontramos o Jesus histórico que fala (p. 17). Não poucos estudiosos falam dele até mesmo como de um "evangelho": "O primeiro evangelho" (Jacobson), "O evangelho perdido" (Mack), "O evangelho dos ditos" (Kloppenborg), que entra a pleno título na categoria dos "evangelhos de palavras", no mesmo nível que o *Evangelho Apócrifo de Tomé*, a distinguir dos "evangelhos narrativos" que são datados posteriormente. Com efeito, a tendência é a de elevar a data de Q e dos outros "evangelhos de palavras" aos primeiros decênios das tradições jesuanas, inclusive aos anos 30-60, como o faz, por exemplo, Crossan.

Além disso, a exemplo de Kloppenborg, há quem pense de dever distinguir três estratos, correspondentes a três diversas etapas de formação: uma primeira versão de só palavras de Jesus, exclusivamente de tom sapiencial, da qual se deduz que sua imagem originária de Cristo seja a de um simples mestre de sabedoria, venerado por um grupo não de cristãos mas de pessoas ligadas a Jesus (Mack), que não conhecem ainda o valor salvífico e expiatório de sua morte. Esta é reduzida a sucesso trágico da vida de um profeta perseguido pela sua geração, similar em tudo aos profetas israelitas rejeitados pelo povo rebelde dos quais fala o deuteronomista. Mas é fácil relevar que o argumento *ex silentio* é entre todos o mais frágil. Um sábio, Jesus — diz-se —, comparável a um cínico do mundo grego, como dizem Mack e Downing, que veste trajes sociais, acrescenta Crossan, do camponês mediterrâneo da Galileia, empenhado em subverter códigos consolidados de respeitabilidade social e de divisão em *nobiliores* e *humiliores* a favor de uma comensalidade aberta a todos e de um absoluto igualitarismo. Em uma segunda versão foram acrescentados — estima-se — os poucos elementos narrativos presentes agora em Q, mas sobretudo ditos de marca escatológico-apocalíptica concernentes também ao Filho do Homem; consequentemente, o sábio mestre assume também o rosto do profeta do futuro. A terceira versão caracteriza-se pela inserção de ditos nomísticos, isto é, relativos ao valor e à interpretação da lei mosaica, nos quais Jesus mostra uma atitude muito conservadora.

Da definição de Q como evangelho é possível discutir, mesmo porque tudo depende da ideia que temos disso. Neirynck prefere limitar-se à qualificação tradicional de fonte, mesmo porque a conhecemos como tal, não como escrito independente. Se considerarmos que a narração seja parte integrante do "evangelho", podemos entender a definição de "meio evangelho" (*Halbevangelium*) de U. Schnelle. Permanece sólido, que se trata essencialmente de uma coleção de palavras de Jesus; a narração aparece assim reduzida e geralmente presente como moldura às palavras sobre as quais recai a ênfase, sem incidir no gênero literário do escrito. A divisão em vários estratos, ao contrário, é contestada — estimo que com razão —, porque sem bases literárias e postulada a partir do "preconceito" adverso à leitura escatológica de Jesus e favorável à sua imagem de mestre de sabedoria aforística. É incontestável que em Q existem ditos sapienciais baseados na experiência humana e na observação do mundo criado: por exemplo, o cego que guia outro cego e ambos terminam em queda desastrosa (Q 6,39) e o sal que, perdendo seu sabor, não serve para mais nada (Q 14,34). Mas não poucos são colocados em um contexto escatológico, como, por exemplo: "Pedi e vos será dado, procurai e encontrareis, batei e vos será aberto" referindo-se ao Pai celeste revelado pela palavra de Jesus e pronto a realizar em plenitude seu Reino em curto prazo (Q 11,9 e 11,13); "Vendei vossos bens e dai-los em esmola; fazei bolsas que não envelhecem, um tesouro inesgotável nos céus, onde os ladrões não chegam nem a traça consuma, porque onde estiver vosso tesouro, lá estará também vosso coração" (Q 12,33-34): aqui a perspectiva é da próxima conclusão da história, razão do desapego dos cristãos dos bens deste mundo. Outros ditos ainda exprimem uma visão antissapiencial naquilo que dizem, como aparece nas bem-aventuranças, ou também nas seguintes passagens: "Deixai que os mortos enterrem seus mortos" (Q 9,60); "Se amais somente aqueles que vos amam, que mérito tereis?" (Q 6,32a); "Quem não odeia pai e mãe, não pode ser meu discípulo; e quem não odeia filho e filha, não poderá ser meu discípulo" (Q 14,26). Tuckett afirma em seu estudo: "A cada elemento sapiencial da tradição foi sobreposto um potente elemento escatológico/profético que usa cada elemento sapiencial tradicional para construir sobre ele uma forte crítica contra a presente ordem do mundo e contra quantos desejem aferrar-se a ele" (p. 353). No recente volume editado por A. Lindemann, também P. Hoffmann se opõe à tese de diversos "estratos" de Q e sustenta uma só redação do texto escrito.

Em breve, a perspectiva profética e escatológica qualifica a obra dos "autores" ou do "autor" de Q preocupada em recolher e interpretar as tradições precedentes, submetendo o material à disposição ao seu próprio interesse teológico primário: a sabedoria divina enviou primeiro os profetas, depois Jesus e com ele os discípulos, aos que o povo israelita geralmente reservou uma acolhida hostil. Basta citar duas passagens:

> Q 11,31-32: No juízo a rainha do meio-dia surgirá com esta geração e a condenará, porque veio dos confins da terra para ouvir a sabedoria de Salomão, e aqui há alguém maior do

que Salomão. No juízo, os habitantes de Nínive surgirão com esta geração e a condenarão, porque eles se converteram pela pregação de Jonas, e aqui há alguém maior do que Jonas.

Q 13,34: Jerusalém, Jerusalém, que matas os profetas e apedrejas os que te foram enviados, quantas vezes eu quis recolher teus filhos, como uma galinha faz com seus pintainhos debaixo das asas, mas vós não quisestes.

Por conseguinte, também em Q encontramos a presença maciça do motivo do juízo de condenação para "esta geração perversa e má".

Por essa razão, mesmo se os cristãos carismáticos itinerantes — que na origem são, segundo diversos estudiosos, imitadores do grupo do Nazareno — apresentam indiscutíveis analogias com os cínicos, a perspectiva escatológica os diferencia substancialmente. Pelo mesmo motivo não se pode dizer nem que os ditos escatológicos foram acrescentados em uma segunda fase, nem que estão aqui justapostos como material não bem integrado.

À ausência do título de Messias se acopla a importância daquele de Filho do Homem, visto segundo uma dupla perspectiva. Na perspectiva terrena, sua presença é contestada e hostilizada: "Veio João Batista que não comia nem bebia vinho e dizeis: 'tem um demônio'. Veio o Filho do Homem que come e bebe e novamente dizeis: 'Eis um comilão e um beberrão, amigo dos publicanos e pecadores'. Mas a sabedoria foi justificada por seus filhos" (Q 7,33-35). Aparecerá, por sua vez, glorioso em um futuro próximo para julgar e fechar a história: "Também vós ficai prontos, porque o Filho do Homem vem na hora que não pensais" (Q 12,40); o dia do Filho do Homem será inesperado como aquele do dilúvio do qual somente se salvou Noé e o da catástrofe que alcançou os conterrâneos de Ló (Q 17,26-27.28-29). E aqui, como a propósito da figura do Batista que assinala o ponto de ingresso de Jesus na cena pública, nota-se uma relevante analogia com Marcos, interessado no Filho do Homem presente na terra, destinado, sim, à morte, mas na perspectiva da ressurreição — aspecto este ausente em Q — e que virá glorioso sobre as nuvens do céu. Especialmente, é concepção cristológica original de Q a imagem de Jesus como enviado último da sabedoria divina ao povo israelita que geralmente o rejeita; características as expressões polêmicas contra "esta geração", "esta geração perversa e má". A fonte Q não conhece qualquer missão *ad paganos*.

De qualquer modo, o fato de não termos nas mãos Q deve induzir à máxima prudência. Ellis, com uma veia de sarcasmo, mas também com manifesta falta de generosidade, sobre as hipóteses recentes dos estudiosos, diz: "Eles criaram não só um documento hipotético, mas também uma comunidade hipotética com uma teologia hipotética" (p. 10). Resta o caráter hipotético das reconstruções mencionadas anteriormente; sobretudo parece arbitrário construir hipóteses sobre o silêncio: por exemplo, a ausência de um relato da paixão e morte significa que para o grupo de Q essas não tinham qualquer relevância? Não se pode afirmar (cf. Frenschkowski).

Acerca da utilidade da fonte Q em uma investigação histórica sobre Jesus registram-se duas posições opostas: aquela de J. M. Robinson, para quem essa merece maior crédito que o evangelho de Marcos, a outra sustentada, por exemplo, por A. Lindemann, no estudo de abertura ao volume por ele editado, o qual afirma que não existem indícios que convalidem a tese de que Q tenha sido mais atenta à autenticidade histórica da sua tradição do que os outros "transmissores", por exemplo, Marcos ou o *Evangelho Apócrifo de Tomé*.

Admitida a teoria das duas fontes, resta indagar se estas, por sua vez, tenham utilizado fontes escritas ou somente material oral, quer dizer, complexos já estruturados ou tradições individuais e heterogêneas. Não poucos sustentam que Marcos tenha utilizado no capítulo 4 um "livreto" preexistente das parábolas; no capítulo 13 um apocalipse protocristão, e sobretudo um relato mais ou menos amplo, mas já bem articulado, da paixão nos capítulos 14–15. Mas não faltam estudiosos, como Schröter, que atribuem ao evangelista as composições mencionadas, formadas com material tradicional oral.

Para a fonte Q, como tal desconhecida para nós, é praticamente impossível oferecer sugestões plausíveis ao seu respeito. Decerto utilizou tradições existentes selecionadas com cuidado: normalmente, nenhuma narração milagrosa, mesmo conhecendo e mencionando a atividade milagrosa de Jesus, diferentemente de Marcos, que recorre a ela com abundância, e, sempre diversamente de Marcos, nenhum relato da paixão. Kirk evidenciou em Q a presença de doze microcomposições coesas focalizadas em específicos motivos e, às vezes, em quadros narrativos em forma de *khreiai*: amai vossos inimigos (Q 6,27-36), não julgueis (6,37-42), árvores e frutos (6,43-45), oração confiante ao Pai (11,2-13), controvérsia sobre Belzebu em forma de *khreiai* (11,14-23), sinal do céu com quadro narrativo (11,29-35), testemunhas corajosas (12,2-12), não fiqueis ansiosos (12,22-31.33-34), permanecei vigilantes e prontos (12,35-46), discernir os sinais dos tempos (12,49-59), ingresso pela porta estreita (13,24-30; 14,11.16-24.26-27; 14,34-35; 17,33). Trabalho este atribuído pelos estudiosos a escribas de boa escola literária, que construíram também quatro macrocomposições, os quatro discursos: inaugural (Q 3,7-9.16-17.21-22; 4,1-13; 6,20-49; 7,1-10.18-35), missionário (10,2-12), polêmico (10,23-24; 11,2-13.14-23.24-26.29-35.39-52), escatológico (12,2-20.30). Especialmente os autores de Q — mas é possível que tenha sido um só — inseriram o material tradicional, por eles estruturado, dentro de um preciso quadro de interpretação teológica, como vimos anteriormente. Se a escola da História das Formas frisava a criatividade da primeira geração cristã no dar "forma" às tradições e produzir *Kleinliteratur*, agora, ao contrário, pretende pôr em relevo o trabalho da redação por parte dos evangelistas e das suas fontes.

Isso inclui igualmente fonte, também essa somente conjecturada, da qual Lucas extraiu o grosso de seu material exclusivo, não derivado nem de Marcos nem de Q, umas cinquenta perícopes. Indicada com a sigla L, Paffenroth limita sua presença, atribuindo a composição do chamado "evangelho da infância" (Lc 1–2) ao evangelista, que utilizou naturalmente tradições preexistentes. Mas também quanto é próprio de Lucas no relato da paixão, por exemplo, a circunstância de Jesus conduzido ante Herodes Antipas não parece remontar a tal fonte, mas se deve ao mesmo evangelista. Ainda segundo a opinião de Paffenroth, o material de L está presente em Lc 3–19, evidenciado pelo estilo e vocabulário diversos daqueles típicos lucanos. Na maioria são parábolas: os dois devedores (Lc 7,40-43); o bom samaritano (Lc 10,30-37a); o amigo importuno (Lc 11,5b-8); o agricultor insensato (Lc 12,16b-20); a figueira estéril (Lc 13,6b-9); a ovelha perdida, presente também em Mt 18 mas em versão diferente (Lc 15,4-6); a dracma perdida (Lc 15,8-9); o filho pródigo (Lc 15,11-32); o administrador infiel (Lc 16,1b-8a); o rico epulão e o pobre Lázaro (Lc 16,19-31); o patrão e os servos (Lc 17,7-10); o juiz iníquo e a viúva suplicante (Lc 18,2-8a); o fariseu e o publicano (Lc 18,10-14a). São parábolas não submetidas a nenhum processo alegorizante. Acrescentem-se os relatos de quatro curas: o filho da viúva de Naim (Lc 7,11b-17); a mulher encurvada (Lc 13,10-17); um hidrópico (Lc 14,2-5); os dez leprosos (Lc 17,12-18). De relevo são também os dois relatos de acolhida dos pecadores públicos: a pecadora em casa do fariseu Simão (Lc 7,36-47) e o coletor de impostos Zaqueu (Lc 19,2-10).

Como se vê, trata-se de um escrito caracterizado materialmente por ditos e narrações, prevalentemente pelos primeiros. O gênero literário é, portanto, misto: uma "biografia" em sentido geral, similar àquela de Ahikar que também une ditos e narrações, mas também ao evangelho de Egerton 2, do qual se falará mais adiante. Como Q e o *evangelho apócrifo de Tomé*, L carece de um relato da paixão e morte, mas nem por isso deixa de ser "biografia"; dá fé disso Diógenes Laércio, em *Vidas dos filósofos*, no qual mais de um terço não inclui a morte do filósofo. Ausentes são também os títulos cristológicos, e nisto diverge de Q, do qual o separa também o desinteresse pelos discípulos de Jesus. Visto que não releva nenhuma referência à destruição de Jerusalém, deduz-se que tenha nascido antes de 70. O bom conhecimento do ambiente palestino sugere a Palestina como lugar de composição. Se Q tinha surgido do grupo dos carismáticos itinerantes, L parece pressupor comunidades sedentárias que viviam em paz: nenhum sinal de hostilidade do ambiente, muito menos de perseguição, outra diversidade em relação a Q. Parece que remonta a ambientes judeo-cristãos, como se depreende do material apresentado: menção dos profetas Elias e Eliseu (Lc 4,35-37); o ritual de marca judaica da sepultura do filho da viúva de Naim (Lc 7,11b-15); a parábola do bom samaritano com seus protagonistas e sua topografia (Lc 10,30-37); os relatos de cura de uma mulher encurvada no sábado em uma sinagoga e de um hidrópico, sempre em sábado, com a contestação dos chefes judeus (Lc 13,10-17; e 14,2-5); o rico epulão e o pobre Lázaro e o quadro cosmológico indicado (Lc 16,19-31) etc. Como Q, por sua vez, L não conhece qualquer menção ao mundo dos gentios. O ensinamento de Jesus não é inspirado no tema da sabedoria, característico em Q, mas em motivos tipicamente éticos: nenhum desapego ou renúncia radical aos bens deste mundo, mas generosidade na sua partilha com os pobres. Um ensinamento que mostra Jesus pessoalmente empenhado: acolheu amorosamente marginais e desprezados, pobres e pecadores públicos, também esses "filhos de Abraão" (Lc 13,16; 19,9); Mestre, portanto, não só com palavras mas também e sobretudo com fatos, sem excluir as curas de pobres doentes. Em breve, ele veio "buscar e salvar os perdidos" (Lc 19,10). Nesse quadro, dedica-se particular atenção às mulheres, sobretudo às viúvas, protagonistas de relatos parabólicos e de cura.

Também o material próprio de Mateus, cerca de trinta perícopes, quase sempre foi tomado de outra fonte, mas por causa de sua heterogeneidade não parece provável a existência de um complexo bem estruturado como uma unidade harmônica, mesmo que tenha sido conjecturado. Antes de tudo, parece necessário atribuir-lhe os relatos da infância de Jesus (Mt 1–2) e com estes também outro material lendário: Pedro que caminha nas águas (Mt 14,28-31); a moeda do imposto ao templo encontrada na boca do peixe (Mt 17,24-27); a morte horrenda de Judas (Mt 27,3-10); o sonho da mulher de Pilatos e o prefeito romano que lava suas mãos (Mt 27,19-24s). Acrescentem-se algumas parábolas: o trigo e o joio (Mt 13,36-43); o tesouro e a pérola preciosa (Mt 13,44-46); a rede lançada no mar (Mt 13,47-50); o sátrapa impiedoso (Mt 18,23-35); os obreiros recrutados a diversas horas (Mt 20,1-16); as dez damas de honra (Mt 25,1-13).

3.4. Os outros "Evangelhos"

Dizemos que na pesquisa histórica atual se observa também, especialmente por parte de alguns autores, o testemunho de outros evangelhos, chamados apócrifos, que as descobertas de manuscritos colocaram em primeiro plano. Referimo-nos particularmente aos evangelhos de *Tomé*, de *Pedro*, de *Egerton 2* e ao *Evangelho Secreto de Marcos*. Dos evangelhos judeo-cristãos dos *Hebreus*, dos *Egípcios* e dos *Nazarenos*, todos perdidos, conservamos somente citações nos Padres. Iremos nos deter — por sua importância e também pelo fato de que o tenhamos recuperado integralmente — sobre o *evangelho de Tomé*. Do *evangelho de Pedro*, cuja existência era conhecida por textos patrísticos, sobretudo graças à carta de Serapião de Antioquia, citada por Eusébio (*Hist eccl* 6,12,2-6), foi descoberto em 1886-1887 um amplo fragmento com um relato da paixão de Jesus. Um fragmento menor foi descoberto em 1993 e contém um diálogo entre Pedro e Jesus. Sua datação é controversa: os especialistas preferem datá-lo na primeira metade do século II, enquanto Crossan remonta nosso texto a um primitivo *evangelho da Cruz*, ao qual determina uma data mais alta, por volta do século um. Discute-se se contém ou não tradições independentes daquelas recolhidas nos evangelhos sinóticos e merecedoras de atenta consideração em sede histórica.

O papiro Egerton 2, da metade do século II, publicado pela primeira vez em 1935, nos três fragmentos do qual é composto, contém episódios de tipo evangélico: uma disputa de Jesus no templo por uma transgressão da lei da pureza, a cura de um leproso, a questão do imposto e um milagre no Jordão ausente em nossos evangelhos. É o mais antigo papiro cristão conhecido depois do papiro 52, já citado. As conclusões do estudo de Norelli são as seguintes: "O autor tem uma relação mais viva com um ambiente de tipo lucano e uma relação certamente literária com o evangelho joanino" (p. 429); "a designação de evangelho pode ser aceita", inclusive a definição de "evangelho narrativo" proposta por Daniels (p. 431); dada a dependência de João, "como penso, não pode remontar além do início do século II" (p. 432); "Este texto vê Jesus como um enviado divino que, enquanto tal, pode realizar milagres [...] e oferecer um ensinamento soberano" (p. 433); nada remonta a Jesus, mas "pode ajudar a compreender o desenvolvimento da tradição sobre Jesus" (p. 434).

Do *evangelho Secreto de Marcos* conservou-se um fragmento em uma cópia de uma carta — até então desconhecida — de Clemente de Alexandria a certo Teodoto, descoberta em 1958 por M. Smith no convento greco-ortodoxo de Mar Saba, próximo a Jerusalém. Contém o relato da ressurreição de um jovem de Betânia, similar no conteúdo à narração joanina da ressurreição de Lázaro, mas na forma da linguagem de Marcos. Discute-se se João depende dele ou vice-versa. Clemente fala dele como "de uma segunda versão mais espiritual do evangelho de Marcos (*pneumatikōteron euaggelion*), redigida pelo próprio Marcos em Alexandria, para promover o conhecimento (*gnōsis*) em cristãos avançados" (Theissen e Merz, pp. 67s). O descobridor fez dele a base literária para sua teoria de um Jesus mágico; contudo, não encontramos ali qualquer dado direto para nossa pesquisa sobre o Nazareno.

O *Evangelho de Tomé* supera em importância todos os evangelhos apócrifos, e não falta quem, como Crossan, o considere a testemunha mais confiável do Jesus terreno, junto com Q, com o *Evangelho da cruz* — que está por trás do *Evangelho de Pedro* — e com o *evangelho dos Hebreus*. Em todo caso, "entre todos os evangelhos extracanônicos, o *Evangelho de Tomé* é aquele que conservou tradições que com toda a probabilidade são as mais *autônomas* (independentes dos evangelhos canônicos) e *antigas*" (Theissen e Merz, p. 59). Contém 114 ditos de Jesus, quase todos introduzidos com o *incipit* "Jesus disse". Não há relatos; é uma coleção de palavras, definida por isso também *logoi sophōn* (palavras de sábios), com poucos diálogos e breves referências ao ambiente social. A metade são ditos de Jesus análogos àqueles dos evangelhos canônicos; os outros, pelo contrário, são novos; por exemplo: "Sede viandantes" (n. 42); "Aquele que se tornou rico, torne-se rei. E aquele que tem o poder renuncie [a ele]" (n.

81); "Quem não está próximo a mim, está próximo do fogo, e quem está longe de mim, está longe do reino" (n. 82); "O reino do [Pai] é semelhante a uma mulher que levava uma jarra cheia de farinha. Enquanto caminhava por uma longa estrada, a asa da jarra se quebrou e a farinha se espalhou detrás dela ao longo da estrada. Ela não percebeu o fato; não tinha advertido o incidente. Quando chegou à sua casa, posou a jarra e a encontrou vazia" (n. 97); "O reino do Pai é semelhante a um homem que queria matar um magnata. Estando em casa, desembainhou a espada e a fincou no muro para saber se sua mão estava firme. Depois matou aquele magnata" (n. 98). A seguir, alguns exemplos de ditos análogos aos dos evangelhos canônicos: "Uma cidade construída sobre um alto monte e fortificada não pode cair nem ficar escondida" (n. 32; cf. Mt 5,14); "Felizes são os pobres, porque vosso é o Reino dos céus" (n. 54; cf. Mt 5,3 e Lc 6,20); "A messe é muita, mas os operários são poucos; portanto, pedi ao Senhor para que envie operários para a messe" (n. 73; cf. Lc 10,2 e Mt 9,37).

Possuímos somente uma cópia do texto completo, escrito em copta, da metade do século IV, descoberto na "biblioteca" de Nag Hammadi, em 1948. Representa, porém, o ponto de chegada de um longo processo de transmissão. De fato, os papiros de Oxirrinco I, 654, 655, encontrados por volta 1900, fragmentos gregos do *Evangelho de Tomé*, que remontam o primeiro ao ano 200 e os outros dois ao ano 250, mostram um material idêntico na sua parcialidade, disposto, porém, às vezes em ordem diversa, por exemplo o dito n. 77 do *Evangelho copta de Tomé* aparece no papiro I de Oxirrinco como parte do dito n. 30. Portanto, é lógico pensar em várias fases de composição. O *terminus a quo* é decerto posterior a 70, porque o dito n. 71 se refere à catástrofe de Jerusalém: "Eu destruirei esta casa e ninguém poderá reedificá-la". Os especialistas atribuem a composição do escrito grego, traduzido depois para o copta, à primeira metade do século II. Considera-se como lugar de origem a Síria.

O verdadeiro problema é se os ditos de Jesus do *Evangelho de Tomé* dependem dos evangelhos canônicos ou se, ao contrário, derivam de antigas tradições orais independentes, talvez mais próximas às palavras originais de Jesus. Para além de afirmações maximalistas para a primeira solução (por ex., J. P. Meier) ou para a segunda (Robinson e Crossan), parece necessário verificar caso por caso. Quanto aos ditos análogos aos dos nossos evangelhos, na valoração de sua independência, ou não, se seguirão os critérios da brevidade, da menor espessura teológica manifestada, da ausência de um quadro narrativo. Quanto às parábolas da forma mais primitiva dos relatos, desprovidas no *Evangelho de Tomé* de leituras alegorizantes e de acréscimos redacionais típicos dos sinóticos. Basta aqui citar a versão de Tomé da parábola do semeador:

> Jesus disse: "Eis que o semeador saiu, encheu a mão de sementes e as semeou. Ora, algumas caíram na estrada, vieram os pássaros e as comeram. Outras caíram na rocha e não lançaram raízes no terreno e não estenderam a espiga para o alto. Outras caíram nos espinhos, que sufocaram as sementes, e o verme as devorou. E outras ainda caíram no terreno bom e produziram um bom fruto para o alto: produziu o sessenta, o cem e o vinte por cento" (n. 9).

A autonomia da tradição de Tomé é garantida quando, em ditos paralelos, não apresenta elementos redacionais de nossos evangelhos. Assim, na parábola da grande ceia do *Evangelho de Tomé*, n. 64, estão ausentes tanto o particular redacional de Mateus — "Então o rei ficou irado e mandou seus exércitos e trucidou estes homicidas e incendiou sua cidade" — como a segunda missão dos servos, típica de Lucas.

Em certos ditos do *Evangelho de Tomé* existem marcas da redação deste ou daquele sinótico, e então a dependência se faz evidente, como no dito n. 14: "O que entra na vossa boca não vos tornará impuros, mas o que sai de vossa boca, isso vos fará impuros". A semelhança com Mt 15,11 é clara, como clara é a diferença de Mc 7,15 em que a contraposição — considerada originária — se dá entre "entrar no homem e sair do homem". Quando depois, sempre no material paralelo, o *Evangelho de Tomé* não reflete a ordem em que estão dispostas as palavras de Jesus nos sinóticos, se pode deduzir nele uma origem independente, tributária de fontes e tradições autônomas. Naturalmente, o material exclusivo do *Evangelho de Tomé* remontará a tradições próprias. Em geral, não se deve, porém, esquecer que o confronto entre Tomé e nossos evangelhos nem sempre acontece entre textos gregos: quando se confronta o grego de nossos evangelhos e o copta do *Evangelho de Tomé*, desprovido da versão grega — os papiros de Oxirrinco não cobrem todo o evangelho —, semelhanças e diferenças não são tão facilmente evidenciáveis. E também a ordem diversa dos ditos no texto copta, nos fragmentos gregos de Oxirrinco e em nossos evangelhos não pode erigir-se como regra absoluta: o tradutor copta pode ter feito modificações por iniciativa própria.

No entanto, tudo está inserido em um quadro teológico específico, fruto da redação do grupo que está na sua origem. Jesus é o revelador divino que manifesta ao apóstolo Tomé um ensinamento esotérico e carregado de valor salvífico, como indicam exemplarmente a introdução e o dito n. 1: "Estes são os ditos secretos que Jesus, o Vivente, disse e que Dídimo Judas Tomé escreveu. E ele disse: 'Quem encontrar o significado destes ditos não experimentará a morte'". Note-se a fórmula cristológica "o Vivente" (*ho zōn*): não se invoca o Jesus de Nazaré, no passado; são palavras do Vivente que no presente transmite sua palavra vivificante aos destinatários privilegiados. É uma cristologia sem os títulos típicos de nossos evangelhos: Messias, Filho do Homem em sentido qualificado.

De caráter presencialista é — como facilmente previsível — a perspectiva escatológica:

> Se aqueles que vos guiam vos dizerem: "O reino está no céu", então os pássaros do céu vos precederão. Se vos disserem: "Está no mar", então serão os peixes a preceder-vos. Ao contrário, o reino está dentro de vós e fora de vós" (n. 3). [...] Felizes vós, os solitários (*monakhoi*) e os eleitos, porque encontrareis o reino, vós que saístes dele e de novo entrareis ali (n. 49). Seus discípulos lhe dizem: "Em que dia virá o reino?" Não virá no dia em que se pensa. Não se dirá: "Ei-lo aqui", ou "Ei-lo lá". Ao contrário, o reino do Pai está na terra e os homens não o veem (n. 113). Dizem seus discípulos: "Em que dia virá o novo mundo?" Disse-lhes: "O que esperais já veio, mas vós não o conheceis" (n. 51).

A antropologia subentendida e, às vezes, manifesta é de caráter dualístico; o que se exige dos seguidores de Jesus, o Vivente, é o desapego do mundo e de seus bens. Assim, por exemplo, o dito n. 27 intima o jejum com relação ao mundo, sob pena de não encontrar o Reino; e no dito n. 111 lemos a máxima: "Quem se encontra a si mesmo, o mundo não é digno dele"; a parábola da grande ceia se conclui assim: "Compradores e negociantes não entrarão nos lugares do meu Pai" (n. 64). O vértice do dualismo do *Evangelho de Tomé*, até com traços gnósticos, é alcançado na conclusão: "Simão Pedro lhe disse: 'Maria deveria deixar-nos, porque as mulheres não são dignas da vida'. Jesus disse: 'Eis que eu a atrairei de modo a torná-la um homem, assim também ela chegará a ser um espírito vivente igual a vós homens. Porque toda mulher que se faz homem entrará no Reino dos céus'" (n. 114).

Além disso, o *Evangelho de Tomé* não se refere a comunidades cristãs, mas a crentes individuais, *monakhoi*, exortados a procurar o Reino. No dito n. 16, depois de ter falado das divisões que Jesus provoca entre seus discípulos e suas famílias, ele conclui assim: "Eles permanecerão como solitários" (*monakhos*). Significativa a bem-aventurança do dito n.

49: "Felizes os solitários (*monakhos*) e os eleitos, porque vós encontrareis o Reino". Enfim o dito 1. 75: "Muitas estão à porta, mas são os solitários (*monakhos*) que entrarão no lugar das núpcias". Totalmente ausente — como de resto em Q — é o grupo dos Doze.

Nunca se faz expressa menção do mito gnóstico; por isso, não se deveria definir *tout court* o escrito como gnóstico e fazer depender de essa qualificação o julgamento nem sobre sua independência ou não das tradições que confluem em nossos evangelhos, nem de sua mesma redação.

Finalmente, a importância do *Evangelho de Tomé* para a pesquisa sobre o Jesus terreno é avaliada diversamente, como dissemos. Minimalista, certamente, o *Jesus Seminar* que, depois de uma acurada análise crítica, considera plausivelmente autênticos somente cinco ditos: 42, 81, 82, 97, 98. Mas é preferível uma atitude mais positiva: não devemos ficar confinados na busca das *ipsissima dicta Jesu*, como se fazia na *new quest*, mas alargar o olhar aos filões da tradição confluídos no *Evangelho de Tomé*, confrontando-os com outros presentes nas outras fontes. Sobretudo, parece-nos útil comparar a imagem de Jesus do *Evangelho de Tomé*, revelador de segredos e guia para o verdadeiro conhecimento portador de vida, com aquelas das fontes L, Q, Marcos, Mateus Lucas e João. Será tal pluralidade e multiplicidade a guiar-nos na tentativa de traçar um retrato menos setorial e mais completo do Jesus histórico. Além do mais, na história do cristianismo das origens, o *Evangelho de Tomé* é uma voz muito singular.

3.5. Ditos esparsos de Jesus: os agrapha

Fora dos evangelhos canônicos, encontram-se muitas outras palavras, centenas, do Jesus terreno atestadas em diversos escritos. Por exemplo, em At 20,35 nos lábios de Paulo ressoa expressamente um "dos ditos do Senhor Jesus" (*tōn logōn tou Kyriou Iēsou*), assim introduzido: "Ele disse: é fonte de maior felicidade dar do que receber". Uma fonte rica é a patrística dos primeiros séculos, mas preciosos são também os antigos textos litúrgicos. Sobretudo o interesse pelos *agrapha* se acentuou com a descoberta de papiros que continham precisamente palavras de Cristo — do contrário desconhecidas —, como os citados papiros de Oxirrinco e de Egerton 2, e ainda mais com o material descoberto em Nag Hammadi, em particular o Evangelho de Tomé, uma coleção de 114 palavras secretas de Jesus reveladas ao apóstolo Tomé, das quais muitas não têm nenhuma correspondência nos evangelhos canônicos e não poucas são uma versão copta dos ditos gregos dos papiros mencionados de Oxirrinco.

A análise de todo o material disponível foi feita por O. Hofius, que define exatamente o estado atual da pesquisa moderna. Se J. Jeremias tinha levado em consideração, pronunciando-se afirmativamente, a historicidade de dezoito *agrapha*, Hofius reduz o número a nove. De cinco, porém, não estima serem indubitavelmente autênticos: em primeiro lugar, o relato do confronto entre Jesus e o sacerdote Levi no átrio do templo repleto de ditos de Cristo, contido no papiro 840 de Oxirrinco; o segundo é o dito atestado no siríaco *Liber Graduum III*, 3: "Assim como sois encontrados, assim sois rejeitados"; depois a parábola da pesca do grande peixe presente no *Evangelho de Tomé*: "O homem é como um pescador esperto que jogou sua rede no mar e a retirou do mar cheia de pequenos peixes. Entre esses o pescador esperto encontrou um peixe bem grande. Então jogou no mar todos os peixes pequenos e escolheu sem dificuldade o peixe grande" (n. 8); o quarto é o ensinamento sobre a oração atestado por Clemente de Alexandria (*Strom* 124,158), Orígenes (*De orat* 2,2; 14,1) e Eusébio (*In Psal* 16,2): "Pedi coisas grandes, assim Deus vos dará também o que é pequeno"; e finalmente uma exortação atestada em Orígenes (*Comment. in ev. Joh.* 19,7) e em outros Padres: "Sede cambistas hábeis" (*ginesthe trapezitai dokimoi*).

Contra os outros quatro, por sua vez, não existem objeções válidas. No códice Cantabrigense (D) no lugar de Lc 6,5 há uma breve narração, tendo ao centro uma palavra de Jesus sobre a observância do sábado: "No mesmo dia (Jesus) viu um homem que trabalhava no sábado. Então lhe disse: 'Homem, se tu sabes o que estás fazendo, és feliz; mas se não o sabes, és maldito e um transgressor da lei'". O segundo é o dito n. 82 do *Evangelho de Tomé* citado anteriormente: "Quem está próximo de mim, está próximo do fogo; quem está longe de mim, está longe do Reino". Temos depois uma exportação de Jesus aos discípulos do *Evangelho dos Hebreus* atestada em Jerônimo (*In Ephes.* 5,4): "Não estejais nunca felizes, senão quando olheis vosso irmão com amor" (*et nunquam laeti sitis, nisi cum fratrem vestrum videritis in caritate*). O quarto está atestado no papiro 1224 de Oxirrinco, talvez um fragmento de um evangelho apócrifo: "E orai por vossos inimigos, porque quem não é contra vós, é por vós. Quem hoje está longe, estará perto amanhã". Naturalmente o *agraphon* é a terceira frase, enquanto as duas primeiras são atestadas em nossos evangelhos.

Portanto, fora de nossos evangelhos poucas são as novas palavras de Jesus com atestado de certa autenticidade.

3.6. Leitura crítica

Para nossa pesquisa, a dificuldade não está no número das fontes cristãs — não poucas e também não tão distantes no tempo de Jesus —, mas na sua natureza, como observou Evans, introduzindo o volume *Authenticating the words of Jesus* (p. 3). Como já foi dito, são testemunhos da fé dos crentes das primeiras gerações, interessados não em reconstruir minuciosamente o passado, mas em dar sentido ao presente, referindo-se, porém, sempre àquele passado vivido como carregado de significado. Por essa razão, não podemos nos sujeitar ao princípio geral da historiografia de que devemos nos ater aos testemunhos: *in dubio pro traditio*, a menos que se demonstre sua inconfiabilidade nos casos específicos. Aqui, ao contrário, o *onus probandi* cabe a quem intenta afirmar a autenticidade jesuana deste ou daquele testemunho.

O interesse concentra-se na metodologia aplicada para seu uso. Em um complexo processo de tradição que parte de Jesus e atinge, como ponto de chegada, o retrato de Cristo presente nesta ou naquela fonte, passando pela fase oral, como poder distinguir a elaboração sucessiva daquilo que, ao contrário, remonta a ele? De fato, a primeira fase da pesquisa histórica intentava primariamente contrapor o Nazareno ao Cristo do dogma das Igrejas, fazendo valer, na prática, o critério metodológico da diversidade ou dessemelhança, que na *new quest* dos anos 1950-1970 tornou-se imperante: já presente de modo embrionário em Wrede, observa Fusco (*Tre approcci*, p. 311), realizado por Bultmann, foi enunciado com clareza por Käsemann — como vimos — em referência aos dois polos do judaísmo do tempo e do cristianismo primitivo: ao Jesus terreno deve ser atribuído, sem dúvida, quanto aparece original, por um lado, no ambiente no qual ele viveu e, por outro, respeito às crenças e aos usos das primeiras comunidades cristãs. Não é inútil relevar que os alferes da nova pesquisa recorreram a ele também por motivos dogmáticos: evidenciar a originalidade de Jesus com relação ao judaísmo, destacando-o de sua matriz cultural para fazer dele o fundador de uma nova "religião", aquela da graça em contraste com a religião da lei. A possível consequência é evidenciada com eficácia por Charlesworth: "Uma estrita aplicação desse método produz um Jesus que não foi um judeu e que não teve nenhum seguidor" (*Jesus' jewishness*, p. 196). E a atenção prevalente, se não exclusiva, caía sobre as palavras de Jesus, sobre seu anúncio e ensino.

Ora, à parte o preconceito dogmático, o critério da diversidade tem, por sua natureza, uma aplicação bastante limitada: elucida os aspectos peculiares de Jesus, mas sem evidenciar o que o une a seu ambiente e ao movimento produzido por ele. Por isso, hoje se sublinha seu limite constitutivo: vale como critério positivo, não como critério negativo; em outras palavras, não se pode negar, por via de regra, a Jesus o que tem em comum com o judaísmo e a Igreja das origens. Holmén precisou-o ulteriormente: não é necessário fazê-lo valer no confronto com o judaísmo, basta a diversidade com as protocomunidades, que nunca teriam interferido para uniformizar o Mestre ao seu ambiente judaico; se for, depende dele. Por isso, também na sua conformidade ao judaísmo, quando contrasta com a orientação dos primeiros crentes, o elemento atestado remonta certamente ao Nazareno. Desse modo, o critério da diversidade não o destaca violentamente de seu ambiente, antes, parcialmente ao menos, o apresenta bem inserido no judaísmo da época. Pelo contrário, o critério não vale se aplicado somente ao outro polo, apesar de quanto afirma B. F. Meyer (*The aims of Jesus*): a diversidade de Jesus com relação somente ao judaísmo não é suficiente para manter jesuano o dado em questão, porque poderia muito bem ter sido obra das primeiras comunidades.

Não pertinentes parecem, por sua vez, as objeções levantadas sobre a aplicabilidade do critério: não conhecemos bastante bem — se diz — o judaísmo do tempo, e também o conhecimento do cristianismo das origens é incompleto. A verificação da diversidade entre Jesus e seu movimento, na realidade, pode ser realizada muito bem sobre aquilo que conhecemos. Por exemplo, segundo os evangelhos e suas fontes, Jesus se fez batizar por João, que administrava um batismo de penitência. Mas os cristãos da primeira hora negam que Cristo tenha sido pecador, como aparece, por exemplo, em Jo 8,46: "Quem me poderá convencer de ter pecado?"; 2Cor 5,21: "(Deus) fez pecado aquele que não conheceu experimentalmente o pecado"; Hb 4,15: "Foi colocado à prova em tudo à semelhança de nós, excluído o pecado". Conclui-se que o batismo penitencial de Jesus, longe de ser uma criação protocristã, se deve reconhecer historicamente certificado.

Na atual pesquisa vai-se à procura de novos critérios ou também de novas formulações de normas em uso e que estão bastante mais críticos no avaliar a eficácia da metodologia usada. Assim, hoje se fala do critério do constrangimento: aquele da Igreja nascente no conservar e transmitir alguns aspectos da vida e do ensinamento de Jesus, que por isso não podem não remontar a ele (cf., por ex., J. P. Meier). Mas é análogo, em última análise, ao critério da diversidade, mesmo que seja somente visto de uma ótica psicológica: o constrangimento nasce precisamente como consequência da diversidade.

A múltipla atestação de um dado presente em mais fontes independentes foi assumida por Crossan como critério decisivo. O famoso estudioso rejeita a autenticidade dos elementos atestados em uma só fonte; considera o testemunho tanto mais válido quanto mais numerosas são suas fontes independentes; completa o quadro fazendo o elenco de certo número de fontes autônomas muito antigas que, segundo sua opinião, vão do ano 30 ao ano 60: Q, o *Evangelho de Tomé* e o *Evangelho Apócrifo de Pedro*, tomados nas suas versões originárias, e também o *Evangelho judeo-cristão dos Hebreus*, enquanto o *Evangelho Secreto de Marcos*, o *Evangelho dos Egípcios* e *Egerton 2* são datados no segundo estrato cronológico (anos 60-80), e nossos evangelhos, fontes tardias, são relegados ao terceiro estrato dos anos 80-120 (*O Jesus histórico*, Apêndice 1, pp. 465-486). Devemos notar a rigidez e o unilateralismo com que Crossan aplica um critério objetivo e bem conhecido: segundo ele, é o único critério válido e válido também como critério negativo, isto é, excludente quando é atestado por uma só fonte. Da subjetividade da datação das muitas fontes privilegiadas por Crossan já foi dito anteriormente. Basta aqui relevar que, usado positivamente, o critério, por si só, demonstra apenas a antiguidade do dado feito próprio por diversos ambientes cristãos, não necessariamente sua autenticidade jesuana.

O mesmo relevo vale para a análise da linguagem e do estilo dos ditos de Jesus, das nossas fontes à descoberta de aramaísmos e estilemas semíticos. Se Jesus falou em aramaico, como parece totalmente provável, para não dizer certo, acredita-se que a versão grega que mantém características aramaicas reporte sua palavra autêntica (J. Jeremias). Mas poderia também remontar às primeiras comunidades de língua aramaica.

O critério tradicional da coerência, consistente em atribuir a Jesus um dado congruente em relação ao quanto já dele conhecemos, de fato está subordinado ao critério da diversidade; além disso, o julgamento de tal congruência não é fácil de alcançar, porque nossa lógica, que reúne unidades simples em um complexo harmônico, não necessariamente é a mesma daqueles tempos remotos.

Sempre, nestes últimos anos, se propôs com força o critério da coerência histórica, que Sanders em seu *Jesus e o judaísmo* não somente enuncia figurativamente com o provérbio "Onde tem fumaça, tem fogo", mas põe na base da sua pesquisa fundamentada sobre alguns fatos certos e preocupada em apresentar uma imagem de Jesus coerente com tais certezas. Sua obra — diz — quer ser "um sério esforço de explicar historicamente alguns dos principais problemas sobre Jesus, em particular por que ele atraiu a atenção sobre si, por que foi condenado à morte, por que foi seguidamente divinizado" (p. 15). Por sua vez, Fusco, com outros, prefere falar de critério da razão suficiente que se aplica mais aos fatos que aos ditos de Jesus e se baseia sobre dados certos estabelecidos por outra via. A mais óbvia aplicação é a seguinte: se Jesus foi condenado à crucificação por Pilatos, sem que seus discípulos tenham sido perseguidos — um dado que se impõe pelo unânime testemunho de fontes cristãs, pagãs e judaicas —, será necessário aceitar algum comportamento seu que explique a conclusão trágica de sua história. Em concreto, deve ter sido uma presença perigosa para o poder romano, não porém como chefe político rebelde, porque de outra forma todo seu movimento teria sido perseguido, como aconteceu com os rebeldes da época, Judas da Galileia, Teudas e o Egípcio, como também o profeta da Samaria contrastado com violência por Pilatos. De todos esses falou Flávio Josefo, como veremos. O mesmo critério foi aplicado à crença messiânica dos primeiros cristãos: como explicá-la se o Jesus terreno não fosse, de algum modo, apresentado como messias? A crença na ressurreição do Crucificado, com efeito, não parece razão suficiente para explicar o nascimento de tal fé. Assim, diversos autores, mas sobre esse exemplo não faltam dúvidas e contestações. Acrescente-se que o critério vale também no seu lado negativo: uma imagem de Jesus reconstruída pela análise das fontes que não explique o *crucifixus sub Pontio Pilato*, aparece, por isso mesmo, historicamente não confiável. Por exemplo, se o Jesus terreno tivesse sido um cínico, mestre de aforismos sapienciais mesmo contracorrente, como alguns estudiosos afirmam, não se explica por que tenha morrido na cruz. Alguma vez um cínico foi assassinado?

Inserindo-se na tendência da atual pesquisa preocupada em enquadrar Jesus no seu ambiente judaico e a privilegiar visões gerais sobre ele com relação a determinados aspectos individuais de seu ensinamento e vivência, Theissen e Winter propõem substituir o critério da diversidade pelo da plausibilidade histórica. Também este se aplica na dupla referência ao judaísmo da época e à Igreja das origens, portanto é diversificado como plausibilidade do contexto e plausibilidade da história dos efeitos (*Wirkungsgeschichte*) ou do impacto que as palavras e os gestos de Jesus tiveram sobre os primeiros crentes. Em concreto, trata-se de mostrar "a coerência de uma imagem geral de Jesus no contexto do judaísmo e do cristianismo das origens" (p. 214). Os autores chamam a atenção para o fato de que a pesquisa histórica deve conciliar-se com os graus possíveis de certeza, próprios de tal ciência, que não pretende oferecer sempre evidências incontestadas, mas se contenta muitas vezes — precisamente — com dados "plausíveis". Por esse motivo falam também de uma figura de Jesus que "corresponda" e seja "compatível" com o ambiente no qual viveu e com a Igreja dos primeiros tempos que dele se originou. Plausibilidade vista de dois ângulos diversos: Jesus, homem de seu tempo, mas também homem singular no seu tempo; sua comunhão de orientações com as comunidades cristãs nascidas dele, mas também singularidade de sua pessoa no quadro das Igrejas.

Em conclusão, pode-se afirmar que na pesquisa histórica sobre Jesus a via mestra deva ser, antes de tudo, marcada pela aplicação convergente dos diversos critérios indicados. Considerarmos, pois, promissor o método de Sanders de partir não dos ditos de Jesus — que mais facilmente foram objeto de reelaboração —, mas de fatos certos que guiem a inserção de outros ladrilhos coerentes no mosaico em construção. O autor lista esta série: 1. Jesus foi batizado por João Batista; 2. Foi um galileu que pregou e curou; 3. Chamou os discípulos e falou de si aos Doze; 4. Limitou sua atividade a Israel; 5. Empenhou-se em uma controvérsia a propósito do templo; 6. Foi crucificado fora de Jerusalém pelas autoridades romanas; 7. Depois de sua morte, os seguidores continuaram como movimento identificável; 8. Ao menos alguns judeus perseguiram, para dizer o menos, partes do novo movimento (*Gesù e il giudaismo*, p. 20). Naturalmente se podem acrescentar outros fatos, certos ou somente bastante prováveis, como o faz, por exemplo, Evans, ao apresentar o volume, editado por ele, *Authenticating the activities of Jesus*. Sobre essa espinha dorsal pode-se depois construir, com o acréscimo de diversos elementos coerentes, uma figura do Jesus terreno "plausível", um resultado muito valioso. Não parece realista o ceticismo de R. W. Funk que dos 176 fatos concernentes a Jesus reporta somente 10 com a cor vermelha (certamente acontecidos), somente 19 com a cor rosa (provavelmente acontecidos), enquanto com o cinza e o preto (provavelmente e certamente não acontecidas) nada menos que 84%.

A autenticidade de um dito particular não será enfrentada como questão independente, que — ensina a história — não produziu resultados dignos de vastíssimo consenso. Poderíamos concordar com o sábio ceticismo de Schmithals: "De nenhuma palavra de Jesus que nos foi transmitida se pode dizer com certeza que Jesus a tenha dito assim no passado e não diferentemente" (p. 64). Todavia, em outro lugar precisa: "As linhas essenciais do anúncio de Jesus são, porém, reconhecíveis" (p. 63). Portanto, no que diz respeito aos ditos, a pesquisa histórica não deve fixar-se sobre as *ipsissima verba Jesu* nem sobre sua *ipsissima vox*, mas indagar sobre os grandes filões de seu ensinamento escatológico e sapiencial, em particular das parábolas, e sobre sua inserção na sua vida já estudada nos aspectos gerais.

Dado os limites inerentes nesse tipo de pesquisa, não existe qualquer pretensão de reconstruir *in vitro* o verdadeiro Jesus de Nazaré. Intenta-se, de preferência, apresentar uma imagem sua plausível tanto quanto nos permitem os testemunhos em nossas mãos. O Jesus histórico, isto é, da nossa pesquisa, não pode pretender sobrepor-se ao Jesus terreno que viveu então: é uma construção nossa que, feita com honestidade científica, ciente das possibilidades mas também dos limites do método histórico, ambiciona aproximar-se de qualquer modo dele, não cobrindo totalmente a distância que nos separa de sua pessoa, mas nadando nesse oceano para poder alcançar a praia e poder olhá-lo com franqueza, mas sempre a certa distância, colhendo uma imagem sua um pouco desfocada, aqui e acolá incerta, porém sua, não de outro. Esta imagem de natação pertence a G. E. Lessing, relembrada na conclusão do livro de Theissen e Winter (p. 269).

Devemos lembrar que se tratará sempre de uma reconstrução necessitada de diversas hipóteses, selecionadas e sérias, mas mesmo assim sempre conjunturais. Nenhum derrotismo, porém: Theissen e Winter convidam a reconciliar-nos com o hipotético seja na vida, seja no pensamento (p. 266), uma situação a ser aceita de coração, não contra a própria vontade. As certezas graníticas são de outro gênero da adesão de fé. A razão histórica tem seu específico estatuto de conhecimento e não ignora seus insuperáveis limites.

Bibliografia do capítulo

Amsler, F. *L'évangile inconnu. La Source des paroles de Jésus (Q). Traduction, introduction et annotation.* Genève, 2001.

Asgeirsson, J. M., De Troyer, K., Meyer, M. W., eds. *From quest to Q.* (FS J. M. Robinson). Leuven, 2000.

Berger, K. Kriterien für echte Jesusworte? In: *ZNT* 1(1998), 52-58.

Boffo, L. *Iscrizioni greche e latine per lo studio della Bibbia.* Brescia, Paideia, 1994.

Bruce, F. F. *Gesù visto dai contemporanei. Le testimonianze non bibliche.* Torino, Claudiana, 1989.

Burridge, R. A. *What are the Gospels? A comparison with Graeco-Roman biography.* Cambridge, 1992.

_____. *Four Gospels, one Jesus? A symbolic ready.* London, 1994.

Charlesworth, J. H.; Evans, C. A. Jesus in the Agrapha and apocryphal Gospels. In: Chilton, B; Evans, C. A., eds. *Studying the historical Jesus.* Leiden, Brill, 1994. pp. 479-533.

Chilton, B.; Evans, C. A., eds. *Authenticating the words of Jesus.* Leiden-Boston-Köln, 1999.

_____. *Authenticating the activities of Jesus.* Leiden-Boston-Köln, 1999.

Cerfaux, L. *Jésus aux origines de la tradition. Materiaux pour l'histoire évangélique.* Paris, 1968.

Dalla Vecchia F., ed. *Ridatare i Vangeli?* Brescia, Queriniana, 1997.

Dautzenberg, G. *Studien zur Theologie der Jesustradition.* Stuttgart, 1995.

Ellis, E. E. Entstehungszeit und Herkunft des Markus-Evangelium. In: Mayer, B., ed. *Christen und Christliches in Qumran?* Regensburg, 1992. pp. 195-212.

_____. The historical Jesus and the Gospels. In: *New Testament history.* Leiden-Boston-Köln, 2000. pp. 3-19.

Evans, C. A. Jesus in non-christian sources. In: Chilton, B.; Evans, C. A., eds. *Studying the historical Jesus.* Leiden, Brill, 1994. pp. 443-478.

_____. Early rabbinic sources and Jesus research. In: Chilton, B. C.; Evans, C. A., eds. *Jesus in context. Temple, purity, and restoration.* Leiden-New York-Köln, 1997. pp. 27-57.

_____. The life of Jesus. In: Porter, S. E., ed. *Handbook to the exegesis of the New Testament*. Leiden, 1997. pp. 427-475.

Farmer, W. R. Reflections upon "The historical perimeters for understanding the aims of Jesus". In: Chilton; Evans. *Authenticating the activities of Jesus*. pp. 59-81.

Frenschkowski, M. Welche biographischen Kentnisse von Jesus setz die Logienquelle voraus? Beobactungen zur Gattung von Q im Kontext antiker Spruchsammlungen. In: Asgeirsson; De Troyer; Meyer, eds. *From Quest to Q*. pp. 3-42.

Frickenschmidt, D. *Evangelium als Biographie. Die vier Evangelien im Rahmen antiker Erzählkunst*. Tübingen-Basel, 1997.

_____. Evangelium als antike Biographie. In: *ZNT* 2(1998), pp. 29-39.

Funk, R. W. *The acts of Jesus: the search for the authentic deeds of Jesus*. San Francisco, 1998.

Fusco, V. Introduzione generale ai Sinottici. In: Laconi, M., ed. *Vangeli sinottici e Atti degli Apostoli*. Torino-Leumann, Elle Di Ci, 1994. pp. 33-132.

_____. Tre approcci storici a Gesù. In: *RasT* 23(1982), pp. 311-328.

_____. La quête du Jésus historique. Bilan et perspectives. In: Marguerat, D; Norelli, E; Poffet, J.-M., eds. *Jésus de Nazareth*. Genève, 1998. pp. 25-57.

_____. Un secolo di metodo storico nell'esegesi cattolica (1893-1993). In: *StPat* 41(1994), pp. 37-94.

Gerhardsson, B. *Memory and manuscript. Oral tradition and written transmission in rabbinic judaism and early christianity*. Lund-Copenhagen, 1964.

Hedrick, C. W. The tyranny of the synoptic Jesus. In: *Semeia* 44(1988), pp. 1-8.

Hofius, O. Unbekannte Jesusworte. In: Stuhlmacher, P., ed. *Das Evangelium and die Evangelien*. Tübingen, 1983, pp. 355-382.

Holmén, T. Doubts about dissimilarity. Restructuring the main criterion of-Jesus-of-history research. In: Chilton; Evans. *Authenticating the words of Jesus*. pp. 47-80.

Jacobson, A. D. *The first Gospel: an introduction to Q*. Sonoma, 1992.

Jeremias, J. *Gli agrapha di Gesù*. Brescia, Paideia, 1965.

Jossa, G. *La storicità dei vangeli*. Roma, Carocci, 1998.

Kaestli, J. D. L'utilisation de l'évangile de Thomas dans la recherche actuelle sur les paroles de Jésus. In: Marguerat, D.; Norelli, E.; Poffet, J.-M., eds. *Jésus de Nazareth*. Genève, 1998. pp. 373-395.

Kirk, A. *The composition of the sayings source: genre, synchrony and wisdom redaction in Q*. Leiden, 1998.

Kloppenborg, J. S. L'évangile "Q" et le Jésus historique. In: Marguerat, D.; Norelli, E.; Poffet, J.-M., eds. *Jésus de Nazareth*. Genève, 1998. pp. 225-268.

Lambiasi, F. *L'autenticità storica dei vangeli. Studio di criteriologia*. Bologna, EDB, 1976 (2 ed. 1987).

Léon-Dufour, X. *Les évangiles et l'histoire de Jésus*. Paris, 1963.

Lindemann, A., ed. *The sayings source Q and the history of Jesus*. Leuven-Paris, 2001.

Mack, B. *O evangelho perdido. O livro de Q e as origens cristãs*. Rio de Janeiro, Imago, 1994.

Maier, J. *Gesù Cristo e il cristianesimo nella tradizione giudaica antica*. Brescia, Paideia, 1994.

Malina, B. J. Criteria for assessing the authentic words of Jesus: some specifications. In: Chilton; Evans. *Authenticating the words of Jesus*. pp. 27-45.

Manns, F. *Leggere la Misnah*. Brescia, Paideia, 1987.

Manson, T. W. *I detti di Gesù nei vangeli di Matteo e Luca*. Brescia, Paideia, 1980.

Martini, C. M. Il silenzio dei testimoni non cristiani su Gesù. In: *CC* 113,2(1962), pp. 341-349.

McNamara, M. *I Targum e il Nuovo Testamento*. Bologna, EDB, 1978.

Meier, J. P. *Um judeu marginal. Repensando o Jesus histórico*, I. Rio de Janeiro, Imago, 1993. pp. 50-196.

Ménard, J. E. *L'Évangile selon Thomas*. Leiden, 1975.

Moloney, F. J. The fourth Gospel and the Jesus of history. In: *NTS* 46(2000), 42-58.

Moraldi, L. *Apocrifi del Nuovo Testamento*. Casale Monferrato, Piemme, 1994.

Neirynck, F. Q: From source to Gospel. In: *ETL* 71(1995), pp. 421-430.

Norelli, E. Le papyrus Egerton 2 et sa localisation dans la tradition sur Jésus. Nouvel examen du fragment 1. In: Marguerat, D.; Norelli, E.; Poffet, J.-M., eds. *Jésus de Nazareth*. Genève, 1998. pp. 397-435.

Paffenroth, K. *The story of Jesus according to L*. Sheffield, 1997.

Patterson, S. J. Paul and the Jesus tradition: it is time for another look. In: *HTR* 84(1991), pp. 23-41.

Penna, R. *L'ambiente storico-culturale delle origini cristiane. Una documentazione ragionata*. 4 ed. Bologna, EDB, 2000.

_____. Kerygma e storia alle origini del cristianesimo: le narrazioni evangeliche e le più antiche biografie di Alessandro Magno. In: *Vangelo e inculturazione*. Cinisello Balsamo (MI), San Paolo, 2001. pp. 231-251.

Piñero, A. *O outro Jesus segundo os evangelhos apócrifos*. São Paulo, Paulus-Mercuryo, 2002.
Reiser, M. Die Stellung der Evangelien in der antiken Literaturgeschichte. In: *ZNW* 90(1999), pp. 1-27.
Robinson, J. M. Der wahre Jesus? Der historische Jesus im Spruchevangelium Q. In: ZNT 1(1998), pp. 17-26.
Robinson, J. M.; Hoffmann, P.; Kloppenborg, J. S. *The critical edition of Q*. Leuven, 2000.
Schmithals, W. Gibt es Kriterien für die Bestimmung echter Jesusworte?. In: *ZNT* 1(1998), pp. 59-64.
_____. Vom Ursprung der synoptischen Tradition. In: *ZTK* 94(1997), pp. 288-316.
Schröter, J. The historical Jesus and the sayings tradition: comments on current research. In: *Neotestamentica* 30(1996), pp. 151-168.
_____. *Erinnerung an Jesu Worte: Studien zur Rezeption der Logienüberlieferung in Markus, Q and Thomas*. Neukirchen, 1997.
_____. Markus, Q and der historische Jesus. Methodische and exegetische Erwägungen zu den Anfängen der Rezeption der Verkündigung Jesu. In: *ZNW* 89(1998), pp. 173-200.
Schürmann, H. *La tradizione dei detti di Gesù*. 2 ed. Brescia, Paideia, 1980.
Schweizer, E. *La foi en Jésus Christ. Perspectives et langages du Nouveau Testament*. Paris, 1968.
Segalla, G. *Evangelo e vangeli. Quattro evangelisti, quattro vangeli, quattro destinatari*. Bologna, EDB, 1993.
_____. Ridatare i Vangeli? Novità e conferme. In: *StPat* 44(1997), pp. 99-112.
Stanton, G. *La verità del vangelo. Dalle recenti scoperte su Gesù e i vangeli*. Cinisello Balsamo (MI), San Paolo, 1998.
Theissen, G.; Winter, D. *Die Kriterienfrage in der Jesusforschung. Vom Differenzkriterium zum Plausibilitätskriterium*. Freiburg Schw-Göttingen, 1997.
Theissen, G.; Merz, A. *Il Gesù storico. Un manuale*. Brescia, Queriniana, 1999. pp. 30-159. [Ed. bras.: *O Jesus histórico*. São Paulo, Loyola, 2002].
Thiede, C. *Gesù, storia o leggenda?* Bologna, EDB, 1992.
Tuckett, C. M. *Q and the history of early christianity*. Edinburgh, 1996.
_____. Das Thomasevangelium und die synoptischen Evangelien. In: *BTZ* 12(1995), pp. 186-200.
Victor, U. Was ein Texthistoriker zur Entstehung der Evangelien sagen kann. In: *Bib* 79(1998), pp. 499-514.

Capítulo III
TRAMA DE SUA VIDA: CERTEZAS, PLAUSIBILIDADES, HIPÓTESES, LACUNAS

Não é inútil insistir: uma pesquisa histórica sobre Jesus não se propõe a estabelecer diretamente o que ele disse e fez concretamente; tenta determinar o que escreveram dele os testemunhos em nosso poder, considerados segundo o grau de confiabilidade histórica que merecem. E somente como resultado dessa pesquisa podemos representar de certa maneira, com aproximação, alguns traços característicos da existência histórica de Jesus e reconstruir, procedendo com extrema cautela e prudência, uma possível imagem unitária de sua pessoa. Por essa razão, é somente com reserva que falo da trama de sua vida: se não faltam portos seguros, numerosas, porém, são as reconstruções hipotéticas, mais ou menos prováveis; sobretudo a trama que se apresenta aqui e acolá interrupta, carente de verificações, com vazios pequenos e grandes; é evidente a impossibilidade de escrever uma vida, como de resto evidenciara a história plurissecular dos estudos. Quero aqui indicar, de forma geral, sobre a base da documentação disponível, aquelas poucas, mas importantes, balizas, certas ou somente plausíveis, do caminho histórico de Jesus. Posteriormente, cada uma dessas será estudada à parte, de maneira detalhada. Ao contrário, merece imediatamente um exame minucioso a colocação no tempo e no espaço do agir jesuano, como também sua posição no contexto judaico em contato com as tradições religiosas do povo e os movimentos políticos e religiosos que caracterizaram aquela época.

1. O fim trágico

O dado mais certo é sua morte na cruz, condenado pelo prefeito romano da época: *crucifixus sub Pontio Pilato*. Ela é atestada pelos antigos testemunhos, comentados no capítulo anterior: aqueles cristãos, como as cartas de Paulo e os evangelhos canônicos e apócrifos, a voz do mundo judaico e também historiadores pagãos, dos quais aqui relembro Tácito: "[Cristo] foi supliciado por obra do procurador Pôncio Pilatos sob o império de Tibério (*Tiberio imperitante per procuratorem Pontium Pilatum supplicio adfectus erat*)" (*Ann* 44,15,3). Também a data, embora oscilante em um decênio, parece certa, e é a única que se impõe com força incontestável nas coordenadas cronológicas de sua vida: Pilatos foi prefeito romano da Judeia nos anos 26-36, como atesta Flávio Josefo em *Ant* 18,89:

> Vitélio [estamos em 36] então enviou Marcelo, seu amigo, para administrar a Judeia e ordenou a Pilatos de retornar para Roma para dar conta ao imperador das acusações feitas pelos samaritanos. Assim, Pilatos, depois de ter passado dez anos na Judeia, se dirigiu rapidamente a Roma obedecendo às ordens de Vitélio, a quem não se atrevia contradizer. Mas antes que chegasse a Roma, Tibério veio a falecer [em 37].

Portanto, é entre esses dois períodos, provavelmente mais no segundo que no primeiro, que o Nazareno acabou miseravelmente na cruz.

A participação de expoentes de primeiro plano das autoridades judaicas é diversamente discutida, e as posições vão de um extremo ao outro: nenhum rol, ação determinante, e no meio temos a tese de uma colaboração com a autoridade romana, à qual em todo caso remonta a responsabilidade do processo e da condenação. Se o crime imputado a Jesus foi o de lesa-majestade, isto é, de rebelião ao poder romano, como emerge do *titulus crucis* "Rei dos judeus" de sólido valor histórico, se adjudica muitas vezes à sua ação subversiva — talvez acompanhada de uma precisa declaração a propósito do templo jerosolimitano — o rol de causa que desencadeou a violência homicida, não sem esquecer a perspectiva geral de sua missão de evangelista do Reino de Deus. Mais perigosa é a questão da culpa atribuída a um e ao outro grupo: é tristemente notório que por séculos se fez dos hebreus um povo de deicidas. Hoje, felizmente, como escreve o historiador hebreu Rivkin, a questão versa não sobre quem o matou, mas sobre o que fez com que ele morresse. Não de culpa, mas de responsabilidade jurídica e real se deve falar em campo histórico.

Muito difícil, enfim, é a determinação da atitude de Jesus defronte à morte violenta: previu-a? Se sim, tentou fugir dela ou em certo modo foi ao encontro dela? Nessa segunda hipótese, que finalidade o motivou?

Finalmente, dos particulares da paixão dos relatos evangélicos, canônicos e apócrifos, será necessário peneirar atentamente, identificando ali ora precisas lembranças, ora anedotas edificantes, sobretudo a intensa presença de interesses teológicos.

2. As origens

São muito menos definidas as origens que temos à nossa disposição. O cúmulo da imprecisão está em tê-lo feito nascer alguns anos depois de sua vinda a este mundo. Com efeito, Herodes, o Grande, morreu no ano 750, em Roma, como sabemos por Flávio Josefo: foi proclamado rei pelos romanos em 713 (*Ant* 17,191) e morreu depois de 37 anos de reinado (*Ant* 20,9). Mas o início da era cristã foi fixado em 754, quatro anos depois de sua morte. Por outra parte, o nascimento de Jesus aconteceu sob o reino herodiano, como referem independentemente Mateus e Lucas, nos chamados "evangelhos da infância". Parece, portanto, que deveríamos datar sua vinda ao mundo alguns anos antes de seu nascimento oficial.

De sua cédula de identidade conhecemos com certeza somente os dados elementares: o nome, Jesus (*Yêshû*); os pais, Maria e José; a nacionalidade: judeu palestino; a proveniência, Nazaré; a profissão, artesão que trabalhava a madeira: em Mc 6,3 lemos a pergunta espantada dos incrédulos nazarenos: "Não é este o carpinteiro (*tektōn*)?". A passagem de Eclo 38,27.28 (LXX) distingue entre *tektōn* e *khalkeus*, o primeiro trabalha a madeira; o segundo, os metais. Não pertencia, portanto, ao estrato social mais baixo, constituído pelos trabalhadores diaristas e pelos escravos rurais, para não falar dos mendicantes. Puramente hipotético é que fosse, como o pai e com ele, um carpinteiro empenhado em grandes trabalhos além de Nazaré, em cidades como Séforis e Tiberíades ou até mesmo em Jerusalém (cf. Fiensy, em Charlesworth e Johns. *Hillel and Jesus*). Segundo Justino, era um artesão que construía arados e jugos (*Dial* 88). Descendentes da família de Jesus — segundo o testemunho de Hegesipo, já reportado — eram pobres agricultores.

Muito provavelmente teve irmãos e irmãs. Um desses, o mais conhecido, Tiago, era um fiel observante da lei mosaica, como aparece no testemunho de Flávio Josefo: com outros foi acusado, falsamente, de ter transgredido a lei (*paranomēsantōn*) e condenado à morte, mas entre os habitantes de Jerusalém "aqueles mais observantes das leis (*peri tous nomous acribeis*)" se irritaram e denunciaram o sumo sacerdote Anano, responsável do fato, perante a autoridade romana, que o destituiu (*Ant* 20,200-203). Pode-se assim conjecturar que a família de Jesus fosse muito religiosa e observante.

Também sobre sua língua se discute: falava hebraico ou aramaico, ou inclusive — como se tende hoje a afirmar — conhecia e falava grego? Sabia ler e escrever, ou o devemos imaginar um genial iletrado? O hebraico é a língua mais representada em Qumrã, com o aramaico em segundo e o grego em terceiro lugar. O aramaico, ao contrário, era a língua cotidiana dos judeus na Palestina do século I, a única que o povo conhecia. O conhecimento do grego devia ser prerrogativa das classes superiores e dos comerciantes, e o domínio do hebraico próprio dos conhecedores da Torá e dos sacerdotes. Pode-se afirmar que alguns termos aramaicos, como *Abbà* (pai) e *effathà* (abre-te), presentes em Mc 14,36 e 7,34, remontem ao próprio Jesus. Resumindo, como se expressa Meier (*Um judeu marginal*, p. 265), não parece que Jesus tenha falado o latim, a língua dos conquistadores; talvez conheceu e usou algumas palavras gregas por razões de comércio e para comunicar-se com os gentios; ao povo da Galileia naturalmente se dirigiu em aramaico, versão galileia do aramaico ocidental manifesta na pronúncia; por exemplo, Pedro foi reconhecido como galileu pela sua fala (Mt 26,73). Jesus pode ter aprendido o hebraico na sinagoga de Nazaré e tê-lo usado nas discussões sobre o sentido a atribuir aos textos bíblicos. Não há certeza de que existissem então verdadeiras e próprias escolas de educação para crianças. Pode-se supor que tenha recebido em casa uma educação elementar do pai, como era habitual. De qualquer modo, quanto nos transmitiram de seus ditos basta para convencer-nos de que era uma pessoa rica de pensamento e capaz de uma palavra incisiva. Puramente subjetiva é a opinião de Crossan de que fosse analfabeto (*Jesus*, p. 41).

Foi casado ou permaneceu solteiro, mesmo se tudo leva a preferir a segunda eventualidade? Não existem dúvidas, ao contrário, de que fosse um leigo, um dado que pode ter pesado no conflito com a aristocracia sacerdotal de Jerusalém.

Uma fosca nuvem impenetrável envolve os anos de sua formação e vida privada até o momento de sua entrada pública em cena, ao redor dos trinta anos: nada, com efeito, nos foi transmitido a respeito. O próprio episódio de sua peregrinação aos doze anos à cidade santa, perdido e depois reencontrado pelos pais na área do templo (Lc 2,41-50), não pode certamente reivindicar valor histórico; é uma anedota criada pelo evangelista para mostrar a sua dignidade de Filho de Deus dedicado à causa do Pai celeste e livre dos vínculos familiares terrenos. O único dado histórico plausível que se pode tirar desse episódio é sua participação nas romarias anuais que os piedosos judeus de então não deixavam de realizar a Jerusalém.

3. A entrada em cena

Está estreitamente ligada, nas fontes cristãs, à figura importante de João, chamado o Batista por efetuar o batismo dos arrependidos que a ele se dirigiam. Atestam-no Marcos e a fonte Q — da qual dependem Mateus e Lucas —, assim como João e o livro dos Atos dos Apóstolos, que explicita o ponto de partida de sua carreira: "Começando do batismo do Batista" (At 1,22). Jesus, com certeza, foi batizado por João: jamais as comunidades cristãs dos primeiros decênios teriam inventado totalmente tal evento constrangedor para eles, que significava a superioridade do batizador sobre o batizado; não devemos esquecer que os seguidores de João Batista (cf. At 19,1ss), em polêmica com a pretensão dos cristãos favoráveis a Jesus, reivindicavam para seu mestre a messianidade. Com toda a probabilidade, como afirma o quarto evangelho (Jo 3,22.26; 4,1), o próprio Jesus administrou o batismo do Batista. A fonte Q insiste sobre os relacionamentos entre os dois, e o quarto evangelho acrescenta que alguns discípulos do Batista passaram para Jesus (Jo 1,35ss). Temos, assim, direito de supor que se tenha formado na escola do austero batizador, descobrindo depois seu próprio caminho de criador de um movimento de reforma espiritual do judaísmo ao lado daquele de João. Mas queremos saber muito mais a respeito: qual a adesão de Jesus ao Batista? Quanto tempo permaneceu seu seguidor? Podemos identificar as perspectivas espirituais amadurecidas por ele ao seu lado? Como aconteceu exatamente a separação? Com quais olhos o Mestre seguiu a iniciativa do discípulo distanciado dele?

4. Coordenadas cronológicas e topográficas de sua atividade

São incertas, mesmo que não faltem pontos certos e quadros globais de confiabilidade histórica mais ou menos expressiva.

4.1. Cronologia

À imitação dos biógrafos da época, Lucas enquadra-a no contexto internacional e local, precisando assim seus inícios: "No décimo quinto ano do reinado (*hēgemonia*) de Tibério César, quando Pôncio Pilatos era governador da Judeia, Herodes, tetrarca da Galileia, seu irmão Filipe, tetrarca da Itureia e do território da Traconítide, e Lisâneas tetrarca de Abilene, sob o sumo sacerdote Anás e Caifás..." (Lc 3,1-2). Mas a primeira determinação não se mostra unívoca: Tibério foi cooptado por Augusto no ano 12 d.C. e o sucedeu em agosto de 14 d.C. A qual das duas datas Lucas alude? Não sabemos; do mesmo modo que não sabemos como ele calcula o primeiro ano de Tibério: do início até 31 de dezembro (critério da ascensão ao trono), ou, sem considerar os meses precedentes, Lucas tem em mente o ano solar janeiro-dezembro (calendário juliano), ou ainda subentende o espaço sempre de doze meses, mas iniciando o cômputo do mês e do dia em que subiu ao poder? O décimo quinto ano de Tibério resta, portanto, indeterminado, oscilando de 26 a 29.

De Pilatos já falamos: o decênio 26-36 de sua prefeitura assinala não só a morte na cruz de Jesus, mas também sua atividade pública. A duração das tetrarquias de Herodes Antipas (4 a.C.-39 d.C.), de Filipe (4 a.C.-37 d.C.) e de Lisâneas († 37 d.C.) indica períodos muito longos para ter uma precisa determinação cronológica de sua entrada em cena. De maneira estranha, Lucas também indica duas pessoas como sumos sacerdotes em exercício: considera-se que aqui tenta coligar Caifás, formalmente sumo sacerdote daquele ano, e Anás, seu sogro (Jo 18,13), que devia exercer o poder como eminência parda. De fato, este era um personagem muito influente no dizer do historiador judeu Flávio Josefo: "Do velho Anano se diz que foi extremamente feliz, porque teve cinco filhos e todos, depois dele, gozaram daquele ofício por um longo período, tornando-se sumos sacerdotes" (*Ant* 20,198). Foi sumo sacerdote nos anos 5-15 (*Ant* 18,26-35). Na mesma obra, o historiador judeu menciona também Caifás, escolhido pelo prefeito romano Valério Grato (15-26) (*Ant* 18,35), talvez no ano 18, e removido por Vitélio em 36/37, assim como o próprio Pilatos: "[...] removeu de seu sagrado ofício o sumo sacerdote José, apelidado Caifás, e designou no seu lugar Jônatas, filho do sumo sacerdote Anano" (*Ant* 18,95).

Mais aproximadas ainda são as atestações de Lucas: quando Jesus apareceu em público "tinha cerca de trinta anos" (Lc 3,23), e as de João:

seus críticos lhe dizem: "Ainda não tens cinquenta anos e nos dizes de ter visto Abraão?" (Jo 8,57); mas também: "Foram necessários 46 anos para construir este templo e tu o farás ressurgir depois de três dias?" (Lc 2,20). As primeiras duas determinações são bastante distantes entre si e a primeira parece mais exprimir a idade adulta em que se podia exibir em público como profeta (Ez 1,1). Para a terceira, sabemos que Flávio Josefo, em *Ant* 15,380, data o início da reconstrução do templo por parte de Herodes no décimo oitavo ano do seu reinado, portanto em 20/19 a.C., mas, em *Bell* 1,401, indica o ano 15. Portanto, estamos em 23/22 a.C. Segue-se que os 46 anos transcorridos indicam 25/26 ou 22/23 d.C.

Incerta aparece também a duração da vida pública. À primeira vista, Marcos, seguido fielmente por Mateus e por Lucas, indica um ano só ou um pouco mais. No início do relato, com efeito, o segundo evangelista parece referir-se à primavera: as muitas pessoas que Jesus saciou de modo prodigioso acomodaram-se "sobre a relva verde" (Mc 6,39); depois o relato prossegue até notar que Jesus se encaminhou a Jerusalém (Mc 10,1.32; 11,1.11), onde celebrou a Páscoa (Mc 14,12ss), a única mencionada pelo evangelista, e acabou crucificado. Mas o quadro cronológico de Marcos, assim como aquele topográfico, é artificial: na realidade, sua narração não segue uma sucessão precisa de eventos e palavras segundo o critério do antes e depois, mas aproxima artificialmente e com fórmulas genéricas de transição perícopes independentes, com exceção do relato contínuo da paixão. Isso foi demonstrado há tempo em *Der Rahmen der Geschichte Jesu*, de K. L. Schmidt, fundador da escola da História das Formas, com Bultmann, Dibelius e Albertz. Portanto, os dois extremos de tempo, já mencionados, do relato de Marcos, mas também de Mateus e de Lucas, não são necessariamente concatenados de modo que o segundo suceda sem hiato ao primeiro. Sem esquecer que também isso não aparece tão seguro: depois de quanto tempo da atividade pública Jesus multiplicou os pães?

Por sua parte, o quarto evangelho relata a vida pública do Nazareno ao longo do espaço de três Páscoas das quais ele participara: "Estava próxima a Páscoa dos judeus e Jesus subiu a Jerusalém" (Jo 2,13); "Estava próxima a Páscoa, a festa dos judeus" (Jo 6,4); "Estava próxima a Páscoa dos judeus" (Jo 11,55), aquela na qual ele subiu a Jerusalém e ali foi condenado (Jo 13,1; 19,14). Discute-se se a festa dos judeus mencionada em Jo 5,1 é pascal ou não. Conclui-se, portanto, que Jesus tenha atuado por dois anos e meio ou três. Mas, novamente, parece difícil avaliar exatamente o quadro cronológico do quarto evangelho — não menos artificial que o dos evangelhos sinóticos —, interessado em enquadrar a história de Jesus no calendário litúrgico hebraico.

4.2. O mapa topográfico

Sua determinação exata não reserva menores surpresas. Para Marcos — seguido substancialmente por Mateus e por Lucas —, depois de ter sido batizado pelo Batista, o Nazareno voltou à Galileia para dar início à missão (Mc 1,14-15). O epicentro de sua ação parece ter sido Cafarnaum (Mc 1,21; 2,1), que Mt 9,1 declara "cidade de Jesus", provavelmente a casa de Simão Pedro (Mc 1,29) — escavações recentes trouxeram à luz uma habitação pobre que devia funcionar como local de reunião de uma comunidade protocristã já na metade do século I, e que podia também ser originalmente a casa de Pedro (Charlesworth, *Jesus*, pp. 118-119) —, irradiando sua ação nos centros próximos de Genesaré (Mc 6,53), Betsaida (Mc 6,45; 8,22) e Corazim, acrescenta a fonte Q, registrando uma dura reprovação de Jesus às três cidades ribeirinhas que em vão tinham se beneficiado dos milagres do Nazareno (Lc 10,13 e Mt 11,21). Acrescente-se o infrutífero encontro com os conterrâneos na sua cidade natal (Mc 6,1ss), da qual a fonte Q explicita o nome: Nazara (Lc 4,16 e Mt 4,13). Portanto, a Galileia, em particular o Noroeste do lago homônimo, é para Marcos o campo privilegiado da missão de Jesus que, no entanto, se estendeu para o Noroeste na região de Tiro e Sidônia (Mc 7,24.31), para o Nordeste nos povoados próximos a Cesareia de Filipe (Mc 8,27), para o Sudeste na Decápole (Mc 7,31), e fez algumas incursões na beira oriental do lago da Galileia, em particular nas regiões de Dalmanuta (Mc 8,10) e alhures, como atesta a não incidental anotação evangélica de que ele atravessou para a outra margem (Mc 4,35; 5,21; 8,13). Depois se encaminhou para a Judeia em direção a Jerusalém (Mc 10,1.32) e, passando por Jericó (Mc 10,46), chegou a Betânia e Betfagé no monte das Oliveiras (Mc 11,1), concluindo por fim dramaticamente sua missão na cidade santa do judaísmo. Lucas acrescenta Naim às cidades da Galileia (Lc 7,11) e menciona de modo genérico um povoado da Samaria que o grupo de Jesus atravessou no seu caminho para Jerusalém (Lc 9,52). Em resumo, o quadro topográfico dos sinóticos é simples: o Nazareno atuou sobretudo na Galileia com certas passagens nos territórios adjacentes, enquanto Jerusalém aparece somente na breve etapa final.

Novamente, porém, devemos relevar que os sinóticos não nos apresentam um quadro geográfico exato. Prova disso é o fato de que a fonte Q supõe que Jesus tenha agido por bastante tempo na cidade santa: "Jerusalém, Jerusalém, que costumas matar os profetas e lapidar os enviados divinos, *quantas vezes* quis reunir teus filhos como a galinha reúne os pintainhos debaixo das asas, mas não quiseste!" (Lc 13,34; Mt 23,37), um dado acentuado no quarto evangelho, no qual Jesus se reparte entre a Galileia e Jerusalém, mas com preferência pela cidade santa. Na sua terra natal acontecem alguns episódios do Nazareno: em Caná, a transformação da água em vinho (Jo 2,1) e o encontro com o centurião de Cafarnaum (Jo 4,46), cidade na qual ele se estabeleceu com sua família (Jo 2,12). Do outro lado do lago da Galileia, por sua vez, está ambientada a multiplicação dos pães (Jo 6,1), enquanto na Samaria, em Sicar, acontece o encontro com a samaritana (Jo 4,4). Em Jerusalém, o evangelista indica diversas visitas atuantes de Jesus. A primeira é indicada em Jo 2,13: "Estava próxima a Páscoa dos judeus e Jesus subiu a Jerusalém", onde expulsou os mercadores do templo (Jo 2,14ss) e encontrou Nicodemos (Jo 3,1ss). A segunda, que segue ao seu regresso na Galileia através da Samaria, é introduzida em Jo 5,1: "Depois disso era a festa dos judeus, e Jesus subiu a Jerusalém", e gira em torno da cura do paralítico na piscina de Betesda. A terceira é indicada em Jo 7,10: "Como seus irmãos subiram (a Jerusalém) para a festa (das Tendas), também ele subiu", e o evangelista ambienta ali alguns discursos de Jesus sobre sua identidade (Jo 7–8), a cura do cego (Jo 9), a alegoria do bom pastor (Jo 10), e sem solução de continuidade anota que se celebrava então a festa da Dedicação e que Jesus passeava sob o pórtico de Salomão (Jo 10,22-23). A quarta e última visita é apresentada em Jo 11: depois de ter se retirado além do Jordão, onde João anteriormente batizava (Jo 10,40), regressa para a Judeia, exatamente a Betânia, para ressuscitar o amigo Lázaro; e em Jerusalém passa os últimos dias de sua vida, crucificado na "parasceve" (preparação) da Páscoa, isto é, na vigília da grande festividade (Jo 19,31).

É um quadro topográfico que aponta uma manifesta ênfase da presença de Jesus em Jerusalém ligada às festas judaicas; por essa razão, não nos parece *in toto* carente de artificialidade. Seja como for, poderíamos concluir que Jesus agiu intensamente na Galileia com visitas mais ou menos prolongadas em Jerusalém, sem podermos ser mais precisos. Bastante significativos, porém, são os silêncios dos evangelhos a respeito de Séforis, que ficava a poucos quilômetros de Nazaré, e de Tiberíades, capital da tetrarquia de Herodes Antipas, fundada por ele em honra de Tibério. Desta última nos fala Flávio Josefo em *Ant* 18,36-38:

> O tetrarca Herodes tinha conquistado um posto tão eminente entre os amigos de Tibério que na mais bela região da Galileia, na beira do lago de Genesaré, edificou uma cidade à qual deu o nome de Tiberias; não longe dessa, em uma aldeia chamada Emaús, existe uma fonte de águas termais. Os novos habitantes eram heterogêneos, e um contingente não pequeno era galileu; com estes habitavam outros — trazidos do território submetido a ele —, levados à força para a nova fundação; alguns destes eram magistrados. Herodes acolheu entre os participantes também gente pobre que foi levada para unir-se aos outros, qualquer que fosse a sua origem; inclusive existia a dúvida de que fossem verdadeiramente livres; mas a esses muitas vezes e com generosidade os beneficiava (impondo-lhes a condição de não abandonar a cidade), gratificava-os com casas — às próprias expensas dele —, dando-lhes também terrenos. Ele sabia que esse era um assentamento contrário à lei e à tradição dos judeus porque Tiberias tinha sido construída sobre um antigo cemitério aplanado, e alguns sepulcros estavam ainda lá. A nossa lei diz que quem habita tais lugares fica impuro por sete dias.

Com toda a probabilidade, Jesus não entrou ali: nenhum motivo teriam os evangelhos e suas fontes para suprimir uma lembrança jesuana ligada a essas duas cidades. A explicação mais verossímil é que ele as evitou propositadamente: homem de povoado, Jesus escolheu atuar em pequenos centros, longe das metrópoles e da vida luxuosa que ali conduziam os cortesãos, os adeptos à administração, os latifundiários e os grandes comerciantes; não por acaso lhes dirigiu uma crítica radical, como veremos (cf. os estudos de S. Freyne). Importante, no entanto, foi, decerto, sua presença em Jerusalém, centro religioso, sem a qual não se explica adequadamente seu trágico fim na cidade santa.

5. Um hebreu da Galileia

A pesquisa dos últimos vinte anos enfatizou, com justiça, a "judaicidade" de Jesus e não falta quem, com razão, chame a atenção para o fato de ele ser um galileu de origem. Mas o campo dos questionamentos está longe de ter se exaurido por esse dado reconhecido; é somente um ponto de partida, porque o judaísmo da época não era de jeito algum homogêneo, e, por isso, a relação do Nazareno com seu povo resultará necessariamente diferenciada.

O círculo mais vasto das pessoas com as quais Jesus se relacionou era formado por gente do povo. Por essa razão, parece útil um prévio delineamento do judaísmo do tempo. Na realidade, se falou de judaísmos no plural (Neusner e Boccaccini), enquanto outros aderem à tese de diversas tendências internas ao judaísmo (Sacchi); por sua vez, Sanders (*Il Giudaismo*) sustenta com vigor a existência de um judaísmo comum no qual a população judaica se reconhecia, caracterizado pelos seguintes pontos básicos: adoração do único Deus expressada no diário *Shema'Israel*; culto no santuário central de Jerusalém administrado por uma numerosa classe sacerdotal — pensa-se em cerca de 20 mil sacerdotes, como atesta Flávio Josefo (*Ap* 2,108) — e participado, sobretudo, nas festas de peregrinação: Páscoa, Sete Semanas ou Pentecostes, Tendas; oração diária em família e semanal nas sinagogas, onde era fundamental a leitura dos textos sagrados, especialmente da Torá; a observância dos preceitos da Lei, isto é, circuncisão, descanso sabático, várias normas de pureza e não poucos mandamentos morais. Além das fórmulas definitórias, parece que devemos admitir a existência de diversidades não marginais no seio do judaísmo da época, sobre o qual insiste também Penna, a propósito do templo e do culto sacrificial e também da Lei; mas trata-se em geral de contestações de fato — ilegitimidade "jurídica" dos sumos sacerdotes, do calendário litúrgico em uso e consequentemente dos ritos — e de diferenças internas ao amplo reconhecimento da Torá como norma de vida.

Não se pense — conforme um lugar-comum do passado recente — o judaísmo desse tempo como um sistema religioso legalista e meritocrático. Disse muito bem Sanders que é "uma religião da graça" (*Il Giudaismo*, pp. 381ss), que se exprime no *pattern* "nomismo pactual": Deus gratuitamente insere os israelitas no pacto; a esses restava observar a Lei; no caso de infidelidade, a própria lei prevê a via da conversão e o ritual da penitência para refazer a relação com Deus, o qual no final intervirá, sempre por graça, para salvar os seus. Portanto, não há nenhuma contraposição com o cristianismo, que tem sua peculiaridade na graça *de Cristo*.

Certamente o judaísmo era sobretudo uma práxis — "mais um modo de vida do que um sistema doutrinal" (Sanders, *Il Giudaismo*, p. 7) —, mas também com algumas orientações de pensamento que se apresentavam essenciais. Primeiramente, a crença no único Deus criador do mundo e fundador por graça de um pacto com seu povo que devia observar as prescrições da Lei, que interfere na história para salvar e julgar e que, no fim, instaurará um mundo no qual justiça e paz se beijarão. Os principais pontos da esperança judaica eram: restauração das doze tribos israelitas, conversão ou submissão dos pagãos ou mesmo sua eliminação, nova Jerusalém e novo templo com a característica de uma santidade e pureza perfeitas (Sanders, *Il Giudaismo*, pp. 401-406). Mais variada e menos difundida era a espera de um messias, representado ora como um rei, sobretudo um rei davídico (filho de Davi), ora como um sumo sacerdote, mas também com traços de um novo Moisés, ou também à imagem de um Melquisedec transfigurado em um ser celeste, até mesmo nas vestes de uma figura transcendente (o Filho do Homem), sem se esquecer da presença de um messianismo sem messias, como aquele já indicado. J. Maier tem razão quando diz que o judaísmo da época "apresenta uma paleta multicolor de esperanças confusas" (*Il giudaismo del secondo tempio*, p. 324). Também a esperança no além estava presente: com uma boa dose de minimalismo, Sanders afirma que "uma certa forma de vida além da morte era muito comum" (*Il Giudaismo*, p. 412), com exceção dos saduceus. Concretamente, havia quem acreditasse na imortalidade da alma e quem cresse na ressurreição dos corpos, mas não faltavam formas mistas que uniam ambas crenças (cf. as monografias de Cavallin e Marcheselli-Casale). A religião impregnava toda a vida dos judeus. Diz Flávio Josefo: "Estamos convencidos de que a observância (*to phylattein*) das leis e as práticas cultuais que nos foram transmitidas em conformidade a essas sejam a tarefa absolutamente necessária de toda a vida" (*Ap* 1,60).

Tal judaísmo comum devia ser também aquele de Jesus que, muitas vezes, segundo os testemunhos evangélicos, relacionou-se com "a multidão" — "as multidões", como se expressam os textos. Deve ter suscitado entre as pessoas certo entusiasmo e obtido um discreto séquito especialmente com suas curas, ainda que não possamos pensar em verdadeiras e próprias multidões. Desse ponto de vista, o historiador será crítico com relação aos números oferecidos nas nossas fontes, que não obedecem a critérios de exatidão matemática, mas que perseguem intenções mais subjetivas de glorificação do protagonista de seu relato: cinco mil e quatro mil os beneficiários das duas multiplicações de pães (Mc 6,32-44 e par; Mc 1,10 e Mt 15,32-39). A condenação à morte indica, precisamente por isso, que ele representava um perigo público; de outro modo seu destino não teria sido diferente daquele do homônimo Jesus de Ananias, profeta solitário de calamidades que, depois de ter ameaçado continuamente o castigo divino da destruição de Jerusalém e tendo sido denunciado à autoridade romana, foi liberado depois da devida pena corporal porque inócuo. Naturalmente não deviam faltar entre os judeus críticos e indiferentes.

No judaísmo da época estavam presentes movimentos e associações particulares, chamadas por Flávio Josefo de "filosofias" e "escolas", minorias qualificadas religiosamente, mas nem por isso carentes de repercussões políticas, porque então as duas facetas da realidade social do judaísmo estavam estritamente unidas. Eram verdadeiras e próprias *elites* religiosas de pouca consistência numérica — aproximadamente 12 mil pessoas —, mas influentes em diversos estratos da sociedade.

Sanders (*Il Giudaismo*, p. 21) sintetiza deste modo os diversos testemunhos de Flávio Josefo (que serão citados por extenso no capítulo *O mundo de Jesus*):

> Saduceus: aristocratas (compreendida a aristocracia sacerdotal) que seguiam a lei bíblica mas não as "tradições" farisaicas, relativamente recentes, e que negavam a ressurreição. Politicamente, a maior parte deles considerava a cooperação com Roma como a melhor política para Israel.

> Fariseus: seja sacerdotes, seja (a maior parte, ao que parece) leigos. Poucos fariseus tinham uma posição social e financeira de prestígio. Eram grandes intérpretes da Lei e decididamente rigorosos na sua observância. Possuíam também tradições particulares, algumas das quais tornavam a Lei mais severa, enquanto outras suavizavam seu rigor. Acreditavam na ressurreição. Sua posição para com Herodes, os herodianos e Roma é difícil de definir, mas provavelmente não foi uniforme. Prevalentemente aceitavam o *status quo*, mas não sabemos com qual grau de intolerância.

> Essênios: um partido de sacerdotes e leigos que compreendia diversas ramificações. Todos os essênios mantinham certo grau de separação dos outros hebreus. Tinham opiniões próprias a respeito de muitos temas, particularmente o templo e a pureza, e atribuíam tais opiniões — total ou parcialmente — a Moisés (ou a Deus). Um ramo do partido era monástico e vivia em uma área isolada e remota (a seita do Mar Morto). Os membros da seita consideravam que seus chefes — sacerdotes da linhagem de Sadoq — deviam governar Israel

Nossas fontes ignoram por completo qualquer relação de Jesus com os essênios; é como se tivessem estado simplesmente ausentes: jamais os encontrou ou são os documentos que possuímos que colocaram por cima um véu de silêncio? De qualquer maneira, certamente — como veremos — Jesus era estranho, ou melhor, antitético, a esses perfeccionistas da observância da Lei e representantes de uma posição de exclusão, se não de rígido sectarismo, como no caso dos "monges" de Qumrã, convencidos de serem os únicos a formar o povo eleito de Deus e a serem os filhos da luz, desprezando todos os demais, considerados filhos das trevas, dignos, inclusive, aos seus olhos, de ódio. Jesus, pelo contrário, agiu segundo a dinâmica da inclusão, opondo amor e acolhida indiscriminada ao ódio e à rejeição, e afirmando o primado da obediência e da pureza do coração por sobre a observância e a pontualidade das práticas. A hipótese de Stegemann segundo a qual os evangelhos se referem aos essênios ignorando este nome e mencionando-os como herodianos e doutores da Lei, parece-me puramente subjetiva. O mesmo se diga da tentativa de colocá-los entre os fariseus vindos ao encontro de Jesus.

Por outra parte, frequentes contatos com os fariseus estão amplamente documentados em Marcos, na fonte Q, nos evangelhos canônicos e apócrifos, que os apresentam, normalmente, sob o signo de uma áspera polêmica; Lucas, porém, demonstra certa simpatia para com eles. Mas o evidente antifarisaísmo das fontes cristãs — veja Mt 23 com sua recorrente ameaça: "Ai de vós escribas e fariseus hipócritas" e a fórmula análoga "Ai de vós, guias cegos" (v. 16) — ressente-se de maneira crucial do clima polêmico instaurado entre sinagoga e movimento cristão na segunda metade do primeiro século. Seria anacronismo transferi-lo nas relações entre Jesus e os fariseus. Depois, estes não aparecem nos relatos da paixão; em resumo, não devemos procurar neles os inimigos que se empenharam em fazer condenar Jesus. Não inimigos, consequentemente, mas com probabilidade seus críticos dialéticos que contestavam alguns de seus comportamentos — segundo eles, laxistas —, e interpretações da Lei às vezes radicais, outras vezes menos rigorosas.

Os saduceus, pelo contrário, que provavelmente tomavam seu nome de Sadoc, sumo sacerdote por vontade de Salomão, por séculos conservaram o cargo de sumo sacerdote. Sanders afirma: "Os saduceus eram todos aristocratas, mas não devemos considerar todos os aristocratas como saduceus" (*Il Giudaismo*, p. 424). Estima-se que a aristocracia sacerdotal e leiga constituiu a fronte contrária a Jesus e com toda a probabilidade foi seu vértice de poder, sob a guia do sumo sacerdote, que tomou a iniciativa de afastá-lo do caminho, denunciando-o ao prefeito romano. Nossas fontes conhecem também contatos com herodianos (Mc 3,6; 12,13), um grupo não mais bem definido, mas de qualquer modo defensor da estirpe dos Herodes e talvez também colaboracionista do poder romano. Porém, sua exata identificação é um ponto muito discutido entre os estudiosos. De fato, Marcos apresenta-os críticos e hostis com relação a Jesus, em conluio com os fariseus (cf. Mc 3,6; 12,13), mas sobre a confiabilidade histórica dessas notícias não poucas são as dúvidas, sobretudo quanto à sua aliança com os fariseus (cf. Meier, *A marginal jew*, III, pp. 560-565).

Flávio Josefo conhece também uma quarta "filosofia" do judaísmo do tempo, cuja referência era Judas, o Galileu, defensor de uma concepção integralista do monoteísmo hebraico: Deus é o único rei dos judeus e não há lugar na terra de Israel para um outro poder. Em *Ant* 18,23, ele apresenta assim os adeptos: "Têm um ardente amor pela liberdade, convencidos como estão de que somente Deus é seu guia e senhor (*hēgemona kai despotēn*). Pouco lhes importa enfrentar formas de morte incomuns, permitir que a vingança se lance contra parentes e amigos, contanto que possam evitar chamar um homem de 'senhor'". Na sequência, o historiador judeu evoca um sintético retrato do fundador: "Este era Judas que — como expliquei antes — tinha instigado o povo à revolta contra os romanos, quando Quirino fazia o recenseamento na Judeia" (*Ant* 20,102). Nessa linha colocaram-se depois os sicários e, ainda mais tarde, durante a insurreição antirromana, os zelotes. Ora, Lc 6,15 menciona certo Simão apelidado zelote como membro do grupo dos Doze, mas não parece que o discípulo tivesse relação com os zelotes, movimento político e militar posterior, conforme a opinião de Flávio Josefo. Sua qualificação parece indicar melhor uma ligação forte à Lei mosaica e às tradições religiosas do povo. Quanto aos sicários, nas fontes cristãs somente At 21,38 refere-se a eles ao falar do linchamento de Paulo na área do templo jerosolimitano.

Especialmente nos primeiros setenta anos do primeiro século, houve uma significativa aparição de figuras proféticas ou até mesmo, *sensu lato*, messiânicas (sobre as quais retornaremos para aprofundamento no capítulo *O mundo de Jesus*). Primeiramente, profetas da palavra, como João Batista e Jesus de Ananias. Este último, na vigília da insurreição antirromana e também durante a hostilidade, anunciava a ruína da cidade (cf. Flávio Josefo, *Bell* 6,300-309). Mas apareceram em cena, depois da morte de Jesus, também profetas de ação que, invocando sinais estrepitosos do alto, instigavam milhares de pessoas, atraídas pelas promessas de grandes gestos divinos de libertação análogos àqueles do glorioso passado. Eis como os introduz Flávio Josefo que, declarado pelos dominadores do mundo por vontade do Deus de Israel, portanto severo juiz de toda rebelião contra Roma, avalia em termos depreciativos: "Impostores e enganadores incitavam a plebe a segui-los até o deserto, prometendo mostrar-lhe indiscutíveis prodígios e sinais que teriam sido realizados em harmonia com o desígnio de Deus" (*Ant* 20,167-168). Na passagem paralela de *Bell* 2,259 o historiador judeu afirma que eles esperavam eventos de libertação: "Indivíduos falsos e mentirosos, fingindo ser inspirados por deus e maquinando desordens e revoluções, instigavam o povo ao fanatismo religioso e o conduziam ao deserto prometendo que ali Deus teria lhes mostrado sinais premonitórios da libertação (*sēmeia eleutherias*)". Posteriormente, narra de um anônimo egípcio que teve um largo séquito na sua marcha até o monte das Oliveiras onde, ao seu comando, os seguidores teriam assistido à queda dos muros de Jerusalém, evocação prática do evento da antiga conquista de Jericó (*Ant* 20,169-170). Por sua parte, Teudas tinha seduzido um grande número de adeptos com a promessa da repetição do prodígio da passagem do Jordão a pé enxuto (*Ant* 20,97-98). Teudas é relembrado, com Judas Galileu, também em Atos: "Antes destes dias surgiu Teudas dizendo ser alguém, a quem se agregaram cerca de 400 homens" (At 5,36.37). Ainda antes, sob a prefeitura de Pilatos, um anônimo profeta samaritano tinha arrastado uma multidão de incautos, prometendo que lhes teria mostrado sobre a santa montanha de Garizim o lugar exato onde Moisés teria escondido os vasos sagrados (*Ant* 18,85); um modo de dizer que o monte é lugar sagrado e digno de ser terra sobre a qual erigir um novo templo em lugar daquele destruído por João Hircano.

Acrescentam-se supostos "messias" que, na difícil sucessão de Herodes, o Grande, desejavam cingir a cabeça com a coroa, empenhados em contestar *manu militari* o poder romano. Flávio Josefo menciona-os nominalmente: Judas Simão, Atronges e irmãos (*Ant* 17,271-284). Suas respectivas pretensões de sinal messiânico-real aparecem claramente no texto citado: "Sua [de Judas] ambição eram as honras reais"; Simão "teve a ousadia de colocar a coroa na sua cabeça"; "Este [Atronges] teve a temeridade de aspirar à realeza" (*Ant* 17,272.273.278). Flávio Josefo, no final, conclui amargamente: "A Judeia estava cheia de bandidos. Cada um podia declarar-se rei, como chefe de um bando de rebeldes" (*Ant* 17,285). O poder romano local não hesitou em combater uns e outros a fim de dispersar as massas e eliminar os demagogos. Veremos isso detalhadamente mais adiante.

Na monografia *Bandidos, profetas e messias*, cujo título foi retomado aqui, Horsley e Hanson chamaram a atenção também para o fenômeno do banditismo, que afundava suas raízes no desespero dos camponeses galileus sobrecarregados de taxas e impostos insustentáveis. Flávio Josefo lembra, por exemplo, a ação enérgica do jovem Herodes contra os esconderijos dos bandidos da Galileia: "Sabendo que Ezequias, chefe bandido, com um numeroso séquito, infestava os confins da Síria com um numeroso bando capturou-o e o matou, com muitos bandidos que estavam com ele" (*Ant* 14,159). Mais geral é a apresentação que faz em *Bell*: "Manobras contra os salteadores (*lēstai*) das cavernas, que infestavam grande parte da região, infligindo aos habitantes danos não menores que os de uma guerra" (*Bell* 1,304); "Herodes os perseguiu violentamente até o Jordão, e matou muitos deles enquanto os sobreviventes fugiram para além do rio. Desse modo a Galileia foi libertada do seu temor" (*Bell* 1,307). Em *Ant* 14,415.421-430 e *Bell* 1,309-313 o historiador judeu narra a estratégia usada por Herodes para acabar com os bandidos da Galileia: surpreendeu-os nas suas cavernas cavadas nos despenhadeiros e os aniquilou.

Jesus, livre da tentação de pegar em armas, como o demonstra o fato de que sua condenação não implicou nenhuma ação violenta dos romanos contra seus seguidores, manteve-se longe das posições de aberta e armada rebelião contra o opressor romano, portanto, dos movimentos messiânicos (cf. Schmeller). A mesma observação vale com relação ao banditismo. Hoje se registra a respeito um amplíssimo consenso. A contraposição entre Jesus e o movimento dos zelotes, defendida por Hengel, revela-se anacrônica, precisamente porque os zelotes, como grupo organizado sobre base militar, aparecem expressamente somente mais tarde durante a insurreição antirromana, a não ser que se entenda um fenômeno menos preciso de aversão à dominação romana ou também de "zelante" apego à herança espiritual judaica. Da mesma forma, concorda-se em situá-lo na grande esteira do reflorescimento das figuras proféticas do tempo, promotores de uma renovação espiritual do povo — por exemplo, o Batista —, não desprovida, porém, de significados sociais e de reflexos políticos de questionamento, ao menos indiretamente, do poder dos dominadores. Dos profetas de pura denúncia e de julgamento — por exemplo, Jesus de Ananias, mas também o Batista —, divide-o sua primária atenção às novas possibilidades de graça que Deus oferece ao povo; sua mensagem, com efeito, é antes de tudo "Evangelho", Boa Notícia. E, como força contrária a ser derrubada, identifica Satanás, cujo domínio sobre os homens é contestado pelo poder régio de Deus, atuando já nos seus exorcismos.

Jesus também não se assemelha aos profetas de ação que se confiavam ao poder divino operador de grandes sinais de libertação. A tradição sinótica e o quarto evangelho nos conservaram a lembrança de sua nítida negação oposta a "quantos lhe pediam um sinal do céu" (Mc 8,11-12 e par; Jo 6,30). Não sem boas razões, pois, Sanders enfatiza a esperança escatológica na restauração das doze tribos de Israel; por isso, muitas vezes Jesus foi classificado como profeta escatológico, isto é, dos últimos tempos. Por outra parte, normalmente hoje os historiadores negam que tenha se apresentado como messias, ponto central contrário à cristologia do primeiro movimento cristão, e não falta quem recuse sua pretendida identificação com o misterioso Filho do Homem, que a fonte Q e Marcos, assim como o quarto evangelho, lhe reconhecem sem meios termos.

Jesus também foi comparado com o grande Hillel, um pouco mais jovem (cf. Charlesworth e Johns, *Hillel and Jesus*), descobrindo analogias: por exemplo, na regra de ouro "Não fazer aos outros o que não queremos que nos seja feito" e no fato de ambos serem circundados por discípulos; mas não faltam diferenças, por exemplo, a respeito do divórcio (admitido largamente por Hillel e proibido severamente por Jesus), e, de modo especial, em matéria de esperança pela futura intervenção de Deus ou escatologia (desconhecida para Hillel e central para Jesus). Mas os testemunhos escritos sobre Hillel são muito tardios e uma reserva sobre sua confiabilidade histórica se faz necessária, como demonstrou Neusner. Sobre a relação entre Jesus e os escribas — intérpretes profissionais dos ditames da Lei — junto com aqueles institucionais, isto é, com os sacerdotes, veremos mais adiante.

No diversificado ambiente de Jesus, um lugar singular tinham os samaritanos (cf. Schürer, II, pp. 40-45). Não eram de puro sangue hebraico, porque os habitantes da Samaria tinham se misturado com povos mesopotâmicos trazidos à força pelos assírios, mas sua religião era estritamente monoteísta e mosaica. Distinguiam-se dos judeus somente pelo culto sobre o Garizim. No século IV a.C., com efeito, tinham levantado ali um santuário concorrente com aquele jerosolimitano. Flávio Josefo relembra sua destruição por obra de João Hircano (134-104 a.C.): "Duzentos anos depois que fora edificado", este templo "foi reduzido a um deserto" (*Ant* 13,256). Pôs-se em marcha assim um processo que levará ao cisma entre as duas comunidades religiosas. Veneravam igualmente Moisés, dedicando-se exclusivamente — como própria sagrada Escritura — à Torá, da qual conservavam zelosamente uma versão própria hebraica, livre das glosas introduzidas pelos judeus. Esperavam uma figura de cunho profético-messiânico.

A hostilidade entre samaritanos e judeus está documentada em Flávio Josefo e no evangelho de Lucas. O historiador judeu narra em *Bell* 2,232-240 as lutas sanguinárias acontecidas por volta do ano 50 d.C.:

> Aconteceu depois um violento encontro entre galileus e samaritanos. De fato, perto da aldeia chamada Gema, que está situada na grande planície da Samaria, enquanto um grande número de judeus se dirigia a Jerusalém para a festa [das Tendas], foi morto um galileu. Acorreu então da Galileia uma grande multidão com a intenção de combater os samaritanos, enquanto os anciãos se dirigiram a Cumano para solicitar-lhe, antes que acontecesse o irreparável, transferir-se para a Galileia e punir os culpados desse assassinato. O procurador romano não interveio. Quando a notícia do delito chegou a Jerusalém, a multidão ficou revoltada e, abandonando a festa, partiu para atacar os samaritanos sem nenhum comandante e sem dar ouvidos a nenhum dos magistrados que tentavam impedi-la. Os bandidos e os rebeldes que faziam parte disso tinham à sua frente Eleazar, filho de Dineu, e Alexandre; atacaram os habitantes do vizinho distrito de Acrabatene e os massacraram — sem fazer distinção de idade — e incendiaram as aldeias. Somente nesse ponto Cumano interveio em defesa dos samaritanos (236-240).

A narração de Lucas nos oferece um episódio incruento, mas não menos significativo da natureza das relações entre samaritanos e judeus, também esse ocasionado pela peregrinação de galileus que se dirigiam a Jerusalém: os habitantes de uma aldeia da Samaria negam ao grupo de Jesus a permissão de passagem (Lc 9,51-56). O desprezo dos judeus para com os samaritanos emerge em Jo 8,48, no qual os adversários de Jesus o acusam de ser um samaritano e um endemoniado.

Nesse clima, os evangelhos canônicos atestam suas atitudes na contramão: na parábola do bom samaritano, o personagem positivo da história é precisamente um samaritano (Lc 10,25ss); rejeita a proposta dos irmãos João e Tiago de responderem à recusa de acolhida dos habitantes da mencionada aldeia samaritana, fazendo descer sobre eles o fogo do céu (Lc 9,54-55); cura dez leprosos, entre os quais um samaritano, o único a lhe demonstrar reconhecimento (Lc 17,11ss); Jo 4 narra o encontro com uma mulher samaritana no poço de Sicar. Mas Mt 10,5 atesta a proibição de Jesus aos seus discípulos, enviados em missão, de entrar na cidade dos samaritanos. Como harmonizar ambos dados? Parece que Lucas exprime aqui seu universalismo.

No capítulo *O mundo de Jesus* será enriquecida a apresentação do contexto histórico e cultural no qual ele viveu.

6. Alguns marcos de sua atividade pública

Uma dimensão historicamente confiável e universalmente aceita pelos estudiosos é aquela de um Jesus que cura doentes físicos e psíquicos ou, mais geral, um taumaturgo. Afirmam-no múltiplos testemunhos cristãos independentes entre si: o evangelho de Marcos; a própria fonte Q, que narra uma só cura, a do servo do centurião romano (Lc 7,1-10), mas faz várias referências à sua ação terapêutica (Lc 10,13-15; Mt 11,20-24); e a suposta "fonte dos sinais", utilizada pelo quarto evangelho nos relatos de cura do servo do centurião de Cafarnaum (Jo 4,46-54), do paralítico na piscina de Betesda (Jo 5,1ss) e de um cego (Jo 9,1ss); prescindimos agora dos chamados milagres sobre a natureza narrados no mesmo escrito: transformação da água em vinho em Caná (Jo 2,1-11), multiplicação dos pães (Jo 6,1-13) e ressurreição de Lázaro (Jo 11,1ss). Acrescentem-se os sumários do anúncio evangélico no livro dos Atos dos Apóstolos: "Jesus de Nazaré, legitimado por Deus entre vós com obras poderosas, prodígios e sinais, que Deus lhe concedeu de fazer no meio de vós..." (At 2,22); "[...] Jesus de Nazaré, que Deus escolheu mediante o Espírito Santo e com poder, o qual passou entre vós fazendo o bem e curando quantos eram atormentados pelo diabo, porque Deus estava com ele" (At 10,38).

Mas também é um dado presente nas fontes judaicas citadas anteriormente, em particular no *Testimonium Flavianum*: Jesus "realizava obras extraordinárias (*paradoxōn ergōn poiētēs*)" e no Talmude: ele "praticou a magia, instigou Israel (à idolatria) e (o) perverteu". A mesma acusação, na realidade, ressoa em termos análogos em Celso: Jesus, aprendendo no Egito "algumas daquelas artes secretas (*dynameōn tinōn peirastheis*), pelas quais os egípcios são célebres, retornou entre os seus, orgulhoso pelas artes aprendidas, e, em virtude delas, proclamou-se a si mesmo Deus". A interpretação *in malam partem* das curas de Jesus aparece também na fonte Q e em Marcos: seus críticos afirmam que ele curava os endemoniados com o poder de Belzebu (Q: Lc 11,15 e Mt 12,24; Mc 3,22).

Todos — amigos e inimigos — concordam, portanto, em reconhecer ao Nazareno a realização de obras taumatúrgicas. Diferenciam-se somente na forma de interpretá-las: para os primeiros ele age "com o dedo de Deus"

(Q: Lc 11,20; Mt 12,28), isto é, com o poder divino; para os inimigos, é instrumento de potências malignas ou artífice de artes mágicas. Note-se bem: historicamente não é seguro que ele tenha feito de fato milagres, obras que transcendem — para nós, na atualidade — os limites da natureza: tal juízo não compete, por estatuto epistemológico, ao historiador. Os documentos nos atestam, e é indiscutível, que Jesus foi considerado taumaturgo e curandeiro, e que tal foi segundo os critérios de valoração da época. Foi visto por todos como um carismático que curava doenças físicas e psíquicas; por isso, parece, teve seguidores entre o povo da Galileia. Qual, no entanto, tenha sido o sentido de tal atividade aos seus próprios olhos é questão muito mais difícil de resolver; em particular se indaga se e qual ligação ele entendia propor entre as curas e os outros aspectos da sua missão, sobretudo a Boa Notícia, dado historicamente confirmado. Em outras palavras, em qual relação se encontrava o terapeuta extraordinário e o evangelista do "Reino" de Deus?

Ao contrário, a historicidade dos relatos milagrosos no campo da natureza — por exemplo, a multiplicação dos pães — aparece muito problemática, para dizer o mínimo. Surgidos em ambiente sensível à cultura grega, parece que os evangelhos, partindo de sólidas lembranças de Jesus curandeiro e exorcista, tenham engrandecido e estendido a situação conforme os cânones da *amplificatio* retórica, a fim de apresentá-lo mais fascinante a pessoas sedentas de atos milagrosos.

Outra dimensão do Jesus público que as fontes cristãs nos transmitiram com reconhecida fidelidade histórica é o anúncio do Reino de Deus, "do Reino dos céus" segundo Mateus, fiel à tradição judaica sucessiva. Marcos sintetiza a pregação do Mestre assim: "O tempo chegou à sua plenitude, a realeza de Deus (*he basileia tou theou*) se fez evento próximo (*ēggiken*)" (Mc 1,15; cf. Mt 4,17 e Lc 10,11). Veja também Lc 21,31: "Próxima (*eggys*) está a realeza de Deus". O primeiro pedido do pai-nosso é conhecido: "Venha logo teu reino" (Q 11,2; Mt 6,10). E também a promessa de Jesus aos seus: "Não beberei mais do fruto da videira até o dia em que o beberei, novo, no Reino de Deus" (Mc 14,25). Lucas apresenta-nos depois uma atitude de vigilância: "A realeza de Deus não vem como evento observável com nossos olhos; nem se poderá dizer 'ei-lo aqui'; a realeza divina, com efeito, está no meio de vós (*entos hymōn*)" (Lc 17,20-21). À fonte Q devemos um dito importante de Cristo: "Se eu expulso os demônios com o dedo de Deus, então quer dizer que a realeza de Deus chegou até vós (*ephthasen eph'hymas*)" (Q: Lc 11,20; Mt 12,28).

Juntamente com o tema da vinda da realeza divina aparece, bem testemunhado, também aquele do ingresso no espaço no qual Deus exerce sua realeza: "As prostitutas entrarão no Reino de Deus, vós, pelo contrário, não" (Mt 21,31); "Se teu olho é ocasião de queda, arranca-o; é melhor para ti entrar com um olho só no Reino de Deus que ser jogado na geena íntegro, com os dois olhos" (Mc 9,47); "Como é difícil para os que possuem grandes fortunas entrar no Reino de Deus!" (Mc 10,23). De particular importância é a perspectiva da primeira bem-aventurança: "Felizes vós, pobres, porque para vós é a realeza de Deus" (Q: Lc 6,20; cf. Mt 5,3). Não podemos nos esquecer das fórmulas que introduzem algumas parábolas: do camponês que, lançada a semente, fica tranquilo esperando o fruto (Mc 4,26ss); do pequeníssimo grão de mostarda que cresce no terreno até formar uma pequena planta (Mc 4,30ss); do fermento colocado pela dona de casa dentro da mistura de muita farinha e capaz de fermentá-la (Lc 13,20-21; Mt 13,31). Podemos sintetizá-las nesta a expressão: "A história da realeza de Deus é semelhante à história de...".

Não falta também no coral a voz do *Evangelho Apócrifo de Tomé*. Excluído que o Reino esteja no céu ou no mar, Jesus acrescenta: "Mas o Reino está dentro de vós e fora de vós" (n. 3). O dito n. 22 fala daqueles aos quais se promete o ingresso no Reino: "Estes pequenos que bebem o leite são semelhantes àqueles que entram no Reino". Igualmente: "Meus irmãos e minha mãe são aqueles que fazem a vontade do meu Pai; eles entrarão no reino do meu Pai" (n. 99). O escrito conhece também a fórmula introdutória das parábolas: "A história da realeza de Deus é como a história de..." (nn. 20, 57, 76 etc.). Original o dito n. 82, ao qual se reconhece valor de *agraphon* de Jesus: "Quem está próximo de mim, está próximo do fogo; e quem está longe de mim, está longe do Reino". Enfim, o dito n. 113 é análogo a Lc 7,16-17 e trata explicitamente da vinda do Reino: "Não virá como grandeza esperada. Não se dirá: 'Ei-lo aqui', ou 'Ei-lo lá'; o Reino do Pai está difundido na terra e os homens não o veem".

Certamente é difícil mostrar, com certeza, a confiabilidade histórica dos ditos individuais. Mas os testemunhos que possuímos são tão unânimes na sua marcante diversidade que se admite de maneira pacífica o dado global: Jesus falou do Reino de Deus e a ele se referiu muitas vezes.

Afirmado isso, porém, surge a questão: é uma grandeza futura, talvez de iminente chegada, ou é evento já presente? Na realidade, foram-nos transmitidas palavras de Jesus que insinuam ambas dimensões; por isso muitos estudiosos falam de evento futuro e presente ao mesmo tempo, naturalmente sob aspectos diversos. Em contrapartida, biblistas norte-americanos de grande notoriedade compreendem esse tema em chave sapiencial, antitética à compreensão tradicional de signo escatológico. Põe-se também o problema de possíveis significados políticos: a realeza divina coloca em discussão o poder político dos dominadores estrangeiros sobre o povo de Israel. Depois de tudo, o Nazareno foi condenado à cruz pelo prefeito romano precisamente como suposto "rei dos judeus". E qual foi sua postura com relação ao Reino? Simples anunciador, ou, em certo modo, mediador humano, portanto ativo?

Não é aqui o momento de enfrentar a compreensão dos relatos das parábolas de Jesus, o que será feito mais adiante. Agora basta dizer que ele foi, sem dúvida, um contador de parábolas hábil e não desprovido de originalidade com respeito à tradição escriturária e rabínica. Que o movimento cristão primitivo não possa ser invocado como "autor" das parábolas evangélicas mostra-o sua idiossincrasia para com esse gênero narrativo: os sinóticos tendem, com efeito, a alegorizar os relatos parabólicos, às vezes acrescentando-lhes uma explicação. Por exemplo, a parábola do semeador de Mc 4,3-8 é duplicada pela sua explicação em Mc 4,14-20, onde se observa um sensível deslocamento do centro focal do relato: do semeador aos terrenos semeados. O máximo se alcança em Mc 11,12-14 e Mt 21,18-19, que transformam a parábola da figueira estéril, atestada em Lc 13,6-9, em uma crônica. Tal tendência se tornará característica de largos setores da patrística, dominados pela arte da alegorização. Por sua parte, o quarto evangelho não apresenta verdadeiras e próprias parábolas, mas alegorias elaboradas; um exemplo entre todas é a da videira e os sarmentos (Jo 15,1ss).

Particularmente importante é a convergência de diversos e autônomos testemunhos cristãos do primeiro século a demonstrar que estamos diante de uma tradição bastante sólida. Marcos recolheu três parábolas no capítulo 4: o semeador que espalha a semente em todo tipo de terreno; o camponês que, semeado seu campo, repousa esperando que a natureza faça sua parte; a "história" da semente de mostarda, a menor das sementes, destinada a tornar-se uma pequena planta. Além dessa coleção, Marcos acrescenta a explicação da primeira, o porquê do falar em parábolas de Jesus e a distinção que isso causa entre discípulos e multidão, compondo assim um livreto unitário de caráter catequético. Outro relato parabólico, os vinhateiros homicidas, encontra lugar no final do evangelho (Mc 12,1ss).

A fonte Q não é inferior e deixou em herança a Lucas e a Mateus outras parábolas de Jesus: os dois construtores de casas (Lc 6,47-49; Mt 7,24-27); a levedura que fermenta toda a massa (Lc 13,20-21; Mt 13,33); o servo vigilante e fiel e o malvado (Lc 12,42-48; Mt 24,42-51); a grande ceia (Lc 14,15-24; Mt 22,1-14); a ovelha desgarrada (Lc 15,4-5; Mt 18,12-14); os talentos ou as minas (Lc 19,11-27; Mt 25,14-30: uma mesma parábola ou duas parábolas diversas?).

A fonte L, da qual o evangelista Lucas obteve diverso material próprio, caracteriza-se pela presença de outras parábolas: o amigo importuno e a viúva petulante (Lc 11,5-8); o rico epulão e o pobre Lázaro (Lc 16,19-31); a moeda e o filho perdidos e reencontrados (Lc 15), enfim, a parábola-exemplo do bom samaritano (Lc 10,29-37).

De tradições próprias, Mateus apresenta as seguintes parábolas: o trigo e o joio (Mt 13,24-30); o tesouro descoberto no campo e a pérola preciosa (Mt 13,44-46); a rede lançada no mar (Mt 13,47-50); os obreiros enviados à vinha em diversas horas do dia (Mt 20,1-16); os dois filhos (Mt 21,28-32); as dez damas de honra em um cortejo nupcial (Mt 25,1-13).

Por sua parte, o *Evangelho Apócrifo de Tomé* quase sempre apresenta, talvez de forma mais ou menos diversa, muitas parábolas atestadas nos sinóticos: a rede lançada n'água (n. 8); o semeador (n. 9); o trigo e joio (n. 57); a grande ceia (n. 64); os operários homicidas (n. 65); a pérola preciosa e o tesouro escondido no campo (nn. 76 e 109); a levedura que fermenta a massa (n. 96); o pastor e a ovelha desgarrada (n. 107). Mas também nos transmite duas parábolas desconhecidas à tradição sinótica: a mulher que leva um vaso cheio de farinha e um homem que mata um magnata (nn. 97 e 98).

O problema crucial é determinar que sentido Jesus tenha dado a suas parábolas e como tenha coligado essa sua atividade narrativa a outros aspectos que o caracterizam. Concretamente, suas parábolas entram no tema mais geral do Reino de Deus, dando voz à sua esperança escatológica, ou exprimem sua sabedoria de homem atento a como estão as coisas debaixo do céu? O narrador de histórias parabólicas é a outra face do evangelista do Reino, ou são duas dimensões completamente separadas?

Os evangelhos nos apresentam o Nazareno rodeado de "discípulos" e afirmam para ele a denominação de mestre/*rabbi*. Esse título, porém, não tinha ainda o alcance preciso de titulado mestre da Lei que terá depois, na tradição judaica posterior à queda de Jerusalém, nem o sentido de intérprete profissional da Lei, como, por exemplo, de um Hillel. Equivalia ao nosso genérico "senhor" (lit.: "o meu grande"). Nos evangelhos, recorre-se mais frequentemente — em relação à sua atividade de ensinamento — ao termo grego *didaskalos*. Com certeza, diversas pessoas o seguiram e aqui o léxico evangélico recorre a duas expressões similares: "seguir" (*akolouthein*) e "ir atrás de" (*[ap]erkhesthai opisō* + gen.). São modos de dizer que encontram analogias no relato de vocação de Eliseu, chamado por Elias ao seu seguimento, e na apresentação feita por Flávio Josefo das multidões que seguiam profetas de ação e messias (cf. M. Hengel, *Sequela e carisma*). Nos evangelhos sinóticos temos o relato de vocação de alguns discípulos (Mc 1,16-20), a destinação expressa de palavras de Jesus ao seu grupo (*passim*), a anotação que o seguiam também mulheres (Lc 8,1-3) — mais uma *patronagem* econômica do que pessoas chamadas pelo Nazareno a participar na sua missão —, a notícia de que eles deixaram Jesus sozinho para enfrentar o processo e a condenação (Mc 14,50).

Não faltam discussões e abertas negações a propósito da escolha dos Doze, atestada no entanto nos evangelhos sinóticos e também em outros escritos protocristãos. Paulo, em 1Cor 15,5 — estamos nos anos 53/54 —, conhece a fórmula "os Doze" para indicar um conhecido grupo de discípulos históricos: "[o Ressuscitado] apareceu a Cefas e aos Doze". Assim também Mc 6,7: "E chamou a si os doze" (cf. igualmente Lc 9,1). Mc 3,14 lembra que Jesus "constituiu doze". A fonte Q nos transmitiu um dito arcaico: os Doze, sentados sobre (doze) tronos, julgarão as doze tribos de Israel (Lc 22,30; Mt 19,28). Mas é sua única referência e, ademais, implícita. O quarto evangelho não constitui a exceção: por exemplo, menciona Tomé como "um dos doze" (Jo 20,24). Os Doze estão, pelo contrário, ausentes no *Evangelho de Tomé*, que, por sua vez, apresenta, continuamente, os discípulos de Jesus que se dirigem a ele com perguntas e são destinatários de suas palavras.

Particular peso histórico é dado às listas dos Doze presentes nos evangelhos sinóticos (Mc 3,13-19; Lc 6,12-16; Mt 10,1-4), mas também em At

1,13 + 1,15-26, sobretudo pela presença constante de Judas, o discípulo traidor, colocado rigorosamente no final, assim como Simão no início. Jamais a Igreja primitiva teria inventado tal lista com a presença constrangedora de um discípulo escolhido por Cristo e seu traidor. A escolha dos Doze é, portanto, um dado historicamente muito provável que nos desvenda a esperança de Jesus voltado à restauração das doze tribos de Israel.

Naturalmente um capítulo importante da pesquisa é o confronto entre o discipulado de Jesus e aquele conhecido no mundo judaico: escolha pessoal e chamado, tipo de adesão ao mestre, centro de agregação, exigências requeridas, duração do discipulado (cf. Pesce, *Discepolato gesuano e discepolato rabbinico*).

De qualquer maneira, até mesmo quantos interpretam seu anúncio da realeza divina em chave escatológica não duvidam de que ele tenha sido um mestre de sabedoria que olhava o mundo assim como é, mas que também ensinava a viver segundo cânones de vida novos e, às vezes, até revolucionários. Em Marcos estão presentes somente pequenos traços, por exemplo, os ditos sobre o sal: se não tem mais força para salgar, deve ser jogado fora (Mc 9,49), e sobre a lâmpada: deve ser colocada não debaixo do alqueire mas sobre o candelabro, caso contrário não pode iluminar a casa (Mc 4,21). Muito atenta esteve a fonte Q ao transmitir a Lucas e a Mateus diversas coleções de palavras de sabedoria coligando-as ora com o critério da uniformidade temática, ora com o recurso de palavras-gancho. Vejamos, por exemplo, os ditos sapienciais recolhidos no sermão da montanha transmitido por Lucas (Q 6,37ss): "Não julgueis e não sereis julgados"; "Dai e vos será dado"; "Com a medida com que medirdes os demais, sereis medidos"; "Pode talvez um cego servir de guia a outro cego? Não cairão os dois em uma fossa?"; "Não há discípulo superior ao mestre"; "Por que olhas o cisco que está no olho de teu irmão, e não fixas a mente na trave que está no teu olho?"; "Não há árvore boa que produza fruto ruim, nem por outra parte árvore ruim que produza fruto bom"; "Não se colhem figos dos espinheiros nem se colhem uvas de uma sarça".

A estes ensinamentos — sempre no sermão da montanha, e bastante enriquecido por ele —, Mateus integra outro material da fonte Q que Lucas, mais fielmente, atesta em outro lugar: "Não junteis tesouros na terra", perecíveis e passíveis de roubo; "juntai, pelo contrário, tesouros no céu", imperecíveis e não passíveis de roubo (Mt 6,19-20; Lc 12,33 tem somente a segunda parte); "Onde estiver teu tesouro, ali estará também teu coração" (Mt 6,21; Lc 12,34); "A lâmpada do corpo é o olho: se teu olho é puro, todo teu corpo será luminoso; se, ao contrário, teu olho é mau, todo teu corpo será tenebroso" (Mt 6,22-23; Lc 11,34); "Nenhum criado pode servir a dois senhores: odiará um e amará o outro, ou aderirá a um e desprezará o outro" (Lc 16,13; Mt 6,24); "Não podeis servir a Deus e ao dinheiro" (Mt 6,24b; Lc 16,13b). Paradoxal é o ensinamento sapiencial de Q (Lc 12,22ss; Mt 6,25ss): "Não vos angustieis com a vida, quanto ao que comer, nem com o corpo, quanto ao que vestir. Vossa vida vale mais do que o alimento e vosso corpo mais do que o vestido", e Jesus continua, convidando a olhar os pequenos corvos da campanha e as flores do campo que Deus respectivamente sacia e reveste; com maior razão, reafirma, cuidará das necessidades vitais de seus seguidores.

Também o *Evangelho Apócrifo de Tomé* não carece de ditos sapienciais, alguns em comum com os evangelhos canônicos e muitos outros próprios, misturando aqui e acolá uns e outros. Vejamos alguns exemplos: "Quem procura não cesse de procurar até que encontre" (n. 2); "Nenhum profeta é bem aceito na sua aldeia; nenhum médico cura aqueles que o conhecem" (n. 31); "Se um cego faz de guia a outro cego, ambos caem na fossa" (n. 34); "Não se recolhem uvas dos espinheiros, nem figos das sarças" (n. 45); "Não é possível que um homem monte sobre dois cavalos e retese dois arcos; e não é possível que um servo sirva dois senhores" (n. 47); "Procurai e encontrareis" (n. 92).

Grande problema na pesquisa histórica de Jesus é como combinar os ditos escatológicos sobre o Reino e, para quem admite sua historicidade, as palavras sobre a vinda do misterioso Filho do Homem. Como concordar na unidade de sua pessoa o profeta e o sábio? Não faltam estudiosos norte-americanos que resolvam o problema na raiz, negando confiabilidade histórica à figura profética e escatológica de Jesus, reduzido a ser um sábio, não diferente, para alguns, dos cínicos da história grega. Mas parece uma solução muito fácil e não carente de valorações subjetivistas dos documentos que possuímos, em particular da fonte Q e do *Evangelho de Tomé*.

Um aspecto crítico do ensinamento de Jesus é sua relação com a Lei mosaica. Uma corrente bastante forte do século passado o apresentou em nítida antítese com os preceitos tradicionais da Torá: ab-rogação do mandamento do descanso sabático e, em geral, das normas de pureza relativas sobretudo aos alimentos; exclusão do divórcio permitido na legislação mosaica; proibição de qualquer juramento etc. Não faltou sequer quem o fez um transgressor da Lei, chegando a ver nessa "liberdade" o verdadeiro motivo de sua condenação à morte, promovida pelos chefes judaicos de Jerusalém. A tal tendência se opôs — já de alguns decênios, e não somente entre historiadores hebreus — uma leitura que exclui sua oposição de princípio à Lei. Em particular, se fez notar como, dentro de um quadro de substancial observância dos preceitos tradicionais, ele tenha dado, aqui e lá, suas interpretações ao ditame legislativo, ora mais rigorosas, ora menos, com respeito ao sentido literal. E não faltam concordâncias significativas com ambientes judaicos do tempo (como os qumranitas) e filões da tradição judaica. A polêmica com os fariseus enquadra-se, assim, em um contexto de variedade interpretativa bem conhecida naquele período: a Lei não era vivida como grandeza sagrada, como peça de museu, mas como palavra viva e atual, sujeita à tradição interpretativa, ou melhor, a tradições interpretativas.

A problemática atinge não somente o binômio Lei e interpretação, mas também aquele de Lei mosaica e vontade de Deus, e parece que Jesus tenha insistido intencionalmente sobre esta para ler aquela. Basta uma rápida referência às antíteses de Mt 5, às três que podem reivindicar uma suficiente confiabilidade histórica: "Foi dito: 'não matarás', mas eu vos digo..."; "Foi dito: 'não fornicarás', mas eu vos digo..."; "Foi dito: 'não perjurarás', mas eu vos digo...". Na mesma direção, mas não de forma antitética, situa-se o mandamento do amor aos inimigos da fonte Q (Lc 6,27ss; Mt 5,43-48).

Também surge aqui, ineludível, a pergunta sobre que tipo de relação Jesus tenha estabelecido entre a perspectiva do Reino de Deus e suas solicitações "éticas".

Bibliografia do capítulo

(Em princípio, mencionamos aqui os estudos gerais sobre Jesus; outros, indicados sumariamente no texto, serão citados por inteiro no capítulo V — O mundo de Jesus.)

Allison, D. C. *Jesus of Nazareth: millenarian prophet*. Minneapolis, 1998.
Ardusso, F. Gesù Cristo. In: Barbaglio, G.; Bof, G.; Dianich, S., eds. *Teologia. Dizionari San Paolo*. Cinisello Balsamo (MI), San Paolo, 2002. pp. 667-721.

Becker, J. *Jesus von Nazaret*. Berlin-New York, 1996.
Benchorin, Sh. *Fratello Gesù. Un punto di vista ebraico sul Nazareno*. Brescia, Morcelliana, 1985.
Betz, O. *Was wissen wir von Jesus? Der Messias im Licht von Qumran*. Wuppertal, 1999.
Boccaccini, G. *Il Medio Giudaismo. Per una storia del pensiero giudaico tra il terzo secolo a.e.v. e il secondo secolo e.v.* Genova, Marietti, 1993.
Blank, J., *Gesù di Nazaret. Storia e significato*. Brescia, Morcelliana, 1974.
Boff, L. *Jesus Cristo libertador*. Petrópolis, Vozes, 1979.
Borg, M. J. *Meeting Jesus for the first time*. San Francisco, 1994.
_____. *Jesus. A new vision*. San Francisco, Harper & Row, 1987.
Bornkamm, G. *Gesù di Nazaret. I risultati di quaranta anni di ricerche sul Gesù della storia*. Claudiana, Torino, 1968.
Bultmann, R., *Gesù*. Brescia, Queriniana, 1972.
Burchard, C. Jesus of Nazareth. In: Becker, J., ed. *Christian beginnings. Word and community from Jesus to post-apostolic times*. Louisville, 1993. pp. 15-72.
Calimani, R. *Gesù ebreo*. Milano, Rusconi, 1990.
Charlesworth, J. H. *Jesus dentro do judaísmo*. Novas revelações a partir de estimulantes descobertas arqueológicas. Rio de Janeiro, Imago, 1992.
Chilton, B. *Rabbi Jesus. An intimate biography*. New York-London-Toronto-Sydney-Auckland, 2000.
Crossan, J. D. O *Jesus histórico*. A vida de um camponês judeu do Mediterrâneo. Rio de Janeiro, Imago, 1994.
_____. *Jesus*. Uma biografia revolucionária. Rio de Janeiro, Imago, 1995.
Duquoc, C. *Gesù uomo libero*. Brescia, Queriniana, 1974.
Fabris, R. *Gesù di Nazaret. Storia e interpretazione*. Assisi, Cittadella, 1983.
Falk, H. *Jesus the Pharisee. A new look at the jewishness of Jesus*. New York, 1985.
Flusser, D. *Jesus*. Genova, Lanterna, 1976 – Brescia, Morcelliana, 1997.
Fredriksen, P. *Jesus of Nazareth, King of the Jews: a jewish life and the emergence of christianity*. New York, 1999.
Gnilka J. *Gesù di Nazaret. Annuncio e storia*. Brescia, Paideia, 1993.
Goppelt, L. *Teologia del Nuovo Testamento, I. L'opera di Gesù nel suo significato teologico*. Brescia, Queriniana, 1982.
Grelot, P. *Jésus de Nazareth, Christ et Seigneur. Une lecture de l'Évangile*, 2 vol. Paris, 1997-1999.
Harvey, A. E. *Jesus and the constraints of history*. London-Philadelphia, 1982.

Jeremias, J. *Teologia del Nuovo Testamento, I. La predicazione di Gesù.* 2 ed. Brescia, Paideia, 1976.

Johnson, L. T. *The real Jesus. The misguided quest for the historical Jesus and the truth of the traditional Gospel.* San Francisco, 1996.

_____. *Living Jesus. Learning the heart of the Gospel.* San Francisco, 1999.

Kümmel, W. G. La predicazione di Gesù secondo i primi tre Vangeli. In: *La teologia del Nuovo Testamento: Gesù, Paolo, Giovanni.* Brescia, Paideia, 1976. pp. 21-116.

Lüdemann, G. *Der grosse Betrug und was Jesus wirklich sagte and tat.* Lüneburg, 1998.

_____. *Jesus nach 2000 Jahren. Was er wirklich sagte and tat.* Lüneburg, 2000.

Machovec, M. *Gesù per gli atei.* Assisi, Cittadella, 1973.

Meier, J. P. Reflections on Jesus-of-History Research Today. In: Charlesworth, J. H. *Jesus' Jewishness. Exploring the place of Jesus within early Judaism.* Philadelphia, 1991. pp. 84-107.

_____. *A Marginal Jew.* Rethinking the Historical Jesus. III. New York, Doubleday, 2001. pp. 19-39 (*The Crowds*); 289-613 (*Jesus the Jew and his Competitors*).

Meyer, B.F. *The Aims of Jesus.* London, 1979.

_____. Jesus Christ. In: *ABD* III, pp. 773-796.

Penna, R. *I ritratti originali di Gesù il Cristo. Inizi e sviluppi della cristologia neotestamentaria, I: Gli inizi.* Cinisello Balsamo (MI), San Paolo, 1996.

_____. Che cosa significava essere giudeo al tempo e nella terra di Gesù. Problemi e proposte. In: *Vangelo e inculturazione. Studi sul rapporto tra rivelazione e cultura nel Nuovo Testamento.* Cinisello Balsamo (MI), San Paolo, 2001. pp. 63-88.

Perrot, C. *Gesù e la storia.* Roma, Borla, 1981.

_____. *Gesù.* Brescia, Queriniana, 1999. [ed. bras.: *Jesus.* São Paulo, Paulinas, 2001.]

Riches, J. *Jesus and the Transformation of Judaism.* New York, 1982.

Sanders, E. P. *Gesù e il giudaismo.* Genova, Marietti, 1992.

_____. *Gesù: la verità storica.* Milano, Mondadori, 1995.

Schillebeeckx, E. *Gesù, la storia di un vivente.* Brescia, Queriniana, 1976.

Schlosser, J. *Jésus de Nazareth.* Paris, 1999.

Schmeller, J., War Jesus Revolutionär? Neue Aspekte einer alten Frage. In: *WissWeis* 60(1997), pp. 163-175.

Schüssler-Fiorenza, E. *Gesù figlio di Maria, profeta della Sophia. Questioni critiche di cristologia femminista.* Torino, Claudiana, 1996.

Schweitzer, A. *La vita di Gesù. Il segreto della messianità e della passione.* Milano, Christian Marinotti editore, 2000.

Schweizer, E. *Gesù Cristo l'uomo di Nazareth e il Signore glorificato.* Torino, Claudiana, 1992.

Smith, M. *Jesus the Magician: Charlatan or Son of God?* Berkeley, 1998.

Sobrino, J. *Gesù Cristo liberatore. Lettura storico-teologica di Gesù di Nazareth.* Assisi, Cittadella, 1995.

Stuhlmacher, P. *Gesù di Nazaret - Cristo della fede.* Brescia, Paideia, 1992.

Theissen, G. *A sombra do galileu.* Petrópolis, Vozes, 1989.

Theissen, G.; Merz, A. *Il Gesù storico. Un manuale.* Brescia, Queriniana, 1999. [Ed. bras.: *O Jesus histórico.* São Paulo, Loyola, 2002].

Trocmé, E. *Gesù di Nazaret.* Brescia, Paideia, 1975.

Vermes, G. *Gesù l'ebreo.* Roma, Borla, 1983.

Watson, A. *Jesus. A Profile.* Athens (Georgia), 1998.

Wells, G. A. *The Jesus Myth.* Chicago, 1999.

Wright, N. T. *Jesus and the Victory of God.* Minneapolis, 1996.

_____. *Who was Jesus?* London, 1992.

Vv. Aa. Profiles of Jesus. In: *Forum* 1,2(1998).

Capítulo IV
DOCUMENTO DE IDENTIDADE

Dados certos e aspectos hipotéticos, até mesmo buracos negros, estrelam o panorama da pesquisa histórica sobre as origens de Jesus. O motivo das persistentes incertezas sobre seu documento de identidade é que as fontes à nossa disposição não nos ofereceram muitos elementos. De fato, tratam expressamente esse assunto somente os chamados "evangelhos da infância" de Mt 1–2 e de Lc 1–2 e o apócrifo *Proto-Evangelho de Tiago*. Contudo, do ponto de vista histórico, não são comparáveis ao restante do material evangélico; exprimem, na verdade, independentemente um do outro, tradições não muito precisas, tendentes não tanto a transmitir exatas memórias, quanto a construir uma origem extraordinária do protagonista que revele sua identidade professada pela fé das primeiras comunidades. Apelar a Maria como fonte da narrativa da infância de Lucas, como faz Laurentin (pp. 543-544), parece-me um puro ato de boa-vontade. Com maior razão, o apócrifo aparece como voz da piedade popular do movimento cristão do século II. Mais seguros são outros dados espalhados nas fontes.

1. Um nome comum

Nas fontes mais antigas, cristãs e judaicas, é atestada a forma grega: *Iēsous*, da qual deriva a dicção em nossas línguas. Os primeiros testemunhos pagãos, reportados anteriormente, indicam-no, ao contrário, com o nome — assim o entendiam — de Cristo ou Cresto. Jesus era um nome frequente no judaísmo do primeiro século: Flávio Josefo, para esse período, menciona uma dezena de pessoas com este nome. Por exemplo, em *Bell* 3,450, a propósito da expedição militar de Vespasiano na Galileia, anota: "Guiava-o um tal de nome Jesus, filho de Safat, o homem mais conhecido daquele bando de bandidos". Narra também de um profeta com o mesmo nome, Jesus, filho de Ananias, de quem falará em um segundo momento

(*Bell* 6,288-309). Em outro lugar menciona um Jesus filho de Fabet, sumo sacerdote deposto por Herodes (*Ant* 15,322).

O historiador judaico sabe que se trata da versão grega do nome hebraico do grande líder Josué, conquistador de Jericó, "a antiga cidade que foi a primeira a ser subjugada na terra dos cananeus por Jesus, filho de Nave, chefe dos hebreus" (*Bell* 4,459). Também em At 7,45 Josué é chamado de maneira grega *Iēsous* (cf. também Hb 4,8). Assim, de fato, traduziu a antiga versão grega da LXX que se baseou sobre sua forma hebraica abreviada. O nome hebraico apresenta-se, com efeito, em diversas formas: aquela plena, recorrente sobretudo nos escritos mais antigos da Bíblia hebraica, *Yehôshua'*, e a outra mais simples, *Yêshua'*, atestada no pós-exílio (cf., por exemplo, Ne 8,17). Na literatura rabínica, porém, aparece a abreviação, *Yêsû*, mas é nome aplicado somente a Jesus de Nazaré (*ha-nôserî*).

Por ser um nome difundido, é identificado com diversos tipos de determinações. Flávio Josefo, como vimos antes, recorre à fórmula "chamado Cristo"; nos escritos cristãos, quando referem a voz de não cristãos, temos as expressões "de Nazaré da Galileia" (Mt 21,11); "o Nazareno (*ho nazarēnos*)" (Jo 1,45) ou "o Nazareu" (*passim*). Se, ao contrário, expressam seu próprio sentir, o indicam, via de regra, como "Jesus, o Cristo (*ho Khristos*)", "(Jesus) o Senhor (*ho kyrios*)", fórmulas teológicas. Para os cristãos de língua grega e de origem pagã, porém, muito cedo a primeira fórmula foi entendida — o próprio Paulo o testemunha — como soma de dois nomes próprios, sem referência à messianidade. Naturalmente, nossos evangelhos canônicos, com suas fontes (Q, L e a "fonte dos sinais") e as tradições orais usadas por eles, mas também o *evangelho de Tomé*, falam simplesmente de Jesus, enquanto o *evangelho de Pedro* o chama "o Senhor".

Desse nome, Fílon (*De mutatione nominum* 21, 121) indica o significado com uma etimologia derivada decerto da forma hebraica: "Jesus, salvação do Senhor (*Iēsous de sōtēria kyriou*)". Assim, de forma mais livre, Mt 1,21: A voz angelical ordena a José: "Tu o chamarás com o nome de Jesus, pois ele salvará o seu povo de seus pecados". De qualquer forma, nas narrativas da infância de Mateus e de Lucas se diz que o nome tem origem divina, anunciado pelo anjo, respectivamente, a José e a Maria (Mt 1,21; Lc 1,31).

2. Nascido antes de Cristo (!)

O único entre os documentos antigos que estabelece a data do nascimento foi Lucas, que em 2,1-4 entende enquadrar a história do protagonista de seu evangelho no contexto da história mundial do tempo:

> Naqueles dias foi publicado um decreto do imperador Augusto que ordenava o recenseamento de toda a terra habitada: é o primeiro recenseamento, realizado quando Quirino governou a Síria. E todos viajavam para ser recenseados, cada um na própria cidade. Também José subiu da Galileia, da cidade de Nazaré, para a Judeia, para a cidade de Davi chamada Belém.

Ora, de tal evento temos notícia também em Flávio Josefo:

> Quirino, senador romano que passou através de todas as magistraturas até o consulado, pessoa extremamente distinta sob todo aspecto, chegou à Síria, enviado pelo César para que fosse o governador da nação e fizesse a valoração de suas propriedades [...]. Quirino visitou a Judeia, então anexada à Síria, para realizar uma valoração das propriedades dos judeus e liquidar os bens de Arquelau (*Ant* 18,1-2).

O historiador judaico, porém, refere-se ao ano 6 d.C., precisamente quando Quirino era governador da Síria e Arquelau fora deposto pelo imperador e privado de seus bens. Por outra parte, na sua narrativa da infância, Lucas faz nascer Jesus "no tempo de Herodes, rei da Judeia" (1,5). Trata-se naturalmente de Herodes, o Grande. Esse dado é confirmado por Mt 2,1ss, fonte independente. Mas Herodes morreu no ano 750 de Roma, portanto em 4 a.C. Atesta Flávio Josefo: "Morreu depois de ter reinado durante 34 anos desde que, morto Antígono [verão de 37], tinha assumido o poder, e por 37 anos desde que tinha sido nomeado rei pelos romanos [em 40]" (*Bell* 1,665; cf. *Ant* 17,191). Em *Ant* 14,487, o historiador hebreu tinha afirmado que Herodes tornou-se *de facto* rei sob os cônsules Marco Agripa e Canísio Galo, precisamente em 37.

Acrescente-se que, contando sobre a morte das crianças de Belém, ordenada pelo rei para suprimir um concorrente perigoso ao trono, Mateus anota como foram eliminados os neonatos de dois anos para baixo (Mt 2,16): segundo o cálculo de Herodes ali devia estar compreendido Jesus. Ainda Mateus, além disso, relata que, recebida no Egito a notícia da morte de Herodes, José e sua família escolheram residir em Nazaré (Mt 2,19); mas sem precisar quanto tempo tinha transcorrido depois da fuga. Pode-se concluir que Jesus nasceu, pelo menos, cerca de dois anos antes da morte do feroz soberano, portanto não depois do ano 6 a.C. Estamos 12 anos antes do recenseamento de Quirino. Contudo, não está clara qual credibilidade histórica merece aqui o texto de Mateus; somos forçados a permanecer no campo das hipóteses e das puras possibilidades.

Em *História do povo judaico*, Schürer apresenta diversas objeções à confiabilidade histórica do testemunho de Lucas. Primeiro, não se conhece nenhum recenseamento geral no tempo de Augusto. Segundo, um recenseamento romano não teria obrigado que José se dirigisse a Belém e fosse acompanhado por Maria: os cidadãos eram recenseados na localidade na qual habitavam e o pai recenseava todos os membros da família. Terceiro, no tempo de Herodes, o Grande, *rex socius et amicus*, era impossível um recenseamento romano na Palestina: os impostos eram gerenciados por ele. Isso é confirmado por Flávio Josefo. Em um momento de carestia, o rei os diminuiu: "Exonerou ao povo do reino de uma terceira parte dos tributos" (*Ant* 15,365); mas é também verdade que exerceu uma pressão fiscal muito forte, como fora denunciado perante a autoridade romana depois de sua morte: "Acrescente-se a isso a exação dos tributos impostos todo ano, as contribuições extras que se deviam pagar a ele, aos familiares, aos amigos e àqueles servos seus que presidiam a arrecadação dos tributos, porque não havia nenhuma imunidade do ultraje, a menos que se pagassem gratificações" (*Ant* 17,308). Quarto, Flávio Josefo não conhece um recenseamento romano na Palestina de Herodes e fala daquele de Quirino, em anos sucessivos, como algo novo e sem precedentes; precisamente por isso provocou a revolta de Judas Galileu. Enfim, a impossibilidade de um recenseamento romano sob Herodes é comprovada pelo fato de que durante seu reinado Quirino não era governador da Síria (Schürer, I, pp. 489-523).

Firpo, ao contrário, não considera essas objeções resolutivas e se aferra ao testemunho de Tertuliano: o recenseamento proclamado sob Augusto foi realizado *in Iudaea per Sentium Saturninum* (*Adv Marcionem* 4,19), que governou a província da Síria precisamente nos anos 9-6 a.C. Lucas, portanto, teria feito somente confusão entre os dois nomes — ou talvez se trataria realmente de Quirino, mas em função subalterna ao legado da Síria, Saturnino, ocupado em outro lugar —, enquanto deveríamos acreditar nele quando relaciona o nascimento de Jesus com o recenseamento augustal.

Minha preferência é pela primeira opinião: as razões adotadas me parecem bastante fortes; ademais, a monografia de Firpo inclina-se para uma abordagem apologética dos textos evangélicos, defendidos em extremo na sua pretendida confiabilidade histórica em tudo aquilo que dizem. Lucas talvez foi traído por seu interesse teológico: coligar o *dies natalis* de Jesus com um ato de governo de Augusto exaltando, assim, a dignidade do primeiro, não inferior àquela do segundo, mas também explicando, desse modo, o fato de que José e Maria, residentes em Nazaré, tiveram de viajar a Belém, cidade do destino do filho. Mas pode-se também supor que tenha utilizado informação errônea.

Resta confirmado que Jesus nasceu durante o reinado de Herodes, mas viu a luz alguns anos antes — não sabemos quantos, ao menos seis — de seu nascimento oficial segundo o calendário cristão, que entrou em vigor mais tarde, no século VI, depois que o monge Dionísio, o Pequeno (*Dionysius Exiguus*), calculou de modo errado a passagem do calendário romano ao cristão, assinalando o nascimento de Cristo em 25 de dezembro do e ano 754 da Roma e computando o ano 754 como o primeiro da era cristã.

3. De Nazaré

O lugar de nascimento parece historicamente menos problemático. É verdade que nas respectivas narrativas da infância de Mateus e Lucas indicam-no em Belém: "Nasceu Jesus em Belém da Judeia nos dias do rei Herodes…" (Mt 2,1); "José subiu portanto [para o recenseamento] da Galileia, da cidade de Nazaré, para a Judeia, para a cidade de Davi, chamada Belém [...] para ser recenseado com Maria [...] e quando estava aqui [...] ela deu à luz seu filho primogênito" (Lc 2,4-7). No entanto, o mais seguro testemunho cristão antigo fala de Nazaré. Introduzindo-o no seu relato, Marcos afirma que Jesus "veio de Nazaré da Galileia e foi batizado no Jordão por João" (Mc 1,9), e, em um segundo momento, narra que ele "foi para sua cidade paterna", onde se encontra sua família (Mc 6,1ss). A fonte Q atesta uma forma diversa do nome da localidade, "Nazara": depois do batismo "foi a Nazara, onde tinha sido criado" (4,16; cf. Mt 4,12-13). No quarto evangelho, Jesus é qualificado como "profeta que vem de Nazaré"; por isso encontra a incredulidade de Natanael: "De Nazaré pode surgir algo de bom?" (Jo 1,45-46). Semelhante é Mt 21,11. Nessa passagem, a multidão diz: "Este é o profeta Jesus, originário de Nazaré da Galileia". Em At 10,38 Pedro anuncia a quantos estavam reunidos em casa de Cornélio que "Deus ungiu Jesus, originário de Nazaré".

O adjetivo "nazareno" (*nazarēnos*) exprime o mesmo dado. Em Marcos, recorre-se a ele em diversas ocasiões, seja com fórmula binária de nome e apelativo: "Ó Jesus Nazareno" (Mc 1,24) e "Jesus, o Nazareno" (Mc 10,47; 16,6), seja com o simples "o Nazareno" (Mc 14,67). Lucas tem somente duas recorrências em perícopes que lhe são próprias: "Ó Jesus Nazareno" (Lc 4,34); "Jesus, o Nazareno" (Lc 24,19). Na realidade, ele prefere o apelativo "nazareu" (*nazōraios*) que entende como sinônimo de "nazareno", isto é, proveniente de Nazaré, do momento que apresenta as duas formas como sinônimos (Lc 18,37; At 2,22; 3,6; 4,10; 6,14; 22,8; 26,9). Mateus e João conhecem somente nazareu; o primeiro evangelista relaciona-o expressamente à cidade de Nazaré (Mt 2,23); o quarto evangelho o atesta como apelativo usado por aqueles que vêm para prendê-lo (Jo 18,5.7) e escrito sobre o *titulus crucis*: "Jesus, o Nazareu, o rei dos judeus" (Jo 19,19). No relato da traição de Pedro, ao "Jesus, o Nazareno" de Mc 14,67 corresponde em Mt 26,69 "Jesus, o galileu". Enfim, se o nome dos crentes em Jesus era, conforme eles mesmos, "cristãos" (At 11,26), na boca dos judeus ressoa a denominação "'seita' dos nazareus" (At 24,5).

Sobre o significado de "nazareu", no entanto, foram levantadas hipóteses diversas daquela indicada que o entende como sinônimo de nazareno: alguns o entendem no sentido de nazireu (Berger); segundo outros, indicaria uma seita pré-cristã à qual pertencia Jesus. Mas não parece terem obtido consenso geral. Faço minha a conclusão do estudo de H. H. Schaeder (*GLNT* 7, 848): "A opinião que *nazōraios* traduza o aramaico *nastaya* e derive do nome aramaico de Nazaré, *nasrat*, e irrefutável, linguística e substancialmente". Aqui corresponde o hebraico *ha-nôserî* (o nazareu), que no Talmude especifica *Yeshû*. Pode-se conjecturar que originariamente nazareu tivesse o significado de nazireu, carismático de caráter ascético e encratista; mais tarde, porém, foi entendido como sinônimo de nazareno.

Da cidade natal de Jesus, situada na baixa Galileia, não se fala nem na Escritura hebraica, nem em Flávio Josefo, nem na literatura rabínica: um silêncio significativo, se pensarmos que na lista das cidades de Zabulon de Js 19,10-15 falta Nazaré, e o mesmo se nota no historiador hebreu, responsável pelas operações militares na Galileia, que em *Bellum* menciona 45 cidades da Galileia e ignora totalmente Nazaré; também no Talmude — com seu elenco de 63 cidades da Galileia — Nazaré está ausente (cf. J. Finegan citado em Crossan, *O Jesus histórico*, p. 49). Devia ser um pequeno centro. As escavações arqueológicas, evidenciando a presença de silos, cisternas, moinhos, grutas, tumbas, demonstraram a existência de uma aldeia antiga do período persiano e helenista-asmoneu (cf. B. Bagatti, "Nazareth", in *DBS*).

A origem galileia, segundo o quarto evangelho, desqualificava Jesus aos olhos do povo, sobretudo dos chefes do judaísmo: "Porventura o Messias vem da Galileia?" (Jo 7,41); "Da Galileia não surge profeta" (Jo 7,52). De fato, o quarto evangelho pretende assim destacar a real humanidade do Verbo divino e, ao mesmo tempo, a verdadeira messianidade de Jesus, não mensurável de modo cartorial, mas na base do projeto divino. Além disso, o juízo negativo da literatura rabínica para com os galileus, poucos observantes da Lei, não parece objetivo, motivado pelo fato de que esses não eram fiéis à *halakah* rabínica (cf. S. Freyne). Totalmente inadequada foi a hipótese de que o galileu Jesus não fosse um hebreu mas um ariano, aduzindo como prova a fórmula "Galileia dos gentios" de Mt 4,15 que cita Is 8,23 (assim G. Grundmann em 1940), sinal demasiado evidente do antijudaísmo alemão.

Como, portanto, avaliar o que dizem, não sem nenhuma relevante diversidade entre eles, as narrativas da infância de Mateus e de Lucas? O primeiro evangelista supõe que José e Maria habitassem em Belém, onde Jesus nasceu, e que mudaram residência quando, ao retornar da fuga do Egito, e sabendo que na Judeia reinava Arquelau, por temor desse etnarca — não se diz o porquê — se retiraram para a Galileia e foram morar em Nazaré (Mt 2,19-23). Para Lucas, ao contrário, essa era já a residência de José e Maria: por causa do recenseamento, dirigiram-se a Belém, onde nasceu Jesus, mas depois "regressaram para sua cidade, Nazaré, na Galileia" (Lc 2,39). Ambos, porém, afirmam, de maneira independente, que Jesus nasceu em Belém. Contudo, mais do que uma anotação topográfica, vemos ali uma tese teológico-messiânica: Belém era a pátria de Davi e uma corrente messiânica aguardava o Messias como rei da estirpe davídica. Os dois evangelistas e as tradições recolhidas por eles referem-se claramente a este. Em particular Mateus encabeça assim a genealogia de Jesus com a qual abre sua narrativa da infância: "Livro da 'gênese' de Jesus, *o Cristo, filho de Davi*, filho de Abraão" (Mt 1,1). É José, "filho (= descendente) de Davi" (Mt 1,20), que transmite a Jesus, seu filho, a descendência davídica. Belém, por outro lado, especifica Mateus, já tinha sido profeticamente vaticinada em Mq 5,1.3 como lugar de origem do Messias: "E tu, Belém, terra de Judá, não és a menor entre os príncipes de Judá; porque de ti sairá um chefe que pastoreará meu povo Israel" (Mt 2,6). O evangelista, portanto, coloca na boca dos sumos sacerdotes e dos escribas do povo, interpelados por Herodes sobre o quesito "onde deve nascer o Messias?", a óbvia resposta: "Em Belém da Judeia; pois assim foi escrito pelo profeta" (Mt 2,4-5), e citam a mencionada passagem profética.

Mesmo com outro material, Lucas persegue o mesmo fim: evidenciar que Jesus é o Messias esperado, o descendente de Davi, beneficiário das promessas divinas. Também para o terceiro evangelista José é "da casa de Davi" (Lc 1,27). Mais expressivo é o anúncio do anjo a Maria: "Conceberás e darás à luz um filho e o chamarás com o nome de Jesus: este será grande e será chamado Filho do Altíssimo. O Senhor Deus lhe dará o trono de Davi, seu pai, e reinará sobre a casa de Israel para sempre e a sua realeza não terá fim" (Lc 1,31-33). A alusão à promessa do profeta Natã jurada em nome de Deus ao rei Davi é claríssima: "Eu suscitarei um descendente depois de ti [...] e deixarei estável seu reino [...]. Eu estabelecerei seu trono real. Para sempre eu serei seu pai e ele será meu filho" (2Sm 7,12-14). Que a previsão de Natã tivesse caráter messiânico aparece nos textos de Qumrã: (*4QFlor* 1,10-13):

> "Farei surgir tua descendência depois de ti e consolidarei o trono de teu Reino [para sem]pre. Eu serei para ele pai e ele será para mim filho". Este é o rebento de Davi que está com aquele que indaga a lei que [surgirá em Si]ão nos dias finais, segundo quanto fora escrito: "Levantarei a tenda caída de Davi". Esta é a tenda de Davi caída que se levantará para salvar Israel.

No cântico de Zacarias louva-se Deus porque "suscitou um poderoso salvador para nós na casa de Davi, seu filho" (Lc 1,69). Ainda mais explicitamente referido a Jesus mostra-se o convite angelical aos pastores: "Nasceu hoje para vós um salvador, que é o Cristo Senhor, na cidade de Davi" (Lc 2,11). Como vemos, Messias, Filho de Deus e Salvador são as dimensões de Jesus teologicamente enfatizadas no texto de Lucas. A respeito da terceira — Salvador — temos também Lc 2,30: Simeão, com voz inspirada, louva Deus: "Os meus olhos viram tua salvação". A descendência davídica de Jesus, por outro lado, era uma crença da Igreja primitiva, atestada por Paulo em Rm 1,3: "Da estirpe de Davi segundo sua dimensão humana e passageira (*kata sarka*)". Lucas, no entanto, de todo modo deseja concordar o registro público com a concepção messiânica dizendo que Jesus, nascido em Belém, tinha sido criado em Nazaré (Lc 4,16).

Em breve, tudo conduz a afirmar que nos relatos da infância de Mateus e de Lucas o nascimento de Jesus em Belém não é um dado cartorial, mas uma afirmação teológica. Concerne, na realidade, ao registro divino, não àquele dos registros da burocracia judaica: Deus prometera, por voz profética, um descendente de Davi para o tempo da reviravolta decisiva da história humana e manteve tal juramento no Nazareno. Dito em outras palavras, as páginas evangélicas exprimem uma crença, não uma evidência de caráter administrativo. Descendência davídica e nascimento em Belém indicam que ele é o Messias régio esperado.

4. Filho de José e de Maria

Não existem dúvidas quanto a isso. A mãe é Maria (*Maria* ou *Mariam*) — nome da gloriosa tradição hebraica carregado pela irmã de Moisés (Ex 6,20) —, que aparece em primeiro plano, enquanto o pai é José, mencionado poucas vezes e nunca em Marcos. Se em Mc 6,3, o segundo evangelista, dando voz à incredulidade de seus conterrâneos, relaciona Jesus à mãe: "Não é porventura o filho de Maria?", Mateus, Lucas e o quarto evangelho atestam uma pergunta diferente: "Não é este o filho do carpinteiro [Mt 13,55] / de José [Lc 4,22] / Jesus, o filho de José [Jo 6,42]?". Por sua vez, Mateus acrescenta o dado de Marcos: "Sua mãe, não se chama Maria?". Marcos, diversamente, conservou a seguinte tradição de indubitável autenticidade histórica: tendo ouvido do parente totalmente dedicado à missão, "seus familiares vieram para levá-lo à força porque, segundo eles, estava fora de si" (Mc 3,21). Quem eram está especificado pouco depois: "Foram até ele sua mãe e seus irmãos e, permanecendo fora, o mandaram chamar" (Mc 3,31). Jamais as comunidades cristãs dos primeiros tempos teriam criado tal relato, elas que veneravam a mãe do Senhor; tanto é verdade que Mateus e Lucas o omitiram.

Nos relatos da infância de Mateus e de Lucas, a mãe Maria comparece mais vezes e retornaremos a eles mais adiante. Acrescente-se a notícia de At 1,14: "Maria, a mãe de Jesus", não excluídos seus irmãos, fazem parte da comunidade apostólica de Jerusalém. Enfim, João menciona-a em 2,1ss: a mãe estava presente às bodas de Caná, e em 2,12: a mãe e seus irmãos o acompanham quando ele vai para Cafarnaum. Especialmente o quarto evangelho caracteriza-se pelo relato da mãe aos pés da cruz, que o Crucificado confia ao Discípulo Amado (Jo 19,25-27); mas essa é uma passagem de nenhuma confiabilidade histórica, visto que na tradição sinótica entre as mulheres mencionadas como presentes à crucificação sempre falta Maria, a mãe (cf. Mc 15,40-41 e par.). É impensável que tenha sido excluída do elenco tradicional. Por outro lado, aqui João descreve sobretudo a situação pós-pascal, quando, Jesus ausente, no mundo está sua família espiritual, baseada em vínculos de fé, não de sangue, em que "mãe" e "filho" assumem significados novos. Depois de tudo, não fora o próprio Jesus a substituir sua família natural com a de "aqueles que fazem a vontade de Deus"? (Mc 3,35 e par.).

Nas suas cartas, Paulo nunca fala expressamente da mãe de Jesus, nem sequer em Gl 4,4: "Mas quando o tempo chegou à sua plenitude, Deus enviou seu filho, *nascido de mulher*, nascido sob o domínio da lei para resgatar os que estão sujeitos ao domínio da lei, e para que nós recebêssemos a adoção de filhos". A expressão "nascido de mulher", com efeito, é de caráter estereotípico, usada na tradição hebraica para sublinhar a dimensão terrena de todo ser humano que vem ao mundo, precisamente por geração materna; veja-se, por exemplo, o dito de Jesus: "Entre os filhos de mulher, ninguém é maior que João" (Lc 7,28 e Jo 14,1-2; 15,14; 25,4). Paulo enfatiza assim a inserção do Filho de Deus na humanidade fraca e passageira; seu interesse é cristológico, não mariológico.

Além das expressões indicadas nos parágrafos anteriores, de "filho do carpinteiro" (Mt) e "filho de José" (Lc e Jo), presentes na passagem da visita de Jesus a Nazaré — se prescindirmos dos relatos da infância —, podemos acrescentar somente outras duas passagens que se interessam por José: Lc 3,23 o menciona ao início da genealogia: Jesus, "que era, como se pensava, filho de José, filho de Eli" — o inciso explica-se depois dos primeiros dois capítulos, dos quais falaremos; em Jo 1,45 Filipe fala a Natanael de Jesus, "filho de José, originário de Nazaré". É muito pouco. É causa de admiração sobretudo que em Mc 6,1ss e 3,31 José não apareça de fato, mesmo quando ali é apresentada a família de Jesus com mãe, irmãos e irmãs. Por falta de testemunhos, devemos refugiar-nos nas hipóteses; a mais plausível é que tivesse já morrido, não que Jesus não tivesse um pai legítimo, nascido fora do matrimônio de pai desconhecido, como conjectura, por exemplo, G. Lüdemann (cf. também *Jesus nach 2000 Jahren*), que confia nos testemunhos judaicos tardios recolhidos inclusive por Celso.

Nas narrativas da infância, pelo contrário, José tem um papel relevante, sobretudo em Mt 1–2, em que o pai, não a mãe, como em Lucas, ocupa ao lado de Jesus o centro da cena. É ele o beneficiário do anúncio angelical (Mt 1,18ss), enquanto em Lucas é Maria (Lc 1,26ss); sempre a ele o anjo aparece em sonhos outras duas vezes: a primeira para ordenar-lhe de pôr a salvo a família no Egito (Mt 2,13ss), a segunda para dizer-lhe que, morto Herodes, deve retornar à terra de Israel (Mt 2,19ss). O interesse teológico do primeiro evangelista, na realidade, é inserir Jesus na descendência de Davi: uma inserção necessária para dar plausibilidade à crença na sua messianidade davídica, mesmo que problemática, visto que se acreditava que Jesus tivesse nascido de modo virginal de Maria. Eis, portanto, a solução brilhante: José, descendente de Davi, é seu verdadeiro pai, não no sentido natural, mas no plano jurídico: tomou consigo Maria como sua esposa e deu ao filho dela o nome Jesus (Mt 1,20.24-25), fazendo dele um descendente davídico por via paterna (Mt 1,20).

No relato da infância de Lucas, José é apresentado no segundo plano, enquanto no primeiro — já o dissemos — está Maria: o anjo anunciador apresenta-se a ela "prometida em casamento a um homem de nome José, da casa de Davi" (Lc 1,27); quando do recenseamento, José "que era da casa e da cidade paterna de Davi", "com Maria, sua prometida, que estava grávida", vai a Belém (Lc 2,4-5); os pastores encontram "Maria, José e a criança colocada em uma manjedoura" (Lc 2,16). A partir dali é indicado em um geral "eles" (os pais), enquanto Maria é colocada em plena luz, como veremos; ou é mencionado como pai associado à mãe: eles o apresentaram no templo (Lc 2,22); "seu pai e sua mãe se admiravam das palavras proferidas ao seu respeito" por Simeão (Lc 2,33); posteriormente "eles regressaram para a Galileia" (Lc 2,39). A paternidade de José aparece claramente redimensionada quando da peregrinação a Jerusalém. A Jesus, com 12 anos, perdido de vista e depois reencontrado, sua mãe lhe diz: "*Teu pai* e eu, amedrontados, te procuramos durante dias". Ele responde: "Por que me procurais? Não sabíeis que devo ocupar-me das coisas [ou: da casa] de *meu pai*?", o celeste, evidentemente (Lc 2,48-49). Uma palavra misteriosa e incompreensível para suas mentes (Lc 2,50). A última anotação: retornaram a Nazaré e ele "vivia submisso a eles" (Lc 2,51).

Os dois relatos da infância pretendem enfatizar a concepção virginal de Jesus. Em primeiro plano não está a virgindade de Maria, naturalmente implicada, mas sim uma crença cristológica: Jesus não é fruto da terra, mas da prodigiosa ação divina suscitadora de vida, dom de Deus ao mundo, nascido *de Spiritu sancto* e por isso *ex Maria virgine*. Já na genealogia, Mateus desvela, mas ao mesmo tempo vela, o mistério do nascimento de Jesus: depois da fórmula estereotípica expressiva do fato de que os pais deram vida aos filhos: "x gerou y", "y gerou z" e assim sucessivamente, no final a frase sofre uma mudança brusca: "Jacó gerou José, marido de Maria, *da qual* foi gerado Jesus, chamado o Messias" (Mt 1,16). Na geração de Jesus, José não teve parte, mas somente Maria. O mistério é clarificado em Mt 1,18-25: "Aquele que foi gerado nela tem sua origem do Espírito (*ek pneumatos hagiou*)" (Mt 1,20). José é seu pai legal, como dissemos antes: toma consigo Maria e impõe ao filho o nome (Mt 1,20.24-25). A anotação de Mt 1,25b: "E não teve relações sexuais com ela até que ela deu à luz o filho" destaca a geração virginal de Jesus, sem contudo prejulgar o que aconteceu depois.

Também em Lucas a concepção virginal de Jesus é atribuída ao Espírito de Deus, isto é, ao poder divino criador de vida. À dificuldade de Maria: "Não conheço sexualmente nenhum homem" (Lc 1,34), o anjo responde: "O Espírito Santo virá sobre ti, e o poder do Altíssimo te cobrirá com sua sombra; por isso a criatura santa gerada em ti será chamada Filho de Deus" (Lc 1,35). Tudo revelado em um anúncio divino, em analogia com relatos da tradição bíblica e judaica: por exemplo, o nascimento de Sansão foi preanunciado por um anjo à sua mãe (Jz 13), e o de Moisés, por um escriba ao Faraó como "uma pessoa que teria reduzido a hegemonia dos egípcios, e exaltado os israelitas", diz Flávio Josefo (*Ant* 2,205).

O motivo, comum a diversos ambientes culturais, do grande personagem glorificado por concepção e nascimento extraordinários repete-se aqui, mas somente em seus termos gerais. E isso porque nos relatos da infância de Mateus e de Lucas, e depois, com muitos particulares e detalhes, nos evangelhos apócrifos da infância — como o *Proto-Evangelho de Tiago*, o mais antigo —, Deus não substitui sexualmente o homem, como é próprio nos relatos pagãos: Marte engravida Rea Silvia e gera Rômulo, fundador de Roma e seu primeiro rei; assim ao menos segundo uma tradição: "A vestal, vítima de um estupro, deu à luz dois gêmeos. Seja que fosse em boa-fé, seja que entendesse tornar menos atroz a própria culpa atribuindo sua responsabilidade a um deus, declarou Marte como pai da prole suspeita" (Tito Lívio, *Hist* 1,3-4). E concluindo a história do fundador de Roma, o historiador romano afirma: "Estes os principais acontecimentos políticos e militares durante o reinado do Rômulo. Nenhum desses, porém, impediu de dar fé à sua origem divina e à divinização atribuída a ele depois da morte" (*Hist* 1,15). De Augusto, Suetônio narra os fatos do nascimento "que pressagiaram e revelaram sua grandeza futura e sua eterna felicidade (*futura magnitudo eius et perpetua felicitas*)". Em particular, relata como a mãe,

> Atia, depois de participar à meia-noite de uma cerimônia solene em honra de Apolo, fez colocar sua liteira no templo e, enquanto as outras matronas retornavam a suas casas, adormeceu; uma serpente rastejou imediatamente até ela, e logo depois se retirou. Ao despertar, ela se lavou como se saísse dos braços de seu marido [...] e, porque Augusto nasceu nove meses depois, foi considerado desde então como o filho de Apolo (*Augustus* 94).

Mas também no mundo grego está presente o nascimento divino de grandes personagens; por exemplo, Plutarco narra que Alexandre Magno nasceu da união da mãe Olimpíada com um ser superior, manifestado em uma serpente que se tinha deitado ao lado da mulher (*Vidas Paralelas: Alexandre* 2,6).

Os evangelhos falam de um prodígio divino, de uma criação. Os cultores do comparatismo religioso, inclinados a explicar as crenças cristãs com a mitologia pagã, não prestam atenção à especificidade da concepção de Jesus, obra de um deus assexuado.

Tal tradição, no entanto, está ausente nos escritos cristãos mais antigos — as cartas de Paulo —, nos evangelhos de Marcos e de João e na fonte Q que, sem exceção, excluem da sua narração o nascimento e a infância de Jesus; e o fazem em conformidade com o anúncio evangélico das comunidades primitivas, limitado à morte e à ressurreição de Jesus (cf. 1Cor 15,3-5). Os próprios evangelhos de Mateus e de Lucas, que depois dos primeiros dois capítulos retomam o *incipit* de Marcos e da fonte Q, procedem sem que os motivos temáticos daquelas passagens sejam, de qualquer forma, retomados. Por sua parte, o apócrifo *Evangelho dos Ebionitas*, segundo o testemunho de Epifânio, contesta *explicitis verbis* a concepção virginal de Jesus: "Sua narração afirma que Jesus foi gerado de sêmen humano, e escolhido depois por Deus: foi por causa desta eleição divina que foi chamado Filho de Deus, do Cristo que entrou nele do alto em forma de pomba. Eles negam que tenha sido gerado por Deus Pai, mas afirmam que foi criado como um dos anjos" (§ 5).

Trata-se de uma crença nascida em círculos cristãos restritos e pouco conhecidos, que encontrou expressão em tradições fixadas talvez só oralmente, e, enfim, desembocou em Mateus e em Lucas, que a aprofundaram. O primeiro evangelista insiste sobretudo no motivo do cumprimento das Escrituras e na citação dessa ou daquela passagem. O terceiro evangelho, ao contrário, elabora uma ponderada mariologia: Maria é a personificação da acolhida de fé da Palavra de Deus, espelho dos crentes de todos os tempos: "Eis a escrava (*doulē*) do Senhor; aconteça em mim segundo sua Palavra" é a conclusão do relato da anunciação (Lc 1,36); os relatos paralelos da anunciação de João e de Jesus entendem contrapor a obediência à Palavra de Deus de Maria e a incredulidade de Zacarias diante do anúncio angelical (cf. Lc 1,35; 1,20); "E feliz aquela que acreditou na realização de quanto lhe foi dito por parte do Senhor", diz Isabel referindo-se a ela (Lc 1,45); enfim, o relato do Nascimento se fecha com esta anotação: "Maria, por sua parte, conservava todos estes fatos confrontando-os no seu coração" (Lc 2,19; cf. também Lc 2,51).

Uma crença que se insere, acredito, como momento no processo de maturação da fé dos primeiros crentes que retrodatam sempre mais a filiação divina de Jesus ressuscitado. O movimento cristão foi construído sobre esta confissão: Deus o ressuscitou e o constituiu seu Filho mediante o Espírito, atribuindo-lhe poder salvador (cf. Rm 1,3-4); os crentes aguardam o "Filho seu [de Deus] dos céus, aquele que ele ressuscitara do reino dos mortos" (1Ts 1,10). Depois se reconhecera que ele já era Filho de Deus antes mesmo da morte e da ressurreição: o centurião confessa sua filiação divina aos pés da cruz (Mc 15,39); Pedro, em nome dos Doze, declara: "Tu és o Messias, o filho do Deus vivo" (Mt 16,16); no batismo uma voz celeste desvela sua verdadeira identidade: "Tu és meu filho amado, em ti me comprazo" (Mc 1,11). Ora, nos evangelhos da infância mostra-se claramente que Jesus é Filho de Deus desde o nascimento, e é para dar visibilidade a tal fé que amadurece a convicção de sua concepção virginal e da conexa *virginitas Mariae ante partum*. A conexão aparece explícita em Lucas, que coloca na boca do anjo anunciador as seguintes palavras: "O Espírito Santo virá sobre ti [...] *e por isso* a criatura santa gerada em ti será chamada Filho de Deus" (Lc 1,35). Por sua parte, Mateus sai-se bem ao apresentar também a profecia de Is 7, citada segundo a tradução grega da LXX: "Eis que *a virgem* conceberá e dará à luz um filho, e o chamarão" [na LXX: "o chamarás"] com o nome de Emanuel", enquanto o texto hebraico recitava: "Eis que a jovem (*ha 'almâh*) — Áquila, Símaco e Teodocião, diferentemente da LXX, traduziram a palavra hebraica, exatamente, não com *parthenos*, mas com *neanis* — concebe e dará à luz um filho e o chamará com o nome de Emanuel": profecia que o primeiro evangelista vê realizada em Maria e Jesus: "Tudo isso aconteceu para que se cumprisse o que dissera o Senhor pela boca do profeta" (Mt 1,22-23). Em breve, Mateus conectou estreitamente a concepção mediante o Espírito, a concepção da virgem, a concepção do Emanuel ("Deus-conosco").

Merece uma alusão o livro de Lüdemann, que faz sua a tese de Celso e da tradição rabínica sobre Jesus nascido da prostituição, e sobre Maria como meretriz; contudo, mostra não possuir suficientes sólidos argumentos, pois é obrigado a apelar a um dito críptico atribuído a Jesus no *Evangelho Apócrifo de Tomé*: "Jesus disse: 'Aquele que conhece o pai e a mãe será chamado filho de uma prostituta'" (n. 105).

Dizer que Jesus foi concebido ou não de forma virginal foge do campo da pesquisa histórica. Fato histórico é somente o seguinte: em particulares ambientes protocristãos nasceu tal crença, feita própria pelas comunidades que estão na base dos evangelhos de Mateus e Lucas e, mais tarde, pela ala judeo-cristã à qual remonta o *Proto-Evangelho de Tiago*, que apresentaremos mais adiante.

5. Uma família numerosa

Não poucos são os testemunhos cristãos antigos que falam de irmãos e, menos, de irmãs de Jesus. Como vimos anteriormente, Mc 3,31 (e par.) apresenta "a mãe e seus irmãos" vindos a visitá-lo (cf. par.). Em Mc 6,3, os conterrâneos ficam admirados com a sabedoria de Jesus: "Não é este o carpinteiro, o filho de Maria e o irmão de Tiago, Joset, Judas e Simão? E suas irmãs, não estão aqui conosco?" (par. Mt 13,55-56). O quarto evangelho menciona os irmãos de Jesus, nunca as irmãs, em três passagens próprias: é com a mãe, os irmãos e os discípulos que ele vai para Cafarnaum (Jo 2,12); seus irmãos lhe dizem de ir a Jerusalém para fazer-se conhecer (Jo 7,3); o evangelista afirma que "nem sequer seus irmãos acreditavam nele" (Jo 7,5); em seguida narra como, "depois que seus irmãos subiram a Jerusalém", também ele decidiu ir à cidade santa (Jo 7,10). Em At 1,14, releva-se que a primeira comunidade cristã de Jerusalém contava entre seus membros a mãe de Jesus e seus irmãos. Paulo, enfim, fala em geral de "irmãos do Senhor" (1Cor 9,5), em particular de "Tiago, o irmão do Senhor" (Gl 1,19): tanto em um como no outro caso trata-se de figuras importantes na Igreja primitiva. Também Flávio Josefo conhece um irmão de Jesus, Tiago, morto pelo pérfido sumo sacerdote Anano, o Jovem (*Ant* 20,200).

Tudo seria pacificamente admitido: o Nazareno tinha quatro irmãos e algumas irmãs, naturalmente irmãos e irmãs carnais, se não fizesse oposição à crença cristã, atestada já no segundo século no *Proto-Evangelho de Tiago*, da *virginitas Mariae post partum*, além do que *in partu*. Com efeito, o texto apócrifo narra que José, viúvo com filhos, casou-se com Maria, mas depois de ter resistido ao sacerdote que o tinha escolhido: "*Tenho filhos e sou velho, enquanto ela é uma moça. Não quero tornar-me objeto de escárnio para os filhos de Israel*" (9,2); resistências vencidas pelas palavras do sacerdote que o ameaçou com enormes castigos divinos: "José, amedrontado, a recebeu em custódia" (9,3). Depois partiu para Belém: "Selou o asno e montou ali Maria: *seu filho* puxava do animal e José os acompanhava" (17,2). Em razão de Maria ter começado a sentir as dores em uma zona desértica, "a fez descer do asno [...]. Encontrou lá uma gruta: a conduziu até ali, deixou com ela seus filhos e foi a procurar uma parteira hebreia na região de Belém" (17,3 e 18,1). Encontrando uma, leva-a até a gruta: uma testemunha qualificada do parto virginal que acontece entre fulgores de luz. De fato, ela exclama: "Hoje é para mim um grande dia, porque vi este novo milagre" (19,2). Mas não basta; é preciso a prova experimental: uma colega à qual contou o acontecimento assume as vestes do incrédulo Tomé: "Se não meter o dedo e não examinar sua natureza, não acreditarei nunca que uma virgem tenha dado à luz" (19,3). Certamente, será levada a acreditar (20,1-3).

Diz-se que José fosse viúvo e tivesse filhos de um precedente matrimônio para explicar que os evangelhos falam de irmãos de Jesus — nenhuma palavra sobre irmãs — conservando firme a crença na virgindade de Maria *post partum*, como assim também naquela *in partu*. Na realidade, pretende-se afirmar que são irmãos não uterinos, mas somente da parte do pai, de um pai não natural mas somente legal. É uma solução do problema que encontrará adeptos na antiga patrística, sobretudo grega e siríaca, às quais correspondem poucas vozes naquela latina, a partir de Clemente de Alexandria e Orígenes, o qual, contudo, a vê enraizada não em uma tradição, mas no intento de "tutelar a dignidade virginal de Maria (*to axioma tēs Marias em parthenia-i*) até o fim" (*Comment in Mt* 10,17). Jerônimo a desqualifica como "expressão delirante dos apócrifos (*deliramenta apocryphorum*)" (*Comment in Mt* 12,49: PL 26,88. Cf. Blinzler, pp. 156-160).

São Jerônimo, por sua parte, apresenta outra solução: faz referência ao hebraico *'ah*, que significa não somente irmão em sentido próprio, mas também em geral um parente, por exemplo, um sobrinho: Ló é sobrinho de Abraão e, no entanto, é chamado seu *'ah/adelphos*, "irmão" (Gn 14,14.16), ou também um primo, mas em um texto só: um dos dois filhos de Mahli teve somente filhas, casadas com os filhos do outro, chamados seus "irmãos", na realidade seus primos (1Cr 23,21-22). No hebraico não existem vocábulos específicos para esses graus de parentesco. E são Jerônimo considera poder atribuir sentido lato também ao mesmo vocábulo grego usado nos escritos cristãos mencionados: trata-se de primos e primas de Jesus. Assim ele argumenta contra Elvídio, defendendo a virgindade perpétua de Maria: "De quatro modos se diz irmãos nas Escrituras divinas: por natureza, por estirpe, por parentesco, por amor (*natura, gente, cognatione, affectu*)", e apresenta alguns exemplos: Ló e Abraão, Jacó e Labão. No fim, conclui: "Conforme a exposição realizada, resta somente que tu compreendas que aqueles são irmãos por parentesco (*fratres eos intelligas cognatione*), não por amor, não por privilégio do povo, não por natureza" (*Adv Helvidium*: PL 23,206-209). Um pouco antes tinha relevado que os dois irmãos de Jesus, Tiago e José, mencionados em Mc 6,3, são chamados em Mc 15,40 filhos de certa Maria, distinta da mãe de Jesus.

Mas o grego do NT que, além de tudo, não é tradução de um original hebraico, sabe distinguir entre *adelphos* (irmão) e *anepsios* (primo): de fato, em Cl 4,10, Marcos é chamado primo de Barnabé. Na realidade, o vocábulo grego indica sempre, sem exceção, irmão de sangue, ou ao menos meio-irmão, isto é, só por parte de pai ou de mãe. Também o significado metafórico, muitas vezes atestado, confirma esse dado: não se poderia entender "primo" em sentido translato ou espiritual. Além disso, se pai e mãe referidos a Jesus são entendidos no sentido estrito, igualmente deveria valer para os irmãos e irmãs, mencionados geralmente com a mãe e, mais raramente, com o pai. Ademais, é totalmente subjetiva a suposição de que a semelhança de nome, Tiago e Joset, de dois dos irmãos de Jesus (cf. Mc 6,3) com os dois irmãos de certa Maria distinta da mãe de Jesus (cf. Mc 15,40), indique as mesmas pessoas; e isso por um duplo motivo: por que em Mc 15,40 não se nomeiam os quatro filhos da mencionada Maria? Por outra parte, se em Mc 6 os quatro irmãos de Jesus são apresentados em estreita relação com a mãe de Jesus, não parece possível afirmar que dois destes estão em estreita relação com uma outra Maria?

Hegesipo, da primeira metade do século II, mencionado por Eusébio, atesta: "Depois que Tiago, o Justo [em outro lugar chamado irmão do Senhor: cf. *Hist eccl* 2,23,1], padecera o martírio pelo mesmo motivo do Senhor, foi empossado bispo ainda o filho de um tio do mesmo, Simeão; deram-lhe toda a preferência, porque era primo do Senhor" (*Hist eccl* 4,22,4). Em outro lugar, Hegesipo fala de Judas, irmão carnal (*kata sarka*) do Senhor (*Hist eccl* 3,20,1). Distingue, portanto, entre irmão, tio e primo. Porém, o texto grego é traduzido diversamente por Blinzler, que deduz dali, não sem distorção, uma confirmação de sua hipótese: interpreta a fórmula "tio do mesmo" como "tio do mesmo Senhor", em vez de "tio do mesmo Tiago", e traduz a qualificação de Simeão como "primo em segundo grau" de Cristo; consequentemente, Tiago é primo em primeiro grau.

Por sua parte, Tertuliano, por volta de 200 d.C., em um contexto de defesa da verdadeira humanidade de Jesus, comentando a passagem evangélica dos familiares que vêm para visitá-lo, fala de verdadeira mãe e de verdadeiros irmãos de Jesus: *et vere mater et fratres eius* (*Adv Marcionem* 4,19).

Portanto, no cristianismo no século II, ao menos em alguns ambientes, admitia-se que Jesus tivesse tido irmãos em sentido estrito. Contra a opinião, pois, que os considera meios-irmãos se pode fazer valer, antes de tudo, que nada nos antigos testemunhos cristãos analisados induz — não digo a reter, mas nem sequer a cogitar — que José fosse já casado e tivesse filhos antes de casar-se com Maria. Além disso, em nossos evangelhos, analisados anteriormente, os irmãos de Jesus são geralmente acoplados a Maria, e em Mc 6,3ss todos eles formam a mesma família (*oikia*) de Jesus, distinta dos parentes em geral: "Jesus dizia [respondendo a seus conterrâneos incrédulos] que não existe profeta desonrado, se não somente na sua cidade paterna (*patris*), entre seus consanguíneos (*syggeneis*) e na sua família (*oikia*)" (Mc 6,4).

Em conclusão, compartilho quanto escrevera muitos anos atrás M. Goguel: "Para a história não existe de fato o problema dos irmãos de Jesus: existe somente para a dogmática católica" (*La vie de Jésus*, Paris, 1932, p. 243). Os dois planos devem permanecer rigorosamente separados: o dado histórico bastante provável, quase certo, dos irmãos uterinos de Jesus não tem nenhuma legitimidade para se propor como anulador de um dogma de fé; pode talvez estimular a "compreender" a crença na virgindade *post partum* de Maria, purificando-a talvez das escórias de uma leitura fisiológico-naturalista. E, por sua parte, a crença de fé não pode erigir-se como juiz inapelável em uma questão histórica.

6. Estado civil: solteiro?

Não encontramos nada explícito em nossas fontes. Por conseguinte, deveremos confiar-nos a suposições. Na prática, o único argumento a favor do celibato de Jesus é que em tais fontes não se fala nem de mulher nem de filhos. Mas sabemos que o argumento *ex silentio* é frágil. Nenhuma certeza, portanto, mas somente certa plausibilidade a favor dessa hipótese. Vimos que, apresentando sua família, os evangelhos falam somente de mãe, pai, irmãos e irmãs. Na verdade, no caso da visita de Jesus a Nazaré (Mc 6,1ss) se poderia relevar que o que está em questão é a modéstia de sua família de origem. Porém, quando mãe, irmãos e irmãs o visitam e ouvem dizer que ele tem outra família, espiritual, a mencionada ênfase desmorona: a ausência de mulher e filhos encontra sua explicação mais provável no fato de que ele não era casado. Os evangelhos sinóticos também falam de mulheres que o seguiam e mencionam, às vezes, os nomes, mas de nenhuma se diz que fosse sua mulher (Mc 15,40-41; Lc 8,1-3). Não faltam exegetas segundo os quais teria sido uma referência a si mesmo quando Jesus disse: "Há eunucos que nasceram assim do ventre materno; há eunucos que se tornaram tais por intervenção humana; e há eunucos que se fizeram eunucos pelo Reino dos céus" (Mt 19,12). Não fica excluída a possibilidade de que ele tenha assim respondido ao motejo de gente malvada que o desprezava — sendo ele solteiro —, precisamente como eunuco.

Pode-se objetar que, normalmente, os judeus se casavam. Um dito rabínico, atribuído ao rabino Eliezer ben Hircano, tanaíta do período 70-135 d.C., mostra-se muito expressivo: quem se recusa a procriar é semelhante a um homicida (*bYeb* 63b). Mas naquele tempo não eram tão raras as exceções: Plínio, o Velho, afirma que os essênios eram solteiros: "*Gens sola [...]. Sine ulla femina, omni venere abdicata... in qua nemo nascitur*" (*Hist Nat* 2,276). Afirma-o também Fílon: "Recusaram o matrimônio, praticando ao mesmo tempo uma perfeita continência: nenhum essênio se casa" (*Hypoth* 11,14). Porém, mais bem informado parece Flávio Josefo, que distingue entre essênios solteiros e essênios casados. Em *Bell* 2,120, com efeito, declara: "Eles desprezam o matrimônio", mais adiante precisa: "Existe outro grupo de essênios, semelhante àquele precedente na vida, nos hábitos e nas leis, mas diferente na concepção do matrimônio. Consideram, com efeito, que quem não se casa é como se amputasse a parte principal da vida, sua propagação, e observam que, se todos pensassem desse modo, a estirpe humana se extinguiria rapidamente" (*Bell* 2,160). Também entre os terapeutas estava em auge uma vida livre de vínculos familiares, como atesta Fílon: "Uma vez que se desfizeram de seus bens, não mais escravos de ninguém, fogem sem voltar para trás depois de ter abandonado os irmãos, os filhos, as mulheres, os pais, os parentes, o círculo dos amigos, a terra em que foram gerados e nutridos" (*De Vita contemplativa* 18). Do rabino Simeão ben Azai, do período 70-135 d.C., conhece-se a sentença: "Minha alma ama a Lei. O mundo pode ser continuado por outros" (*bYeb* 63b). E de Moisés, chamado por Deus ao "ministério profético", Fílon afirma que se manteve longe do relacionamento com mulheres (*De Vita Mosis* 2,68-69).

Em contrapartida, também no mundo grego o celibato não era totalmente desconhecido. Por exemplo, Epíteto o considera característica do sábio: "Não é talvez necessário que o cínico seja livre de distrações, completamente a serviço de Deus, para poder frequentar os homens sem estar ligado a deveres privados nem entretido por relações, descuidando-as não poderia salvaguardar-se como homem de perfeita virtude, e observando-as destruiria (em si) o mensageiro, o observador e o arauto dos deuses?" (*Diatr* 3,22,69). Também podemos citar Apolônio de Tiana, que, como diz seu biógrafo Filóstrato, jurou "que ele não se casaria nem nunca teria relações sexuais", e sempre "conservou o controle e o domínio da paixão" (1,13). O próprio João Batista aparece como um solitário, que vivia retirado em regiões não cultivadas, em todo caso fora dos centros habitados.

Além do mais, como pessoa pública, Jesus foi um pregador e curandeiro itinerante que tinha abandonado casa, família e trabalho, como veremos. Mas se poderia objetar que no tempo de sua entrada na vida pública tinha uma idade tal de poder estar casado havia tempo. Portanto, nenhuma certeza, somente uma probabilidade.

7. Sua região: olhar geográfico

Somente algumas alusões tomadas do testemunho direto de Flávio Josefo, cientes de sua tendência a engrandecer conforme os cânones retóricos da *amplificatio*. Em *Bell* 3,35-58, Flávio Josefo descreve as regiões principais da terra de Israel:

> A Galileia, que se divide em duas partes denominadas alta Galileia e baixa Galileia, está compreendida entre a Fenícia e a Síria; a ocidente confina com o território de Ptolemaida e com o Carmelo, o monte que outrora fora dos galileus e agora pertence aos de Tiro [...]. Na parte meridional confina com a Samaria e com Citópolis até o curso do Jordão. Para oriente está delimitada pelos territórios de Hipos, Gadara e Gaulanítide, onde estão também os confins do reino de Agripa. A parte setentrional confina com Tiro e com o território dos tírios. A Galileia chamada baixa se estende em longitude de Tiberíades até Zabulon, perto a Ptolemaida sobre a costa. Em latitude se estende de uma aldeia sita na grande planície, de nome Xalot, até Bersabe, onde também tem início a alta Galileia, que chega até a aldeia de Baca; esta marca o confim com o território dos tírios. A alta Galileia se estende em longitude do povoado de Tela, perto do Jordão, até Merot (35-40).
>
> Mesmo tendo esta modesta extensão e estando circundadas por tantos povos estrangeiros, as duas Galileias sempre se defenderam de toda invasão inimiga; com efeito, os galileus são belicosos desde pequenos e sempre foram numerosos, e como os habitantes jamais conheceram a covardia, assim a região jamais conheceu a despopulação, porque é toda fértil e rica de pastagens e de árvores de todo tipo, de modo que tal fertilidade seduz mesmo a quem é menos propenso ao trabalho dos campos. Por isso é cultivada pelos habitantes e não existe ângulo que não seja trabalhado, antes, existem ali também muitas cidades e por todo lugar um grande número de aldeias densamente povoadas por causa do bem-estar, de modo que a menor dessas tem mais de 15 mil habitantes (41-43).
>
> Finalmente, mesmo que seja menos extensa que a Pereia, a Galileia a supera por produtividade; essa, de fato, está toda cultivada e produz continuamente frutos, enquanto a Pereia, certamente muito grande, é na maior parte deserta e penhascosa, muito selvagem para produzir frutos comestíveis (todavia, as partes menos ásperas dessa produzem frutos de toda espécie, e as planícies são ricas de árvores variadas, entre as quais se cultivam principalmente a oliveira, a videira e as palmeiras), banhada por torrentes que descem dos montes e também, bastante, por fontes perenes quando aquelas secam pelo calor intenso. Estende-se em latitude de Maqueronte a Pela e em longitude de Filadélfia até o Jordão. Sua parte setentrional confina com Pela — que nomeamos antes —, e sua parte ocidental com o Jordão; ao sul seu confim é marcado pelo território dos moabitas, para oriente confina com Arábia e Sibonítida chegando ao território de Filadélfia e a Gerasa (44-47).
>
> A região da Samaria encontra-se entre a Galileia e a Judeia; essa de fato começa da aldeia chamada Ginea sita na grande planície e termina na toparquia de Acrabatana; sua natureza é semelhante à da Judeia. Com efeito, ambas apresentam quer montanhas quer planícies, adaptadas ao cultivo e férteis, ricas de árvores e plenas de frutos selvagens e comestíveis, já que em nenhum lugar essas são desérticas por natureza, mas são quase sempre banhadas pela

chuva. Ali, todo curso de água é particularmente doce, e pela abundância de boas pastagens os animais produzem mais leite do que em outros lugares. A prova principal da produtividade e da opulência da terra é que ambas estão densamente povoadas (48-50).

No confim da Samaria e da Judeia está a aldeia Anuat, chamada também Borceos; esta marca o limite da Judeia ao norte, enquanto a parte meridional dessa — na sua máxima extensão — toca uma aldeia nos confins da Arábia chamada Jardan pelos judeus do lugar. Em longitude, a Judeia se estende do rio Jordão até Jope. Precisamente no centro dela, está situada a cidade de Jerusalém, e por isso alguns — com justiça — a chamam a cidade umbigo da região. A Judeia, ademais, não está privada dos benefícios do mar, porque desce para a costa desde um planalto que chega até a Ptolemaida. Divide-se em onze distritos, dos quais o primeiro e principal é Jerusalém, que domina todo o território como a cabeça o corpo; os outros depois desse delimitam as toparquias: o segundo é Gofna e logo vem Acrabata, depois Tamna, Lida, Emaús, Pela, Idumeia, Engadi, Heródion e Jericó; depois destes devemos citar Jâmnia e Jope, que administram as regiões circunvizinhas, e depois as regiões de Gamala, Gaulanítide, Bataneia e Traconítide, que fazem também parte do reino de Agripa. Este começa do monte Líbano e das fontes do Jordão e se estende em latitude até o lago de Tiberíades, e em longitude vai de uma aldeia chamada Arfa até Júlia; habita-o uma população mista de judeus e de sírios (51-57).

Preciosa é também, em *Bell* 3,506-521, a descrição do lago da Galileia — cujas margens do noroeste testemunharam a atividade principal de Jesus na sua região —, mas também do Jordão:

O lago de Genesaré, que toma o nome do território adjacente, tem uma largura de quarenta estádios [1 estádio = 185m] e um comprimento de cento e quarenta. Sua água é doce e muito boa de beber [...]. No lago vivem algumas espécies de peixes diferentes, tanto em forma como em sabor, daqueles de qualquer outro lugar. No seu centro corre o Jordão, que parece iniciar do Panion. Na realidade, ao Panion chega com um percurso subterrâneo nascendo de uma bacia de nome Fiala. Esta se encontra a cento e vinte estádios de Cesareia [de Filipe], à direita e não longe da estrada que conduz à Traconítide. A bacia toma o nome de Fiala de sua forma circular, tratando-se de um pequeno lago redondo, e a água o enche até a beira sem jamais abaixar ou transbordar [...]. A beleza natural do Panion foi aprimorada pela liberalidade régia e embelezada às expensas de Agripa. Ora, o Jordão, começando deste lugar a correr em superfície, interseca o pântano e os brejos do lago Semeconita, e depois de um percurso de outros cento e vinte estádios, ultrapassada a cidade de Júlia, flui no meio do lago de Genesaré e enfim, depois de ter atravessado um longo espaço de deserto, entra no lago Asfaltite (506-515).

Ao longo do lago Genesaré se estende uma região que tem o mesmo nome, de grandes recursos naturais e de uma beleza maravilhosa. Sua fertilidade admite qualquer cultivo e quem a trabalha consegue fazer crescer ali todo tipo de árvore; e o clima é tão temperado que é adaptado também às plantas mais variadas. As nogueiras, árvores particularmente aptas às regiões frias, aqui crescem em grande número junto às palmeiras, que necessitam do calor; e perto delas crescem figueiras e oliveiras, para as quais é mais apropriado um clima mais moderado. Dir-se-ia que a natureza se tenha comprazido de um esforço tal para recolher no mesmo solo as espécies mais diversas, e que as estações se tenham enfrentado em benéfica competição, procurando cada uma se impor em tal região; com efeito, esta não só produz estranhamente frutos tão diversos, como também os conserva. Fornece uva e figos, delícias de reis, ininterruptamente por dez meses, enquanto os demais frutos maduram durante o ano todo. Além de gozar deste clima temperado, a região é irrigada por uma fonte fecunda, que a gente do lugar chama Cafarnaum. Alguns a consideravam uma veia do Nilo, porque produz um peixe semelhante à tilápia que vive no lago de Alexandria. A região se estende, ao longo da beira do lago homônimo, por trinta estádios de comprimento e vinte de largura (516-521).

Se a Galileia se sobressai em campo agrícola e é rica em pescaria, e as pesquisas arqueológicas mostraram também a presença de um centro de produção de cerâmica em Kfar Hananiah, situada entre a alta e a baixa Galileia (cf. Meyers), a região de Jericó oferece extraordinárias tamareiras e plantas de precioso bálsamo. Em *Ant* 15,96, Flávio Josefo é muito sintético: "Esta aldeia produz bálsamo que é o produto mais precioso e cresce somente lá, e também palmeiras numerosas e excelentes". Em *Ant* 14,54, descreve o modo de cultivar o bálsamo: "Excelentíssimo unguento que, assim como a rosa selvagem, ao ser talhado com um sílex afiado, destila como um suco". Em *Bell* 4,467-470.474, apresenta-nos assim a planície de Jericó, cidade das palmeiras (cf. Dt 34,3; Jz 1,16):

[...] [uma fonte] faz prosperarem ali jardins exuberantes e densos. As palmeiras que essa banha são de muitas espécies [...]. As tâmaras mais grossas, espremidas, exsudam abundante mel não muito inferior ao outro produto das abelhas da região. Ali se recolhe o opobálsamo, o mais apreciado entre os produtos da região, o alfeneiro e o mirobálano, e em vista disso não erraria em chamar esta uma aldeia divina na qual crescem abundantes as plantas mais raras e mais belas. Por seus outros frutos, não seria fácil encontrar outra região no mundo que poderia ser colocada em confronto, tão grande é o rendimento da semente [...]. Também o clima é tão temperado, que os habitantes se vestem de linho enquanto neva no restante da Judeia. De Jerusalém dista cento e cinquenta estádios, e do Jordão sessenta; a região de Jericó a Jerusalém é desértica e pedregosa; aquela para o Jordão e o lago Asfaltite, embora menos elevada, é igualmente desértica e agreste.

Do Mar Morto ou Asfaltite, como o chama Flávio Josefo, o historiador judaico nos oferece esta descrição (*Bell* 4,476.478-479.482):

É amargo e infecundo, mas pela sua leveza mantém flutuando mesmo os objetos mais pesados que joguem dentro dele, de modo que é difícil imergir-se, mesmo para quem o desejar [...]. Um espetáculo maravilhoso é também a mudança de sua cor, que muda três vezes ao dia com o diverso refletir dos raios do sol. Ademais, faz aflorar em muitos lugares negras massas de betume, que flutuam, semelhantes por figura e grandeza a touros sem cabeça [...].

O comprimento deste lago é de quinhentos e oitenta estádios — estendendo-se até Zoara na Arábia —, e sua largura, de cento e cinquenta.

A descrição de Jerusalém é detalhada em *Bell* 5,136-146:

A cidade estava construída sobre duas colinas afrontadas e separadas entre si por um vale; em direção deste as casas descem em degraus. Das duas colinas, a que formava a cidade alta era notoriamente mais elevada e tinha no cimo uma esplanada mais ampla; por sua forte posição essa recebeu precisamente o nome de "fortaleza" do rei Davi, o pai de Salomão, que foi o primeiro a construir o templo, enquanto nós a denominamos "praça superior". A segunda colina é a que se denomina "Akra" e que formava parte da cidade baixa com sua forma recurvada nas extremidades. Defronte a esta existia uma terceira colina, originalmente mais baixa que o Akra, do qual antigamente estava separada por outro amplo vale. Mais tarde, durante seu reino, os Asmoneus encheram tal vale, querendo conectar cidade e templo, e ao mesmo tempo fizeram descer a altura do Akra, de modo que, também, sobre essa prevalecesse o edifício do templo. O vale dos Queijeiros, que dissemos estar entre a cidade alta e a baixa, chega até Siloé, como chamavam aquela fonte riquíssima de água doce. As duas colinas da cidade terminavam ao externo em precipícios profundos, e pelos barrancos de ambos os lados não havia possibilidade de acesso (136-141).

O mais antigo dos três muros era inexpugnável por causa dos precipícios e da altura sobre os quais fora levantado; além da vantagem da posição natural, tinha sido construído solidamente e não somente Davi e Salomão mas também seus sucessores tinham dedicado seus cuidados a ele. Começando ao norte da torre chamada Hípico, se inclinava até o Xisto, depois passava pelo edifício do Conselho e terminava no pórtico ocidental do templo. Do outro lado, começando do mesmo ponto e olhando o ocidente, o muro corria através do lugar chamado Betso até a Porta dos Essênios, depois se estendia ao sul até envolver a fonte de Siloé donde, voltando ainda para o leste, para a Piscina de Salomão e, passado o lugar chamado Ofel, chegava ao pórtico oriental do templo. O segundo muro começava da porta do primeiro muro, que chamavam Genná e, cingindo somente a parte setentrional da cidade, chegava até a fortaleza Antônia (142-146).

Flávio Josefo faz também uma breve alusão ao "monte dito das Oliveiras, que surge em frente da parte oriental da cidade, da qual a separa um profundo vale chamado Cedron" (*Bell* 5,70).

Confinantes ou até mesmo dentro da terra de Israel, não poucas cidades de cunho helenista, verdadeiras e próprias *poleis*, gozavam de um estatuto administrativo especial, mesmo se, às vezes, alguma dessas estavam inseridas no reino dos Herodes. Seus nomes: Cesareia Marítima, Sebaste — a antiga Samaria —, sobretudo a Decápole, na qual devem ser mencionadas as cidades de Gerasa, Gadara, Abila, Pela, que contudo não formavam uma federação (cf. Schürer, II, pp. 119-233).

Discute-se sobre o número dos habitantes da Palestina. Foraboschi reporta os dois extremos: 500 mil, segundo J. Jeremias, e 5 milhões, segundo J. Juster. Para o estudioso israelita Arye Ben-David, citado por Stegemann (*Gli esseni*, p. 201), em todo o mundo viviam então de 6,5 a 7 milhões de hebreus, dos quais 1 a 1,2 milhões habitavam na Palestina. Para a população da Galileia, Meyers fala de 200 aldeias com 500 habitantes cada uma em média, e de alguns centros um pouco mais populosos, além das duas grandes cidades de Séforis e Tiberíades, para um total de 150 a 175 mil habitantes.

Bibliografia do capítulo

Barbaglio, G. Maria nel Nuovo Testamento. In: Leonardi, C.; Degl'Innocenti, A., eds. *Maria. Vergine Madre Regina.* Roma, 2000. pp. 7-20.

Berger, K. Jesus als Naziräer/Nasiräer. In: *NT* 38(1996), pp. 323-335.

Blinzler, J. *I fratelli e le sorelle di Gesù.* Brescia, Paideia, 1974.

Brown, R. E. *La nascita del Messia secondo Matteo e Luca.* Assisi, Cittadella, 1981.

Da Spinetoli, O. *Il vangelo del Natale.* Roma, Borla, 1996.

Firpo, G. *Il problema cronologico della nascita di Gesù.* Brescia, Paideia, 1983.

Foerster, W. Iēsous. In: *GLNT* IV, 909-934.

Foraboschi, D. Tra guerra, sfruttamento e sviluppo: L'economia della Palestina (I a.C.–I d.C). In: Sacchi, P., ed. *Il giudaismo palestinese: dal I secolo a.C. al I secolo d.C.* Bologna, Fattoadarte, 1993. pp. 123-136.

Laurentin, R. *Les Évangiles de l'Enfance du Christ. Vérité de Noël au-de-là des mythes.* Paris, 1982.

Lüdemann, G. *Virgin birth? The real story of Mary and her son Jesus.* London, 1998.

Merklein, H. *Die Jesusgeschichte - synoptisch gesehen.* Stuttgart, 1994. pp. 33ss.

Meyers, E. M. Jesus und seine galiläische Lebenswelt. In: *ZNT* 1(1998), pp. 27-39.

O'Neil, J. C. Jesus of Nazareth, *JThSt* 50(1999), pp. 135-142.

Meier, J. P. *Um judeu marginal. Repensando o Jesus histórico,* I. Rio de Janeiro, Imago, 1993. pp. 205-426.

Pesch, R. Zur Frage der Brüder und Schwestern Jesu. In: *Das Markusevangelium.* I. Freiburg-Basel-Wien, 1976. pp. 322-324.

Porter, S. E. Jesus and the use of Greek in Galilee. In: Chilton; Evans, eds. *Studying the historical Jesus.* Leiden, Brill, 1994. pp. 123-154.

Sacchi, P. Riflessioni sul problema della formazione culturale di Gesù. In: *Henoch* 14(1992), pp. 243-260.
von Soden, H. Chronology. In: *Encyclopaedia Biblica*. I. London, Black, 1899. pp. 805-807.
Söding, T. "Was kann aus Nazareth schon Gutes kommen?" (Joh 1,46). Die Bedeutung des Judenseins Jesu im Johannesevangelium. In: *NTS* 46(2000), pp. 21-41.

Capítulo V
O MUNDO NO QUAL VIVEU

Como qualquer outra pessoa, Jesus não pode ser compreendido como uma ilha; para entendê-lo é preciso determinar sua colocação espaçotemporal: como homem religioso, viveu em um específico ambiente sociopolítico, em uma comunidade na qual a religião mosaica, não separada da política — diversamente de nossas sociedades ocidentais —, ocupava um posto central. Também fisicamente, à diferença de João Batista, não foi estranho a seu ambiente. Na delineação do quadro histórico que o viu nascer, crescer, agir na vida pública e morrer tragicamente crucificado em Jerusalém, iremos nos limitar às grandes linhas e aos testemunhos diretos de Flávio Josefo e de Fílon. Para um aprofundamento, remetemos sobretudo à obra de E. P. Sanders, *Il Giudaismo*.

1. A situação política

1.1. Herodes, o Grande, rex socius dos romanos

Nascido sob o reinado de Herodes, o Grande, Jesus viveu, no máximo, até o ano 36, que foi o da deposição de Pilatos, que o condenou à morte. A partir de 63 a.C., quando Pompeu conquistou Jerusalém e Flávio Josefo pode relevar: "Perdemos nossa liberdade e ficamos sujeitos aos romanos" (*Ant* 14,77), a terra de Israel estava sob o domínio, direto ou indireto, do poder de Roma. Do império romano, Fílon exalta a vastidão: "Um império [...] que se poderia literalmente chamar também ele um mundo (*oikoumenē*), limitado por dois rios, o Eufrates e o Reno [...], da saída ao pôr do sol" (*Leg* 10). E o imperador era exaltado como o salvador e benfeitor da humanidade (*ho sōtēr kai euergetēs*) (*Leg* 22). Progressivamente, foi desautorizado o poder dos últimos descendentes da dinastia hebraica dos asmoneus, herdeiros dos irmãos macabeus Judas, Jônatas e Simão, todos eles defensores em primeiro lugar da liberdade religiosa e em segundo da autonomia política dos judeus contra a invasão dos selêucidas da Síria. A seguir, o poder foi entregue, primeiramente, ao idumeu Antípatro, amigo dos romanos: "César lhe conferiu a cidadania romana e a imunidade, e com outras honras e reconhecimentos fez dele um homem invejável" (Flávio Josefo, *Bell* 1,194) e o nomeou "procurador de toda a Judeia" (*Bell* 1,199), e depois ao filho Herodes. Este foi proclamado rei pelo senado romano no ano 40 por indicação de Antonio (*Ant* 14,385; *Bell* 1,282), mas combateu três anos para vencer Antígono, último herdeiro asmoneu, e reinar de fato (*Bell* 1,342ss). Em *Ant* 14,389, Flávio Josefo indica a data segundo outro calendário então em uso: "Ele assumiu a realeza na centésima octogésima quarta olimpíada".

Herodes reinou como déspota, arrogando-se o direito de nomear a seu bel-prazer os sumos sacerdotes, sem considerar a tradição centenária que queria aquela função nas mãos dos descendentes de Sadoc como cargo hereditário (cf., por exemplo, *Ant* 15,22). Durante seu governo, o senado (*gerousia*), chamado sinédrio ou conselho, presidido pelo sumo sacerdote e composto por representantes da aristocracia sacerdotal, laica e "escribal", foi humilhado, como mostra uma significativa intervenção: no início de seu reino "matou Hircano e todos os outros membros do sinédrio" (*Ant* 14,175); discute-se ainda se Herodes se limitou a seus adversários políticos seguidores de Antígono, ou se também aniquilou a todos.

Herodes esteve mais próximo dos gregos que dos judeus (*Ellēsi pleon ē Ioudaios oikeōs ekhein*: *Ant* 19,329). Não obstante quisesse parecer um judeu observante das Leis da tradição hebraica — demonstração estrepitosa é a reconstrução do templo de Jerusalém —, de fato se inclinava para os usos e costumes helenistas que, a partir da crise desencadeada por Antíoco IV Epífanes (175-164 a.C.), se infiltravam nas classes altas do judaísmo, como nos mostra Flávio Josefo:

> Por este motivo continuou distanciando-se dos usos nativos e corrompendo gradativamente com práticas estrangeiras, antigos e invioláveis estatutos, o que foi para nós deterioração notável, inclusive para a época posterior, porque se abandonaram coisas que infundiam piedade nas massas (*Ant* 15,267).
>
> Em primeiro lugar, introduziu os jogos atléticos cada cinco anos em honra de César; edificou um teatro em Jerusalém e, posteriormente, um amplíssimo anfiteatro na planície: ambos notáveis pela magnificência, mas estranhos às práticas judaicas, porque o uso de semelhantes edifícios e a manifestação de tais espetáculos não fazem parte da tradição (judaica). Ele, todavia, celebrou a festa quinquenal de modo muito solene, divulgando-a aos povos vizinhos e convidando participantes de toda a nação (*Ant* 15,268-269).

Circundou o teatro com inscrições em honra a César e com troféus das nações derrotadas por ele em guerra; tudo isso era feito em ouro puro e prata (*Ant* 15,272).

Quanto aos adornos, não existiam vestimentas preciosas ou gemas de valor tão raro que não fossem exibidas nos espetáculos oferecidos. Havia também uma provisão de animais ferozes: mandou reunir uma grande quantidade de leões e outros animais, que representavam ou uma força extraordinária ou espécies muito raras. Quando começou o costume de contrapor uma contra outra ou de condenar homens para combater contra elas, os estrangeiros ficavam atônitos seja pelo dispêndio, seja, ao mesmo tempo, atraídos pelo perigoso espetáculo, mas para os nativos significava uma clara ruptura dos usos que até então tinham sido honrosamente preservados. Além disso, parecia-lhes uma gritante falta de piedade jogar homens às feras para o divertimento de outros homens que faziam de espectadores, e lhes parecia uma impiedade ulterior mudar seu consolidado modo de viver com práticas estrangeiras. O que lhes causava maior aversão eram os troféus, porque acreditavam que estes fossem imagens cobertas por couraças, o que era contrário a seus usos nacionais, e estavam extraordinariamente irritados (*Ant* 15,273-276).

A grandiosidade e o desejo de assombrar marcam o horizonte no qual ele se moveu, como atestam suas construções. Transformou a torre de Estraton, na costa mediterrânea, em uma cidade: "Esta última reedificada com magnificência por Herodes, dotada com portos e com templos, foi mais tarde chamada Cesareia" (*Ant* 14,76). Da Samaria fez uma *polis* grega, chamada Sebaste: "Fê-la esplêndida, para deixar à posteridade um monumento de seu amor pelo belo e também de sua filantropia" (*Ant* 15,298). O Heródion não era somente uma fortaleza: "Herodes mais tarde fundou uma cidade em memória do triunfo [vitória contra os partos], e a adornou com esplêndidos palácios e construiu ali uma acrópole fortificada, e por causa de seu nome a chamou Heródion" (*Bell* 1,265); sua localização geográfica a tornava naturalmente inexpugnável: "De fato, a fortaleza, protegida por um cinturão de muros, consiste em uma proeminência rochosa que se levanta a grandíssima altura, de modo que é também por isso inexpugnável, e ademais a natureza a fez de modo a ser também inacessível. Essa está circundada totalmente por precipícios dos quais não se consegue ver o fundo" (*Bell* 7,166-167). Edificou em Jerusalém um palácio na Cidade Alta (*Ant* 15,318). Da reconstrução do templo diz-se: "No ano 18 de seu reinado [mas *Bell* 1,401 fala do ano 15] deu início aos trabalhos para a reconstrução do templo" (*Ant* 15,380), tarefa concluída em oito anos (*Ant* 15,420). Os confins de seu reino, porém, eram muito restritos para seus projetos: "Depois de ter concluído todos esses trabalhos, fez exibição de sua magnificência também em muitíssimas cidades fora do reino" (*Bell* 1,422).

Não descuidou de gestos humanitários ou, melhor, da providente administração do Estado. Durante uma gravíssima carestia, fez importar e distribuir alimentos aos súditos dando "uma grandíssima demonstração de sua benevolência e proteção" (*Ant* 15,308). E ainda: "Perdoou ao povo do reino uma terceira parte dos tributos", sempre por motivo de carestia (*Ant* 15,365).

A avaliação de Flávio Josefo é diversificada: reconhecimento das qualidades do rei e do líder militar, crítica de sua crueldade e, ao mesmo tempo, comiseração pelas tragédias de sua família. Primeiramente, "como combatente foi invencível" (*Bell* 1,429). "Mas a prosperidade na vida pública a sorte a descontou com as calamidades de sua vida pessoal, e seus problemas começaram por uma mulher pela qual estava perdidamente apaixonado", Mariamne (*Bell* 1,431). Herodes foi "homem bestial e privado de todo senso de moderação" (*Ant* 16,151); "amava as honras [...], se mostrava generoso [...], mas a nação judaica [...] está habituada a valorizar mais a justiça do que a glória" (*Ant* 16,153-158). O historiador hebreu põe na sua boca esta confissão: "Um demônio esvazia minha casa e sempre me priva das pessoas que mais quero; eu lamentarei o iníquo destino e chorarei dentro de mim por ter ficado sozinho" (*Bell* 1,628). De fato, mandou matar a amadíssima mulher Mariamne, asmoneia (*Bell* 1,443), o irmão dela, Jônatas (*Bell* 1,437), os dois filhos que teve com Mariamne, Alexandre e Aristóbulo (*Ant* 16,392-394; *Bell* 1,550-551), a sogra Alexandra (*Ant* 17,247-251) e, cinco dias antes de morrer, mandou matar Antípatro, o filho que teve com a primeira mulher Dóris (*Ant* 17,191; *Bell* 1,664). É conhecido o dito de Augusto sobre Herodes, segundo o testemunho de Macróbio: melhor ser um porco (*hys*) de Herodes — como judeu não devia comer sua carne —, do que seu filho (*hyios*). Não devemos nos esquecer do projeto de matar, no momento de sua morte — acontecida à idade de setenta anos (*Ant* 17,148) —, todos os notáveis da Judeia encerrados no hipódromo de Jericó, a fim de que, estando todos os seus súditos prontos a festejar seu decesso, de qualquer modo se chorasse (*Bell* 1,659-660); projeto afortunadamente desatendido por intervenção da irmã Salomé (*Bell* 1,666).

Para concluir, duas avaliações sintéticas, sempre de Flávio Josefo: "Homem afortunado sob todo ponto de vista, porque de simples cidadão conquistou um reino e, depois de tê-lo longamente conservado, deixava-o a seus filhos, mas, na vida doméstica, extremamente desaventurado" (*Bell* 1,665); "Foi homem igualmente cruel para com todos, fácil para a ira, negligente com a justiça" (*Ant* 17,191).

1.2. Os sucessores: *Arquelau, Antipas, Filipe, Agripa*

A sucessão não foi fácil. O testamento, em um primeiro momento, previa a nomeação de Antipas para rei (*Bell* 1,646). Mas, poucos dias antes de morrer, Herodes o modificou, nomeando "Arquelau como sucessor, o maior dos filhos e irmão de Antipas, e Antipas foi nomeado tetrarca" (*Bell* 1,664): dois filhos que teve com a samaritana Maltace. Roma, porém, decidiu diferentemente: "César [...] não nomeou Arquelau 'rei', mas 'etnarca' da metade do território que fora governado por Herodes [...], o restante do território o dividiu em partes iguais, entregando aos outros dois filhos de Herodes, Filipe [a mãe era Cleópatra de Jerusalém, uma de suas dez mulheres] e Antipas". Assim, a Galileia e a Pereia ficaram com Antipas; as regiões do norte, com Filipe, e a Idumeia, a Judeia e o distrito dos samaritanos, com, Arquelau (*Ant* 17,317-319).

Arquelau permaneceu no poder somente dez anos, até 6 d.C., acometido pelas contínuas revoltas surgidas no seu reino — das quais falaremos depois —, e acusado por sua violência: César "o enviou em exílio a Viene, cidade da Gália, e confiscou seus bens" (*Ant* 17,344) e "a região governada por Arquelau foi anexada à Síria, e o cônsul Quirino foi enviado por César para fazer um levantamento das propriedades na Síria e vender o patrimônio de Arquelau" (*Ant* 17,355).

Começa o período dos prefeitos romanos, que no governo de Cláudio se chamarão procuradores. Segundo a classificação de Estrabão, a Judeia pertencia à terceira classe das províncias imperiais: "Em algumas o imperador mandou, para serem administradas, homens de nível consular, em outras de nível pretoriano, e em outras de nível equestre" (*Geogr* 17,3,25; cit. em Schürer, I, p. 441). A residência do prefeito ou do procurador era Cesareia Marítima: habitava no "pretório" (At 23,35) e ia para Jerusalém durante as festas, estabelecendo-se no que fora o palácio de Herodes, chamado pretório de Jerusalém nos evangelhos sinóticos e em João (Schürer, I, pp. 445s). Gozava do *jus gladii*, como atesta Flávio Josefo: "Tendo sido o território de Arquelau reduzido a província, foi enviado ali como procurador [prefeito, na realidade] Copônio, membro da ordem equestre dos romanos, investido por César também do poder de condenar à morte" (*Bell* 2,117).

Herodes Antipas, chamado "a raposa" por Jesus (Lc 13,32), reconstruiu Séforis e posteriormente fundou Tiberíades como nova capital, reinando por um longo período, até o ano 39, quando foi deposto e exilado pelo imperador Calígula (Caio). Seu infortúnio foi o repúdio da mulher nabateia, filha de Aretas IV, e o matrimônio com Herodíades, mulher de um Herodes meio-irmão seu e não — como erroneamente dizem os evangelhos (Mc 6,17) — do tetrarca Filipe, que era genro de Herodíades, por ter se casado com sua filha Salomé (cf. Schürer, I, pp. 426s). Foi atacado e derrotado por Aretas IV da Arábia, derrota relacionada, de qualquer modo — como se verá mais adiante —, com a decapitação de João Batista (cf. *Ant* 18,109-119). Sobretudo, foram os sonhos de glória real de Herodíades que o levaram à ruína. A narração de Flávio Josefo em *Ant* 18,240-255 merece ser reproduzida:

> Herodíades, irmã de Agripa e mulher de Herodes, tetrarca da Galileia e da Pereia, invejava a ascensão do irmão a um poder muito superior ao estado do qual gozava seu marido. Certa vez ele tinha fugido porque não tinha dinheiro para pagar as dívidas, e agora, de regresso, ei-lo elevado a uma excelsa dignidade e tanta fortuna. Parecia-lhe dolorosa e insuportável uma mudança tão grande, sobretudo quando o avistava passear entre a gente com vestes reais, ficava sem fôlego e sentia dentro de si uma infeliz inveja. Insistia continuamente com o marido para que fosse a Roma e impetrasse as mesmas honras. Não era tolerável, dizia, que um filho daquele Aristóbulo condenado à morte pelo pai, mendigo e enfraquecido pela fome a ponto de não ter de que viver, que se confiou à discrição dos ventos para fugir dos credores, agora passeasse como um rei, enquanto o próprio Herodes, filho de um rei, que por seu nascimento real era chamado à mesma honra, se contentasse em viver como um comum cidadão até o final da vida. "Mesmo se, ó Herodes", ela declarava, "no passado não te angustiou ser menor do pai que te deu a vida, ao menos agora, te imploro: vai à procura da alta posição na qual nasceste; não suportes que um homem já mantido às tuas custas suba acima de ti; não faças crer ao mundo que ele, na sua miséria, tenha sabido engenhar-se de forma mais eficiente que nós na nossa abundância; nem penses que não seja motivo de vergonha estar por baixo de uma pessoa que, entre outras coisas, vivia às custas da tua piedade. Eia, vamos, pois, a Roma; não consideremos o esforço, nem poupemos ouro e prata, porque não importa conservá-los, senão para comprar um reino (240-244).
>
> Durante um tempo ele resistiu e procurou dissuadi-la daquela ideia; estava contente na sua tranquilidade e desconfiava da corte romana. Mas quanto mais ela o via resistir, muito mais insistia, instigando-o a intentar tudo a fim de conseguir um trono a qualquer preço. E jamais desistiu até que o levou forçadamente a aceitar sua ideia, visto que não havia outro caminho para quebrar a obstinação da mulher. Então, feitos rapidamente os preparativos sem considerar os gastos, partiu para Roma, acompanhado de Herodíades (245-246).
>
> Mas Agripa, assim que soube de seu plano e de seus preparativos, também fez seus preparativos. Tão logo partiram, Agripa enviou para Roma Fortunato, um de seus libertos, carregado de presentes para o imperador e com cartas contra Herodes [...]. Ambos desembarcaram no porto de Dicaearchia e encontraram Caio em Bayes (247-248).

Enquanto estava cumprimentando Herodes, que tinha chegado primeiro, Caio lia as cartas de Agripa compostas como uma acusação contra ele. As cartas acusavam Herodes de ter conspirado com Seiano contra o governo de Tibério, e de conspirar agora, com o rei parto Artabano, contra o governo de Caio; como prova desta acusação, as cartas informavam que o arsenal de Herodes era suficiente para 70 mil soldados com armadura pesada. Impressionado com essas palavras, Caio perguntou a Herodes se era verdade o que se dizia sobre as armas. E quando Herodes respondeu que as armas existiam — era de fato impossível negá-lo diante da evidência —, Caio tirou dele a tetrarquia e a anexou ao reino de Agripa; assim também deu para Agripa as propriedades de Herodes e condenou Herodes ao exílio perpétuo em Lião, cidade da Gália (250-252).

Quando Caio soube que Herodíades era irmã de Agripa, concedeu-lhe manter todas as suas propriedades pessoais e lhe disse de considerar seu irmão o baluarte que a libertava do cruel destino do marido. Ela respondeu: "Verdadeiramente, ó imperador, tens palavras generosas e tais de dar glória a teu alto cargo, mas o gozar de teus dons corteses, tira-me a lealdade para com meu marido, não sendo correto que, depois de ter compartilhado sua prosperidade, abandone-o nos braços de suas desventuras". Caio se indignou pela orgulhosa presunção da mulher: exilou também ela com Herodes e deu seus bens a Agripa. Assim Deus puniu Herodíades pela inveja que tinha para com seu irmão, e Herodes, pela excessiva condescendência ao caráter frívolo de uma mulher (253-255).

Filipe também reinou por longo tempo. Ele edificou Cesareia de Filipe, capital de sua tetrarquia, e Júlia (*Bell* 2,168); dele Flávio Josefo não lembra outros fatos dignos de menção: "Foi nessa época que morreu Filipe, irmão de Herodes, no vigésimo ano de Tibério [14 + 20 = 34], depois de ter governado por 37 anos" (*Ant* 18,106).

O reino de Herodes, o Grande, foi reconstituído pelo neto Agripa, "filho de Aristóbulo, que tinha sido morto por seu pai Herodes" (*Bell* 2,178): Calígula o nomeou rei, entregando-lhe primeiro a tetrarquia de Filipe (*Ant* 18,237; *Bell* 2,181), e em um segundo momento a de Herodes Antipas (*Ant* 18,252; *Bell* 2,183), e Cláudio em 41 lhe entregou também o governo da Judeia e da Samaria (*Ant* 19,274; *Bell* 2,215). Seu reino durou pouco, até o ano 44 (*Ant* 19,350: quatro anos sob Caio e três sob Cláudio; cf. *Bell* 2,219). Todo o território de Israel tornou-se depois província romana, e assim permaneceu até a insurreição ocorrida no ano 66.

1.3. Rebeliões

Se no governo de Herodes, o Grande, o país viveu em paz, uma paz obtida a fio de espada, com sua morte ocorreram não poucas rebeliões. Floresceram movimentos que perseguiam com violência ideais político-

-religiosos, o fim do domínio estrangeiro e a instauração de uma nova ordem, conforme as promessas proféticas de restauração das doze tribos de Israel, totalmente fiéis a seu Deus. A rebelião, antes, começou poucos dias antes do fim do "tirano", quando alguns jovens, estimulados por mestres autorizados, com toda a probabilidade fariseus, realizaram um gesto de clara contestação ao poder herodiano. Ela é narrada por Flávio Josefo em *Ant* 17,149-159:

> Judas, filho de Sarifeu, e Matias, filho de Maraloto, eram os mais instruídos dos judeus, inigualáveis intérpretes das Leis ancestrais e homens especialmente queridos pelo povo porque educavam a juventude, de modo que todos os que anelavam adquirir a virtude passavam com eles dia após dia (149).

> Quando eles ficaram sabendo que a doença do rei não tinha cura, sublevaram a juventude afirmando poder destruir todas as obras que o rei tinha edificado contra as Leis de seus ancestrais e obter assim, da Lei, a recompensa de suas obras piedosas. Visto que, diziam, era precisamente a estas coisas audazes feitas em desprezo da Lei, que se deviam atribuir todos os infortúnios acontecidos [...]. O rei, de fato, sobre a porta maior do templo tinha levantado uma grande águia de ouro de notável valor, apesar de que a Lei, a quantos querem viver em conformidade com ela, proíba levantar imagens e fazer (imagens) viventes de qualquer criatura. Assim, aqueles mestres ordenaram (a seus discípulos) derrubar a águia [...] (150-152).

> Com estas palavras agitavam a juventude, e quando chegou um boato de que o rei tinha morrido, tornaram-se ainda mais evidentes as palavras dos mestres. Por essa razão, ao meio-dia os jovens subiram (sobre o teto do templo), derrubaram a águia e a despedaçaram a golpes de machado diante de uma multidão que se tinha reunido no templo (155).

A reação do poder herodiano foi intensa: quarenta jovens agressores e também seus dois inspiradores foram capturados e levados perante o tribunal de Herodes. Eles assim se defenderam exibindo sua fidelidade à Lei de Deus:

> Ele nos ensinou que é sagrado e digno de profundo respeito obedecer à Lei. Não é surpreendente, portanto, que acreditemos que seja menos importante a observância de teus decretos do que as Leis que Moisés nos deixara, escritas por ele, assim como Deus lhas ditou e lhe ensinou. E com alegria suportaremos a morte e qualquer outra pena que poderás nos infligir, porque estaremos conscientes de que a morte caminha conosco, não por motivo de um crime nosso, mas por motivo da nossa devota piedade (158-159).

Foram mortos (cf. também *Bell* 1,648-655).

No governo de Arquelau as revoltas começaram rapidamente: se no início o etnarca tinha-se mostrado condescendente, depois reagiu com ferocidade a uma rebelião desencadeada no templo (*Bell* 2,1-13). Na realidade, toda a terra de Israel naqueles anos foi atravessada por movimentos independentistas. Flávio Josefo narra três tentativas de derrubar o poder dos Herodes para instaurar uma realeza alternativa, e o faz evidenciando seu desprezo por esses combatentes pela liberdade, definidos por ele como impostores (*lēstai*):

> Houve Judas, filho do bandido-chefe Ezequias, que tinha sido um homem de grande poder e só com muita dificuldade fora capturado por Herodes. Esse Judas, depois que organizara em Séforis, na Galileia, um grande número de homens desesperados, atacou o palácio real, tomou todas as armas que lá estavam guardadas, armou todos os seus sequazes e partiu com todos os bens que tinham pilhado. Atemorizando a todos, saqueava a quantos encontrava; aspirava a coisas sempre maiores, e sua ambição era a honra real, prêmio que esperava obter não com a prática da virtude, mas com a prepotência que usava para com todos (*Ant* 17,271-272; cf. *Bell* 2,56).

Na Pereia, surgiu certo Simão,

> [...] um criado do rei Herodes, homem de belo aspecto, imponente pelo seu tamanho, desejoso de destacar-se. Encorajado pela desordem geral, teve a ousadia de colocar a coroa na cabeça. Depois de ter organizado um grupo de pessoas frenéticas, se fez proclamar rei, julgando-se merecedor disso como qualquer outro. Depois, incendiou o palácio real de Jericó, saqueando e roubando tudo quanto nele havia. Também destruiu pelo fogo numerosas outras residências reais em muitas partes do país, após permitir que seus sequazes levassem como despojos os bens que foram deixados. Ele teria realizado atos piores ainda se não tivesse havido uma rápida intervenção. Pois Grato, comandante das tropas reais, reuniu suas forças, juntou-se aos romanos, e foi ao encontro de Simão. Depois de uma longa e difícil batalha, foi morto grande número de pereianos, pois estes estavam desorganizados e lutavam mais com coragem do que com habilidade. Quando Simão tentou salvar-se fugindo por um desfiladeiro, Grato o interceptou e o decapitou (*Ant* 17,273-276; cf. *Bell* 2,57-59).

Flávio Josefo continua:

> Também houve certo Atronges, homem que não se distinguia nem pela nobreza de origem, nem pela excelência do seu caráter, nem pela abundância de bens, mas era simplesmente um pastor completamente desconhecido por todos, mesmo se fosse notável pela sua grande estatura e pela força de seus braços. Este teve a temeridade de aspirar à realeza, pensando que ao obtê-la teria conseguido a liberdade de agir com violência; e encontrando a morte em tais circunstâncias, não teria dado muita importância à perda da vida. Tinha quatro irmãos, também esses eram altos e bem confiantes no sucesso que teriam obtido por obra de sua ágil robusteza corpórea, eram prontos a árduas tarefas, e ele pensava constituíssem um fator válido para a conquista de um reino; (cada um) deles comandava uma companhia de soldados; cada dia, de fato, agregava-se a eles uma grande multidão [...].
>
> Esse homem manteve o poder por longo tempo, porque tinha o título de rei e nada lhe impedia de fazer o que queria. Ele e seus irmãos atuaram vigorosamente na matança das

tropas romanas e dos homens do rei, agindo com ódio semelhante contra ambos; contra os últimos por motivo da arrogância que tinham mostrado durante o reinado de Herodes, e contra os romanos pelas injustiças que ainda cometiam [...]. Certa vez, perto de Emaús, até atacaram uma companhia de romanos que transportavam víveres e armas para o seu exército: cercaram e mataram o centurião Ário — que comandava o destacamento —, e quarenta de seus melhores homens. Os sobreviventes, aterrorizados pelo destino reservado a seus companheiros, se salvaram graças à proteção oferecida por Grato e pelas tropas reais que estavam com ele, deixando para trás seus mortos. Este tipo de luta continuou durante muito tempo, causou aos romanos não poucos transtornos, e infligiu muitos danos à sua nação (*Ant* 17,278-283; cf. *Bell* 2,60-65).

A conclusão do historiador hebreu é caracterizada pelo pessimismo:

A Judeia estava infestada por quadrilhas de bandidos. Sempre que um bando de rebeldes encontrava alguém apropriado, esta pessoa podia ser constituída rei imediatamente, ansiosa para arruinar o povo. De fato, eles eram em pequena escala e, raramente, nefastos para os romanos, mas provocavam grande derramamento de sangue entre seus compatriotas (*Ant* 17,285).

Na Galileia surgiu um movimento de caráter religioso-político liderado por certo Judas — discute-se se é o mesmo Judas, filho de Ezequias, já mencionado —, mas também relacionado a um fariseu, Sadoc, vinculado com o recenseamento de Quirino do ano 6 d.C., de inspiração político-religiosa:

Mas certo Judas, um gaulanita da cidade de Gamala, obtendo a ajuda de Sadoc, um fariseu, abraçou a causa da rebelião. Eles proclamavam que o recenseamento queria somente reduzir todos a um estado de total escravidão, e convidavam a nação a realizar uma tentativa de independência [...]. O povo acolhia sem objeção esses apelos, e a proposta em favor da abstenção fazia sérios progressos. Assim, esses homens difundiram as sementes de todo tipo de calamidades; não existem palavras aptas para exprimir o sofrimento que tanto afligira a nação (*Ant* 18,4-6).

Como percebemos, Flávio Josefo vê ali a origem das futuras rebeliões que levarão à guerra de 66 e à derrota do ano 70. A Judas, de fato, vinculam-se em certo modo sejam os sicários, sejam os zelotes, que entrarão em ação somente depois da morte de Jesus:

Estes lançaram a semente da qual nasceu a luta entre as facções, a matança entre cidadãos — entre eles, as mais distintas personalidades —, com o pretexto de restaurar o bem-estar público, mas no fundo com a esperança de um ganho pessoal. Por sua culpa nasceram sedições e se derramou muito sangue civil, seja pelos massacres recíprocos que faziam os nacionalistas fanáticos desejosos de não ceder a seus inimigos, seja pela matança que faziam de seus adversários.

Seu influxo na sociedade foi grande e deletério:

> Inseriram também as sementes daqueles distúrbios que acabaram por esmagá-lo [o governo civil]; e tudo aconteceu pela novidade daquela filosofia até então desconhecida e que agora descrevo. O motivo pelo qual dou este breve relato é, sobretudo, porque o zelo que Judas e Sadoc inspiraram na juventude foi o elemento da ruína de nossa causa (*Ant* 18,8-10).

Essa filosofia de Judas é caracterizada pelo integralismo religioso — sempre na opinião do historiador hebreu Flávio Josefo. De fato, ela deduz diretamente do monoteísmo hebraico a rejeição de submissão a todo dominador humano e a exigência de pegar em armas para serem livres de todo poder humano e fiéis exclusivamente ao divino:

> Judas, o Galileu, colocou-se como guia de uma quarta filosofia [além das outras três: fariseus, saduceus e essênios]. Esta escola concorda com todas as opiniões dos fariseus, exceto no fato de que têm um *forte amor pela liberdade*, convencidos que apenas Deus é seu guia e Senhor. A eles pouco importa enfrentar formas de morte incomuns, permitir que a vingança se projete contra parentes e amigos, desde que possam evitar de chamar um homem de "senhor" (*Ant* 18,23).

Significativo é também que dois filhos de Judas entraram em ação, nos anos 40, como rebeldes ao poder romano: "Além disso, Tiago e Simão, filhos de Judas Galileu, foram processados e, por ordem de Alexandro, foram crucificados; esse era o Judas que — como expliquei antes — tinha levantado o povo à revolta contra os romanos, no momento em que Quirino fazia o recenseamento na Judeia" (*Ant* 20,102).

Há, portanto, certa continuidade nos movimentos de insurreição. Hengel insistiu nesse ponto, falando de movimento zelote que inicia nas repressões de Herodes, o Grande, e chega até a guerra de 66-70. Horsley e Hanson, bem como outros, rejeitam essa simplificação. Os sicários aparecerão no final dos anos 50 e nos anos 60, e terão seu momento de trágica glória na defesa de Massada, enquanto os zelotes entrarão em cena bem no meio da revolta antirromana, como diz Flávio Josefo (*Bell* 4,160ss). Horsley e Hanson insistem, ao contrário, nos movimentos populares surgidos entre os camponeses da Galileia, que em grande parte dependiam dos latifundiários, como mostrou Foraboschi. Mas os anos da presença pública de Jesus são marcados por um clima de tranquilidade, rebatem outros estudiosos. Estamos divididos, portanto, a respeito do quadro sociopolítico no qual atuou Jesus: quadro de crise, como também afirma Theissen, ou quadro de tranquilidade, segundo o parecer de S. Freyne?

Digna de menção é a revolta acontecida pouco depois da morte de Jesus, provocada por Calígula, que Flávio Josefo chama Caio e julga nestes termos:

> No primeiro e no segundo ano, Caio governou o império com grande sabedoria. Sua moderação lhe conquistou grande popularidade seja entre os romanos, seja entre seus súditos. Mas chegou um momento em que cessou de considerar-se homem e imaginou ser um deus: por motivo da grandeza de seu império passou a descuidar do poder divino de todos os seus atos oficiais (*Ant* 18,256).

Fílon assim explica sua aversão pelos judeus: "Ele não via com ojeriza senão os judeus, que acreditavam em um único deus que é o pai e o autor do mundo (*patēr kai poiētēs tou kosmou*)" (*Leg* 115). "Mas Caio se envaideceu tanto que não somente se dizia, mas até presumia ser deus" (*Leg* 162). E eis sua decisão: fazer erigir no santo dos santos "uma estátua dele com dimensões mais que humanas, sob o epíteto de Zeus" (*Leg* 188), um insustentável "ultraje ao templo mais ilustre e mais esplendoroso, para o qual o Oriente e o Ocidente dirigem seus olhos como para um sol radiante em todas as direções" (*Leg* 191). A negação das imagens por parte dos judeus é expressão de sua fidelidade a Deus: "Considerando suas Leis como oráculos pronunciados por Deus e instruídos nessa ciência desde sua mais terna idade, eles levam em suas almas, como se faz com as estátuas divinas, a imagem dos mandamentos" (*Leg* 210).

Do mesmo teor quanto diz Flávio Josefo: "Caio César foi tão desrespeitoso para com a fortuna, a ponto de querer ser considerado e chamado deus, de privar a pátria da fina flor da sua nobreza e de estender sua impiedade também até a Judeia. De fato, enviou Petrônio com um exército a Jerusalém para colocar ali suas estátuas no templo" (*Bell* 2,184-185). Na terra de Israel a consternação foi grande: "Milhares de judeus foram até Petrônio em Ptolemaida, suplicando que não os forçasse a transgredir iniquamente sua Lei tradicional" (*Ant* 18,263). Porém, ainda maior foi a determinação a não se curvar: "[...] 'por nenhum motivo combateremos, mas morreremos antes de violar as nossas Leis'; e colocando-se de bruços por terra e descobrindo a nuca diziam estar prontos a ser mortos" (*Ant 18,271*). Agripa interveio perante o imperador, e a tensão acabou ali, também porque Petrônio ganhou tempo e Calígula morreu assassinado em janeiro de 41 (*Ant* 18,289-309).

O culto sem imagens, atesta Fílon, característica secular do templo jerosolimitano (*Leg* 290), suscitou uma admirada reação em Augusto: ao saber que não havia ali "nenhuma estátua esculpida por mão humana como imagem material de uma natureza invisível, ficou admirado e em adoração" (*Leg* 310), o mesmo imperador que "prescreveu oferecer todos os dias, às suas expensas, sacrifícios perpétuos em holocausto ao Deus Altíssimo [...]. As vítimas são duas cabras e um touro" (*Leg* 317). Será a negação a oferecer tal holocausto, por iniciativa do capitão do templo Eleazar, o motivo que deu início à guerra judaica, como atesta Flávio Josefo (*Bell* 2,409-410).

1.4. O prefeito romano Pôncio Pilatos

Tal personagem é de particular interesse para nós porque interveio diretamente no processo de Jesus. Flávio Josefo denuncia sua arrogância e sua violência que, no fim, o levaram à sua destituição. O primeiro episódio de provocação que o vê protagonista é a introdução dos bustos do imperador em Jerusalém:

> Pilatos, governador da Judeia, quando deslocou o exército de Cesareia e o mandou aos quartéis de inverno de Jerusalém, tomou uma atitude ousada, subvertendo as práticas judaicas. Ele introduziu na cidade os bustos [medalhões gravados] dos imperadores que ficam pendurados nos estandartes militares, apesar da nossa Lei proibir a fabricação de imagens.
>
> É por essa razão que os precedentes procuradores, quando entravam na cidade, usavam estandartes sem ornamentos. Pilatos foi o primeiro a introduzir imagens em Jerusalém e as colocou no alto, fazendo isso sem que o povo tivesse conhecimento, pois ingressou durante a noite. Quando o povo ficou sabendo, uma multidão se dirigiu a Cesareia e por muitos dias lhe suplicou de transferir as imagens a outro lugar. Mas ele se negou, pois, fazendo assim, teria realizado um ultraje contra o imperador; e como continuaram suplicando, no sexto dia armou e dispôs as tropas em posição, e ele mesmo subiu à tribuna. Esta tinha sido construída no estádio para dissimular a presença do exército que estava de prontidão. Quando os judeus recomeçaram a realizar a súplica, a um sinal combinado, fê-los cercar pelos soldados ameaçando de puni-los imediatamente com a morte se não pusessem fim ao tumulto e regressassem a seus lugares. Aqueles então se colocaram de bruços, ofereceram a nuca e declararam que teriam saudado a morte com prazer antes que esquecer os decretos de suas Leis. Pilatos, impressionado pela força de sua devoção às Leis, sem demora transferiu as imagens de Jerusalém e ordenou que fossem trazidas para Cesareia (*Ant* 18,55-59; cf. *Bell* 2,169-174).

Também o segundo episódio mostra que Pilatos não respeitava os sentimentos de autonomia do povo judaico, ao menos no que diz respeito ao templo:

> Ele pegou do sagrado tesouro (do templo) o dinheiro para a construção de um aqueduto para levar água a Jerusalém, interceptando a nascente de um regato a uma distância de 200

estádios. Os judeus, porém, não aderiram às operações exigidas por esse trabalho e, reunidos em muitos milhares, fazendo barulho, intimavam-no a desistir dessa obra. Alguns deles gritavam insultos, injúrias e ofensas, como costuma fazer uma multidão. Ele então colocou um bom número de soldados vestidos como judeus, levando um punhal debaixo de suas túnicas, e os enviou a cercar os judeus. Ele mesmo propôs aos judeus de retirar-se, mas eles corajosamente continuaram censurando-o; então, deu aos soldados um sinal combinado e esses os feriram [...] (*Ant* 18,60-62).

A terceira intervenção, violenta, contra os samaritanos, custou-lhe a carreira:

Também a nação samaritana não ficou isenta de tais tribulações. Um homem mentiroso, que em todos os seus projetos iludia a plebe, reuniu e incitou esta para acompanhá-lo em massa até o monte Garizim, que para sua fé é a montanha mais sagrada. Garantiu que ao chegar lá lhes mostraria os vasos sagrados, enterrados no lugar onde os tinha colocado Moisés. Aqueles que acreditaram que a história era verossímil compareceram armados. Eles se instalaram numa aldeia chamada Tiratana e, como pretendiam escalar o monte em grande número, recebiam em suas fileiras todos os que chegavam. No entanto, antes que tivessem a chance de subir, Pilatos bloqueou o caminho que pretendiam tomar com um destacamento de cavalaria e outro de infantaria fortemente armados. Em um breve combate, os soldados os atacaram, matando alguns e desbaratando o restante. Muitos foram feitos prisioneiros e Pilatos condenou à morte os principais líderes, juntamente com os que eram mais influentes entre os fugitivos (*Ant* 18,85-87).

Ficou no cargo por dez anos, de 26 a 36, um período de tempo bastante longo, que indica sua habilidade de governador. Flávio Josefo testemunha em *Ant* 18,89:

Vitélio [estamos em 36] então enviou seu amigo Marcelo para administrar a Judeia e ordenou que Pilatos regressasse a Roma para dar contas ao imperador das acusações contra ele feitas pelos samaritanos. Assim Pilatos, depois de ter passado dez anos na Judeia, dirigiu-se rapidamente a Roma obedecendo às ordens de Vitélio, já que não as podia negar. Mas, antes que chegasse a Roma, Tibério veio a falecer [em 37].

O julgamento que Fílon faz de Pôncio Pilatos é duríssimo: "Este personagem, não tanto para honrar Tibério, mas para vexar o povo, dedica, no palácio de Herodes, situado na Cidade santa, escudos dourados que não levavam nem figura nem qualquer coisa proibida, mas somente uma inscrição" (*Leg* 299). Na sequência, fala "de seus peculatos, de suas violências, de suas rapinas, de sua brutalidade, de suas torturas, da série de suas execuções sem justiça, de sua crueldade" (*Leg* 302). A valoração dos evangelhos, ao contrário, não é tão negativa (cf. McGing). Mais articulado, o julgamento de Lémonon fala de duas faces do personagem — fiel ao imperador que temia e intransigente com os habitantes da província — e exclui que tenha sido cruel e ávido de sangue (p. 273). "É mais um 'maníaco do poder' do que um governador cruel" (p. 274). Com os judeus, mais do que tudo, foi imprudente: um militar privado das artes de um diplomata. Lémonon tenta expressamente evitar, no seu julgamento, os extremos da "beatificação" dos historiadores cristãos da igreja, que coloriram ainda mais de rosa o retrato já rosado dos evangelistas, e o da denigração radical de muitos exegetas modernos (p. 277).

Tácito declara que *sub Tiberio quies* (*Hist* 5,9,2), e sua afirmação vale substancialmente também para a terra de Jesus depois de que foram domadas as rebeliões que seguiram à morte de Herodes, o Grande. Mas a brasa estava acesa sob as cinzas e explodirá na insurreição armada de 66-70.

2. As instituições religiosas

2.1. O templo

Único lugar de culto sacrificial para Israel, o templo estava no vértice da vida religiosa dos judeus. A descrição minuciosa que Flávio Josefo faz do santuário jerosolimitano em *Bell* 5,184-237 nos mostra o quanto os judeus eram afeiçoados a ele: "O templo, como já indiquei, surgia sobre uma colina inexpugnável, mas no princípio a esplanada do topo apenas era suficiente para conter o santuário e o altar, porque toda ela era rodeada por íngremes barrancos" (184). Foi o rei Salomão, fundador do templo, quem criou uma grande esplanada. Mas também sucessivamente não faltaram obras de ampliação. Especialmente grandiosos foram os fundamentos lançados por Herodes, que duplicou a área do templo (185-188; cf. Ådna). Um particular:

> Os blocos usados nesses trabalhos mediam quarenta côvados [um côvado = 50 cm aproximadamente] (189).

> De tais fundamentos era bem digna a construção que surgia acima. Com efeito, todos os pórticos tinham uma dupla ordem de colunas de vinte e cinco côvados de altura, de uma só peça de mármore branquíssimo, e o teto revestido com painéis de cedro. A natural magnificência de tais colunas, sua polidez e sua simetria ofereciam um espetáculo estupendo sem nenhum acréscimo de ornamentos de pinturas ou esculturas. A largura dos pórticos era de trinta côvados e seu circuito total — que compreendia também a Antônia — alcançava os seis estádios [1 estádio = 185 m]; toda a área circunscrita por ele era pavimentada com pedras de diversas

qualidades e cores. Quem atravessava essa área para chegar ao segundo pátio a encontrava circundada por uma balaustrada, de três côvados de altura, finamente trabalhada; nela, em intervalos iguais, estavam colocadas lápides que relembravam a Lei da pureza, algumas em língua grega e outras em latim, para que nenhum estrangeiro entrasse no lugar santo, como eles chamavam a essa segunda parte do templo. A essa se subia, da primeira parte, mediante uma escada de quatorze degraus [...]. No final dos catorze degraus, encontrava-se um terraço todo plano, largo dez côvados até o muro. Dali, ainda outras escadas de cinco degraus levavam até as portas, que ao norte e ao sul eram oito, quatro de cada lado, enquanto a Oriente deviam ser, necessariamente, duas; uma vez que desta parte fora separada — mediante um muro — uma área reservada às mulheres para suas cerimônias de culto, era necessário que houvesse uma segunda porta, e esta foi aberta em frente da primeira. Também sobre os outros lados havia uma porta ao sul e uma porta ao norte para consentir às mulheres entrar no seu recinto, porque das outras não lhes era permitido passarem e — quando entravam pela porta delas — não podiam superar o muro divisório. Tal lugar era aberto ao culto seja das mulheres judias habitantes na pátria, seja daquelas vindas de fora. Sobre o lado ocidental não existia nenhuma porta; ali o muro foi construído sem aberturas. Os pórticos entre as portas — orientados do muro para dentro, de frente às salas do tesouro — apoiavam-se sobre grandes e belas colunas, tinham uma só ordem de colunas mas, excetuando a grandeza, não eram em nada inferiores às que estavam mais embaixo (190-200).

Das portas, nove eram todas recobertas de ouro e de prata, assim como os umbrais e as arquitraves, enquanto uma, a que estava fora do santuário, era de bronze de Corinto e excedia em valor àquelas revestidas com prata ou ouro (201).

Flávio Josefo alonga-se ao enaltecer a decoração do templo, sem se esquecer de nomear o artista: Alexandre, o pai de Tibério (cf. 202-206):

O santuário verdadeiro e próprio (*ho naos*), o sacro templo (*ho hagion hieron*), erguia-se no meio e ali se subia mediante doze degraus; a fachada tinha sua altura igual à largura, cem côvados, enquanto a parte posterior era quarenta côvados mais estreita: de fato, na sua frente se alargava para ambos os lados — como se fossem ombros — em vinte côvados. Sua primeira porta, que media setenta côvados de altura e vinte e cinco de largura, não tinha batentes, para significar que o céu está escondido, mas não fechado; a fachada inteira estava recoberta de ouro e através desta porta se via de fora toda a primeira parte do edifício, que era grandíssima, e aos espectadores apresentava-se o espetáculo do que estava dentro, perto da porta, tudo reluzente de ouro. Visto que o interior do templo estava dividido em dois planos, somente o vestíbulo se oferecia à vista, como um único corpo que tinha a altura de noventa côvados, a largura de cinquenta e a profundidade de vinte (207-209).

O historiador descreve depois a porta de acesso "inteiramente recoberta de ouro" e com "batentes de ouro", diante dos quais "pendia uma cortina babilônica de igual altura" (210). "Esta cortina tinha bordada nela toda a ordem celeste com exceção dos signos do zodíaco" (214). O entusiasmo de Flávio Josefo em *Ap* 2,119 é tal que o faz cair em evidentes exageros: "As portas do templo eram altas seiscentos côvados e largas vinte, literalmente recobertas de ouro e quase inteiramente trabalhadas a martelo; eram fechadas todos os dias por um número de duzentos homens, e era proibido deixá-las abertas".

Mas continuemos a descrição do templo registrada em *Bellum*:

[sua parte inferior] continha três obras de arte muito admiradas e famosas entre todos os homens: um candelabro, uma mesa e um altar para os incensos. As sete chamas — porque tal era o número dos braços do candelabro — representavam os planetas; os doze pães sobre a mesa simbolizavam o ciclo do zodíaco e o ano. O altar dos incensos com seus treze perfumes extraídos do mar e da terra, seja desabitada seja habitada, significava que todas as coisas são de Deus e feitas para Deus. A parte mais interna media vinte côvados e era igualmente separada do externo por meio de uma cortina. Nessa parte não havia absolutamente nada; inacessível, inviolável, invisível a todos, chamava-se o Santo dos Santos (215-219).

Na parte externa do templo não faltava nada para impressionar nem a mente e nem a vista; de fato, sendo recoberto por toda parte de maciças lâminas de ouro, desde o nascer do sol refletia um brilhante resplendor, e quem quisesse olhar para ele devia desviar a vista, como acontece com os raios solares. Aos estrangeiros que vinham para Jerusalém, o templo aparecia de longe semelhante a um monte coberto de neve, porque, onde não estava recoberto de ouro, era branquíssimo. Sobre seu topo despontavam agudas pontas de ouro para impedir que os pássaros lá pousassem e sujassem. Alguns dos blocos de pedra com os quais estava construído tinham o comprimento de quarenta e cinco côvados, a altura de cinco e a largura de seis. Diante do templo surgia o altar, alto quinze côvados, tendo o comprimento igual à largura, de cinquenta côvados, de forma quadrada, com os ângulos sobressalentes em forma de cornos; ali se acessava pela parte meridional, subindo uma pequena rampa. Tinha sido fabricado sem usar ferramentas de ferro, e nunca o ferro o tinha tocado. O templo e o altar estavam circundados por um elegante parapeito de pedra polida, da altura de um côvado, que separava a multidão externa dos sacerdotes. Aos que tinham gonorreia e aos leprosos era-lhes proibido entrar em qualquer ponto da cidade, enquanto o ingresso ao templo era proibido também às mulheres no período da menstruação, além daqueles limites que elas — como dissemos — não podiam ultrapassar nem quando estavam em estado de pureza. Também os homens não completamente puros tinham a proibição de entrar no recinto interno, e mais ainda os sacerdotes, submetidos a práticas de purificação (222-227).

No fim, Flávio Josefo fala dos oficiantes:

Ao altar e ao santuário subiam os sacerdotes, limpos de toda impureza, vestidos de linho, observando absoluta abstinência de vinho puro por respeito à liturgia, no temor de transgredir qualquer norma. Com eles subia também o sumo sacerdote, mas não sempre, senão nos dias de sábado, nos novilúnios ou quando ocorria alguma festa nacional ou a assembleia anual de todo o povo.

O historiador alonga-se sobre as vestes do sumo sacerdote:

[...] calças, uma veste interna de linho e por cima uma veste de cor azul longa até os pés, uma faixa que cingia a veste ao peito, um pequeno manto com dois broches de ouro; na cabeça, uma tiara de linho com a orla em cor azul, cingida por uma coroa de ouro que levava em relevo as letras sagradas, que são quatro vogais (229-235).

Logo após, Flávio Josefo descreve a torre Antônia, incorporada na grande construção do templo:

> A Antônia surgia no ângulo em que se encontravam as alas setentrional e ocidental do pórtico que envolvia a parte externa do templo, construída sobre uma proeminência rochosa de cinquenta côvados de altura e toda escarpada em torno. Tinha sido projetada pelo rei Herodes, que expressou ali toda a sua natural tendência pela suntuosidade, [e ao reparo de um muro de proteção] elevava-se todo o corpo da Antônia por uma altura de quarenta côvados. O interior tinha a amplitude e a estrutura de um palácio; de fato, estava subdividido em todo tipo de aposentos e outras comodidades, como pórticos, salas de banhos e amplas casernas, de tal modo que parecia uma cidade, pelo fato de que era provida de todo o necessário, e um palácio, pela sua magnificência. Mesmo tendo no conjunto a forma de uma torre, tinha sobre as arestas outras quatro torres, todas com altura de cinquenta côvados, exceto aquela do ângulo sul-oriental, que se erguia por setenta côvados, de modo que do topo podia ser apreciado todo o templo. No ângulo onde se uniam os dois pórticos do templo havia escadas para poder chegar a eles, e por onde desciam os homens da guarda. Com efeito, no seu interior sempre estava aquartelada uma corte romana, que nas festas se mobilizava em armas por sobre os pórticos para vigiar o povo e impedir qualquer sublevação. Se o templo dominava a cidade como uma fortaleza, a Antônia por sua vez dominava o templo, e quem a ocupava dominava os três, mesmo quando a cidade tinha a própria fortaleza no palácio de Herodes (238-245).

No livro II de *Ap*, Flávio Josefo ocupa-se em particular dos admitidos ao templo, tudo regrado pelas normas de pureza ritual — a contaminação provinha da carne dos animais impuros e também do contato com os cadáveres, do parto, do sangue menstrual, do esperma e de outros fluidos genitais, da pele manchada ("lepra") — observadas por todos os judeus em geral, com maior rigor pelos essênios, polêmicos em relação aos fariseus, que, segundo os primeiros, pareciam não tão rigorosos, mas que superavam os comuns judeus em questão de observância rigorosa da Lei:

> Existiam quatro pórticos concêntricos que tinham, cada um, uma própria guarda particular segundo a Lei; no pórtico mais externo podiam entrar todos — inclusive os estrangeiros —, com exceção das mulheres no período menstrual; no segundo pórtico entravam todos os judeus e suas mulheres, sempre que estivessem livres de impureza; no terceiro, os judeus limpos e em estado de pureza; no quarto, os sacerdotes vestidos com os hábitos sacerdotais; no Santo dos Santos, somente os sumos sacerdotes vestidos com seus hábitos particulares (*Ap* 2,103-104).

E, continua, ocupando-se dos ministros do culto:

> Tanto é o cuidado do culto em cada detalhe que foram estabelecidos os momentos do dia para o ingresso dos sacerdotes; de manhã, na abertura do templo, eles deviam entrar para

fazer os sacrifícios tradicionais; depois novamente no meio-dia até o fechamento do templo. Além disso, não se pode levar ao templo nem mesmo um vaso; lá somente estavam colocados o altar, a mesa, o turíbulo e o candelabro, todos objetos prescritos na Lei. Não existe nada de mais, e não se trata de mistérios que não devem ser revelados, nem se serve algum banquete no seu interior; minhas afirmações têm todo o povo como testemunha, e são comprovadas pelos fatos. Mesmo se existem quatro tribos sacerdotais e cada uma delas compreenda mais de cinco mil homens, o culto é oferecido por períodos estabelecidos e, transcorrido o período, outros sacerdotes substituem os primeiros na oferta dos sacrifícios; reunidos no templo na metade da jornada, recebem dos predecessores as chaves do templo e o cômputo de todos os vasos. Nada que diga respeito a alimento ou bebidas é levado ao templo. Também é proibido oferecer sobre o altar coisas desse tipo, exceto as que são preparadas para os sacrifícios (*Ap* 2,105-110).

Templo, sacerdócio, culto foram também as realidades que suscitaram graves divisões no mundo judaico. Onias, um sumo sacerdote de Jerusalém, em um contexto de graves contrastes entre o partido dos helenizantes e o dos que permaneciam fiéis às tradições, aguçados pela política de Antíoco IV Epífanes, fugiu ao Egito e lá construiu um templo. Flávio Josefo refere isso em *Bell* 7,420-424, e mais: esse templo fora destruído pelos romanos, por vontade do imperador, como consequência da guerra judaica. A usurpação do cargo de sumo sacerdote por parte dos macabeus e dos asmoneus — a partir de Jônatas (*Ant* 13,133: "O primeiro dos asmoneus que foi sumo sacerdote") e depois ratificado no governo do irmão Simão (*Bell* 1,53) —, cargo que correspondia por direito hereditário aos descendentes de Sadoc, motivou o Mestre de Justiça (mencionado nos escritos qumrânicos) a constituir a associação essênia contestadora do sacerdócio e do culto jerosolimitano. Na realidade, os essênios não qumrânicos não negavam sua participação no culto do monte Sião; a comunidade de Qumrã, pelo contrário, era estritamente sectária: na espera de um novo templo, ela era o lugar de culto, de um culto não sacrificial.

Uma forma de devoção ao templo era o pagamento de meio siclo, imposto pela Lei (Ex 30,11-16), que se tornou posteriormente taxa anual por *una tantum*, mas obrigatória somente para os varões judeus adultos, inclusive da diáspora. Os rabinos precisarão essa taxa, impondo como moeda a didracma de Tiro, que tinha uma liga apreciada (*tKet* 12,6). Flávio Josefo fala sobre isso quando se torna *fiscus judaicus* por vontade de Vespasiano: "Ele impôs a todos os judeus, onde quer que residissem, uma taxa de duas dracmas *per capita* para depositar anualmente no Campidoglio, como antes a tinham depositada no templo de Jerusalém" (*Bell* 7,218). Mais oneroso era o pagamento do dízimo, imposto já em Ne 10,38-40 e 13,5.10-14, depois atestado em Tb 1,6-8, *TestLevi* 9,3-4 (século II), *Jub* 32,1-15 (século II), *Rolo do Templo* (*11QTempl* 43,1–44,3). O pagamento do dízimo como um dever observado aparece em Eclo 7,31; 32,11; Jt 11,13; 1Mc 3,49; 10,31; 11,35; 15,5 (cf. Del Verme, p. 172). Destinado inicialmente aos levitas e passado depois, de norma, aos sacerdotes, obrigava na origem somente os três produtos tradicionais: trigo, vinho e óleo, mas depois se acrescentaram novos produtos agrícolas, como atestam — com a posterior literatura rabínica — os evangelhos: "Ai de vós, fariseus, que pagais o dízimo da menta, da arruda e de todos os legumes!" (Lc 11,42). O segundo era deixado aos proprietários de terra para um banquete festivo em Jerusalém. O terceiro, chamado "o dízimo do pobre", era o menos praticado nas comunidades judaicas do segundo templo. Flávio Josefo fala em *Ant* 4,240 dos três: os primeiros dois anuais — para os levitas e para o banquete a realizar em Jerusalém —, e o terceiro a cada três anos, a favor das viúvas e dos órfãos.

Faremos, a seguir, uma alusão às *sinagogas*, lugares periféricos de reunião semanal dos judeus. Fílon atesta que em Alexandria eram "numerosas em todos os [cinco] bairros da cidade" (*Leg* 132). Ele as qualifica como "escolas de sabedoria e de justiça de pessoas que se exercitam na virtude e que recolhem dízimos anuais graças aos quais, por meio da delegação escolhida que enviam, fazem chegar o preço das vítimas ao templo de Jerusalém" (*Leg* 312). A inscrição de Teodoto citada anteriormente, da primeira metade do século I d.C., documenta seu uso:

> [...] edificou a sinagoga para a leitura da Lei e para o ensinamento dos preceitos (*eis an[ag] nōs[in] nomou kai eis [d]idakh[ē]n entolōn*), e o abrigo, os quartos e as instalações hidráulicas para (uso de) hospedagem a quem tenha necessidade (vindo) do exterior, a qual (sinagoga) fundaram seus pais, os anciãos e Simônides.

No *Midrash Rabba*, a Ct 8,13, é provável que se ateste uma ordem bastante antiga: "Os filhos de Israel dedicam-se toda a semana ao seu trabalho; no sábado, porém, acordando cedo, vão à sinagoga; ali leem o *Shema'*, vão à frente da arca, leem a *Torá* e terminam com os Profetas" (cit. em Stemberger, *Il giudaismo classico*, p. 122).

As escavações arqueológicas trouxeram à luz, até agora, somente três sinagogas que remontam ao tempo de Jesus: em Gamla, no Heródion, e em Massada, mas sua existência naquele período revela-se certa pelos testemunhos mencionados.

2.2. A lei de Moisés

A Lei estava, ao lado do templo, no centro da religião judaica. Qual sentido tivesse então, considerada nas suas correntes doutrinal e ética, e também qual Escritura e normativa do agir, nos diz Flávio Josefo em *Ap* 2,165-292:

> Nosso legislador [...] determinou um governo que — forçando a língua — se poderia chamar *teocracia*, atribuindo a autoridade e o poder a Deus, e persuadindo todo o povo a considerá-lo [Deus] como causa de todos os bens que pertencessem em comum a todos os homens, e de todos os bens que os judeus obtiveram com suas orações quando estavam em dificuldade. Convenceu-os de que nenhuma ação, nenhum pensamento secreto fogem a seu conhecimento. Mostrou que Deus é um, não gerado, eternamente imutável, superior por beleza a toda forma mortal, conhecido por nós no seu poder, incognoscível na sua essência [...]. [...] nosso legislador, precisamente porque conformava suas ações aos discursos, persuadiu não somente a seus contemporâneos, mas imprimiu também em todos os seus descendentes das futuras gerações uma fé irremovível em Deus. O motivo disso é que ele era muito superior a todos os outros [legisladores], e também pela natureza de sua legislação, direcionada à utilidade. Com efeito, não fez da religiosidade uma parte da virtude, mas das outras virtudes uma parte da religiosidade; faço menção à justiça, à temperança, à firmeza, à concórdia dos cidadãos em tudo. Todas nossas ações, nossas preocupações, nossos discursos apontam ao culto de Deus. Nenhuma dessas coisas Moisés deixou inobservada ou indeterminada. Em duas maneiras se realizam todos os tipos de educação e de formação moral: a primeira consiste no ensino através da palavra; a segunda, na prática dos costumes. Os outros legisladores diferiram nas suas opiniões e escolheram — entre as duas maneiras citadas — o que a cada um parecia melhor, abandonando a outra (165-167.169-172).

> Nosso legislador pôs todo o cuidado em conciliar esses dois aspectos: não deixou sem explicação o exercício prático dos costumes, nem permitiu que as palavras da Lei permanecessem irrealizadas, mas imediatamente, a partir da tenra infância e da vida doméstica de cada um, não deixou nada, nem mesmo as coisas mais insignificantes à discrição e à vontade de quem teria seguido suas Leis. Também sobre os alimentos, de quais nos devemos abster e quais são permitidos, sobre as pessoas que participam de nossa vida, sobre a intensidade do trabalho e vice-versa sobre o repouso, ele colocou como norma e cânone a Lei, para que, vivendo sob essa como sob um pai e senhor, não pecássemos, nem por vontade nem por ignorância. Não deixou, de fato, o pretexto da ignorância, mas indicou na Lei o ensinamento mais belo e mais necessário, e não uma vez ou duas ou muitas vezes é necessário escutá-la, mas toda semana, abandonadas as outras ocupações, ordenou que nos reuníssemos para ouvir a Lei e para aprendê-la com precisão; é isso o que — aparentemente — todos os legisladores têm descuidado (173-175).

> A maioria dos homens está tão distante de uma vida de acordo com as leis pátrias, que a duras penas as conhece [...]. Entre nós, se interrogas a quem quer que seja sobre as Leis, as dirá todas ainda mais facilmente que o próprio nome. Aprendendo-as, portanto, a partir dos

primeiros momentos em que começamos a entender, as levamos gravadas na alma. Raros são os transgressores, impossível a tentativa de evitar com justificativas a punição (176.178).

Essa, antes de qualquer outra coisa, é a origem de nossa admirável união. A unidade e a identidade das crenças religiosas, a absoluta uniformidade de vida e de costumes, produzem uma belíssima concórdia entre os homens (179).

Estamos firmemente convencidos de que a Lei foi instituída desde as origens por vontade de Deus e que seria ímpio não a observar: com efeito, o que se poderia modificar nela? O que se poderia encontrar de mais belo? Que coisa de melhor se poderia acrescentar de fora? Talvez a inteira estrutura da constituição? E que poderia ser mais belo e mais justo que um sistema que pôs a Deus como cabeça de tudo, que deu aos sacerdotes a função de administrar para todos as questões mais importantes, e confiou ao sumo sacerdote a guia dos outros sacerdotes? E esses não foram inicialmente nomeados para esse cargo pelo legislador porque fossem superiores por riqueza ou por alguma virtude especial. De fato, ele confiou o culto divino aos seus companheiros que se distinguiam por capacidade persuasiva e por sabedoria. Esse cargo implicava também uma atenta vigilância da Lei e dos comportamentos, e os sacerdotes tinham a função de vigiar todos os outros, julgar nos casos de contenda e punir os condenados (184-187).

Pode existir um princípio mais santo que esse? Que honra mais oportuna pode ser atribuída a Deus, do momento que todo o povo é educado à devoção, é confiada aos sacerdotes uma função extraordinária, e toda a organização é regrada como uma cerimônia religiosa? Práticas que eles chamam mistérios e ritos de iniciação, os outros povos não sabem observá-los nem mesmo por poucos dias; nós, ao contrário, as observamos para sempre com prazer e com determinação inabalável. Quais são, então, os preceitos e as proibições? São simples e conhecidos. O primeiro refere-se a Deus e afirma que ele governa o universo, é perfeito e bento, autossuficiente e provê todos os seres; é o início, o meio e o fim de todas as coisas. Ele é manifesto em suas obras e em seus benefícios, é mais evidente que todo outro ser, mas sua forma e sua grandeza são inexprimíveis; e qualquer material, mesmo o mais precioso, é indigno para representá-lo, qualquer arte é impotente quando tenta imitá-lo. Nada que vemos ou imaginamos é semelhante a ele, e é ímpio figurá-lo. Observamos suas obras, a luz, o céu, o sol e a lua, os rios e o mar, o nascimento dos animais, o crescimento dos frutos. Deus os criou não com as mãos, não com esforço, sem necessidade de ajudantes. Ele quis e imediatamente surgiram segundo seu querer. Todos o devem seguir e servir praticando a virtude: esse é o modo mais santo de servir a Deus (2,188-192).

Há um único templo para o Deus único — pois o semelhante ama, de fato, sempre o semelhante —, comum a todos, como comum a todos é Deus. Os sacerdotes o servirão todo o tempo, e será sempre o primeiro por nascimento a guiá-los. Com os outros sacerdotes, ele fará sacrifícios a Deus, conservará as Leis, julgará as contendas, punirá os que fossem reconhecidos culpados. Quem não lhe obedecer sofrerá a mesma pena prevista para quem tenha sido ímpio para com Deus. Fazemos sacrifícios não para nos excitar — Deus não quer isso —, mas para alcançar moderação. Nos sacrifícios deve-se orar primeiramente pelo bem comum, depois pelo próprio; nascemos para a comunidade e quem a antepõe ao próprio interesse é muito querido por Deus. Não devemos pedir a Deus que nos dê os bens — porque os deu espontaneamente e os colocou à disposição de todos —, mas que nos ponha em condição de recebê-los e de conservá-los uma vez recebidos. Além dos sacrifícios, a Lei exige práticas de purificação depois dos funerais, dos partos, das relações sexuais e muitas outras coisas [que seria longo escrever. Tal é a nossa doutrina sobre Deus e seu culto, e esta coincide com a Lei] (193-198).

Quais são as Leis sobre os matrimônios? A Lei prevê somente a união segundo natureza (*kata physin*) com a mulher, e essa tem por fim a procriação. Detesta a relação entre varões e castiga com a morte a quem o pratica. Ordena casar-se sem visar a dote, sem tomar a mulher com violência, nem convencê-la com astúcias ou enganos, mas pedi-la em matrimônio a quem tem autoridade de concedê-la, e não é idôneo entre parentes. A mulher — diz — é inferior ao homem em tudo. Por isso deve obedecer, não a fim de ser humilhada, mas de ser guiada. Deus, de fato, deu autoridade ao homem. O marido deve unir-se somente com a mulher: procurar seduzir a mulher de outro é ímpio. Se alguém age assim, será castigado com a morte; igualmente no caso que tenha violentado uma moça prometida a outro, e no caso que tenha seduzido uma mulher casada. A Lei ordena também criar todos os filhos, e proíbe as mulheres de abortar ou de destruir de qualquer outro modo o feto; seria um infanticídio suprimir uma alma e reduzir a estirpe. É por isso que quem se subtrai à consumação do matrimônio não pode ser puro. Também depois da união legítima entre homem e mulher são prescritas abluções, porque a Lei supõe que a alma se contamine na passagem a outra região; essa sofre ao ser colocada no corpo, inclusive quando se separa dele com a morte. Por isso foram prescritas práticas de purificação para todos esses casos (199-203).

Não é permitido organizar festas e fazer delas pretexto para bebedeira nem mesmo pelo nascimento dos filhos, mas é prescrita a temperança desde o início como princípio de educação. Ademais, existe o preceito de ensinar [às crianças] os escritos relativos à Lei e de fazer conhecer as ações dos ancestrais para imitá-las e também para que, educadas nelas, não possam transgredi-las, nem tenham pretexto para ignorá-las (204).

O legislador preocupou-se até com os funerais de defuntos, não com suntuosas honras fúnebres ou vistosos monumentos memoriais, mas com um funeral organizado pelos parentes mais próximos. Prescreveu que todos os passantes se unam ao cortejo e chorem com a família. Também estabeleceu a necessidade de purificar a casa e seus moradores depois do funeral [assim, quem tenha cometido um delito fique longe de parecer puro] (205).

O respeito pelos pais vem logo depois da consideração por Deus, e quem não mostrar reconhecimento por seus benefícios e faltar em qualquer coisa para com eles é lapidado. Os jovens devem mostrar respeito aos velhos — diz a Lei —, porque Deus é máxima velhice. Não se pode esconder nada aos amigos: não é, de fato, amizade aquela onde não há plena confiança. E se acontecer a inimizade, é proibido revelar os segredos [dos antigos amigos]. O juiz que aceita presentes é passível de morte. Quem se omite de ajudar um suplicante quando poderia socorrê-lo é responsável por ele. Não se podem tomar objetos que não se colocaram em depósito, não se pode tocar nada dos bens dos outros, não se pode cobrar juros. Essas normas e muitas outras semelhantes reforçam as relações recíprocas (206-208).

Vale a pena observar também como o legislador considerou a igualdade com relação aos estrangeiros: é claro que se preocupou em indicar as normas melhores para que nós não corrompêssemos nossos costumes e para que, por outro lugar, não fossem rejeitados quantos tivessem escolhido cultivar uma amizade conosco. O legislador acolheu amigavelmente quantos desejem viver conosco sob as mesmas Leis, porque considera que não somente a origem estabelece a afinidade, mas também as escolhas de vida. Não quis, ao contrário, que se misturassem à nossa vida aqueles que se aproximam de nós ocasionalmente (209-210).

As outras prescrições que devo agora transmitir são: fornecer a todos os que tenham necessidade fogo, água, alimento, indicar a estrada, não abandonar um corpo insepulto, ser justos inclusive para com os inimigos declarados. Não permitiu incendiar a própria aldeia, talhar as árvores cultivadas; proibiu saquear os mortos em batalha e cuidou para que se evitasse qualquer violência aos prisioneiros, particularmente às mulheres. A tal ponto nos educou à moderação e à bondade que não descuidou nem mesmo as bestas privadas de razão: autorizou somente seu uso legítimo, e proibiu qualquer outro emprego; é proibido matar os animais que se refugiam como suplicantes nas casas, e não é permitido pegar juntamente os passarinhos com seus pais; ordenou poupar e não matar — mesmo em território inimigo — os animais que ajudam em nossos trabalhos. Assim procurou em tudo a igualdade, fazendo uso das Leis citadas para ensiná-la, e estabelecendo, por outra parte, Leis punitivas sem escapatória para os transgressores (211-214).

A punição para a maior parte das transgressões é a morte: no caso de alguém cometer adultério, violentar uma jovem, procurar seduzir um homem, e vice-versa, tolerar ser objeto de sedução. A Lei é igualmente inflexível para os escravos. As fraudes sobre pesos e medidas, os enganos e os embustes no comércio, o furto e a subtração de um objeto que não foi colocado em depósito, são todas culpas punidas não com penas análogas àquelas em vigor em outras populações, mas muito maiores. As ofensas aos pais ou a impiedade contra Deus, mesmo se apenas pensadas, são imediatamente punidas com a morte. Por outro lado, quem vive segundo a Lei não recebe como recompensa ouro ou prata, nem mesmo coroas de oliveira silvestre ou de aipo ou outras semelhantes proclamações. Cada um, baseando-se no testemunho da própria consciência, segundo a profecia do legislador e a promessa certa de Deus, está convencido de que, àquele que observou as Leis e que talvez entregou sua vida com prontidão para defendê-las, Deus lhe concede viver de novo e obter uma vida melhor no final dos tempos. Hesitaria escrever essas coisas se não fossem de todos sabido que muitos dos nossos, muitas vezes, preferiram padecer nobremente qualquer tormento antes que pronunciar uma só palavra contra a Lei (215-219).

Um pouco mais adiante declara:

A Lei resta para nós imortal (*athanatos*) e não há judeu, mesmo longe da pátria, mesmo aterrorizado por um patrão cruel, que não tema mais a Lei do que a ele (*Ap* 2,277); [Leis] que são mestras não de impiedade, mas da piedade mais sincera, que induzem não ao ódio pelos homens, mas à comunhão dos bens (*koinōnia*), que são inimigas da injustiça e se preocupam com a justiça, que banem a ociosidade e o luxo desenfreado, que ensinam a ser autossuficientes (*autarkheis*) e laboriosos, que afastam as guerras pela supremacia, mas preparam os homens a serem corajosos defensores da própria Lei, que são inexoráveis nas penas, surdas aos sofismas dos pensamentos pré-confeccionados (*Ap* 2,291-292).

O valor separador de muitas normas da Torá é acentuado na *Carta de Aristeias*: "Portanto, para que não sofrêssemos degenerações e evitássemos contaminar-nos com alguém e ter contato com os malvados, ele nos circundou por toda parte com prescrições de pureza relativas a alimentos e bebidas, e às relações estabelecidas através do tato, do ouvido e da vista" (142). Para os essênios vale a mesma ênfase, com a peculiaridade de que fator de separação é a Lei interpretada pelos sacerdotes de sua congregação, como se pode observar, por exemplo, em *1QS* 5,1: "Separem-se da congregação dos homens de iniquidade para formar uma comunidade na Lei e nos bens, e submetendo-se à autoridade dos filhos de Sadoc".

A respeito do sábado é também importante o testemunho de Fílon:

Ele [Moisés] queria, nos sétimos dias, vê-los reunidos no mesmo lugar e sentados juntos para ouvir com respeito e dignidade as Leis, para que ninguém as ignore [...]; um dos sacerdotes dos anciãos que se encontra ali lê para eles as santas Leis e as comenta ponto por ponto até o anoitecer; depois se separam, instruídos nas santas Leis e muito aprimorados na piedade (*eusebeia*) (*Hypoth* 7,12-13).

Em particular evidência era colocado o mandamento do amor ao próximo. Flávio Josefo fala disso: "Temos as melhores Leis no que diz respeito à devoção, à instituição de bons relacionamentos recíprocos (*koinōnian tēn met'allēlōn*), ao amor (*philadelphian*) a todo o gênero humano" (*Ap* 2,146).

A aceitação geral da Torá, porém, não impedia que se discutisse sobre sua interpretação com leituras rigorosíssimas dos essênios, rigorosas por parte dos fariseus, ou também fiéis ao texto escrito, como era para a corrente saduceia. Por outra parte, sabe-se que em Qumrã se encontravam em vigor prescrições divinamente reveladas mas não contidas na Torá, como se pode evidenciar no *Rolo do Templo*.

2.3. A terra de Israel

A terra de Israel era tradicionalmente apreciada como "dom hereditário" de Deus a seu povo (cf. E. Cortese). Por essa razão, sua perda no exílio foi uma enorme catástrofe: tinha acabado esse penhor da graça divina. Por outra parte, o regresso dos exilados foi saudado como um novo início, parcial, porém, porque não foi restaurada plenamente a agregação das doze tribos de Israel: muitos israelitas viviam longe. A esperança apontará nessa direção. O próprio Mestre de Justiça, segundo uma provável reconstrução (cf. Stegemann), fugido em um primeiro momento para Damasco a fim de salvar-se da ira de Jônatas, e fundada a união essênia, regressou à terra de Israel, onde o povo de Deus, encarnado agora pelos essênios, não podia viver senão na obediência à Lei mosaica.

Além dos dízimos dos frutos do campo, um sinal de concreto reconhecimento da terra como bem hereditário divino era constituído pelo ano sabático: a terra não era cultivada no sétimo ano (cf. Lv 25,1ss). Uma instituição praticada também no período macabeu (1Mc 6,49) e no tempo de Jesus, como atesta Flávio Josefo: em 37 a.C., os defensores de Jerusalém do assalto de Herodes sofreram uma grave carestia, "precisamente porque então era o ano sabático" (*Ant* 14,473; cf. também 15,7). César concedeu aos judeus a suspensão do pagamento dos impostos a cada sete anos, no ano que os judeus chamam "sabático" (*Ant* 14,202).

A santidade que tinha seu vértice no templo, sobretudo no Santo dos Santos, abrangia — em graus decrescentes — também a cidade "santa" e, depois, todo o território judaico.

3. As "escolas filosóficas"

Flávio Josefo fala das escolas filosóficas várias vezes, e gosta de indicá-las — segundo a preferência grega — como "filosofias"; na realidade, eram agregações religiosas dentro do judaísmo. Dos essênios, em particular, deixaram-nos testemunhos interessantes também Fílon de Alexandria e Plínio, o Velho. Parece-nos útil citar por extenso quanto eles escreveram; para um estudo acurado veja, por exemplo, J. P. Meier, que lhes dedica amplo espaço.

3.1. Confronto entre fariseus, saduceus e essênios

Em *Ant* 13,171-173 Fariseus, saduceus e essênios são caracterizados em relação às suas concepções sobre a providência divina, que o historiador hebreu, atento a seus leitores de cultura pagã, chama "destino" (*heimarmenē*):

> Ora, neste período [estamos na era asmoneia, cerca do ano 100 a.C., mas discute-se sobre a data de seus primórdios] existiam dentre os judeus três correntes de pensamento que mantinham opiniões diversas a respeito das coisas humanas. A primeira corrente é chamada de fariseus, a outra de saduceus, a terceira de essênios. Os fariseus dizem que certos eventos são obra do destino, mas não todos; enquanto outros eventos dependem de nós para acontecerem. A corrente

dos essênios, por sua vez, sustenta que o destino é senhor de tudo quanto acontece, e que nada acontece aos homens sem que seja conforme seu decreto. Os saduceus prescindem do destino, afirmando que ele não existe e que as ações humanas não se realizam segundo seu decreto, mas que todas as coisas estão em nosso poder, de modo que nós mesmos somos responsáveis pelo nosso bem, e sofremos o infortúnio por causa de nossa falta de reflexão.

Considera-se que essa seja uma esquematização bastante artificial de Flávio Josefo. A guia divina dos eventos da história do povo, narrados na Torá, como poderia ser desconhecida para os saduceus? E os essênios não eram certamente quietistas *ante litteram*, se insistiam com força sobre a necessidade da fidelidade mais rigorosa ao ditame da Torá.

Em outro lugar, Flávio Josefo atesta que os fariseus eram seis mil (*Ant* 17,41).

Em *Ant* 13,297-298, o historiador hebreu contrapõe fariseus e saduceus:

> Agora quero só relevar que os fariseus tinham passado ao povo certas normas transmitidas pelas precedentes gerações e não escritas nas Leis de Moisés; por esse motivo são rejeitadas pelo grupo dos saduceus, os quais afirmam se devam considerar válidas somente as normas escritas (nas Escrituras), e não devem ser observadas as transmitidas pelas gerações precedentes (*ta d'ek paradoseōs tōn paterōn*). Sobre essa matéria nasceram controvérsias e diferenças profundas entre os dois partidos.

Na realidade, também os saduceus tinham suas tradições interpretativas da Torá, diversas das farisaicas — por exemplo, a respeito do repouso sabático não aceitavam a norma do *'eruv* que, unindo casa a casa e formando assim uma única habitação, mitigava a dura exigência de não transportar objetos de uma casa a outra. Com probabilidade, os saduceus extraíam sempre suas interpretações do texto sagrado e contestavam aquelas farisaicas, que podiam até não ter nenhuma ligação com a Torá.

Em *Ant* 17,41-42, Flávio Josefo enfatiza dos fariseus a observância rigorosíssima da Lei de seus antepassados, e o grande zelo por Deus, capazes de opor resistência às autoridades, por exemplo, negando-se a jurar fidelidade ao imperador e ao rei Herodes.

Em *Ant* 18, ao ponto de vista filosófico-teológico da relação entre a vontade divina e a liberdade humana são acopladas crenças e posições específicas:

> Os fariseus têm um modo de viver simples, sem fazer concessões à moleza. Seguem quanto sua doutrina escolheu e transmitiu como bom, dando a máxima importância às orientações

que consideram adaptadas e ditadas para eles. Têm respeito e deferência por seus anciãos, e não ousam contradizer suas propostas. Consideram que tudo seja governado pelo destino, mas não proíbem à vontade humana fazer quanto está no seu poder, pois Deus permite que se realize uma fusão: que o querer do homem, com sua virtude e seu vício, fosse admitido na câmera do conselho do destino. Acreditam na imortalidade das almas e que depois de mortos existam recompensas e punições para aqueles que seguiram a virtude ou o vício: eterno castigo é a sorte das almas malvadas, enquanto as almas boas recebem um fácil trânsito a uma nova vida (*Ant* 18,12-14).

"Por estes (ensinamentos) têm um real e extremamente autorizado influxo sobre o povo [...]" (*Ant* 17,15). Hoje existe, porém, uma devida reserva a respeito do pretendido grande influxo dos fariseus na sociedade do tempo; Sanders redimensiona-o a favor da decisiva incidência dos sacerdotes.

Neusner (*The Pharisees*), por sua parte, revela como a imagem dos fariseus que emerge nos escritos rabínicos seja bastante diferente. Se Flávio Josefo caracteriza-os sobre a tripla diretriz da crença no destino, da doutrina das tradições (além das da Lei mosaica), de seu influxo sobre a vida política — o que os diferencia dos saduceus —, o testemunho rabínico insiste, pelo contrário, sobre os seguintes pontos fundamentais de sua posição: normas de pureza, tabus agrícolas, observância do sábado e das festividades, uma imagem que concorda substancialmente com os dados dos evangelhos sobre os fariseus.

Flávio Josefo continua: "Os saduceus consideram que as almas pereçam com os corpos. Não têm nenhuma outra observância fora das Leis; julgam, de fato, um exercício virtuoso discutir com os mestres sobre o caminho doutrinal que eles seguem. Poucos são os homens que professam essa doutrina; contudo, esses pertencem à classe mais alta [...]" (*Ant* 18,16).

A apresentação no capítulo 8 do segundo livro de *Bell* contrapõe novamente fariseus e saduceus:

> Das outras duas seitas antes mencionadas, uma é a dos fariseus; estes têm fama de *interpretar exatamente as Leis* [grifo nosso], constituem a seita mais importante, e atribuem tudo ao destino e a Deus; consideram que o agir bem ou mal depende mormente dos homens, mas que em tudo tem parte também o destino; que a alma é imortal, e que somente a dos bons passa a outro corpo, enquanto a dos malvados é punida com um castigo sem fim. Os saduceus, ao contrário, que compõem a outra seita, negam completamente o destino e excluem que Deus possa fazer qualquer coisa de mau; afirmam que está no homem a escolha entre o bem e o mal, e que segundo sua vontade cada um se dirige para um ou para o outro.

Negam a sobrevivência da alma, e, portanto, as penas do inferno e os prêmios. Os fariseus são ligados pelo amor mútuo e perseguem a concórdia dentro da comunidade; os saduceus são, ao contrário, um tanto grosseiros, e nas relações entre si são rudes, como se fosse entre estrangeiros (*Bell* 2,162-166).

O mais antigo testemunho de um fariseu sobre os fariseus é, sem dúvida, o de Paulo, que na metade dos anos 50 escreve:

> Se alguém pensa ter motivo de confiança em si mesmo, eu mais ainda: circuncidado no oitavo dia, do povo de Israel, da tribo de Benjamim, hebreu filho de hebreus, *fariseu quanto à Lei, perseguidor da Igreja no tocante ao zelo, chegando a ser irrepreensível segundo a "justiça" que se obtém mediante a Lei* (Fl 3,4-6).

Nos evangelhos, Jesus critica os fariseus por seu apego às "tradições dos antepassados" (cf. Mc 7). Às duas qualificações: interpretação da Lei (também além de seu ditame) e fidelidade às tradições dos antepassados, deve-se acrescentar como qualificante — conforme o testemunho da literatura rabínica, que enriquece o de Flávio Josefo e está em concordância com quanto afirmam os evangelhos (cf. Mc 7) — uma extensão das normas de pureza até chegar a compreender aquelas exigidas aos sacerdotes, diz Neusner (contradito, porém, por Sanders), e uma especial atenção ao preceito do repouso sabático e às leis agrícolas sobre produtos submetidos ao dízimo, como também mostrara Neusner.

Segundo Meier, não é tão seguro que Hillel e Shammai tenham sido fariseus (cf. *Rethinking*, III, p. 309). O mesmo estudioso contesta que fosse farisaica a equiparação da lei oral com a escrita, realizada — na sua opinião — não antes da redação da *Mishná* (200-220 d.C.) (*Rethinking*, p. 319).

3.2. Os essênios

As grandes descobertas do século passado atraíram a atenção dos estudiosos sobre esse movimento judaico que durou cerca de dois séculos: de 150 a.C. a 68 d.C. Em *Ant* 18, Flávio Josefo apresenta-os assim:

> A doutrina dos essênios é de deixar tudo nas mãos de Deus. Consideram a alma imortal e pensam dever lutar sobretudo para aproximar-se da justiça. Enviam ofertas ao templo, mas realizam seus sacrifícios seguindo um ritual de purificação diverso. Por este motivo, afastam-se dos recintos do templo frequentados por todo o povo e cumprem seus sacrifícios por conta própria. De resto, são homens excelentes que se dedicam unicamente à agricultura. São admirados por todos por causa dessa sua justiça que nunca foi encontrada entre os gregos

ou entre os bárbaros, nem mesmo por um breve tempo, enquanto para eles é uma prática constante e jamais interrompida, tendo-a adotada em tempos antigos. Por isso, mantêm seus bens em comum seja com quem é mais rico que os outros, seja com quem não possui nada. As pessoas que praticam esse gênero de vida são mais de quatro mil (18-20).

Eles não introduzem mulheres na comunidade, nem possuem escravos, porque consideram que a prática da escravidão favoreça a injustiça, e afirmam que a mulher seja fonte de discórdia. Ao contrário, vivem sós e realizam reciprocamente os serviços um do outro (18,21).

Mais desenvolvida é a apresentação no capítulo 8 do livro II de *Bell*:

São três as seitas filosóficas entre os judeus: a uma pertencem os fariseus, à outra os saduceus e à terceira, que tem fama de particular santidade, os que se chamam essênios, os quais são judeus de nascimento, ligados pelo amor mútuo mais estreitamente que os outros. Estes rejeitam o prazer como um mal, enquanto consideram virtude a temperança (*egkrateia*) e o não ceder às paixões. Entre eles, o matrimônio é desprezado, e por isso adotam os filhos dos outros quando são ainda disciplináveis pelo estudo, e os consideram pessoas da família e os educam nos seus princípios; não é que condenem em absoluto o matrimônio e a maternidade, mas se defendem da lascívia (*aselgeia*) das mulheres porque consideram que nenhuma guarde fidelidade a seu marido (*Bell* 2,119-121).

Não se preocupam com a riqueza e é admirável o modo como praticam a comunidade de bens (*to koinōnikon*), já que é impossível encontrar entre eles alguém que possua mais do que os outros. A regra para quem entra é colocar seu patrimônio à disposição da comunidade, de modo que no meio deles não se vê nem a mesquinhez da miséria nem a ostentação da riqueza, e sendo os bens de cada um colocados em conjunto, todos têm um único patrimônio, assim como tantos irmãos. Consideram o óleo uma vulgaridade, e se alguém involuntariamente se unge, limpa o corpo; de fato, cuidam de ter a pele seca e de se vestir sempre de branco. Os administradores dos bens comuns são escolhidos mediante eleição, e assim também por todos são designados os encarregados dos vários ofícios (122-123).

Eles não moram em uma única cidade, mas em várias cidades convivem muitos deles. Quando recebem os que pertencem à seita vindos de outro lugar, colocam-lhes à disposição tudo o que têm como se fosse sua propriedade, e os que chegam se aproximam de pessoas jamais vistas antes como se há muito tempo fossem amigos; por isso, quando viajam, não levam consigo absolutamente nada, exceto as armas contra os salteadores. Em cada cidade, a ordem escolhe um curador dos forasteiros, que provê as vestes e o mantimento. Quanto aos hábitos e ao aspecto da pessoa, assemelham a jovens educados com rigorosa disciplina. Não trocam vestes nem calçados senão depois que os velhos estão completamente esfarrapados ou consumidos pelo tempo. Entre eles nada compram ou vendem, mas cada um oferece quanto tem a quem tem necessidade, e recebe do que por sua vez precisa; e mesmo sem intercâmbio é lícito pegar de quem quiserem (124-127).

Para com a divindade são de uma piedade particular; antes que o sol desponte, não dizem uma só palavra sobre assuntos profanos, mas somente elevam certas orações tradicionais, como implorando que aquela lhes surja. Depois cada um é convidado pelos superiores ao trabalho que sabe fazer, e, após ter trabalhado com empenho até a hora quinta, novamente se reúnem todos e, cingidos a cintura com uma faixa de linho, lavam o corpo com água fria, e depois dessa purificação entram em um local reservado onde não é permitido entrar a ninguém de diversa fé, e em estado de pureza sentam à mesa como a um lugar sagrado. Depois de sentados em silêncio, o padeiro distribui os pães em ordem e o cozinheiro serve a cada um só um prato com uma só iguaria. Antes de comer, o sacerdote pronuncia uma oração e ninguém pode tocar o alimento antes da oração. Depois de comerem, aquele pronuncia outra oração; assim, no princípio e no final eles rendem honra a deus como dispensador da vida. Posteriormente, abandonadas as vestes de refeição como hábitos sagrados, regressam ao trabalho até o entardecer. Ao recolher-se comem do mesmo modo e — quando houver — em companhia dos hóspedes. Jamais um grito ou discussão perturba a tranquilidade da casa, mas conversam ordenadamente cedendo mutuamente a palavra. Aos de fora, o silêncio de lá dentro dá a impressão de um assustador mistério, enquanto ele nasce de uma contínua sobriedade e pelo hábito de comer e beber somente até não ter mais fome ou sede (128-133).

Tudo realizam segundo as ordens dos superiores, exceto duas coisas, nas quais são livres de regular-se por si: a assistência e a esmola; de fato, podem socorrer à vontade uma pessoa digna que se encontre em necessidade, como também dar de comer aos pobres. Mas não é permitido presentear seus parentes sem a autorização dos superiores. São justos dispensadores de castigos, capazes de controlar os sentimentos, zeladores da lealdade, promotores de paz. Tudo o que eles dizem vale mais que um juramento, mas se abstêm de jurar, considerando-o pior que perjurar; com efeito, dizem que já está condenado quem tem necessidade, para que nele se creia, de invocar a Deus. Têm um extraordinário interesse pelas obras dos autores antigos, escolhendo sobretudo aqueles que ajudam alma e corpo; para a cura das doenças eles estudam as raízes medicinais e as propriedades das pedras (134-136).

A quem deseja fazer parte de sua seita não lhe é concedido entrar imediatamente, mas deixando-o fora por um ano o fazem seguir a mesma norma de vida, dando-lhe um pequeno machado e a faixa mencionada para a cintura e uma veste branca. Depois que, nesse período de tempo, ele tenha dado prova de sua temperança, é admitido a um exercício mais completo da regra e recebe águas mais puras para a purificação, mas ainda não é introduzido na comunidade. De fato, depois de ter demonstrado sua firmeza por mais dois anos, é submetido a um exame de caráter e somente então, se parecer digno, é alistado à comunidade. Mas, antes de tocar o alimento comum, realiza perante eles terríveis juramentos: em primeiro lugar, de venerar Deus; depois, de observar a justiça perante os homens e de não fazer dano a ninguém — nem por própria vontade nem quando lhes fosse ordenado —, de combater sempre os injustos e de ajudar os justos; de ser sempre obediente a todos, especialmente aos que exercem um poder, porque ninguém pode exercer um poder sem a vontade de Deus; e se depois toca a ele exercer um poder, de não aproveitar dele para cometer abusos e de não distinguir-se daqueles a ele submetidos por esplendor de vestes ou por qualquer outro sinal de superioridade; de amar sempre a verdade e de desmascarar os mentirosos; de afastar as mãos do furto e de conservar a alma incontaminada de um ímpio ganho; de não ter nada oculto aos membros da comunidade e de não revelar a outros nada de suas coisas, mesmo se torturado até a morte. Além disso, ele jura não transmitir a ninguém as regras de forma diversa de como as recebera, de abster-se do banditismo e de proteger os livros de sua seita com o mesmo cuidado que os nomes dos anjos. Tais são os juramentos com os quais os essênios se garantem dos prosélitos (137-142).

Aqueles que são encontrados culpados de graves crimes são expulsos da comunidade (143).

> Nos litígios judiciais são muito precisos e justos, e celebram os processos reunindo-se em número não inferior a cem, e suas sentenças são inapeláveis. Entre eles, depois de Deus se honra o nome do legislador [Moisés], e, se alguém o maldiz, é punido com a morte. Sentem orgulho em obedecer aos mais anciãos e à vontade da maioria; se, por exemplo, estão reunidas dez pessoas, ninguém falaria se os outros preferem o silêncio. Cuidam-se de cuspir no meio do grupo ou voltando-se para a direita, e com mais rigor que todos os outros judeus se abstêm do trabalho no sétimo dia; com efeito, não somente se preparam de comer o dia anterior, para não acender o fogo aquele dia, mas não ousam nem mesmo mover utensílios nem dar de corpo. Nos outros dias, cavam um buraco de um pé de profundidade com a pequena enxada — de fato, a isso assemelha o pequeno machado entregue aos neófitos —, e, cobrindo-se com o manto, para não ofender os raios de Deus, sentam acima. Depois jogam no buraco a terra previamente escavada, e isso fazem escolhendo os lugares mais solitários. E mesmo se a expulsão dos excrementos seja um fato natural, a regra impõe de lavar-se logo depois, como para purificar-se de uma contaminação (145-149).
>
> Dividem-se em quatro categorias, conforme a antiguidade na regra, e os neófitos estão tão debaixo dos anciãos que se, por acaso, os chegassem a tocar, se lavam como se tivessem tido contato com um estrangeiro (150).

Flávio Josefo continua falando do martírio serenamente enfrentado pelos essênios durante a guerra judaica, seguros de sua esperança, interpretada pelo historiador hebreu em sentido grego ou dualístico:

> Entre eles é inflexível a crença de que, enquanto os corpos são corruptíveis e não duram os elementos dos quais são compostos, as almas imortais vivem eternamente. Descendo do éter mais leve, ficam presas nos corpos como dentro de cárceres como que atraídas por um tipo de encantamento natural, mas, quando são liberadas dos vínculos da carne, como liberadas de uma longa escravidão, então são felizes e voam para o alto (*Bell* 2,154-155).

A propósito, não se pode calar a oportuna especificação de Puech: a crença na vida futura dos essênios, como resulta de seus mesmos escritos, "[...] não era a imortalidade da alma, enquanto tal, segundo a notícia demasiado grega de Flávio Josefo [...], mas a crença na ressurreição da carne" (p. 801).

"Existem também no meio deles os que se declaram capazes de prever o futuro, exercitados desde pequenos na leitura dos livros sagrados, em várias formas de purificação e nas sentenças dos profetas; é raro que falhem nas predições" (*Bell* 2,159).

Flávio Josefo precisa que no tocante a celibato e matrimônio dentro da congregação essênia existiam posições diversas, e expõe agora a favorável:

> Há também outro grupo de essênios, semelhantes ao precedente na vida, nos usos e nas leis, mas diverso na concepção do matrimônio. Com efeito, consideram que quem não se casa

é como se amputasse a parte principal da vida, sua propagação; e, antes, observam que se todos pensassem deste modo a estirpe humana se extinguiria logo. Eles, portanto, submetem as esposas a um período de prova de três anos, e casam com elas só depois que elas tenham dado prova de fecundidade em três períodos de purificação. Com as grávidas não têm relações, demonstrando assim que se casaram não para o prazer, mas para ter filhos. Quando realizam o banho, as mulheres se cobrem com um pano, e os homens usam uma faixa. Tais são os usos desse grupo (*Bell* 2,160-161).

Dos essênios fala, várias vezes, também Fílon. Vejamos primeiramente *Hypoth* 11,1ss:

> (1) Nosso legislador convenceu a viver em comunidade multidões de seus discípulos que se chamam essênios (*essaioi*) e mereceram este nome, penso, por causa de sua santidade (*hosiotēs*) [Fílon une etimologicamente *essaios* e *hosios*]. Habitam em numerosas cidades da Judeia e também em muitos povoados e aldeias. (2) Sua vocação não é questão de raça [a palavra raça não se aplica a escolhas voluntárias], mas vem de seu zelo pela virtude e de seu desejo de humanidade [...]. (4) [...] Ninguém admite absolutamente adquirir alguma coisa como própria, nem casa, nem escravo, nem terra, nem animais, nem nenhuma outra prerrogativa e privilégio da riqueza; depois de ter colocado tudo na caixa comum, gozam em comum dos recursos de todos. (5) Habitam juntos em confrarias sob forma de associação e de comida em comum, e não cessam de praticar toda a sua atividade no interesse comum [...]. (8) Entre eles há agricultores capazes de semear e de plantar, pastores que tomam conta de todo tipo de rebanhos; alguns tratam enxames de abelhas. Outros são artesãos de diversos ofícios [...]. (10) Estes trabalhos tão diversos lhe valem um salário que cada um entrega ao intendente eleito por eles, que compra o necessário [...]. Com a mesma dieta e a mesma mesa, cada um se contenta dos mesmos alimentos; amam a frugalidade e rejeitam o luxo como uma peste para a alma e o corpo. (12) Não somente têm a mesa em comum, mas também as vestes [...] porque o que é de cada um pertence a todos e, vice-versa, quanto é de todos pertence a cada um. (13) Além disso, se um deles fica doente, é curado às expensas da comunidade e recebe o cuidado e as atenções de todos. Os anciãos sem filhos terminam, normalmente, sua vida como se tivessem não só muitos mas também verdadeiramente filiais [...]. (14) [...] rejeitam o matrimônio praticando ao mesmo tempo uma perfeita continência (*egkrateia*): nenhum essênio toma mulher porque a mulher é egoísta, exageradamente ciumenta, hábil em assediar os costumes do homem e em seduzi-lo com contínuos sortilégios.

E continua a evidenciar as artes desleais da mulher que transforma o marido em "outro homem; de livre que era, ei-lo escravo" (15-17).

Também em *Quod omnis probus liber sit* 75-91, Fílon dá testemunho dos essênios:

> (75) A Síria-Palestina, que ocupa uma parte não insignificante da nação muito populosa dos judeus, não é estéril nem mesmo quanto à virtude. Certo número desses — mais de quatro mil — é mencionado com o nome de essênios, nome que, na minha opinião [...], deriva da palavra "santidade"; são, de fato, extremamente servidores de Deus, não no sentido de que sacrificam

animais, mas pela sua vontade de transformar seu mundo interior digno da divindade. (76) Digamos, antes de tudo, que esses homens habitam em tipos de aldeias e fogem das cidades pelos crimes que são habituais aos cidadãos [...]. Entre os essênios, uns trabalham a terra, outros realizam diversos ofícios que contribuem à paz [...]. Não acumulam nem prata nem ouro [...]. (77) São quase os únicos entre os homens a viver sem bens e sem posses, e isso por própria escolha mais do que por um destino desfavorável [...]. (78) Inutilmente se acharia entre eles um fabricante de flechas, dardos, espadas, capacetes, couraças, escudos [...]. (79) Não há nenhum escravo entre eles; todos são livres e se ajudam uns aos outros. Condenam os patrões não somente como injustos, enquanto atentam contra a igualdade (*isotēs*), mas também como ímpios, porque infringem a lei da natureza, que tendo gerado e nutrido igualmente a todos os homens como uma mãe, fez deles verdadeiros irmãos, não de nome, mas de fato [...].

Com relação à filosofia:

(80) Eles se ocupam com extremo cuidado da parte moral exercitando-se nas leis ancestrais, as que a alma humana não poderia ter concebido sem ser possuída por Deus. (81) Eles se instruem nestas leis continuamente, mas especialmente cada sétimo dia, dia considerado santo. Nesse dia, abstêm-se das outras ocupações e se dirigem aos seus lugares sagrados chamados sinagogas; segundo a idade, sentam-se em postos determinados, os jovens debaixo dos anciãos, prontos para ouvir em atitude conveniente. (82) Depois, um deles toma os livros e lê, e outro — entre aqueles que têm mais experiência — adianta-se e explica o que não é fácil de compreender: de fato, a maior parte de seu ensinamento filosófico é dada, segundo um antigo método de pesquisa, por meio de símbolos. (83) Eles se formam para a piedade, a santidade, a justiça, a economia, a política, a ciência do que é verdadeiramente bom, mau ou indiferente, a escolher o que precisa ser feito e evitar o contrário, tomando por tripla regra e critério o amor a Deus, o amor à virtude e o amor aos homens. (84) Do amor a Deus oferecem inumeráveis exemplos: a pureza constante e incessante durante toda a vida, a negação do juramento, a rejeição da mentira, o pensamento de que a divindade é causa de tudo o que é bem, mas não é causa de nenhum mal. Evidenciam o amor à virtude com o desprezo das riquezas, da glória, dos prazeres, dominando-se a si mesmos (*to egkrates*), com a constância e também com a frugalidade, a simplicidade, o bom humor, a modéstia, o respeito pela Lei, um caráter equilibrado e com todas as virtudes semelhantes. Mostram o amor aos homens com a benevolência, a igualdade, a vida comunitária, superior a todo elogio, mas não está demais falar aqui brevemente. (85) Primeiramente, não há nenhuma casa que seja propriedade de uma pessoa em particular, nenhuma que não seja de fato a casa de todos: porque, além de habitar juntos em confrarias, sua morada é aberta também aos visitantes vindos de fora e que têm o mesmo ideal. (86) Depois, não há senão uma só bolsa comum para todos, e as despesas são comuns: comuns são as vestes e comuns os alimentos; adotaram, de fato, o hábito da refeição em comum. Tal costume do mesmo teto, do mesmo gênero de vida e da mesma mesa, não se encontra em outro lugar mais bem realizado. E não é sem motivo, porque tudo o que eles ganham como salário com seu trabalho durante o dia não o retêm para si mesmos, mas o colocam em comum, para que esteja à disposição dos que desejam fazer uso dele. (87) Os doentes não são negligenciados com o pretexto que não podem produzir nada [...]. Os anciãos, por sua vez, são circundados de respeito e solicitude, quais genitores assistidos por verdadeiros filhos na sua velhice com perfeita generosidade, servidos com inúmeras mãos e inúmeras atenções.

Como podemos constatar, Fílon e Flávio Josefo os veem com olhos gregos, modelos de virtude e de encratismo.

Famoso, enfim, é o testemunho de Plínio, o Velho, em *Nat Hist* 5,15, o único a referir-se à sua sede perto do Mar Morto, perto da cidade de Engadi, enquanto Fílon e Flávio Josefo não parecem conhecer Qumrã, atestando a difusa existência de essênios na sociedade judaica do tempo:

> Os essênios afastaram-se da beira, além do lugar poluidor do lago betuminoso: raça solitária e admirável mais do que aquelas do mundo inteiro, sem mulheres, tendo renunciado ao amor, sem dinheiro (*sine ulla femina, omni venere abdicata, sine pecunia*), que têm como única companhia as palmeiras. Dia após dia, essa numerosa comunidade se reproduz, sendo muitas vezes visitada por aqueles que, cansados da vida, abraçam seus costumes por causa da mudança da fortuna. Assim, por milhares de séculos — coisa incrível — existe uma raça eterna na qual ninguém nasce (*gens aeterna est in qua nemo nascitur*), pois tanto é fecundo para ela o fato de que outros se arrependem de suas vidas.

Dos qumranitas, a ala sectária do essenismo, Sanders esboça um retrato com a característica do superlativo: "Os mais piedosos, os mais rigorosos e legalistas, os mais cientes da humana fraqueza, os mais confiantes na graça de Deus, os mais radicais, os mais exclusivos" (*Il Giudaismo*, p. 509). Um confronto entre Jesus e o Mestre de Justiça, fundador da comunidade de Qumrã, é traçado em conclusão de sua obra por G. Jeremias (*Der Lehrer der Gerechtigkeit*).

Quanto ao pretendido celibato dos essênios, mesmo se parcial, se deve registrar uma posição cética, motivada pelo fato de que nos escritos de Qumrã não há notícia de tal renúncia ao matrimônio (cf. Stegemann, pp. 277ss).

Uma hipótese difundida é a de que essênios e fariseus tenham nascido do grupo dos assideus, piedosos observantes que no início apoiaram a luta macabeia, da qual se retiraram quando essa, de religiosa, tornou-se política. Sua presença é atestada em 1Mc 2,42; 7,13; 2Mc 14,6. Mas muitos estudiosos estão incertos sobre o assunto (cf. Stemberger e Stegemann).

3.3. Os terapeutas

Esta "filosofia" era próxima à dos essênios, ainda que não totalmente coincidente: "[...] a hipótese de que os terapeutas fossem membros de uma ramificação egípcia do movimento essênio palestino merece séria consideração" (Schürer, II, p. 713). Fílon lhes dedicou a pequena obra *De vita contemplativa*, que aqui resumo citando — várias vezes literalmente — as passagens mais significativas:

> Chamam-se *therapeutai* e *therapeutrides* [...], pois exercem, de fato, uma terapia médica mais nobre do que aquela praticada nas cidades, [que] cura também as almas; educados para servir o Ser segundo a natureza e as sagradas leis (n. 2). Deixam seus bens aos filhos ou às filhas e a outros parentes (n. 13). Uma vez, portanto, despojados de seus bens, não mais escravos de ninguém, fogem sem voltar atrás depois de ter abandonado irmãos, filhos, mulheres, pais, a ampla parentela, o círculo dos amigos, a terra em que foram gerados e criados (n. 18). Vivem fora dos muros [da cidade] e em jardins ou lugares desertos procuram a solidão (*erēmian*), não por causa de uma árida misantropia (n. 20). [Encontram-se sobretudo no Egito,] em particular nas vizinhanças de Alexandria (n. 21). [Vivem em] habitações muito simples, [nem próximas nem distantes] (n. 24). Em cada casa há um quarto sagrado chamado santuário e mosteiro, no qual, estando como eremitas, são iniciados nos mistérios da vida consagrada (n. 25). Costumam orar duas vezes ao dia, na aurora e no pôr do sol (n. 27). Todo o tempo compreendido entre a manhã até o entardecer é empregado na ascese, que consiste na leitura das escrituras sagradas e na interpretação alegórica da filosofia de seus antepassados (n. 28). No sétimo dia se reúnem em uma assembleia comum (n. 30). Este lugar sagrado comum, no qual a cada sete dias se reúnem, é um quarto duplo, dividido em uma parte para os homens e outra para as mulheres (n. 32). [O domínio de si (*egkrateia*), a frugalidade no comer e a simplicidade no vestir caracterizam sua vida (nn. 34-38). A grande celebração acontece a cada sete semanas: reúnem-se,] luminosos nas suas brancas vestes, oram a Deus para que o banquete seja bem aceito e se desenvolva conforme sua vontade (nn. 65 e 66). Depois de ter orado, sentam-se os mais anciãos, segundo a data de seu ingresso na comunidade (n. 67). Participam do banquete também as mulheres, das quais a maioria virgens já anciãs, que conservaram sua castidade não por obrigação, como algumas sacerdotisas gregas, mas por sua espontânea vontade, por ardente desejo de sabedoria [e porque] desprezaram os prazeres do corpo (n. 68). O espaço para o banquete está dividido em duas partes: à direita os homens, e à esquerda as mulheres, se mantêm distantes com todas as suas forças dos encantos do prazer (n. 69). Não são servidos por escravos, porque julgam que o fato de os possuir é algo completamente contra a natureza (*para physin*). Esta, de fato, gerou livres todos os homens, mas a injustiça e a ambição de alguns, que procuram a desigualdade — princípio de todos os males —, impuseram seu domínio e concedem aos mais poderosos o poder sobre os mais fracos (n. 70). [É] "um sacro banquete (*hieron symposion*)" (n. 71). Naqueles dias não é servido vinho neste banquete, bebe-se, em vez disso, água puríssima. A refeição não apresenta alimentos que contêm sangue (n. 73). O presidente comenta depois alguma passagem das Escrituras e responde às questões levantadas pelos demais (n. 75). A interpretação dos livros sagrados tem lugar através do método alegórico (n. 78). Depois, de pé, o mesmo que tinha realizado o discurso canta um hino em honra de Deus, ou um canto novo composto por ele ou um antigo dos poetas de um tempo, que deixaram muitos metros e versos. Depois dele cantam também os demais por turno, exceto quando é necessário cantar o final das estrofes e os estribilhos, para o qual é previsto um canto ao uníssono de homens e mulheres (n. 80). Quando cada um acabou seu hino, os jovens introduzem a mesa (*trapeza*) sobre a qual está o alimento santíssimo, pão fermentado temperado com sal ao qual

é misturado o hissopo, por respeito da sagrada mesa que se encontra no sagrado vestíbulo do templo (n. 81). Depois de ter comido, celebram a sacra vigília (n. 83); dois coros, um de homens o outro de mulheres [...], cantam hinos compostos em honra de Deus (n. 84). Então se misturam e se tornam, de dois, um único coro (n. 85). [Evoca-se a passagem do mar Vermelho e o canto de Moisés e de Miriam.] Sobre este coro, especialmente, se modela o dos terapeutas, mulheres e homens (n. 88). Portanto, eles, embriagados desde a manhã desta nobre embriaguez [...], quando veem o sol despontar, levantam as mãos para o céu, invocam um dia sereno, o conhecimento da verdade e a penetrante vista da razão; depois da oração, cada um regressa para sua cela, para praticar e cultivar a habitual filosofia (n. 89).

A conclusão de Fílon é de exaltação estupefata:

Tudo isso seja dito a respeito dos terapeutas, que escolheram com alegria contemplar (*theōria*) as coisas da natureza e o que a ela pertence, e vivem somente na sua alma, cidadãos do céu ou do universo, unidos pela sua virtude (*hyp'aretēs*) ao Pai e artífice de tudo (*tō-i Patri kai poiētē-i*): a virtude lhes proporcionou a amizade (*philian*) [de Deus] e adicionou o dom mais adequado, a nobreza de ânimo (*kalokagathia*), dom melhor de qualquer boa fortuna, e tal de conduzir ao ápice da felicidade (*eudaimonia*) (n. 90).

4. Judeus e gentios

Não queremos aqui refletir sobre a relação entre judeus e gentios, modelada na tolerância mas muitas vezes no recíproco desprezo, sem falar das muitas violências (cf. Conzelmann). Interessa-nos, ao contrário, saber como os judeus, conscientes de sua eleição como povo de Deus que, por si mesma, comporta um indubitável exclusivismo, avaliaram a situação religiosa dos gentios. Mais de uma eram as concepções: uns esperavam sua conversão no fim da história, outros sua destruição — veremos isso em detalhe mais adiante —, e no presente histórico, sua inserção no espaço de salvação era entendida ora como aceitação integral do judaísmo — fé e lei, *in primis* a circuncisão —, ora essencialmente como adesão ao Deus único. Eloquente testemunho disso é o relato flaviano (Ant 20,34ss) da conversão ao judaísmo de Izate, rei de Adiabene, no século I:

Ora, durante o período em que Izate residia em Charax Spasin, um mercador judeu de nome Ananias visitou as mulheres do rei e lhes ensinou a venerar Deus à maneira tradicional dos judeus; e por meio delas que foi apresentado a Izate e, também, com a cooperação das mulheres, apresentou-lhe a doutrina. E quando seu pai o chamou a Adiabene, Ananias o acompanhou obedecendo às muitas insistências dele. E assim aconteceu que Helena [a mãe], doutrinada também ela por outro judeu, foi levada [a aderir] às suas leis (34-35).

Quando Izate teve conhecimento de que sua mãe encontrava muito prazer na religião judaica, também ele se apressou em aprendê-la melhor; e como considerava que não teria sido puramente judeu a menos que não fosse circuncidado, resolveu agir em consequência. Mas apenas a mãe o soube, tentou dissuadi-lo, afirmando que esse era um gesto arriscado. Porque — dizia — ele era um rei; e se os súditos tomassem conhecimento que era devoto a ritos estranhos e para eles mesmos estrangeiros, teria acontecido muita desafeição e não teriam tolerado ser governados por um judeu (38-39).

Izate procurou conselho em Ananias, que respondeu assim: "O rei — acrescentou — podia venerar Deus sem ser circuncidado, se verdadeiramente entendia aderir ao judaísmo, porque era isso que contava muito, mais do que a circuncisão". Disse-lhe também que Deus mesmo o teria perdoado se, constrangido pela necessidade e pelo temor dos súditos, tivesse faltado em cumprir esse rito. E assim, pelo momento, o rei deixou-se convencer por seus argumentos (41-42).

Mas como não tinha abandonado inteiramente seu desejo, quando chegou outro judeu da Galileia de nome Eleazar, que tinha fama de ser extremamente severo sobre as leis pátrias, este o instigou a consumar o rito. Quando veio a saudá-lo, o encontrou lendo a Lei de Moisés e lhe disse: "Na tua ignorância, ó rei, és culpado da maior ofensa contra a Lei, e consequentemente contra Deus. Porque não somente deves simplesmente ler a Lei, mas deves ainda fazer quanto nela está ordenado. Até quando seguirás sendo incircunciso? Se não leste ainda a Lei sobre esse argumento, lê-a agora, de modo que possas conhecer a impiedade que cometesse" (43-45).

Ouvindo essas palavras, o rei não demorou mais. Retirou-se em outra habitação e, chamando seu médico, cumpriu o rito prescrito (46).

Bibliografia do capítulo

Ådna, J. *Jerusalem Temple und Tempelmarkt im 1. Jahrhundert n. Ch.* Wiesbaden, 1999.
Charlesworth, J. H.; Johns, L. L., eds. *Hillel and Jesus. Comparative studies of the two major religions leaders.* Minneapolis, 1997.
Boccaccini, G. *Il Medio Giudaismo.* Genova, Marietti, 1993.
_____. Esiste una letteratura farisaica del Secondo Tempio? In: Penna, R., ed. *Fariseismo e origini cristiane. In: Ricerche storico-bibliche* 11(1999)2, pp. 23-41.
Casalini, N. Il tempio nella letteratura giudaica e neotestamentaria. In: *RivBib* 43(1995), pp. 181-209.
Cavalletti, S. Le correnti spirituali del mondo giudaico. In: Barbaglio, G., ed. *La spiritualità del Nuovo Testamento.* Bologna, EDB, 1988. pp. 21-40.
_____. *Il giudaismo intertestamentario.* Brescia, Queriniana, 1991.
Cavallin, H. C. C. *Life after death… Part I: An enquiry into the Jewish background.* Lund, 1974.
Charlesworth, J. H., ed. *Gesù e la comunità di Qumran.* Casale Monferrato, Piemme, 1997.

_____. *Jesus' jewishness. Exploring the place of Jesus within early Judaism.* Philadelphia, 1991.

Chilton, B.; Evans, C. A., eds. *Jesus in context. Temple, Purity and Restoration.* Leiden, Brill, 1997.

Chilton, B.; Neusner, J. *Jewish and christian doctrines.* New York, 1999.

_____. *Jewish-Christian debates.* Minneapolis, 1998.

_____. *Judaism in the New Testament.* London, 1995.

Conzelmann, H. *Heiden-Juden-Christen.* Tübingen, 1981.

Cortese, E. *La terra di Canaan nella storia sacerdotale del Pentateuco.* Brescia, Paideia, 1972.

Del Verme, M. *Giudaismo e Nuovo Testamento. Il caso delle decime.* Napoli, D'Auria, 1989.

Dunn, J. D. G. Jesus and factionalism in early Judaism: How serious was the factionalism of the late second temple Judaism? In: Charlesworth; Johns, eds. *Hillel and Jesus.* pp. 156-175.

Fiensy, D. A. Jesus' socioeconomic background. In: Charlesworth; Johns, eds. *Hillel and Jesus.* pp. 225-255.

Fitzmyer, J. A. *Qumran. Le domande e le risposte essenziali sui Manoscritti del Mar Morto.* Brescia, Queriniana, 1994.

Flusser, D. *Il Giudaismo e le origini del Cristianesimo.* Genova, Marietti, 1995.

_____. *Il Cristianesimo. Una religione ebraica.* Cinisello Balsamo (MI), San Paolo, 1992.

Foraboschi, D. Tra guerra, sfruttamento e sviluppo: L'economia della Palestina (I a.C.–I d.C.) . In: Sacchi P., ed. *Il giudaismo palestinese: dal I secolo a.C. al I secolo d.C.* Bologna, Fattoadarte, 1993. pp. 123-136.

Freyne, S. The geography, politics, and economics of Galilee and the quest for the historical Jesus. In: Chilton, B.; Evans, C. A., eds. *Studying the Historical Jesus.* Leiden, Brill, 1994. pp. 75-121.

_____. *Galilee, Jesus and the Gospels.* Philadelphia, 1989.

Grelot, P. *La speranza ebraica al tempo di Gesù.* Roma, Borla, 1981. [trad. bras. *A esperança judaica no tempo de Jesus.* São Paulo, Loyola, 1996.]

Hanson, K. D.; Oakman, D. E. *Palestine in the time of Jesus: social structures and social conflicts.* Minneapolis, 1998.

Hengel, M. *Jésus et la violence révolutionnaire.* Paris, 1973.

_____. *Ebrei, Greci e Barbari. Aspetti dell'ellenizzazione del giudaismo in epoca precristiana.* Brescia, Paideia, 1981.

_____. *L' "ellenizzazione" della Giudea nel I secolo d.C.* Brescia, Paideia, 1993.

_____. *Gli zeloti. Ricerche sul movimento di liberazione giudaico dai tempi di Erode I al 70 d.C.* Brescia, Paideia, 1996.

Hengel, M.; Deines, R. E. P. Sanders, "Common Judaism", Jesus and the Pharisees. In: *JTS* 46(1995), pp. 1-70.

Horsley, R. A. *Jesus and the spiral of violence: popular jewish resistance in Roman Palestine.* San Francisco, 1992.

Horsley, R. A.; Hanson, J. S. *Bandidos, Profetas e Messias.* Movimentos populares no tempo de Jesus. São Paulo, Paulus, 1995.

Jeremias, G. *Der Lehrer der Gerechtigkeit.* Göttingen, 1963. pp. 319-353.

Jeremias, J. *Jerusalém no tempo de Jesus.* São Paulo, Paulus, 1986.

Jossa, G. *Gesù e i movimenti di liberazione della Palestina.* Brescia, Paideia, 1980.

Legasse, S. Scribes NT. In: *DBS* XII, 266-281.

Lémonon, J. P. *Pilate et le gouvernement de la Judée. Textes et monuments.* Paris, 1981.

Magnani, G. *Origini del cristianesimo, 2: Gesù costruttore e maestro. L'ambiente: nuove prospettive.* Assisi, Cittadella, 1996.

Maier, J. *Il Giudaismo del secondo tempio. Storia e religione.* Brescia, Paideia, 1991.

Manns, F. *L'Israele di Dio. Sinagoga e Chiesa alle origini cristiane.* Bologna, EDB, 1998.

Marcheselli-Casale, C. *Risorgeremo, ma come? Risurrezione dei corpi, degli spiriti o dell'uomo?* Bologna, EDB, 1988.

Massonnet, J. Sanhédrin. In: *DBS* XI, 1353-1413.

Mayer, B, ed. *Christen und Christliches in Qumran?* Regensburg, 1992.

McGing, B. C. Pontius Pilate and the Sources. In: *CBQ* 53(1991), pp. 416-438.

Meier, J. P. *A marginal jew,* III. New York, Doubleday, 2001. pp. 287-613 (*Jesus the jew and his jewish competitors*).

Meyer, R. Pharisaios. In: *GLNT* XIV, col. 857-921.

_____. Saddukaios. In: GLNT XI, col. 1107-1156.

Meyers, E. M. Jesus und seine galiläische Lebenswelt. In: *ZNT* 1(1998), pp. 27-39.

Neusner, J. *Il giudaismo nella testimonianza della Mishnah.* Bologna, EDB, 1995.

_____. *Il giudaismo nei primi secoli del cristianesimo.* Brescia, Morcelliana, 1989.

_____. *The Rabbinic Traditions about the Pharisees before 70.* Leiden, 1971.

_____. *Rabbinic Literature and the New Testament.* Valley Forge, 1994.

_____. *I fondamenti del giudaismo.* Firenze, Giuntina, 1992.

_____. *Four Stages of Rabbinic Judaism.* New York, 1999.

_____. *From Scripture to 70. The Pre-Rabbinic Beginnings of the Halakhah.* Atlanta, 1998.
Nickelsburg, G. W. E. Resurrection (early judaism and christianity). In: *ABD* VI, pp. 137-150.
Oakman, D. E. *Jesus and the economic questions of his day.* Leviston-Queenston, 1986.
Paul, A. *Il mondo ebraico al tempo di Gesù. Storia politica.* Roma, Borla, 1983.
Penna, R., ed. *Fariseismo e origini cristiane.* In: *Ricerche storico-bibliche* 11(1999), n. 2.
_____. Che cosa significava essere giudeo al tempo e nella terra di Gesù. In: *Vangelo e inculturazione.* Cinisello Balsamo (MI), San Paolo, 2001. pp. 65-88.
_____. Un fariseo del secolo I: Paolo di Tarso. In: *Vangelo e inculturazione.* pp. 297-322.
Perrot, C. La pluralité théologique du Judaïsme au 1er siècle de notre ère. In: Marguerat, D.; Norelli, E.; Poffet, J.-M., eds. *Jésus de Nazareth.* Genève, 1998. pp. 157-176.
Puech, É. *La croyance des Esséniens en la vie future: Immortalité, résurrection, vie eternelle? Histoire d'une croyance dans le judaïsme ancien,* I-II. Paris, 1993.
Riches, J. *The world of Jesus: first-century judaism in crisis.* Cambridge-New York, 1991.
_____. Gesù l'ebreo. L'interazione con il giudaismo del suo tempo. In: *Conc* 33(1997)1, pp. 80-91.
Sacchi, P. *Storia del secondo Tempio. Israele tra il VI secolo a.C. e il I secolo d.C.* Torino, SEI, 1994.
_____. *Il giudaismo palestinese: dal I secolo a.C. al I secolo d.C.* Bologna, Fattoadarte, 1993.
_____. *L'apocalittica giudaica e la sua storia.* Brescia, Paideia, 1990.
Sanders, E. P. *Il Giudaismo. Fede e prassi (63 a.C.-66 d.C.).* Brescia, Morcelliana, 1999.
_____. La rupture de Jésus avec le judaïsme. In: Marguerat, D.; Norelli, E.; Poffet, J.-M., eds. *Jésus de Nazareth.* Genève, 1998. pp. 209-222.
Sanders, J. T. *Schismatics, sectarians, dissidents, deviants. The first one hundred years of Jewish-Christian relations.* London, 1993.
Schallt, A. *König Herodes: der Mann and sein Werk.* 2 ed. Berlin-New York, 2001.
Schürer, E. *Storia del popolo giudaico al tempo di Gesù Cristo (175 a.C.-135 d.C.).* Brescia, Paideia, 1985, 1987, 1997, 1998.

Sievers, J. Who were the Pharisees? In: Charlesworth; Johns. *Hillel and Jesus.* pp. 137-155.
Stegemann, H. *Gli esseni, Qumran, Giovanni Battista e Gesù. Una monografia.* Bologna, EDB, 1996.
Stemberger, G. *Il giudaismo classico. Cultura e storia del tempo rabbinico (dal 70 al 1040).* Roma, Città Nuova, 1991.
_____. *Farisei, sadducei, esseni.* Brescia, Paideia, 1993.
_____. I Farisei: quadro storico e ideale. In: Penna, R., ed. *Fariseismo e origini cristiane.* pp. 11-22.
Theissen, G. *Gesù e il suo movimento. Analisi sociologica della comunità cristiana primitiva.* Torino, Claudiana, 1979.
_____. Jésus et la crise sociale de son temps. Aspects socio-historiques de la recherche du Jésus historique. In: Marguerat, D.; Norelli, E.; Poffet, J.-M., eds. *Jésus de Nazareth.* Genève, 1998. pp. 125-155.
_____. *The Gospels in context. Social and political history in the synoptic tradition.* Edinburgh, 1992.
Theissen, G.; Merz, A. *Il Gesù storico. Un manuale.* Brescia, Queriniana, 1999. pp. 163-231. [Ed. bras.: *O Jesus histórico.* São Paulo, Loyola, 2002].
Vermes, G. *Jesus and the world of Judaism.* London-Philadelphia, 1983.
_____. *A religião de Jesus, o judeu.* Rio de Janeiro, Imago, 1995.

Capítulo VI
NA ESCOLA DO BATISTA

Com o qualificativo "precursor", a tradição cristã exprime desde sempre a subordinação de João a Cristo e, ao mesmo tempo, o fato de o Batista tê-lo introduzido na cena pública. O primeiro aspecto é teológico, fruto da crença na messianidade do Nazareno, usurpada em detrimento de João, segundo seus seguidores, como veremos. O segundo exprime um dado histórico: João aplanou a estrada para a missão de Jesus. É, portanto, entre fé e história que se coloca o múltiplo testemunho dos escritos cristãos das origens que mencionam o Batista dezenas de vezes, quase sempre nos evangelhos canônicos, mas também nos apócrifos dos *Ebionitas* e dos *Hebreus*, aos quais se unem o livro de Atos dos Apóstolos e a obra de Justino. Metodologicamente, parece-nos, portanto, importante distinguir os dois gêneros de problemas: quais os traços que qualificaram sua figura histórica e como os cristãos das primeiras gerações o interpretaram em relação a Jesus?

Sobre isso temos também o testemunho preciosíssimo de Flávio Josefo que, por ocasião da derrota de Herodes Antipas ante Aretas IV, nos anos 30, fala dele com admiração:

> Mas para alguns judeus a destruição do exército de Herodes pareceu uma vingança divina, e certamente uma vingança justificada pela maneira como tinha tratado João, apelidado Batista. Herodes, de fato, tinha matado esse homem bom que exortava os judeus a uma vida virtuosa (*aretēn*), à prática da justiça (*dikaiōsynē-i*) recíproca, à piedade (*eusebeia-i*) para com Deus, e assim fazendo se dispusessem ao batismo; na sua opinião, isso representava uma preliminar necessária para que o batismo fosse aceito por Deus. Eles não podiam servir-se dele para ganhar o perdão (*paraitēsei*) de qualquer pecado cometido, mas como uma purificação (*hagneia-i*) do corpo, insinuando que a alma já tinha sido purificada (*proekekatharmenēs*) por uma conduta justa (*dikaiōsynē-i*) (*Ant* 18,116-117).

É um "panegírico" que delata uma leitura específica de João, conhecido também pelo historiador hebreu com o apelido de Batista, isto é, batizador. Na opinião de Flávio Josefo, é tanto um pregador das mais altas virtudes morais e religiosas como também um estoico, mas que pratica um rito batismal que não se deve entender de forma "sacramental" ou mágica; trata-se de um batismo de simples pureza física, sendo a virtude a que age sobre a alma.

1. A figura histórica do Batista

O apelido Batista (*baptistēs* ou também *ho baptizōn* em Mc 1,4; 6,14.24), que o quarto evangelho evita de propósito, qualifica-o: sua ação era especificamente a de batizar ou imergir na água corrente, de rio ou de fonte, quantos lho solicitavam. Fazia, portanto, parte dos movimentos batistas que constelaram os primeiros séculos da era cristã; antes, podemos considerá-lo o primeiro, ao menos como o batismo conferido por um batizador e não uma autoimersão. "Na realidade, até o momento da entrada em cena de João jamais tinha acontecido nem no judaísmo nem no mundo circundante que alguém tivesse *batizado* outras pessoas" (Stegemann, p. 313). A tradição hebraica conhecia havia séculos a prática de abluções e banhos, direcionada a purificar de impurezas rituais derivadas do contato com cadáveres, emissão de sêmen natural ou patológico, sangue menstrual, alimentos impuros (por exemplo, a carne de porco): tratava-se de uma purificação do corpo e das vestes, ou também da mobília de casa, necessária para poder participar no culto (cf. Lv 11–15; Nm 19). A arqueologia trouxe à luz na Palestina diversas piscinas da época de Jesus, chamadas *miqwôt*, que serviam precisamente para a purificação dos judeus, piscinas de uso privado e piscinas públicas. Assim as descreve Sanders: "Estão escavadas em um leito da rocha, profundas o bastante para uma imersão completa, com degraus que levam até o fundo, enchidas por meio de um sistema de canalizações que conduziam água da chuva ou da fonte" (*Il Giudaismo*, pp. 309-310).

Ainda mais, os escritos de Qumrã documentam uma cotidiana praxe de banhos e imersões que regulavam a vida dos essênios. Flávio Josefo fala também disso, quando no início de *Ant* 18,19 atesta deles um específico "ritual de purificação". E em *Bell* 2,129 estende-se: antes da refeição "cingidos com uma faixa de linho, banham o corpo na água fria, e depois dessa purificação entram em local reservado [...], e em estado de pureza sentam à mesa como em lugar sagrado". A hierarquia interna manifesta-se também neste âmbito: o neófito, no seu noviciado, passa de banhos em águas menos puras a imersões em "águas mais puras para a purificação" (*Bell* 2,138), e até sua plena integração na comunidade ele não será perfeitamente puro: "Os neófitos estão tão debaixo dos anciãos que se por acaso chegam a encostar neles se lavam como se tivessem tocado um estrangeiro" (*Bell* 2,150). Por fim, um particular externo para a categoria de essênios que se casavam: "Quando tomam banho, as mulheres se cobrem com um vestido, e os homens, com uma faixa" (*Bell* 2,161). O cuidado pela pureza era — podemos dizer — obsessivo: "E mesmo se a expulsão dos excrementos seja um fato natural, a regra obriga a lavar-se logo depois como para purificar-se de uma contaminação" (*Bell* 2,149).

Dos próprios escritos da comunidade essênia emerge a concepção típica dos movimentos batistas, como enfatiza Cirillo: o banho, não separado de atitudes penitenciais e de conversão, tem valor purificador de caráter moral ou interior, porque a impureza a ser purificada era entendida em sentido moral e espiritual, e não apenas em relação ao culto. O estudioso pode assim afirmar que os essênios "são os mais antigos representantes da espiritualidade batista" (p. 23). Nenhum magismo. Separado da "conversão de vida", o banho não tem valor de purificação interior: o homem "não se tornará limpo graças às expiações, nem será purificado pelas águas lustrais, nem será santificado pelos mares ou rios, nem será purificado por toda a água das abluções. Impuro, impuro será todos os dias que rejeite os preceitos de Deus". Será necessária a ação do espírito divino: "E através do espírito de santidade, que o une à sua verdade, é purificado de todas as suas iniquidades" (*1QS* 3,4-8). Em outras palavras, para ser eficaz, é indispensável que o rito externo de água seja acompanhado de atitudes de viva fidelidade à Lei e de profunda conversão a Deus: "E pela submissão de sua alma a todas as Leis de Deus é purificada sua carne, ao ser aspergida com águas lustrais e ser santificada com as águas de contrição" (*1QS* 3,8-9); "Que não entre nas águas para participar do alimento puro dos homens santos, porque não se purificaram, a não ser que se convertam de sua maldade. Porque é impuro entre os transgressores de sua palavra" (*1QS* 5,13-14). A purificação atual, porém, remete àquela bem mais radical do futuro, dom da graça divina, que marcará a reviravolta decisiva da história humana:

> Então Deus purificará com sua verdade todas as obras do homem, e purgará assim a estrutura do homem arrancando todo espírito de injustiça do interior de sua carne, e purificando-o com o espírito de santidade de toda ação ímpia. Derramará sobre ele, como águas lustrais, o

espírito de verdade [para purificá-lo] de todas as abominações de falsidade e da contaminação do espírito impuro (*1QS* 4,20-22).

Tratava-se, em concreto, de imersões, como esclarece *CD* 10,11: "Ninguém se banhe em água suja ou que é menos da medida que cobre um homem".

A altíssima tensão dos essênios para com a pureza ritual, mas também interior — a respeito disto, na sua monografia, Ernst mostra-se indeciso ou mesmo negador, mas sua tese vale somente para a imersão, separada da conversão e da ação do espírito —, se enraizava na sua forte consciência da impureza radical do homem dominado pelo pecado. Dão fé disso a confissão pessoal do Mestre de Justiça e seu juízo pessimista sobre a condição humana, expressos nos Hinos (*1QH*): "Sou criatura de argila modelada com água, alicerce de vergonha, fonte de impureza, forno de iniquidade, construção de pecado, espírito de erro, extraviado, sem inteligência" (*1QH* 9,21-22); "Sei que ninguém é justo, exceto tu" (*1QH* 8,19); "Desde o útero (o homem) está no pecado e até a velhice na culpada iniquidade" (*1QH* 12,29-30); "O que é o nascido de mulher entre todas as tuas obras terríveis? Ele é estrutura de pó modelada com água, seu fundamento é a culpa do pecado, indecência infame, fonte de impureza, sobre a qual domina um espírito de perversão" (*1QH* 5,20-21).

Por Flávio Josefo sabemos, ademais, da existência na primeira metade do primeiro século de um "batista" eremita no deserto, que vivia "ao estado natural" e de quem o historiador hebreu foi discípulo: "Ao saber de um tal de nome Bano que vivia no deserto (*kata tēn erēmian*), usava vestes feitas das árvores, comia somente do que nascia espontaneamente e se banhava (*louomenon*) muitas vezes com águas frias dia e noite para purificar-se (*pros hagneian*), tornei-me seu discípulo (*zēlōtēs*)" (*Vida* 11).

Como termo de comparação do batismo de João pode ser adotado também o batismo dos prosélitos, que se imergiam na presença de duas ou três testemunhas, rito de purificação de seu estado de pagãos impuros e "rito de passagem", dizem os antropólogos, isto é, de agregação a uma nova comunidade, precisamente ao judaísmo; por isso, a circuncisão era sempre determinante. Temos notícia disso na literatura rabínica que atesta a diversidade, com relação a isso, das escolas de Hillel e Shammai: "Um prosélito que se torna israelita na vigília da Páscoa, segundo a escola de Shammai, realiza o banho de purificação e come o sacrifício pascoal à noite. A escola de Hillel, ao contrário, opina que quem se corta o prepúcio se encontra nas mesmas condições (de impureza) de quem se separa de uma tumba" (*Pes* 8,8) e, consequentemente, deve purificar-se durante longo tempo. Como se pode perceber, Shammai considerava a circuncisão uma impureza leve que desaparecia como o batismo; para Hillel, tratava-se, em vez, de impureza grave; daqui a exigência de sete dias de purificação. Mas, releva Cirillo, "não é seguro se o batismo dos pagãos fosse já praticado na Palestina na primeira metade do primeiro século. O rito é documentado a partir do fim do primeiro século" (p. 40). Portanto, é puramente hipotética qualquer suposta derivação do batismo de João, salvando sempre suas peculiaridades.

Interessante é também quanto lemos em *OrSib* 4,164-170, voz da diáspora judaica do último quarto do século I d.C., no qual se afirma a estreita ligação entre imersão, conversão de vida e perdão:

> Renunciai às espadas, aos gemidos de dor, aos homicídios, às impiedades, e lavai por inteiro vossos corpos em rios perenes. Estendei vossas mãos ao céu e implorai perdão por vossas ações de outrora, mitigai com bênçãos a amarga impiedade! Deus mudará seu sentir e não vos destruirá: deterá novamente a cólera, se todos praticardes de coração a veneranda religião.

As fontes cristãs completam o testemunho de Flávio Josefo aprofundando e precisando a figura do Batista. O historiador hebreu, de fato, entende o batismo de João de maneira gravemente limitativa: "Uma consagração do corpo", enquanto a alma é "purificada por uma conduta correta" (*Ant* 18,117). Marcos atesta que João batizava no deserto (*en tē-i erēmō-i*) com "um batismo de conversão para o perdão dos pecados" (Mc 1,4). Não há dúvida de que tinha uma finalidade salvífica aos olhos de João. Essa última fórmula está ausente na passagem paralela de Mateus (Mt 3,1-2), que a evita de propósito, porque, na sua opinião de cristão, não é o rito do Batista o portador de salvação, mas o rito eucarístico praticado por Jesus; de fato, a fórmula — ausente nas passagens paralelas de Marcos e de Lucas — é transferida por ele à última ceia: "Este é meu sangue [...] derramado para o perdão dos pecados" (Mt 26,28).

Logo depois, mencionando os muitos judeus que acorriam ali, Marcos narra que "se faziam imergir por ele no rio Jordão no ato de confessar seus pecados" (Mc 1,5). Confirma-se assim o caráter penitencial do batismo. O evangelista interessa-se também por como João se vestia e o que comia: "Estava vestido com roupas de pele de camelo, com um cinto de couro à cintura e se alimentava com gafanhotos e mel silvestre" (Mc 1,6). Há quem veja aqui uma identificação com o profeta Elias, apresentado assim em 2Rs 1,8: "Era um homem com um manto de pelos nos ombros e um cinturão de couro na cintura". Mas a correspondência de ambos os textos não parece tão estreita; parece, porém, mais provável que o evangelista queira descrever o aspecto externo próprio de um homem do deserto.

O batismo e a conexa exigência provocadora de conversão são, pois, coligados, nas suas palavras, à planejada vinda de um misterioso e maior personagem, atesta Marcos (Mc 1,7): "Depois de mim vem aquele que é mais forte (*ho iskhyroteros*) do que eu, e eu não sou digno nem mesmo de abaixar-me para desatar a correia de suas sandálias" (Mt 3,11: "levar suas sandálias"). A diversa dignidade de ambos é, em seguida, explicada na base das respectivas ações: "Eu vos batizo com água, mas ele vos batizará com o espírito santo" (Mc 1,8). Se seu batismo é um rito, "a imersão no espírito santo" deve ser entendida em sentido metafórico: será a força criadora e vivificante de Deus, o espírito precisamente, quem purifica os israelitas, uma purificação radical e perfeita com relação àquela preparatória do batismo de João. Como vimos, também para os essênios o fator decisivo de purificação era o espírito, atuante já no presente mas em plenitude no grande dia. A referência bíblica é Ez 36,25-26, no qual se promete para os últimos dias a efusão do espírito divino para purificar o homem: "Derramarei sobre vós água pura e sereis purificados [...]. Dar-vos-ei um coração novo e colocarei dentro de vós um espírito novo". Menos clara é a identidade do mais forte. Deus mesmo (Ernst) ou um misterioso mediador, celeste (Meyer) ou humano (Webb: o Batista esperava Deus atuando através de um agente: *John the Baptist*, p. 201), assim se dividem as interpretações do texto. Contudo, é certo o futuro esperado: o da reviravolta da história humana, quando Deus intervirá para pôr "ordem" com sua ação libertadora do mal e do pecado. O Batista coligava o fim do mundo com a iniciativa divina de fazer de Israel um novo povo.

Na fonte Q, o batismo metafórico do mais forte é qualificado diversamente: "Ele vos imergirá no Espírito [Santo] e *no fogo*" (Lc 3,16 e Mt 3,11; assim também Justino em *Dial* 49,3). Que nessa passagem se trate de fogo destruidor é provado pela imagem sucessiva do fogo inextinguível que consumirá a palha. A fórmula acoplada "no Espírito [Santo]" está evidentemente indicando a ação divina purificadora e salvadora, alternativa daquela destruidora do fogo. A não ser que se queira ver um acréscimo cristão posterior em um dito que falava somente de "fogo" (Becker). Tanto mais que a identidade dos sujeitos aos dois batismos, presente e futuro, não favorece a leitura de um duplo efeito, positivo e negativo, da planejada imersão: eu *vos* batizo/ele *vos* batizará. Deveríamos esperar: aqueles que são imersos por mim serão "batizados" com o Espírito Santo, enquanto os outros que recusaram meu batismo e meu apelo à conversão serão vítimas do fogo destruidor. Por isso foi conjecturado que "no Espírito [Santo]" seja acréscimo pós-pascal e exprima o interesse pelo batismo cristão que se acredita ter sido profetizado por João, enquanto historicamente parece derivado próprio do batismo do Batista. Mas não falta um argumento contrário a essa suposição. Um cristão teria escrito: "Batismo com água e Espírito Santo", enquanto o batismo de João é de só água. É, com efeito, o que encontramos em Jo 3,6 a propósito da palavra de Jesus a Nicodemos sobre o necessário renascimento por água e Espírito Santo. Mas aqui também o quarto evangelho concorda com o texto de Marcos: "[...] este é aquele que batiza com Espírito Santo" (Jo 1,33). Pode-se conjecturar que o Batista pensasse em uma imersão no espírito, segundo os testemunhos de Marcos e do quarto evangelho. Mas outros estudiosos dão a preferência ao texto da fonte Q, com subentendida distinção no "vós" dos destinatários: uns, convertidos e batizados por João, com futuro positivo, outros, ao contrário, que opuseram uma nítida negação, destinados por isso à combustão aniquiladora.

A fonte Q especifica logo depois a ação separada do mais forte, esclarecendo ao mesmo tempo o retrato de João todo voltado para o futuro. Ele é profeta escatológico, anunciador do próximo evento que mudará os atributos deste mundo. O mais forte agirá realizando uma definitiva separação. Em tal sentido a tradição hebraica já tinha entendido a criação: Deus separou céu e terra; na terra, a massa aquosa do solo seco, o dia da noite, as águas sobre o firmamento das subterrâneas (Gn 1). Na hora crucial da história, iminente, Deus diretamente, ou também talvez com seu não mais bem definido mediador, separará — profetiza o Batista — o trigo bom da palha, colocando aquele no celeiro e queimando esta na fornalha: uma imagem duplicada pela metáfora, totalmente ameaçadora, do lenhador que, com o machado na mão, está a ponto de derrubar a árvore infrutífera (Q: Lc 3,17 e Mt 3,12). Aqui emerge a crença tradicional do juízo último de Deus, inserida, porém, em um quadro específico: batismo de João, conversão e perdão dos pecados precedem o julgamento divino condicionando seus opostos efeitos. Ao contrário, Légasse afirma que nossos textos revelam um processo de interpretação do "fogo": originariamente elemento de purificação — em paralelismo sinonímico com o batismo "no Espírito [Santo]" ou também independentemente em antítese com a água —, e posteriormente fator destruidor — em antítese com a ação do espírito. Para isso, faz referência ao autor do evangelho de Lucas, que no livro de Atos lê a promessa do Batista realizada no Pentecostes: dom do Espírito sob a forma de línguas de fogo (At 1,5; 2,1-4).

Dissera-se que João, animado pela tensão apocalíptica, estava inclinado a um julgamento divino puramente punitivo e que se limitava a ameaçar a catástrofe final, evitável somente sob condição de participar de seu batismo de conversão. Mas os testemunhos de Marcos e de Q nos dizem que ele entendia preservar do julgamento de condenação, colocando seus correligionários diante do dilema, um pouco como tinha feito Moisés com a geração dos que se livraram da escravidão egípcia: "Eu coloco diante de ti a vida e a morte, a bênção e a maldição: escolhe, pois, a vida para que vivas" (Dt 30,19). Acontece que João nutre a firme convicção real de que a presente é a última hora para o povo pecador e impuro: a hora do último apelo à conversão do mal e, ao mesmo tempo, a hora do último "sacramento" de perdão, seu batismo; depois disso, Deus juiz punirá os não batizados, enquanto com seu espírito purificador deixará os convertidos perfeitamente puros, habitantes de um mundo de renovada e perfeita santidade. A relação entre purificação do batismo do Batista e purificação final não parece aquele extrínseco entre anúncio e realização, como parece entender Ernst, mas entre realidade imperfeita e realidade completa, a mesma relação testemunhada nos escritos de Qumrã, como vimos.

Flávio Josefo mantém silêncio sobre o assunto, porquanto crítico ante as expectativas finais e messiânicas do judaísmo, interpretadas por ele de modo tipicamente político e concretizadas na potência romana dominadora do mundo:

> O que mormente os incitou [aos judeus] à guerra foi uma ambígua profecia, encontrada também na sagradas Escrituras, segundo a qual naquele tempo alguém proveniente de seu país teria se tornado o dominador do mundo. Eles a entenderam como se aludisse a um conterrâneo, e muitos sábios erraram na sua interpretação, enquanto a profecia, na realidade, se referia ao domínio de Vespasiano, aclamado imperador na Judeia (*Bell* 6,312-313).

Devemos também à fonte Q uma preciosa especificação da chamada do Batista à conversão da vida, tema anunciado somente por Marcos com a fórmula "batismo de conversão" (*baptisma metanoias*). Na versão de Mateus, os destinatários são os fariseus e saduceus, uma associação cara ao primeiro evangelista (cf. Mt 16,1.6.11.12; 22,34), mas ausente em Marcos e Lucas, e também no quarto evangelho, portanto suspeito do ponto de vista histórico. Não parece originário também o dado de Lucas que fala em geral de "gente" (*okhloi*) vinda para ser batizada, enquanto Mc 1,5, de modo amplificativo, nomeia "toda a região da Judeia e todos os jerosolimitanos". O apelo a fazer-se batizar estava dirigido a todos os judeus, e não a uma particular categoria, enquanto os tons polêmicos da passagem da fonte Q fazem pensar nos saduceus, na classe dirigente do judaísmo, segundo Webb e Hollenbach:

> Raça de víboras, quem vos mostrou a possibilidade de fugir da cólera divina que está por sobrevir? Produzi, portanto, fruto de acordo a uma verdadeira conversão (*metanoia*); e não penseis em dizer dentro de vós mesmos: temos por pai Abraão. De fato, vos digo que destas pedras Deus pode suscitar (*egeirein*) filhos para Abraão. O machado já está na raiz das árvores; portanto, toda árvore que não produz bom fruto é cortada e jogada no fogo (Q: Lc 3,7-9 e Mt 3,7-10).

O claro pressuposto das palavras do Batista é que o povo de Israel vive dominado pelas forças do mal e do pecado e, por isso, destinado à condenação eterna. Diretamente João pôs o povo de sobreaviso, sem indicar o motivo, como notou Becker, mas parece indicar que a causa fosse precisamente a infidelidade dos israelitas. Não serve como motivo de escapatória a eleição divina que fez deles filhos de Abraão. Confiar-se, como concretamente faz o grupo de poder dos saduceus, subtraindo-se assim à exigência de conversão e ao rito que a exprime, seria uma ilusão fatal. Daí o ofensivo título de "raça de víboras". Nenhum privilégio, portanto, dos eleitos: não podem aduzir, como autoexaltação, um direito exclusivo sobre a ação divina; esta é soberanamente livre e eficazmente poderosa e, consequentemente, pode criar filhos de Abraão, isto é, membros do povo eleito, qualquer um, além e acima de todo mérito humano e de todo título de nobreza religiosa. Diante da ameaça da iminente cólera divina, o único modo de fugir dela é converter-se, não apenas interiormente (*metanoia*), mas também nos fatos de vida (= fruto). De outra maneira, também aqueles que têm por pai Abraão serão como árvore infrutífera que o lenhador derruba para fazer dela lenha para queimar.

Se diante dos ouvintes em geral João mostra aberta a dupla via da salvação e da ruína, ele insiste sobre esta última, como enfatiza a imagem do machado, contra quantos recusam-no e a seu chamado. Por causa de sua eleição divina, os judeus pensavam que seriam julgados por Deus com benevolência, diferentemente dos gentios. A quem confiava nisso para subtrair-se ao batismo, João Batista esclarece que não se dá qualquer privilégio, como mais tarde dirá Paulo ao escrever aos cristãos de Roma (Rm 1,18–3,20). Os dois, porém, diferenciam-se quando indicam a alternativa: para o apóstolo é a fé em Cristo que coloca o homem no espaço dos salvados da cólera divina; para o Batista, a conversão de vida e o batismo. Se quisermos acrescentar os essênios, podemos indicar sua solução: entrar e fazer parte da União do Israel puro, da sua comunidade, observando com precisão a Lei, interpretada com autoridade pelo Mestre de Justiça, e purificando-se continuamente com imersões.

Entre os movimentos judaicos de renovação e de espiritualidade batista do tempo, a originalidade de João é indubitável. A imersão era realizada uma vez por todas, como se deduz do fato de que os batizados, vindos a encontrá-lo no Jordão, retornavam depois para seus lares; sem esquecer que se colocava na vigília da iminente reviravolta escatológica. Especialmente se deve relevar que sua pessoa tinha um rol ativo: era ele quem imergia, conseguindo assim para os arrependidos e batizandos a "salvação" da ameaçadora ruína iminente de Deus juiz. João, portanto, desconsiderava os meios de purificação e expiações do templo jerosolimitano e a anexa mediação sacerdotal. Becker fala a propósito de "afronta ao culto do templo" (*Jesus von Nazaret*, p. 51). Não são mais as sagradas instituições tradicionais a ter importância espiritual, mas seu novo rito. Sabemos que notavelmente críticos para com o templo eram com certeza os essênios que, ao menos na sua seita mais rigorosa dos qumranitas, se abstinham dos sacrifícios do templo e consideravam os próprios ritos de purificação e de refeição sagrada os substitutos rituais. Basta-nos o testemunho de Flávio Josefo em *Ant* 18,19: "Enviam ofertas ao templo, mas realizam seus sacrifícios seguindo um ritual de purificação diverso. Por esse motivo estão distanciados dos recintos do templo frequentados por todo o povo, e cumprem seus sacrifícios por conta própria". Na hora extrema, João está convencido de ser chamado por Deus para uma missão particular: lançar um alerta a todos os judeus para que possam se salvar — melhor — se confiem a ele e a seu batismo para ficar a salvo. Um profeta verdadeiro, antes, um profeta todo especial, porque profeta do dia de vigília do fim desta história que é, ao mesmo tempo, um novo início.

Distingue-se de Jesus, filho de Ananias — mas com quem concorda na ameaça do iminente juízo divino de condenação —, porque João propõe uma via de solução específica: não somente o chamado à conversão, que devia ser implícito no anúncio daquele: "Uma voz contra Jerusalém e o templo, uma voz contra esposos e esposas, uma voz contra o povo inteiro" (*Bell* 6,301), mas um rito-sacramento de perdão. Bastante notável é também sua distância das figuras proféticas mencionadas antes que se confiavam em sinais prodigiosos (*semeia tēs eleutherias*) de intervenção divina de libertação, como Teudas, o Egípcio, e o anônimo profeta samaritano, "profetas de ação", na denominação de os denomina Horsley: o sinal oferecido por ele, o batismo, não tem nada de taumatúrgico e não revoca as grandes gestas históricas de Deus.

Não é o caso — pois é muito evidente — de assinalar sua diversidade dos messias ou reis belicosos despontados depois da morte de Herodes, o Grande, como Judas, filho de Ezequias, Simão e Atronges, mas também durante a insurreição antirromana, como Menahem, que tinha se dirigido a orar no templo "com grande pompa, ornado com vestes reais" (*Bell* 2,444), e Simão ben Giora, ao qual "não poucos cidadãos" "obedeciam como a um rei" (*Bell* 4,510) e que, pretendido rei, será justiçado em Roma, depois de ter "embelezado" o triunfo dos vencedores (*Bell* 7,118 e 154). Isso, porém, não quer dizer que a ação do Batista, toda circunscrita a um movimento espiritual e religioso, não tivesse ressonâncias e reflexos políticos, visto que será vítima do tetrarca Herodes.

Diversamente do batismo dos prosélitos, o seu não tem valor de iniciação: não insere os batizados em uma espécie de comunidade. Em sentido contrário se expressou Webb, mas sem ser convincente. O Batista distancia-se também dos essênios, que formavam um grupo à parte, um Israel em miniatura de puros, devindos tais pela prática da lei e pelos banhos de purificação, voltados espiritualmente à próxima vinda última de Deus — sendo este um elemento comum. O confronto com outro profeta da palavra contemporâneo, Jesus de Nazaré, será estabelecido em seguida.

Foi também conjecturado que João fosse um essênio ou, pelo menos, próximo, não apenas topograficamente, aos essênios. Mas, além das analogias já indicadas, mais relevantes são as diferenças, também essas assinaladas. Stegemann mostra-se bastante peremptório sobre o tema: "João

Batista não foi nem essênio nem discípulo espiritual dos essênios" (p. 323). Outros estudiosos, por exemplo, Hollenbach, mostram-se mais cautos.

Onde atuava o Batista? Nossas fontes não nos permitem uma resposta certíssima e uniforme. Flávio Josefo nos diz que foi preso por Antipas, encarcerado em Maqueronte e ali morto; daí se deduz que João batizasse em território sujeito à jurisdição do tetrarca, exatamente na Pereia, onde surgia a mencionada fortaleza. Marcos, seguido por Mateus e por Lucas, fala de seu anúncio do batismo "no deserto" (Mc 1,4), que o primeiro evangelista precisa com o genitivo "da Judeia" (Mt 3,1), enquanto o terceiro faz referência a "toda a região em torno do Jordão" (Lc 3,2-3), fórmula retomada por Mt 3,5 e que poderia remontar à fonte Q. Marcos também atesta que o batismo acontecia "no rio Jordão" e, mais adiante, que Jesus foi batizado pelo Batista "no Jordão" (Mc 1,5.9), dado retomado por Mt 3,6.13. Assim também o *Evangelho dos Ebionitas*: "no rio Jordão" (§ 3) e Justino em *Dial* 88,7. O quarto evangelho, por sua vez, indica "Betânia, além do Jordão" (Jo 1,28), dado confirmado em seguida (Jo 3,26; 10,40); mas Jo 3,23 fala de "Enon, perto de Salim, onde havia águas abundantes", localidade por nós desconhecida. Murphy-O'Connor, considerando, ao contrário, como certo que Salim indique Siquém, conjectura que João tenha se transferido à Samaria para alcançar com sua ação também os samaritanos, deixando a Judeia a Jesus que também batizava e tinha discípulos, como atesta sempre o quarto evangelho (Jo 3,22; 4,1); aquele Jesus que depois da morte do "mestre" teria se dirigido à Galileia para completar a obra. O único dado historicamente muito plausível é que o Batista batizasse no Jordão em uma localidade da Pereia do sul, portanto, além do rio, mas não fica absolutamente excluído que se movesse e atuasse em diversas localidades.

A indicação do deserto poderia ser avaliada também como uma referência teológica ao testemunho profético de Isaías, citado em Mc 1,21 e consequentemente em Mt 3,3 e Lc 3,4-6, do qual falaremos mais adiante. Mas não faltam estudiosos que o consideram dado histórico, conciliando-o com a memória hebraica dos grandes fatos do êxodo e da entrada na terra prometida. João teria, portanto, escolhido um lugar "teológico", porta aberta ao Israel atual para que entre, puro e convertido, na terra de Deus. Ernst opta por uma solução conciliadora no plano histórico: "O pregador do deserto anuncia o batismo de conversão e o efetua no Jordão" (*NTS*, 1997, p. 168).

O ascetismo do Batista — evidente em como se vestia e no que comia — emerge também em um dito de Jesus da fonte Q, que se refere a julgamentos críticos e maldosos a respeito de ambos: "Veio João, o Batista, que não come e não bebe vinho, e dizeis: está possuído por um demônio. Veio o Filho do Homem, que come e bebe vinho, e dizeis: eis um homem comilão e beberrão, amigo dos publicanos e dos pecadores" (Q: Lc 7,33-34 e Mt 11,18-19). Também outro testemunho neotestamentário, agora de Marcos, sublinha o ascetismo de João e de seu grupo de seguidores: eles jejuam várias vezes — o único jejum imposto na Torá era aquele anual do dia da expiação (Lv 16,29ss) —, enquanto os discípulos de Jesus não o fazem (Mc 2,18 e par.). Além disso, pode conjecturar-se que João praticasse inclusive um ascetismo de tipo encratista, isto é, de abstenção de toda prática sexual, conforme o indica seu estilo de vida.

Para completar o quadro do grupo batista de João, rodeado de discípulos ou, melhor, de sequazes, podemos confiar no testemunho de Lucas, que ambienta assim o pai-nosso: "Enquanto ele estava orando em certo lugar, quando acabou, um de seus discípulos lhe disse: 'Senhor, ensina-nos uma oração, assim como João a ensinou a seus discípulos'" (Lc 11,1).

2. Jesus, batizado por João

O batismo de Jesus por João é um dos pontos mais sólidos da reconstrução histórica da vida do Nazareno. Marcos atesta-o sem rodeios: "Naqueles dias Jesus veio de Nazaré da Galileia e se fez batizar por João no Jordão" (Mc 1,9), seguido por Mateus (3,13) e por Lucas, que, porém, refere-se a isso com um genitivo absoluto: "Enquanto Jesus se fazia batizar" (Lc 3,21), quase que ignorando João, com ênfase no evento da teofania no qual Jesus é revelado Filho de Deus.

A historicidade do fato ressalta o constrangimento que causava às primeiras gerações cristãs: estas acreditavam em Jesus isento do pecado e, sobretudo, Messias anunciado pelo precursor João; como, portanto, admitir que se tenha submetido a um rito penitencial e se declarado inferior, ele, batizado de frente ao batizador? Certamente não o inventaram; ao contrário, transmitiram fielmente a memória, constrangidos pela história, mesmo engenhando-se para diminuir sua importância e para lê-lo em chave favorável a Cristo. Assim, o quarto evangelho, para o qual era certamente conhecido, nem mesmo o menciona, mas esclarece que Jesus não é absolutamente culpado, ele, "o Cordeiro de Deus que carrega o pecado do mundo" (Jo 1,29), e atribui ao Batista, a testemunha de Cristo, a visão celeste acontecida no momento do batismo do Nazareno: "Vi o Espírito descer e ficar sobre ele [...], o vi e atesto que é o Filho de Deus" (Jo 1,33-34). Por sua vez, Mateus preocupa-se em precisar que Jesus se fez batizar não porque pecador, mas por ser homem justo, como o Batista, que faz a vontade de Deus. Daí, no seu relato, o acréscimo de um breve diálogo entre os dois, de evidente teor apologético: "Eu preciso ser batizado por ti e tu vens a mim? É conveniente cumprirmos plenamente toda a justiça" (Mt 3,14-15). O primeiro evangelista é seguido pelo apócrifo *Evangelho dos Ebionitas*, que desloca o diálogo para depois do batismo: "Então João caiu a seus pés e lhe dizia: 'Suplico-te, Senhor, batiza-me tu!' Mas ele o impediu dizendo: 'Deixa! Convém, de fato, que tudo seja consumado'" (§ 4). Mais radicalmente, o apócrifo *Evangelho dos Hebreus* eliminou o incômodo com este diálogo entre Jesus e sua família: "Eis que a mãe do Senhor e seus irmãos lhe diziam: 'João Batista batiza para a remissão dos pecados, nós vamos para sermos batizados por ele'. Mas lhes respondeu: 'Que pecados cometi para ir e fazer-me batizar por ele? A não ser que quanto disse seja fruto da ignorância'" (§ 14). Portanto, não houve batismo!

Resta entender com qual consciência Jesus se fez batizar. Como pecador consternado de sentimentos de culpa pelos pecados cometidos pessoalmente, como afirma Hollenbach, ou, na opinião de Meier, consciente de fazer parte de um povo necessitado de conversão, penitente, em plena solidariedade com sua gente que devia ser posta a salvo da ameaça da catástrofe iminente? A penitência na Bíblia, normalmente, não reveste nosso moderno sentido intrapsíquico, mas tem sentido como exigência que investe o povo no qual os membros estão ligados por vínculos solidários (cf., por ex., Esd 9–10; Ne 9). Pode-se pensar que o Nazareno se sentisse parte de sua geração dominada pelo mal e vítima da desordem mais grave e, portanto, necessitada de ser purificada para poder fazer parte da nova ordem que Deus teria criado no seu povo. Do ponto de vista histórico, porém, a hipótese de Hollenbach, certamente livre de todo psicologismo, parece mais plausível: "O fato de Jesus ter ido até o Batista para o batismo mostra, em modo demonstrativo, que pensava ser um pecador necessitado de penitência" ("The conversion of Jesus", p. 201). Por outro lado, é totalmente plausível que com o batismo o Nazareno tenha dado uma reviravolta em sua vida, convencido de ter uma tarefa espiritual pública a desenvolver.

O batismo de Jesus, de qualquer modo, em nossas fontes é atestado em relação ao evento extraordinário que o acompanhou: Deus desvendou a identidade oculta do batizando, que é seu filho; um desvendamento que, segundo as versões de Mateus e do quarto evangelho, é proclamação ao mundo, como aparece do discurso indireto da voz celeste. De concreto, os evangelistas criaram uma cena teofânica: os céus se rasgam (Mc 1,10), abrem (Lc 3,21; Mt 3,16), e o espírito desceu; veio sobre ele como se fosse uma pomba (Mc e Mt); em forma corporal à guisa de pomba (Lc). Mas o acento é colocado na voz celeste que ressoa do alto: "Tu és meu filho amadíssimo em quem me comprazo" (Mc e Lc); "Este é meu filho amadíssimo em quem me comprazo" (Mt). Por sua parte, o quarto evangelho apresenta esse conteúdo como objeto do testemunho do Batista: "Este é o Filho de Deus" (Jo 1,34). No *Evangelho dos Ebionitas* acrescentam-se alguns elementos, o relevo que "o Espírito Santo entrou nele"; a especificação da filiação divina de Jesus: "Hoje te gerei"; o esplendor: "E o lugar foi subitamente irradiado por uma grande luz" (§ 4).

Mas tudo isso faz parte da reflexão de fé das primeiras gerações cristãs que expressaram sua crença na filiação divina de Jesus. No plano histórico, deve-se somente relevar que alguns estudiosos, como Meyer a exemplo de Vögtle, leem, por debaixo dessa "teologia" protocristã, um dado de existência: não diversamente dos profetas da tradição hebraica e, em âmbito cristão, da vocação de Paulo de Tarso (cf. 1Cor 9,1; 15,8; Fl 3,7-12), ele experimentou ali seu chamado carismática à missão. Mas para que isso alcance uma sólida plausibilidade histórica é necessário supor que o tivesse revelado aos discípulos, um pouco como faz Paulo em suas cartas, dando assim início a uma tradição sobre cujas bases nossos evangelhos teriam depois construído seu relato de cores míticas. Muitas suposições. Mais provável parece ser a sugestão de Meier: para superar o constrangimento causado pelo batismo de Jesus, o cristianismo das origens apresentou-se como ápice do glorioso apocalipse da identidade divina do batizado (p. 159).

3. Jesus "batista", seguidor do Batista

Depois do relato do batismo, os evangelhos sinóticos falam de Jesus tentado pelo diabo no deserto, com uma breve anotação em Mc 1,12-13 e uma narração em três atos na fonte Q (Lc 4,1-13 e Mt 4,1-11). É apresentada, em linguagem mítica, a luta entre o escolhido de Deus e o adversário demoníaco, concluída com a vitória do primeiro que, diversamente do povo israelita, infiel nos quarenta anos de permanência no deserto, se mostrou fiel à missão recebida de Deus. Subjacente a essas páginas, expressiva da fé dos primeiros crentes, "composição literária dominada por uma reflexão teológica", diz Fitzmyer no seu comentário (p. 509), podemos, porém, entrever como ele teve de enfrentar na sua ação pública "tentações" humanas, sobretudo de Pedro (cf. Mt 16,21-23) ou também dos fariseus que lhe pediam a execução de "um sinal" estrepitoso do poder divino (Mc 8,11 e par.), tentações que o levavam para fora do caminho escolhido ante seu Deus. A propósito desse assunto, impõe-se a afirmação geral de Hb 4,15: "Foi provado em tudo, à nossa semelhança".

Posteriormente, segundo Marcos (seguido por Mt 4,12), Jesus regressou à Galileia para inaugurar sua missão, depois que o Batista foi encarcerado: um sucede simplesmente ao outro (Mc 1,14). Para depois adiar o relato do trágico fim de João (Mc 6,16ss e Mt 14,3s), um indício talvez da tradição arcaica de uma coparticipação ativa dos dois. Lucas, inclusive, fala da prisão do Batista antes do relato do batismo de Jesus (Lc 3,19-20). Os evangelistas querem evidenciar que o novo astro resplandece sozinho no firmamento sem a presença de outra estrela. João é um ator que deve sair de cena para deixar o lugar ao verdadeiro protagonista. Um é o precursor, o outro o sucessor, diz brilhantemente Ernst (NTS, 1997, p. 176).

O quarto evangelho, porém, oferece-nos um quadro bem diferente. Jesus não abandonou imediatamente o Batista, como parecem crer os sinóticos. Permaneceu na Judeia, batizando, cercado de discípulos, obtendo certo sucesso (Jo 3,22; 4,1). Somente mais tarde partiu para a Galileia (Jo 4,3), atravessando a Samaria (Jo 4,4ss). Ao menos dois de seus discípulos eram do círculo do Batista, passados depois ao seu seguimento (Jo 1,35ss). O quarto evangelho logicamente precisa que João não tinha sido ainda encarcerado (Jo 3,24), entendendo assim afirmar uma contemporaneidade da ação batizadora de ambos. Murphy-O'Connor chega a conjecturar que "as missões de João e Jesus foram uma campanha coordenada entre judeus e samaritanos" (p. 365), mas me parece uma conjectura arrojada. Mais fundamentada é a hipótese de que não deviam faltar rivalidades e ciúmes entre os dois grupos batistas: o que é sugerido no quarto evangelho (Jo 3,25ss).

Como avaliar a historicidade desse quadro? No passado era comum não confiar no quarto evangelho, descaradamente teológico para ser tomado em consideração como fonte da pesquisa histórica sobre Jesus. No caso específico, podemos também apelar a tensões e diatribes sucessivas à morte de ambos os "profetas" que estão inseridas subliminarmente no texto evangélico: por um lado, os seguidores de João que consideravam seu mestre o messias, e de cuja existência dá garantia o autor dos Atos dos Apóstolos que atesta a presença de um grupo deles em Éfeso: chegando nessa cidade, Paulo encontrou ali "alguns discípulos" que não tinham nem mesmo escutado falar de Espírito Santo e que tinham sido batizados "no batismo de João", não naquele "no nome do Senhor Jesus" (At 19,1ss). Contrastavam-no os cristãos do quarto evangelho que, naturalmente, reivindicavam tal título a Jesus. Um confronto entre ambos os grupos que se pode deduzir não somente no capítulo deste escrito — como veremos —, mas também no relato da samaritana (c. 4), em particular no provérbio colocado nos lábios de Jesus: "Um semeia, outro colhe" (Jo 4,37), que continua: "Eu os enviei a colher o que não cultivastes; outros [o Batista e seus seguidores?] cultivaram com fadiga e vós agora passais a usufruir seu trabalho" (Jo 4,38). Ernst — mas sobretudo Gnilka (*Gesù di Nazaret*) — adere a essa linha crítica para com a confiabilidade histórica das afirmações do quarto evangelho.

Além disso, insiste-se sobre o pormenor de Jo 4,2, que entende "interpretar" a afirmação de Jo 4,1, mas também de Jo 3,22, segundo o qual Jesus, seguido por seus discípulos, batizava: "Na realidade, não era Jesus pessoalmente quem batizava, mas seus discípulos". Precisamente essa correção de um redator sucessivo do texto, antes que desmentir o dado, confirma-o: era embaraçoso que Jesus tivesse se colocado no mesmo nível do Batista, um e outro unidos na mesma ação batismal. Pode-se, portanto, admitir que o quarto evangelho faça referência a uma tradição independente e sólida: Jesus foi, também ele, um "batista".

A partir daí é fácil considerar a probabilidade de que o Nazareno tenha se inserido no movimento do Batista, tornando-se seu colaborador ("co-worker", diz Hollenbach) e lançando-se depois, em certo modo, por conta própria, isto é, formado com seus discípulos, alguns dos quais já discípulos que João, um grupo batista ao lado daquele originário e mais que importante João, o único ao qual foi atribuído o título de "batista". Estando assim os fatos, é necessário concluir que Jesus tenha feito seu o projeto do

Batista, não somente quanto ao rito batismal de penitência, mas também quanto à expectativa escatológica: a presente é a última hora à disposição antes da reviravolta decisiva da história e da catástrofe que colherá quantos recusarem o batismo e o apelo à conversão.

Uma vez de regresso na Galileia, Jesus, evangelista da realeza divina, continuou batizando ou, em estreita conexão com sua original perspectiva sobre a hora última como tempo de extrema graça de Deus, cessou? Uma opinião difundida aposta na segunda hipótese, mas não falta quem, como Meier, defenda a primeira, apelando à opinião de Herodes, que o viu como João ressuscitado (Mc 6,14 e par.). Desgraçadamente, nas fontes à nossa disposição, não temos elementos decisivos em um ou em outro sentido. Mas, certamente, a orientação escatológica de seu pensamento se fez original com relação ao do Batista — como veremos mais adiante —, e essa originalidade faz inclinar o fiel da balança a favor da hipótese de que tenha abandonado a prática batismal, não mais coerente com sua nova perspectiva. É, portanto, bastante provável, sobre a base dos dados do quarto evangelho, que completam os dos sinóticos, que tenha desenvolvido uma dupla missão: a primeira, em seguimento ao Batista e sob o sinal do batismo de penitência, durante um tempo indeterminável; a segunda, quando, separado do "mestre", sintonizou um próprio e original comprimento de onda, talvez provocado pelas curas realizadas, como conjectura Hollenbach, que fala oportunamente de "defecção" de João e de uma sua "conversão".

4. Como se viram Jesus e João

É sobretudo a fonte Q que nos informa sobre como Jesus e João se viram, em particular sobre as apreciações primeiro a propósito do Batista. Em Lc 7,18-23 e Mt 11,2-6 lemos que João, no cárcere, conforme Mateus, sabendo quanto fazia Jesus — Mateus menciona aqui "as obras do Cristo", conforme sua teologia messiânica —, enviou discípulos a perguntar-lhe: "És tu aquele que está para vir (*ho erkhomenos*), ou devemos esperar outro?". Lucas acrescenta à sua fonte uma anotação para explicar a resposta de Jesus: naquele momento ele tinha curado e exorcizado muitos doentes e endemoniados. Respondendo indiretamente, indica quanto Jesus fez e continua fazendo: "Cegos que veem, aleijados que caminham agilmente, leprosos que ficam limpos, surdos que ouvem, mortos que ressuscitam e aos pobres se anuncia a Boa Notícia". Aqui se indicam os sinais da era messiânica profetizada por Isaías: "Naquele dia os surdos ouvirão as palavras do livro, e tirados da escuridão e das trevas, os olhos dos cegos verão [...] e os mais pobres dos homens se alegrarão no Santo de Israel" (Is 29,18-19); "Então se abrirão os olhos dos cegos, e os ouvidos dos surdos se desimpedirão; então os coxos saltarão como cervos e a língua do mudo cantará" (Is 35,5-6); "(Deus) me enviou para anunciar a Boa Notícia aos pobres" (Is 61,1). Há em Qumrã uma passagem paralela que fala do Messias e dos gestos de libertação do Senhor inspirados em Isaías:

> [porque os cé]us e a terra ouvirão seu Messias [...]. Porque o Senhor observará os piedosos e chamará pelo nome os justos, e pousará seu espírito sobre os pobres, e com sua força renovará os fiéis. Pois honrará os piedosos sobre o trono da realeza eterna, *libertando os prisioneiros, dando a vista aos cegos, endireitando os curvados* [...] e o Senhor fará ações gloriosas como nunca aconteceram, como dis[se], porque curará os feridos, *fará reviver os mortos e dará o anúncio aos humildes*, fartará os [indigen]tes, guiará os expulsos e enriquecerá os famintos (*4Q521* 2,2,1-13).

No fechamento, Jesus pronuncia uma bem-aventurança sem precisar o destinatário: "E feliz quem não tropeçar (*skandalizein*) em mim".

Discute-se sobre a historicidade dessa mensagem do Batista: admitida por Meier e Hollenbach, por exemplo, é negada por Ernst, que a qualifica como apotegma criado pela comunidade protocristã. A seu favor estão diversos fatores: antes de tudo, Jesus não responde diretamente, proclamando-se de imediato o Messias; a pergunta do Batista, ademais, envolve um vago "aquele que está por vir", título incomum para indicar expectativas messiânicas, provavelmente indicativo de uma futura vinda de Elias, esperança atestada em uma promessa divina do profeta Malaquias: "Eu enviarei o profeta Elias antes que chegue o dia grande e terrível do Senhor" (Ml 3,23); enfim, fica indeterminado o beneficiário da bem-aventurança — "quem não tropeçar em mim" —, com provável e velada alusão ao próprio Batista, que talvez se interrogasse perplexo sobre a identidade de seu "velho" discípulo. Não parece pertinente, por sua vez, a tentativa de especular sobre eventuais crises e dúvidas de João que, tendo reconhecido em um primeiro momento em Jesus "aquele que é mais forte", se diz, foi depois tomado de perplexidade pelo comportamento desconcertante do Nazareno que não segurava na mão nem a pá para separar o trigo da palha, nem, muito menos, o machado para derrubar as árvores. Fazem-se assim somente suposições gratuitas; melhor permanecer em uma prudente discrição imposta pelo silêncio de nossas fontes: além de seu interrogar-se sobre a identidade de Jesus como possível esperado antes do dia último, como Elias redivivo — figura que, aliás, o interrogado aqui recusa —, não sabemos nada mais preciso. "Jesus reconheceu João, mas não sabemos com certeza se João tenha alguma vez reconhecido Jesus" (Lupieri, *Giovanni Battista*, p. 183).

Contudo, nossas fontes nos informam sobre não poucos julgamentos que Jesus formulou sobre o Batista. A fonte Q atesta-o no material tradicional recolhido no complexo literário Lc 7,18-35 e Mt 11,2-19. Um primeiro julgamento é expresso por Jesus que se dirige de modo direto, e também um pouco provocativo, a interlocutores pouco definidos: "Que fostes ver no deserto? Uma cana agitada pelo vento? Mas que fostes ver? Um homem vestido com roupas elegantes? Aqueles que vestem roupas esplêndidas habitam em palácios de reis. Mas, enfim, que fostes ver? Um profeta? Sim, eu vos digo; antes, mais que um profeta" (Q: Lc 7,24-26 e Mt 11,7-9). No *Evangelho de Tomé* 78, temos a seguinte versão paralela: "Por que saístes ao campo? Para ver uma cana movida pelo vento? Para ver um homem vestido com roupas elegantes? Vossos reis e vossos magnatas, eles, sim, vestem roupas elegantes, mas não poderão conhecer a verdade". A autenticidade substancial da palavra de Jesus merece respeito porque exalta o Batista, enquanto no cristianismo das origens — como veremos — tendia-se a redimensioná-lo a favor, naturalmente, de Cristo: a exemplo dos profetas da tradição hebraica, ele ocupa um posto à parte, mais prestigioso, é um "superprofeta" (Meier). Em especial, Jesus não o define em relação a si mesmo: tudo é deixado na indeterminação. Se fosse uma criação da comunidade cristã das origens, sua resposta teria sido bastante mais precisa e teria insistido principalmente sobre a inferioridade do Batista ao seu respeito. A alusão à corte de Herodes Antipas — e aqui o *Evangelho de Tomé* parece secundário na sua tentativa de explicitar — encontra legítima colocação na atitude crítica, mas velada (para não correr riscos), de Jesus ante os poderosos, os ricos e os dominadores, uma característica toda sua. De resto, tinha se dirigido para ser batizado por João, um reconhecimento concreto de caráter profético. Aqui diz ainda mais, reconhece sua estatura de profeta excepcional, sem explicar, porém, em que consista tal excepcionalidade.

Igualmente, em outro dito que tem boas probabilidades de ser autêntico, atestado sempre na fonte Q, mas desligado de seu contexto específico e aqui inserido redacionalmente, Jesus exalta o Batista: "Eu vos digo que entre os nascidos de mulher ninguém é maior que João, no entanto o menor no Reino de Deus é maior do que ele" (Q: Lc 7,13 e Mt 11,11). Na versão do *Evangelho de Tomé* 46: "De Adão até João Batista, dentre os nascidos de mulher, não há ninguém superior a João Batista, a ponto de não precisar baixar os olhos (diante dele). No entanto vos disse que qualquer um que se torne pequeno conhecerá o Reino e será superior a João". Se a palavra precedente era de total exaltação do Batista, aqui a exaltação é relativizada: o maior no passado, mas na presente irrupção da realeza divina, tema central na pregação de Jesus, é o menor. Duas histórias se contrapõem: João ocupa o vértice na primeira, mas o último degrau na segunda, na qual é superado por qualquer participante, inclusive pelo ínfimo. Evidentemente, é a graça do reino a estabelecer grandezas e pequenezas. À exaltação do Batista, portanto, contrapõe-se a exaltação da nova história, conforme a manifestação de graça da realeza divina. Note-se ainda que a pessoa de Jesus está ausente nesse dito, ao menos *explicitis verbis*, e por isso pode reivindicar uma plausível confiabilidade histórica, sobretudo na primeira parte que exalta João.

Sempre no mencionado complexo literário, aparece historicamente confiável o dito que a fonte Q colocou logo depois da parábola das crianças caprichosas reunidas na praça a brincar (Q: Lc 7,31-32 e Mt 11,16-17) como sua explicação, mesmo se a adaptação não parece perspícua: "Veio João, o Batista, que não comia e não bebia vinho, e dizeis: está possuído por um demônio. Veio o Filho do Homem [este homem aqui presente] que come e bebe vinho, e dizeis: eis um homem comilão e beberrão, amigo dos publicanos e dos pecadores" (Q: Lc 7,31-34 e Mt 11,16-19). À parte a fórmula "o Filho do Homem", que de fato equivale ao pronome pessoal "eu", aqui se exprime a contraposição dos dois sobre o plano externo: ascético o Batista, "mundano" Jesus, mas assimilados no destino de rejeição. A comunidade cristã teria tido dificuldades em colocá-los no mesmo plano, a equipará-los. Portanto, para Jesus, o Batista, como de regra todos os profetas na tradição deuteronomista, é profeta marcado por rejeição e oposição.

A referência bíblica a Ml 3,1 que segue na redação da fonte Q, parece-nos, em vez, uma intervenção da comunidade cristã inclinada a interpretar o Batista como o Elias esperado: "É dele que está escrito: Eis que envio meu mensageiro diante de ti a preparar teu caminho diante de ti" (Q: Lc 7,27 e Mt 11,10). É a mesma passagem citada por Mc 1,2 ao apresentar o Batista, como indicadora de interpretação teológica.

Outra palavra de Jesus atestada, com não poucas diversidades, em Lc 16,16 e Mt 11,12-13 — mostrando que reelaboraram diversamente sua fonte Q —, coloca o Batista na encruzilhada entre a história passada e a nova era que alvorece. A versão de Lucas, na primeira parte, é preferível à de Mateus pela sua concisão, indicada também pela ausência de qualquer verbo: "A lei e os profetas até João". Em lugar disso, em Mt 11,13 lemos: "Todos os profetas e a lei profetizaram até João". Como se vê, o primeiro evangelista insiste sobre o valor profético das Escrituras, temática cara à sua teologia. Na segunda parte do dito, em vez, em paralelo com a primeira, a frase de Mt 11,12 é substancialmente preferível, mesmo se as fórmulas lucanas iniciais são mais tradicionais e aqui reproduzidas: "Desde então o Reino de Deus [Lc] sofre violência (*biazetai*) e os violentos (*biastai*) o rapinam". A frase de Lucas "o Reino de Deus é anunciado como Boa Notícia [*euaggelizesthai*: termo caro ao terceiro evangelho e indicativo da pregação pascal da comunidade protocristã] e todos entram nele com violência (*biazetai*)" (Lc 16,16b), acaba por entender em bom sentido o motivo da violência, que na versão mateana aparece com valor destrutivo. Não é aqui o momento de discutir o dito em todos os seus aspectos; basta-nos ler a apreciação do Batista por parte de Jesus, à qual se reconhece alta confiabilidade histórica, porque exalta diretamente o Reino e não Jesus, e isto contra a tendência das comunidades cristãs primitivas, cujo interesse era de caráter cristológico. Discute-se sobre o valor inclusivo ou exclusivo das expressões "Até / Desde então": João pertence totalmente à história passada ou constitui a primeira presença da nova, caracterizada pela presença do Reino? No texto de Lucas, João aparece no fim da história passada, enquanto na versão redacional de Mateus fica claro que constitui o início da nova: "Dos dias de João Batista até agora o Reino de Deus sofre violência". Parece preferível, no plano histórico, a versão de Lucas: João aparece como ponto de chegada da história passada que aponta os olhos em direção à nova: é o último profeta da milenária história de Israel e assim a fecha; mas com seu batismo e sua palavra profética prepara a irrupção do Reino de Deus que começa a realizar-se com a vinda de Jesus. É verdade: Mateus lhe atribui o anúncio de que a realeza divina se fez evento próximo (Mt 3,2), mas se trata de elemento típico de sua redação. Que o Batista fique fora do espaço no qual Deus torna-se rei na história e que se situe antes desse evento, contudo projetado para tal, é confirmado pelo dito mencionado anteriormente: o menor que participa dele resulta maior que ele, reconhecido, por outra parte, no vértice da grandeza humana.

O dito de Jesus, atestado em Mt 21,31b-32, como conclusão da parábola dos dois filhos (Mt 21,28-31a), insiste sobre o motivo da rejeição que une o destino de ambos, motivo presente em outras passagens da tradição, como acabamos de ver. Tem um timbre fortemente polêmico contra quantos se demonstraram hostis ou até mesmo indiferentes: "Os coletores de impostos e as prostitutas entrarão no Reino, enquanto vós, não. João, com efeito, veio até vós como profeta da justiça e não acreditastes nele; mas os coletores de impostos e as prostitutas sim. Vós, ao contrário, nem depois de ter visto isto vos convertestes para crer nele". A passagem correspondente de Lucas (Lc 7,29-30) é tão diversa que dificilmente pertence à comum fonte Q. A historicidade desse paralelo no qual Jesus e o Batista são colocados sobre o mesmo plano, ambos rejeitados por setores do mundo judaico de reconhecida autoridade e moralidade, e aceitos pelos transgressores públicos da Lei, por isso beneficiários da graça da anunciada realeza de Deus, parece bastante plausível, mesmo se o texto mateano se apresenta um pouco conciso na parte conclusiva.

Enfim, devemos a Marcos, seguido por Mateus e Lucas, outro confronto polêmico de Jesus com seus críticos, ambientado no quadro da sua ação "subversiva" no templo (cf. Mc 11,20-26). O centro da discussão versa sobre a autoridade de quem realizou tal gesto de ruptura, claramente simbólico. Em breve, perguntam-lhe: Estás legitimado por Deus ou é uma iniciativa tua, puramente pessoal? O Nazareno responde com uma contrapergunta, acentuando a verdadeira questão, autoridade divina ou humana: "O batismo de João tinha origem celeste ou puramente humana (*ex ouranou/ ex anthrōpōn*)?". Os interlocutores são pegos de surpresa e encurralados em um dilema que não lhes deixa nenhuma escapatória possível, a não ser a confissão de não sabê-lo. "Se dissermos que tinha origem celeste, nos perguntará: 'Por que, então, não crestes nele?' Mas, se dissermos: 'tinha origem humana', deveremos temer a reação do povo que considera João um verdadeiro profeta." Então Jesus conclui: "Também eu não vos digo com qual autoridade faço isto" (Mc 11,27-33). Ele, portanto, professa abertamente que o batismo de João vem de Deus, e subentende, com um argumento *a pari*, que também sua ação é de origem divina. O paralelismo de ambos mostra uma plausível historicidade do pronunciamento.

5. Morte violenta do Batista

Flávio Josefo deixou-nos um precioso testemunho histórico sobre o trágico fim de João Batista:

> Quando outros se agruparam em torno dele — pois ficavam muito incitados com suas palavras —, Herodes receou que uma eloquência tão convincente entre o povo poderia levar a alguma sedição (*stasis*), pois eles pareciam observar cada uma de suas palavras. Herodes, então, decidiu que era melhor atacar primeiro e livrar-se dele antes que sua atividade provocasse uma rebelião, e não esperar por um distúrbio que o pusera em uma situação tão difícil, da qual se arrependeria. Assim, por causa da suspeita de Herodes, [João] foi levado preso a Maqueronte, a fortaleza que mencionamos precedentemente, e ali foi executado (*Ant* 18,118-119).

O motivo da execução capital é claramente político: perigo de rebelião por parte da multidão que acorria a ele e pendia de seus lábios; exatamente uma medida preventiva tendente a antecipar "qualquer forma de sedição". Explícito também é o lugar da prisão e da execução: a fortaleza de Maqueronte, no extremo sul da Pereia, no confim do reino dos nabateus — com os quais Antipas, sentindo-se atraído por Herodíades, entrará depois em conflito por ter repudiado a mulher, filha de Aretas IV, rei nabateu. Tudo parece historicamente muito preciso e totalmente compreensível; não há motivo para duvidar da confiabilidade desse testemunho do historiador hebreu.

Não obstante, temos também um relato evangélico em Mc 6,17-29, seguido fielmente por Mateus (Mt 14,3-12), enquanto Lucas se limita a anotar o fato da prisão (Lc 3,19-20). Bem diferente é o estilo de Marcos:

> O próprio Herodes mandou prender João e acorrentá-lo no cárcere, por causa de Herodíades, a mulher de seu irmão Filipe, com a qual se casara. João, com efeito, dissera a Herodes que não era lícito possuir a mulher de seu irmão. Herodíades o odiava profundamente e queria matá-lo, mas não podia, pois Herodes temia João, sabendo que era um homem justo e santo; antes, o defendia e, mesmo ficando perplexo com suas palavras, o escutava com prazer. Ora, chegou um dia propício quando Herodes, por ocasião do seu aniversário, ofereceu um banquete aos seus magnatas, aos tribunos e às grandes personalidades da Galileia. Então a filha da própria Herodíades entrou a dançar e agradou a Herodes e aos convivas. O rei disse à moça: "Pede-me o que quiseres que eu to darei". E fez este juramento: "Qualquer coisa que me pedires eu te darei, até a metade do meu reino". A moça saiu e perguntou à mãe o que devia pedir. E ela: "A cabeça de João, o Batista". Voltando logo, apressadamente, pediu ao rei: "Quero que, agora mesmo, me dês sobre um prato a cabeça de João Batista". O rei ficou profundamente triste por causa do juramento e por consideração dos convivas, mas não quis contrariá-la com uma negação. E imediatamente enviou um guarda, com ordens de trazer a cabeça de João. Ele foi, decapitou-o na prisão, trouxe sua cabeça sobre um prato e

deu-a à moça, e esta a entregou a sua mãe. Os discípulos souberam disso, foram lá, pegaram o corpo e o colocaram em um túmulo (Mc 6,17-29).

O confronto de ambos os textos mostra grande diversidade. Primeiramente, no texto evangélico a causa da morte é de caráter moral e pessoal: o Batista tinha reprovado a conduta do tetrarca vetada pela Lei mosaica que proibia a união matrimonial com a mulher do irmão (Lv 18,16; 20,21); enquanto no historiador hebreu é de caráter político. Em Flávio Josefo, não há nenhuma menção de Herodíades; ao contrário, na versão evangélica do deplorável fato reveste um rol determinante. E ainda: no evangelho é de má vontade que Herodes manda decapitar o Batista, enquanto, para o historiador hebreu, Herodes aparece como um frio calculista: intuindo um possível perigo para seu poder, empenha-se resolutamente para eliminá-lo de forma violenta. Marcos, ademais, diferentemente de Flávio Josefo, não especifica onde o Batista foi encarcerado e morto; lendo seu texto, tudo parece acontecer na corte, em Tiberíades, portanto, durante a festa de aniversário do tetrarca, rodeado de dignitários. Claramente novelista, enfim, a cena marcana da dança da filha de Herodíades que seduzira o rei, beneficiária de promessas incríveis e espantoso instrumento, ela ainda mocinha (*korasion*), da tremenda e sanguinária vingança da mãe. Sem esquecer de que o evangelista se engana apresentando Herodíades como mulher de Filipe, irmão de Antipas; na realidade, era a mulher de um meio-irmão chamado Herodes. Além disso, a filha de Herodíades, Salomé, naquele tempo era esposa de Filipe e não teria podido, certamente, apresentar-se como dançarina na festa do cunhado Antipas. O único elemento provavelmente histórico é a anotação conclusiva: a sepultura do mestre por parte dos discípulos.

Contudo, alguns estudiosos propuseram uma harmonização de ambos relatos: a denúncia moral do comportamento de Antipas por parte do Batista tinha reflexos políticos: para vingar a filha repudiada, Aretas IV proclamará guerra e derrotará o tetrarca; a presença de João, instigador do povo e censor de sua conduta na Pereia, confinante com os nabateus, devia aparecer perigosa aos olhos de Antipas. Mas fica o caráter novelista da página de Marcos, que livremente criou sua brilhante obra: inspirando-se provavelmente no precedente da luta entre Elias e Acab e sobretudo na pérfida mulher do rei, Jezabel (1Rs 21), aportou a última pincelada a seu retrato teológico do Batista nas vestes de Elias retornado à terra. Mas não estão excluídos influxos do ambiente cultural clássico. É conhecido o relato de Tito Lívio de um fato semelhante:

> Ele [Valerius Antias] escreve que em Piacenza, uma célebre mulher, por quem Flaminino estava desesperadamente apaixonado, foi convidada a um banquete. Ali ele se vangloriava com os cortesãos, entre outras coisas, de sua severidade no ter instituído processos e quantas pessoas condenadas à morte tivesse acorrentado e destinado à decapitação. Então, a mulher, inclinando sua cabeça no seu regaço, disse não ter jamais visto uma pessoa decapitada e que gostaria de ver uma. Então, o generoso amante ordenou que fosse apresentado um daqueles infelizes, que decapitou de improviso com seu machado. Foi cometido um crime feroz e atroz [...]; entre os cálices de vinho e as iguarias, onde é costume libar aos deuses, no qual seria um bom costume orar, uma vítima humana foi sacrificada e a mesa espargida com seu sangue, como espetáculo para uma desavergonhada prostituta deitada no seio do cônsul.

Qual compreensão é possível para Flaminino "do momento que, fora de si pelo vinho e pelo desejo venéreo, jogou com o sangue durante um banquete?" (*Hist* 39,43,2-5).

6. Releituras cristãs

Nas fontes cristãs antigas foram reconhecidos alguns fundamentos históricos da narração da vida do Batista. Porém, intencionalmente aquelas perseguiram compreensões de sua pessoa e ações, funcionais à sua reflexão de fé sobre Jesus. Mais de uma são as linhas interpretativas, exatamente tantos quantos são os documentos.

Marcos, para identificá-lo imediatamente, antepõe à apresentação de João a citação de duas passagens proféticas da tradição bíblica. A primeira é Ml 3,1: "Eis que envio meu mensageiro diante de ti para preparar teu caminho". Se na palavra do profeta o enviado prometido, o próprio profeta, era mensageiro de Deus, o evangelista identifica-o claramente com João Batista, aquele que iria preparar o caminho para a vinda de Jesus, com o batismo de água e a pregação anunciadora da vinda de alguém mais forte do que ele, que batizará com o poder do espírito, isto é, de certo Cristo segundo a intenção do texto evangélico. O anunciador está em função do anunciado.

A segunda passagem citada é Is 40,3: "Voz do que grita no deserto: preparai o caminho para a vinda do Senhor, tornai retas suas veredas" (Mc 1,3). Se em Isaías o Senhor era Deus, como mostra o paralelismo da fórmula da segunda linha: "As veredas de nosso Deus", na citação do evangelista, indubitavelmente, a voz que grita no deserto — por isso, logo depois João é introduzido como aquele que batiza "no deserto" — é o Batista que exorta a preparar a vinda do Senhor Jesus. A mesma passagem de Isaías, que no texto original conecta o deserto não com a voz, mas com a preparação espiritual, é citada nos escritos de Qumrã como profecia da União essênia, retirada no deserto para preparar, na pureza de vida e na fidelidade à Lei mosaica, a esperada vinda de Deus que criará um Israel puro, um culto, um sacerdócio e um templo puros. "E quando estes existirem como comunidade em Israel segundo estas disposições, se separarão do meio da residência dos homens da iniquidade para marchar ao deserto e para abrir ali o caminho daquele. Como está escrito: 'No deserto, preparai o caminho de..., endireitai na estepe uma calçada para nosso Deus'" (*1QS* 8,12-14). Para Marcos, o Batista é um mestre de obras chamado a arrumar as estradas pelas quais deverá percorrer o grande rei em visita a esta ou àquela cidade. Para além da metáfora, é aquele que por vontade de Deus prepara espiritualmente o povo para receber o "messias". O título tradicional de ativo precursor é plenamente adequado, como diz a fórmula "diante de ti".

Se o relato marcano do fim trágico do Batista já o representa como Elias reaparecido na terra, a identificação é explícita em um dito colocado na boca de Jesus, provocado a pronunciar-se sobre a esperada vinda de Elias como precursor do Messias, preanunciada em Ml 3,23: "Eis que enviarei o profeta Elias antes que chegue o dia grande e terrível do Senhor". E agora a palavra do Nazareno: "Elias já veio, e fizeram com ele tudo o que quiseram, como está escrito a seu respeito" (Mc 9,13), com clara referência ao Batista e a seu destino de profeta rejeitado.

A *fonte Q*, não diversamente de Marcos, aplica a passagem de Ml 3,1 (sobre o mensageiro enviado a preparar a estrada) ao Batista, qualificando--o, portanto, como precursor que aplana o caminho ao Messias. Depois, na sua coleção redacional (Lc 7,24-35; Mt 11,3-19), com uma parábola põe em relevo a insensibilidade e a recusa de muitos em Israel ao apelo do Batista e a ele mesmo: "A quem vou comparar as pessoas desta geração? Com quem são parecidos? São parecidas a crianças sentadas na praça, que dizem umas às outras: 'Tocamos flauta para vós e não dançastes; entoamos um canto de lamento e não chorastes'" (Q: Lc 7,31-32 e Mt 11,16-17). Um vasto grupo de estudiosos a considera pós-pascal, também pela fórmula indicadora dos destinatários "esta geração", típica da teologia da fonte Q: o Batista e Jesus — sem excluir os pregadores cristãos do evangelho —

foram enviados pela Sabedoria divina a Israel, mas este os rejeitou culpadamente. Leia-se assim o dito conclusivo e redacional de Q: "A sabedoria foi reconhecida justa por seus filhos" (Q: Lc 7,35); "por suas obras", diz Mt 11,19. O Batista é, portanto, enquadrado em um vasto esquema interpretativo da missão de Jesus, ambos enviados divinos, os quais partilham a mesma sorte de rejeição, testemunhas autorizadas da sabedoria divina entre o povo.

Lucas caracteriza-se, principalmente, por seu interesse pelas origens do Batista (Lc 1–2), interesse coligado ao anterior por Jesus. Em concreto, ele os coloca em paralelo: anúncio do nascimento de João e de Jesus (Lc 1,5-25; 1,26-38); nascimento do primeiro e do segundo (Lc 1,57-66; 2,1-7); canto de bênção do pai de João (Lc 1,67-79) e *Magnificat* de Maria (1,46-55); imposição divina do nome e circuncisão dos dois (Lc 1,59-63; 2,21); crescimento de um e do outro (Lc 1,80; 2,39). O escopo não é o de fazer história, mas de evidenciar a superioridade de Jesus sobre João, que está a seu completo serviço. No anúncio ao pai, Zacarias, sacerdote — a historicidade da identidade sacerdotal do Batista, aqui afirmada por Lucas, é discutível —, o mensageiro celeste especifica assim sua carteira de identidade teológica:

> Muitos se alegrarão por seu nascimento. Ele será grande diante do Senhor; não beberá nem vinho nem bebida alcoólica; ficará cheio de Espírito Santo desde o seio de sua mãe; converterá muitos dos filhos de Israel ao Senhor, seu Deus. Ele os precederá com a força e o espírito de Elias para reconduzir os corações dos filhos aos pais e os rebeldes para fazer próprio o sentir dos justos, a preparar para o Senhor um povo bem disposto [cf. Ml 3,23-24] (Lc 1,14-17).

No *Benedictus* repete-se, essencialmente, tal compreensão do Batista: "E tu, menino, serás profeta do Altíssimo indo à frente do Senhor, preparando seus caminhos" (Lc 1,76). Como se vê, Lucas desenvolve, por conta própria, a percepção da comunidade cristã das origens: João é o precursor, como o Elias esperado, de Jesus messias régio, que é exaltado assim no anúncio a Maria: "Será grande, filho do Altíssimo, e o Senhor Deus lhe dará o trono de Davi, seu pai, e reinará sobre a casa de Israel para sempre, e seu Reino não terá fim" (Lc 1,32-33). Nenhuma confusão entre os dois, enfatiza o evangelista que, por própria iniciativa, narrando da multidão que vá até João para fazer-se batizar, atribui-lhe esta dúvida: "Se João era ou não o messias" (Lc 3,15), dúvida dissipada pela resposta que remete ao mais forte, aquele que imergirá as pessoas no espírito e no fogo (Lc 3,16).

Profeta de Deus, o Batista aparece no evangelho de Lucas também quando apresenta sua entrada em cena, enquadrando-a sincronicamente na história imperial e local: "No ano décimo quinto de Tibério [...] a palavra de Deus foi dirigida a João, filho de Zacarias, no deserto" (Lc 3,1-2). É a fórmula introdutória dos livros proféticos da tradição hebraica. O terceiro evangelho sempre se preocupa em prolongar a citação de Isaías para dar voz a sua orientação teológica universalista: João preparará a estrada para Cristo de modo que "todo ser humano mortal experimentará a salvação de Deus" (Lc 3,6). Em At 13,24-25, como momento da história da salvação, Jesus é posto em relação com João, o Batista e o anunciador daquele do qual se diz indigno de desatar as sandálias dos pés. Aqui são confrontados os dois, não seus batismos.

A exemplo da fonte Q, como vimos, Lucas acentua o apelo extremo do Batista à conversão, necessária e inadiável para poder fugir da perdição (Lc 3,7-9), por iniciativa sua entende sublinhar a pregação ética. Constrói, portanto, uma cena na qual diversas categorias humanas, que a ele se dirigem, recebem uma instrução adequada sobre o que fazer. Em breve, temos aqui uma espécie de moral dos estados de vida, própria do cristianismo primitivo:

> Perguntou-lhe a multidão: "O que devemos, pois, fazer?". Ele respondia: "Quem tiver duas túnicas dê uma a quem não tem, e faça o mesmo quem tiver o que comer". Vieram a fazer-se batizar também os publicanos e lhe disseram: "Mestre, que devemos fazer?". Ele lhes disse: "Não cobreis nada mais do que foi estabelecido". Também os soldados lhe perguntavam: "E nós, que devemos fazer?". E lhes disse: "Não deveis extorquir dinheiro, não calunieis ninguém e contentai-vos com vosso salário" (Lc 3,10-14).

Em uma palavra, não somente precursor e profeta escatológico, mas também mestre de moral: um retrato exaustivo.

De *Mateus* já vimos algumas intervenções não marginais: o perdão dos pecados não vem do batismo de João, mas da morte de Cristo, simbolizada pelo dom do pão e do vinho. Jesus se submeteu ao batismo de João não como penitente, mas qual homem justo, fiel à vontade de Deus. Assoma uma manifesta intenção de diminuir o Batista e elevar Jesus. No complexo literário de Mt 11,2-19, extraído da fonte Q, Mateus insere a afirmação explícita da identidade do Batista como Elias, colocando nos lábios de Jesus: "É ele o Elias que deve vir" (Mt 11,14). E se em Marcos lia a palavra de Jesus, que Elias, o esperado, já tinha vindo, quer excluir toda dúvida a respeito, anotando no final que "os discípulos compreenderam que lhes falara do Batista" (Mt 17,13).

Surpreendente aparece, pelo contrário, sua mão de redator quando atribui ao Batista o mesmo anúncio da proximidade de Deus rei, próprio de Jesus, como veremos: "Convertei-vos: o Reino dos céus se aproximou" (Mt 3,2). Depois de ter diminuído o sentido do batismo de João, negando-lhe valor de rito de perdão, agora o primeiro evangelista o equipara a Jesus, certo somente quanto ao anúncio do Reino. Tanto mais emerge sua persuasão que João pertence à nova história que está sob o signo de Jesus: já nele ecoa no povo de Israel o anúncio da realeza de Deus (Mt 11,12).

O *quarto evangelho*, entre todos, é o que mais submeteu João a uma radical releitura cristã. Como tínhamos antecipado, não lhe atribui sequer o apelativo de Batista. Na realidade, o reduz a puro rol; encarna uma simples função a serviço de Cristo. Daí o jogo de afirmações e negações sobre seu ser e sobre o de Jesus. É a testemunha autorizada para indicar Jesus: "Ele vem como testemunha, para dar testemunho da luz, para todos chegarem a crer por meio dele"; "Não era ele a luz, mas veio para dar testemunho da luz" (Jo 1,7-8). Sua precedência temporal é relativa: "Aquele que vem depois de mim está, na realidade, na minha frente, porquanto existia antes de mim" (Jo 1,15). A quantos lhe perguntam se seja ele o messias (Jo 1,19), responde, antes de tudo, com três negações radicais que, em parte, contradizem a compressão dos sinóticos: "Não sou o messias/ Não sou Elias/ Não sou o profeta (escatológico)", e depois com a afirmação que retoma um dado tradicional: "Eu sou a voz do que grita no deserto" (Jo 1,19-23). E aponta o dedo em direção "(d)aquele que está no meio de vós como desconhecido. Ele é aquele que vem depois de mim" (Jo 1,26-27); "o Cordeiro de Deus que carrega o pecado do mundo" (Jo 1,29-30; cf. 1,36); "aquele que batiza com o Espírito Santo" (Jo 1,34). Em breve, João é a testemunha do Filho de Deus (Jo 1,34). Afirmação e negação retornam mais adiante: "Vós sois testemunhas do que disse: 'Não sou eu o messias; somente sou o enviado diante dele'" (Jo 3,28) e recorrendo à alegoria esponsal identifica em Jesus o esposo e em si mesmo "o amigo do esposo" que lhe preparou a festa das núpcias (Jo 3,29). No fechamento, recorre à comparação do astro decrescente e daquele crescente: "É necessário que ele cresça, enquanto eu devo diminuir" (Jo 3,30). Enfim, lemos Jo 5,33-36, palavra colocada na boca de Jesus: João "deu testemunho da verdade [...]. Era a lâmpada que arde e ilumina [...]. Mas eu tenho um testemunho maior que o de João".

Bibliografia do capítulo

Allison, D. C. Behind the temptations of Jesus: Q 4:1-13 and Mark 1:12-13. In: Chilton, B.; Evans, C. A., eds. *Authenticating the activities of Jesus*. Leiden-Boston-Köln, 1999. pp. 195-213.
Becker J. *Johannes der Täufer und Jesus von Nazareth*. Neukirchen, 1972.
_____. *Jesus von Nazaret*. Berlin-New York, 1996. pp. 37ss.
Campbell, R. A. Jesus and his baptism. In: *TyndBull* 47(1996), pp. 191-214.
Cirillo, L. Fenomeni battisti. In: Sacchi, P. *Il giudaismo palestinese: dal I secolo a.C. al I secolo d.C.* Bologna, Fattoadarte, 1993. pp. 19-57.
Dunn, J. D. G. John the Baptist's use of Scripture. In: Chilton, C. A.; Stegner, W. R., eds. *The Gospel and the Scriptures of Israel*. Sheffield, 1994. pp. 42-54.
Ernst, J. *Johannes der Täufer: Interpretation – Geschichte – Wirkungsgeschichte*. Berlin-New York, 1989.
_____. Johannes der Täufer und Jesus von Nazareth in historischer Sicht. In: *NTS* 43(1997), pp. 161-183.
Geoltrain, P. De Jean Baptiste à Jésus. In: Houziaux, A., ed. *Jésus de Qumràn à l'Évangile de Thomas. Les judaïsmes et la genèse du christianisme.* Paris, 1999. pp. 59-76.
Hollenbach, P. W. The conversion of Jesus: from Jesus the Baptizer to Jesus the Healer. In: *ANRW* II,25,1, pp. 196-219.
_____. John the Baptist. In: *ABD* III, pp. 887-899.
Kazmieriski, C. R. *Giovanni il Battista, profeta ed evangelista*. Cinisello Balsamo (MI), San Paolo, 1999.
Légasse, S. L'autre "baptême" (Mc 1,8; Mt 3,11; Lc 3,16; Jn 1,26.31-33). In: *The four Gospels 1992* (FS F. Neirynk). I. Leuven, 1992. pp. 257-273.
Lupieri, E. *Giovanni Battista fra storia e leggenda*. Brescia, Paideia, 1988.
_____. *Giovanni e Gesù. Storia di un antagonismo*. Milano, Mondadori, 1991.
Meier, J. P. *Um judeu marginal. Repensando o Jesus histórico*. II, 1. Rio de Janeiro, Imago, 1996. pp. 33-311.
Meyer, B. F. "Phases" in Jesus' mission. In: *Greg* 73(1992), pp. 5-17.
Murphy-O'Connor, J. John the Baptist and Jesus: history and hypotheses. In: *NTS* 36(1990), pp. 359-374.
Stegemann, H. Giovanni Battista. In: *Gli esseni, Qumran, Giovanni Battista e Gesù*. Bologna, EDB, 1996. pp. 303-326.
Theissen, G. The legend of the Baptizer's death. A popular tradition told from the perspective of those nearby? In: *The Gospels in context: social and political history in the synoptic tradition*. Edinburgh, 1992. pp. 81-97.

Theissen, G., Merz, A. *Il Gesù storico. Un manuale.* Brescia, Queriniana, 1999. pp. 248-268. [Ed. bras.: *O Jesus histórico*. São Paulo, Loyola, 2002].

Webb, R. J. *John the baptizer and prophet: a socio-historical study.* Sheffield, 1991.

_____. John the Baptist and his relationship to Jesus. In: Chilton, B.; Evans, C. A., eds. *Studying the Historical Jesus.* Leiden, Brill, 1994. pp. 179-229.

Capítulo VII
CURANDEIRO EM UM MUNDO DE CURANDEIROS

Nenhum outro capítulo da vida de Jesus de Nazaré apresenta tanta riqueza e variedade de testemunhos como os que nos falam de sua ação taumatúrgica. Antes de tudo, a fonte compacta das atestações cristãs: Marcos com um material, ressalta-o Meier, que cobre quase um terço de seu escrito (209 versículos sobre 666) e pouco menos da metade dos primeiros dez capítulos, isto é, excluídos os últimos dias passados em Jerusalém (200 versículos sobre 425); a própria fonte Q; a tradição própria de Mateus; a fonte L utilizada por Lucas; a coleção dos sinais aproveitada por João; até mesmo um dito do *Evangelho Apócrifo de Tomé* sobre o alcance taumatúrgico da missão confiada por Jesus a seus discípulos. Chegou até nós também um relato do *Evangelho de Egerton 2* sobre a cura de um leproso: "Eis que um leproso, aproximando-se dele, disse: 'Mestre, viajando com os leprosos e comendo com eles no albergue, acabei pegando a lepra. Ora, se tu queres, eu fico purificado'. O Senhor lhe disse: 'Quero; fica purificado!' E imediatamente a lepra o deixou. O Senhor depois lhe disse: 'Vai, mostra-te aos sacerdotes...'". Porém, não parece ser uma fonte independente. Sem esquecer do discutido *Evangelho Secreto de Marcos* que relata uma variante da ressurreição de Lázaro:

> E chegaram a Betânia. Uma mulher cujo irmão tinha morrido estava lá. Ela se aproximou, prostrou-se diante de Jesus e lhe disse: "Filho de Davi, tem piedade de mim". Mas os discípulos a censuraram. Jesus, irritado, foi com ela para o jardim onde estava o túmulo e imediatamente ouviu-se um grito de dentro da tumba. Jesus se aproximou e rolou a pedra da entrada do túmulo. Entrou, então, onde estava o jovem, estendeu-lhe a mão e o levantou, tomando-o pela mão. Mas, assim que o viu, o jovem o amou e começou a implorar que ficasse com ele. E saindo da tumba, foram para a casa do jovem, pois ele era rico. Depois de seis dias, Jesus lhe disse o que fazer e naquela noite o jovem foi até ele, vestindo um lençol de linho sobre [seu corpo nu]. E passou aquela noite com ele, pois Jesus lhe ensinou o mistério do Reino de Deus (citado em Smith, *The secret Gospel*, New York, 1973, pp. 16-17).

Não somente muitos testemunhos, mas também uma multiplicidade de gêneros literários, que incluem: primeiramente, relatos que analisaremos com cuidado, depois sumários e ditos de Jesus, dos quais reportamos agora duas passagens que atestam uma geral atividade milagrosa do Nazareno: em At 2,22 resume-se sua vida histórica dizendo que por meio dele Deus realizou obras de poder (*dynameis*), prodígios (*terata*) e sinais (*sēmeia*); na fonte Q, Jesus ameaça a condenação divina sobre Betsaida, Corazim e Cafarnaum, cidades ribeirinhas do lago da Galileia, porque não se converteram nem mesmo ao ver as obras de poder carismático (*dynameis*) por ele realizadas (Lc 10,12-15; Mt 11,20-24). Não devemos esquecer o dito de Jesus presente somente em Lc 13,32: "Hoje e amanhã expulsarei os demônios e realizarei curas, depois de amanhã terei terminado".

Não menos importantes são as atestações não cristãs citadas anteriormente: Flávio Josefo fala de Jesus como "feitor de obras extraordinárias (*paradoxōn ergōn poiētēs*)" (*Ant* 18,63); no Talmude, é acusado de magia e de consequente instigação à idolatria e corruptor do povo (*bSanh* 43a), uma interpretação malévola que o confirma taumaturgo; do mesmo modo, Celso lhe atribui ter importado do Egito a prática de artes mágicas (*dynameōn tinōn peirastheis*) (Orígenes, *Contra Celsum* 1,28). Em breve, o que os amigos chamam de milagres e Flávio Josefo, de maneira mais neutra segundo o léxico helenista, de "obras paradoxais", os adversários, mesmo os contemporâneos que o acusam de agir em nome de Belzebu (Mc 3,22; Q: Lc 11,15 e Mt 12,24), o qualificam como magia ou atividade satânica. Acrescente-se que a fama do exorcista Jesus ultrapassou os estreitos confins da Palestina do tempo: em At 19 narra-se sobre os sete filhos exorcistas do judeu Sceva, que em Éfeso, na sua ação libertadora, apelavam ao "nome de Jesus"; também em um papiro grego de magia o Nazareno aparece poderoso nome divino a usar nos exorcismos: "Eu te esconjuro pelo deus dos hebreus, Jesus (*horkizō se kata tou theou tōn Hebraiōn, Iēsou*)" (4,3019-3020, ed. K. Preisendanz).

Não se conclui, porém, que o Nazareno tenha feito indubitavelmente milagres, obras que transcendem os limites da natureza, como definem os modernos. Isso é já uma valoração do fato de que pertence por direito à teologia e à fé, não ao historiador. De timbre filosófico são também as negações que, em nome de princípios racionais, contestam a possibilidade e factualidade dos milagres. Dos testemunhos indicados emerge somente, e com certeza, que no seu *entourage*, amigável ou não, Jesus foi considerado unanimemente exorcista e curandeiro. Segundo os critérios de valoração da época, ele e os discípulos, e até os simpatizantes, liam em seus gestos terapêuticos os sinais de um poder carismático recebido de Deus. Em uma palavra, as fontes de documentação nos dizem que realizou curas e libertou endemoniados e que a hipótese, diversamente apresentada, de "histórias" milagrosas criadas pela comunidade cristã *post factum*, talvez sob o influxo do ambiente externo de matriz helenista, não resiste defronte à massa e à qualidade dos testemunhos.

Em âmbito histórico fica aberto — e deve restar em princípio, pelo estatuto próprio da história — o problema de sua explicação: intervenção divina ou arte puramente humana? Aos teólogos e aos filósofos, a árdua sentença. Tanto mais que para o mundo cultural bíblico não tinha nenhum sentido distinguir entre forças naturais e ação divina, porque os fenômenos chamados naturais eram, na realidade, aos olhos do homem bíblico, pegadas atuantes de Deus criador. Além do mais, os textos bíblicos, diferentemente da literatura grega, gostam de falar não de natureza (*physis*), mas de criação (*ktisis*), um conceito puramente teológico: o mundo é obra das mãos de Deus e diretamente dependente dele.

Pode-se também considerar verossímil, no plano histórico, que precisamente como curandeiro Jesus tivesse grande aceitação entre a gente da Galileia.

1. Taumaturgos, exorcistas e curandeiros

Curandeiro e exorcista, mais geralmente taumaturgo, o Nazareno estava em boa companhia no seu ambiente palestino, mas também no mais vasto mundo grego e romano. Podemos dizer que na área mediterrânea daquela época, por parte do povo sobretudo, havia grande familiaridade com taumaturgos, exorcistas, curandeiros. Certamente, não faltavam nas classes iluminadas espíritos céticos, como Cícero, por exemplo:

> Nada pode acontecer sem causa; nada acontece que não possa acontecer, e, quando o que poderia acontecer aconteceu, não pode ser interpretado como milagre. Consequentemente, não existem milagres [...]. Por essa razão, tiramos a seguinte conclusão: o que não podia acontecer nunca aconteceu, e o que podia acontecer não é milagre (*Divin* 2,28).

Ainda antes, soaram claras no mundo grego as palavras de Políbio (210-120 a.C.): "Porque, na minha opinião, tudo o que sai dos confins não apenas verossímeis mas também do possível deve-se atribuir exclusivamente a uma infantil ingenuidade [...]. Trata-se de coisas que servem para manter viva a piedade popular para com os deuses" (*Hist* 16,12). E de Luciano de Samósata (século II d.C.), que em *Philopseudês* zombava da credulidade popular descrevendo milagres em tom cômico e sarcástico. Mas esses mesmos testemunhos demonstram a difusão de crenças de caráter milagroso e a presença de taumaturgos de diversos gêneros. De resto, sabemos que a sociologia evidenciou a existência de uma estreita ligação entre sofrimento, necessidade de ajuda e existência de curandeiros: quando as situações sociais são demasiado críticas e faltam também válidas estruturas sanitárias, recorre-se de bom grado ao taumaturgo.

Não queremos aqui insinuar ou afirmar relações de dependência, mas apenas evidenciar como na antiguidade Jesus taumaturgo não foi um caso à parte, um fenômeno único e exclusivo. Ele se insere, com justiça e plenamente, no seu ambiente cultural e social, mostrando claras analogias, mas também peculiaridades inegáveis. Excluir sua unicidade não leva de forma alguma a negar sua originalidade. Além do mais, compará-lo com os outros taumaturgos de sua época mostra-se útil, inclusive necessário, direi, para entendê-lo.

1.1. *O testemunho judaico*

No culto e na piedade popular do judaísmo estava viva a memória da história bíblica, na qual ressaltam dois momentos significativos de presença dos milagres: os prodígios realizados por Moisés por ordem e poder de Deus — as famosas pragas do Egito — e, especialmente, a passagem através das águas do mar dos Juncos; e depois os milagres de Elias e Eliseu, dois profetas do Norte, caracterizados de modo original, sobretudo o segundo, como taumaturgos. Se os primeiros prodígios tinham uma marca qualificante de fatos públicos, isto é, concernentes à história do povo, portanto avaliados como eventos de fundação, os segundos entram, via de regra, no clichê mais difuso de milagres relacionados com pessoas individuais. Faz exceção o duelo entre Elias e os sacerdotes de Baal no qual o profeta de YHWH, diferentemente desses, obtém do céu uma resposta positiva à sua invocação: o Deus de Israel enviou do céu o fogo que queimou as vítimas colocadas sobre o altar e o povo o aclamou seu Senhor (1Rs 18). O tesbita se fez depois garante de uma solene promessa divina: em tempo de grave carestia, na casa da viúva de Sarepta que generosamente o hospedava, não teria se esvaziado o recipiente da farinha, e nem teria diminuído o azeite da jarra, bens já exauridos; e assim aconteceu "segundo a palavra que o Senhor tinha dito por meio de Elias" (1Rs 17,7-16). Mais ativo aparece Elias no relato da ressurreição do jovem filho da mesma mulher: estendeu-se por três vezes sobre o corpo sem vida do rapaz, invocando a intervenção divina: "Senhor, meu Deus, retorne a alma deste menino nele". Mas fica essencial, na dinâmica do fato, sua súplica divinamente escutada: "E o Senhor atendeu à voz de Elias e a alma do menino regressou nele e reviveu" (1Rs 17,17-24). Trata-se, de qualquer modo, sempre de milagres de legitimação do profeta: no fato do Carmelo o próprio Elias é explícito quando atirou a luva de batalha: "Saiba-se hoje que tu és o Deus de Israel e que eu sou teu servo" (1Rs 18,36); recuperado prodigiosamente o filho, a mulher de Sarepta confessa: "Agora sei que tu és um homem de Deus" (1Rs 17,24). Enfim, em certo modo, Elias duplicou o prodígio de Moisés da passagem do mar: com o manto, bateu nas águas do Jordão que se abriram, deixando passar ele e Eliseu a pé enxuto (cf. 2Rs 2,8): prodígio imediatamente repetido pelo sucessor Eliseu, que usou o manto recebido de herança do mestre, sinal de legítima sucessão (cf. 2Rs 2,14).

A lenda de Eliseu, atestada em 2Rs, mostra-se mais rica e variada. Recupera, derramando sal, as águas contaminadas de uma fonte em Jericó (2Rs 2,19-22). Com sua palavra de maldição, faz morrer alguns rapazes que zombavam dele (2Rs 2,23-25). Manda uma viúva endividada pedir emprestado das vizinhas ânforas vazias para enchê-las com o óleo do único azeiteiro que tinha; o óleo se multiplica e, vendendo-o, ela pode não apenas pagar o credor, mas também ter com que se sustentar dignamente (2Rs 4,1-7). Promete a uma mulher de Sunam, da qual era frequente hóspede, o nascimento de um filho apesar da idade avançada do marido, e a profecia se realiza (2Rs 4,8-17). Posteriormente, ressuscita seu filho, já crescido e inesperadamente morto, repetindo e amplificando os gestos de Elias de forma análoga: "[...] estendeu-se sobre o menino, pôs sua boca sobre a boca dele, seus olhos sobre os olhos dele, as palmas sobre suas palmas, e se estendeu totalmente sobre ele e o corpo do menino se aqueceu. Depois desceu, andou daqui para lá pelo quarto, depois subiu novamente e se estendeu de novo sobre o menino. Então, este espirrou sete vezes e abriu os olhos" (2Rs 4,18-37). Derramando um pouco de farinha na panela que estava sobre o fogo, recuperou a sopa envenenada (2Rs 4,38-41). A estreita analogia com a multiplicação dos pães narrada nos evangelhos nos obriga a citar por inteiro o relato de 2Rs 4,42-44: depois que lhe trouxeram pães de cevada e trigo novo, "Eliseu disse ao servo: 'Dá de comer a esta gente'. Mas ele observou: 'Como posso servir isso para cem pessoas?' Eliseu insistiu: 'Oferece a esta gente para que coma, pois assim diz o Senhor: Comerão e ainda sobrará'. Então, serviu-lhes, comeram e ainda sobrou, segundo a palavra do Senhor". Depois curou Naamã, chefe do exército do rei de Aram, ferido pela lepra, mandando-o a lavar-se nas águas do Jordão, e depois feriu com a mesma lepra o servo Giezi que tinha se apropriado do dinheiro que o curado queria doar ao profeta (2Rs 5). Não há limite para seu carisma taumatúrgico: faz vir à tona o machado de um seguidor caído nas águas do Jordão (2Rs 6,1-7), e fulmina com cegueira os soldados arameus enviados a capturá-lo (2Rs 6,8-23).

Em conclusão, junto aos pródigos benefícios note-se a presença de milagres maléficos, que produzem morte em vez de vida. Na tradição evangélica sobre Jesus, são praticamente ausentes.

Da literatura essênia podemos mencionar dois testemunhos interessantes. Primeiramente, o Gênesis apócrifo de Qumrã destaca Abraão como curandeiro do faraó ferido mortalmente por ter levado Sara ao seu harém: "Aquela noite, Deus lhe enviou um espírito vingador, para afligir a ele e a todos os membros da sua casa; um espírito maligno que afligiu a ele e a todos os membros da sua casa. E não pôde aproximar-se dela, nem ter com ela relações sexuais" (*1QapGen* 20,16-17). Então, Abraão intervém, a pedido do faraó, para impor as mãos: "'Mas agora ora por mim e por minha casa, para que seja expulso de nós este espírito maligno'. Eu orei por [...] e impus minhas mãos sobre sua cabeça. A praga foi removida dele; foi expulso [dele o espírito] maligno e viveu" (*1QapGen* 20,28-29). No texto bíblico do Gênesis se fala somente da oração do patriarca, enquanto aqui de um rito de cura que é, ao mesmo tempo, exorcismo. Na oração de Nabônides, o taumaturgo é Daniel e a doença aparece estreitamente ligada ao pecado: "[Eu, Nabônides,] fui afligido [por uma inflamação maligna] durante sete anos, e fui relegado longe [dos homens até que rezei ao Deus Altíssimo] e meu pecado foi perdoado por um exorcista. Era um [homem] judeu d[os exilados, o qual me disse]: 'Proclama por escrito para que seja dada glória, exal[tação e honra] ao nome de De[us Altíssimo]'" (*4Q242* fr. 1-3,2-5).

Flávio Josefo relata um exorcismo espetacular efetuado com um ritual de natureza mágica que remonta ao rei Salomão, e consumado diante de Vespasiano pelo judeu Eleazar:

> [este] aproximava ao nariz do endemoniado um anel que tinha sob seu sinete uma das raízes prescritas por Salomão; e no momento em que o homem o cheirava, expelia o demônio por suas narinas [...]. Querendo depois persuadir os presentes e mostrar-lhes que tinha tal poder, Eleazar colocou no local uma bacia cheia d'água e ordenou ao demônio que, ao sair do homem, a derrubasse, mostrando assim aos espectadores ter abandonado o homem (*Ant* 8,47-48).

O demônio executou tudo meticulosamente e assim o prodígio teve sua prova: o demônio tinha se retirado do desventurado. Que o rei Salomão fosse considerado mestre de artes prodigiosas e mágicas é indicado pelo historiador hebreu: "Compôs fórmulas mágicas para curar as enfermidades, e deixou várias fórmulas de exorcismos com os quais se expulsam os demônios daqueles que estão possuídos, e não mais regressam" (*Ant* 8,45).

Sobretudo na terra de Israel, noticiou-se, em uma época próxima à de Jesus, a presença de dois célebres curandeiros: Honi (século I a.C.) e Hanina (século I d.C.), provavelmente antes de 70, mas apenas o segundo ambientado na Galileia. A literatura rabínica, Mishná e Talmude, não somente atesta suas obras taumatúrgicas, mas exprime também grande admiração por sua extraordinária familiaridade com Deus. Naturalmente a distância cronológica das fontes dos fatos torna problemática a solução do problema histórico: o que da tradição remonta efetivamente a Honi e Hanina, e qual incidência por sua vez teve a força criativa de sua memória?

Quanto a Honi, temos um testemunho precioso de Flávio Josefo que, sob o nome de Onias, oferece a imagem de "homem justo e querido por Deus", não de um rabino, confirmando sua figura de homem de Deus capaz de fazer chover prodigiosamente: "Ora, certo Onias, homem justo e querido por Deus, em um período de seca orou a Deus para pôr fim à calamidade, Deus ouviu sua oração e enviou a chuva". O historiador hebreu continua narrando como a fama adquirida de taumaturgo tivesse estimulado uma facção judaica (em guerra contra outra) a requerer seus serviços para maldizer "Aristóbulo e seus sediciosos sequazes, da mesma maneira como tinha acabado com a seca através da oração". Obrigado a falar, assim se expressou: "'Ó Deus, rei de todos, já que estes homens ao meu lado são teu povo, e aqueles que estão sitiados são teus sacerdotes, te imploro que não lhes dês ouvidos, nem faça quanto estes pedem contra os outros'".

Uma negação que pagou com a vida: "[...] os judeus malvados que estavam à sua volta o apedrejaram até a morte" (*Ant* 14,22-24).

Dele, apelidado "desenhador de círculos", o mais antigo testemunho rabínico sublinha ao mesmo tempo o carisma de "homem da chuva":

> Uma vez pediram a Honi Me'aggel: "Reza para que chova". Ele respondeu: "Ponde para dentro os fornos da Páscoa, para que não derretam". Ele rezou, mas não houve chuva. Desenhou um círculo e ficou lá dentro. E disse: "Senhor do universo, teus filhos vieram a mim porque sou como um filho da casa diante de ti. Juro pelo teu grande nome que não sairei daqui até que tenhas piedade de teus filhos". Começou a chuviscar. Ele disse: "Não pedi isso; pedi chuva (numa quantidade suficiente) para encher as cisternas, os fossos e as grutas". Caiu uma chuva torrencial. Ele disse: "Não pedi isso; pedi chuvas que são fruto de tua benevolência, da tua bênção, de tua bondade". Choveu como ele desejava, até que Israel teve que sair de Jerusalém e ir para a colina do templo por causa das águas (*mTaan* 3,8).

O mesmo texto da Mishná reporta, logo depois, um dito eloquente de um rabino sobre o "descarado" Honi que mantém com Deus um familiar relacionamento de filho para pai: "Simão ben Shetáh enviou-lhe uma mensagem: 'Se não fosses Honi, merecerias ser excomungado; mas que posso fazer contigo? Comportas-te com petulância diante de Deus, como um filho caprichoso se comporta diante do pai que, mesmo assim, lhe faz as vontades'". A mesma tradição aparece em *tTaan* 2,13: solicitado para pedir por chuva, "pediu e choveu", e o mesmo fez quando lhe suplicaram de fazer cessar a chuva. O Talmude babilônico alude a isso comentando Jó 22,28: "*O que ordenes se realizará*: Tu ordenaste na terra e Deus realizou tua palavra nos céus. *E a luz resplandecerá no teu caminho*: Iluminaste com a oração a geração que vivia nas trevas" (*bTaan* 23a). O grande comentário rabínico do Gênesis o coloca inclusive no mesmo plano de Elias: "Não havia homem para submeter as criaturas ao Santo — bendito seja —, como (o fizeram) Elias e Honi, o desenhador de círculos" (*Bereshit Rabba* 13,7: ed. "Les Dix Paroles" de Verdier, 1997; porém, nas versões de A. Ravenna e de J. Neusner menciona-se somente Elias).

Mais do que *miracle-worker* em sentido estrito, isto é, homem dotado de poder carismático e capaz de realizar obras extraordinárias, Honi aparece como poderoso intercessor ante Deus, do qual com familiaridade pueril impetra água abundante em tempo de seca. Se tal relação entre obra prodigiosa e oração o qualifica, ao mesmo tempo o distancia nitidamente de Jesus de Nazaré, como veremos.

Mais complexa é a figura de Hanina ben Dosa, que viveu em Arab, no distrito de Séforis, ao parecer discípulo de Yohanan ben Zakkai (*bBer* 34b), cujos milagres são atestados mais tardiamente, não na Mishná mas no Talmude. Em *bBer* 33a narra-se sua imunidade da mordida de uma serpente:

> Em certo lugar havia uma serpente que costumava atacar as pessoas. Foram e contaram isso ao rabino Hanina ben Dosa. Ele lhes respondeu: "Mostrai-me o buraco em que se esconde". Mostraram o buraco e ele colocou seu calcanhar em cima. A serpente saiu, mordeu seu pé e morreu. Ele a colocou nas costas e a levou a casa e disse: "Vede, meus filhos, não é a serpente que mata, mas o pecado". Então disseram: "Ai daquele que encontra uma serpente, mas ai da serpente que encontra Hanina ben Dosa!"

Note-se sua liberdade com relação às prescrições de pureza: não tem escrúpulo de tocar um animal morto.

Na mesma fonte temos os relatos de duas curas realizadas por ele, efetuadas de longe com a força de sua oração. O primeiro:

> Certa vez o filho de Rabban Gamliel ficou doente; então ele enviou dois doutores da Lei a R. Hanina ben Dosa, a fim de invocar para ele a misericórdia divina. Quando os viu, ele (Hanina ben Dosa) subiu ao terraço e invocou por ele (pelo doente) a misericórdia de Deus; depois desceu e lhes disse: "Ide, porque a febre o deixou". Disseram-lhe então: "És um profeta?" Ele respondeu: "Não sou nem profeta nem filho de profeta, mas tenho uma tradição: se a oração sai fluentemente da minha boca, eu sei que foi aceita, senão sei que foi rejeitada". Eles sentaram e escreveram a hora exata, e quando regressaram a Rabban Gamliel, ele lhes disse: "Juro sobre o culto! Não dissestes um momento antes nem um momento depois, mas na realidade os fatos aconteceram assim! É precisamente essa a hora na qual a febre o deixou e nos pediu água para beber" (*bBer* 34b).

Releva-se nessa verificação cronológica uma evidente analogia com o relato joanino da cura do filho do funcionário real em Cafarnaum. Sobre Hanina que sabe antecipadamente quando sua oração será escutada e quando não, temos também o seguinte testemunho: "Se minha oração sai fluentemente da boca, eu sei que foi bem aceita, senão sei que foi rejeitada" (*mBer* 5,5).

O segundo relato de cura a distância: "Ele foi ensinar a Lei na escola de R. Yohanan ben Zakkai; o filho deste ficou doente; então lhe disse: 'Hanina, meu filho, invoca para nós a misericórdia divina, a fim de que ele viva'. Então, inclinou a cabeça entre os joelhos e invocou a misericórdia divina, e ele sarou". No fechamento, a narração revela um vestígio depreciativo do carismático Hanina: o rabino Yohanan ben Zakkai é superior a ele. De fato, assim responde à pergunta da mulher: "'É talvez Hanina maior que tu?' Ele respondeu: 'Não, ele é semelhante a um servo diante do rei, enquanto eu sou semelhante a um príncipe diante do rei'" (*bBer* 34b).

O carisma taumatúrgico de Hanina, sempre segundo o Talmude, possui também uma vertente exorcística; ele exerce um poder eficaz sobre os demônios. Apresentada "Agrat, filha de Mahlat, acompanhada por doze miríades de anjos destruidores", que durante a noite vaga para fazer o mal aos homens, o texto continua:

> Ela encontrou um dia rabbi Hanina ben Dosa e lhe disse: "Se não fosse proclamado no céu: Guarda-te de tocar Hanina e sua Torá, eu te teria feito correr um sério perigo". Ele disse: "Porque tenho tão alta consideração no céu, te ordeno de não passar mais em nenhum lugar do mundo". Ela lhe disse: "Suplico-te, deixa-me pelo menos certa margem". Ele lhe deixou as tardes do sábado e as tardes do quarto dia da semana (*bPes* 112b).

Também na narração evangélica do endemoniado de Gerasa o demônio pede e obtém a possibilidade de ter outro espaço para ocupar: entrar na legião de porcos que pastoreavam a pouca distância dali.

Não falta uma "multiplicação" de pães. Hanina convida a mulher a acender o fogão "naquela vigília do sábado" para esconder aos olhos dos vizinhos a vergonha pela falta de alimentos. Mas uma vizinha bisbilhoteira se maravilha ao ver sair fumaça da chaminé: "É assombroso, porque sei muito bem que não têm nada, absolutamente nada. O que significa tudo isso?" Entra, então, na casa de Hanina e se torna testemunha de "um milagre": "Com efeito, viu o fogão cheio de pão e a masseira cheia de massa" (*bTaan* 24b-25a).

Pelo contrário, considera-se uma duplicata da história de Honi, o relato de Hanina que faz chover e faz cessar a chuva com sua súplica (*bYoma* 53b). Em *bBabKam* 50a também aparece um carismático que, ausente, vê como se desenvolvem as coisas, e no final nega ser profeta ou filho de profeta. Também dele a literatura rabínica exalta a identidade de especial filho de Deus: "Diariamente se escutava uma Voz Celeste a declarar: 'O mundo inteiro obtém sua subsistência por causa [do mérito] de Hanina, meu filho'" (*bTaan* 24b).

Enfim, reportamos três máximas, as duas primeiras paralelas, de caráter sapiencial atribuídas a ele pela *Pirqê Abôt* 3,9-10:

Aquele no qual o temor do pecado tem a precedência sobre a sabedoria, sua sabedoria permanece. Mas aquele no qual a sabedoria tem a precedência sobre o temor do pecado, sua sabedoria não permanece // Aquele cujas obras superam sua sabedoria, sua sabedoria se mantém. Mas aquele cuja sabedoria supera suas obras, sua sabedoria não se mantém // Daquele do qual se comprazem as criaturas se compraz também o Onipotente. Mas daquele do qual não se comprazem as criaturas nem mesmo o Onipotente se compraz.

Sobre esses testemunhos, mas sem avaliar criticamente sua confiabilidade histórica, Vermes construiu sua hipótese: na Galileia no tempo de Jesus existia e era conhecido um tipo de piedosos carismáticos, *hasidîm*, bem representados por Honi e Hanina. Na sua opinião, Jesus faz parte, com justiça, dessa tipologia, encontrando ali sua razão de ser histórica. "Pareceria bastante lógico deduzir que a pessoa de Jesus deva ser vista ao interior do judaísmo carismático do primeiro século e como exemplo supremo dos primeiros *hasidîm* ou devotos" (*Gesù*, p. 92). Não poucas críticas, porém, levantaram-se contra essa interpretação, que ignora como — anacronicamente — Honi e Hanina tenham sido convertidos em fariseus pela literatura rabínica (Neusner, *The rabbinic traditions about the Pharisees*, III, p. 314), aos quais remonta também sua identidade de piedosos e de rabinos, enquanto historicamente devem ter sido simples carismáticos (Crossan, pp. 184 e 191). Sobretudo, deve-se notar como Vermes não considera convenientemente que, além das claras analogias, não faltam relevantes diversidades com Jesus: este realiza milagres não apelando na oração a Deus, mas com gestos e palavras eficazes. Fica, porém, confirmado que o Nazareno, desse ponto de vista, está compreendido no fenômeno do carismático de tradição judaica; trata-se, de qualquer modo, de uma determinação ainda genérica.

1.2. No mundo greco-romano

Destacam-se dois fenômenos imponentes de taumaturgia no mundo greco-romano: primeiro, as curas ligadas ao templo de Epidauro, onde atuava o deus Asclépio em um contexto de sacra ritualidade institucional: os doentes iam ao santuário e passavam ali a noite (incubação), experimentando as aparições do deus, fonte de cura, assistidos em tudo pelos sacerdotes. Segundo, também temos os milagres de Apolônio de Tiana que, evidenciando um carismático humano, mostra maiores analogias com as de Jesus narradas nos evangelhos.

Das estelas do templo de Epidauro reportamos três relatos milagrosos citando George ("Miracoli"), que oferece este quadro resumido: os ex--votos contêm 80 relatos milagrosos, na sua maioria curas: 12 de visão, 10 de pragas diversas, 9 de claudicação, 7 de gravidez difícil, 4 de feridas, 3 de afasia, 2 de doenças de ouvido, 2 de cálculos, 1 de astenia, 1 de calvície, 1 de tuberculose, 1 de epilepsia, e diversas doenças não precisadas. Não se encontram, porém, ressurreições. Ao mesmo autor devemos a individualização do esquema comum dos relatos: apresentação do doente e de seu mal, intervenção do deus Asclépio durante a incubação no santuário, cura relatada com poucas palavras. Passemos aos relatos escolhidos.

Kleo, gravidez de cinco anos:

> Como estava grávida havia cinco anos, ela foi suplicar ao deus e fez a incubação no lugar sagrado (*abaton*). Logo depois que saiu e se encontrou fora dos confins do santuário deu à luz uma criança, a qual apenas nascida foi lavar-se à fonte e começou a correr ao redor de sua mãe. Tendo obtido essa graça, Kleo fez gravar na sua oferta: "Não admireis a grandeza do quadro, mas a potência do deus: por 5 anos Kleo levou o peso no seu ventre, até que fez a incubação e o deus lhe restituiu a saúde".

Um homem que não podia mover os dedos da mão:

> Ele foi suplicar ao deus e, apenas viu os quadros votivos no santuário, duvidou da cura e ridicularizou as inscrições. Tendo feito a incubação, teve uma visão: sonhava estar jogando nécaras na sombra do templo; no momento que estava por lançar uma nécara, apareceu o deus, saltou sobre sua mão e assim lhe esticou os dedos. Depois que o deus se retirou, sonhou dobrar a mão e estender um por um os dedos; quando os teve todos endireitados, o deus lhe perguntou se continuava a duvidar das inscrições dos quadros votivos pendurados no santuário: ele respondeu que não. "Bem, disse o deus, porque antes não os considerastes dignos de fé, de agora em diante te chamarás Apistos: o que não crê". Ao chegar o dia, foi--se embora restabelecido.

Ambrosia de Atenas, cega de um olho:

> Foi suplicar ao deus e, enquanto fazia um passeio pelo santuário (*hieron*), ela ria de algumas das curas, dizendo que eram inverossímeis e impossíveis, e que os coxos e os cegos não podiam ter sido curados simplesmente por terem tido uma visão. Depois disso, tendo feito a incubação, ela teve uma visão: sonhou que o deus estava próximo dela e que lhe dizia que certamente a curaria, mas que lhe pedia como pagamento pendurar no santuário um porco de prata em memória de sua estúpida ignorância. Dito isto, abriu-lhe o olho doente e derramou dentro dele um colírio. Ao chegar o dia, foi-se embora restabelecida.

Duas importantes observações são necessárias: primeiramente, nas curas de Epidauro a fé é sucessiva ao prodígio, como efeito dele, não preventiva, como aparecerá, via de regra, nos prodígios evangélicos de Jesus. Antes, muitas vezes precede uma insistente incredulidade destinada naturalmente a ser vencida, tudo em honra de Asclépio, de seu santuário e de sua classe sacerdotal. E, em segundo lugar, as curas são realizadas diretamente pelo deus na ausência mais absoluta de um taumaturgo humano, semelhante, desse ponto de vista, àquelas modernas de Lourdes.

Pelo contrário, a figura do curandeiro carismático humano encarna-se em Apolônio de Tiana, filósofo neopitagórico itinerante do primeiro século, morto presumivelmente em 96-97 d.C. Dele possuímos a famosa biografia escrita por Filóstrato, *Vida de Apolônio de Tiana*, do início do século III, portanto, a respeitável distância de tempo. Discute-se por isso sobre a confiabilidade histórica dos relatos milagrosos do biógrafo, antes, o ceticismo a respeito dela é forte. Seja como for, a taumaturgia não é seu dado mais essencial: Apolônio foi sobretudo um sábio, dotado de extraordinário conhecimento que lhe permitia dominar os eventos, ambientado no mundo esotérico de suas viagens no extremo Oriente, encontrando diretamente os sábios da Índia famosos por seus gestos extraordinários, alguns dos quais serão descritos a seguir. Como Filóstrato entendia as façanhas de Apolônio aparece com evidência no final de 6,43, em uma nota sumária: "Tais foram os atos do *sábio* [grifo nosso] pelos sagrados lugares e pelas cidades, dirigidos aos povos e em seu favor, referente aos mortos e aos doentes, com os sábios e com quantos não o eram, e com os reis que o escolheram como conselheiro de virtude".

Citamos, primeiramente, um relato de ressurreição ou talvez de despertar de catalepsia:

> Uma jovem parecia que tinha morrido precisamente quando estava prestes a se casar; o noivo seguia o féretro sofrendo pelo casamento não realizado, e, junto com ele, sofria toda Roma, pois a moça pertencia a uma família consular. Apolônio, encontrando-se presente no funeral, disse: "Apartai-vos do ataúde que porei fim a vosso pranto por esta jovem"; e perguntou qual era seu nome. Os presentes pensaram que faria um discurso, como aqueles que se fazem nos funerais para suscitar os lamentos; mas ele não fez outra coisa senão encostar a mão na jovem e murmurar em secreto algumas palavras: e a despertou da morte aparente. A moça começou a falar, e regressou à casa do pai, como Alceste trazida à vida por Heracles.

Filóstrato releva em seguida o desinteresse do filósofo, que rejeita a doação de "quinze mil sestércios", e conclui mostrando-se perplexo sobre o fato:

Seja que tenha encontrado nela um vestígio de vida, que não perceberam os que dela cuidavam — de fato, se diz que, mesmo que chovia, de seu rosto se elevava um ligeiro vapor —, ou seja que tenha aquecido e trazido de volta a vida que estava quase extinta, a compreensão deste fato permaneceu um mistério não somente para mim, mas também para quem estava presente (4,45).

Em 6,43, a cura de um jovem ferido de raiva é duplicada pela do cão raivoso:

Em Tarso se celebra também este fato de Apolônio: Um cão raivoso tinha atacado um jovem, e sua mordida o tinha reduzido a comportar-se inteiramente como um cão: latia, dava uivos e corria de quatro pés, utilizando para esse fim também as mãos. Estava nessa condição havia já trinta dias, quando Apolônio — chegado recentemente a Tarso — se ocupou dele. Ordenou que lhe levassem o cão, do qual indica seu refúgio secreto e, estando aos seus pés chorando "como os suplicantes diante dos altares", acabou por acalmá-lo, acariciando-o, e colocou o jovem ao seu lado, tomando-o pela mão. E, para que este grande mistério não permanecesse desconhecido pela multidão, disse: "Passou para este jovem a alma de Telefomísio; e as Moiras querem que tenha a mesma sorte". Ditas essas palavras, ordenou ao cão de lamber ao redor da mordida, a fim de que a ferida fosse curada pelo mesmo que a tinha produzido. Então o jovem se dirigiu ao pai e compreendeu as palavras da mãe, cumprimentou os coetâneos e bebeu d'água do Cidno.

Curado o jovem, Apolônio não descuidou do cão raivoso, que tratou "depois de ter elevado uma oração ao rio" no qual o tinha impelido a beber água, sabendo que "a água é um remédio para a raiva, sempre que o ferido pela doença consiga bebê-la". Seu poder deriva do conhecimento dos elementos da natureza dotados de virtudes curativas.

A libertação de Éfeso da peste é, de certo modo, também vitória sobre o que era sua causa, demônio presente sob falsas vestes e desmascarado pelo sábio Apolônio:

Com estes discursos mantinha unidos os cidadãos de Esmirna. Mas em Éfeso a doença começava a devastar, e não havia remédio contra ela; e os habitantes enviaram uma embaixada a Apolônio, para tê-lo como médico da pestilência. Ele pensou então que não devia perder tempo na viagem; disse "Vamos", e imediatamente esteve em Éfeso, repetindo, penso, o prodígio de Pitágoras, quando se encontrou ao mesmo tempo em Turi e em Metaponto. Reunidos os efésios, disse "Coragem! Hoje mesmo porei fim à doença". Dito isso, levou toda a população ao teatro, onde se levanta o monumento do deus Tutelar. Apareceu diante deles um velho mendigo, que simulava ser cego: tinha um alforje e nele uma crosta de pão; estava coberto de farrapos e seu rosto estava totalmente imundo. Tendo então disposto os efésios ao redor dele disse: "Recolhei quantas pedras possais e lapidai este ser inimigo dos deuses". Os efésios perguntavam-se atônitos o que queria dizer, e pensavam que era uma impiedade matar um estrangeiro tão miserável — este lhes suplicava, de fato, e procurava com suas palavras inspirar comiseração —, mas Apolônio insistia, exortando-os a golpeá-lo e a não o deixar ir embora. Enfim, alguns começaram a atirar pedras contra ele, e o velho, que antes parecia cego, levantou repentinamente seu olhar, mostrando os olhos cheios de fogo; então os efésios compreenderam que era um demônio. E o apedrejaram até que ficou coberto por um monte de pedras (4,10).

A luta vitoriosa contra os demônios assume o aspecto de um verdadeiro exorcismo em 4,20, até com intimação ao demônio, que aparecerá elemento característico também nos relatos evangélicos de Jesus exorcista, e não sem a demonstração de sua partida:

> Enquanto ele discursava sobre as libações, estava presente um jovem elegante, cuja fama de dissoluto era tal a ponto de tornar-se objeto de canções populares. Este era de Corfu, e considerava-se descendente de Alcinofeace, o hóspede de Ulisses [...]; o jovem cobriu suas palavras com um sorriso depreciativo e insolente; e ele, levantando seu olhar, disse: "Não és tu que insultas assim, mas o demônio que te incita sem que tu percebas". O jovem, de fato, estava possuído e não o sabia [...]. Visto que Apolônio olhava para ele, o espectro começou a emitir gritos de espanto e de furor, semelhantes aos dos condenados ao fogo e à tortura, e jurava que deixaria livre o jovem e que não entraria em nenhum outro homem. Mas Apolônio lhe dirigiu a palavra, em tom irado, como um patrão faz com um escravo astuto, vicioso e descarado, e lhe ordenou a dar um sinal de sua partida. "Farei cair essa estátua" disse o outro, indicando uma das estátuas em torno ao pórtico do rei, onde se desenrolava a cena.

Isso foi o que aconteceu imediatamente, suscitando o entusiasmo estupefato dos presentes. No encerramento, a constatação da libertação acontecida: o jovem "retornou à sua natureza originária como se tivesse sido curado com um fármaco".

A lenda de Apolônio conhece também ações prodigiosas concernentes aos elementos da natureza: milagres não incidentalmente presentes nos textos evangélicos com Jesus como protagonista. Logo que o sábio se liberta das cadeias, as portas do templo de Creta se abrem para deixá-lo passar. "Apolônio encontrava-se em Creta, objeto de admiração ainda maior que precedentemente, e se tinha dirigido ao templo de Dictinna em hora indevida", sem que os terríveis cães "que defendiam os tesouros que ali se encontravam" impedissem. Uma vez dentro, preso e acorrentado pelos guardas do lugar sagrado, por eles acusado "de ser um impostor e um ladrão, e de ter jogado algum alimento para aplacar os cães", "no coração da noite ele se libertou, e chamando os homens que o tinham amarrado, para que o fato não ficasse desconhecido, correu para as portas do templo, as quais se escancararam. Depois de ele entrar, as portas se fecharam como se tivessem trancas, e se escutou uma voz de moças que cantavam. O canto delas dizia: 'Vem da terra, vem no céu, vem'" (8,30). Sobre isso, mencionamos também um fenômeno de levitação (3,17), a transferência instantânea de Esmirna a Éfeso, já citada (4,10), a travessia do mar de Eubeia, "um dos mais tempestuosos e difíceis de atravessar", encontrado "tranquilo e mais propício de quanto fosse de esperar naquela estação" (4,15).

Em 3,39, Filóstrato relata brevemente algumas curas realizadas por sábios da Índia: um aleijado, curado com a imposição das mãos sobre o quadril deslocado; um cego afetado de catarata em ambos os olhos; um paralítico; enfim, uma mulher de parto difícil levado a termo com um expediente curioso sugerido pelo taumaturgo indiano, que "ordenou o marido a levar, quando ela estivesse prestes a parir, debaixo da roupa uma lebre viva onde ela estiver parindo, e deixar o animal fugir depois de ele ter feito um giro ao redor da mulher: de fato, o útero seria expulso junto com o nascituro, se a lebre não tivesse sido imediatamente expulsa do quarto".

Não faltam outros testemunhos que completam o panorama do mundo greco-romano. Já de Empédocles se narra que tivesse ressuscitado uma mulher morta (Diógenes Laércio 8,67). Apuleio fala de uma mulher que, estando em perigo sobre uma embarcação sacudida pelos ventos, se dirigiu suplicando à deusa que comanda até os ventos (*Iam, iam rursum respicit et deam spirat mulier, quae* [...] *ventis ipsis imperitat*), acalmando, analogamente ao que fez Cristo, a tempestade (*Metam* 5,9). O hino homérico XXXIII celebra os Dióscuros [= filhos de Zeus] como salvadores dos elementos desencadeados da natureza:

> [...] os marinheiros, das naves, orando invocam os filhos do grande Zeus // com o sacrifício de brancos cordeiros, e sobem sobre a ponte // da popa; e o forte vento e a onda do mar // empurram a nave sob as águas; mas de improviso eles aparecem // lançando-se através do éter com velozes asas // e imediatamente aplacam o ímpeto dos ventos vertiginosos // e aplainam as ondas sobre a extensão do branco mar, // para os marinheiros: faustos sinais, inesperados para eles; aqueles, ao vê-los, // se encorajam, e se repousam da amarga fadiga (cit. por George, "Miracoli", pp. 79-80).

Sobre o mesmo motivo se pode citar a carta de Apião ao pai: "Dou graças ao Senhor Serápis porque quando me encontrava em perigo no mar interveio rapidamente para salvar-me" (cit. por Penna).

Em especial, não podemos ignorar um relato milagroso original, especialmente porque nele aparece Vespasiano como *miracle-worker*. Tácito atesta-o, desnudando o fundo político da tradição: o destinado ao *imperium* pode atribuir ao seu merecimento "o favor do céu":

> Durante aqueles meses nos quais Vespasiano esperava em Alexandria o regresso periódico dos ventos estivos e o mar tranquilo, aconteceram numerosos milagres que mostraram o favor do céu e certa inclinação dos deuses para com ele. Um homem de Alexandria, notoriamente privado da visão, um dia o abraçou em torno dos joelhos e lhe pediu, entre gemidos, que o curasse da cegueira, segundo a recomendação de Serápis, que aquela gente supersticiosa venera mais do que qualquer outro; e pedia ao príncipe de borrifá-lo com saliva as bochechas e os globos oculares. Um, paralisado de uma mão, por sugestão do mesmo deus, pedia a César para pisotear sua mão com a planta do pé.

A relutância de Vespasiano que considera os prós e os contras de uma sua condescendência, por fim, é vencida:

> Talvez isso era o querer dos deuses, e o príncipe foi pré-escolhido como ministro divino. De qualquer modo, se a cura tivesse acontecido, César teria sua glória; a gozação de um insucesso teria sido, pelo contrário, para aqueles desgraçados. Vespasiano então, com o rosto feliz, deu ouvidos a suas orações […]. E imediatamente a mão retornou a suas funções, e o cego recobrou a vista.

No final, o historiador, com tom claramente perplexo, confia-se à lembrança de "quem o testemunhou" (*Hist* 4,81: tr. F. Dessì, BUR). Sabe-se que a saliva era considerada elemento curativo; Jesus também se servirá dela.

2. Jesus exorcista

É oportuno distinguir, no material evangélico de que dispomos, os relatos de libertação dos espíritos maus e de terapia de algumas doenças de outras narrações de milagres atinentes à natureza e de ressurreição de mortos. À parte ainda devem ser estudadas as epifanias, como a transfiguração, e as aparições pascais do Ressuscitado, das quais falaremos no momento oportuno. A distinção tem razão de ser em nossas próprias fontes de documentação que privilegiam, por quantidade e qualidade, os exorcismos e as curas, mostrando subjacente em seus relatos certa lembrança autêntica de fatos da vida de Jesus. Bultmann também o admite, até no seu hipercriticismo histórico: "Mesmo se por trás de algumas curas milagrosas se encontram fatos históricos, sua formação se deve ao trabalho da tradição" (p. 244).

Em concreto, podemos ressaltar nos evangelhos sinóticos a presença de seis relatos de exorcismos, dos quais porém um parece ser cópia do outro: o endemoniado na sinagoga de Cafarnaum (Mc 1,23-28; par. Lc

4,33-37), o possuído de Gerasa (Mc 5,1-20; par.), a filha de uma mulher cananeia, libertada *in absentia* (Mc 7,24-30; par. Mt 15,21-28), um rapaz epilético "que tem um demônio mudo" (Mc 9,14-29; par.), um endemoniado mudo (Mt 9,32-34), cópia de Mt 12,22-23, que fala muito brevemente da libertação de um endemoniado cego e mudo (par. Lc 11,14-15: Q). Aos relatos acrescentam-se diversos sumários que anotam a atividade exorcística e terapêutica de Jesus: "Levavam-lhe todos os doentes e os endemoniados [...] e curou muitos afetados de várias doenças e expulsou muitos demônios" (Mc 1,32-34 e par.; cf. Mc 3,7-12 e par.). Em At 10,38, Pedro anuncia Jesus a Cornélio e família dessa forma: passou através da Galileia e da Judeia "fazendo o bem e curando todos os que estavam subjugados ao poder do diabo". Acrescenta-se que os exorcismos fazem parte também de um dito de Jesus da reconhecida confiabilidade histórica: "Se eu expulso os demônios com o dedo de Deus..." (Q: Lc 11,20 e Mt 12,28).

Relevamos, portanto, uma rica multiplicidade de fontes: Marcos, a fonte Q, Atos. Falta ao encontro somente João e sua fonte dos sinais, nos limites nos quais é reportada, que silencia sobre a temática. Assim é para o *Evangelho Apócrifo de Tomé*, para o qual o inimigo de Jesus não é o diabo, mas o mundo. É também verdadeiro que o dado nos é apresentado em uma multiplicidade de gêneros literários: relatos, sumários, ditos ou pronunciamentos de Jesus.

Por outra parte, das fontes cristãs transparece um evidente constrangimento. É prova disso o silêncio do quarto evangelho, mas também Mateus manifesta reservas: não somente ignorou a cura do endemoniado da sinagoga de Cafarnaum, presente na sua fonte Marcos, mas também e sobretudo nas suas outras anotações sumárias fala de atividade terapêutica, não exorcística: se Mc 1,39 diz que Jesus passava através da Galileia "anunciando a boa notícia e expulsando os demônios", a passagem correspondente de Mt 4,23 fala de ensinamento, anúncio e terapia, tríade repetida, em forma de inclusão, em Mt 9,35; e assim Mt 14,14; 19,2; 21,14 anota como Jesus tenha "curado" os doentes. At 2,22, depois, resumindo sua atividade, limita-se a falar de "milagres, prodígios e sinais realizados por Deus entre vós por meio dele [de Jesus]". Acrescenta-se que em Q (Lc 11,19; Mt 12,27) Jesus se inclui entre os exorcistas judeus presentes e atuantes então: mas a comunidade cristã, empenhada por fé a exaltar o próprio Senhor, teria atribuído-o por própria iniciativa.

Portanto, parece certificado, no plano histórico, que Jesus tenha aparecido como exorcista eficaz. Naturalmente, não podemos avaliar a natureza exata dos fenômenos vistos então como possessão demoníaca: ninguém fez nunca diagnose precisa, as hipóteses de distúrbios psíquicos estão à disposição. Theissen e Merz escrevem:

> Espíritos e demônios naquele mundo pertenciam à existência cotidiana [...]. Hoje catalogamos tais comportamentos como problemas de identidade, como distúrbios dissociativos, como casos de personalidade múltipla ou como psicose. Naquele tempo, pelo contrário, eram expressão de uma consciência de homens que não sabiam controlar situações difíceis e graves (p. 384).

Tanto menos, historicamente, podemos dizer algo sobre a "cura" realizada por Jesus: influxo de sua forte personalidade, encorajamento do doente? Devemos nos contentar com o fato simples, sem possibilidade, em âmbito histórico, de identificar sua causa libertadora, se natural ou sobrenatural. Não pertence ao historiador declarar-se, na sua pesquisa, entre os fideístas ou ficar ao lado dos incrédulos.

Resta-nos a tarefa de analisar os relatos evangélicos e relevar sua peculiaridade. Antes de tudo, a narração introduz os endemoniados descrevendo seu mal-estar e, muitas vezes, sua loucura. Espantoso é o quadro descritivo do endemoniado de Gerasa:

> [...] morava permanentemente entre os sepulcros e não se podia amarrá-lo, nem mesmo com uma corrente. Muitas vezes ligado com grilhões e com correntes, tinha quebrado os grilhões e arrebentados as correntes; assim, ninguém podia domá-lo. Dia e noite andava entre as tumbas e nas montanhas, gritando e ferindo-se com pedras (Mc 5,3-5).

Em breve, desumanizado, um habitante do reino dos mortos. Mais decifrável a descrição de um rapaz com convulsões epilépticas: "Tem um espírito mudo, e quando toma possessão dele, joga-o no chão, começa a espumar, range os dentes e fica enrijecido", "muitas vezes o lançou no fogo e às vezes na água, para matá-lo" (Mc 9,17-18.22). Nos outros relatos se diz simplesmente que são endemoniados: "Um homem possuído pelo espírito impuro [assim se chamavam no judaísmo os demônios]" (Mc 1,23); a filha da mulher cananeia "tinha um espírito impuro" (Mc 7,25); um endemoniado (cego e) mudo é apresentado em Mt 9,32; 12,22 (par. Lc 11,14: Q).

Em segundo lugar, os relatos exorcísticos apresentam a luta entre o demônio presente no desventurado e Jesus exorcista: é um desafio que se decide com uma ameaçadora intimação (*epitiman*) do Nazareno ao demônio para retirar-se. Em dois relatos o desafio é expresso de modo totalmente análogo: o demônio, falando no primeiro caso no plural, entende subtrair-se à presa e faz valer seu conhecimento do exorcista como sinal de poder: "Não há nada entre ti e nós, Jesus de Nazaré. Vieste para arruinar-nos? Sei quem és tu, o santo de Deus". Mas ele o venceu com sua ordem imperiosa: "E o intimou: Cala-te e sai dele!" (Mc 1,24-25). Assim também Mc 5,7-8, a propósito do endemoniado de Gerasa: "Não há nada entre ti e mim, ó Jesus, filho do Deus Altíssimo. Esconjuro-te por Deus, não me atormentes. Jesus, com efeito, lhe dizia: Sai, ó espírito impuro, deste homem!". Em Mc 9,14-29, o demônio que possuía um rapaz, vencedor no seu encontro com os discípulos, constituídos para a ocasião em exorcistas, sucumbe no combate com Jesus que "intimou ao espírito impuro: Espírito mudo e surdo, ordeno-te, sai dele e nunca mais entres nele" (v. 25). Tal confronto falta, naturalmente, no relato da libertação da filha da cananeia porque não há combate direto: a endemoniada está longe e Jesus se limita a encorajar a mãe que intercede por ela: "Seja feito como tu desejas" (Mc 7,28). Na fonte Q (Lc 11,14-15; Mt 12,22-24, com a cópia 9,32-34), o interesse está totalmente voltado para as reações ao exorcismo de Jesus; razão pela qual se passa imediatamente ao sucesso da disputa: "Quando o demônio saiu, o mudo começou a falar".

Segue nos relatos a constatação da saída do demônio e, normalmente, a demonstração do fato, um pouco como nos exorcismos de Eleazar e de Apolônio de Tiana reportados anteriormente: a libertação deve ser constatada *de visu*. Nos textos evangélicos, temos duas vezes o contra-ataque improvisado do demônio que sacode o interessado antes que este seja liberado (Mc 1,26; 9,26-27); no caso do endemoniado de Gerasa, os cidadãos que foram ver o acontecido encontram-no "sentado, bem vestido e são de mente" (Mc 5,15); enfim a cananeia, ao voltar para casa, encontra a filha tranquilamente sentada sobre o leito: "O demônio tinha ido embora" (Mc 7,30).

Último elemento integrante dos relatos exorcísticos é a reação estupefata dos espectadores: "Todos ficaram assombrados (*thambeuesthai*)" (Mc 1,27); "se extasiaram (*existasthai*)/ se maravilharam (*thaumazein*)" (Mc 9,32; 12,22; Lc 11,14). No relato do endemoniado de Gerasa, ao contrário, os conterrâneos, pagãos, "tiveram temor (*phobeisthai*)" (Mc 5,15). Seja como for, releva Bultmann (p. 241) com razão, falta a aclamação "Grande é Deus" (*megas ho theos*) e fórmulas semelhantes, que aparecerão mais tarde.

A análise dos relatos de exorcismos oferece-nos, em negativo, um dado importante: Jesus expulsa os demônios com sua ordem, sem recorrer normalmente a gestos rituais e a fórmulas mágicas. É sua soberana potência que o transforma em exorcista bem-sucedido. Desse ponto de vista, parece muito difícil conjecturar, como faz Smith, que deva ser contado entre os magos; mas retornaremos à questão mais adiante.

Certificada a historicidade global do dado de Jesus exorcista, atestado tão maciçamente, resta avaliar aquela específica dos relatos individuais. A narração da cananeia e sua filha revela o vivo interesse da Igreja das origens pelo mundo pagão, e pareceria uma ficção ilustrativa de uma orientação missionária. Jesus dirigiu-se, de fato, ao mundo judaico; confirmam-no as dificuldades e as discussões do cristianismo nascente para a abertura *ad paganos*, evidentes nas cartas paulinas. Mas a práxis da Igreja, aos olhos dos crentes, deve enraizar-se naquela de Cristo. Eis, portanto, a formação da narração mencionada. No relato do endemoniado de Gerasa, a passagem da legião dos demônios aos porcos e seu afogamento nas águas do lago da Galileia, que, porém, distava uns quarenta quilômetros da cidade, parece uma parte secundária e um acréscimo. O relato do endemoniado mudo de Q (Lc 11 e Mt 12) parece funcional à discussão a respeito de em nome de quem Jesus se faz exorcista. Pelo contrário, muitas são as probabilidades de que o relato do rapaz endemoniado e epilético tenha sólidas raízes históricas. Acerca do endemoniado de Cafarnaum, deve-se notar que nesta cidade Jesus desenvolveu uma intensa atividade — atestada pela tradição sinótica e também pelo quarto evangelho, como vimos anteriormente —, incluídos não poucos gestos milagrosos que tornam particularmente grave a negação de crer nele por parte dos cidadãos (Q: Lc 10,13 e Mt 11,21). Pode-se pensar, portanto, que o relato de Mc 1,23-28, embora sobrecarregado pela mão do evangelista com sua característica teoria do segredo messiânico, em certo modo faça referência disso.

3. Relatos de cura

São quinze os relatos de cura, sendo mais bem atestados que as narrações de exorcismos. Também aqui Marcos fica com a maior parte, com oito exemplares, seguido normalmente por Mateus e Lucas: a sogra de

Pedro (Mc 1,29-31); um leproso (Mc 1,40-45); um paralítico (Mc 2,1-12); o homem da mão ressecada (Mc 3,1-6); a mulher afetada de hemorragia crônica (Mc 5,25-34); um surdo-mudo (Mc 7,31-36: não reportado por Mateus e Lucas); um cego de Betsaida (Mc 8,22-26: ausente em Mateus e Lucas), o cego Bartimeu (Mc 10,46-52; par. Mt 20,29-34 que fala de dois cegos e tem uma repetição em Mt 9,27-31, relato próprio do primeiro evangelista). A fonte Q, mesmo que seja uma coleção de ditos, relata a cura do criado/menino do centurião de Cafarnaum (Lc 7,1-10; Mt 8,5-13). Sobretudo, salta aos olhos a presença do testemunho do quarto evangelho que se refaz à fonte dos sinais, com os relatos do paralítico da piscina de Betesda (Jo 5,1-9), do cego de nascença (Jo 9) e do filho do funcionário real de Cafarnaum (Jo 4,46-54; par. Q). Três relatos de cura são testemunhados também na fonte L utilizada por Lucas: a mulher encurvada (Lc 13,10-17), os dez leprosos (Lc 17,11-19) e o hidrópico (Lc 14,1-6). Também está presente o material próprio do primeiro evangelista, Mateus, já mencionado (Mt 9,27-31).

Nos sumários, as curas de Jesus são atestadas quase em todo lugar. Em particular, de Marcos podemos citar Mc 1,32-34: "Curou muitos que sofriam de várias doenças"; Mc 3,7-12: "Porque tinha curado a muitos, os que tinham doenças se precipitaram sobre ele para ser tocados"; Mc 6,53-56: "Os que o tocavam ficavam curados". Com anotações paralelas da atividade terapêutica de Jesus, não separada do ensinamento e do anúncio, Mateus constrói a moldura da seção dos capítulos 5–9 (cf. Mt 4,23-25; 9,35.36). Das anotações sintéticas sobre a ação geral terapêutica de Jesus de Mt 14,14; 19,2; 21,14 já foi referido, enquanto em Mt 15,29-31 se especifica: coxos, aleijados, cegos, mudos e muitos outros.

Acrescente-se a resposta de Jesus ao Batista: "Cegos recuperam a vista, aleijados caminham com agilidade, leprosos ficam limpos, surdos escutam, mortos ressuscitam e aos pobres se anuncia a boa notícia" (Q: Lc 7,22 e Mt 11,5), que tem grandes probabilidades de remontar ao próprio Jesus.

Enfim, uma alusão ao *Evangelho Apócrifo de Tomé* que silencia totalmente os exorcismos — como, de resto, João —, mas na missão que Jesus confia aos discípulos os encarrega de fazer curas: "Se vos acolherem [...], curai os que dentre eles estão doentes" (n. 14).

Ainda mais que os exorcismos, o julgamento histórico sobre as curas mostra-se sereno, fruto de um geral consenso entre os estudiosos hoje:

"Jesus era um exorcista e um curandeiro", como afirma nada menos que o próprio Crossan (p. 369). Porém, uma vez acertado que ele tenha feito curas, fica aberta a questão sobre a historicidade dos relatos individuais. Tanto mais que ali se adverte a mão do escritor e, ainda antes, a da tradição protocristã para dar forma, embelezar, reunir uma coleção unitária (na seção 4,35–8,10, Marcos acumula quase todos os milagres de Jesus; algo similar acontece em Mt 8–9), imprimir valores cristológicos de exaltação de Jesus acima da sua imagem histórica de curandeiro (cf. sobretudo o quarto evangelho), e alcançar também, às vezes, as verdadeiras criações, as ficções.

Não é inútil indicar que, na tradição judaica, o médico obtém, por sua vez, uma reconhecida e relativa legitimidade apenas na parte terminal da história bíblica, em Eclo 38,1-15. Antes, a cura era esperada como resultado da intervenção de Deus, não da medicina; assim o rei Asá é repreendido duramente pelo cronista por ter recorrido, na sua doença, ao médico e não ao Senhor (2Cr 16,12). Com relação a isso, é especialmente significativa a voz de muitos doentes que ressoa no Saltério a impetrar saúde a Deus, e também a louvá-lo e agradecer-lhe pela cura obtida. "Senhor, cura-me", impetra o orante do Sl 6,3; idem o suplicante do Sl 30,3: "Gritei a ti, Senhor meu Deus, e tu me curaste"; um terceiro fala da intervenção divina a favor de um doente: "O Senhor o assiste no leito da dor; na sua doença tu lhe reviras a cama" (Sl 41,4).

O texto sapiencial do Eclesiástico constitui uma reviravolta cultural importante, embora incompleta. A exortação do sábio é clara: "Rende ao médico as honras que lhe são devidas, pela necessidade que se tem dele, porque o Senhor o criou [...]. A ciência faz aumentar a inteligência do médico, e ele admirado pelos nobres [...]. Deus deu a ciência aos homens, a fim de que se gloriem de suas maravilhas. Com elas o médico cura e alivia a dor, e o farmacêutico faz unguentos" (Eclo 38,1.3.6-7). Porém, um reconhecimento ao qual se acrescenta que, em última instância, "a cura vem do Altíssimo, como se recebem presentes do rei" (Eclo 38,2). Por essa razão, em caso de doença, o Sirácida exorta nestes termos: "Reza ao Senhor e ele te curará" (Eclo 38,9). O recurso ao médico vem em segundo lugar: "Depois chama o médico [...], tens necessidade *também* dele" (Eclo 38,12). Não somente os doentes devem rezar, mas também os médicos: "Rezarão ao Senhor para que lhes conceda o alívio do doente, e a cura para conservá-lo vivo" (Eclo 38,14). O Sirácida mostra pouca confiança na arte médica: "Quem peca contra seu Criador cairá nas mãos do médico" (Eclo 38,15).

O apelo a Deus é tanto mais necessário porque o Sirácida compartilha a muito difundida convicção de que doença e pecado ou culpa estão entrelaçados. Assim se compreende que sua exortação a rezar para ser curado é reforçada por aquela exortação moral de fazer penitência: "Purifica teu coração de todo pecado", oferecendo sacrifícios (Eclo 38,10-11). É a mesma dupla identidade de doentes e pecadores que se encontra nos cantos de lamentação do Saltério, onde não poucas vezes a enfermidade nasce da culpa e é punição de Deus juiz. Citamos o Salmo 38: "Não me punas, Senhor, em tua indignação; não me castigues em tua cólera [...]. Por tua ira não há nada ileso na minha carne; nada intacto nos meus ossos pelo meu pecado. Sim, as culpas ultrapassam minha cabeça e me oprimem como fardo pesado" (Sl 38,1.4-5). Finalmente, uma referência ao Salmo 41, no qual o orante fala, sim, de seu sofrimento e de sua enfermidade, mas também confessa: "Contra ti pequei" (Sl 41,4-5).

Outra conexão significativa aparece quando se introduz o demônio, segundo fator de doenças não tão diverso do primeiro, pois seu poder perverso arrasta os homens ao pecado. Assim, a cura torna-se também exorcismo. Foi a corrente apocalíptica que a partir do século IV a.C. influenciou a tradição hebraica, inserindo nela a presença dos espíritos maus que dominam os homens, sempre, obviamente, sob o poder de Deus que atualmente os tolera para seus misteriosos fins, mas que no final os derrotará ou os aniquilará, libertando o mundo humano de seus maléficos influxos físicos e morais. Basta-nos citar do livro apócrifo de Henoc etíope que como antídoto apresenta Rafael, anjo curador e ao qual Deus lhe oferece a missão salvadora:

> Amarra Azazel, mãos e pés, e põe-no nas trevas, escancara o deserto que está em Dudael e põe-no lá. E sobre ele põe pedras redondas e afiadas e cobre-o de trevas! E permaneça eternamente lá, e cobre-lhe o rosto para que não veja a luz! E no grande dia do julgamento, seja enviado ao fogo! E faz viver a terra que os anjos corromperam e (quanto) à vida da terra, anuncia que eu farei viver a terra e que nem todos os filhos do homem perecerão por causa do segredo de tudo que os anjos vigilantes destruíram e ensinaram a seus filhos. E toda a terra está corrompida por ter aprendido as obras de Azazel, a quem deves imputar todo o pecado! (10,4-8).

Vimos em nossas fontes evangélicas que a possessão demoníaca quer dizer epilepsia para o infeliz rapaz (Mc 9,14-29), e que alguns endemoniados são apresentados como mudos (Q: Lc 11,14-15 e Mt 12,22-24) ou como mudos e cegos (Mt 9,32-34). Doença e culpa estão unidas no paralítico de Cafarnaum (Mc 2,1-12): com efeito, o doente apresentado a Jesus para que o cure é por ele confortado pelo perdão divino: "Teus pecados são perdoados". Somente em um segundo momento o cura. Na realidade, resta implícito que a doença esteja coligada à culpa. Podemos aduzir a respeito disto também o testemunho do quarto evangelho: depois de ter curado o paralítico da piscina de Betesda, Jesus, despedindo-o, exorta-o a não pecar mais, "para que não te aconteça algo pior" (Jo 5,14). Na fonte L, que narra a cura da mulher encurvada, Jesus fala de Satanás que "a tinha amarrada havia dezoito anos" (Lc 13,16).

A análise dos relatos de cura nos permite evidenciar seus elementos qualificantes. O narrador, antes de tudo, faz encontrar o taumaturgo com o doente, ou quem o representa nas curas a distância — por exemplo, o centurião de Cafarnaum que vai até Jesus para impetrar pelo filho/escravo/menino, segundo as diversas apresentações de João, Lucas e Mateus. O encontro mais trabalhado foi o do paralítico deitado sobre uma maca e descido, pelos quatro portadores, por meio de uma abertura feita no teto construído de canas, na casa na qual Jesus se encontrava assediado por muitas pessoas (Mc 2,1-12). Às vezes o encontro prolonga-se em um diálogo empenhado entre doente e curandeiro; assim o cego Bartimeu grita, imerso na multidão, "Jesus, filho de Davi, tem piedade de mim"; Jesus o escuta, o faz chamar e lhe pergunta o que deseja; e o interrogado: "Mestre, que eu possa ver" (Mc 10,46-52). Da mesma forma, em Mt 9,27-31, os dois cegos lançam o mesmo grito de Bartimeu e Jesus: "Acreditais que eu possa fazer isso?" "Sim, Senhor", respondem. A súplica ao curandeiro está presente também em outros relatos: "Jesus Mestre, tende piedade de nós" (os dez leprosos: Lc 10,13). Mais atenuada é a oração do paralítico: "Se queres, podes limpar-me" (Mc 1,40). Em alguns casos são outros que suplicam pelo doente: o centurião, indireta e pessoalmente (Lc 7,3.7; Mt 8,6.8; Jo 4,47.49), anônimos cidadãos pelo cego de Betsaida (Mc 8,22), habitantes da Decápole por um surdo-mudo (Mc 7,32).

Na apresentação do doente, às vezes, insiste-se na gravidade da sua enfermidade, e em um caso sobre a intervenção inútil ou pejorativa do médico; a mulher encontrada em uma sinagoga estava doente "havia dezoito anos [...]; era encurvada e incapaz de erguer sua cabeça" (Lc 13,11-12). Enquanto Jesus se dirigia à casa de Jairo, por entre a multidão se aproximou "uma mulher, que padecia de hemorragias havia doze anos, que tinha sofrido muito nas mãos de muitos médicos e que tinha gastado todos os seus bens sem nenhum resultado, ao contrário, foi piorando cada vez mais" (Mc 5,25-26). Acrescente-se o paralítico da piscina de Betesda, "enfermo havia 38 anos" (Jo 5,5).

A cura acontece ou tocando o doente e/ou com uma palavra expressiva de eficaz vontade terapêutica, um imperativo. Jesus toma pela mão a sogra febril de Pedro e a levanta do leito (Mc 1,31); toca o leproso, despreocupado em contrair impureza ritual, e lhe diz: "Fica limpo" (Mc 1,41); ao paralítico ordena: "Levanta-te, pega tua maca e vai para tua casa" (Mc 2,11; análogo ao tríplice imperativo no relato de João do paralítico da piscina de Betesda: Jo 5,8); ao homem com a mão retesada ordena a estendê-la por inteiro (Mc 3,5); toca os olhos dos dois cegos (Mt 9,29); à mulher encurvada, encorajada que seria curada, "impôs as mãos" (Lc 13,12-13); "tomou o hidrópico pela mão" (Lc 14,4); no relato de cura *in absentia* conforta a quem lhe suplica: "Vai, teu filho vive" (Jo 4,50); em dois relatos seu imperativo não se refere formalmente à cura: aos dez leprosos ordena a ida aos sacerdotes para mostrarem-se (Lc 17,14; em Mc 1,44 a mesma ordem é dirigida ao leproso, mas depois de tê-lo curado); manda o cego lavar-se na piscina de Siloé (Jo 9,7).

Os gestos do curandeiro Jesus em dois relatos de Marcos são de timbre mágico e indicam uma manipulação bastante em uso então. Enquanto ao surdo-mudo da Decápole "pôs os dedos nos seus ouvidos e com a própria saliva tocou sua língua", mas não falta a palavra imperativa: "*Effatha*, que significa: Abre-te" (Mc 7,33-34). A cura do cego de Betsaida acontece por etapas: "Depois de ter colocado saliva sobre os olhos e de ter lhe imposto as mãos", esse vê, mas confusamente; "então lhe pôs de novo as mãos sobre os olhos", e ele viu perfeitamente (Mc 8,22-26). Assim também é para o cego de nascença: "Cuspiu na terra, fez barro com a saliva e untou com ele os olhos do cego" (Jo 9,9). De sabor ainda mais mágico no relato da hemorroíssa é o particular de que a mulher fica curada tocando o manto de Jesus, mesmo se o curandeiro, no fim, atribui a cura à fé (Mc 5,28-29.34).

A cura acontecida é afirmada com fórmulas sintéticas que enfatizam geralmente o aspecto súbito do fato: "no instante", "imediatamente" (*euthys, parakhrēma, eutheōs*) (Mc 1,42; 2,12; 5,29; 7,35 [lição incerta]; 10,52; Lc 13,13; Jo 5,9), que falta naturalmente no caso da cura progressiva do cego de Betsaida (Mc 8,22-26). Às vezes se dá a demonstração da cura acontecida: a sogra de Pedro levanta-se da cama e se põe a servir a mesa (Mc 1,31); o paralítico levantou-se, pegou sua maca e foi-se embora (Mc 2,12; cf. Jo 5,9); no relato joanino do filho do funcionário real de Cafarnaum a hora em que Jesus disse ao pai que seu filho "vive" é a mesma na qual este sarou (Jo 4,50-53).

Habitualmente, o relato de cura se conclui com a reação admirada dos presentes, ou também, em um caso, do interessado. Ao ver o paralítico curado, "todos ficaram extasiados (*existhamai*) e glorificaram (*doxazō*) a Deus dizendo não ter visto jamais algo semelhante" (Mc 1,12); aqueles aos quais foi dada a notícia da cura do surdo-mudo "se assombraram (*eklēssomai*) grandemente e diziam: Fez bem todas as coisas: faz ouvir os surdos e falar os mudos" (Mc 7,37); depois de curada, a mulher encurvada "glorificava (*doxazō*) a Deus" (Lc 13,13). No caso do endemoniado de Gerasa, os cidadãos "ficaram com temor" (*phoboumai*) (Mc 5,15).

Além da surpreendente ordem de silenciar a cura — que entra no segredo messiânico típico do evangelho de Marcos (cf. Mc 1,44; 7,36) —, aparece o motivo da fé, entendida como confiança no curandeiro Jesus, uma fé preventiva à qual este reconhece força curadora. "Tua fé te salvou", diz à mulher que sofria de hemorragia crônica (Mc 5,34), ao cego Bartimeu (Mc 10,52) e ao leproso samaritano que regressou para agradecer (Lc 17,19). "Que vos aconteça segundo vossa fé", é sua palavra eficaz aos dois cegos (Mt 9,29). No relato da cura do servo/menino do centurião, Jesus louva a confiança deste último: "Nem mesmo em Israel encontrei tão grande fé" (Q: Lc 7,9 e Mt 8,10). Na narração mateana dos dois cegos, o Nazareno provoca-os: "Acreditais que eu possa fazer isso?", em que fica evidente o significado da fé como confiança no curandeiro (Mt 9,28).

Enfim, releva-se que alguns relatos de cura são, ao mesmo tempo, apotegmas, quadro narrativo de um dito jesuano colocado em destaque no texto e ao qual tudo é finalizado, geralmente em contexto polêmico. Assim, o relato de cura do paralítico está subordinado ao pronunciamento do curandeiro que se identifica com o Filho do Homem dotado do poder de perdoar os pecados (Mc 2,1-12 e par.); as curas de sábado — do homem da mão atrofiada, da mulher encurvada e do hidrópico — servem de quadro à declaração de Jesus que no dia de sábado é lícito e necessário fazer o bem e agir em favor da vida (Mc 3,1-6 e par.; Lc 13,16; 14,2-6). Também os dois relatos de cura do quarto evangelho — o paralítico de Betesda e o cego de nascença (Jo 5 e 9) — são quadros introdutórios a uma longa e dura discussão sobre a identidade messiânica de Jesus.

Ressaltando que se trata de motivos mais ou menos recorrentes também em textos gregos da antiguidade, Bultmann considera poder concluir que tal material comparativo "ilustra a atmosfera, mostra os motivos e as formas e assim ajuda a entender a penetração de histórias milagrosas na tradição evangélica" (p. 253). Mas do confronto emergem também as diversidades relevantes que nos levam a valorizar as características da tradição protocristã e inclusive a conjecturar, com solidez, fatos da própria vida de Jesus. A respeito disso, deve-se mencionar a preventiva fé confiante no taumaturgo, que não somente torna originais os relatos evangélicos de milagres com relação aos do ambiente grego e judaico, mas também constitui um elemento estranho à comunidade protocristã interessada na fé cristológica. Temos uma prova claríssima nas páginas do quarto evangelho, que evidenciam como os milagres são sinais simbólicos da identidade de Jesus filho de Deus, e também nas narrações de caráter apotegmático que exaltam seu poder divino de perdão dos pecados e sua soberana liberdade atuante diante dos obstáculos do descanso sabático.

Admitida a historicidade geral dos relatos pela força compulsória dos testemunhos mencionados, fica, porém, aberta a questão da historicidade das narrações de cura individuais. Nas opiniões dos estudiosos vamos do extremo de um patente ceticismo de Bultmann até o oposto de Twelftree, por exemplo, que na prática admite a existência de fatos históricos por trás de todas as narrações evangélicas. Mas não faltam orientações intermediárias que se apresentam, porém, sob duplo aspecto. Alguns estudiosos reconhecem a plausibilidade histórica de poucos relatos; por exemplo, Crossan admite que "o leproso curado, o doente ao qual foram perdoados os pecados e o cego que recupera a visão são unidades típicas do Jesus histórico" (p. 369). Mas também à cura da sogra de Pedro, atestada em um relato rico de dados circunstanciais e essenciais nos seus pontos-chave, atribui-se certa plausibilidade histórica (Blackburn, p. 365). Meier, por sua parte, analisou minuciosamente cada um dos relatos e se declarou a favor da historicidade substancial das seguintes curas: o leproso (Mc 1,40-45); Bartimeu, inclusive pela menção do nome (Mc 10,46-52); o cego de Betsaida (Mc 8,22-26), onde prevalece o critério do constrangimento (Lc e Mt omitem-no) diante da arte manipuladora efetuada por Jesus, obrigado a repetir seus gestos para concluí-la; o cego de nascença de Jo 9,1.6-7. Ao contrário, se diz perplexo (*non liquet*, "não está claro") sobre a sogra de Pedro, a hemorroíssa, o hidrópico, o surdo-mudo de Mc 7,31-36 — não obstante o aramaico *effatha* —, o menino (*pais*: Mt)/o servo (*doulos*: Lc)/o filho (*hyios*: Jo) do centurião romano (Q)/funcionário real (de Antipas) (Jo) de Cafarnaum — não obstante a atestação de dupla fonte. A respeito dos relatos milagrosos que servem de quadro narrativo a um dito jesuano, pode-se pensar que tenham sido criados para esse fim. A narração dos dez leprosos de L parece uma cópia do relato do leproso de Mc 1,40-45, inclinada a evidenciar a abertura ao mundo samaritano. Interesses missionários para o mundo pagão parecem ter sido determinantes na formação do relato da cura da filha da cananeia. Assim, a passagem em que Jesus, no Getsêmani, religou a orelha do servo amputada pela espada de Pedro (Lc 22,50-51) tem sua razão de ser ao evidenciar sua bondade, temática cara ao terceiro evangelista.

Por certo, de qualquer forma, deve-se admitir que Jesus realizou algumas curas, pois senão se questionaria o dado corroborado por tantos e consideráveis testemunhos, de ter agido como curandeiro e exorcista.

4. Taumaturgo excepcional?

Em relação às curas e caracterizados pelos mesmos motivos narrativos, os evangelhos oferecem-nos três relatos de ressurreição: da filha de Jairo (Mc 5,21-24.35-43 e par.), do jovem de Naim (Lc 7,11-17) e de Lázaro (Jo 11). São apenas três narrativas de ressurreição em comparação com as muitas de cura. Além disso, cada um dos relatos de ressurreição está presente em uma única fonte: respectivamente, Marcos, a fonte L e a fonte dos sinais. Porém, na resposta à embaixada do Batista entre os prodígios aos quais se refere, Jesus menciona também a ressurreição de mortos (Q: Lc 7,22 e Mt 11,5); mas alguns estudiosos a consideram um acréscimo posterior à declaração de Cristo.

O primeiro relato narra o caso de uma menina muito doente e do pai, um chefe da sinagoga de nome Jairo, que suplica ao Nazareno para que vá curá-la. Este aceita e se encaminha para a casa da doente, mas durante o trajeto chega a notícia de sua morte. Jesus exorta o pai a ter confiança. Ao chegar onde estava deitada a menina, ele toma sua mão e lhe ordena: "*Talitha, koum*, que significa: Menina, levanta-te!". Assim acontece e não falta a prova do prodígio realizado: a rediviva se levanta, começa a caminhar, pode comer. Nas versões de Lc 8,46ss e Mt 9,18ss já está morta quando o pai decide ir chamar a Jesus. Mas também o relato de Marcos entende claramente apresentar uma ressurreição. O enigmático convite de Jesus a não fazer lamentações fúnebres porque a menina não está morta mas dorme, na lógica narrativa, não indica uma morte aparente, mas a referência ao que está por acontecer. Alguns estudiosos, como Pesch no seu comentário, conjecturaram que um relato originário de cura tenha sido transformado em narração de ressuscitamento, mas parece mais provável pensar em uma terapia originária amplificada muito cedo em ressurreição, como testemunha a fórmula aramaica *talitha koum*; em outras palavras, o processo de amplificação aconteceu na origem, quando se começou a narrar o fato.

O relato lucano da ressurreição do filho da viúva de Naim (Lc 7,11-17) — localidade ausente, como Nazaré, nas fontes não cristãs — parece copiar o relato de ressurreição do filho da viúva de Sarepta. Elias chegou à porta da cidade e encontrou a viúva (1Rs 17,7) que tinha um filho, o único ao que parece do quanto segue; Jesus "se aproximou da porta da cidade e eis que levavam a sepultar o único filho de uma mãe viúva". Elias o ressuscitou "e o entregou à sua mãe" (1Rs 17,23, LXX); Jesus ressuscitou o rapaz "e o entregou à sua mãe". Um modo encontrado pela Igreja das origens para dizer que o Nazareno não é inferior ao grande Elias, e um modo de Lucas para evidenciar sua cristologia de caráter profético, como emerge das palavras conclusivas dos presentes: "Um grande profeta surgiu entre nós" (Lc 7,16). Seja como for, Meier considera que o relato faça referência a algo realmente acontecido ao Jesus histórico na aldeia de Naim (p. 543).

Na passagem joanina da ressurreição de Lázaro de Betânia, irmão de Marta e de Maria (Jo 11), pensa-se que dependa de uma tradição da fonte dos sinais, reelaborada a fundo pelo evangelista como ilustração simbólica de sua profunda cristologia. Isso aparece com toda a evidência na fórmula tipicamente joanina de "Eu sou" do v. 25: "Eu sou a ressurreição e a vida". Difícil é remontar ao nível do Jesus terreno: se e o que exatamente tenha acontecido ao amigo Lázaro em Betânia.

Os relatos evangélicos dos milagres de natureza — como se costuma chamá-los — são sete: tempestade acalmada (Mc 4,35-41 e par.); multiplicação dos pães para cinco mil pessoas (Mc 6,32-44 e par.; Jo 6,1-15) e multiplicação dos pães para quatro mil (Mc 8,1-10; par. Mt 15,32-39) que é uma cópia da precedente; caminhada sobre as águas do lago (Mc 6,45-52, par. Mt 14,22-33; Jo 6,16-21); maldição da figueira estéril (Mc 11,12-14.20-26; par. Mt 21,18-22); pesca milagrosa (Lc 5,1-11; Jo 21,1-14); água transformada em vinho (Jo 2,1-11). Um exegeta tão moderado como Meier afirma, depois de uma minuciosa análise das passagens individuais, que somente o relato da multiplicação dos pães faz entrever a existência de uma refeição em comum promovida pelo Jesus terreno, transmitido e transformado em uma narração milagrosa com influxo seja da ceia eucarística, seja do milagre de Elias; influxos aos quais é difícil atribuir a força de ter criado uma ficção, porque o particular dos peixes diferencia nosso relato das duas referências indicadas.

Os demais são frutos da criatividade literária da Igreja dos primeiros decênios. Em particular, a caminhada sobre as águas parece mais uma epifania do Ressuscitado retrodatada ao tempo do Jesus terreno; e assim também a pesca milagrosa enquadrada por João no tempo pós-pascal, mas antecipada por Lucas como quadro do pronunciamento de Jesus: "Eu vos farei pescadores de homens". Com relação a isso, tem razão Bultmann quando afirma que aqui a palavra criou o relato milagroso (p. 246). A narração da água transformada em vinho de Jo 2 apresenta-se repleta de evidentes simbolismos de tradição bíblica: as núpcias (aliança entre Deus e seu povo), o esposo (Deus e aqui Cristo), o vinho do convite escatológico; sobretudo aparece marcada pela teologia joanina: Jesus manifestou-se como ser rodeado de esplendor divino: "Manifestou sua glória" (v. 11). A tempestade acalmada ilustra o poder extraordinário de Jesus sobre as forças enfurecidas da natureza e sua identidade de ser divino: "Quem é este que vento e mar lhe obedecem?" (Mc 4,41). Enfim, a maldição da figueira estéril tem um evidente sentido simbólico: indica o fim da grande instituição religiosa do templo, contestado pelo Nazareno com seu gesto subversivo, dentro da área do templo, pela infidelidade do povo. Note-se que tal relato em Marcos vem logo depois da maldição da figueira estéril e antes da descoberta da figueira ressecada (Mc 11,12-14; 11,15-19; 11,20-21). Sem esquecer que Lucas substitui este relato marcano com a parábola da figueira estéril (Lc 21,29-33).

Esse é também o único relato milagroso de caráter destrutivo presente em nossos evangelhos. Vimos anteriormente pelo menos dois milagres desse gênero na lenda de Eliseu. Reaparecem na história da Igreja das origens: morte de Ananias e Safira, cominada pela palavra maledicente de Pedro (At 5,1-11), e cegueira de Elimas por intervenção de Paulo (At 13,8-12). O distanciamento dos relatos milagrosos dos evangelhos canônicos é patente nos evangelhos apócrifos que narram a infância de Jesus. Reportamos dois, o primeiro do *Evangelho Árabe da Infância*, que traduz um original do século IV-V: "Uma tarde, quando o senhor Jesus regressava a casa com José, veio correndo na sua direção um rapaz que chocou-se com ele tão violentamente que o fez cair. O senhor Jesus lhe disse: 'Como me derrubaste por terra, que também tu caias e não mais te levantes'. Naquele instante o rapaz expirou" (47,1); o segundo do apócrifo *Evangelho da Infância de Tomé*, que reporta tradições antiquíssimas: "Incomodado por um rapaz, disse-lhe: 'Tu também, eis que secarás como uma árvore; não darás nem folhas, nem raízes, nem fruto'. Imediatamente aquele rapaz ficou totalmente seco" (3,1-3).

Merece uma alusão a moeda na boca do peixe (Mt 17,24-27); é um motivo fabuloso, no qual o interesse versa sobre o pagamento ou não do didracma ao templo, uma questão aberta, ao que parece, na comunidade mateana antes do ano 70.

Até não muito tempo atrás estava em voga considerar que Jesus fizesse parte de uma precisa tipologia de taumaturgo, própria do ambiente greco--romano, a do *theios anēr*, homem divino por seus dons carismáticos. Antes, era convicção que a tradição cristã das origens e, sobretudo, a redação evangélica tivessem criado precisamente um Jesus *theios anēr* à imagem do típico "homem divino" do ambiente cultural. Hoje, a teoria está praticamente abandonada: a fórmula mesma do homem divino está ausente nos documentos antigos e o próprio Apolônio de Tiana, segundo aqueles estudiosos a viva encarnação dessa figura típica, não é qualificado assim por Filóstrato, que o exalta mais como sábio (cf. o estudo de Penna).

Ultimamente, ao contrário, teve ressonância a conjectura de Smith sobre o Jesus mago. Naturalmente, o estudioso considera importante a manipulação dos doentes presente em dois ou três relatos evangélicos de cura — dos quais já falamos. Mas fecha os olhos para a originalidade substancial do curandeiro de Nazaré que sara com um simples toque, sobretudo com sua palavra imperativa, dotada de eficácia. E é forçado a supor que nossos evangelhos tenham retocado as tradições arcaicas dos originários artifícios mágicos realizados por ele. À hipótese de Smith aderiu Crossan, que nega uma nítida separação intrínseca entre magia e milagre: "O critério discriminatório é de ordem política: de um lado estão as atividades oficiais, aprovadas e aceitas, e de outro as extraoficiais, repudiadas e censuradas" (p. 345); "Em suma, não há diferença substancial entre a religião e a magia, entre o milagre religioso e o efeito mágico" (p. 347). E conclui: "Elias e Eliseu, Honi e Hanina, eram magos, assim como Jesus de Nazaré" (p. 342). Mas não são como os gatos, que de noite são todos pardos; há distinções claras, precisou Kee: na magia, o mago apropria-se de forças extraordinárias por meio de fórmulas estereotipadas e de gestos particulares, forçando os detentores divinos a ceder seu uso; a arte médica baseia-se no conhecimento e uso científicos dos recursos da natureza; no milagre está em ação o poder divino livremente concedido ao taumaturgo, em nosso caso, a Jesus. Aqui aparece eloquente a reação dos espectadores que glorificam a Deus, que fez de Jesus um carismático, um homem dotado de uma força curativa recebida livremente do Alto. Assim é apresentado nos relatos evangélicos.

5. Sentido e alcance de seus "milagres"

Como mencionamos anteriormente, as fontes cristãs interpretaram os milagres de Jesus sobretudo em sentido cristológico. Assim, João denomina-os "sinais", portadores de significados profundos, concretamente atos de automanifestação de Jesus, Filho de Deus, Revelador do Pai ao mundo, Fonte de luz e de vida (cf. as curas do cego de nascença, do filho do funcionário real de Cafarnaum e do paralítico, e a ressurreição de Lázaro), Pão vivo descido do céu (multiplicação dos pães), Esposo dos últimos tempos, Doador de salvação (água transformada em vinho) e aquele que pode reivindicar o absoluto "Eu sou" (caminhada sobre as águas). Mas o próprio Marcos interpreta metaforicamente a cura do cego de Betsaida, curado progressivamente: é símbolo dos discípulos, de Pedro em particular, que pouco a pouco conseguem ver em Jesus o Messias. Assim se explica que o evangelista tenha coligado as duas perícopes: a da cura com a da confissão messiânica de Pedro (Mc 8,22-26 e 8,27-30). Pelo mesmo motivo, Marcos insere nos relatos a ordem de Jesus curandeiro de não propalar o fato, um expediente que faz parte do segredo messiânico destinado a ser revelado finalmente na cruz. O processo hermenêutico da Igreja das origens se manifesta também nos relatos milagrosos que fazem as vezes de quadro a ditos e pronunciamentos jesuanos, como vimos anteriormente.

Mas aqui nos interessa saber como o próprio protagonista entendeu suas curas e seus exorcismos, qual significado eles revestiam aos seus olhos. A fonte Q enfrenta o problema apresentando a diatribe entre Jesus e os não mais bem precisados críticos, acerca do sentido profundo de seus exorcismos (Lc 11,14-23 e Mt 12,22-30). A malévola interpretação de alguns, segundo Lucas, ou dos fariseus, no dizer de Marcos, é que ele age como intermediário de Belzebu (talvez de *baal zebub*, deus fenício), chefe dos demônios. Reconhece-se o exorcismo, mas destrói-se o exorcista. É um dado histórico além de qualquer suspeita, atestado também em Marcos, como veremos, e várias vezes no quarto evangelho: "Tem um demônio" (Jo 7,20; cf. 10,20; 8,48.52). Portanto, os gestos milagrosos de Jesus não eram tão claros no seu alcance positivo.

A resposta articula-se em três momentos, mas provavelmente se trata de três respostas diferentes dadas em situações diversas, aqui unidas por Q, que também lhes antepõe, em forma de apotegma, o brevíssimo relato de um exorcismo. A primeira resposta consiste em um argumento que gira em torno das consequências inaceitáveis da malévola interpretação: teremos Satanás, que combate contra si mesmo, e eu, diz Jesus, seria o instrumento de uma luta interna do reino diabólico. A consequência última seria a dissolução do poder demoníaco no mundo, não diferente dos reinos humanos, que são destruídos por lutas internas, e como as famílias, nas quais as divisões são desastrosas. Uma dedução considerada irreal, que exclui a possibilidade de Jesus ter libertado dos demônios em nome e com o poder de Satanás.

A segunda resposta é um argumento *a pari*: ele supõe presentes e atuantes, no seu ambiente, exorcistas judeus tidos como autênticos curandeiros em nome e com a força de Deus; então, ele atua como eles e, portanto, deve ser aceito honestamente como Homem de Deus, e não instrumento do diabo.

A terceira resposta contrapõe diretamente sua leitura dos exorcismos àquela de seus críticos, partindo, porém, do dado pressuposto de que ele é exorcista com a força divina. É totalmente provável que tenha sido endereçada originariamente a um público não crítico, a um "vós" amigo: "Se eu expulso os demônios com o dedo de Deus, quer dizer que chegou a vós (*ephthasen*) a realeza de Deus" (Q: Lc 11,20 e Mt 12,28). A fórmula antropomórfica "com o dedo de Deus" foi substituída por Mateus por outra teologicamente mais refinada: "Com o Espírito de Deus;" mas o sentido fica inalterado: com a força divina. A expressão ocorre no Êxodo quando os magos egípcios, impotentes para enfrentar os prodígios de Moisés, reconhecem que é o dedo de Deus (Ex 8,15). A força divina está ativamente presente em Jesus, mas com um valor muito peculiar: por meio de seus exorcismos, Deus entrou em cena como rei; seu poder real (*basileia*) agiu como libertação do domínio desumanizador de Satanás, que nossas fontes evidenciaram muito bem. Em outras palavras, Deus o expulsa por meio de Jesus, subtraindo-lhe o espaço de domínio, e reina no seu lugar. Tal valor ativo e dinâmico da *basileia tou theou*, traduzida geralmente como "reino", mas de modo ambíguo, será objeto de estudo no capítulo seguinte.

Trata-se de dois poderes dominantes, satânico e divino, em nítida antítese, de tal modo que a vitória deste postula a derrota daquele. Jesus deixa claro com uma parábola, mas parabólico em substância era também a mencionada dupla referência aos reinos humanos e às famílias: um homem bem armado que defende seu palácio e os bens que ali se encontram é uma garantia; mas se chegar outro mais forte do que ele, desarma-o e se apropria de tudo (Lc 11,21-22; Mt 12,29).

J. Marcus considerou poder relevar uma contradição entre a primeira e a terceira resposta: naquela, Jesus pressupõe que o reino de Satanás é íntegro e por isso exclui lutas internas mortais, negando-se assim a formar bando com ele; nessa afirma, em vez, que o domínio de Satanás é questionado por Deus, que se faz rei na sua ação exorcística. Como solução, conjecturou que somente em um segundo momento o Nazareno teria descoberto o sentido profundo de sua atividade exorcística, enquanto inicialmente se considerava um exorcista entre outros. O texto evangélico analisado deveria ser lido, na sua opinião, de modo estratificado e evidenciar essa dupla fase da vida do Exorcista de Nazaré. Porém, outras soluções são possíveis. Pode-se afirmar que ele proceda por exclusão para com seus difamadores: não é em nome de Satanás que realizou exorcismos (as duas primeiras respostas); diante de um público convicto de seu carisma exorcístico desvela, em vez, o alcance escatológico de seus gestos, nos quais Deus se faz rei impondo seu domínio. Se lá demonstrou a falsidade da interpretação dos críticos, aqui passa a afirmar a sua. Acrescente-se que seus exorcismos eram uma vitória parcial sobre Satanás em benefício apenas de poucos por ele libertados.

Marcos, por sua vez, oferece um testemunho semelhante, porém com certa diversidade de significado (Mc 3,22-30). À acusação de ser possuído por Belzebu e de expulsar os demônios com sua força, Jesus responde "com parábolas", as primeiras duas paralelas: um reino dividido internamente e uma família que sofre divisões em seu seio por serem desestabilizados ("não pode ser estável"). A outra história à qual alude o parabolista aqui é explicitada nos seus termos: "Se Satanás se levanta contra si mesmo e há divisão em suas linhas, não pode subsistir e acabará". A terceira parábola: ninguém pode entrar na casa defendida por um homem forte e saquear o que ali se encontra, se antes não consegue acorrentá-lo; somente então poderá apropriar-se dos bens da casa.

Como se vê, o testemunho marcano concorda com o que nos diz a fonte Q, mas se distancia dela por duas faltas: estão ausentes o argumento *a pari* (Jesus que se equipara aos demais exorcistas) e a conexão entre exorcismos e irrupção da realeza divina. As duas fontes, no entanto, concordam sobre o sentido profundo dos exorcismos: Jesus os realiza não em nome de Satanás, mas com a força de Deus, e o poder mortífero satânico que domina sobre os homens é eliminado, nos endemoniados, pelos gestos de libertação do exorcista e substituído pelo poder divino de vida. Falta em Marcos o motivo explícito da realeza divina, mas está presente o dos dois poderes fortes que se enfrentam, com a vitória de um sobre o outro.

Relativo a isso se pode citar também um dito jesuano atestado somente em Lc 10,18 e ambientado redacionalmente no relato de 70 ou 72 [lição incerta] discípulos que, ao regressarem da missão confiada a eles, entusiasmados referem ao Mestre ter exercido em seu nome um poder vitorioso sobre os demônios. Eis sua palavra: "Via Satanás cair do céu como um relâmpago". No fundo aparece o quadro com efeitos dramáticos, claramente apocalípticos, de uma luta celeste que se conclui com a derrota do príncipe dos demônios: "E aconteceu uma batalha no céu, e Miguel e seus anjos combateram contra o Dragão [...]. E o grande Dragão foi precipitado [...]. Foi precipitado para a terra, e com ele foram precipitados também seus anjos" (Ap 12,7-9). Além do enquadramento do dito, temos aqui a atestação de uma visão mística do destronamento daquele que exerce sobre o mundo um domínio desumanizador. De Satanás o Nazareno tinha dito, ao encontrar a mulher encurvada, que a mantinha acorrentada: curando-a, ele a desamarra e estraçalha as correntes de seu tirano (Lc 13,16). À derrota celeste Satanás acrescenta assim derrotas reais, embora parciais, aqui na terra, pela ação libertadora de Jesus.

Nesses testemunhos, aos quais se reconhece uma sólida confiabilidade histórica, realça-se uma concepção do mundo que o homem moderno, com Bultmann, chamaria mítica, porque para explicar o mal presente em todas as suas formas recorre a seres não humanos. Anteriormente mencionamos as concepções da apocalíptica que introduziu na visão do mundo, dividido em dois — aquele superior e celeste e o inferior ou terrestre — "o mundo do meio", no dizer de Sacchi (*L'apocalittica giudaica*, p. 44), constituído por anjos e espíritos maus, comandados por Satanás/Beliar/Mastema/diabo; ao seu influxo são atribuídos, como à sua raiz, o mal moral mas também o físico, por estarem ambos estreitamente conectados (sobre o diabo, veja Sacchi, *L'apocalitica*, pp. 272-297).

A salvação, portanto, deverá passar pela derrota de Satanás e de seu exército de espíritos malvados, na qual terá participação ativa também o Messias esperado, sobretudo Deus, que fará valer seu poder régio. Citamos a seguir alguns claros testemunhos de apócrifos e textos qumrânicos: "Então seu Reino [de Deus] se manifestará em toda a sua criação. E então o diabo chegará a seu fim e a tristeza irá embora com ele" (*AssMos* 10,1); "Beliar será amarrado por ele [o messias sacerdotal], que dará a seus filhos o poder de esmagar os espíritos malignos" (*TestLevi* 18,12); "(10) Surgirá para vós da tribo [de Judá e: *interpolação cristã*] de Levi a salvação do Senhor. Com efeito, será ele mesmo [o messias de Levi] que guerreará com Beliar, se vingará eternamente de vossos inimigos. (11) Libertará os prisioneiros das mãos de Beliar [isto é, as almas dos santos], conduzirá os corações infiéis para o Senhor, dará aos que o invocam a paz eterna" (*TestDã* 5,10-11); "Então todos os espíritos do engano serão esmagados e os homens dominarão os espíritos malvados" (*TestSim* 6,6); "Haverá um só povo do Senhor e uma só língua e ali não estará o espírito de engano de Beliar, porque será lançado no fogo para sempre" (*TestJudá* 25,3); "(12) A interpretação da passagem [Sl 82: 'até quando julgareis injustamente...'] refere-se a Beliar e aos espíritos da sua parte, que se rebelaram desviando-se dos mandamentos de Deus [para fazer o mal]. (13) E Melquisedec realizará a vingança dos juízos de Deus [naquele dia e eles serão salvos do poder de] Beliar e do poder de todos os espí[ritos de] sua [parte]" (*11QMelch* col. II,12-13); "Então seu reino [de Deus] se manifestará em toda a sua criação. E então o diabo chegará a seu fim e a tristeza irá embora com ele"

(*TestMos* 10,1); em *Jub* 5,6 Deus castigará os anjos descidos na terra para pecar, no sentido de "extirpá-los de todo o seu poder" e de "amarrá-los nas profundezas da terra"; cf. também *Jub* 10,7-8: consequentemente Mastema confessa sua impotência: "Não posso aplicar a força da minha vontade nos filhos do homem". Fará eco o autor do Apocalipse cristão: "E o grande Dragão foi precipitado, a serpente antiga, que se chamava Diabo e Satanás, que seduz o mundo inteiro. Foi precipitado para a terra e foram precipitados também seus anjos. Eis que chegou finalmente a salvação, o poder, a realeza de nosso Deus e a soberania de seu Cristo, porque foi precipitado o acusador de nossos irmãos" (Ap 12,9-10). Em Ap 20,2-3.7 se diz que foi acorrentado por mil anos, precipitado depois no abismo e finalmente na fornalha de fogo e enxofre. Sem esquecer de Jo 12,31, que coloca nos lábios de Jesus: "Agora será expulso o príncipe deste mundo". Os textos citados parecem distinguir dois aspectos da derrota de Satanás: primeiro é amarrado e depois aniquilado. O primeiro aparece na parábola do homem armado que, para tomar posse da casa defendida por um soldado, o amarra.

Jesus insere-se nesse contexto cultural com uma nota própria: a derrota de Satanás começou com ele, exatamente com sua ação exorcística, sinal tangível do poder régio de Deus aqui e agora. E sua originalidade é inegável. Theissen e Merz falam de "alcance escatológico" de seus milagres (p. 382) e explicam citando da monografia do primeiro: "Ele une dois mundos culturais, que precedentemente não tinham jamais sido unidos desta maneira: a espera apocalíptica da salvação futura universal e a realização em episódios concretos da salvação no presente por meio dos milagres" (p. 382; *Wundergeschichten*, p. 274). Aos mesmos autores devemos a citação de uma brilhante valoração de E. Bloch: os milagres "querem sempre ser já, em miniatura, novo céu e nova terra" (*Il principio speranza*, p. 1508).

A bem da verdade, a fonte Q e Mc referem-se explicitamente apenas aos exorcismos. Mas é possível estender tal alcance escatológico às curas, dada a ligação entre ambos: a libertação do demônio é, de fato, nos relatos evangélicos, também cura dos doentes de epilepsia, mudez, cegueira, surdez. Além do mais, na sua resposta à embaixada do Batista da fonte Q, Jesus alega suas próprias curas: "Cegos que recuperam a vista, aleijados que caminham com agilidade, leprosos que ficam limpos, surdos que ouvem, mortos que ressuscitam e aos pobres se anuncia a boa notícia" (Lc 7,22; Mt 11,5), sinais que Isaías profetizava para os tempos escatológicos: "Naquele dia os surdos ouvirão as palavras do livro, e, saindo da escuridão e das trevas, os olhos dos cegos verão [...] e os mais pobres dos homens se alegrarão no santo de Israel" (Is 29,18-19); "Então se abrirão os olhos dos cegos e os ouvidos do surdos se abrirão; então o coxo saltará como um cervo, e a língua do mudo cantará" (Is 35,5-6); "(Deus) me enviou para anunciar a boa notícia aos pobres" (Is 61,1). As passagens de Is são citadas também em Qumrã como sinais da era messiânica: "O Senhor fará ações gloriosas que nunca aconteceram, como dis[se], porque curará os feridos, fará reviver os mortos e dará o anúncio aos humildes, fartará os [indigent]es, guiará os expulsos e enriquecerá os famintos" (*4Q521* 2,2,11-13). Portanto, despontou na atividade taumatúrgica de Jesus o alvorecer da era messiânica profetizada. Há, porém, uma importante diferença com Qumrã: aqui a ação libertadora é atribuída a Deus, enquanto o Nazareno se propõe como "executor" dessas libertações.

É possível aduzir também outro dito jesuano da fonte Q. Trata-se propriamente de uma bem-aventurança dirigida aos discípulos: "Felizes (*makarioi*) os olhos que veem o que vedes; verdadeiramente digo que muitos profetas e reis desejaram ver o que vós vedes mas não viram, e ouvir o que vós ouvis mas não ouviram" (Lc 10,23-24; Mt 13,16-17 que traz "muitos profetas e justos"). O atual é o tempo esperado pelas gerações passadas de Israel, porque agora se encarnam a obra e a palavra de Jesus, decerto os sinais de cura e de libertação.

Dos testemunhos analisados não ressurge, em vez, que o curandeiro de Nazaré, diferentemente ainda de Elias, tenha entendido legitimar-se como profeta ou enviado divino. E quando seus críticos lhe pedem um grande sinal de legitimação celeste, ele se nega (Mc 8,11-12 e par.). No fundo podemos ver as figuras dos profetas dos sinais — lembrados por Flávio Josefo —, Teudas e o anônimo profeta egípcio, que se diziam seguros de poder repetir as grandes façanhas de Moisés e de Josué: atravessar a pé enxuto as águas do Jordão e fazer cair os muros de Jerusalém. Jesus se distancia destes, decididamente.

Em um relato de Marcos se diz que ele se comoveu profundamente (*splagnistheis*) diante da desgraça do leproso (Mc 1,41; cf. também o mesmo destaque a propósito da viúva de Naim em Lc 7,13), mas a historicidade desta anotação psicológica é nula. Não se pode, portanto, demonstrar que os milagres tenham sido para ele sinais de sua compaixão, embora possa ser conjecturado.

Bibliografia do capítulo

Blackburn, B. L. The miracles of Jesus. In: Chilton, B.; Evans, C. A., eds. *Studying the historical Jesus: evaluations of the state of current research*. Leiden, Brill, 1994. pp. 353-394.

Bloch, E. *Il principio speranza*. Milano, Garzanti, 1994.

Bultmann, R. *Die Geschichte der synoptischen Tradition*. Göttingen, 1967. pp. 223-260.

Busch, P. War Jesus ein Magier? In: *ZNT* 4(2001)7. pp. 25-31.

Crossan, J. D. *O Jesus histórico. A vida de um camponês judeu do Mediterrâneo*. Rio de Janeiro, Imago, 1994. pp. 340-391.

Davies, W. D. The historical Jesus as a prophet/healer. A different paradigm. In: *Neotestamentica* 30(1996). pp. 21-38.

George, A. Miracoli nel mondo ellenistico. In: Léon-Dufour, ed. *I miracoli di Gesù*. pp. 79-90.

_____. Paroles de Jésus sur ses miracles (Mt 11,5.21; 12,27.28 et par). In: Dupont, ed. *Jésus aux origines de la Christologie*. pp. 283-301.

Kee, H. C. *Medicina, miracolo e magia nei tempi del Nuovo Testamento*. Brescia, Paideia, 1993.

Kertelge, K. Die Wunder Jesu in der neueren Exegese. In: *ThBer* 5(1976). pp. 71-105.

Léon-Dufour, X., ed. *I miracoli di Gesù*. Brescia, Queriniana, 1980.

Maier, G. L'esegesi dei miracoli neotestamentari nel corso degli ultimi due secoli. In: *Studi di Teologia dell'Istituto Biblico Evangelico* 11,21(1988). pp. 9-51.

Marcus, J. The Beelzebul controversy and the eschatologies of Jesus. In: Chilton, B.; Evans, C. A., eds. *Authenticating the activities of Jesus*. Leiden-Boston-Köln, 1999. pp. 247-277.

Meier, J. P. *Um judeu marginal. Repensando o Jesus histórico*. II, 3. Rio de Janeiro, Imago, 1998.

Mussner, F. *I miracoli di Gesù. Problemi preliminari*. Brescia, Queriniana, 1969.

Penna, R. *I ritratti originali di Gesù il Cristo. Inizi e sviluppi della cristologia neotestamentaria*. I. Cinisello Balsamo (MI), San Paolo, 1996. pp. 57-66.

_____. La figura reale di Gesù e quella virtuale dell'uomo divino (*theios anēr*): un confronto sbilanciato. In: *Vangelo e inculturazione: Studi sul rapporto tra rivelazione e cultura nel Nuovo Testamento*. Cinisello Balsamo (MI), San Paolo, 2001. pp. 211-230.

Remus, H. *Jesus as healer*. Cambridge, 1997.

Sanders, E. P. *Gesù e il giudaismo*. Genova, Marietti, 1992. pp. 204-225.

Segalla, G. La cristologia nella tradizione sinottica dei miracoli. In: *Teol* 5(1980). pp. 41-66.

Smith, M. *Jesus the magician: charlatan or Son of God?* Berkeley, 1978.
Theissen, G. *Urchristliche Wundergeschichten. Ein Beitrag zur formgeschichtlichen Erforschung der synoptischen Evangelien.* Gütersloh, 1974.
_____ & Merz, A. *Il Gesù storico. Un manuale.* Brescia, Queriniana, 1999, pp. 348-389. [Ed. bras.: *O Jesus histórico.* São Paulo, Loyola, 2002].
Twelftree, G. H. *Jesus the exorcist: a contribution to the study of the historical Jesus.* Tübingen, 1993.
_____. *Jesus: the miracle worker.* Downers Grove, 1999.
Vermes, G. *Gesù l'ebreo.* Roma, Borla, 1983. pp. 68-95.

Capítulo VIII
EVANGELISTA DO REINO DE DEUS

As fontes cristãs atestam como dado historicamente inabalável que Jesus não somente falou do Reino de Deus, mas também fez dele seu tema central, "a quintessência" e "o cerne" de sua pregação, diz Merklein (*La signoria*, p. 28). A recorrência da fórmula nos evangelhos canônicos é bastante rica: podemos encontrá-la em não poucos ditos de Marcos e de Q, mais ainda no material próprio de Mateus, também algumas vezes naquele de Lucas e, finalmente, em apenas duas passagens de João (Jo 3,3.5). Nessa estatística estão compreendidas as variantes "Reino dos céus", cara a Mateus, que usa a fórmula habitual apenas quatro vezes (Mt 12,28; 19,24; 21,31.43), e "Reino do Pai". Não inferior o *Evangelho Apócrifo de Tomé*: "O Reino está dentro de vós e fora de vós" (n. 3). Os ditos nn. 22 e 99, por sua vez, prometem o ingresso no Reino aos que são semelhantes aos pequenos que tomam o leite e à família espiritual de Jesus. O escrito conheceu também a fórmula introdutória das parábolas: "A história do Reino de Deus é como o caso de..." (nn. 20, 57, 76 etc.). Original o dito n. 82 ao qual se reconhece validez de *agraphon* de Jesus: "Quem está próximo de mim está próximo do fogo; e quem está longe de mim está longe do Reino". Enfim, o dito n. 113 é análogo a Lc 7,16-17 e trata *explicitis verbis* da vinda do Reino sem sinais observáveis.

Ao contrário, o motivo do Reino de Deus aparece somente de forma esporádica nos outros escritos das origens cristãs, sobretudo não constitui um ponto importante de referência na vida e no pensamento dos primeiros crentes. Assim nas cartas autênticas de Paulo fala-se dele apenas em 1Ts 2,12; Gl 5,21; 1Cor 4,20; 6,9-10; 15,24.50. No Apocalipse podemos indicar somente três passagens: Ap 1,9; 11,15; 12,10. O mesmo se diga dos outros escritos neotestamentários. Em todos, além do mais, predomina a fórmula "herdar o Reino de Deus", equivalente a "herdar a vida eterna"; mas frequente é também a concepção do Reino como objeto da pregação cristã (cf. At 8,12; 19,8; 20,25; 28,23.31). O motivo do Reino de Deus está especialmente ausente no quarto evangelho, que se ocupa exclusivamente da palavra de Jesus; de fato, o foco está nas metáforas de vida, luz, pão descido do céu, no tema da verdade ou revelação, na relação de pai e filho.

As relações se invertem quanto ao termo "rei", que nunca aparece nos lábios de Jesus para indicar Deus. Por isso foi dito, com razão, mas limitado ao plano lexical, que o Reino de Deus do Nazareno é um reinado sem rei. Em vez, os escritos porta-vozes das primeiras comunidades cristãs repetem de bom grado o título de rei, aplicando-o, porém, poucas vezes a Deus: *basileus tōn ethnōn* (rei dos povos: Ap 15,3), *basileus tōn aiōniōn* (rei dos séculos: 1Tm 1,17), ofuscado em algumas parábolas da redação de Mateus (Mt 14,9; 18,23; 22,2.7.11.13); mas especialmente se exalta Cristo *basileus* e *kyrios kyriōn* (rei e senhor de senhores: Ap 19,16; cf. 17,14); *basileus tōn basileuontōn kai kyrios tōn kyrieuontōn* (rei dos soberanos e senhor dos dominantes: 1Tm 6,15); "rei dos judeus" típico dos relatos da paixão (Mt 2,2; 27,11.29.37; Mc 15,2.9.18.26 Lc 23,3.37s; Jo 18,33.37.39; 19,3.14s; 19,21) ou também "rei de Israel" (Mt 27,42; Mc 15,32; Jo 1,49; 12,13). Acrescenta-se a citação de Zc 9,9 em Mt 21,5 e Jo 12,15: "Eis que teu rei vem a ti".

Um último relevo: à orientação decididamente teocêntrica de Jesus, totalmente dedicado à causa de Deus, corresponde a crença cristã no Reino de Cristo. Assim Paulo fala a propósito da vitória do Ressuscitado sobre a potência inimiga da morte: "É necessário [necessidade escriturária] que ele reine", depois do qual entregará seu Reino a Deus Pai (1Cor 15,24-26). Ef 5,5 une em uma só fórmula "Reino de Cristo e de Deus"; Cl 1,13 conhece a expressão "Reino do filho"; 2Pd 1,11 fala de "o eterno Reino do senhor e salvador nosso, Jesus Cristo". Em Ap 11,15 se confessa que o domínio sobre o mundo é agora "do Senhor nosso e de seu Cristo". No quarto evangelho declara que seu Reino não é deste mundo (Jo 18,36). Acrescentem-se as passagens de Mt 13,41 e 16,28 (Reino do Filho do Homem); 20,21; Lc 1,33; 22,29-30; 23,42. Em breve, verifica-se um deslocamento do Reino de Deus ao de Cristo, a passagem de uma orientação teológica à cristologia.

Se os estudiosos estão geralmente de acordo em admitir a centralidade do Reino de Deus na palavra de Jesus — mas Schürmann considera que mais importante para ele foi o Deus Pai —, se dividem na hora de precisar seu significado. De fato, o Nazareno nunca fez questão de defini-lo nem de indicar seus conteúdos essenciais. Pressupõe isso, ciente de que seus

ouvintes soubessem perfeitamente do que estava falando. Preocupar-se-
-á, em vez, de anunciar o como e o quando do Reino de Deus, precisar a
identidade dos beneficiários, sustentar energicamente a exigência de aderir
a ele. O protestantismo liberal do século XIX e do início do XX, certo do
dito de Jesus "o Reino de Deus está 'dentro de vós'" de Lc 17,21 — assim
entende a fórmula grega *entos hymin: in cordibus vestris* (veja também
Tolstoi), que postula, em vez, com toda a probabilidade a tradução "no
meio de vós" —, via nele uma realidade espiritual e interior do homem.
Por exemplo, para J. Wellhausen se trata de "a comunidade das almas que
procuram a justiça", como cita Weiss (p. 83). Mas este autor, seguido por
A. Schweitzer, foi um divisor de águas na história da exegese: Reino de
Deus é uma grandeza escatológica típica dos apocalipses judaicos do tempo:
indica sua intervenção final para reinar sobre um novo mundo que
tomará o lugar do presente, destinado à destruição e à incineração.

À concepção de um Reino de Deus puramente futuro (escatologia consequente)
se contrapôs em seguida Dodd, que o entendeu como realidade
só presente (escatologia realizada): "Ora, pelo contrário, o *eskhaton* passou
do futuro ao presente, da esfera da espera à da experiência realizada"
(*Le parabole del Regno*, p. 50). Mais comum a tese de sua dupla dimensão
de evento futuro mas em certo modo já presente (cf., por ex., Kümmel e
Perrin), discutindo-se, porém, sobre o sentido a dar aos dois adjetivos e
explicar como possa ser um e outro (escatologia atualizante).

Contudo, hoje, na terceira estação da pesquisa do Jesus histórico, a
leitura escatológica do motivo do Reino foi contestada: trata-se de uma
grandeza atemporal de caráter moral e espiritual. Segundo Crossan, "não
toma a forma de um evento apocalíptico que ocorreria num futuro iminente,
mas representa um modo de vida para o presente imediato" (p. 341). E
Borg fala de escatologia sapiencial: Jesus foi um mestre de sabedoria "não
convencional", "subversiva e alternativa", que subverte o sentido da vida
humana e a práxis das pessoas aqui e agora ("Jesus and eschatology").
Além disso, já falamos anteriormente do enfoque que vê nele um mestre
de tipo cínico. Todos esses autores sustentam sua posição excluindo a possibilidade
de que os ditos evangélicos de caráter escatológico remontem ao
Nazareno; de fato, consideram tais ditos um produto da Igreja.

Não menos debatido é o problema do significado dinâmico (realeza
divina) e/ou "espacial" (âmbito ou esfera em que Deus reina) da fórmula.

Com conotação teológico-dogmática, por sua vez, encontramos autores que enfatizam seu caráter "puramente religioso" (Schnackenburg, p. 80), enquanto outros lhe anexam uma dimensão social (Horsley). Sem se esquecer do iniciador da pesquisa histórica sobre Jesus, Reimarus, que atribui a Jesus uma orientação decididamente política: rebelião contra o poder romano e instauração de um poder alternativo na terra de Israel, salvo a possibilidade de sucumbir no violento confronto.

Ora, nossa tarefa consiste em analisar os testemunhos evangélicos para estabelecer a confiabilidade histórica de alguns e o caráter secundário de outros. Mas parece útil, antes necessário, situar previamente Jesus no seu ambiente cultural. De fato, não foi nem o primeiro nem o único a ocupar-se do Reino de Deus. Mais uma vez aparece como filho de seu tempo, beneficiário da herança bíblico-judaica, contudo não simplesmente repetida por ele, mas renovada, como veremos. E não se pode declarar *ore rotundo*, como faz por exemplo Becker (*Jesus von Nazaret*, p. 101), último de uma longa série de estudiosos que "antes de Jesus ninguém colocou o Reino de Deus ao centro de sua atenção". Não reside aqui sua originalidade, que ao contrário diz respeito à sua convicção de que o Reino de Deus fez irrupção na história — como reconhecera Flusser: "Ele é o único hebreu da antiguidade conhecido por nós que proclamou não só a iminência do tempo final, mas, ao mesmo tempo, o início do novo tempo da salvação já no presente" (*Jesus*, p. 130) — e que tudo isso acontece pela sua ação.

1. O símbolo régio no mundo hebraico

Na área do antigo Oriente Médio, a experiência monárquica dos antigos impérios mesopotâmicos e egípcios foi a que estimulou os homens religiosos a "imaginar" e a ter os deuses como soberanos. O poder absoluto daquelas monarquias e o esplendor de sua força levaram a "pensar" a divindade nessa linha. Trata-se de um símbolo religioso que, ao lado da imagem paterna, caracterizou aquelas culturas. Ricoeur define o símbolo *ce qui donne à penser*: isto é, esconde e, ao mesmo tempo, revela a natureza profunda da realidade simbolizada, em nosso caso da divindade. De qualquer maneira, uma vez constituído, o símbolo religioso caminha com as pernas de seus mesmos criadores que, sob o influxo de eventos e experiências importantes, enriqueceram o símbolo, conectando-o a significados sempre mais vastos. Em outras palavras, não devemos parar na sua origem sociológico-política; é necessário segui-lo na sua evolução ao longo do tempo.

1.1. Tradição bíblica

Em primeiro lugar, admito que a fórmula "Reino de Deus", como tal, no AT somente aparece em Sb 10,10: ao justo a sabedoria "mostrou o Reino de Deus". "Reino de YHWH" aparece uma vez só em 1Cr 28,5, mesmo sendo recorrentes as expressões "seu Reino" (Sl 103,19), "teu Reino" (Sl 145,11.12.13), "meu Reino" (1Cr 17,14), sem se esquecer da fórmula "a YHWH pertence o Reino" (Ab 21; Sl 22,29). Sobretudo se utiliza a forma verbal "YHWH reina (*malak*)/reinará (*yimlok*)".

No período pré-monárquico, em uma sociedade israelita desprovida de um poder central, zelosa da independência e da autonomia das tribos individuais e direcionada ao ideal de igualdade entre clãs, os testemunhos à nossa disposição não apresentam nenhuma concepção de YHWH rei (cf. Lohfink). Faltando uma monarquia, está ausente a exigência de ter no céu um rei que garanta e legitime o monarca terreno, mas também uma figura régia celeste correspondente à terrestre segundo o estereótipo: "Na terra, como no céu". Faz fé o único texto daquele tempo, o canto de Débora de Jz 5, em que se louva o Deus guerreiro e vencedor, mas sem lhe atribuir o título real. Acrescente-se o silêncio do javista, que não chama nunca YHWH de rei. É a partir do reino de Davi que se faz presente nos textos hebraico-bíblicos o símbolo real qualificativo de YHWH, vivido como fonte do poder do rei de Israel (cf. a presença de Natã, profeta da corte). Mas não falta uma corrente antimonárquica hostil às novas instituições por motivos teocráticos: na terra não deve existir um concorrente. Assim Gedeão rejeita a proposta de seus conterrâneos de fazê-lo rei: "Nem eu nem meu filho reinará sobre vós: o Senhor é vosso rei" (Jz 8,23). Será também a filosofia de Judas, o Galileu, e de seus adeptos, como atesta Flávio Josefo: "Têm um *ardentíssimo amor pela liberdade*, convencidos de que somente Deus é seu guia e senhor (*hēgemona kai despotēn*)" (*Ant* 18,23).

A nova conquista religioso-política evidencia-se sobretudo nos salmos, portanto, dentro do culto que exalta Deus como rei celeste que escolhe e sustenta o rei terreno (cf. os Salmos 2, 45, 110). Mais recentes e com olhar geral da realeza divina são, por sua vez, os Salmos 93–99, provavelmente parte integrante de celebrações anuais de entronização de Deus, análogas aos conhecidos ritos mesopotâmicos. "Yahweh reina (*malak*)" é fórmula recorrente; o seu é um trono eterno, estabelecido antes dos séculos (Sl 93). "É grande rei sobre todos os deuses", Deus da criação (Sl 95). "YHWH reina" é o grito de bênção, ele que domina sobre o mundo e sobre os povos e virá a julgar a terra (Sl 96). No Salmo 97, a fórmula entende exprimir seu domínio sobre o mundo, sobre os deuses e sua proteção do povo. O convite a exultar "diante do rei, de YHWH", é motivado no Salmo 98 pela sua ação na história da salvação de Israel: rei e juiz da terra. "YHWH reina", potente e amante da justiça (Sl 99). Por razões de completude, acrescente-se Ex 15,18, que conclui o hino que celebra a ação divina libertadora da escravidão do Egito e doadora da terra aos filhos de Israel: "YHWH reinará para sempre e eternamente".

Do outro lado, no Segundo Isaías, Deus é apresentado somente como rei de Israel ("rei de Jacó"; "vosso rei"; "o rei de Israel": Is 41,21; 43,15; 44,6), não de todos os povos: se no passado ele o escolheu e tirou do Egito, agora está pronto para repatriá-lo da escravidão babilônica. E ali não aparece nenhum rei terreno de Israel. De particular interesse é Is 52,7, no qual o anúncio de libertação do feliz mensageiro ressoa em Sião: "Teu Deus reina (*malak*)". Tratando-se de uma promessa, temos a confissão de uma realeza divina futura: Deus está comprometido a repatriar os exilados e reconstruir Jerusalém de forma esplêndida.

De fato, os israelitas no pós-exílio constituíram-se sociedade teocrática em torno ao templo, sob a autoridade do sumo sacerdote e na obediência à Lei, sacramento do poder real divino. Grande relevo assume o motivo de Deus rei em projeção escatológica, visto sob um duplo aspecto: primeiramente, rei de Israel: "Naquele dia, diz o Senhor, reunirei as ovelhas que coxeiam, recolherei as expulsas [...]. Então o Senhor reinará sobre elas no monte Sião, desde agora e para sempre" (Mq 4,6-7); "Rei de Israel será o Senhor no meio de ti, não verás mais o mal" (Sf 3,15); mas também rei universal: "YHWH será rei de toda a terra" e o povo viverá na paz, enquanto os inimigos serão derrotados e os sobreviventes gentios "subirão todo ano a Jerusalém para adorar o rei, o Senhor dos exércitos" (Zc 14,9.17).

Nas orações do judaísmo bíblico posterior encontramos a presença de fórmulas apelativas no presente do indicativo e invocativas da ajuda divina, como aparece em Ester: "Rei onipotente" (Est 13,9); "Senhor e rei" (Est 13,15); "Senhor meu, que és nosso único rei" (Est 14,3); "rei dos deuses" (Est 14,12). Por sua parte, a oração final de Tobias do capítulo 13 exalta a realeza de Deus (v. 1); "ele é nosso soberano" (v. 4), "o rei do céu" (v. 9; cf. vv. 13.17), "o rei dos séculos" (v. 11), "o grande rei" (v. 16).

Certamente, o símbolo religioso real está no centro do livro de Daniel, nascido no coração da crise de Israel do século II a.C., quando Antíoco IV Epífanes impôs aos judeus o abandono da Lei e da circuncisão, e a adoração de Zeus no templo de Jerusalém. O autor entende encorajar seus desanimados compatriotas chamados a pagar até com a vida a fidelidade à herança religiosa dos antepassados, e o faz prospectando a próxima intervenção de Deus para abater o iníquo reino sírio e instaurar seu domínio em benefício dos filhos do Altíssimo. Em Dn 2,31ss, o visionário fala de uma estátua com "a cabeça de ouro puro, o peito e os braços de prata, o ventre e as coxas de bronze, as pernas de ferro e os pés parte de ferro e parte de argila"; e continua: "Uma pedra se destacou do monte, sem intervenção de mão humana, e veio a bater contra os pés da estátua, que eram de ferro e argila, e os triturou" (vv. 32-34). A estátua pulverizou-se, "enquanto a pedra que tinha atingido a estátua tornou-se uma grande montanha, que encheu toda aquela região" (v. 35). E agora a explicação: "Tu, ó rei, és o rei dos reis; a ti o Deus do céu concedeu o reino, o poder, a força e a glória. A ti entregou o domínio sobre os filhos dos homens [...]. Depois de ti surgirá outro Reino, inferior ao teu; depois um terceiro reino, o de bronze, que dominará sobre toda a terra. Haverá depois um quarto reino, duro como o ferro" (vv. 37-40). "No tempo desses reis, o Deus do céu fará surgir um reino que não será destruído e não passará a outro povo: esmagará e aniquilará todos os outros reinos, enquanto ele durará eternamente" (v. 44). Temos, portanto, a profecia de um reino instaurado por Deus que sucederá aos reinos terrenos, ou melhor dizendo, da transferência do senhorio real dos grandes monarcas da história passada, neobabilônicos, medos e persas, gregos, a outro povo.

Em Daniel, Nabucodonosor recebe a explicação de seu sonho de uma árvore viçosa, abatida, mas depois renascida: Deus domina sobre os reinos da terra e dá o poder a quem quer: "Sete tempos passarão sobre ti, até que reconheças que o Altíssimo domina sobre o reino dos homens e que ele o dá a quem quer" (Dn 4,22; cf. Dn 4,28-29).

Mas é Dn 7 o texto mais importante, com a visão das quatro bestas e de um "como filho de homem":

Eu continuava olhando, quando foram colocados alguns tronos, e o Ancião de dias se sentou [...]. A corte tomou assento e os livros foram abertos [...]. Das outras bestas foi tirado o poder e lhes foi concedido prolongar a vida até um termo estabelecido de tempo. Olhando ainda nas visões noturnas, vi aparecer sobre as nuvens do céu um semelhante a um filho de homem; chegando ao Ancião de dias, foi apresentado a ele, que lhe deu poder, glória e reino; todos os povos, nações e línguas o deverão servir: seu poder é um poder eterno que jamais passará, e seu reino é tal que jamais será destruído (Dn 7,9-14).

Segue a explicação da visão:

As quatro grandes bestas representam quatro reis, que surgirão da terra; mas os santos do Altíssimo receberão o reino e o conservarão por séculos e séculos [...]. Então o reino, o poder e a grandeza de todos os reinos que estão debaixo do céu serão entregues ao povo dos santos do Altíssimo, cujo reino será eterno (Dn 7,17-18.27).

Com relação ao capítulo 2 aqui estão especificados os beneficiários do prometido reino escatológico, o povo do fiel Israel que receberá de Deus o poder, depois que os reinos e os reis dominadores e perseguidores forem destruídos. Reino de Deus, portanto, indica uma realidade escatológica, por um lado identificada concretamente com a nova sociedade de Israel, e, por outro, com o poder real conferido por Deus. A imagem é a de um Deus detentor originário do poder real, concedido por ele no passado aos diversos reis da terra, mas que no futuro dará a seu povo. No plano lexical é interessante notar que o termo "reino" (*malkûta'*) aparece como sinônimo de "poder" e de "glória". Tem sentido dinâmico e ativo, acoplado, porém, ao significado complementar de povo a quem o poder foi conferido por Deus.

1.2. Na literatura de Qumrã

O símbolo real domina nos cantos sabáticos (*4QShirShabb*): Deus, centro do culto celeste ao qual os qumranitas participam com seus louvores, é chamado "rei" (*melek*) cerca de 55 vezes, enquanto 21 vezes se fala da sua *malkût* (realeza), substantivo abstrato e também bastante raro (cf. Hengel e Schwemer). Em particular Deus é exaltado como "rei dos anjos" (*4Q400* fr 2,5); "rei glorioso" (*4Q403* fr 1, col 1,3); "rei sete vezes bom" (*ibid,* 5); "rei de santidade" (*ibid,* 7); "rei de tudo" (*4Q401* fr 14, col 1,28); "rei dos reis" (*ibid,* 34); "rei majestoso" (*ibid,* 38); "rei de verdade e de justiça" (*4Q404* fr 5,6); "rei santo" (*4Q405* fr 13, col 2,11). Não menos glorificado o seu reino, ou melhor, a sua realeza: é reino "excelso" (*4Q400* fr 1, col 2,1) e "glorioso" (*4Q401* fr 14, col 1,6 etc.); sua realeza é "suprema" (*ibid,* 14). Em *4Q405,* celebra-se "seu glorioso trono real" (fr 23, col 1,3); "o trono de sua realeza" (fr 20,2-21–22,1) e, em *4Q400* fr 2,3, "seu esplendor real". Objeto de louvor é "a glória do rei" (*4Q405* fr 23, col 1,9), "a majestade do rei" (*4Q401* fr 14, col 1,17), "a glória de seu reino" (*ibid,* 33). Como se vê, trata-se de realeza atemporal, celebrada no culto celeste e no louvor dos qumranitas, sem ligação explícita com a realidade mundana e privada de perspectiva escatológica.

Esta, por sua vez, aparece, em *1QM*. Confessa-se que "a realeza pertence ao Deus de Israel", o qual entrará em ação para julgar os inimigos e constituirá um exército vencedor "com os santos de seu povo" (6,6). A batalha escatológica exige rigorosíssima pureza e suma perfeição nos combatentes:

> Nenhum menino e nenhuma mulher entrará em seus acampamentos quando saírem de Jerusalém para ir à guerra até que eles regressem. E nenhum coxo, nem cego, nem paralítico, nem ninguém que tenha um defeito físico incurável ou que sofra de impureza no corpo irá com eles em batalha. Todos eles serão voluntários para a guerra, perfeitos de espírito e de corpo, e dispostos para o dia da vingança. E todo homem que não tenha se purificado da sua "fonte" no dia da batalha não descerá com eles, porque os anjos santos estão junto com seus exércitos (7,3-5).

Em 12,3, se enaltece o pacto que Deus realizou com a congregação essênia "para reinar [...] para sempre". Os tons glorificantes são evidentes em diversas passagens: "Tu és um Deus terrível na glória de tua realeza, e a congregação de teus santos está entre nós para ajuda eterna" (12,7); "porque o Senhor é santo e o rei de glória está conosco" na guerra (12,8); "porque o Senhor é santo e o rei de glória está conosco" (19,1). Em resumo, é confessada a realeza eterna de Deus que intervirá, porém, no fim, como rei para julgar "os filhos das trevas" e fazer triunfar "os filhos da luz".

Se *11QMelch* col 2,15ss limita-se a interpretar a passagem de Is 52,7 insistindo sobretudo sobre o mensageiro e identificando Sião com a congregação essênia, *4QFlorilegium* (*4Q174*) insiste sobre a pureza e perfeição moral dos membros do povo futuro ou escatológico de Deus, que será por ele criado e libertado do domínio dos "estrangeiros":

> Esta é a casa que [estabelecerá] para si no fim dos dias [...]. Esta é a casa na qual nunca entrará [um incircunciso no coração nem um incircunciso na] carne, nem um amonita nem um moabita nem um bastardo nem um estrangeiro nem um prosélito, porque seus santos estão lá. YHWH [reinará] para sempre: aparecerá sobre ela sempre e os estrangeiros não a destruirão de novo, como tinham destruído no passado o santuário de Israel por causa de

seus pecados. E ordenou construir para ele um templo de homem, a fim de que levassem ali ofertas para ele (col 3,1-6).

1.3. Nos escritos pseudoepigráficos ou apócrifos do AT

Podemos registrar aqui e lá alguma passagem esporádica na qual o tema aparece convencional, mas também dois livros, os *Salmos de Salomão* e a *Assunção de Moisés*, que se ocupam a fundo do Reino de Deus. Com relação à primeira possibilidade citamos, antes de tudo, *1Henoc*: em 9,4-5, exalta-se a realeza eterna de Deus, "Senhor dos senhores, Rei de reis, Deus dos deuses", "o trono de tua glória é eterno", "fizeste tudo e o poder de cada coisa está contigo". Do mesmo teor é 12,3, no qual YHWH é celebrado como "o Senhor grande, o Rei do mundo". O apelativo de "rei eterno" é atestado em 25,3; 27,39. Mais interessante mostra-se a perícope 84,2-3.5:

> "Bendito és, Senhor, rei, grande e poderoso na tua grandeza, Senhor de todas as criaturas do céu, rei de reis, dominador de todo o mundo; tua divindade, teu reino, tua grandeza são eternos e Tua potência (é) para todas as gerações. E todos os céus (são) teu trono, eternamente, e toda a terra (é) estrado para teus pés, eternamente. Porque tu criaste e dominas tudo e nada é difícil para ti", "ora, ó Deus, Senhor e grande rei, eu imploro que tu atendas minha oração" [...] [intervém para punir os malvados e salvar os fiéis].

A perspectiva, portanto, é escatológica, mas se trata da manifestação de uma realeza existente.

De modo semelhante, o livro dos *Jubileus*: Deus é rei sobre Sião pela eternidade (1,27-28); Abraão assim reza: "Deus meu, Deus excelso! Tu só és meu Deus, tu criaste tudo e tudo o que existe foi obra de tuas mãos. Eu escolhi a ti e tua divina majestade" (12,19); o sábado é "dia santo, dia do Reino santo" (50,9).

Acrescentem-se os testemunhos em chave escatológica de *TestDã* 5,13: "Nunca mais Jerusalém sofrerá devastação, nem Israel será conduzido à escravidão, porque o Senhor estará no meio dela [...]. O santo em Israel reinará sobre ela", e de *OrSib* 3,767ss: "Então fará surgir um reino eterno sobre todos os homens, aquele que um dia entregou a santa lei aos piedosos; a todos eles prometera abrir a terra, o mundo e as portas dos beatos, e todas as alegrias, mente imortal e felicidade eterna" (767-771). A mesma passagem descreve depois os bens da idade futura: "Que na terra dos bons venha tua paz" (780); "Também riqueza justa haverá entre os homens: este é o julgamento e o reino do Grande Deus" (783-784). De 795 em diante são indicados os sinais do "fim de todas as coisas" (797).

Em *AssMos* 10, profetiza-se, principalmente, a manifestação final do poder régio de Deus. "Então seu reino se manifestará em toda a sua criação. E então o diabo chegará ao fim e a tristeza irá embora com ele [...]. Com efeito, o Celeste surgirá de seu trono real e sairá de sua santa morada com indignação e cólera por causa de seus filhos" (vv. 1.3). Verificar-se--ão transtornos cósmicos (vv. 4-6). "Porque surgirá Deus, o Altíssimo, o único Eterno se manifestará para punir as nações e destruirá todos os seus ídolos" (v. 7). Oposto o destino de Israel: "Deus te exaltará e te estabelecerá no céu das estrelas, no lugar de sua morada. Tu olharás do alto e verás teus inimigos sobre a terra e os reconhecerás. Alegrar-te-ás, agradecerás e louvarás teu Criador" (vv. 9-10). Deus, portanto, se manifestará na sua potência real salvando seu povo e punindo as nações pagãs.

A mesma perspectiva, enriquecida pela iniciativa divina de suscitar um rei terreno à imagem de Davi, está presente em *SlSal* 17. Na abertura temos a confissão hínica da realeza intemporal de Deus: "Tu és nosso rei para a eternidade" (v. 1), mas logo depois se exprime a firme esperança na sua intervenção real para julgar severamente os gentios (v. 3), sobretudo para fazer "surgir para eles seu rei filho de Davi para a ocasião que tu escolheste, ó Deus, para que teu servo reine sobre Israel" (v. 8), cingindo-o "de força para que possa destruir os governantes injustos e purificar Jerusalém dos povos pagãos que (a) esmagam com destruição, e com sabedoria de justiça afastar os pecadores da herança e despedaçar o orgulho do pecador como vasos de argila" (vv. 22-23). "E reunirá um povo santo, do qual será o chefe com justiça e julgará as tribos do povo santificado pelo Senhor seu Deus: e não permitirá que (a) injustiça habite ainda entre eles e não viverá com eles nenhum homem que conheça o mal" (vv. 26-27). "Julgará povos e nações com (a) sabedoria de sua justiça. Terá o povo dos pagãos debaixo de seu jugo para servi-lo e glorificará ao Senhor aos olhos de toda a terra e purificará Jerusalém com santificação semelhante àquela do início" (vv. 29-30). "E o rei que os governe será justo e instruído por Deus, e não haverá em seus dias injustiça no meio deles porque todos serão santos e seu rei será o Ungido do Senhor" (v. 32). Os dotes espirituais do rei esperado, sobre o qual o texto insiste, são também plena confiança em Deus e desapego das riquezas (v. 33). "O Senhor em pessoa é seu rei, esperança de

[ele] que é forte porque espera em Deus e porá todas as nações diante dele com temor. Castigará, de fato, (a) terra com a palavra de sua boca eternamente, abençoará (o) povo do Senhor com sabedoria e com regozijo; e ele mesmo está livre do pecado para poder assim governar um grande povo, e poder confundir os poderosos e eliminar os pecadores com (a) força da palavra" (vv. 34-36). Deus mesmo lhe dará força e sabedoria (v. 37). Pastoreará "o rebanho do Senhor com fidelidade e justiça [...]. Guiará todos com equidade e não haverá orgulhoso entre eles para que (ninguém) entre eles seja oprimido" (vv. 40-41). Em resumo: "Esta é a dignidade do rei de Israel, que Deus conhece, a ponto de (o) elevar sobre a casa de Israel para guiá-la" (v. 42), restando subentendido que "o Senhor em pessoa é nosso rei para a eternidade" (v. 46). *SlSal* 18 repete a promessa que Deus fará surgir em Israel "seu Ungido" para governar o povo com justiça. Em síntese, neste escrito, Deus rei suscita um rei terreno justo e sábio, o messias davídico, a fim de que reine seu povo como seu delegado.

1.4. Outros testemunhos

De Flávio Josefo lembramos uma passagem célebre em que define assim a forma de governo dos judeus: "Nosso legislador [...] determinou um governo que, forçando a língua, se poderia chamar teocracia, colocando em Deus o poder e a força" (*Ap* 2,165).

Duas orações judaicas bastante antigas, que podem remontar, na forma primitiva, ao século I d.C., talvez inclusive a uma data anterior ao ano 70, exprimem a esperança popular e a confissão dos devotos judeus — não somente de círculos restritos, aos quais podem ser atribuídos os escritos apocalípticos e decerto pertencem os de Qumrã — na realeza de Deus, do qual se invoca a atuação em terra. No *Qaddish*, que mostra uma estreita analogia com o pai-nosso, assim se suplicava: "Que seja engrandecido e santificado seu grande nome no mundo que ele criou segundo sua vontade. Que estabeleça seu reino em vossa vida e em vossos dias, nos dias de toda a casa de Israel, rápida e proximamente". Nas *Dezoito Bênçãos* a undécima exprime esta súplica: "Restaura nossos juízes como antigamente e nossos conselheiros como na origem; afasta de nós dor e suspiro; e sê tu só rei sobre nós".

Para resumir, Deus é rei por sua ação criadora e por suas façanhas históricas a favor do povo; rei no presente mas também no futuro, quando intervirá para julgar e salvar; rei do povo, do universo e também de cada israelita, como aparece sobretudo no Saltério nas formas diretas, vocativa ou nominativa, de "meu rei", "o meu rei" (por ex., Sl 5,3; 44,5; 68,25; 84,4).

Na literatura rabínica, que usa só e sempre, feita exceção dos *targumim*, a fórmula "Reino dos céus" (*malkût shamayim*), com o substantivo abstrato no lugar do verbo concreto, e "céu" para o tetragrama divino, tal expressão "é relativamente esporádica e também do ponto de vista teológico está bem longe de ter aquela importância que assume, por sua vez, na pregação de Jesus" (G. von Rad, *GLNT* II, 155-156). A totalidade exprime-se em duas proposições consagradas pelo uso: a primeira é *tomar sobre si o jogo do reino de Deus* (*qybl 'wl malkût shamayim*), que quer dizer reconhecer a Deus como rei e senhor, confessá-lo como o único Deus. Em uma palavra, se trata da profissão de fé monoteísta, mas também da observância da Lei. O Reino de Deus é aqui uma realidade que cada fiel atua com sua submissão. O oposto é *rejeitar o Reino de Deus*. No fim se terá a *manifestação* definitiva do Reino de Deus (*'ytgly 't malkût*).

Os *targumim* substituem muitas vezes a frase verbal do AT com o substantivo abstrato *malkûta'*: assim o targum Onqelos traduz Ex 15,18: "O Reino de Deus está firme", enquanto o texto original diz: "YHWH reina" (*yhwh ymlk*). Veja também o targum de Is 24,23: "O Reino de Deus se manifestará", enquanto o texto original é: "YHWH reina" (*mlk yhwh*).

Na tradição judaica recorre uma fórmula binária de oração na qual paternidade e realeza de Deus estão estreitamente unidas: "Pai nosso, Rei nosso" (*'abinû malkenû*). Assim em algumas bênçãos da oração das *Dezoito Bênçãos* e em *bBer* 11b e *bTaan* 25b. Em *mYoma* 4,1-3; 6,2, enfim, é atestada a fórmula tradicional de bênção de uso litúrgico: "Seja bendito o nome da glória de seu Reino para sempre e eternamente" (*barûk shem kebôd malkûtô le'ôlam wa'ed*).

2. Uma alusão ao mundo greco-romano

Tendo em vista a completude de informação, remeto aqui ao estudo documentado de Müller, do qual escolho alguns textos entre os mais significativos. Dio de Prusa (séc. I d.C.) afirma que Zeus, "o primeiro e maior Deus", é "pai e rei de todas as criaturas racionais" (*Or* 36,35). Cícero vê uma correspondência entre céu e terra: "Os povos concordam em afirmar que não existe melhor coisa que um rei e dizem que os mesmos deuses são comandados por um rei" (*Rep* 1,56). Dio de Prusa distingue assim os dois símbolos, real e paterno: "Os homens levantaram altares a Zeus rei e não temem chamá-lo nas suas orações de pai" (*Or* 36,36). Comenta Müller: "A veneração institucionalizada vale para Zeus rei, o coração para Zeus pai" (p. 26). É do tempo do período helenístico e do império romano que o símbolo real para Deus torna-se habitual (Müller, p. 31). Homero, com efeito, não chamava nunca Zeus *basileus*. Pela primeira vez, é Hesíodo que o denomina "rei dos deuses" (*theōn basileus*). Se no império persa a imagem do rei era objeto de exaltação — mas que acabava assim por afastá-la dos súditos —, expressa com títulos grandiloquentes "o grande rei", "o rei de reis", que começam a ser atribuídos também a Deus, no estoicismo, ao contrário, temos a figura de Deus rei benigno à imagem do pai. De qualquer maneira, o mundo clássico antigo ignora a característica concepção judaica de uma realeza divina futura, aguardada e ardentemente esperada.

3. O Reino de Deus anunciado por ele

Os antigos testemunhos cristãos nos permitem qualificar sua presença ativa na Galileia com relação à do "mestre" João Batista. Se este estava voltado ao iminente juízo divino de condenação, do qual podia ser salvo somente com o rito do batismo e uma atitude de sincera conversão de vida, seu "discípulo", de maneira original, dirige seu olhar sobre uma nova e definitiva iniciativa de graça de Deus. Para ambos, o povo de Israel encontra-se em situação de pecado e de perdição e as instituições sagradas, como o templo, mas também a própria eleição divina, não valem como vias de salvação. Além disso, os dois consideram que o atual é o tempo inadiável das decisões a favor da vida ou da morte. Mas para o Batista a última possibilidade está nas mãos das pessoas, chamadas ao batismo de conversão, enquanto para Jesus depende inteiramente do que Deus se presta a fazer: irromper na história com poder criador para abater as forças do mal e instaurar seu domínio salvador. Se João era o ameaçador profeta do tremendo julgamento divino do qual se salvaguardar com o batismo — que contudo tinha um alcance também salvífico como fonte de perdão dos pecados —, Jesus se faz portador de uma boa notícia: Deus está realizando o extremo gesto de gratuita salvação em benefício do povo em geral, sobretudo dos excluídos e dos marginalizados, em uma palavra, de todos aqueles que neste mundo não têm e não conseguem ter justiça. Em breve, é o evangelista da última hora, isto é, o arauto que entre a gente da Galileia levanta sua voz para fazer conhecer o que Deus realiza hoje para seu bem.

Em concreto, ele anuncia a hora esperada do "Reino de Deus". A fórmula não tinha necessidade de ser explicada porque era conhecida pelos ouvintes. Sua tarefa é anunciar os tempos e os modos: trata-se do poder régio, portanto supremo, que Deus decidiu, finalmente, reivindicar na história de seu povo. Não é expressão de comando, mas de força criadora, alternativo ao poder das forças do mal e da morte — dito, em figura mítica, ao domínio de Satanás e dos demônios —, enquanto os poderes políticos por si mesmos, embora no seu aspecto opressivo se incluam naquele, não são objeto de sua direita atenção.

Nenhum sinal nele da realeza do Criador do mundo, nem da ação real divina na história passada do povo de Israel, e muito menos da figura de YHWH entronizado atualmente no céu. Ele insere-se, ao contrário, no rio das expectativas e das grandes esperanças de muitos de seu povo, expectativas ditas precisamente escatológicas: está certo, Deus reina incontestado nas esferas celestes, e como tal pode ser cantado nos hinos de louvor e nas rituais confissões de fé, mas a decepção é que não exerce ainda na história seu poder de vida. Por essa razão, na terra de Israel, esperava-se a superação de tal *déficit* e se aguardava que YHWH se fizesse valer neste mundo, como já domina nos céus, mas, segundo duas modalidades diversas: em completa descontinuidade com a história segundo a espera apocalíptica, ou como reviravolta decisiva e radical na história conforme a esperança escatológica. Jesus fez própria tal esperança relançando-a com certa originalidade: o futuro domínio régio de Deus veio ao encontro do presente a grandes passos investindo-o de sua força, bate às suas portas, antecipa-se no seu tempo sob forma de fragmento — segundo a feliz fórmula de Weder —, restando continuamente, na sua totalidade e grandiosidade de poder, capaz de mudar as peculiaridades deste mundo, grandeza de amanhã e de depois de amanhã.

Quero aqui sintetizar a orientação da esperança de Jesus de Nazaré que se exprime com preferência, mas não somente, com nosso símbolo, em alguns anúncios complementares.

3.1. Proximidade

Com relação à proximidade, registra-se uma significativa convergência de três testemunhos independentes. Marcos compendia o início da atividade de Jesus dizendo que depois da prisão do Batista "Jesus foi à Galileia para anunciar a boa notícia (*to euaggelion*) de Deus: o tempo chegou à sua plenitude e o domínio real de Deus (*hē basileia tou theou*) se aproximou (*ēggiken*)" (Mc 1,14-15). O quadro é certamente redacional, mas com probabilidade a última proposição reflete, substancialmente, o anúncio de Jesus: aconteceu algo novo; a distância e com ela um presente avulso do futuro e em estreita continuidade com o passado foram superados por Deus mesmo, que se fez próximo com seu poder real que influencia o hoje: este não é um dia qualquer, mas o tempo carregado já dos valores salvíficos do grande dia.

Mesmo indiretamente, também a fonte Q atesta a proximidade: nas prescrições aos discípulos enviados em missão figura a seguinte: anunciar que "o domínio real de Deus se aproximou (*hē basileia tou theou ēggiken*)" (Lc 10,11/ Mt 10,7). Acrescente-se a fonte própria de Lucas, na qual a determinação cronológica do domínio real de Deus se expressa com a análoga forma adjetival: "Está próximo (*eggys estin*) o domínio real de Deus" (Lc 21,31).

Na tradição hebraico-bíblica, o Segundo Isaías tinha anunciado a proximidade da libertação do povo do exílio por meio de Deus: "Está próximo quem me fará justiça" (Is 50,8); "Aproxima-se a grandes passos minha justiça" (Is 51,5); "Aproximou-se minha salvação" (Is 56,6). Habitualmente, por sua vez, os profetas proclamaram próximo o juízo de Deus (por ex., Ez 7,7), sobretudo com a fórmula "está próximo o dia do Senhor" (Jl 1,15; Sf 1,14 etc.). Jesus caracteriza-se entre estas vozes por ter unido o tema do Reino de Deus com o motivo da proximidade. Além do mais, em modo igualmente original ele fala não de futura manifestação do domínio divino ou de seu esperado reinar (cf., por ex., respectivamente *AssMos* 10,1 e o *Qaddish*), mas de seu movimento em nossa direção — como também o veremos depois com a fórmula do "vir" do Reino. Por outra parte, o cristianismo das origens aguardava não o Reino de Deus mas a vinda do Senhor Jesus: "*Marana tha*" (1Cor 16,12), expressão aramaica traduzida em grego em Ap 22,20: "Vem, Senhor Jesus".

Frequentemente entendeu-se essa proximidade em sentido temporal ou cronológico: uma realidade que não é ainda do presente, mas está próxima a sê-lo. Subentende-se a concreção de um futuro nitidamente separado do presente e que lhe é distante ou próximo segundo o cômputo dos movimentos dos ponteiros do relógio. A consequência é que proximidade e presença ficam opostas. E se Jesus, como veremos, atesta que a realeza divina se fez presente no seu hoje, como evitar atribuir-lhe duas concepções contrastantes sobre o Reino de Deus? Parece necessário — e Weder o demonstrou muito bem — entender a mencionada proximidade não em sentido materialmente cronológico, mas como evento que atinge o hoje; o tempo atual não se opõe diametralmente ao futuro, mas resulta qualificado por ele, transformado, enriquecido, embora de modo fragmentário, da plenitude do futuro. Os exorcismos do Nazareno dizem que o poder real de Deus, grandeza escatológica, "chegou a vós". O presente, portanto, não é para Jesus o tempo do mal e da perdição, ao passo que toda a libertação ficaria reservada ao futuro; assim se expressava a apocalíptica; mas ele não foi um apocalíptico. O hoje está caracterizado, de modo imperfeito mas real, da graça do futuro poder régio de Deus.

3.2. Ingresso real no hoje de Jesus

No capítulo precedente, analisamos o famoso dito do Nazareno, historicamente certo, sobre o sentido de seus exorcismos: "Se eu expulso os demônios com o dedo de Deus, então quer dizer que o domínio real de Deus chegou até vós (*hē basileia tou theou ephtasen eph'hymas*)" (Lc 11,20; Mt 12,28). É um período hipotético; por conseguinte, a apódose depende da consistência da prótase. Jesus, na realidade, está certo de ser um exorcista dotado, por graça de Deus, do poder libertador sobre os demônios. Uma certeza evidenciada em outro contexto contra malévolas interpretações que o julgavam possuído pelo diabo: hipótese inadmissível, responde, porque significaria dizer que Satanás se contradiz a si mesmo. Ora, ao contrário, falando a amigos e seguidores, desvenda o sentido misterioso de seus exorcismos: na sua ação libertadora é Deus mesmo que atua seu poder régio, derrubando o poder régio de Satanás (em *1QS* 2,19 fala-se expressamente do domínio régio de Beliar), isto é, das forças contrárias do mal e da morte. Tudo, porém, aparece aqui limitado ao raio de sua atividade exorcística e, podemos acrescentar, curadora, visto que doença e possessão demoníaca eram fenômenos conexos. Mas isso não impede que suas palavras falem de uma real irrupção do domínio divino. Por outra parte, tal conexão mostra seu significado libertador: é vitória sobre os males físicos e psíquicos do homem; não fica confinado na esfera espiritual, no espaço rarefeito das almas. Do mesmo modo, é poder que se atua aqui, neste mundo, não no além; antes, em um pequeno e insignificante ângulo da terra, a Galileia. Desse ponto de vista, tem razão Burchard quando afirma que "o Reino de Deus não é um império mas uma aldeia" (p. 42). Mas devemos concordar também com Becker, que fala de "corporeidade do Reino de Deus" (*Jesus von Nazaret*, p. 213).

Não faltaram, porém, estudiosos que no passado excluíram ou diminuíram esta "presencialidade" do domínio régio de Deus. Um nome sobre todos, Weiss, que atribui os ditos do Nazareno a seu entusiasmo irrefreável: "Jesus vivia na certeza de que o Reino estivesse próximo, feliz e seguro da própria consciência messiânica; e nos frequentes momentos de exaltação se via já com a vitória na mão e os príncipes deste mundo aos seus pés" (p. 67). Weiss distinguiu em Jesus convicção madura e sentimento jubiloso:

> O ponto essencial do anúncio de Jesus não é a maior ou menor proximidade da crise, mas a ideia de que o advento do Reino de Deus é agora *absolutamente certo*. O tempo da espera terminou, a reviravolta está aqui. A crise é inevitável, a salvação não é mais um sonho, mas uma indubitável realidade. Diante desta irremovível *certeza* é de secundária importância afirmar ora sua proximidade, ora sua presença [...]. Depende do temperamento e da vivacidade dos sentimentos. Do mesmo modo, Jesus às vezes é tomado de um alegre entusiasmo profético e supera o breve espaço do tempo da espera, como se a meta fosse já aqui, mas se trata da certeza de sempre, apenas mais acentuada (p. 95).

Mais próximo a nós, Sanders extenua o alcance dos ditos citados sobre a presença e declara: na escolha "entre 'presente' e 'futuro' como elemento prevalente na mensagem de Jesus, deveremos pôr o acento sobre o Reino como imediatamente futuro" (p. 199).

Mas, desse modo, não se considera seriamente o que Jesus disse, e não uma vez só. De fato, se podem alegar outras palavras suas que confirmam como ele, de modo original, tenha conjugado ao presente o motivo tradicional do futuro "Reino de Deus". Na fonte L do terceiro evangelho, no contexto criado por ambientes cristãos que colocaram na boca dos fariseus a interrogação de quando viria o domínio real de Deus, a palavra de Jesus se apresenta clara: "O domínio real de Deus está no meio de vós (*entos hymin*)" (Lc 17,21). Sobre tal leitura do advérbio e sobre o verbo em forma de presente se registra hoje um vasto consenso entre os estudiosos. O "vós", excluído que seja o dos fariseus, parece indicar melhor o grupo de seus seguidores. A respeito disso, é importante citar duas frases do *Evangelho de Tomé* que não parecem diretamente dependentes do texto de Lucas: depois de ter excluído a possibilidade de que o Reino esteja no céu ou no mar, Jesus diz: "O Reino está dentro de vós e fora de vós" (n. 3); e excluindo que se possa dizer que está aqui o ali, Jesus continua: "O Reino do Pai está difundido em toda a terra, e os homens não o veem" (n. 113).

Muito ambígua é, ao contrário, por um lado, a declaração de Jesus atestada na fonte Q e reconstruída seguindo na primeira parte Lc 16,16 e na segunda Mt 11,12-13: "A Lei e os profetas até João. Desde então o Reino de Deus [Lc] sofre violência (*biazetai*), e os violentos (*biastai*) o roubam [Mt]". O Reino divino é visto como realidade contrastada pelos violentos, ou como grandeza a conquistar com decisão e, por assim dizer, fazendo força? A primeira leitura mostra-se fiel ao significado negativo dos termos de violência, sobretudo do substantivo "violentos" (*biastai*), mas diversos estudiosos preferem a segunda (por ex., Merkel). De qualquer maneira, certamente a palavra de Jesus diz que o esperado domínio de Deus está presente e constitui uma esfera salvífica na qual são introduzidos os beneficiários da iniciativa divina, feitos objetos de hostilidade por parte dos violentos, talvez do próprio Herodes Antipas que tinha mandado decapitar o Batista e cultivava atitudes persecutórias com relação a Jesus (cf. Lc 13,31); ou uma esfera com os deserdados, talvez indicados depreciativamente como "violentos", propensos a entrar. Significativa a diversidade entre os tempos de ambos: "Até João/desde então". "Um limiar separa a situação do Batista daquela de Jesus" (Schlosser, p. 165).

Além do símbolo religioso real, mas em conformidade com a espera escatológica do Nazareno, evidente em outras expressões, pode-se citar a fonte Q: "Felizes os olhos que veem o que vedes. Eu vos digo que muitos profetas e reis [Mt: "[...] e justos"] desejaram ver o que vedes e não puderam ver, e ouvir o que ouvis e não lhes foi permitido ouvir" (Lc 10,23-24 e Mt 13,16-17). Está claro o contraste entre passado e presente, espera e realização, promessa e cumprimento: agora acontecem fatos visíveis e ressoam palavras compreensíveis que não apenas atestam como chegado o tempo de salvação esperado, mas o antecipam realmente para quantos veem e ouvem. A bem-aventurança não especifica os destinatários nem, na motivação, o objeto visto e ouvido. Vem em nossa ajuda a análoga bem-

-aventurança da tradição judaica na qual são declarados felizes quantos poderão ver os tempos da salvação: "Felizes os que viverão naqueles dias, pois verão, na reunião das tribos, o bem de Israel que Deus preparará" (*SlSal* 17,44); "Felizes os que viverão naqueles dias e poderão ver os bens do Senhor que [ele] aprontará para a geração vindoura" (*SlSal* 18,6); "Feliz o homem ou a mulher que viverá naquele tempo" (*OrSib* 3,371); "Beatíssimo então aquele que estará na terra" (*OrSib* 4,192). Jesus é original no uso dos verbos no tempo presente, enquanto as passagens judaicas citadas estão no futuro: a alvorada da salvação surgiu e é objeto de experiência (olhos que veem e ouvidos que ouvem) daqueles que estão ao redor, beneficiários de sua palavra e ação. Objeto de visão são, com toda a probabilidade, seus gestos nos quais se encarna o poder régio de Deus, e o mesmo vale de seu anúncio. A propósito disso, citamos a preciosa especificação de Merklein: "Toda a pregação de Jesus é acontecimento do senhorio de Deus; ela não pretende senão fazer que Israel consinta ao evento do senhorio de Deus" (p. 87); não é simplesmente palavra *acerca* do Reino de Deus.

Análogo o dito de Mc 2,18-19 enquadrado na diversa práxis sobre o jejum observada pelos discípulos do Batista com relação aos de Jesus; os primeiros o praticavam seguindo o exemplo ascético do mestre, enquanto os segundos não, justificados assim pelo Nazareno: "É impossível para os amigos do esposo jejuar na ceia nupcial com ele presente". Comenta Jeremias: "As núpcias iniciaram, o esposo já foi recebido, a exultação ressoa por toda parte, os convidados sentam festivamente ao banquete: quem poderia jejuar nesta refeição?" (p. 126). A especificação seguinte, que jejuarão quando o esposo não esteja mais com eles, é manifestamente um acréscimo da comunidade cristã que assim se justifica por ter introduzido em seguida a prática do jejum. A metáfora das núpcias, indicativa do tempo de salvação esperado, é clássica na tradição hebraica (cf., por ex., Is 62,5).

Enfim, uma nota sobre a resposta de Jesus à pergunta do Batista da fonte Q, já estudada anteriormente: aludindo a algumas passagens do livro de Isaías, ele convida os delegados de João a referirem "o que vistes e ouvistes": "Cegos que recuperam a vista, aleijados que caminham, leprosos limpos, surdos que ouvem, mortos que ressuscitam, pobres a quem se comunica a boa notícia" (Lc 7,22 e Mt 11,4b-5). Agora que ele tem realizado os gestos da libertação escatológica, os tempos da espera profética chegaram.

3.3. Contudo, permanece evento futuro

Se indubitáveis são os ditos sobre a presença do domínio régio de Deus, não menos são os que falam dele no futuro. Primeiramente, a súplica do pai-nosso: "Pai [...], venha logo teu domínio real (*elthatō hē basileia sou*)" (Q: Lc 11,2 e Mt 6,10), que entre todos os ditos da fonte Q relativos ao Reino, diz Schürmann, é o dado historicamente mais certo. O acréscimo do advérbio *logo* se faz necessário porque Jesus exprime uma expectativa não a longo prazo, mas para tempos assaz próximos. Faz parte, de fato, da natureza mesma da oração suplicante ser expressão de impaciência, de anseio por um amanhã a experimentar o viver. Também o *Qaddish* citado anteriormente, de resto, exprime espera impaciente: "[...] na vossa vida e nos vossos dias, nos dias de toda a casa de Israel, logo e proximamente".

Considerada a ligação com a primeira súplica: "Seja santificado por ti o teu nome", aparece também evidente o caráter dinâmico do símbolo religioso real. Não somos nós que devemos santificar seu nome, mas ele: trata-se de sua ação na história a justificar sua pretensão de único Deus salvador. No fundo, emerge a profecia de Ezequiel: depois de ter duramente castigado com o exílio o povo réu por ter desonrado seu nome, fazendo-o aparecer um Deus incapaz de salvar os seus (Ez 36,20), YHWH o libertará por amor de seu nome, como demonstração estrepitosa de sua força de salvador eficaz. Está em jogo sua honra divina! "Eu faço isto [...] por amor de meu nome santo entre os povos [...]. Santificarei meu grande nome. Então os povos saberão que eu sou o Senhor" (Ez 36,22-23). Em concreto: "Eu vos tomarei dentre as nações, vos reunirei de todos os países e vos reconduzirei a vossa terra" (Ez 36,24). Mais frequente o verbo passivo, no qual o objeto de ativa santificação é Deus mesmo: "E serei santificado em vós diante das nações/em ti/neles" (Ez 20,41; 28,22.25; 39,27); "serei engrandecido e santificado" (Ez 38,23). É a iniciativa escatológica de Deus a ser invocada por Jesus: exaltará a si mesmo como salvador na história e virá com seu poder libertador a dominar sobre a terra.

Bastante original aparece, enfim, a equiparação de símbolo paterno e símbolo real. Jesus se dirige ao "Pai" (*Abba*, expresso em grego com o vocativo *pater*) para invocar sua intervenção em vista de santificar seu nome e para dominar como rei sobre a terra. Ambos os símbolos, na realidade, referem-se um ao que o Deus de Jesus é, pai, e o outro ao que será, rei dominante sobre a humanidade. Presente e futuro estão assim estreitamente ligados. Podemos traduzir: Tu, ó Deus, que és nosso pai, te invocamos para que te realizes logo aqui na terra como rei, dominando com teu poder régio de libertação e salvação. A "teologia" grega da divindade eterna e imutável está no polo oposto da concepção bíblica e de Jesus em particular, que olha para o futuro salvífico do homem e, juntamente, para o futuro "fazer-se" de Deus como dominador sobre o mundo.

Também Marcos é válida testemunha de tal perspectiva, quando transmite a declaração de Jesus na vigília de sua morte, enquanto está à mesa com os seus para a última ceia: "Não beberei o vinho até o dia em que o beberei novo no Reino de Deus" (Mc 14,25). Não diz quando, nem fala de seus discípulos como comensais, o que mostra a ausência da mão da comunidade protocristã; exprime somente sua firme confiança de banquetear-se — imagem célebre na tradição bíblico-judaica da alegria do tempo escatológico —, no futuro, no Reino de Deus, entendido aqui como espaço salvífico que este criará para seu povo, mas não apenas para ele.

Na história da exegese se discutiu sobre se Jesus tivesse esperado ou não a vinda iminente do Reino de Deus. Weiss, como vimos, afirmava a ausência nele de todo interesse cronológico, dedicado por sua vez a afirmar o caráter de evento certíssimo. Por sua parte, Bultmann interpreta sua dimensão escatológica em chave existencial: aqui e agora, na decisão de fé a favor do feliz anúncio, está em jogo minha existência, meu destino de vida e de morte. E. Fuchs e E. Käsemann, por exemplo, atribuem-no ao mesmo Jesus histórico. Segundo Schweitzer (cf. *La vita di Gesù*), ao contrário, Jesus estava certo de que o Reino fosse iminente, a tal ponto que, enviados em missão os discípulos para anunciar sua a vinda a curto prazo, se surpreendeu quando os viu regressar: contra suas expectativas, o domínio de Deus que implicava o fim deste mundo e o nascimento do mundo vindouro não tinha se efetuado. Encaminhou-se então para Jerusalém, determinado a dar sua vida para forçar a mão de Deus.

Na realidade, os ditos até agora analisados não contêm nenhuma data precisa, ainda que seja difícil negar que Jesus esperava a vinda do Reino a curto prazo. Em algumas de suas palavras o futuro aparece fixado em certo momento, mas são sobretudo vozes da espera febril da comunidade cristã, confrontada com experiências dramáticas, inclusive de perseguição, portanto necessitada de consolo. Significativo é que ele, ao contrário, não se expressou nesse modo, claro indício de que a questão da data do dia fatídico não chamava sua atenção. Assim, Mc 9,1 — "Alguns dos que estão presentes aqui não experimentarão a morte antes de ver o Reino de Deus chegar com poder" — é lido com perspicácia por Merkel: "Para uma comunidade que vivia voltada para uma ardente espera próxima, mas conturbada pela morte de alguns discípulos, podia servir de ajuda escutar uma palavra de um profeta que o Senhor tinha prospectado a presença não de todos mas apenas de alguns discípulos na irrupção da realeza divina" (p. 140). O mesmo vale de Mc 13,30: "Antes que esta geração passe, tudo isso acontecerá", um dito apocalíptico cristão, e de Mt 10,23: "Quando vos persigam nesta cidade, fugi para outra; na verdade vos digo que não conseguireis completar o giro das cidades de Israel, porque antes virá o Filho do Homem": o tempo da perseguição é limitado, antes breve; o sofrimento dos perseguidos tem um termo próximo: pode-se esperar com fundada confiança uma libertação próxima.

Com efeito, Jesus admitiu sua ignorância a respeito do dia da vinda gloriosa do domínio de Deus: "Acerca daquele dia ou daquele momento ninguém sabe, nem os anjos celestes, nem o Filho, mas somente o Pai" (Mc 13,32). A comunidade cristã das origens jamais teria reconhecido um Jesus ignorante, ele, Filho de Deus, o Senhor. Foi obrigada pela força da memória. O Nazareno almejava, certamente, um futuro salvífico próximo, como muitos judeus do seu tempo que viviam de esperança, mas sem colocá-lo em um exato momento. No fichário de tempos precisos, típico dos escritos apocalípticos, interessados em fixar datas e indicar sinais premonitórios, mas também da comunidade de Qumrã que fixou antes do ano 70 a.C. a hora fatídica e, depois da desmentida histórica, no 70 d.C. (cf. H. Stegemann, *Gli esseni*, p. 295), não encontrou nele um ouvido atento; importava-lhe anunciar o *aproximar-se* e o irromper no seu tempo o domínio régio de Deus e rezar por sua anelada explosão final.

Contudo, resta em todo o seu peso o fato de que ele, como documentam os ditos analisados anteriormente, estava inclinado a um futuro não de séculos, nem de decênios, mas de um breve tempo, mesmo se indeterminado (Linnemann não é convincente). Não parece pertinente a distinção de Merklein entre proximidade real, que reconhece em Jesus, e proximidade cronológica por ele negada (pp. 64ss). Permanece válido, a meu ver, o argumento de Schweitzer de que Jesus tenha se equivocado sobre os tempos, iludindo-se que em breve este mundo teria sido transformado radicalmente pela explosão final do poder libertador e salvífico de Deus rei. Não aconteceu; passaram-se séculos; temos a Igreja, mas não como substituta do Reino, como precisaremos mais adiante. A referência, muitas vezes sugerida com intenção apologética, à visão telescópica dos profetas que experimentavam como próximos os eventos futuros da esperança explica apenas psicologicamente o engano, mas não o elimina. Contudo, isso admitido, não por isso — o podemos dizer contra Schweitzer — cai como ilusória toda sua esperança, focada, como vimos, na dialética entre presente e futuro, antecipação real, embora limitada, e plena realização futura. Seu sonho, depurado da espera do triunfante poder régio de Deus em curto prazo, pode ser compartilhado também hoje. Neste duplo sentido: é um sonho que não exila da história, na qual se antecipa o domínio de Deus que ativa, com o Cristo ressuscitado, homens de boa vontade para realizar gestos de libertação dos poderes do mal e da morte; é um sonho capaz de animar uma sofrida mas firme esperança nos novos céus e na terra nova, vaticinados pelo Terceiro Isaías. Aquela ilusão de Jesus sobre os tempos de sua espera não obriga necessariamente a abandonar seu sonho escatológico nem se refugiar no seu ensinamento ético, como fez Schweitzer. Tanto mais que ele mesmo não se preocupou absolutamente em determinar cronologicamente esse futuro.

3.4. Vínculo entre presente e futuro

Os dois aspectos do anúncio de Jesus atestados nas fontes devem ser admitidos com honestidade, sem nos deixar inibir pela nossa lógica, um pouco esquemática, que os considera surpreendentes, se não contraditórios, e induz não poucos estudiosos a aceitar este e negar aquele, ou a conciliar sob o caráter superior de concessões existencialistas capazes de libertar as afirmações do Nazareno de seu impossível vínculo cronológico. Na realidade, não se pode falar de contradição; alguns exegetas, como, por exemplo, Perrin, se exprimem em termos de tensão ou de dialética. O domínio régio de Deus aos olhos de Jesus é, sim, presente e futuro, mas não no mesmo sentido, sendo aquele marcado de parcialidade e imperfeição, enquanto este terá a característica da totalidade e da plenitude. Diz bem Hoffmann: "A *basileia* realiza-se entre nós não 'superlativamente' mas 'de modo comparativo'" (p. 58). Enfatizamos isso anteriormente a propósito do significado dos exorcismos, vividos como atuação do domínio régio de Deus, mas limitada a poucos casos: alguns endemoniados e aproximadamente uma dezena de curas; acrescente-se seu auditório restrito. E todos os outros doentes psíquicos e físicos da Galileia de então, para limitar-nos a um pequeno ângulo espacial? O Reino esperado por diversos setores judaicos não podia ser negociado por tão pouco; Jesus mesmo reza para que o Reino de Deus exprima logo todo o seu poder libertador. As duas diferentes atuações, presente e futura, são compossíveis, antes aparecem complementares: a primeira não exclui a segunda e esta não anula aquela.

Mas a relação não é somente de quantidade; entre ambas as dimensões, o nexo é mais intrínseco: o presente e limitado domínio régio de Deus sobre nossa terra, por um lado, é o futuro definitivo que se faz história e como tal atua de forma pobre e, por outro lado, é promessa e garantia de sua realização perfeita. No presente, temos o princípio do fim; portanto, esta não pode faltar, porque está em jogo a fidelidade de Deus, a coerência de sua atuação de rei. Temos como testemunho disso uma parábola que remonta a Jesus, ao passo que se discute sobre o caráter jesuano da introdução que a apresenta como parábola do Reino. De qualquer maneira, o relato desvela uma precisa e original dimensão da esperança do Nazareno. "Que semelhança temos do Reino de Deus ou com que parábola podemos representá-lo? Acontece com o Reino o que acontece com uma semente de mostarda: quando é semeada no terreno é a menor de todas as sementes que existem sobre a terra; mas, depois de semeada, cresce e torna-se a maior de todas as hortaliças" (Mc 4,30-32). O relato parabólico rege-se sobre o contraste "a menor"/"a maior" que qualifica as duas situações extremas: o início e o ponto de chegada. Nenhuma atenção se dá ao processo de crescimento; o foco da parábola está todo e somente nesses dois polos contrapostos. Contudo, entre a menor e a maior não há apenas contraposição, mas também uma ligação necessária: sem semente não temos nenhum arbusto, e o arbusto virtualmente está já na semente. Consequentemente, quem vê a semente semeada no campo está seguro que verá também seu crescimento final. Pode-se supor que o contador de parábolas Jesus tenha entendido responder desse modo a um difuso ceticismo para com seu anúncio do domínio régio de Deus que irrompe no presente. Concede que a aguardada explosão permanece confinada no futuro, mas insiste que nos seus gestos e na sua palavra o Reino realmente se antecipou sob o signo da pequenez: realização em um fragmento, "eskhaton historicizado", como diz Schürmann. E convoca à confiança: o presente é motivo válido para esperar com firmeza sua *exploit* final. Em breve, contraste entre presente e futuro, mas também valor do humilde início que apela ao termo e que o contém *in nuce*.

Além disso, também a parábola do fermento, da fonte Q (Lc 13,20-21 e Mt 13,33), pode ser adotada como testemunho válido: um punhado de fermento e uma grande quantidade de farinha que no fim torna-se uma enorme massa fermentada. O acento aqui parece duplo: contraste entre pequeno, implícito no relato, e grande, acentuado de maneira amplificativa: três medidas de farinha, isto é, cerca de vinte e cinco quilos; mas também estreita relação entre fermentante e fermentado.

À parábola marcana da semente que cresce autonomamente (Mc 4,26-29), introduzida em explícita referência ao Reino e abandonada por Mateus e Lucas — talvez por suspeita apologia de quietismo —, é amplamente reconhecida a paternidade de Jesus:

> A história do Reino de Deus é como a de um homem que lançou a semente no terreno: seja que durma de noite, seja que permaneça acordado de dia, a semente desponta e cresce sem que ele saiba como: o terreno produz por si mesmo, primeiro o pedicelo, depois a espiga, finalmente o grão pleno na espiga. E quando o fruto está pronto, ele ordena ceifar porque a messe está madura.

O relato rege-se sobre a semeadura que prodigiosamente leva à colheita: o camponês age lançando a semente no terreno, mas depois não lhe é exigido qualquer trabalho até a colheita: pode repousar e esperar que a natureza siga seu curso. Jesus lançou a semente, o domínio régio divino começou e seguirá o curso traçado por Deus. O evangelista fez sua parte; deve-se ter confiança no futuro, cujas potencialidades estão presentes já nos inícios e cuja prodigiosa explosão não poderá faltar. A experiência atual do *incipit* do domínio de Deus rei é motivo de esperança pela futura plena atuação.

3.5. Interessa antes de tudo a Israel

Certamente, falando do domínio real de Deus que se aproximou entrando incoativamente na história, Jesus se referia ao alcance restrito de sua ação e palavra: a terra de Israel, em particular a Galileia. Os testemunhos evangélicos dizem que se dirigiu "às ovelhas dispersas da casa de Israel" (Mt 15,24). As excepcionais passagens que o veem relacionar-se com gentios, as curas da filha da cananeia (Mc 5,23ss e par.) e do rapaz do centurião romano de Cafarnaum (Q: Lc 7,1-10 e Mt 8,5-13) — para João trata-se de um funcionário real das tropas de Antipas, portanto, não necessariamente um pagão (Jo 4,46) — parecem sobretudo páginas criadas pela comunidade protocristã para justificar a missão *ad paganos* de Jesus. Por outra parte, se tivesse existido uma comprovada práxis missionária de Jesus para o mundo pagão, ela não teria vivido todos aqueles conflitos documentados amplamente nas cartas de Paulo, sobretudo na carta aos Gálatas. Acrescente-se, mas falaremos disso mais adiante, que ele escolhera — dado historicamente bastante provável, para não dizer certo — doze discípulos como protótipos das doze tribos de Israel a reunir dos quatro ventos na terra da promessa. A este futuro ele olhava e por este atuava, colocando sinais concretos de promessa, precisamente o gesto simbólico da escolha dos doze. Reino de Deus e futuro de Israel estão estreitamente conexos: uma confirmação, se for necessário, da judaicidade de Jesus. Mas o número doze, observou Zehetbauer, não se referia necessariamente a todo o povo de Israel; podia indicar somente o resto fiel do povo, um pouco como está documentado em Qumrã. Contudo, a perspectiva inclusiva do Nazareno, oposta àquela excludente dos essênios, torna plausível que os Doze fossem metáfora de todo o povo de Israel.

Mas, na sua perspectiva, que fim teriam os gentios? No judaísmo da época existiam diversas e opostas opiniões, muitas vezes reunidas em um mesmo escrito. Uma posição extrema pensava na condenação e inclusive na aniquilação dos "filhos das trevas", como esperavam os qumranitas de *A guerra* (= *1QM*), e também o autor de *4QFlorilegium* (*4Q174*), que fala de exclusão: "Não entrará [um incircunciso no coração nem um incirciso na] carne [por] a eternidade, nem um amonita nem um moabita nem um bastardo nem um estrangeiro nem um prosélito, porque seus santos estão lá" (col 3,3-4). Não é, porém, o único ponto de vista dos essênios, porque no *Documento de Damasco* a porta permanece aberta aos prosélitos, computados com os sacerdotes, os levitas, os filhos de Israel e mencionados em quarto lugar (*CD* 14,6). Devem ser mencionados também aqueles ambientes judaicos do século I a.C. aos quais remontam os *Salmos de Salomão*: Deus julgará severamente os gentios (*SlSal* 17,3), e os aniquilará, segundo a súplica de *SlSal* 17,7-8: "Tu, ó Deus, abate-os e elimina sua progênie da terra [...]. Segundo seus pecados pagai-lhes, ó Deus, de forma que sua sorte esteja de acordo com suas obras". Ao contrário, em *SlSal* 17,27, prospecta-se sua submissão ao ungido do Senhor: "Terá os povos dos pagãos sob seu jugo para servi-lo". Em *AssMos* 10,7, o autor espera que "O único Eterno se manifestará para punir as nações e destruirá todos os seus ídolos". Enfim, em *Jub* 24,30 aparece radical o juízo divino contra os filisteus, representantes de todos os gentios na sucessiva releitura do escrito: "E não haverá para eles legado de sobreviventes nem alguém que, no dia do juízo da ira, se salve".

No extremo oposto registram-se aquelas vozes que diversamente admitem os gentios à salvação final. Já o livro de Isaías é testemunha de profecias universalistas: "Naquele dia Israel será, terceiro com o Egito e com a Síria, uma bênção no meio da terra e os bendirá o Senhor dos exércitos, dizendo: 'Bendito meu povo, o Egito e a Síria, obra de minhas mãos, e minha posse peculiar, Israel'" (Is 19,24); o misterioso servo do Senhor não somente restaurará "as tribos de Jacó", mas será "uma luz para os gentios" (Is 49,6); os prosélitos serão aceitos (Is 56,1ss); em Is 2,1-3, expressa-se a esperança de que todos os povos subirão ao monte santo de Sião para ouvir a palavra divina. Também o olhar do Terceiro Isaías vê a peregrinação dos povos a Jerusalém para render culto a YHWH (Is 60,1ss); ao mesmo tempo, porém, se prevê o extermínio dos que não reconhecerão o nome de Deus (Is 60,12). Em *OrSib* 3,767, o futuro domínio régio de Deus interessará à humanidade inteira: "E então fará surgir um Reino eterno sobre todos os homens". Os dois antigos mestres Shemaia e Avtalion respondem assim à questão sobre se "os filhos dos pagãos podem vir em paz": "Venham também em paz os filhos de pagãos que fazem as obras de Aarão. Mas não venham em paz os filhos de Aarão que não fazem suas obras" (*bYoma* 71b).

De aniquilação ou tão somente de castigo dos gentios não temos nenhuma indicação na escatologia de Jesus: um silêncio eloquente das fontes. Também não é apresentado como profeta de sua submissão ao domínio de um Ungido do Senhor, típica dos *Salmos de Salomão*. Seu sonho é a constituição de uma esfera na qual Deus domina plenamente e na qual, com as doze tribos de Israel, entendidas não como totalidade amorfa, mas como povo fiel que se submete à realeza divina anunciada por ele, estarão também os gentios. Atesta-o a fonte Q: "Muitos virão do Oriente e do Ocidente e sentarão à mesa com Abraão, Isaac e Jacó no Reino de Deus; vós, pelo contrário, sereis lançados fora, nas trevas exteriores; lá haverá choro e ranger de dentes" (Lc 13,28-29 e Mt 8,11-12). A versão lucana: "Vereis Abraão, Isaac, Jacó e todos os profetas no Reino de Deus" mostra certa analogia com *TestBen* 10,6-7: "Então vereis Henoc, Noé, Sem,

Abraão, Isaac e Jacó ressurgidos na alegria à sua direita. Então ressurgiremos também nós, cada um à sua tribo e adoraremos o rei dos céus". De qualquer maneira, trata-se de um dito sem dúvida ameaçador contra os que rejeitam seu anúncio — porém, não de todo Israel —, e também de uma profecia positiva a favor dos "muitos" que virão de uma extremidade a outra da terra, um modo plástico para indicar não tanto os israelitas da diáspora — embora o convite de Br 4,37 a Jerusalém: "Vede, regressam os filhos que vistes partir, reunidos do Oriente e do Ocidente" —, quanto os gentios, aqui opostos ao "vós" de um grupo de judeus: segundo as promessas proféticas da tradição hebraica, serão incorporados no espaço salvífico constituído pela definitiva iniciativa de graça de Deus. Note-se a falta de especificações sobre "os muitos" e sobre o "vós", sobre a chegada de "os muitos" dos quais não se diz se será por sua fé nem se serão instigados pelo anúncio: tudo tende a excluir a hipótese da criação da sentença por parte da comunidade protocristã. Não carente de significado é a estreita conexão do motivo tradicional do banquete celeste com aquele, privilegiado por Jesus, do Reino, aqui entendido como espaço de salvação criado por Deus rei. Pensou-se que ele retome o motivo profético, visto anteriormente, da peregrinação dos povos a Jerusalém e ao monte Sião. É possível, mas observe-se que na sua palavra o ponto final do caminho é o banquete, não Jerusalém. A estreita ligação entre Reino de Deus e Sião, atestada não poucas vezes na tradição bíblico-judaica, está ausente na palavra do Nazareno. A figura do banquete com participação dos povos, pelo contrário, está presente em uma passagem do livro de Isaías: "O Senhor dos exércitos fará sobre este monte [de Sião] um banquete de iguarias suculentas e com vinhos finos para todos os povos" (Is 25,6).

Acrescente-se que Jesus derrubou a cerca que se estendia em Israel e separava justos e injustos, observantes e pecadores públicos, acolhendo de maneira incondicional estes últimos em nome de seu Deus. Veremos isso a seguir. Não estamos no arbítrio de pensar que tenha entendido igualmente fazer cair o muro divisório entre judeus e gentios: estes, de fato, eram para Israel como os israelitas pecadores aos seus nacionais fiéis.

3.6. *Os párias, beneficiários por graça do Reino*

A fonte Q (Lc 6,20-23 e Mt 5,3.4.6) transmitiu-nos um bloco de bem-aventuranças de Jesus, das quais as três primeiras formam uma estreita unidade que remonta, estima-se, a ele mesmo, enquanto a quarta, relativa aos discípulos perseguidos, está à parte. Na reconstrução de Q seguimos aqui Lucas e Mateus, ora um, ora outro: "Felizes os pobres, porque a seu favor (está) o poder régio de Deus. Felizes os famintos, porque por Deus serão saciados. Felizes os que estão aflitos, porque serão por Deus consolados". A escolha entre o discurso direto de Lucas: "Felizes vós pobres" e o indireto de Mateus: "Felizes os pobres" deve ser levada em consideração. Os retoques redacionais de ambos evangelistas não são poucos. A qualificação mateana de pobres com "em espírito", expressão conhecida também em Qumrã (*1QM* 14,7; *1QH* 6,3), aparece em conformidade com o processo de espiritualização e eticização ao qual o primeiro evangelista submeteu as bem-aventuranças: a "os pobres em espírito", literalmente aos que se curvam espiritualmente, portanto os humildes, correspondem de fato "os famintos e sedentos de justiça", ou seja, quantos estão propensos a fazer a vontade de Deus, "os puros no seu íntimo (coração)", "os perseguidos por causa de sua justiça" ou fidelidade prática. Hengel afirma com razão: "Em Mt, em oposição a Jesus, o macarismo não tem mais 'caráter primariamente indicativo' (fórmula de G. Strecker). Foi modificado em um *apelo* ao verdadeiro e escatológico povo de Deus" (p. 361). Sem falar que Mateus multiplicou as bem-aventuranças, oito mais uma paralela à quarta de Lucas. Também o terceiro evangelista deixou no texto a marca de sua mão, visível no acréscimo do advérbio "agora", com o qual entende sublinhar o contraste entre a situação presente de quantos são indigentes — na sua redação, os membros da comunidade —, e sua futura libertação — acentuando um hiato não correspondente à perspectiva de Jesus que ligava presente e futuro —, e interpretando as bem-aventuranças na linha de uma recompensa divina depois da morte.

Da unidade das primeiras três resulta que os beneficiários do poder régio de Deus são os pobres em sentido material, não quem pode exibir atitudes e comportamentos virtuosos e religiosos. Trata-se, em outras palavras, de "pobreza" social, não espiritual, como emerge também do paralelo com famintos e aflitos. De qualquer maneira, revela-se essencial o confronto com os antecedentes culturais do antigo mundo mesopotâmico e egípcio, em particular da tradição bíblico-judaica. Primeiramente, à diferença do mundo greco-latino antigo, mas também de nosso léxico, que entendem a pobreza em termos de nenhuma ou escassa possessão de bens (*egentes* e *pauperes*), "*parvi possessio*" (Sêneca, *Ep* 87,40) e "*habere nihil*" (Marcial,

Epigr 11,32,8), "o semita é mais sensível à inferioridade social que põe as pessoas de modesta condição à mercê dos poderosos e dos violentos, os expõe a toda sorte de vexações e humilhações, lhes impedem de obter justiça" (Dupont, p. 546). E é por sua situação de "pobres" de caráter social — de marginais, diríamos nós —, que aquela cultura os põe sob a poderosa custódia do rei. Assim, por exemplo, no epílogo do Código de Hamurabi, o grande rei babilônico declara ter obedecido fielmente à sua tarefa específica: governou "os povos de Sumer e de Akad", "de modo que o forte não pudesse oprimir o fraco e que a justiça fosse feita ao órfão e à viúva" e "para garantir a justiça aos oprimidos". Não apenas os reis terrestres, mas também os deuses, soberanos celestes, eram vistos como garantes e defensores de quantos na terra padecessem injustiça. Uma súplica é dirigida a Bel, deus de Nippur, como "aquele que protege o fraco contra o forte"; e a deusa Belit, da mesma cidade, assim se apresenta: "Eu levanto o oprimido, eu levanto o fraco". Igualmente em uma estela votiva do Egito se reconhece o deus Amon, "que atende a invocação do pobre na necessidade, que dá o respiro a quem é fraco" (citado em Dupont, pp. 581, 586, 593).

A tradição de marca hebraica insistiu com maior força sobre a confiança que os pobres podem colocar em YHWH, seu defensor e protetor. Bastaria ler um bom número de salmos nos quais o orante pede a Deus que lhe faça justiça contra os opressores, ou lhe agradece pela eficaz defesa de seu bom direito desdenhado pelos arrogantes. De modo exemplificativo podemos ler o Sl 76: YHWH troveja no céu e se levanta de seu trono "para fazer justiça, para salvar todos os pobres do país" (Sl 76,10). O Sl 146,7-10 tem caráter de confissão de fé: "Aos oprimidos faz justiça, dá pão aos famintos; YHWH despedaça as correntes dos prisioneiros, YHWH abre os olhos dos cegos, YHWH endireita os curvados [...], sustenta o órfão e a viúva [...]. YHWH reina para sempre". Note-se nessa passagem a estreita ligação entre fazer justiça aos pobres e o símbolo régio. Os desprovidos de todo poder podem contar com o poder de Deus dirigido a seu favor, para a defesa da sua justa causa. Veja-se também a confissão de Dt 10,17-18: YHWH é aquele "que não usa parcialidade e não se deixa corromper com presentes, que faz justiça ao órfão e à viúva, e que ama o refugiado dando-lhe pão e vestes".

Uma tarefa que Deus participa ao rei de Israel, seu delegado no domínio sobre o povo. Contudo, muitas vezes os reis de Israel faltaram nessa sua missão; basta lembrar de Acab que, solicitado pela pérfida Jezabel, arrancou com violência de Nabot, pequeno proprietário de terras, a vinha dos antepassados e o condenou injustamente à morte (1Rs 21). Mas não por isso os pobres em Israel renunciaram à sua esperança em um rei "justo". A oração do Sl 72 é voz eloquente: "Ao rei, ó Deus, concede teu direito, ao filho do rei tua justiça. Julgará com justiça teu povo, e teus pobres com equidade [...]. Fará justiça aos pobres do povo, salvará os filhos dos míseros, esmagará o opressor [...]. Porque libertará o homem pobre suplicante, e o mísero que não tem ajuda. Terá piedade do oprimido e do pobre, salvará a vida dos indigentes" (Sl 72,1-2.4.12-14). Um rei conforme às expectativas dos pobres e dos oprimidos é objeto de viva esperança — trata-se sempre de expectativas relativas à história, não em um além — também em Is 11,4-5: "Ele julgará com justiça os indigentes, e se pronunciará a favor do direito dos pobres do país". É uma esperança que se prolonga no tempo até a vigília da vinda de Jesus, como é atestado nos *Salmos de Salomão*: o filho de Davi "não permitirá que (a) injustiça habite ainda entre eles [...]. E não haverá entre eles orgulhoso para que (ninguém) entre eles seja oprimido" (*SlSal* 17,27.41). Mais intensa ainda é a esperança de que Deus mesmo se fará rei em benefício dos pobres. Citamos anteriormente Mq 4,6-7: YHWH como pastor cuidará das ovelhas que coxeiam e as errantes, "e reinará sobre elas". Acrescente-se Is 61,11: "O Senhor YHWH fará germinar a justiça", a justiça a favor dos "pobres".

O símbolo régio era, portanto, expressivo de uma imagem da divindade protetora dos fracos e dos oprimidos, isto é, dos pobres, tomando o partido deles para fazer justiça. Observe-se, não uma justiça forense baseada sobre o princípio *unicuique suum*, própria dos tribunais, mas uma justiça superior, "partidária", a favor dos oprimidos e contra a violência dos prepotentes e dos opressores. Jesus vive tal imagem de Deus dentro de si e a manifesta com clareza na primeira bem-aventurança.

Também esse gênero literário estava presente na sua herança bíblico-judaica para exaltar as virtudes do homem e, sobretudo, a certa recompensa divina que faz dele um afortunado, uma pessoa feliz. Bem-aventurança e bênção divina se correspondem (cf. Cazelles em *GLAT*). Um exemplo: "Feliz o homem que não caminha na senda dos ímpios [...], mas na lei do Senhor encontra seu agrado [...]. Será como árvore plantada junto de regatos, que dá seus frutos no tempo devido" (Sl 1,1-3). Quando o olhar acentua a intervenção última de Deus para salvar a quem tem necessidade dele, pode-se falar de macarismo escatológico: é beato quem terá se demonstrado perseverante na crise, porque experimentará a salvação de Deus (Dn 12,12).

De fato, Jesus chama os pobres à alegria, declara que são felizes agora. Paradoxismo: felicidade em uma situação de injustiça: felicidade proposta aos infelizes deste mundo! Ele mesmo entende com a bem-aventurança compartilhar sua alegria: "Felizes os pobres" equivale a "me congratulo/ me felicito com os pobres". Não se deve pensar em formas impregnadas de masoquismo e de sadismo: a felicidade não deriva para os pobres de sua infelicidade, nem a feliz solidariedade afetiva de Jesus depende de seu amor pela infelicidade dos outros. Sua bem-aventurança também não é convite à resignação. São felizes, devem sê-los em vista da anunciada e incoativa libertação da pobreza. O apelo à felicidade está motivado, de fato, pela promessa: o presente "é" ("deles é o Reino") da primeira bem-aventurança tem valor de futuro, como mostram as promessas das duas bem-aventuranças seguintes: "Serão saciados por Deus", "serão consolados por Deus". Mas se trata de um futuro não dissociado do presente, se é verdade que a realeza divina se fez próxima e irruptiva no hoje de seu evangelista.

Jesus é um profeta que olha para frente e vê Deus que vem coberto de seu poder real para tirar os pobres de sua humilhante miséria, para fazer com que não existam mais pobres, para saciar os famintos e fazer florescer o sorriso nos lábios de quem se aflige de sua triste situação. Profeta que comunica com palavra heráldica sua esperança, portanto, mensageiro da boa notícia aos "pobres". No fundo, das suas bem-aventuranças emerge, com efeito, a figura misteriosa do "evangelista" de Is 61,1-3 (LXX): "Sobre mim está o espírito do Senhor que me escolheu [lit. = ungiu]; me enviou a levar a boa notícia (*euaggelisasthai*) aos pobres [...], a consolar os que choram (*penthountes* [como em Lucas]), a dar aos gementes de Sião esplendor em vez de cinzas, óleo de alegria, vestido esplêndido em vez de espírito de tristeza". Não diversa é a figura do mensageiro de boas notícias (*euaggelizomenos agatha*) de Is 52,1ss, que convida à alegria Jerusalém em ruínas, porque "reinará teu Deus". Jesus apresenta-se em carne e osso como este evangelista, mas com a particularidade da forma beatificante de sua palavra que exprime sua alegre participação, a compartilha da alegria dos "pobres". Evangelho e bem-aventurança caminham em uníssono. Quero insistir: sua mensagem compromete-o pessoalmente, fazendo-o solidário afetivamente com os "desprovidos": solidariedade afetiva unida à efetiva de Deus que, de qualquer modo, tem necessidade de seu anúncio para que a intervenção real divina seja proclamada como Evangelho aos interessados, e se torne nele fonte de alegre espera e de feliz experiência.

Contudo, em que sentido exato deve ser entendida a fórmula promissiva? Qual o significado de "Reino de Deus"? Estamos diante de um genitivo de possessão: "Deles é o Reino de Deus". Trata-se aqui de um espaço salvífico no qual os pobres são introduzidos? Parece preferível, sobre o fundo da tradição bíblico-judaica dos pobres como protegidos por Deus, entender a fórmula em sentido ativo e dinâmico: ele se fará rei a seu favor, como libertador de sua "pobreza", e isto não em um distante futuro, mas a partir de agora; se não for assim, o convite a alegrar-se soaria como gozação. A ligação com a mensagem: "O domínio régio de Deus se aproximou" (Mc 1,15; Lc 10,9 e Mt 10,7) é clara. Somente como resultado se tem que eles formarão essa esfera de liberdade e justiça na qual Deus reina. Os significados dinâmico e espacial, longe de se contraporem, estão unidos, mas aquele nos parece primário.

Uma última e importante especificação: os pobres são beneficiários do poder régio de Deus não por eventuais méritos próprios, morais ou religiosos, ou talvez porque humildes ou encurvados metaforicamente diante de Deus, mas porque o próprio Deus está comprometido, precisamente no seu papel de defensor dos que defesa não conseguem ter, e de "vingador", no sentido latino do termo *vindicator*, da boa e justa causa deles. Se há um débito que Deus lhes deve saldar, é um débito de graça, não um devido a prestações dignas de salário dos interessados. Ainda melhor, trata-se de débito para consigo mesmo, para com seu verdadeiro ser que atua e atuará como poder libertador.

Temos aqui a confirmação de que o Nazareno não demonstra nenhum interesse pelo domínio intemporal de Deus, totalmente tomado pela ativa espera de seu anunciado domínio soberano que influi sobre o hoje histórico. É este futuro de Deus mesmo que está no coração de sua esperança, um futuro do qual um fragmento entra a qualificar o presente. Da mesma forma, aparece claro que nas bem-aventuranças ele não espera um "reino" ultraterreno, celeste. A justiça *partisan* de Deus defensor daqueles que não têm justiça compreende este mundo, a história, da qual marca a reviravolta decisiva. Em outros termos, sua escatologia não aparece colorida pela apocalíptica sucessão deste mundo — que se dirige à catástrofe — por aquele que descerá do céu. Presente e futuro não são diametralmente opostos: não um presente histórico irrecuperável e um futuro "novinho em folha", mas um hoje enriquecido do futuro e um amanhã que será a plenitude de quanto é pobremente atuado no hoje.

Junto aos "pobres" como beneficiários do poder régio divino aparecem, na palavra e na ação de Jesus, as crianças e os pecadores. Na realidade, trata-se de marginais e desprezados, irmãos dos "pobres". E é justamente por esta sua situação de marginalidade que Deus se encarrega deles, acolhendo-os gratuitamente no espaço salvífico de seu domínio régio. A concepção idealista da criança inocente e pura é moderna; na antiguidade ela era considerada um ser ignorante, imaturo, digno de pouca estima. Por exemplo, em Sb 12,24-25, é eloquente a seguinte comparação: "Deixaram-se enganar como menores sem inteligência (*nēpiōn aphronōn*); por isso como a crianças privadas de razão (*hōs paisin alogistois*) lhes proporcionaste teu castigo". Notem-se os adjetivos qualificativos com alfa privativo grego: sem sabedoria e sem inteligência. Em Qumrã, ficam excluídos do combate final: "Nenhum menino e nenhuma mulher entrará nos seus acampamentos quando saírem de Jerusalém para ir à guerra", porque podem participar nela somente os que são "perfeitos de espírito e de corpo" (*1QM* 7,3-5). O próprio Paulo em 1Cor 13,11 contrapõe o menor de idade ao homem maduro (*nēpios* versus *anēr*) e em 1Cor 3,1-2 define os coríntios crianças (*nēpioi*) incapazes de receber um conhecimento maduro do projeto salvífico divino (cf. par. Hb 5,13-14: *nēpioi* versus *teleioi*).

Ora, Jesus em Mc 10,14 mostra seu privilégio: "Deixai que as crianças venham a mim/O Reino de Deus é para os que são como elas": acolhida de crianças e de adultos do mesmo nível sociocultural. Não aludem a eventuais e supostas qualidades morais e espirituais, mas à sua condição de imaturos, privados de toda consideração social, mas justamente por isso beneficiários por graça do poder régio de Deus. O mesmo vale para os adultos à sua imagem. A fórmula promissiva é idêntica à da primeira bênção e indica uma próxima e incipiente atuação de sua exaltação.

Pelo contrário, em uma doxologia que se pode considerar autêntica na sua substância, Jesus refere-se a um evento já acontecido: louva o Pai "por ter revelado (*apekalypsen*) estas coisas aos pequeninos (*nēpiois*), enquanto permaneceram escondidas aos sábios e aos inteligentes (*sophōn kai synetōn*)" (Q: Lc 10,21 e Mt 11,25). O pronome neutro — "estas coisas"

— provavelmente refere-se ao mistério do Reino de Deus (cf. Mc 4,11), ao conhecimento não por capacidades humanas, mas pelo dom revelador de Deus, da misteriosa realidade do domínio régio de Deus, misteriosa não em si mesma, mas pelo ter se aproximado e ter feito irrupção na história. O contraste entre os desprezados "pequeninos", os que não têm sabedoria nem inteligência, e os privilegiados possuidores de sabedoria enfatiza o privilégio dos primeiros: não pelas suas qualidades humanas ou espirituais, mas, paradoxalmente, por estarem privados delas atraíram sobre si a benevolência (*eudokia*) de Deus Pai, encarnada na palavra e na ação de Jesus.

A terceira categoria dos privilegiados de Deus rei constitui um vértice no escandaloso anúncio do Reino por parte de Jesus. Não somente, então, aqueles que humanamente ocupam os últimos degraus da escala social, pobres e crianças, mas também os que se encontram em uma situação religiosa e moral de desmerecimento, abjeção, afastamento de Deus. É historicamente certo que Jesus foi acusado por suas "más companhias"; jamais a comunidade cristã poderia ter criado tal fama. Além do mais, essa não se demonstrara fiel ao seu exemplo, como aparece em Mateus, que assim fala de um membro indigno da comunidade relutante às três repreensões previstas também na regra de Qumrã (*1QS* 6,1; *CD* 9,2ss): primeiro face a face, depois diante de uma testemunha, enfim, diante de uma assembleia eclesial: "Seja para ti como um gentio ou um publicano" (Mt 18,17). O comportamento do Nazareno foi bem diferente. Com relação ao Batista, Jesus tem em comum a rejeição, mas peculiar para ele é o motivo — sua solidariedade com os pecadores: "Veio João Batista que não come pão nem bebe vinho, e vós dizeis: Está possuído por um demônio. Veio o filho do homem que come e bebe, e vós dizeis: Eis um comilão e um beberrão, amigo de publicanos e pecadores" (Q: Lc 7,33-34 e Mt 11,18-19). Na sabedoria judaica está atestada a exortação a ter como comensais os justos (Eclo 9,16), e naquela grega se proíbe de ser amigo dos maus, compartilhando a mesa com eles: "Não te faças chamar homem de muitos hóspedes, nem homem sem hóspedes, nem amigo dos maus (*kakōn hetarion*), nem denigridor dos bons" (Hesíodo 715-716).

Marcos também narra uma refeição que viu a desenvolta participação do Nazareno ao lado de um cobrador de impostos hospedeiro, Levi, ou Mateus segundo o primeiro evangelista, e de seus colegas (Mc 2,13-17 e par.). Diante da crítica "come com os cobradores de impostos e com os pecadores", que relembra o julgamento mencionado, responde: "Não são os sãos que tem necessidade do médico, mas os doentes" (Mc 2,17a). Entre parênteses temos um dito similar do cínico Antístenes: "A quem o acusava de relacionar-se com gente má, replicava: 'Também os médicos estão com os doentes, sem por isso pegar febre'" (Diógenes Laércio 6,7). Por seu caráter parabólico e alusivo com moral certeza se pode dizer que tal provérbio remonte a Jesus, enquanto se discute o quadro narrativo: a vocação de Levi e o anexo convite à mesa. A metáfora é clara: sua solidariedade com a ralé "religiosa" da sociedade encontra razão de ser na condição "doente" dos interessados e em ser o "médico" deles. Em breve, têm necessidade de salvação e ele a oferece, naturalmente em nome de Deus, por conta de Deus. Missão divina explicitada em um segundo dito, complementar ao primeiro, atribuível verossimilmente, sobretudo por seu acento cristológico, à Igreja protocristã que queria assim em certo modo justificar a própria práxis missionária de abertura ao mundo dos pagãos, os novos pecadores depois do desaparecimento do horizonte dos fraudulentos publicanos: "Não vim chamar os justos, mas os pecadores" (Mc 2,17b e par.).

O nexo explícito entre acolhida dos pecadores e expectativa do Reino é atestado por Mateus em um dito de Jesus, conclusivo da parábola dos dois filhos (Mt 21,28-31a), e fortemente polêmico para com os que lhe negaram sua adesão; o conjunto, porém, é espelhado na vida do Batista: "Os publicanos e as prostitutas entrarão no Reino, enquanto vós, não [*proagō* com valor exclusivo, não de pura precedência temporal: Jeremias, p. 139]. João de fato veio até vós como profeta da justiça e não acreditastes nele; os cobradores de impostos e as prostitutas, sim. Vós, ao contrário, nem depois de ter visto isto vos convertestes para crer nele" (Mt 21,31b-32).

Por sua parte, Lucas enriqueceu essa lembrança da familiaridade de Jesus com os pecadores: introduz as três parábolas do capítulo 15 com a seguinte anotação: "Estavam perto dele todos os cobradores de impostos e os pecadores que o escutavam, e os fariseus e os escribas murmuravam: Este acolhe os pecadores e come junto com eles" (Lc 15,1-2), e narrando sobre o chefe dos cobradores de impostos de Jericó, Zaqueu, e do Nazareno autoconvidando-se a casa deste, um episódio da significativa "moral da fábula" que é, porém, de mão redacional: "Eu vim para buscar e salvar o que estava perdido" (Lc 19,10); por sua vez, a palavra jesuana com toda a probabilidade foi: "Também ele [apesar de tudo] é filho de Abraão" (Lc 19,9), beneficiário da salvação divina da qual o taumaturgo se faz ônus. Enfim, Lucas narrou como uma mulher pecadora anônima tenha entrado na casa de um fariseu onde Jesus, hóspede, por ela feito objeto de gestos afetuosos, tenha recebido dele uma acolhida benévola (Lc 7,36-50: perícope complexa, com evidentes marcas redacionais).

A propósito dos pecadores dos quais Jesus era amigo, Jeremias (pp. 130-135) tende a identificá-los com pessoas de ofícios indignos, como a agiotagem, e não observantes das normas de pureza, idênticos aos *'ammê ha'aretz* da literatura rabínica, ignorantes das normativas rabínicas e, consequentemente, não observantes delas. E considerou que o escândalo suscitado por Jesus diante dos piedosos observantes de seu tempo consistisse em tal contaminação com pessoas impuras, excluídas de suas mesas nas quais se consumia pão "puro", um pouco como faziam os sacerdotes em serviço no templo de Jerusalém. Mas se trata de uma hipótese sem confiabilidade, como também relevara Sanders (pp. 228ss). O Nazareno acolheu incondicionalmente pessoas infiéis à vontade de Deus, não a regras de pureza próprias deste ou daquele grupo particular do judaísmo. De resto, os cobradores de impostos eram desprezados, seja no mundo greco-romano, seja no ambiente judaico, por seu trabalho como exploradores que se enriqueciam a custa dos outros, semelhantes em tudo aos agiotas (cf. O. Michel em *GLNT* XIII, 1055-1104); e as prostitutas eram pecadoras públicas.

Ora, Jesus escancarou para eles a porta do Reino não apenas com palavras, mas também e sobretudo sentando como comensal à sua mesa: uma solidariedade escandalosa para os conservadores e os observantes, mas que encarnava a iniciativa última de graça de Deus a favor deles, pois eram os que mais precisavam dela, como os doentes do médico. Veremos isso detalhadamente na leitura das parábolas em Lc 15.

Muitos debates foram suscitados pela tese de Sanders: diferentemente do Batista, Jesus não chamou o povo de Israel à penitência; sobretudo não condicionou o perdão e o ingresso dos pecadores na esfera do Reino à sua conversão. Na síntese de Mc 1,15: "Aproximou-se o domínio régio de Deus: convertei-vos e crede no Evangelho", estas duas proposições coordenadas ecoam, mais apropriadamente, a propaganda missionária da Igreja das origens. Um comportamento, este sim sumamente escandaloso, não porque se considerasse impossível para eles o perdão — que por sua vez era acordado sob condição de fazer devida penitência, oferecendo geralmente um sacrifício e ressarcindo os defraudados —, mas pelo dom gratuito do perdão e sua acolhida incondicionada no Reino. Na realidade, ele escandalizava porque comensal não de pecadores arrependidos ou de ex-pecadores — não haveria nenhum escândalo —, mas de pecadores impenitentes. Certo, pode-se supor que ele esperasse que, uma vez introduzidos no domínio real de Deus, esses mudassem de vida; mas não se lhes pode atribuir, na base das fontes à nossa disposição, uma palavra que vincule o perdão e a acolhida à conversão. Seu anúncio e sua práxis estavam centrados não em uma atemporal misericórdia divina, mas no gesto específico de graça, mediado agora por sua palavra e ação, de Deus que se faz rei oferecendo justiça aos pobres e às crianças e acolhendo no seu Reino os pecadores porque necessitados e perdidos. Merklein intitulou um parágrafo de sua obra *Die Gottesherrschaft als Handlungsprinzip*: "O específico da teologia de Jesus e o anúncio e a práxis do perdão apriorístico de Deus"; e em seguida explica: "O perdão precede cronológica e logicamente à conversão" (p. 204).

Pode-se dizer, em resumo, que a admissão à esfera do domínio real de Deus acontecia, para Jesus, em modo conforme à lei da inclusão e do código da gratuidade mais incondicionada, sem nenhuma outra razão a não ser a seguinte: Deus rei é feito assim e tal se mostra nele.

3.7. Reino e juízo de Deus

Na tradição judaica, Deus é rei e juiz, e é assim que se manifestará no último dia. Limitamo-nos aqui a retomar algumas passagens, já citadas, de escritos próximos ao tempo de Jesus, enviando à leitura do livro de Reiser para um quadro mais completo. O autor de *1Henoc* 84 exalta YHWH como "rei de reis" e o invoca: "Elimina da face da terra a carne (que) te fez irritar, mas confirma como estirpe de descendência eterna a carne de justiça e de retidão" (v. 6). O juízo quer dizer separação entre justos e injustos e condenação destes. Em *1QM*, Deus fará triunfar, também com seus exércitos celestes, os filhos da luz, na prática os membros da congregação essênia, e destruirá os filhos das trevas, isto é, não apenas os odiados kittîm (os dominadores romanos), mas também os israelitas infiéis à Lei interpretada pelo Mestre de Justiça. Em *AssMos* 10, com a manifestação do Reino de Deus, Satanás é condenado (v. 1), mas o julgamento de Deus será traduzido também na separação dos gentios dos israelitas, os primeiros destinados à punição, os outros à exaltação: "O Celeste surgirá de seu trono real e sairá de sua santa morada com indignação e cólera por causa de seus filhos [...]. Manifestar-se-á para punir todas as nações e destruirá todos os seus ídolos. Então tu serás feliz, Israel [...]. Deus te exaltará" (vv. 3.7-8). A mesma perspectiva aparece em *Jub* 24,30, citado anteriormente: "E não haverá para eles legado de sobreviventes nem alguém que, no dia do juízo da ira, se salve". Em *SlSal* 17, ao juízo de Deus: "O Reino de nosso Deus se estende para sempre sobre os gentios com o juízo [...]. Segundo seus pecados, paga-lhes, ó Deus" (*SlSal* 17,3.8), se une o do filho de Davi que recebe seu poder do alto: "Julgará as tribos do povo santificado pelo Senhor, seu Deus" (*SlSal* 17,26). O juízo, portanto, acontece também no interior do povo, com a exclusão dos que são infiéis à Lei divina e a criação de uma comunidade de santos.

Jesus também falou do juízo divino, como bem atestam as fontes. Reiser elencou, entre as passagens certamente atribuídas a ele, uma dezena da fonte Q, duas de Marcos, uma de Mateus (Mt 18,23-25: parábola do sátrapa desapiedado) e duas de Lucas: galileus assassinados por Pilatos e queda desastrosa da torre de Siloé (Lc 13,1-5), assim como a parábola do capataz infiel (Lc 16,1-8). O mesmo autor, porém, mostra-se mais otimista e indica outros ditos e outras parábolas de tipo jesuano: entre essas enumera o joio e a boa semente, e a rede lançada ao mar (Mt 13,24-30.47-50), os dois construtores, o sábio e o néscio (Q: Lc 6,47-49 e Mt 7,24-27), o pobre Lázaro e o rico epulão (Lc 16,19-31). Seja como for, as fontes cristãs amplificaram desmesuradamente tal motivo do juízo divino, que ocupa — como diz sempre Reiser como conclusão de sua pesquisa —, 223 versículos de Q, 171 em Marcos (cf. a respeito disso o trabalho de Zager), 94 em Mateus e 132 em Lucas.

Admitido isso, a questão mais importante é identificar que papel desempenhou tal crença na perspectiva escatológica do Nazareno. Ajuda-nos, mais uma vez, o confronto com o Batista que tinha feito do juízo último de Deus o fio condutor de seu anúncio e de sua práxis batismal. Para Jesus, ao contrário, o repetimos, o centro de interesse era o poder régio de Deus que se aproximou aos homens, presente na sua ação e palavra, e que virá com esplendor em um futuro não distante. À unilateral decisão e iniciativa divina deveria seguir a resposta humana de acolhida alegre e de confiante abertura: o poder divino não se traduz em imposição. Becker precisa que Jesus não exige uma decisão para que o Reino de Deus possa vir, distanciando-se assim, por exemplo, do rabino Shimon ben Yochai (aprox. 150 d.C.) que afirmou: se Israel observasse verdadeiramente o sábado, chegaria à redenção (*bSanh* 118b). E continua: a vinda do Reino depende somente da decisão de Deus; a decisão humana é uma reação, uma escolha de entrar no Reino já próximo, não de preparar sua vinda (*Jesus von Nazaret*, p. 296).

Por outro lado, no presente tudo está mediado pela ação e pela palavra de Jesus, evangelista do Reino: portanto, aceitar o poder de Deus é também aceitar com confiança seu mensageiro, e rejeitar este implica a rejeição daquele: ambos caminham ao uníssono.

É nesse ponto que se insere, na sua perspectiva, o juízo de condenação. Não diz respeito aos gentios, à diferença de Israel; tampouco quer dizer separação sobre base moral entre maus e bons, entre observantes ou não da Lei mosaica. De uma parte, Jesus compartilha a perspectiva do julgamento divino contra Satanás, além de caracterizar-se ao vê-lo já antecipado realmente nos seus gestos exorcísticos. Por outra parte, mostra-se original ao afirmar que serão excluídos do Reino os renitentes, os que não acolhem seu anúncio, negando-lhe confiança e credibilidade. Certo, Jesus fala também de conversão, mas esta assume uma nova característica: se no Batista queria dizer regresso à fidelidade judaica aos ditames da Lei, para ele significa adesão à sua mensagem, indiretamente à sua pessoa, evangelista confiável do domínio régio de Deus. Resulta clara, a propósito, a invectiva contra as cidades do lago que tiveram contato com sua missão, não com a da Igreja protocristã:

> Ai de ti, Corazim! Ai de ti, Betsaida! Se em Tiro e Sidônia se tivessem realizado os milagres feitos no meio de vós, há muito tempo se teriam convertido, vestindo-se de saco e espalhando cinzas sobre a cabeça. Por isso, no dia do julgamento, Tiro e Sidônia serão tratadas menos severamente que vós. E tu, Cafarnaum, serás elevada até o céu? Não, serás afundada no abismo! (Q: Lc 10,13-15 e Mt 11,21-24).

Os evidentes traços estereótipos do julgamento de marca judaica não ofuscam a originalidade do dito: a condenação depende do ter desconhecido o alcance de seus gestos de poder (*dynameis*), antecipações parciais, embora reais, do poder régio de Deus; os habitantes das cidades ribeirinhas não se converteram ante seu alegre anúncio do Reino. Incrível fechamento: os pagãos teriam se mostrado mais acolhedores. Portanto, se autoexcluíram. Esse é o julgamento.

Bastante similar outra passagem, sempre da fonte Q, que toma como ponto de partida a rainha de Sabá vinda a admirar a Salomão, e os habitantes de

Nínive chamados eficazmente à conversão pelo profeta Jonas: são testemunhas contra quantos, negando-se a dar crédito a Jesus curandeiro e exorcista, pediram-lhe um sinal celeste de legitimação (cf. aqui também Mc 8,11-12), o mesmo que Teudas e o anônimo profeta egípcio queriam oferecer às massas que os seguiam, como vimos antes no testemunho de Flávio Josefo:

> A rainha do meio-dia ressurgirá no dia do juízo com as pessoas desta geração [expressão típica de Q] e a condenará, porque ela veio dos extremos confins da terra para ouvir as palavras de sabedoria de Salomão e aqui há alguém maior do que Salomão. Os habitantes de Nínive ressurgirão no dia do juízo com esta geração e a condenarão, porque eles se converteram à pregação de Jonas, e aqui há alguém maior do que Jonas (Lc 11,31-32 e Mt 12,41-42).

Aqueles que, depois de terem escutado a Jesus e visto seus "milagres", se negaram a crer nele e, consequentemente, de confiarem-se com alegria ao domínio régio de Deus, se autocondenaram. O confronto com a rainha de Sabá e os ninivitas é um eficaz meio retórico para tornar evidente sua culpabilidade: mereceram a condenação eterna! A favor da confiabilidade histórica desse dito vigoram os seguintes argumentos: forma simétrica do duplo dito, o contraste entre Jesus e "esta geração", a cristologia indireta ali expressada, o presente como hora decisiva para a salvação, típico do anúncio jesuano (Reiser, p. 205).

Se o juízo de condenação está presente tanto no Batista como em Jesus, não é, porém, do mesmo modo: central no primeiro e não no segundo; lá é motivo que estimula à conversão para se salvar, aqui, ao contrário, consequência da negação de acolher a Boa-Nova do Nazareno e de abrir-se ao domínio régio de Deus. Merklein diz muito bem: "Para o julgamento resta agora somente um lugar condicional. Apresenta-se como ameaça para aqueles que não acolhem a oferta de salvação" ("Gericht und Heil", p. 77). E ainda: "Onde no anúncio de Jesus o julgamento de Deus é tematizado, aparece como consequência da salvação rejeitada, e não como pressuposto e possibilidade de salvação" (p. 78). Com relação a isso, parece oportuno citar o dito n. 82 do *Evangelho de Tomé*, um *agraphon* de Jesus: "Quem está próximo de mim, está próximo do fogo; e quem está longe de mim, está longe do reino".

3.8. *O Reino de Deus, Jesus e a Igreja*

Antes de tudo, parece importante sublinhar a dupla ressonância de significado do genitivo "de Deus". Trata-se dele, de seu poder régio, mais exatamente ainda, de sua realização como rei. Colocando no centro de sua perspectiva o Reino de Deus, Jesus mostrou uma característica fundamental de sua "espiritualidade": o teocentrismo. "Não anunciou de fato a si mesmo, nem diretamente colocou o homem e a causa humana no vértice da sua ação. Falou e agiu, por sua vez, pela causa de Deus" (Barbaglio, p. 115).

Além disso é poder régio *de Deus* enquanto é ele que age para tornar--se rei; é sua tarefa, uma tarefa exclusiva; ninguém pode usurpá-la e a ninguém ele pede isso. Com uma necessária especificação: na antecipação histórica de seu domínio real ele não age diretamente, mas por meio de mediações humanas, a de Jesus de Nazaré. Mas não no sentido de que este tenha prestado a Deus sua autônoma obra; não se trata de simples e pura coordenação de "actantes". É sempre o poder real divino que atua, constituindo-o um carismático capaz de realizar gestos de libertação do poder escravizador e desumanizador de Satanás — os exorcismos e as curas —, mas também um evangelista da Boa-Nova do Reino e proclamador das bem-aventuranças dos pobres. Parece-me, portanto, exato quanto afirmou R. Otto em seu trabalho *Reich Gottes...* (München, 1954, p. 75): não foi Jesus quem trouxe o Reino ao mundo, mas o Reino trouxe Jesus.

Uma mediação histórica que se prolonga na missão dos discípulos enviados por ele a proclamar: "O domínio régio de Deus se aproximou", e a realizar seus mesmos gestos de libertação (Q: Lc 10,9 e Mt 10,7-8). Sem se esquecer do testemunho de Lc 10,18: aos discípulos entusiasmados do poder com o qual tinham realizado exorcismos, ele confessa: "Via Satanás cair como relâmpago do céu".

Introduz-se aqui o problema da relação entre Igreja, comunidade dos discípulos de Jesus e Reino de Deus:

> Sua relação com o Reino não é certamente de identificação, nem ela [a Igreja] pode substituir--se à iniciativa divina na sua germinação histórica. É a evangelista do Reino de Deus. À semelhança de Jesus [e por seu poder — deveríamos acrescentar hoje] proclama aos homens sua proximidade, e com a força dada pelo Senhor é chamada a produzir seus germes reais na história. [Nenhuma forma de] zelotismo sub-reptício. Na realidade, a força régia de Deus, como está na origem do anúncio e da ação libertadora de Jesus, assim, mesmo salvando as distâncias entre Cristo e sua Igreja, é suscitadora de capacidade evangelizadora, não somente em sentido verbal mas também operativo, na comunidade messiânica. Os crentes não são reduzíveis a passivos beneficiários do Reino (Barbaglio, p. 117).

Como conclusão de seu estudo, Lohfink, depois de enfatizar que no livro de Daniel o Reino indica uma realidade social, isto é, o povo dos filhos do Altíssimo, considera que Jesus tenha pego dali a inspiração de base para seu anúncio do Reino de Deus. Ele apontaria os olhos em direção ao futuro da sociedade humana, em concreto para a criação de um novo Israel, que se tornou, depois de sua morte e ressurreição, a Igreja. O estudioso sustenta, portanto, a existência de uma continuidade entre Reino e Igreja e considera que a passagem daquele a esta, testemunhado por A. Loisy na famosa frase: "Jesus anunciou o Reino de Deus e eis que surgiu a Igreja" (*L'Évangile et l'Église*, 1902, p. 111), não se deve tomar como traição da perspectiva de Jesus, mas como legítima transição.

Não estou convencido por dois motivos. Não considero que Jesus tenha se ligado à perspectiva — admitida e não concedida — de Daniel, no compreender o Reino como realidade social. Primário nele é o significado dinâmico da fórmula: Deus que domina e reina no mundo e somente como consequência cria uma esfera de beneficiários. Sobretudo a identificação entre forma histórica do poder régio de Deus e Igreja me parece uma restrição da perspectiva mundana do domínio divino e uma visão da Igreja substitutiva de Israel, uma e outra afetadas de eclesiocentrismo.

Bibliografia do capítulo

Barbaglio, G. Il regno di Dio e Gesù di Nazaret. In: Dupont, J. et al. *Conoscenza storica di Gesù. Acquisizioni esegetiche e utilizzazioni nelle cristologie contemporanee*. Brescia, Paideia, 1978. pp. 103-119.

Becker, J. *Jesus von Nazaret*. Berlin-New York, 1996. pp. 100-274.

Burchard, C. Jesus of Nazareth. In: Becker, J., ed. *Christian beginnings. Word and community from Jesus to post-apostolic times*. Louisville, 1993. pp. 24-43.

Camponovo, O. *Königtum, Königsherrschaft und Reich Gottes in den frühjüdischen Schriften*. Freiburg-Göttingen, 1984.

Chilton, B., ed. *The Kingdom of God in the teaching of Jesus*. Philadelphia-London, 1984.

_____. *Pure Kingdom: Jesus' vision of God*. Grand Rapids, 1996.

_____. Jesus and the repentance of E.P. Sanders. In: *TyndBull* 39(1988), pp. 1-18.

_____. The Kingdom of God in recent discussion. In: Chilton, B.; Evans, C. A., eds. *Studying the historical Jesus*. Leiden, Brill, 1994. pp. 255-280.

Chilton, B.; McDonald, J. I. H. *Jesus and the ethics of the Kingdom*. London, Grand Rapids, 1987.
Duling, D. C. Kingdom of God, Kingdom of Heaven. In: *ABD* IV, pp. 49-69.
Dupont, J. *Le beatitudini. Il problema letterario, la buona novella*. 3 ed. Roma, Paoline, 1976.
Giesen, H. *Herrschaft Gottes — heute oder morgen? Zur Heilsbotschaft Jesu und der synoptischen Evangelien*. Regensburg, 1995.
Grappe, Ch. *Le royaume de Dieu. Avant, avec et après Jésus*. Genève, 2001.
Grasser, E. Zum Verständnis der Gottesherrschaft. In: *ZNW* 65(1974), pp. 3-26.
Hengel, M.; Schwemer, A. M., eds. *Königsherrschaft Gottes und himmlischer Kult in Judentum, Urchristentum und in der hellenistischen Welt*. Tübingen, 1991.
Hengel, M. Zur matthäischen Bergpredigt und ihrem jüdischen Hintergrund. In: *ThR* 52(1987), pp. 327-400.
Hoffmann, P. Die Basileia-Verkündigung Jesu. In: Hoffmann, P.; Eid, V. *Jesus von Nazareth und eine christliche Moral*. Freiburg i.B., 1975. pp. 27-58.
Jeremias, J. *Teologia del Nuovo Testamento, I. La predicazione di Gesù*. 2 ed. Brescia, Paideia, 1976. pp. 93ss.
Jüngel, E. *Paolo e Gesù. Alle origini della cristologia*. Brescia, Paideia, 1978. pp. 211-237.
Kee, H. C. Jesus: a glutton and a drunkard. In: *NTS* 42(1996), pp. 374-393.
Kümmel, W. G. *Verheissung und Erfüllung. Untersuchungen zur eschatologischen Verkündigung Jesu*. 3 ed. Zürich, 1956.
Linnemann, E. Hat Jesus Naherwartung gehabt? In: Dupont, ed. *Jésus aux origines de la* Christologie. 2 ed. Leuven, 1989. pp. 103-110.
Lohfink, N. Das Königtum Gottes und die politische Macht. Zur Funktion der Rede vom Gottesreich bis zu Jesus von Nazaret. In: *Das Jüdische am Christentum. Die verlorene Dimension*. Freiburg-Basel-Wien, 1987. pp. 71-102.
Meier, J. P. *Um judeu marginal. Repensando o Jesus histórico*. II, 2. Rio de Janeiro, Imago, 1997.
Merkel, H. Die Gottesherrschaft in der Verkündigung Jesu. In: Hengel, M. – Schwemer, A. M., eds. *Königsherrschaft Gottes*. pp. 119-161.
Merklein, H. *Die Gottesherrschaft als Handlungsprinzip. Untersuchung zur Ethik Jesu*. 3 ed. Würzburg, 1984.
_____. *La signoria di Dio nell'annuncio di Gesù*. Brescia, Paideia, 1994.
_____. Gericht und Heil. Zur heilsamen Funktion des Gerichts bei Johannes dem Täufer, Jesus und Paulus. In: *JBTh* 5(1990), pp. 71-92.

Müller, K. W. König und Vater. Streiflichter zur metaphorischen Rede über Gott in der Umwelt des Neuen Testaments. In: Hengel, M.; Schwemer, A. M., eds. *Königsherrschaft Gottes.* pp. 21-43.

Penna, R. *I ritratti originali di Gesù il Cristo*, I. Cinisello Balsamo (MI), San Paolo, 1996. pp. 102-113.

Perrin, N. *Jesus and the language of the Kingdom. Symbol and metaphor in New Testament interpretation.* London, 1967.

Pesce, M.; Destro, A. La remissione dei peccati nell'escatologia di Gesù. In: *Annali di storia dell'esegesi* 16,1(1999), pp. 45-76.

Reiser, M. *Die Gerichtspredigt Jesu. Eine Untersuchung zur eschatologischen Verkündigung Jesu und ihrem frühjüdischen Hintergrund.* Münster, 1990.

Sanders. *Gesù e il giudaismo.* Genova, Marietti, 1992. pp. 161-312.

Schlosser, J. *Le règne de Dieu dans les dits de Jésus*, I-II. Paris, 1980.

Schnackenburg, R. *Règne et royaume de Dieu. Essai de théologie biblique.* Paris, 1964.

Schürmann, H. Das hermeneutische Hauptproblem der Verkündigung Jesu. Eschatologie und Theologie im gegenseitigen Verhältnis. In: *Gott in Welt* (FS K. Rahner). Freiburg, 1964. pp. 579-607.

_____. Eschatologie und Liebesdienst in der Verkündigung Jesu. In: Schubert, K., ed. *Vom Messias zum Christus.* Wien-Freiburg-Basel, 1964. pp. 203-232.

_____. Das Zeugnis der Redenquelle für die Basileia-Verkündigung Jesu. In: Delobel, J., ed. *Logia. Les paroles de Jésus - The sayings of Jesus. Mémorial Joseph Coppens.* Leuven, 1982. pp. 121-200.

Schweitzer, A. *La vita di Gesù. Il segreto della messianicità e della passione.* Milano, Marinotti, 2000.

Sembrano, L. *La regalità di Dio. Metafora ebraica e contesto culturale del vicino Oriente antico.* Bologna, EDB, 1997.

Sung, C.-H. *Vergebung der Sünden. Jesu Praxis der Siindenvergebung nach den Synoptikern und ihre Voraussetzungen im Alten Testament und frühen Judentum.* Tübingen, 1993.

Theissen, G.; Merz, A. *Il Gesù storico. Un manuale.* Brescia, Queriniana, 1999. pp. 299-347. [Ed. bras.: *O Jesus histórico.* São Paulo, Loyola, 2002].

Vögtle, A. "Theo-logie" und "Eschato-logie" in der Verkündigung Jesu? In: Gnilka, J., ed. *Neues Testament und Kirche* (FS R. Schnackenburg). Freiburg i.B., 1974. pp. 371-398.

Weder, H. *Gegenwart und Gottesherrschaft.* Neukirchen-Vluyn, 1993.

Weiss, J. *La predicazione di Gesù sul regno di Dio.* Napoli, M. D'Auria, 1993.

Zager, W. *Gottesherrschaft und Endgericht in der Verkündigung Jesu. Eine Untersuchung zur markinischen Jesusüberlieferung einschliesslich der Q Parallelen.* Berlin, 1996.

Zehetbauer, M. Die Bedeutung des Zwölfkreises für die Botschaft Jesu. In: *MTZ* 49(1998), pp. 373-397.

Capítulo IX
CRIADOR DE FICÇÕES NARRATIVAS: AS PARÁBOLAS

1. Terreno sólido para a pesquisa histórica

As parábolas são um campo de pesquisa privilegiado para aceder a Jesus de Nazaré. De fato, com relação a isso se registra um vastíssimo consenso de estudiosos; por todos valha a voz autorizada de Jeremias: "Elas são, em certo modo, parte da rocha primordial da tradição"; "quando lemos as parábolas, estamos imediatamente próximos de Jesus" (pp. 9 e 11). É um consenso com base em testemunhos cristãos antigos que nos transmitiram ao menos cerca de trinta relatos parabólicos. Em particular, poucas parábolas estão atestadas em Marcos: o semeador (Mc 4,3-9); a semente que cresce sozinha (Mc 4,26-29); o grão de mostarda (Mc 4,30-32); os vinhateiros homicidas (Mc 12,1ss); os servidores domésticos responsabilizados na ausência do patrão (Mc 13,34); todas, exceto a segunda, tomadas de Mateus e Lucas, com dúvida sobre a última. O mesmo vale da fonte Q: o filho que pede alimento ao pai (Lc 11,11-12 e Mt 7,9-11); o fermento (Lc 13,20-21 e Mt 13,33); a ovelha desgarrada (Lc 15,4-7 e Mt 18,12-14); a grande ceia (Lc 14,16-24 e Mt 22,1-10); o ladrão arrombador (Lc 12,39s e Mt 24,43s); talentos ou minas (Mt 25,14-20 e Lc 19,12-27), além daquela analisada anteriormente, das crianças caprichosas que brincam na praça (Lc 7,31-35 e Mt 11,16-19). Pelo contrário, numerosas são as parábolas do material próprio de Mateus, uma dezena: o tesouro enterrado no campo (Mt 13,44); a pérola de grande valor (Mt 13,45-46); a boa semente e o joio (Mt 13,24-30); a rede de pesca (Mt 13,47-48); o sátrapa desapiedado (Mt 18,23-35); os trabalhadores da última hora (Mt 20,1-16); os dois filhos diferentes (Mt 21,28-32); as dez donzelas do cortejo nupcial (Mt 25,1-13). Contudo, o relato do comensal sem veste nupcial (Mt 22,11-12) não parece em absoluto remontar a Jesus. Ainda mais rico o material parabólico presente somente em Lucas e atribuído normalmente à fonte L:

os dois devedores (Lc 7,41-43); o bom samaritano (Lc 10,30-37); o amigo inoportuno (Lc 11,5-8); o rico néscio (Lc 12,16-21); a figueira estéril (Lc 13,6-9); a construção da torre (Lc 14,28-30); o rei indeciso de entrar em guerra contra um invasor (Lc 14,31-32); a moeda extraviada (Lc 15,8-10); o pai e o filho pródigo (Lc 15,11-32); o administrador desonesto (Lc 16,1-8); o rico epulão (Lc 16,19-31); a viúva e o juiz sem escrúpulos (Lc 18,1-8); o fariseu e o publicano (Lc 18,9-14).

Acrescente-se o *Evangelho Apócrifo de Tomé* com doze parábolas sinóticas: o pescador (n. 8; cf. Mt); o semeador (n. 9; cf. Mc e par.); o grão de mostarda (n. 20; cf. Mc e par.); o ladrão arrombador (nn. 21b e 103; cf. Q); o trigo e o joio (n. 57; cf. Mt); o rico néscio (n. 63; cf. Lc); a grande ceia (n. 64; cf. Q); os vinhateiros homicidas (n. 65; cf. Mc e par.); a pérola preciosa (n. 76; cf. Mt); o fermento (n. 96; cf. Q); a ovelha desgarrada (n. 107; cf. Q); o tesouro descoberto no campo (n. 109; cf. Mt). O apócrifo transmitiu-nos, ademais, duas parábolas próprias, desconhecidas pela tradição dos evangelhos sinóticos: a ânfora furada (n. 97) e o *killer* (n. 98), já citadas no Capítulo II desta obra. São relatos parabólicos caracterizados pela falta de contextualização, brevidade de narração, ausência de interpretações, frequente acréscimo do dito: "Quem tiver ouvidos ouça", para convidar o leitor a uma interpretação profunda e elitista, e, enfim, sem a incorporação das parábolas do tesouro e da pérola, nem das do grão de mostarda e do fermento (Pedersen, p. 187). Todas características que o distinguem dos evangelhos canônicos e induzem diversos autores a preferir, em princípio, sua versão àquela sinótica. Mas não se deve silenciar a profunda releitura do *Evangelho de Tomé* que Weder sintetiza assim: as parábolas de Jesus são aqui interpretadas "em sentido *individualista* e puramente *antropológico*" (p. 330). Pode-se afirmar que as relações entre o apócrifo e os sinóticos se coloquem não no âmbito de dependências diretas, mas no nível de tradição oral (Pedersen, p. 206).

O evangelho de João, por sua vez, está totalmente ausente neste levantamento: além de não conhecer o termo "parábola", não apresenta nenhum relato comparável aos mencionados. Com o vocábulo *paroimia* (palavra secreta) nos oferece, em compensação, alguns discursos figurados de caráter alegórico, como a videira e os ramos (Jo 15,1ss), a porta do redil (Jo 10,1ss), o bom pastor (Jo 10,11ss), necessitados de interpretação que o evangelista se preocupa de apresentar em chave cristológica: Jesus é a videira e os ramos, os crentes que, na sua adesão a ele, produzem abundantes frutos espirituais; é também a porta pela qual se entra legitimamente no redil e o pastor que conduz as ovelhas a verdes pastagens.

Também o Apócrifo de *Tiago*, da biblioteca de Nag Hammadi, descoberta em 1945, um escrito copta do século IV que traduz um original grego do fim do século II ou do início do século III, constitui testemunho precioso. Além de sublinhar que o parabólico era um discurso escuro e esclarecido por Jesus ressuscitado a Pedro e Tiago (cf. §§ 7 e 8), elenca uma série de parábolas com os seguintes títulos: "Os Pastores", "a Semente", "a Construção", "as Lâmpadas das virgens", "o Salário dos operários", "As didracmas e a mulher" (§ 8). Sobretudo atesta duas parábolas novas de Jesus:

> A palavra se assemelha a um grão de trigo. Quem o semeia coloca nele a própria confiança; quando desponta o quer bem porque vê muitos grãos no lugar de um só e, depois de ter trabalhado, é salvo transformando-o em alimento. Além disso tem em reserva a semente. Mesmo ali é possível acolher o Reino dos céus (§ 8). [...] O Reino dos céus se assemelha a uma espiga de trigo crescida em um campo: madura, expande seu fruto e enche novamente o campo de espigas para um outro ano. Também vós, apressai-vos em colher para vós uma espiga de vida, a fim que sejais plenos do Reino (§ 12).

No apócrifo *Evangelho dos Hebreus e Nazarenos*, a versão da parábola mateana dos talentos distingue alguns comportamentos diversos dos três servidores: o primeiro negociou do modo mais vantajoso, o segundo colocou o dinheiro em lugar seguro, o terceiro dissipou tudo com mulheres de má fama. Eis o testemunho de Eusébio de Cesareia:

> Dado que o evangelho escrito em caracteres hebraicos, chegado em nossas mãos, comina o castigo não contra aquele que escondeu (o talento), mas contra aquele que conduziu uma vida licenciosa — havia, de fato, três servos: um dissipou os bens de seu senhor com prostitutas e meretrizes, o outro o fez frutificar, e um terceiro escondeu o talento; destes, um foi louvado, o outro repreendido e o terceiro colocado em prisão —, surge-se, portanto, a pergunta se o castigo, que segundo Mateus parece cominado contra aquele que não fez nada, não deveria ser referido a este, mas, segundo a regra da restituição, àquele que comeu e bebeu com os bêbados (§ 6).

Não somente a presença de tão numerosas parábolas na tradição sinótica e apócrifa mas também sua ausência nos outros escritos cristãos antigos — como em Paulo, por exemplo — justificam a confiança no seu valor de criação do Jesus histórico: a Igreja primitiva não se mostrou criativa por conta própria, capaz apenas de conservar, interpretando a seu modo, como o veremos, as parábolas de Jesus; e inclusive alterou o sentido da parábola, totalmente compreensível, para palavra enigmática e obscura. O Nazareno, na realidade, foi um parabolista valioso, literalmente um "poeta", criador de relatos icásticos, breves narrações fictícias (as ficções) de seguro *charme* estético, compostas e recitadas não para simples dileção, mas como sugestiva modalidade de comunicação verbal com a proclamação da Boa-Nova, com máximas de marca sapiencial e ética, imperativos preceptivos, visões do futuro, ameaças de caráter profético.

O cômputo das parábolas é muito variável: entre trinta e setenta. Mas não é para ficar maravilhado, porque os mencionados testemunhos não têm um termo unívoco para indicá-las. A palavra grega *parabolē*, que aparece 17 vezes em Mateus, 13 em Marcos, 18 em Lucas, e nos outros escritos canônicos cristãos somente em Hb 9,9 e 11,19, onde indica interpretações alegóricas de dados da bíblia hebraica, nem sempre se refere aos relatos parabólicos; de fato, define também ditos, paradoxos, provérbios, especialmente expressões figuradas ou metafóricas. Eis alguns exemplos: são chamados *parábola* os provérbios: "Médico, cura-te a ti mesmo" (Lc 4,23) e "Um cego não pode guiar outro cego; cairiam ambos em um fosso" (Q: Lc 6,39 e Mt 15,14); além disso, "a parábola" da qual Pedro pede a Jesus sua explicação é simplesmente a expressão sobre o puro e o impuro, sobre o que entra e o que sai do homem (Mc 7,17 e par. Mt). O vocábulo grego, na realidade, traduz o hebraico *mashal*, indicativo de várias formas de linguagem transladada e figurada: um provérbio (1Sm 10,12: "Também Saul está entre os profetas?"), uma alegoria (Ez 17,2: as duas águias), sentenças sapienciais, das quais o livro dos Provérbios está repleto, um enigma (Pr 39,3 fala de enigmas de parábolas), um oráculo divino obscuro (Nm 23,7.18). Por outra parte, nem sempre as parábolas de Jesus são chamadas assim, sem falar do *Evangelho de Tomé*, que ignora o termo "parábola", mesmo contendo não poucos relatos parabólicos. Também por isso se discute a natureza exata da parábola evangélica.

2. História das interpretações

Os próprios evangelhos, a partir de Marcos, leram a seu modo as parábolas de Jesus. De fato, entenderam-nas como palavras de obscuro significado e reservadas à multidão, enquanto Jesus falava claramente aos discípulos, aos quais explicava também o sentido de suas parábolas: "A vós é confiado o Reino de Deus, e para aqueles que estão fora, tudo é apresentado com parábolas" (Mc 4,11), e segue a explicação do semeador reservada aos privilegiados (Mc 4,13-20 e par.).

Sobretudo fizeram de algumas uma leitura como se fossem alegorias, com explicações de cada elemento do relato em chave metafórica. Assim, por exemplo, a parábola do semeador torna-se a alegoria dos diversos terrenos semeados, indicativos de uma rica tipologia de ouvintes da palavra de Jesus: alguns caracterizados pela só audição, outros pela audição feliz mas sem constância, outros pela audição sufocada pelas paixões humanas, e, enfim, outros pela audição produtiva (Mc 4,14-20 e par.). No mesmo modo alegórico, Mateus relê a parábola da boa semente e do joio: "O semeador da boa semente é o Filho do Homem; o terreno de semeadura é o mundo; a boa semente são os adeptos do Reino, enquanto o joio, os adeptos do maligno; o inimigo que semeou o joio é o diabo; a colheita é o fim do mundo e os ceifadores, os anjos [...]" (Mt 13,37-42).

Além disso, introduziram em algumas parábolas de Jesus elementos alegóricos destinados a uma clara aplicação metafórica do relato a Deus ou a Cristo. Assim, na parábola homônima da fonte Q, atestada também no *Evangelho de Tomé*, para Mt 22,1-10 o banquete torna-se a grande refeição suntuosamente preparada pelo rei, que é Deus, para as núpcias do filho, isto é, do Cristo, e quantos rejeitaram o convite irão ver sua cidade incendiada — clara referência à destruição de Jerusalém no ano 70. Também Marcos introduziu particulares alegóricos na parábola dos vinhateiros homicidas, sobretudo exaltando Jesus crucificado e ressuscitado com citações bíblicas: "A pedra que os construtores rejeitaram tornou-se pedra angular" (Mc 12,1-12 e par.).

Com retoques mais ou menos grandes também imprimiram a alguns relatos parabólicos uma orientação diversa daquela originária. Por exemplo, se o *Evangelho de Tomé* qualifica a ovelha desgarrada como a mais gorda do rebanho (n. 107), quer dizer que a busca do pastor encontra sua razão de ser na especial preciosidade dessa ovelha e não no fato de ter-se perdido. Assim, Lucas, sensível a um de seus temas preferidos, a conversão, insere-o na "moral" das parábolas da ovelha extraviada: Deus alegra--se no céu muito mais por um pecador que se arrepende que por noventa e nove justos que não têm necessidade de penitência (Lc 15,7). Na realidade, o relato parabólico estava originalmente centrado no reencontro por parte do pastor e na sua alegria pela ovelha por ele reencontrada, que regressa ao ovil carregada nos seus ombros.

O mesmo se poderia dizer da contextualização redacional das parábolas. Marcos, enquadrando o relato dos vinhateiros homicidas (Mc 12,1-11) no contexto da ação subversiva de Jesus no templo (Mc 11,15-19), do gesto simbólico da figueira dessecada porque estéril (Mc 11,12-14.20-21) e das diatribes com os chefes do judaísmo (Mc 11,27-33; 12,13-40), faz dele, na prática, uma predição da paixão e ressurreição de Cristo e do tremendo juízo de condenação dos crucificadores. Também com as introduções os evangelistas podem indicar uma leitura própria; assim Lc 15,1-3 enquadra as parábolas chamadas da misericórdia no contexto da solidariedade de Jesus com os pecadores e da consequente crítica dos fariseus e escribas. Mais determinante ainda são algumas máximas conclusivas dos relatos. Por exemplo, Mateus encerra a parábola dos trabalhadores contratados em diversas horas do dia com estas palavras nos lábios de Jesus: "Os últimos serão os primeiros e os primeiros, os últimos" (Mt 20,16); mas isso não parece em conformidade com a estrutura do relato que fala sobretudo de equiparação de uns com os outros.

Em síntese, a Igreja entendeu as parábolas de Jesus sobre o Reino de Deus como parábolas *sobre* Jesus (Weder, p. 327).

Na patrística, triunfou o alegorismo, isto é, a leitura alegorizante das parábolas. Basta-nos indicar a exemplar interpretação do relato do bom samaritano de santo Agostinho: o infeliz espoliado e deixado quase morto na estrada é Adão; o diabo e seus anjos, aqueles que o reduziram nesse estado; o sacerdote e o levita significam o AT incapaz de salvar; o samaritano é Cristo; óleo e vinho significam a esperança e as boas obras; a cavalgadura é a natureza humana do Senhor; o albergue, a Igreja; os dois denários, os dois preceitos de amor a Deus e ao próximo (*Quaest Evang* 2,19).

Dessa tradição foi possível sair, há mais ou menos cem anos, por mérito de A. Jülicher que imputou ao alegorismo patrístico, mas também medieval e outras, o erro de ter confundido a parábola com a alegoria. As duas, na realidade, são diversas: uma comparação desenvolvida aquela, uma metáfora alargada esta (I, 58). Na parábola, todo o relato converge em direção a um só ponto global, que se refere a uma outra realidade daquela expressada imediatamente pelo texto — distinção entre representação e coisa (*Bild* e *Sache*). Na alegoria, todos os elementos da narração são metáforas daquela outra realidade à qual se referem. O estudioso também distingue entre semelhanças (*Gleichnisse*), parábolas (*Parabeln*) e relatos exemplares (*Beispielerzählungen*). As primeiras são caracterizadas pelo verbo no presente e descrevem, geralmente, fenômenos naturais que se repetem; as segundas, por sua vez, são verdadeiras e próprias narrações com os verbos no passado e expressivas de um evento específico. Mas hoje se evita traçar uma nítida linha de demarcação, porque também nas semelhanças, na realidade, é apresentado um evento, entendido ao menos no sentido lato, com um início e um final. Os relatos exemplares atestados somente no evangelho de Lucas: o bom samaritano (Lc 10,25-37); o rico néscio (Lc 12,16-21); Lázaro e o rico epulão (Lc 16,19-31) e o fariseu e o publicano (Lc 18,9-14), são, pelo contrário, narrações de simples episódios emblemáticos de comportamento, negativo ou positivo, que se mostram válidos em geral. Por exemplo, o bom samaritano com seu agir solidário reivindica ser personificado por outros, precisamente como diz Jesus no texto lucano na conclusão do relato: "Vai e faz também tu o mesmo". Mas hoje não são poucos os estudiosos que consideram os denominados "relatos exemplares" verdadeiras e próprias parábolas. Em pouco tempo, a tríplice divisão de Jülicher entrou em crise.

No sistema criado por esse estudioso tornou-se caduca, sobretudo, sua caracterização daquele "ulterior" ao qual se referem as parábolas de Jesus, que ele identifica em verdades religiosas gerais; por exemplo, os relatos parabólicos de Lc 15 querem ilustrar a misericórdia de Deus pelos pecadores, uma misericórdia para todo tempo e lugar. Nisto foi negativamente condicionado pela teologia liberal, inclinada a traçar um retrato do Nazareno compatível com a sensibilidade religiosa moderna, um verdadeiro mestre da religião racional.

Nos primeiros vinte anos depois da Segunda Guerra Mundial, a pesquisa deu um decisivo passo adiante, sobretudo por mérito de Dodd e Jeremias, que atribuíram as parábolas à pregação escatológica de Jesus, da qual são consideradas uma forma específica. Em particular o exegeta inglês, que, porém, não se ocupou de todas, leu-as como parábolas do Reino que irrompia no presente. Em concreto, interpretou-as segundo sua teoria da escatologia realizada: o Nazareno anunciou, operando consequentemente, a vinda de Deus rei no mundo: "O *eskhaton*, o clímax da história divinamente ordenado, está aqui" (p. 141); "O eterno entrou decididamente na história" (p. 151). Jeremias trabalhou em sua obra em dois planos distintos e complementares. Primeiramente, e seguindo o exemplo de Jülicher, mostrou nas versões evangélicas que possuímos as marcas vistosas da profunda tarefa das comunidades cristãs das origens que leram as parábolas do Mestre à luz dos acontecimentos pascais, morte e ressurreição de Cristo, e sob a urgência de precisas exigências espirituais dos crentes da época. À prospectiva escatológica e teocêntrica de Jesus preferiram, por legítimas necessidades de atualização, dar voz a explícitos interesses cristológicos, por um lado, e parenéticos, por outro, como aludimos anteriormente. Em segunda instância, Jeremias, removendo esse estrato do cristianismo primitivo, diz-se confiante em "remontar ao significado originário das parábolas de Jesus, às *ipsissima vox Iesu*" (p. 23), e identifica nelas os seguintes pontos de referência na situação de vida do parabolista: as parábolas "espelham de forma semelhante e com particular clareza sua Boa-Nova, o caráter escatológico da sua pregação, a seriedade de seu apelo à penitência, sua oposição ao farisaísmo" (p. 9). Enfim, sempre tentando contextualizá-las no quadro da presença ativa de Jesus na Galileia e na Judeia, Jeremias as concebe "em grande parte" como "armas de contenda" (p. 22), direcionadas à defesa dos ataques dos adversários e à luta contra suas posições, um ponto de vista superado na pesquisa mais recente.

Um progresso de não pouca importância, mesmo partindo da inspiração de fundo de Jeremias e Jülicher, foi realizado com a valorização da dimensão dialógico-argumentativa das parábolas e a determinação exata do escopo perseguido pelo parabolista, assim como da identidade de seus interlocutores (Dupont e Fusco). Jesus dirigia-se não a adversários a combater, nem a comensais, como chegou a supor, sem nenhum sucesso, Trocmé: "Em uma palavra, acreditamos que, na sua maioria, as parábolas sejam discursos feitos à mesa nas casas onde Jesus era convidado. Discursos então muito severos ou até mesmo agressivos, mas sempre discursos conviviais" (*Gesù di Nazaret*, p. 121). Os destinatários eram pessoas que tinham reservas e resistências com relação a seu anúncio e a ele mesmo; ele tentava convencê-las da legitimidade de suas posições. Escreve Dupont na sua obra: os destinatários são aqueles que tinham um ponto de vista diferente do seu; as parábolas não são simplesmente um instrumento pedagógico de comunicação, nem mesmo um instrumento polêmico, "servem para um diálogo" (p. 13).

Para esse fim, dialogando com eles, evitava contraposições dialéticas rígidas e intransigentes, convidava-os, antes de tudo, a percorrer com ele um caminho à primeira vista neutro, para depois solicitar a serem coerentes com os primeiros passos feitos juntos, instigando-os a aceitar sua orientação. A parábola tinha precisamente esta dinâmica: uma história fictícia sobre a qual registrar um prévio consenso com o interlocutor na valoração do caso, para transferir depois sobre outra história representada, especificamente à da revelação de Deus na sua ação. E o parabolista solicitava a decisão do ouvinte.

A natureza dialógico-argumentativa da parábola emerge com clareza exemplar no famoso relato de Natã (2Sm 12,1-10). Tendo que enfrentar o rei Davi e conduzi-lo a tomar consciência de seu pecado, o profeta prospecta ao defensor real dos oprimidos e vingador implacável dos opressores, um caso que não pode deixá-lo indiferente. Relata o seguinte: um homem muito rico, dono de numerosos animais, devendo preparar uma refeição para um hóspede que chegara a sua casa, poupa suas bestas e tira com prepotência de um pobre a única ovelha que tinha. O rei, ficando indignado com a história, emite um julgamento de condenação sobre aquele velhaco. Nesse ponto, o profeta lança-lhe no rosto o dito, dizendo: Esse homem és tu! Então Natã disse ao rei: arrebataste com perfídia ao marido Urias sua mulher Betsabeia, tu que tens um rico harém, e o eliminaste com engano. Davi não pôde senão confirmar o julgamento emitido sobre o protagonista da história fictícia, mas agora sobre si mesmo: deverá se arrepender e pedir perdão a Deus. Isso é o que se chama também "efeito parábola": sua força está exatamente em envolver o ouvinte na história fictícia, mas real aos seus olhos, para depois envolvê-lo, no mesmo modo, na outra história representada.

Nos últimos trinta anos, porém, a pesquisa tomou também outros rumos. Exegetas importantes entenderam a parábola como metáfora, uma metáfora constituída por uma história e que representa a realidade do Reino. Um notável expoente dessa corrente exegética é Weder, que resume assim sua teoria: a estrutura de base da parábola é análoga àquela da metáfora: temos um sujeito (o Reino), a ligação "é" (é como, assemelha a) e um predicado (a narração) (p. 78). Note-se: o Reino não é literalmente o que é narrado, mas é como o que é narrado (p. 79). Portanto, as parábolas de Jesus "não são defesa nem justificação da Boa-Nova, mas são elas mesmas *Evangelho*" (p. 83; cf. p. 113); "Nas parábolas de Jesus se faz linguagem o reino de Deus como *próximo*" (p. 88). Portanto, mensagem teológica mas também antropológica: a compreensão do Deus de Jesus, encarnada na parábola e apresentada ao ouvinte para que a faça sua, implica uma nova compreensão do homem chamado a se decidir pelo Reino. Também Jüngel, antes de Weder, tinha acentuado essa leitura da parábola como *Sprachereignis*, o Reino de Deus evento linguístico. "A *basileia* é expressa na parábola como parábola. As parábolas de Jesus exprimem o Reino de Deus como parábola" (p. 167); "As parábolas de Jesus são fenômenos linguísticos nos quais o que é expresso está *todo* presente, enquanto expresso na parábola" (p. 170). Em resumo, trata-se de uma linguagem não simplesmente enunciativa, mas performativa: o Reino expresso pelas parábolas encontra ali "uma forma sublime de sua vinda" (p. 170).

Uma segunda tendência interpretativa dos últimos anos realiza, ao contrário, uma violenta cisão entre parábola e parabolista, entre relato e contexto: negligencia-se totalmente quando, onde, a quem e por que Jesus narrou esta ou aquela parábola. Voz representativa dessa tendência é Via, para o qual as parábolas são puros "objetos estéticos" (pp. 70ss; 88ss), que devem ser lidos por si mesmos, como se nos apresentam na sua "textura" narrativa. Quer o evento narrado termine em um *happy end*, quer tenha um final negativo, elas pertencem ao gênero cômico ou ao trágico. Na realidade, escancaram diante dos nossos olhos de leitores modernos prospectivas existenciais pelas quais se decidir: "Duas básicas ontológicas (humanas) possibilidades que as parábolas apresentam são o ganho ou a perda da própria existência, tornar-se autênticos ou inautênticos" (p. 41). Dito em uma fórmula, não pertencem ao gênero da retórica, que tende a convencer, mas ao gênero da poesia. E não falta quem lhes atribua uma polissemia, isto é, diversos significados descobertos subjetivamente pelo leitor na materialidade do texto.

Por sua vez, Hedrick segue substancialmente Via: as parábolas de Jesus são breves ficções, narrações muito esquemáticas, sobretudo sumários de tramas, criações de sua fervente imaginação, a analisar como toda outra *pièce* da literatura de ficção. Mas lhe reprova a forçada separação do contexto histórico. Hedrick, ao contrário, entende estudá-las como ficções do primeiro século, no contexto da cultura judaica do tempo; contudo, não se preocupa em inseri-las na concreta pregação e ação do parabolista Jesus. No plano da tipologia do material parabólico dos evangelhos, o estudioso também nota a proposta de J. Breech que distingue nelas histórias que descrevem os processos naturais, histórias que relatam uma ação humana individual (fotodramática), histórias relativas a vários personagens, histórias mitológicas nas quais intervêm potências transcendentes, por exemplo, o relato do rico epulão.

Enfim, a tendência, por parte de amplos setores da pesquisa, é de não contrapor muito violentamente parábola e alegoria, como fizera Jülicher, a quem, porém, é reconhecido o mérito de uma sã reação ao alegorismo imperante. Considera-se que nos relatos parabólicos podem muito bem aparecer traços alegóricos (cf., por ex., Via), evidenciáveis nas alusões a passagens sobretudo da Bíblia hebraica, sem que por isso a parábola extrapole em alegoria. Assim, no relato dos vinhateiros homicidas, a descrição do vinhedo, circundada por uma sebe, com um moinho escavado na pedra e uma torre de guarda, remete a Is 5, que esboçava alegoricamente a situação do povo sob as cores de uma vinha: a referência a um Israel infiel a Jesus torna-se assim metaforicamente muito clara. Também o pai na parábola do filho pródigo pode dirigir a atenção subitamente a Deus, indicado na Bíblia com o símbolo paterno. Em resumo, nem todo elemento alegórico deve ser declarado não jesuano e destinado à releitura protocristã; as parábolas de Jesus não são necessariamente "puras parábolas", privadas de qualquer traço alegórico. Resta constantemente firme, porém, que elas têm uma *pointe* central, talvez enriquecida por uma segunda complementar, e a essa, ou a essas, estão subordinados os eventuais particulares de alegoria. Fusco diz bem que entre parábola e alegoria as diferenças são claras: "Na alegoria temos uma *sobreposição* querida; na parábola, ao contrário, uma *passagem*" (*Oltre la parabola*, p. 92); "Na parábola são verdadeiramente *duas* histórias [...]. Na alegoria, ao contrário, somente à primeira vista são *duas* histórias: observando bem, existe uma só, a história real" (p. 93).

Para resumir, a parábola é: 1) uma *ficção*, um relato criado artisticamente pelo parabolista que se deixa inspirar pela realidade circundante, mesmo se não evita aqui e lá elementos paradoxais capazes de atrair melhor a atenção para dirigi-la à história de referência; 2) uma *ficção parabólica*, isto é, uma história inventada para apresentar plasticamente outra história, à da ação escatológica de Deus ou, de qualquer modo, de seu comportamento atual que constitui o interesse verdadeiro do parabolista; 3) uma *ficção parabólica de Jesus*, que expressa assim sua orientação de evangelista do Reino de Deus e de portador de uma querida imagem do Pai celeste, que faz surgir seu sol sobre os bons e sobre os maus. Em resumo, o comportamento e a pregação do Nazareno comentam suas parábolas e estas são a explicação daqueles.

3. As parábolas rabínicas

Direi de passagem que se realizaram tentativas de aproximar as parábolas de Jesus às fábulas do mundo greco-romano (cf. Beavis), mas é impossível não perceber as profundas divergências, não somente de caráter narrativo, mas também, e sobretudo, no que diz respeito à prospectiva religiosa plasticamente representada. O verdadeiro confronto é com a tradição hebraica.

No AT as parábolas são poucas — entre estas se indica a anteriormente citada de Natã —, muitos, ao contrário, os *meshalim* (cf. Westermann). Também em Qumrã e nos escritos pseudoepigráficos da tradição hebraica constata-se sua surpreendente ausência, com uma exceção — que confirma, porém, a regra — em *TestJó* 18,6-8:

> E me tornei como quem deseja dirigir-se a uma cidade para ver suas riquezas e adquirir uma parte de sua glória, e põe carga a bordo de uma nave e depois, no meio do mar, vendo os vagalhões e os ventos contrários, lança ao mar a carga dizendo: "Que perca tudo, desde que possa desembarcar naquela cidade para adquirir coisas muito mais importantes que o equipamento e a nave". Assim, considerava meus bens como nada em confronto daquela cidade da qual o anjo me tinha falado.

A riqueza das parábolas de Jesus contrasta manifestamente com essa pobreza; uma riqueza, porém, que encontra um válido confronto com as centenas de parábolas rabínicas presentes nos escritos homônimos, parábolas em língua hebraica, não aramaica, todas pertencentes ao judaísmo palestino e nem sempre atribuídas a um autor específico. Naturalmente, a distância cronológica entre a literatura rabínica e o tempo de Jesus torna problemática a tentativa de confronto e frágeis as hipóteses de dependências em um ou em outro sentido. Flusser, todavia, é muito categórico ao afirmar que as parábolas do Nazareno pertencem ao mais vasto campo das parábolas rabínicas, e não vice-versa (p. 19). Explica, com efeito, que se faz necessário distinguir entre forma escrita e forma oral, e conclui que as mais antigas parábolas rabínicas derivam da última geração antes da destruição do templo (p. 19). Mas os estudos de Neusner, modelados ao rigoroso método da escola da história das Formas e da Redação, aplicado aos escritos rabínicos, convidam à prudência. Por isso, parece-nos que não seja uma evidência histórica a presença, no ambiente do Nazareno, de parábolas conhecidas por nós da posterior literatura rabínica. Pode-se conjeturar de qualquer modo, com certa plausibilidade, que ele não tenha sido aqui, como em outros aspectos de sua pessoa, um *unicum*, um parabolista *sine patre et sine matre*. Com efeito, são um dado irrefutável as não poucas e não marginais semelhanças de seus relatos parabólicos com os motivos narrativos dos relatos rabínicos — como veremos nas citações que seguem —, sem falar das fórmulas introdutórias que as tornam comuns: "Isto é comparável a" (forma ao dativo), "parábola de" (forma ao genitivo). Em resumo, aceitável aparece a posição cauta de Young: "Mesmo que a evidência seja fragmentária, é muito mais provável que Jesus tenha usado um método de ensino já praticado por outros sábios judaicos no seu tempo" (p. 37).

Flusser não esconde as dessemelhanças: antigas parábolas rabínicas servem para clarificar um mandamento da Bíblia, mas não acontece assim nas ficções parabólicas de Jesus que chegaram a nós. Além disso, ao redor do ano 120 d.C., os discípulos de rabi Aqiba utilizaram as parábolas para ilustrar versículos bíblicos, mas esse procedimento está ausente naquelas evangélicas. O estudioso acrescenta que as parábolas que mais se aproximam no espírito, na temática e na forma às de Jesus se encontram em uma obra antiga, o tratado Semahoth (*SemH*) (p. 21). Na página 31 anota que dois temas importantes das parábolas de Jesus — banquete e trabalho — estão presentes também nas parábolas rabínicas. Por sua vez, nessas falta o motivo jesuano da rede lançada ao mar; em compensação, apresentam temas ausentes nas evangélicas, por exemplo, os relatos sobre os membros da família real (p. 36). Enfim, o motivo dos atletas falta tanto em Jesus quanto no rabinismo (p. 47). Mas, além dessas considerações formais sobre os relatos, quero acrescentar que não se pode negar às parábolas de Jesus uma precisa originalidade na sua essencial referência escatológica ao Reino de Deus, que floresce no presente e que irrompe "pobremente" na história por meio da ação e da palavra de Jesus, restando sempre grandeza futura na sua totalidade de evento suscitador de céus novos e terra nova.

Referindo-nos aos citados Flusser e Young, mas sobretudo à coleção de Dominique de La Maisonneuve, parece útil oferecer uma significativa antologia de parábolas rabínicas que, no confronto, evidenciam semelhanças e diversidades com aquelas conhecidíssimas de Jesus.

O mais antigo testemunho a propósito do tema parece remontar ao ano 175 a.C., e é de Antígono de Soco, embora se trate mais de uma comparação do que de uma história: "Não sejais como servos que servem ao patrão na perspectiva de receber uma recompensa, mas como servos que servem ao patrão sem a perspectiva de receber uma recompensa" (*mAbôt* 1,3).

Em *Rabba Cant* 1,7-8, um relato parabólico, similar à parábola evangélica da moeda perdida, entende sublinhar o valor do *mashal*, valor afirmado em princípio como introdução e conclusão da narração:

> Nossos mestres nos disseram: Que o mashal não seja pouca coisa aos teus olhos porque, graças a ele, o homem pode compreender as palavras da Torá. Parábola de um rei que, na sua casa, perdeu uma peça de ouro ou uma pedra preciosa. Não a procura acaso com um pavio que não vale quase nada? Assim, o mashal não deve ser pouca coisa aos teus olhos porque graças a ele se podem penetrar as palavras da Torá.

No Talmude jerosolimitano nos foi transmitida uma parábola que emparelha com a de Mt 20,1-16 sobre os trabalhadores contratados em diversas horas do dia, mas exprime, em oposição a esta, o rígido dogma da retribuição divina:

> A que pode ser comparado? A um rei que tinha contratado muitos operários. Havia um que trabalhava duríssimo. Que fez o rei? Levou-o a fazer um passeio (lit. = cem passos) com ele. Quando chegou a tarde, os trabalhadores vieram receber seu salário, e o rei pagou um salário completo também a este. Os outros se lamentaram dizendo: Nós trabalhamos o dia todo, ao passo que este não trabalhou senão duas horas, e lhe pagaste um salário completo, como a nós! O rei lhes disse: Este, em duas horas, trabalhou mais do que vós em toda a jornada (*jBerakhot* 2,8,5c).

Em *Sifra Lev* 26,9, trata-se novamente de trabalho e pagamento correspondente, mas contra um cálculo matemático intervém, como fator determinante, a relação particular de Deus com seu povo, privilegiado por graça com relação aos povos pagãos. Em concreto, a parábola ilustra o texto bíblico: "Voltar-me-ei para vós", citado no início e mais completamente no final:

> A que o podemos comparar? A um rei que recrutou numerosos trabalhadores. Ora, havia um que tinha trabalhado durante um período particularmente longo. Os trabalhadores vieram para receber seu salário e este entrou com eles. O rei lhe disse: Meu filho, eu me voltarei a ti. Estes fizeram para mim um trabalho reduzido, lhes darei um salário reduzido. Mas contigo preciso fazer um grande cálculo. Assim de Israel: [...] Estes povos da terra fizeram para mim um trabalho reduzido, também eu lhes darei um salário reduzido. Quanto a vós, preciso fazer um grande cálculo. É por isto que se diz: "Voltar-me-ei para vós" — para o bem.

Em contraste com a parábola jesuana de Mt 20,1-16 podemos colocar a seguinte, baseada sobre o princípio da retribuição divina:

Uma parábola. A que compará-lo? A um rei que tomou em serviço muitos operários, entre os quais havia um preguiçoso e um sábio. Quando ele foi a pagar seu salário, deu a cada um o mesmo. Mas o Santo, seja ele louvado!, não é assim, mas paga ao homem a mercê segundo suas obras (*Hallel Midrash*: citado em Erlemann, *Das Bild Gottes*, p. 109, da coleção de A. Jellinek, *Bet-ha-Midrash*, parte V, p. 91).

A seguinte delata semelhanças com aquela evangélica dos servos aos quais o Senhor, no momento de partir, deu somas de dinheiro:

Parábola de um rei que tinha dois servos que amava muito. Ele entregou tanto a um como ao outro uma medida de trigo e um feixe de linho. O que fez o mais sábio dos dois? Com o linho teceu uma toalha de mesa, depois tomou o trigo, fez com ele uma finíssima farinha, a empastou e cozinhou no forno e colocou o pão na mesa, estendendo a toalha por cima; depois deixou tudo até a chegada do rei. Enquanto isso, o mais estúpido não fez absolutamente nada. Um dia depois, o rei regressou a casa e lhes disse: "Meus filhos, trazei-me o que vos tinha dado". Um levou o pão sobre a mesa coberta com a toalha, e o outro na cesta o trigo e por cima o feixe de linho. Que vergonha! Que desonra!

A aplicação é ainda a Israel, povo da Lei: "Assim, quando o Santo, bendito seja!, entregou a Torá a Israel, a deu como trigo do qual extrair flor de farinha e como linho com o qual fazer um vestido" (*Seder Eliyahu Zuta II*).

Também em *bShabbat* 152b uma parábola, ilustrativa de Ecl 12,7: "O espírito regressa a Deus que lho tinha dado", evidencia novamente que o destino do homem depende de seu comportamento sábio ou néscio:

Devolve-o como te lho deu. Entrego-te puro, devolve-o puro. Parábola de um rei humano que distribuiu hábitos régios aos seus servidores. Aqueles sábios os dobraram e os colocaram em um cofre. Os insensatos vestiram-nos para ir trabalhar. Tempo depois, o rei pediu novamente as vestes. Os sábios as restituíram impecáveis. Os insensatos, ao contrário, as entregaram todas sujas. O rei ficou contente pelos sábios e ficou em cólera ao ver os insensatos. Com relação aos sábios disse: "Que minhas vestes sejam colocadas no tesouro e que estes vão em paz para suas casas". Quanto aos insensatos, disse: "Meus hábitos sejam entregues aos lavadeiros e esses sejam colocados em prisão".

A parábola de rabi Natã, atestada em *SemH* 3,3, não ilustrativa de nenhum trecho bíblico, mostra certa semelhança com aquela passagem evangélica do mordomo que, estando ausente o patrão, cometeu coisas nefandas em sua casa e por isso sofreu um duríssimo castigo (cf. Lc 12,41-46 e Mt 24,45-51):

Um rei tinha construído um palácio e levou ali pessoal de serviço masculino e feminino. Deu-lhes prata e ouro a fim de que negociassem com eles. Depois lhes ordenou dizendo:

Cuidado para que ninguém subtraia, roube ou prive de algo os outros. Logo, o rei se retirou a uma província distante. Mas os servidores começaram a subtrair, roubar e apropriar-se das coisas entre si. Depois de certo tempo, o rei regressou da distante província e encontrou tudo o que tinham dentro enquanto eles estavam nus por fora. O rei tirou deles tudo o que tinham subtraído e roubado.

Eis a "moral" que não tem equivalência no material evangélico: "Assim acontece com os pecadores neste mundo que, morrendo, não levam nada consigo, mas vão nus diante de Deus".

Em *Mekilta Ex* 20,2, o relato imita o dito jesuano — "Quem é fiel no mínimo é fiel também no muito" (Lc 16,10):

> Parábola de um rei que tinha nomeado dois intendentes. Um foi preposto ao celeiro da palha enquanto o outro foi confiado ao tesouro da prata e do ouro. Aquele preposto ao celeiro da palha foi suspeito de desonestidade; apesar disso, se lamentava amargamente por não ter sido encarregado do tesouro de prata e de ouro. Disseram-lhe: *Raka*! Se foste suspeito como encarregado do celeiro da palha, como se te poderia confiar o tesouro da prata e do ouro?

Analogias relevantes e diversidades não menores também são encontradas no relato de *Mekilta Ex* 14,5: "Parábola de um homem que recebeu em herança um campo em uma província distante (lit. = do mar). Ele vendeu-o muito barato. O comprador veio, escavou-o e descobriu tesouros de ouro, de prata, de pedras preciosas e de pérolas. Então, o vendedor começou a se censurar". A referência (originária?) é à história israelita: "Assim fizeram os egípcios quando deixaram partir os hebreus". Uma versão bastante similar e muito próxima à parábola do tesouro, própria do *Evangelho de Tomé*, é atestada em *Midrash Cant* 4,12:

> [...] como um homem que recebeu em herança um terreno cheio de imundície. O herdeiro era preguiçoso e o vendeu por uma cifra ridiculamente baixa. O comprador o escavou com grande zelo e encontrou ali um tesouro. Com este, fez construir um grande palácio e costumava passear no mercado público com um séquito de escravos que tinha comprado com aquele tesouro. Quando o vendedor viu isso, (pela raiva) teria desejado estrangular-se (citado por Jeremias, p. 36).

Eis a parábola do *Evangelho de Tomé*:

> O Reino é como um homem que, sem saber, tinha um tesouro escondido no seu campo. Depois de morrer o deixou em herança ao filho que, sem saber de nada, vendeu o campo. O comprador foi arar e encontrou o tesouro. Ele começou a emprestar dinheiro a juros a quem ele queria (n. 109).

A diversidade entre Israel, sobre o qual recaiu a eleição gratuita de Deus, e os povos, é enfatizada em forma de parábola em *Rabba Ex* 30,9:

> Parábola de um rei diante do qual havia uma mesa preparada suntuosamente com todo tipo de iguarias. Quando entrou o primeiro servidor, lhe deu um pedaço de carne; ao segundo deu um ovo; ao terceiro, legumes, e assim por diante. Quando entrou o filho, deu-lhe tudo o que estava na mesa, dizendo: A cada um deles dei um prato, mas tudo eu ponho ao teu dispor.

Eis portanto a aplicação: "Assim, aos pagãos deu algum preceito; a Israel, toda a Torá".

Os versículos de Zc 1,3: "Retornai a mim e eu retornarei a vós", e de Os 14,2: "Retorna, Israel, ao Senhor, teu Deus" estão ilustrados parabolicamente em *Pesiqta Rabbati* 44, que mostra analogias e diversidades com a parábola jesuana do filho pródigo:

> Parábola de um filho de um rei separado de seu pai por uma distância de cem dias de caminho. Seus amigos lhe diziam: "Regressa à casa de teu pai!" Mas ele lhes respondia: "Não posso, não tenho força para isso". "Então seu pai mandou dizer: Faz o que puderes, caminha segundo tuas forças, e eu virei e farei o restante do caminho para chegar até ti".

Mais próxima à mencionada parábola de Jesus é aquela de *Deut Rabba* 2,24 ilustrativa de Dt 4,30 — "Tu retornarás ao Senhor, teu Deus":

> Com que podemos compará-lo? Com o filho de um rei que tinha se pervertido. O rei enviou seu pedagogo para lhe dizer: "Retorna, meu filho!" Mas o filho o enviou de volta ao pai: "Como poderei regressar? Terei vergonha diante de ti". Então seu pai lhe mandou dizer: "Filho meu, um filho acaso tem vergonha de regressar junto de seu pai? Se regressardes, não é talvez verdadeiro que regressas junto de teu pai?".

E a "moral": "Assim o Santo...: Eu sou um pai para Israel".

A comparação impõe-se entre a parábola evangélica dos convidados ao banquete e aquela de *Midrash Sal* 25,7b:

> "Pensa-me na tua fidelidade, por causa da tua bondade, ó Senhor". Rabbi Eleazar disse uma parábola. Isso é comparável a um rei que preparou um grande banquete e disse a seu administrador: "Convida os comerciantes, não os lojistas". Seu administrador lhe respondeu: "Senhor rei, teu banquete é tão abundante que os negociantes são incapazes de comer tudo; será necessário que os lojistas os ajudem".

Mais marcadas, porém, são as semelhanças com a parábola rabínica de R. Yosé b. Hanina:

Isso é comparável a um rei que preparou um banquete e chamou convidados. À quarta hora nenhum deles tinha comparecido. Passaram a quinta e a sexta hora, mas os convidados não chegavam. À tarde começaram a apresentar-se. O rei lhes disse: "Estou muito agradecido porque, se não tivesses vindo, me sentiria obrigado a jogar todo este banquete aos meus cães" (*Midrash Sal* 25,7b).

O tema do banquete também aparece em *bShabbat* 153a com um relato parabólico bastante próximo à parábola da grande ceia da fonte Q:

Rabbi Yohanan b. Zakkai disse: Parábola de um rei que convidou seus servidores a um banquete, mas sem fixar o tempo. Os sábios se vestiram com todo o esmero e se sentaram à porta da casa do rei dizendo: "Falta talvez alguma coisa na casa do rei?" Os insensatos foram trabalhar dizendo: "Dá-se talvez um banquete sem preparação?" Improvisamente o rei convocou seus servidores. Então aqueles sábios se apresentaram diante dele bem vestidos como estavam e também os insensatos no estado em que se encontravam, isto é, totalmente sujos. O rei se alegrou diante daqueles que estavam com trajes a rigor para o banquete: "Sentai, comei e bebei. Os que não estão vestidos apropriadamente para o banquete fiquem de pé a olhar.

Um relato finalizado, secundariamente ao que parece, para esclarecer Ecl 9,8: "Leva sempre vestes brancas e que o óleo nunca falte sobre tua cabeça".

Aferrar a ocasião propícia apenas se apresenta é o sentido da parábola atestada em *Midrash Sal* 10,1:

R. Hanina disse: Isto é semelhante a um viajante que estava viajando. Quando o dia começou a declinar, chegou a um posto de soldados. O chefe do lugar lhe disse: "Entra e coloca-te a salvo dos animais selvagens e dos ladrões". Mas o viajante respondeu: "Não tenho costume de entrar em um posto de soldados". Continuando a viagem, foi envolvido pela noite negra e trevas espessas o circundaram; então regressou ao posto e com grandes gritos suplicou ao chefe para deixá-lo entrar. Mas esse lhe respondeu: "Não é costume de um posto de soldados estar aberto à noite, nem o chefe do posto costuma receber em tal hora; quando to tinha proposto, não aceitaste. Agora não posso te abrir.

Conclusão: "Assim, retornai ao Senhor enquanto se deixa encontrar" (Is 55,6).

Sempre em tema de banquete, citamos a história do piedoso rabino e do rico cobrador de impostos Bar Ma'yan, que mostra a mesma dinâmica subtendida à parábola evangélica da grande ceia: a substituição dos convidados de honra por gente sem importância. À morte contemporânea dos dois, quase ninguém percebeu a morte do primeiro, ao passo que ao funeral do segundo compareceu enorme público. Uma injustiça evidente por parte de Deus? A resposta — que é ao mesmo tempo a solução do problema teológico levantado — faz referência à boa ação realizada pelo cobrador de impostos momentos antes de exalar o último respiro: "Ele tinha preparado um banquete para os conselheiros, mas estes não vieram [certamente porque não queriam solidarizar com um renegado]. Então ele ordenou: 'Que venham os pobres a consumi-lo, a fim de que as iguarias não estraguem'". Mereceu assim um glorioso funeral. O piedoso rabino, porém, recebeu o prêmio celeste, como pôde constatar seu colega em uma visão: Alguns dias mais tarde, aquele escriba viu seu colega em jardins de beleza paradisíaca, sulcados por águas de mananciais. E ele viu também Bar Ma'yan, o cobrador de impostos, que estava na beira de um rio e tentava alcançar a água, mas não conseguia" (*jSanh* 6,23s: cit. por Jeremias, pp. 219 e 224).

4. Os relatos de Jesus

Na interpretação das ficções parabólicas devemos proceder, como indicado anteriormente, em dois distintos momentos: primeiramente devemos analisar os relatos como se apresentam em si mesmos, textos narrativos a examinar na sua espessura literária; somente em um segundo momento se deve passar a identificar seu valor parabólico ou representativo de uma outra história. Em resumo, uma correta metodologia exige que se enfrentem em sedes separadas ambos os aspectos, de qualquer modo complementares, estudando-os na sua lógica sucessão. Iniciemos pelo primeiro trabalho. As histórias criadas pela imaginação de seu autor, vistas em si mesmas, permitem colher os motivos, os personagens, a forma e o espírito, mas também reconhecer ali, reflexa, a experiência da realidade humana vivida por um galileu mais de dois mil anos atrás. Naturalmente deixamos de lado os elementos próprios da releitura protocristã observáveis também no confronto com a versão do *Evangelho de Tomé*.

4.1. Motivos temáticos

O trabalho articulado nas diversas profissões ocupa o lugar predominante. Referimo-nos à semeadura e à colheita de um trabalhador da terra que dá o nome às parábolas da semente que cresce sozinha (Mc 4,26-29), do semeador (Mc 4,3-8 e par.), do grão de mostarda (Mc 4,30-32; Q: Lc 13,18-19 e Mt 13,31-32), da boa semente e do joio (Mt 13,24-30), também do rico néscio satisfeito pela extraordinária colheita (Lc 12,16-21), sem esquecer a parábola do tesouro encontrado ao arar-se um terreno (Mt 13,44). Acrescente-se a plantação da figueira estéril (Lc 13,6-9), o trabalho da vinha no centro das parábolas dos trabalhadores contratados em diferentes horas do dia (Mt 20,1-16), dos vinhateiros homicidas (Mc 12,1-11 e par.) e dos dois filhos enviados pelo pai a trabalhar na vinha (Mt 21,28-31). Outras profissões difundidas no ambiente aos quais o parabolista Jesus recorre como a motivos temáticos de suas parábolas: o pastor que vai procurar a ovelha extraviada (Q: Lc 15,3-6 e Mt 18,12-13) e o pescador que lança sua rede ao mar (Mt 13,47-48). Com a agricultura, pastoreio e pesca, grande espaço ocupam também o comércio e a administração familiar e estatal: o comerciante de pérolas (Mt 13,45-46), o administrador desonesto (Lc 16,1-8), o sátrapa desapiedado (Mt 18,23-35), os servidores aos quais foram entregues diversas somas de dinheiro, talentos (Mt 25,14-30) ou minas (Lc 19,12-27), os servidores responsáveis pelo bom andamento da casa na ausência do patrão (Mc 13,34). Acrescente-se a parábola dos dois devedores (Lc 7,41-43). A mulher empenhada nos trabalhos domésticos aparece nos relatos da moeda perdida e reencontrada (Lc 15,8-9) e do levedo que fermenta uma grande quantidade de farinha (Q: Lc 13,20-21 e Mt 13,33). Não está ausente o motivo edilício: um construtor projeta levantar uma torre (Lc 14,28-32).

A família aparece no centro da parábola do filho pródigo, na qual o protagonista é o pai que se relaciona com dois filhos, ao passo que a mãe está totalmente ausente (Lc 15,11-32): as parábolas reduzem ao mínimo possível os personagens dos relatos. Isso vale também para o relato dos dois filhos que o pai envia a trabalhar na vinha (Mt 21,28-32). Filho e pai relacionam-se como o requerente e o doador na parábola de Q: Lc 11,11-12 e Mt 7,9-10. A casa e seus bens, defendidos pelo patrão tenazmente, são o tema da parábola do arrombador noturno (Q: Lc 12,39-40 e Mt 24,43-44). Mas também o relato da grande ceia (Q: Lc 14,16-24 e Mt 22,1-10) e o do pai já deitado com seus filhos e importunado por um amigo insistente e ao qual acaba por ceder (Lc 11,5-8), entram no quadro familiar. As núpcias com seu ritual, enfim, especificam a parábola das dez damas de honra (Mt 25,1-13).

Como se vê, os homens são, de longe, predominantes, enquanto a figura feminina comparece apenas em três relatos: dos primeiros dois já falamos, do terceiro se falará a seguir. Além disso, se normalmente nas parábolas de Jesus os personagens são figuras do povo comum, pessoas do alto escalão são evocadas nas seguintes: o rei indeciso se deve lançar seu exército contra um invasor (Lc 14,31-32); o juiz que, mesmo sem escrúpulos morais, acolhe a súplica de uma viúva (Lc 18,2-5); o rico epulão (Lc 16,19-31); o grande soberano que perdoa uma dívida enorme a seu sátrapa (Mt 18,23-35) e, enfim, o nobre que confiou aos seus empregados diversas somas de dinheiro (Lc 19,12). Outros protagonistas são caracterizados por sua pertença a esta ou aquela categoria social e, ao mesmo tempo, religiosa: o fariseu e o publicano (Lc 18,9-14: mais do que a profissão aqui fica evidenciada a qualidade moral do personagem) e o samaritano, oposto a um sacerdote e a um levita judeus (Lc 10,25-37).

4.2. Os personagens das histórias

Na realidade, nos relatos parabólicos não são as profissões ou as funções a serem destacadas, mas os protagonistas que sustentam a história ou a trama com suas ações e seus comportamentos. Somente de forma excepcional, releva Bultmann (*Die Geschichte*, p. 204), são qualificados por adjetivos de timbre moral: as damas do cortejo nupcial são cinco sábias e cinco néscias; o juiz que no fim dá ouvidos ao pedido da viúva não tem escrúpulos morais nem temor religioso. Não por acaso os verbos estão normalmente no aoristo, indicativo de uma ação passada pontual, ou também no presente histórico, não excluído o imperfeito para uma ação repetida. Por razões de espaço, basta aqui analisar um rico mostruário de parábolas, sem pretensões de esgotar a questão.

Primeiramente, ficções de um só personagem. O semeador saiu a semear e sua semente caiu aqui e lá e teve uma colheita extraordinária, mesmo se uma parte consistente de sementes foi perdida. Um homem lançou no terreno a semente que cresceu sozinha, intervindo de novo somente na colheita. Uma dona de casa escondeu um pouco de fermento em uma grande quantidade de farinha e esta foi toda fermentada. Um homem encontrou um tesouro escondido em um campo, escondeu-o e vendeu tudo para possuir aquele campo e, assim, também o tesouro. Um negociante de pérolas encontrou uma pérola muito preciosa, vendeu tudo o que tinha e a adquiriu. Lançada a rede ao mar, o pescador a retirou cheia com todo tipo de peixes e, sentando-se, recolheu no cesto os bons para comer, ao passo que jogou fora os não comestíveis (versão mateana correta com a do

Evangelho de Tomé, n. 8). Assim também na parábola do grão de mostarda na versão de Q (Lc 13,18-19 e Mt 13,31-32), não naquela de Mc (4,30-32) que não menciona em absoluto o semeador e se concentra na "história" da semente.

Nas primeiras duas parábolas de Lc 15, a sucessão dos numerosos verbos de ação no presente histórico é rapidíssima. Um pastor que tem cem ovelhas, se chega a perder uma, deixa as noventa e nove e parte à procura [este motivo é explícito somente na versão de Mt 18, que nisto parece preferível] da extraviada até encontrá-la [mas Mt relata: "Se chega a encontrá-la"]; depois a leva nas suas costas ao redil e convida seus colegas a fazer festa. Uma mulher que tem dez dracmas, se chega a perder uma, acende a lamparina, varre a casa e a busca com esmero até encontrá-la, depois chama as amigas para compartilhar sua alegria pelo reencontro.

Em alguns relatos não temos um personagem só, mas vários, e o enredo se mostra mais complexo. O proprietário mandou jogar boa semente no seu campo, mas à noite seu adversário semeia o joio. Quando a boa semente despontou e deu fruto, apareceu também o joio. Então os trabalhadores referiram o acontecido e ele lhes explicou o fato. Eles então perguntam [se passa ao presente histórico] se não seria o caso de recolher o joio, mas ele sabiamente diz que não, porque deste modo se extirparia também o bom grão; podem crescer juntos até o tempo da seara; então acontecerá a separação, juntando os grãos nos celeiros e o joio sendo queimado nos fornos.

Mais articulada ainda a parábola do pai que acolhe o filho pródigo. Podemos aqui distinguir um antecedente ou acontecimento precedente (o abandono da casa paterna), depois o centro da história (a acolhida do pródigo) e, enfim, um segundo centro complementar (a necessária e problemática acolhida fraterna). O antecedente: o filho menor exigiu do pai a parte de sua herança e a obtém; depois viajou a uma região distante e ali dissipou rapidamente o quanto tinha e, sobrevindo uma enorme carestia, movido pela necessidade, colocou-se a serviço de alguém da cidade que o empregou para cuidar dos porcos, com quem, pela fome, era forçado a disputar as alfarrobas; então, caindo em si, amadureceu o propósito de regressar à casa de seu pai como assalariado. Ora o relato entra na sua parte essencial: imediatamente, o pródigo se dirigiu a casa e o pai o viu de longe, correu a seu encontro, abraçou-o e beijou-o; o pródigo começara a murmurar suas desculpas quando o pai ordenou que o vestissem, colocassem o anel no dedo e sandálias nos pés, e matassem o bezerro cevado para fazer festa por ele. Ponto focal complementar da narração: o irmão mais velho, regressando dos campos e aproximando-se da casa, viu que havia festa com música e danças; interrogando um criado, ficou sabendo da notícia e não queria absolutamente entrar; então o pai saiu e insistiu para que entrasse, mas este o repreendeu dizendo ser injusto: "Acolheste o pródigo dissipador dos bens paternos com magnanimidade extrema, enquanto a mim, filho fiel e trabalhador, nunca concedeste nem mesmo um cabrito para fazer festa com os amigos". Sendo acusado, o pai defendeu sua ação: "Meu filho, acaso não estás sempre comigo e todos meus bens não são teus? Mas era necessário fazer festa e alegrar-se porque este teu irmão estava morto e regressou à vida, estava perdido e foi reencontrado". Uma parábola aberta, pois Jesus não relata se o irmão mais velhos afinal entrou ou não para fazer festa e acolher o irmão.

4.3. Os sentimentos dos protagonistas

Em não poucas parábolas, ademais, determinantes na trama narrativa são os sentimentos e as emoções que Jesus empresta aos personagens de suas ficções. Nota-se que essas, mesmo indiretamente, tratam dele e de seu mundo interior. Se os sentimentos de piedade e cólera, às vezes contrapostos no mesmo relato, são prevalentes, não marginal é aquele da alegria. Esta dá o tom à parábola da descoberta do tesouro escondido em um campo que enche de alegria ao afortunado descobridor e, naturalmente, estimula-o a tê-lo vendendo seus bens para obter a soma necessária para a compra do terreno. Tesouro, sua preciosidade objetiva, alegria pela descoberta, decisão óbvia de possuí-lo: tudo em rápida e concisa sucessão. A privação de quanto possui não lhe pesa em absoluto, porque finalizada à aquisição do tesouro. Nenhum remorso, mas alegria plena; um homem feliz, porque afortunado.

Por sua vez, Lucas nos transmitiu duas parábolas paralelas, nas quais o motivo da alegria é central: depois de intensa busca, a dona de casa encontra a moeda perdida e, longe de reter para si só a alegria que a invade, a compartilha com as vizinhas de casa: "Alegrai-vos comigo" (*sygkharēte moi*) (Lc 15,8-10). A alegria compartilhada caracteriza também a figura do pastor proprietário de um rebanho de cem ovelhas que coroou a busca de uma ovelha desgarrada: regressando ao redil com a perdida nas costas, convida amigos e vizinhos: "Alegrai-vos comigo" (*sygkharēte moi*) (Lc 15,4-7).

Piedade e cólera, ao contrário, caracterizam os personagens das parábolas do sátrapa desapiedado de Mt 18,23-35 e do filho pródigo de Lc 15,11-32. Naquela, o grande rei, pedindo contas da administração a seus sátrapas [a entidade do débito deve ser proporcional à função dos interessados: não pode tratar-se de simples e insignificantes funcionários estatais], descobre que um deles denuncia uma falta de algumas centenas de milhões [10 mil talentos]; uma soma enorme, se pensarmos que os romanos depois da conquista de Pompeu no ano 63 a.C. impuseram aos judeus o pagamento desta mesma cifra de 10 mil talentos, como atesta Flávio Josefo (*Ant* 14,78). O devedor está perdido, é um homem acabado. Desesperado pela sorte que espera a ele e sua família, condenados à escravidão, confia-se à clemência do grande rei: prostrado a seus pés lhe suplicava: "Sê magnânimo comigo" (*makrothymēson ep'emoi*). Para dar força à súplica se aventura em promessas irreais: "Eu te restituirei tudo". Mas, surpresa das surpresas, obtém o inesperado, o perdão da enorme dívida. Porque o grande rei teve compaixão (*splagkhnistheis*) de seu destino: uma comoção que o move a um ato de régia generosidade e magnanimidade. Mas, depois, o perdoado, saindo da audiência, encontra um colega que lhe devia cem denários, a paga de cem dias de trabalho de um empregado daquele tempo. Não quer escutar razões: resiste à suplica do devedor, a mesma que ele tinha feito ao rei: "Sê magnânimo comigo" (*makrothymēson ep'emoi*), unida à mesma promessa, mas esta vez realista: "Eu te restituirei tudo". Nada que fazer: "Continuava a dizer não" (*ouk ēthelen*, no imperfeito) aos repetidos pedidos daquele que "estava suplicando-lhe" (*parekalei*, no imperfeito). Entram, então, em cena, como personagens de lembranças, os colegas (*syndouloi*) que, diante do acontecido, se entristecem (*elypēthēsan*) muitíssimo e referem o fato ao grande rei: um outro sentimento que estimula à denúncia do delito: justiça seja feita! Ponto culminante da história é o encontro do rei com o perdoado — palavras de condenação: "Servo malvado, porque me suplicaste, eu te perdoei toda aquela dívida: não devias também tu ter piedade (*eleēsai*) de teu colega, assim como eu tive piedade (*eleēsa*) de ti?". Nenhum dever legal cabia ao sátrapa perdoado, mas sim um preciso dever moral: de perdoado devia tornar-se perdoador: beneficiário do dom de vida, devia tornar-se concessor de vida ao colega. Porque lhe fora perdoado. O perdão não é somente a libertação *de*, mas também e essencialmente liberdade nova *para* doar vida. Não o entendeu; mereceu a condenação. E eis o sentimento final do grande rei: "Tomado de cólera" (*orgistheis*), entregou-o aos carcereiros.

Algo similar pode-se dizer da famosa parábola do filho pródigo, na qual, contudo, intervém também o sentimento da alegria que se manifesta na festa (Lc 15,11-32). A história chega ao clímax quando o pai vê de longe o filho que chega e vai na sua direção, movido por um forte sentimento de comoção (*esplagkhnisthē*), que explica seus comportamentos: abraça-o, beija-o, ouve apenas as palavras do filho que se desculpa, sua decisão já foi tomada: não pensa em acolhê-lo como um empregado a mais! É novamente seu filho, para todos os efeitos. Que os servidores preparem uma grande festa: "Façamos festa" (*euphranthōmen*). Pareceria o final feliz típico, mas não é assim. O parabolista é mestre em surpreender o ouvinte: o irmão mais velho, sendo informado, monta em cólera (*ōrgisthē*) e se nega a participar da festa. No duro encontro com o pai, a última palavra é deste: é justo, antes necessário, "festejar e alegrar-se" (*euphranthēnai kai kharēnai*) pelo regresso do irmão. Note-se a presença no relato de um sugestivo entrelaçamento de sentimentos e emoções que vinculam, mas também separam, os protagonistas. O parabolista é atento a esses reflexos psicológicos da história, mas se pode dizer — o antecipamos aqui — que também os vive, porque na transcrição parabólica a ficção fala da história de Deus que decidiu acolher os pecadores na sua humana solidariedade com estes últimos.

Em tal panorâmica, não se pode deixar de mencionar a parábola do bom samaritano (Lc 10,30-37) que se rege sobre o contraste entre ele e os dois funcionários do culto diante do desafortunado, meio morto e estendido na estrada, que os provoca a tomar uma decisão. Um contraste não apenas de natureza praxista: aquele se envolve completamente, estes seguiram adiante; mas também, e ainda antes, antítese de sentimentos, respectivamente, provados e jamais nascidos. O sacerdote, o levita, o samaritano do mesmo modo veem o desventurado (cf. o particípio *idōn* / "vendo-o" recorrente nos três casos). Porém, nos primeiros dois, tal visão não suscita nenhuma emoção: continuam caminhando; não foram tocados minimamente no seu ânimo. Pelo contrário, o samaritano, "vendo-o", teve compaixão dele (*esplagkhnisthē*), um sentimento não estéril mas suscitador de uma precisa ação de socorro: aproximou-se dele, enfaixou suas feridas, carregou-o sobre sua montaria, levou-o ao albergue próximo e cuidou dele. A oposição entre fazer e não fazer tem suas raízes no experimentar compaixão e não experimentá-la, não se deixar tocar pela miséria dos outros e não ser, ao contrário, intocável na vertente emocional.

4.4. O parabolista interpela os ouvintes

É indispensável ainda relevar um característico artifício narrativo de Jesus parabolista que confirma o timbre lógico-argumentativo de seus relatos: dirigir perguntas — que no fim se revelarão comprometedoras — aos interlocutores sobre quanto acontece nos eventos narrados, incitando-os a julgar os comportamentos dos protagonistas das histórias. Assim, narrando sobre o pastor que deixa as noventa e nove ovelhas e vai buscar a perdida, solicita a resposta de quantos o escutavam: "Quem dentre vós" [Lc; enquanto Mt: "Que vos parece? Se um homem..."] que possui cem ovelhas, se chega a perder uma, não deixa as outras no deserto e não vai atrás dela até encontrá-la?" [Mt: "e se chega a encontrá-la"]. Em resumo: quem não faria como ele? Com quanto segue (Lc 15,4-7; Mt 18,12-14). Os ouvintes devem concordar com o parabolista sobre a validade do comportamento daquele pastor. A mesma valoração é esperada, no fim, sobre a outra história, de caráter religioso, de perda e reencontro aos quais o relato se refere e dos quais nos ocuparemos em particular mais adiante. Idêntico procedimento aparece na parábola paralela da moeda perdida (Lc 15,8-10): que dona de casa, na situação descrita, não faria o mesmo: procurar a moeda perdida até encontrá-la? A pergunta em si tem a resposta: toda mulher se comportaria assim.

A mesma pergunta, mas de forma direta, tendente a provocar o "vós" dos ouvintes, está no início da parábola do amigo importunado de noite (Lc 11,5-8): "Quem dentre vós, a um amigo que o procura à meia-noite para pedir três pães com os quais saciar um amigo que chegou de improviso à sua casa", depois de breve resistência: "Estamos, eu e meus filhos, deitados", "não se levantará e lhe dará o que pede?". A resposta é sim, se comportariam do mesmo modo. Igualmente Jesus interpela os ouvintes com uma parábola paralela: "Que pai dentre vós, ao filho que lhe pede um pão, lhe dará uma pedra, ou se lhe pedir um peixe, dar-lhe-á uma cobra?" (Q: Lc 11,11-12 e Mt 7,9-10 com preferência da versão mateana). Um comportamento absolutamente impossível para um pai.

Na parábola do bom samaritano a pergunta do parabolista solicita o julgamento do rabino que o tinha interrogado sobre quem era o próximo.

Uma pergunta que continua em um diálogo: "Quem destes três te parece que se tenha feito próximo daquele que caiu nas mãos dos ladrões?' Respondeu: 'Aquele que teve misericórdia'. E Jesus: 'Vai e faz também tu o mesmo'" (Lc 10,36-37).

No relato dos dois filhos, o parabolista interroga: "Que vos parece?", uma pergunta que no final do relato se explicita e obtém resposta: "Quem dos dois fez efetivamente a vontade do pai? Respondem: O primeiro [aquele que primeiro respondeu 'não' ao convite paterno de trabalhar na vinha, mas depois decidiu ir, enquanto o outro disse 'sim' mas não foi; contudo, uma variante textual inverte os dois filhos]" (Mt 21,28-32). Jesus então esclarece a história referencial do breve relato.

Na narração dos dois devedores que deviam restituir diversas cifras e ambos são igualmente perdoados (Lc 7,41-43), Jesus compromete o fariseu que o hospedava: "Qual dos dois ficará mais agradecido?". E a óbvia resposta soa: "Aquele a quem foi perdoado mais", resposta aprovada pelo parabolista: "Respondeste bem".

As duas parábolas paralelas lucanas — a do construtor que projeta edificar uma torre e a do rei indeciso em fazer guerra ao agressor ou negociar com ele (Lc 14,28-32) — são introduzidas com as perguntas: "Quem de vós, querendo construir uma torre" antes não faz bem os cálculos sobre suas disponibilidades econômicas para saber se são suficientes para a empreitada? Caso contrário, desiste. "E qual rei" não se comporta sabiamente no sentido indicado? Os ouvintes não podem senão concordar com o julgamento do parabolista: assim se comportam as pessoas sábias.

4.5. Cruzamento de juízos

Enfim, releva-se como Jesus tenha contraposto posições diversas, valorações contrastantes do comportamento dos protagonistas no interior mesmo das parábolas. Desse modo lhe foi possível apresentar dialeticamente, sob forma velada, sua posição e aquela, diversa e oposta, de seus ouvintes, não sem boas motivações, com o fim de legitimar a própria. Estamos ainda no nível do puro relato, mas já entrevemos, no fenômeno de cruzamento de juízos, a finalidade ao qual mira o parabolista: transferir juízos sobre o plano da história representada pela parábola, transitando do fictício ao real. Assim, no relato do trigo e do joio, estão expressas duas posições diante da surpresa do joio crescido com o trigo: aquela dos operários que querem arrancá-la e a outra, sábia, do patrão que decide esperar até o momento da colheita: a separação não pode acontecer antes. Decisões opostas que nascem de valorações diversas, transferíveis à história da iniciativa de Deus encarnada no agir de Jesus.

No relato do filho pródigo colidem as posições do pai e do irmão mais velho. O primeiro, insistindo sobre o "prodígio" do regresso do filho que se foi embora de casa, diremos do regresso a viver (na casa paterna) daquele que estava morto, o acolhe e o festeja: *"Era necessário* fazer festa", uma necessidade moral mas não menos imperativa. Contrastante a decisão do irmão mais velho que se nega a participar da alegria familiar, e o faz com não desprezáveis motivos com base em um vivo sentido de justiça: o dissipador dos bens tratado regiamente, enquanto o fiel trabalhador não obtém sequer um cabrito para festejar com seus amigos! Não é acaso injusto o pai? Duas valorações diversas que expressam duas lógicas diversas, isto é, a da vida reencontrada a festejar e a do rigoroso contabilizar o prêmio e o castigo, segundo o bem e o mal feito. Jesus comparte o primeiro ponto de vista; não por acaso é o pai que conclui o relato com suas valorações. Os interlocutores são os paladinos do segundo. O parabolista entende dissuadi-los para que abandonem sua perspectiva e abracem também eles aquela do pai.

O contraste de juízos e posições aparece ainda mais nítido e agudo na parábola dos trabalhadores chamados por um patrão em diversas horas do dia para trabalhar na sua vinha (Mt 20,1-16). A ação do patrão que retribui do mesmo modo os trabalhadores contratados somente na última hora útil e os primeiros que enfrentaram, por sua vez, a fadiga de todo um dia, encontra aberta desaprovação destes como manifestamente injusto: "Murmuravam contra o patrão dizendo: estes últimos fizeram apenas uma hora de trabalho e tu os equiparaste a nós, que sustentamos o peso da jornada e suportamos o calor ardente". Não se trata de um subterfúgio, mas de sacrossanta justiça salarial: um sindicalista moderno não razoaria diversamente e contestaria do mesmo modo o arbítrio patronal do protagonista da história sobre a base do estatuto dos trabalhadores. Mas aquele justifica sua ação. Primeiramente, não fez nada errado aos primeiros assumidos, com os quais tinha combinado, em conformidade com as tabelas salariais do tempo, a retribuição de um denário. Nenhuma injustiça, portanto, de sua parte para com eles. Quanto aos últimos, quem pode lhe controlar o modo de gerir o que é seu? Comportou-se com extrema generosidade, em conformidade com sua bondade, a qual contrabalança a inveja dos primeiros trabalhadores, como diz no encerramento ao porta-voz dos contestadores: "Acaso teu olho é mau porque eu sou bom?". Entre as razões de um e dos outros, Jesus manifestamente compartilha as primeiras, como mostra o fato de que as mencionadas palavras do patrão fecham a parábola, ao passo que as dos seus interlocutores estão bem representadas pelos contestadores, aos quais se imputam inclusive sentimentos de inveja. O parabolista entende fazer com que mudem de perspectiva, assumindo a sua que, por sua vez, reflete a de Deus. Jeremias sintetiza bem o sentido da parábola: "Assim age Deus, diz Jesus, assim é Deus" (p. 42).

5. A "história" representada do Deus de Jesus

Depois da análise dos relatos parabólicos tomados em si mesmos, impõe-se a exigência primária de compreender as "histórias" representadas por estas, que na sua fundamentada unitariedade podemos logo chamar "a história do Deus de Jesus". Mas como fazer a passagem do fictício ao real? Primeiramente é necessário partir da dinâmica subentendida nas narrações fictícias. Por exemplo, nas primeiras duas parábolas de Lc 15 verificamos o esquema narrativo de perda, busca, reencontro alegre, ou melhor, de busca e reencontro alegre, visto que a perda da ovelha e da moeda constitui somente o antefato. Na parábola do filho pródigo, a dinâmica está marcada manifestamente pelo reencontro do perdido, da vida que ressurge da morte, como se exprime o pai diante da contestação do filho mais velho.

Necessário mas não suficiente: deve-se também contextualizar o relato na missão de Jesus, gestos e palavras como os conhecemos pelos testemunhos que possuímos. Assim, para justificar-se de sua comprometedora solidariedade com os pecadores públicos, a ponto de merecer o desprezo dos críticos: "Eis um comilão e um beberrão, amigo de publicanos e pecadores" (Q: Lc 7,34b e Mt 11,19b), ele disse: "Não são os sãos os que têm necessidade do médico, mas os doentes" (Mc 2,17 e par.). O médico, a quem dirige suas curas? É evidente, a quem tem necessidade delas. Nesse quadro, as parábolas de Lc 15 tornam-se perspícuas, além de historicamente confiáveis: ele é justificado no frequentar os excluídos pela referência das histórias do pastor que vai encontrar a ovelha desgarrada e da dona de casa que não se dá por vencida até encontrar a moeda perdida, quer dizer, do comportamento de Deus que busca o que está perdido e se alegra pelo reencontro.

Em terceiro lugar, além do já citado contexto geral, embora seja um ponto de vista criticado por certas correntes interpretativas que vislumbram ali um interesse indevido de caráter historicista, nos limites do possível — muitas vezes é inevitável nos contentarmos com hipóteses plausíveis, sendo impossíveis, no caso, certezas inabaláveis —, o relato parabólico de Jesus se torna perspícuo na intencionalidade quando podemos identificar a concreta e específica situação na qual se fez narrador desta ou daquela história. Por exemplo, mesmo se redacional, o quadro no qual Lucas ambienta as três parábolas do capítulo 15, com publicanos e pecadores que circundavam Jesus, e escribas e fariseus que o criticavam severamente, pode ser considerado, pela confirmação de outras passagens, como as já citadas, circunstância real e decerto repetida, na qual o Nazareno tomou a palavra para relatar as mencionadas ficções parabólicas. Um elo circunstancial que esclarece seu sentido.

Em geral, prescindindo dos quatro *exempla* de Lucas, admitindo que sejam tais e não parábolas verdadeiras e próprias, como diversos autores modernos consideram (por ex., Crossan), as parábolas de Jesus oferecem imagens dinâmicas de seu Deus. Arens disse muito bem: "Nelas se cristaliza sua 'teologia narrativa'" (p. 63). Mas, ao mesmo tempo, ali se revela certa imagem de Jesus mesmo; não no sentido de que ele fale diretamente de si mesmo — como também fora afirmado, por exemplo, por E. Fuchs —, mas como o mensageiro e o mediador histórico do Deus que suas parábolas representam. Na sua palavra e ação se desvenda o Deus dos perdidos, de *sola gratia* e de graça exigente, e que começou a fazer valer seu poder capaz de resgatar o mundo. Cristologia indireta, foi chamada (cf. por ex., Segalla), idêntica, nos conteúdos, à sua compreensão de evangelista do Reino vista anteriormente.

5.1. Busca dos perdidos e alegria pelo reencontro

De fato, com as exemplificações já citadas entramos já *in medias res*. E, visto que se fez referência às parábolas de Lc 15, começamos com essas. Inspira-nos uma preciosa sugestão de J. Dupont: Jesus parabolista, muitas vezes e de modo original, justifica seu comportamento para com os pecadores fazendo apelo ao comportamento de Deus (*Il metodo*, p. 25). Quero insistir no esclarecimento dos estreitos vínculos que os relacionam. Não somente este legitima aquele, mas se trata também de comportamentos qualitativamente similares, sobre os quais se funda além do mais o valor jurídico de justificação: Deus se comporta com relação aos perdidos exatamente como faz Jesus. Com uma especificação ulterior: o comportamento de Deus não se acrescenta, mas é encarnado no seu; Jesus é mediador histórico da acolhida divina de graça. Mas isso não é tudo: aquele comportamento de Deus — ao qual remetem os relatos parabólicos da ovelha e da moeda perdidas e do filho pródigo — não é expressivo de misericórdia divina intemporal: sua encarnação na conduta de Jesus a historiciza, por um lado, e a define escatológica, por outro. Nesse sentido: trata-se da intervenção de Deus nos dias de Jesus na Galileia e na Judeia, e dirigida aos pecadores que este encontrava; sobretudo, é intervenção divina do dia no qual alvorece, nos gestos e na palavra do Nazareno, a hora da grande e definitiva reviravolta da história causada pelo poder libertador e salvador de Deus rei. Assim como a cura dos doentes psíquicos e físicos era expressão do poder régio divino esperado para os últimos dias: "Se eu expulso os demônios com o dedo de Deus, quer dizer que seu poder régio chegou até vós" (Q: Lc 11,20 e Mt 12,28), assim também a solidariedade de Jesus para com os pecadores, solidariedade inclusive convivial (cf. Mc 2,15-17 e par.: à mesa com o publicano Levi e companhia similar), é gesto simbólico que encarna a realeza final divina como poder que perdoa.

Mais em detalhe, nas primeiras duas parábolas de Lc 15, a ênfase cai sobre a busca da ovelha (sublinhada pela versão de Mateus) e da moeda e sobre seu alegre reencontro. A aplicação do terceiro evangelista: "Haverá mais alegria no céu por um pecador que se arrepende que por noventa e nove justos que não têm necessidade de penitência" (v. 7; cf. também v. 10), parece desviar-se do sentido original do duplo relato: os protagonistas da dupla história são o pastor e a mulher, isto é, aqueles que procuram o que extraviaram. Este é objeto da atenção, não sujeito de ação. Além da "metáfora", o que rege a história não é o pecador que reencontra a reta via, mas Deus que reencontra o perdido e se alegra disso, e faz isso mediante Jesus.

Em resumo, nos relatos do Nazareno não há nenhum indício de um processo de conversão, nem mesmo na parábola do filho pródigo. Este, antes de tudo, toma consciência, na miserável situação na qual se encontra, do profundo abismo que o separa, não digo dos familiares do pai, mas mesmo dos operários que têm ali alimento e moradia: um simples dado da realidade, nada mais. Daí o propósito de regressar: "Eu me levantarei e irei para meu pai": o move um estado de necessidade material. O terceiro elemento, à primeira vista, poderia fazer pensar em um arrependimento: "[...] e lhe direi: Pai, falhei (significado subjacente do verbo *hamartanein*) contra o céu e contra ti; não sou mais digno de ser chamado teu filho; trata-me como a um de teus empregados". Uma degradação imposta pelas regras jurídicas: dissipou a herança, anulou sua pertença à casa; pode somente pedir esmola. Não se trata de um verdadeiro arrependimento, porque este visa à plena recuperação da situação de familiaridade comprometida com o pecado e a infidelidade. O israelita, ciente da aliança que Deus realizou com o povo e de sua pessoal inserção por graça, quando falta à fidelidade, pode muito bem reinserir-se com sua atitude de penitência e os ritos conexos (cf. o nomismo pactual de Sanders). Aqui, pelo contrário, o pródigo não se põe no nível das relações de amor, mas naquele mais baixo das relações de trabalho: como qualquer outro assalariado, ele pode realizar um serviço útil, e o pai beneficiar-se de outros dois braços de trabalho. De qualquer maneira, o relato não gira em torno, na sua *pointe*, sobre quanto faz o pródigo. O filho pródigo é ativo somente no antefato: pedido da herança, abandono da casa, redução à fome: mas quando aparece ao longe é o pai quem age, e depois o irmão: ele é objeto passivo, podemos dizer. O parabolista, com efeito, não se preocupa em absoluto de anotar suas reações: estupor pela acolhida recebida, alegria pelo regresso à casa paterna, reconhecimento da imerecida graça. Nada: somente a comoção do pai, a alegria de toda a casa, a cólera do irmão.

Mas se a busca nas parábolas da ovelha e da moeda é elemento determinante, porque somente ela conduz ao reencontro e à alegria consequente, devemos nos perguntar por que o pastor e a dona de casa se empenharam, sem desistir, até o reencontro [não assim Mateus, que coloca o reencontro apenas como eventual: "Se chega a encontrá-la"]. Em particular, a dona de casa se ativa e tudo ativa: acende a lamparina, varre o quarto e busca a moeda perdida "com grande esmero" (*epimelōs*), "até encontrá-la" (v. 8), fórmula recorrente também no relato da ovelha extraviada (v. 4) e indicativa de um buscar prolongado, que não cede e cessa somente com o reencontro. Por quê? Pelo valor venal da ovelha — assim o *Evangelho de Tomé* (n. 107) que identifica a perdida com a ovelha mais gorda e de mais alto valor — e da moeda perdidas? No relato do pastor se diz que este possuía cem ovelhas: uma desproporção material evidente entre uma e noventa e nove. Mas tal desproporção se reduz muito, até desaparecer, se pensarmos no valor "sentimental" de quanto foi perdido: o pastor, o bom pastor, está ligado às suas ovelhas, a cada uma delas. É motivado a buscá-la porque a ovelha está perdida, tem necessidade de ser rastreada e levada novamente ao redil, caso contrário, para ela é a morte. A necessidade suscita o acudir em auxílio.

Pode-se conjeturar que no relato de Jesus não falta uma alusão alegórica a Deus pastor de seu povo. O profeta Ezequiel, no capítulo 34, se dirige aos maus pastores de Israel que "não reconduziram ao redil as ovelhas dispersas", e em discurso direto os repreende: "Não fostes em busca das extraviadas" (v. 4), profetizando que Deus os substituirá como pastor bom: "Eu mesmo procurarei *minhas* ovelhas" (v. 11); "Buscarei a extraviada e reconduzirei ao redil a desgarrada" (v. 16); "Eu salvarei *minhas* ovelhas" (v. 22). Há mútua pertença: "Vós, minhas ovelhas, sois o rebanho de meu pasto, e eu sou vosso Deus" (v. 31).

Na história representada pelas parábolas se quer significar que Deus, em Jesus, busca os pecadores porque estão perdidos, têm necessidade de sua intervenção, caso contrário, para eles é a morte, como diz o pai ao filho maior: o pródigo estava na morte e regressou, acolhido pelo pai, à vida. Um prodígio a festejar! E também aqui, talvez, no Jesus parabolista passa diante da mente, e se traduz alusivamente no relato, a expressão de Ezequiel: "Eu não me comprazo na morte do pecador, mas quero que... viva" (Ez 18,23). Particular alegórico que converge com *la pointe* da parábola. Em breve, tudo é graça na iniciativa de Deus tomada mediante Jesus, que se fez comensal com os pecadores públicos e os publicanos desprezados.

Enfim, o último dado parabólico: a alegria, uma alegria compartilhada. Deus se alegra pelo reencontro de graça. Pode-se considerar que a dúplice paralela aplicação que lemos em Lc 15,7 e 10 da alegria que se faz "no céu", "diante dos anjos de Deus" não seja toda redacional e que o trabalho do evangelista tenha se limitado a introduzir de modo sub-reptício e enfatizar a conversão do pecador, mas transmitindo sempre o tema originário da alegria. Além do mais, esta qualifica também o relato paralelo da ovelha desgarrada de Mt 18. Não se pense, por outro lado, que a tradição bíblica considere estranha a alegria em Deus. "Eu me alegrarei em Jerusalém, me regozijarei no meio do meu povo" (Is 65,19); "Como a alegria do esposo pela esposa, assim se alegrará teu Deus por ti" (Is 62,5); "O Senhor exultará de alegria por ti [...], se regozijará por ti com gritos de alegria" (Sf 3,17). Entre as inscrições nos estandartes dos combatentes na guerra escatológica de Qumrã se lê a seguinte: "Alegria de Deus" (*1QM* 4,14). Por sua vez, Fílon declara que a alegria está em casa somente em Deus (*to khairein monō-i theō-i oikeiotaton estin*: *Abr* 202) e que ele se alegra pelas virtudes do homem (*Somn* 2,178s). Sem falar da tradição grega que conhecia a alegria dos imortais: "Ó alegria, ó dos deuses graciosa faísca" (Ésquilo, cit. em *GLNT* XV, p. 495).

Nas três parábolas, a alegria de Deus caracteriza-se pelo reencontro dos perdidos, diremos pelo evento escatológico de graça a favor dos excluídos, em conformidade, como vimos, com a passagem citada de Ezequiel da complacência divina pela vida salva do pecador. E não somente: nas primeiras duas parábolas de Lc 15 trata-se de alegria compartilhada, na terceira, de alegria familiar expressada em festa. Não parecem detalhes insignificantes, especialmente o segundo. O reencontro/perdão do pecador acontece não como fato privativo: trata-se de sua aceitação na esfera do poder régio de Deus, em comunhão com os demais beneficiários. A alegria de Deus torna-se alegria de todos quantos reencontram nele um irmão.

A dimensão comunial aparece com grande evidência na parábola do filho pródigo onde, junto com aquela do pai, essencial é a acolhida do irmão mais velho, convidado a participar da festa, a entrar na casa do banquete festivo. Convidado e solicitado com motivações válidas: "Era necessário" (*edei*), diz o pai, fazer festa pelo regresso do filho pródigo, uma passagem da morte à vida. Que necessidade? Nenhuma lei jurídica certamente a impunha; antes, no plano dos méritos e deméritos, devia ser excluída. Foi a lei do coração do pai que a postulou. Não deverá o irmão mais velho fazer própria essa lei de amor, abandonando a própria baseada sobre uma justiça distributiva: *unicuique suum*, ou também sobre a frase "valor ao mérito", que ele compartilha com filões consistentes de sua tradição hebraico-bíblica? Não é somente uma escolha puramente sentimental: fazer festa por um morto regressado à vida é compreensível; se nos deixamos conduzir pelas "razões" do coração, então, torna-se obrigatório: "Se devia fazer festa". Releve-se a abismal distância da qual o irmão mais velho olha ao irmão: no diálogo conciso com o pai não o chama "meu irmão", mas "este teu filho que consumiu (*kataphagōn*) tudo com as prostitutas". Deverá ser o pai a reivindicar a irmandade: "Este teu irmão"; certamente, se perdeu, mas foi reencontrado; resta continuamente irmão. E se o pai ordena que se deva fazer festa — alegria familiar compartilhada —, a reação do irmão mais velho é de ira (*ōrgisthē*).

Como o tínhamos antecipado, a parábola fica aberta a diversos epílogos: o irmão mais velho entrará na casa para aceitar o irmão e festejar, ou não? Aos ouvintes resta representar o epílogo da história, avaliar a resposta do pai às contestações do filho mais velho e fazê-la própria. No subentendido diálogo com os duvidosos e os críticos, o parabolista objetiva convencê-los. Note-se bem: não é que a festa dependa do sim do irmão maior; ela já começou depois da acolhida do pai; mas resta completar a participação com a adesão do irmão mais velho. Uma participação importante, de qualquer maneira, porque a aceitação do filho pródigo por parte do pai na casa exige, para ser plena, a aceitação do irmão: filiação e fraternidade.

Deus aceitou, na acolhida de Jesus, os pecadores sem lhes exigir nem conversão nem ritos penitenciais. Por essa razão, os representantes da religiosidade judaica tradicional o contestavam em nome de um Deus que certamente perdoa o pecador, mas contanto que se converta e faça penitência; são convidados por Jesus a superar tal ponto de vista para abraçar a imagem de um Deus que, na hora extrema que é a atual — na qual o parabolista atua e fala —, acolhe incondicionalmente, mediante ele, os pecadores e faz festa. Ele quer que "os justos" se associem a eles, porque esses foram reencontrados, regressaram à vida.

5.2. Acolhida com incondicionada graça

É somente uma explicitação de quanto se disse anteriormente e aparece evidenciada de modo eminente na parábola mateana dos trabalhadores contratados em diferentes horas da jornada (Mt 20,1-16). O relato se rege, por um lado, sobre o confronto entre quem trabalhou todo o dia e aqueles que trabalharam apenas uma hora, e, por outro lado, sobre a relação entre trabalho e salário. Seja como for, o protagonista indiscutido é o patrão: é ele que sai bem cedo na praça a contratar trabalhadores para sua vinha, combinando com eles o salário de um denário; o mesmo faz às nove, ao meio-dia e às três da tarde; sai pela última vez às cinco, a última das horas que indicavam então a jornada laborativa, para contratar os últimos trabalhadores que permaneciam lá. Naturalmente aqui, para obter o efeito surpresa, não se especifica o salário devido. O ponto alto da história está no momento do pagamento, e nisso o parabolista se mostra refinado narrador: se começa pelos últimos, a quem é dado um denário inteiro, a remuneração sindical de um dia inteiro de trabalho; e isso faz enciumar os primeiros contratados: esperavam mais, trabalharam muito mais. O critério da correspondência entre fadiga e remuneração joga a favor da sua posição. Mas eis a surpresa: também a eles é dado um denário. A desilusão arma sua língua contestadora (*goggyzzein*): o patrão foi injusto ao tê-los equiparado (*isous hēmin autous epoiēsas*), na questão de pagamento, com os últimos, esses que como trabalhadores não estiveram à altura destes, que suportaram o trabalho de um dia inteiro, ao passo que os últimos trabalharam somente uma hora. Díspares na fadiga e iguais na remuneração: que injustiça! Um grande mérito equiparado a um pequeno mérito!

Na resposta do patrão, temos o juízo do parabolista sobre seu surpreendente comportamento. Nenhuma injustiça para com os primeiros; antes, plena observância do acordo feito: um denário concordado, um denário dado. Do outro lado, bondade extrema para com os últimos: um denário por apenas uma hora de trabalho. Ou acaso não é a inveja que os move à contestação? Que este seja o sentido da expressão "olho mau", aparece claro em um dito rabínico: "O olho mau: não se deve invejar outro por seu conhecimento da Torá" (*ARN-A* 16).

Se, como parece provável, Jesus se dirige a quantos lhe censuram a familiaridade acolhedora, em nome de Deus, com os pecadores, sem lhes solicitar prévia penitência, a parábola aparece clara: o parabolista justifica-se chamando em causa Deus, um Deus não ligado ao dogma da retribuição regido pelo cânon da correspondência entre trabalho e salário, obras do homem e remuneração, mas à lógica do puro dom. Não o código do devido, mas aquele do gratuito que rege seu comportamento nessa hora decisiva, a qual seu poder régio se aproximou da existência dos homens e começou a irromper no presente. A acolhida dos pecadores se faz de modo totalmente incondicionado, sem nenhum primeiro passo deles. *Sola gratia*, diria Lutero enfatizando o advérbio.

Também a parábola dos convidados à grande ceia de Q (Lc 14,15-24 e Mt 22,1-14) visa a isto. Mateus a transformou, com claras acentuações alegóricas, em ceia nupcial para o filho preparado pelo rei, mas é preferível a concorde atestação de Lucas e do *Evangelho de Tomé* 64: é uma ceia feita por "um homem". Os convidados de honra, chegado o momento de participar, declinam do convite levado pelo servidor. Secundário de novo é aqui Mateus, que fala de dois envios de diversos servidores, manifestamente os profetas. De fato, os convidados, três em Lucas, quatro no *Evangelho de Tomé*, os convidados de honra em Mateus, se escusam: empenhos urgentes os impedem de ir. Trata-se de motivações sérias em Lucas: um comprou um campo e deve ir vê-lo; outro comprou cinco juntas de bois e dever ir prová-las; um terceiro se casou. O mesmo se pode dizer da versão do *Evangelho de Tomé*: o primeiro tem um encontro na tarde com comerciantes que devem lhe pagar uma dívida; o segundo comprou uma casa; o terceiro está empenhado em preparar a grande ceia para o amigo que se casa; o último deve cobrar o aluguel dos inquilinos. Somente Mateus, secundariamente, narra uma incompreensível violência deles, mas é para identificá-los alegoricamente com os cidadãos de Jerusalém, castigados com o incêndio de sua cidade por parte dos romanos. Mas o hospedador não se dá por vencido: ordena ao servidor que vá reunir pelas praças e estradas pessoas de todo tipo como comensais de sua mesa. Interessado na temática da missão universalista *ad paganos*, Lucas duplica o envio do servidor porque a sala deve ficar cheia. Mateus especifica que aqueles reunidos são bons e maus, em vista de seu particular e redacional acréscimo: a expulsão do comensal encontrado sem o traje de festa (Mt 22,11-13). O *Evangelho de Tomé*, tributário a seu radicalismo social, coloca nos lábios do parabolista Jesus uma condenação dos convidados, unidos sob a qualificação de mercadores e comerciantes: "Não entrarão no lugar do meu Pai".

Visto nas suas linhas essenciais, o relato rege-se manifestamente sobre o esquema da substituição dos convidados de excelentes atributos, que recusaram o convite, por gente comum. Pode-se conjeturar, com verossimilhança, que a parábola tome impulso de uma dúplice surpresa que caracterizou os resultados da missão do evangelista do Reino: de um lado, a rejeição de muitos judeus de estrita observância ou, de qualquer forma, de reconhecida fama no ambiente, e, de outro, a acolhida de párias da sociedade: gente simples e ignorante da Lei e da sabedoria, até mesmo pecadores públicos, como publicanos e prostitutas. Tal quadro está certamente implícito no canto de louvor de Jesus ao Pai: "Porque revelaste (*apekalypsas*) estas coisas [o mistério do Reino de Deus] aos pequeninos (*nēpiois*), enquanto permanecem escondidas aos sábios e aos inteligentes (*sophōn kai synetōn*). Sim, Pai, porque assim foi de teu agrado (*eudokia*)" (Q: Lc 10,21 e Mt 11,25). O contraste entre os desprezados "pequeninos", isto é, quantos carecem de sabedoria e de entendimento, e os privilegiados possuidores de sabedoria sublinha o privilégio dos primeiros: não por suas qualidades humanas ou espirituais, mas paradoxalmente porque carecem delas, atiraram sobre si a benevolência (*eudokia*) de Deus Pai, encarnada na palavra e na ação de Jesus.

Uma situação que o desqualificava como autêntico mensageiro divino. Jesus responde com uma parábola, aludindo ao comportamento de Deus que, com a rejeição dos privilegiados, pode fazer valer a eficaz chamada dos excluídos para gozar da graça do evento de seu poder régio. O banquete da salvação se realiza apesar de tudo, e os comensais são os menos dignos e, portanto, os mais beneficiados da iniciativa divina mediada historicamente por Jesus. Como não aprovar a decisão de quem organizou a ceia?

5.3. Extraordinária chance oferecida

A hora atual, tempo decisivo oferecido pelo Deus de graça de Jesus, é evidenciada na parábola lucana da figueira estéril (Lc 13,6-9). Depois de ter plantado uma figueira na sua vinha, o proprietário foi procurar os frutos, mas em vão. Já fazia três anos que sua expectativa era desiludida. Decidiu, portanto, ordenar ao arrendatário que a cortasse. Mas este lhe disse: "Patrão, deixa-a ainda este ano; vou cavar em volta e pôr adubo para fazê-la frutificar. Se não der frutos, sem dúvida a farás cortar". À figueira é concedida ainda um ano de tempo, a última possibilidade. Uma dilação providencial que lhe evita a súbita derrubada.

Qual o contexto concreto do relato de Jesus? Com probabilidade se pode referir à decisiva diferença entre Jesus e João Batista: este anunciava ameaçadoramente o juízo iminente de Deus contra Israel, e exortava a aferrar a última ocasião para livrar-se dele: a conversão e o rito batismal; Jesus, ao contrário, anuncia a iniciativa última de Deus para salvar, diante da qual se impõe a exigência de crer e confiar-se ao seu mensageiro. A última hora é uma hora de graça de Deus, não de mobilização moral do homem perdido. Aos seus ouvintes, o Nazareno traz a Boa-Nova: o presente é o tempo da incondicionada e decisiva graça divina. Uma graça exigente, como veremos: se não produz fruto tampouco essa vez, a figueira será inexoravelmente cortada. O juízo não chega em primeiro plano, mas somente no final, quando a extrema oferta é culpadamente rejeitada.

Que o presente seja o tempo da iniciativa salvífica decisiva do Deus de Jesus aparece também nas duas parábolas paralelas, talvez tais também na origem, mesmo se o *Evangelho de Tomé* as separe: a do tesouro descoberto no campo e a do comerciante de pérolas preciosas. A interpretação dos estudiosos varia segundo o ápice dos relatos, seja na descoberta do tesouro e da pérola (por ex., Jüngel e Weder), seja na decisão subsequente dos descobridores de privarem-se de tudo a fim de entrarem no seu possesso (por ex., Dupont). Parece-me que a dinâmica das narrações esteja no vínculo de ambos os momentos: descoberta e determinação a apropriar-se do tesouro e da pérola. Contanto que não se fale de sacrifício e de renúncia: ambos descobridores fazem o que qualquer um faria no lugar deles: como não agarrar uma oportunidade única? O que significa o que possuem em face do valor inestimável do tesouro e da pérola preciosíssima? Um nada diante do tudo. Note-se também no relato do tesouro o motivo da alegria do descobridor; ele é literalmente arrastado à ação: esconder o tesouro, a propriedade, comprar o campo, entrar na posse do tesouro. O acento recai sobre a descoberta que não é resultado de uma meticulosa e cansativa busca, mas fruto da fortuna e da boa sorte. O tesouro e a pérola são dons, não conquistas autônomas. Aquilo que segue à descoberta é previsível, é óbvio: agarrar a *chance* oferecida.

Além da "metáfora", a hora atual na qual Jesus se apresenta mensageiro da Boa-Nova do Reino de Deus é para seus ouvintes a ocasião propícia que decide seu destino. O Evangelho é, ao mesmo tempo, oferta de salvação e apelo à alegria, uma alegria que irrompe e arrasta à aceitação. Anteriormente já notamos que o poder régio de Deus não se impõe à força, mas é proposto como sumo e beatificante bem à acolhida confiante e sem reservas. Se, ademais, fizermos referência às bem-aventuranças de Jesus — que são feliz proclamação, convite à felicidade e sua participação afetiva à alegria dos "pobres", porque com a intervenção libertadora de Deus fica ao alcance da mão a cessação da sua "pobreza" —, temos um coerente contexto de nossas duas parábolas. Com uma nota específica: o parabolista fala de descobrimento atual, não futuro: o tesouro e a pérola são colocados por graça diante dos olhos dos ouvintes. Os ouvintes devem tomar conhecimento disso e regular-se em consequência disso, deixando-se levar nas asas da alegria do descobrimento. Em resumo, disse muito bem Weder: "As duas parábolas em questão revelam ao ouvinte de Jesus a relação entre Reino de Deus como *agens* e o ouvinte como *re-agens*" (p. 174).

Em tal prospectiva, impõe-se a leitura da surpreendente parábola do administrador desonesto (Lc 16,1-8): uma ação de patente engano representativa da "história" do Reino! O relato nos permite sublinhar a inadequação de uma abordagem que pensa ter no capataz desonesto a imagem de Deus. A comparação é entre as duas histórias e o ponto focal está na esperteza e habilidade do administrador, embora vigarista, lúcido na análise da situação e determinado em encontrar uma solução satisfatória. Acusado ante o patrão de dissipar seus bens, deve prestar contas e deixar o cargo: uma situação dificílima. Como sair dela? Terminar como camponês que cava a terra ou fazer de mendicante que pede esmolas? Impossível e desonroso. Sabe ele o que deve fazer para se salvar: passar a honroso serviço de um dos devedores de seu patrão. E aqui se demonstra habilíssimo, uma habilidade astuta e moralmente reprovável, mas, mesmo assim, habilidade. Falsifica, portanto, as contas reduzindo sensivelmente o total do que os devedores devem a seu patrão: nas novas faturas cem barris de óleo tornam-se cinquenta e cem medidas de trigo são reduzidas a oitenta. Um perfeito cálculo oportunista para ter uma via de saída aceitável. Agiu com destreza em uma situação de extrema emergência. Por isso, paradoxalmente, o patrão o louva, relevando que "os filhos deste mundo são mais sábios que os filhos da luz".

Além da "metáfora", pela palavra e a ação de Jesus a hora atual é a decisiva, a hora do evento de Deus que faz sentir na história o peso de seu poder régio de libertação e salvação. Se o Batista exortava a fazer penitência e submeter-se a seu batismo, para Jesus a hora atual é ainda mais determinante para o destino da vida do homem: não a deixar passar, mas abrir-se na confiança a tal evento de graça e confiar-se também no seu autorizado mensageiro. Bultmann diria: o homem é colocado em estado de decisão, uma decisão suscitada porém pela própria iniciativa divina: abrindo um futuro de salvação, torna possível e realizável a decisão de confiarem-se alma e corpo. *Carpe diem*, diríamos, se o célebre dito não estivesse viciado originariamente por significados hedonistas; sem dizer que nas *ficções* parabólicas de Jesus a ocasião propícia, o *dies*, é dom de graça de Deus, não fruto do acaso.

5.4. Graça exigente

Já nas parábolas mencionadas, à graça corresponde a exigência, uma demanda porém alegre, não de sacrifício nem mesmo de renúncia porque, na realidade, renunciatária teria sido a escolha de não fazer nada; tratou--se, por sua vez, de uma troca totalmente favorável para quem adquiriu o tesouro e a pérola. Em breve, diante do descobrimento, é preciso apenas estender a mão, nada mais. A respeito disso Jüngel cita Fuchs, que comenta a parábola falando de "pura passividade humana com relação ao agir de Deus, porque Deus já realizou tudo" (p. 178). Ao contrário, na parábola mateana do sátrapa desapiedado (Mt 18,23-35), não se trata de pura e simples aceitação do dom. De fato, o ponto focal ao qual visa o relato é a reação do perdoado a tanta graça e quanto consegue dela. Mas não acredito que se deva confinar nos limites de um puro antefato o perdão recebido do sátrapa endividado até a raiz dos cabelos. Porque é a partir da graça recebida que se desencadeia a exigência de fazer-se perdoador: "Perdoei-te toda aquela dívida porque suplicaste; não *devias também tu* ter piedade de teu colega, como eu tive de ti?". Tudo oscila na correspondência entre as duas situações: eu contigo, tu com o colega; eu te perdoei, portanto também tu deverias fazer o mesmo, ter piedade dele como eu tive piedade de ti. A simetria como exigência interna à realidade do perdão foi, por sua vez, anulada pelo perdoado: encontrando-se na mesma situação do rei e com o colega na sua própria condição de devedor, interrompeu a lógica moral que une a experiência recíproca: ser perdoado e perdoar. Já destacamos que nenhuma lei impunha e impõe tal consequência. É um dever moral, ou melhor, coerência com a própria nova experiência de perdoado. De qualquer forma, para um perdoado negar o perdão pedido, quer dizer, negar-se a viver em conformidade ao dom do perdão, do perdão correspondido, significa regressar ao passado, não viver como perdoado, mas sob o signo da lógica férrea do crédito e do débito, o débito a pagar e o crédito a exigir a todo custo. De homem acabado como era, o sátrapa se encontrou, por graça recebida, homem que regressou à vida, não porém a um viver qualquer, mas a uma existência livre das lógicas férreas do devido e do exigido: livre ativamente por relações humanas identificadas pelo intercâmbio do dom, em conformidade precisamente do código do gratuito. Isso o tinha salvado; e isso o *deve* motivar para salvar o colega.

Não faltam exegetas que, apelando à conclusão do relato, consideram a parábola representativa do juízo divino: "E seu patrão ficou cheio de cólera e o entregou aos carcereiros até que não tivesse restituído toda a dívida", um modo de dizer "para sempre". E se reforçam também com a aplicação final: "Assim também meu Pai celeste fará convosco, se cada um de vós não perdoar de coração seu irmão". Mas esta é da mão do evangelista, interessado ao tema do juízo entendido como horizonte ameaçador para fazer valer suas prementes exortações morais a uma comunidade apática e necessitada de sacudida espiritual. Na realidade, o ápice da parábola se encontra todo e somente nas palavras do rei citadas anteriormente: te perdoei, também tu devias perdoar. Aquilo que segue é apenas um modo para fazer valer tal graça divina exigente: está em jogo o próprio destino do interessado. A radicalidade do perdão conseguido determina uma similar e radical exigência de perdão ativo. Aquele foi fundamentador de vida, mas isto também é: dois lados da mesma moeda.

5.5. "Domínio" régio, agora e no futuro

No capítulo anterior vimos como presente e futuro são as duas dimensões correlacionadas do poder régio de Deus anunciado por Jesus, mas também relatado nas parábolas da semente que cresce sozinha e daquelas do grão de mostarda e do fermento. Agora iremos prosseguir nessa linha analisando as parábolas do joio e da rede da pesca, paralelas, e do semeador. Começamos desta, atestada em Mc 4,3-8 (e par.) e no *Evangelho de Tomé* (n. 9). O confronto pode proporcionar-nos um relato substancialmente fiel ao originário de Jesus.

É a história de um semeador que lança sua semente: uma parte cai sobre o caminho e as aves comem as sementes; uma outra termina em terreno pedregoso e as sementes não conseguem lançar raízes para baixo nem espigas para o alto (Tomé); outras sementes ainda caem no meio dos espinhos e ao despontar as hastes são sufocadas; enfim, outras sementes caem sobre terreno bom e produzem frutos abundantes: sessenta e cem por um (Tomé), trinta, as sessenta e cem por um (Mc; Mt em ordem inversa), o cêntuplo (Lc). O relato rege-se sobre o contraste, dentro da própria semeadura, entre as sementes que permaneceram sem fruto e sementes, por sua vez, frutíferas, ou melhor, entre insucesso e sucesso do camponês. São as duas faces do mesmo trabalho que, no fim, premia o semeador: lançou com generosidade sua semente no terreno e, não obstante diversos acidentes, poderá colher com abundância. Na sucessiva explicação da parábola, as redações sinóticas deslocaram o acento sobre os diversos tipos de terreno que recebem a semente (Mc 4,13-20 e par.). Mas, no relato como se nos apresenta, o protagonista é o semeador e seu trabalho.

A parábola torna-se clara no contexto da missão de Jesus que conheceu insucessos e fracassos, sobretudo com pessoas de reconhecida fama espiritual. Como se poderia considerá-lo confiável na proclamação do Reino, se o poder régio de Deus por ele anunciado não se manifesta vitorioso e triunfante contra todo tipo de obstáculo? Está em jogo a própria causa de Deus: um mensageiro que ninguém atende corrói a própria credibilidade da mensagem. Pode-se pensar em uma crise de credibilidade, talvez depois de um momento de inicial entusiasmo: muito grande o Reino de Deus para ser, de algum modo, visível na ação e na palavra de Jesus. Nenhuma ilusão mas também nenhum derrotismo — é sua resposta. O Nazareno, com essa parábola, deseja adquirir credibilidade: certo, nenhum avanço triunfante do Reino, mas, não obstante tudo, ele "é uma realidade em marcha" (C. Ferrière, cit. em Dupont, *Il metodo*, p. 19). Haverá uma explosão final e irrefreável. Agora é grandeza contrastável e até mesmo rejeitada, mas não por isso se deve ser derrotista: os inícios, embora pouco fecundos, são, mesmo assim, sinal e garantia do futuro. Hoje é tempo da fatigosa semeadura que levará, apesar dos obstáculos e fracassos, a uma florescente colheita. Desvela-se ali a confiança de Jesus evangelista do Reino e, juntamente, o chamado aos seus ouvintes para terem sua mesma confiança: uma *spes contra spem*, diria Paulo.

Presente e futuro do poder régio de Deus anunciado por Jesus são os dois polos da história do Reino representada também nas duas parábolas paralelas de Mateus: a do trigo e do joio e a da rede de pesca. Na primeira, presente também no *Evangelho de Tomé* (n. 57), o ápice do relato está no intercâmbio de palavras e de valorações entre os operários e o patrão: aqueles propõem extirpar imediatamente o joio que fez sua aparição pela ação perturbadora de um impreciso inimigo, mas o patrão exclui essa possibilidade, e com motivação validíssima: seria um desastre para as hastes de trigo que, intrincadamente misturadas com o joio, terminariam por ser arrancadas com este. A solução é esperar pela maturação; então se poderá fazer a seleção, lançando o joio para queimar e colocando o trigo nos celeiros. O *Evangelho de Tomé* omite o diálogo, mas registra a posição do patrão que se opõe aos operários, aqui pela primeira vez indicados por um indeterminado "vós": "Não arranqueis o joio para que não arranqueis com ele também o trigo". Além disso, o apócrifo mostra-se interessado somente na sorte do joio, que no tempo da colheita será arrancado e queimado. Mas, assim fazendo, limitou a um polo o relato construído sobre dois: do trigo e do joio. É preferível a versão de Mateus.

No capítulo precedente afirmamos que na tradição hebraica o símbolo religioso real estava unido ao judicial: o poder de Deus era entendido com duas faces, de salvação para uns e de ruína para outros. Em outros termos, esperava-se que ele operasse a definitiva separação entre bem e mal, e entre bons e maus, para o triunfo daqueles e a perdição destes. Nesse contexto compreende-se que a não vinda do juiz último enfraquecia muitíssimo a posição de Jesus evangelista do Reino; antes, deixava-a insustentável, causando talvez defecções e, de qualquer modo, reforçando as dúvidas e as negações de não poucos. Em uma palavra, ele devia encontrar-se diante de uma posição maximalista do tipo "tudo e súbito": se o profeta de Nazaré anuncia o Reino como aproximado e irrompente na história, onde está a redenção do mundo e a separação nítida entre o bem e o mal, com a consequente criação de uma comunidade humana de puros, de um povo de somente filhos da luz, como era o anseio dos essênios, mas também a esperança dos círculos que estão implícitos nos *Salmos de Salomão*? Mais uma vez, o parabolista deve especificar sua posição, visualizada naquela sábia decisão do patrão, contra aquela imprudente dos operários impacientes: é verdade que o poder régio de Deus faz sentir sua força sobre o presente conferindo-lhe a abertura a um futuro positivo que já irrompe na história, mas em forma de extrema "pobreza"; por isso não acontece ainda o resgate do mundo, nem temos a separação judicial que está por vir. Agora é o tempo da mistura entre bem e mal, de um mundo como *corpus mixtum* com o poder de Deus rei germinante junto aos poderes opostos, ainda muito influentes. Somente na explosão futura do Reino o joio será separado do trigo, precisamente no tempo da colheita, metáfora tradicional bíblica do juízo final (cf. Is 17,5; Jl 4,13; cf. Ap 14,14-20).

Totalmente paralela, a parábola da rede de pesca (Mt 13,47-48) baseada sobre o duplo momento: pesca com todo tipo de peixes pegos na rede, separação entre peixes comestíveis e não. A versão do *Evangelho de Tomé* (n. 8) parece reelaborada sobre o esquema binário da preferência pelos cristãos dotados de elitista conhecimento religioso e do desprezo por aqueles "carnais": um pescador retira à beira a rede cheia de pequenos peixes; mas, depois, entre estes descobre um grande peixe; então joga aqueles e escolhe para si o maior.

Em síntese, as parábolas aqui mencionadas e as analisadas no capítulo anterior esclarecem a ideia que Jesus tinha-se feito do Reino de Deus, para o qual operativamente vivia: evento real no seu hoje mas em figura de pequenez extrema, grão de mostarda e punhado de fermento; poder misturado com outros poderes opostos — parábolas do joio e da rede de pesca — no presente, mas com um futuro explosivo e triunfante, portador da redenção do mundo. E entre os dois extremos não há somente contraste, mas também continuidade, porque os inícios balbuciantes da hora atual são sempre promessa factual do futuro: os primeiros raios de sol anunciam que haverá certamente o meio-dia. A confiança é possível como confiante é aquele semeador que lança com generosidade sua semente no terreno e aquele outro que, uma vez semeado o campo, regressa tranquilo a casa na espera que a natureza faça sua parte; somente na colheita se pedirá ainda sua ação. Certeza de que à semeadura segue a colheita, um processo "milagroso".

Bibliografia do capítulo

Arens, E. Metaphorische Erzählungen und kommunikative Handlungen Jesu. In: *BZ* 32(1988). pp. 52-71.

Barbaglio, G. Le emozioni e i sentimenti di Gesù. In: *Servitium* 130(2000), pp. 39-50.

Bauckham, R. The scrupulous priest and the good samaritan: Jesus' parabolic interpretation of the Law of Moses. In: *NTS* 44(1998), pp. 475-489.

Beavis, M. A. Parable and fable. In: *CBQ* 52(1990), pp. 473-498.

Blomberg, C. L. The parables of Jesus: current trends and needs in research. In: Chilton, B.; Evans, C. A., eds. *Studying the historical Jesus.* Leiden, Brill, 1994. pp. 231-254.

Bultmann, R. *Die Geschichte der synoptischen Tradition.* 7 ed. Göttingen, 1967. pp. 179-222.

Crossan, J. D. *In parables. The challenge of the historical Jesus.* New York, 1973.
_____. Parable. In: *ABD* V, pp. 146-152.

De La Maisonneuve, D. *Les paraboles rabbiniques.* Paris, 1984.

Delorme, J., ed. *Les paraboles évangeliques: perspectives nouvelles.* Paris, 1989.

Dodd, C. H. *The parables of the Kingdom.* London, 1961.

Dupont, J. Les implications christologiques de la parabole de la brebis perdue. In: Dupont, J., ed. *Jésus aux origines de la christologie.* 2 ed. Leuven, 1989. pp. 331-350.

_____. La parabola degli invitati al banchetto nel ministero di Gesù. In: Vv. Aa. *La parabola degli invitati al banchetto. Dagli evangelisti a Gesù.* Brescia, Paideia, 1978. pp. 279-329.

_____. *Il metodo parabolico di Gesù.* Brescia, Paideia, 1978.

Erlemann, K. *Das Bild Gottes in den synoptischen Gleichnissen.* Stuttgart, 1988.

_____. Adolph Jülicher in der Gleichnisforschung des 20. Jahrhunderts. In: Mell, U., ed. *Die Gleichnisreden Jesu.* pp. 5-37.

_____. Wohin steuert die Gleichnisforschung? In: *ZNT* 2(1999)3, pp. 2-10.

_____. *Gleichnisauslegung. Ein Lehr- und Arbeitsbuch.* Tübingen, 1999.

Flusser, D. *Die rabbinischen Gleichnisse und der Gleichniserzähler Jesus.* I: *Das Wesen der Gleichnisse.* Bern-New York, 1981.

Ford, R. Q. *The parables of Jesus. Recovering the art of listening.* Minneapolis, 1997.

Fusco, V. *Oltre la parabola. Introduzione alle parabole di Gesù.* Roma, Borla, 1983.

_____. Parabola-Parabole. In: Rossano, P.; Ravasi, G.; Girlanda, A., eds. *Nuovo Dizionario di Teologia Biblica.* Cinisello Balsamo (MI), San Paolo, 1988. pp. 1081-1097.

_____. Tendences récentes dans l'interprétation des paraboles. In: Delorme, J., ed. *Les paraboles évangeliques.* pp. 19-60.

Harnisch, W., ed. *Die neutestamentliche Gleichnisforschung im Horizont von Hermeneutik und Literaturwissenschaft.* Darmstadt, 1982.

Hedrick, C. W. *Parables as poetic fictions. The creative voice of Jesus.* Peabody, 1994.

Hultgren, A. J. *The parables of Jesus. A commentary.* Grand Rapids, 2000.

Jeremias, J. *Le parabole di Gesù.* 2 ed. Brescia, Paideia, 1973.

Jülicher, A. *Die Gleichnisreden Jesu.* I-II. Tübingen, 1910.

Jüngel, E. *Paolo e Gesù. Alle origini della cristologia.* Brescia, Paideia, 1978. pp. 108-211.

Mell, U., ed. *Die Gleichnisreden Jesu 1899-1999. Beiträge zum Dialog mit Adolf Jülicher.* Berlin-New York, 1999.

Pedersen, S. Adolph Jülicher und die Parabeln des Thomasevangeliums. In: Mell U., ed. *Die Gleichnisreden Jesu.* pp. 179-207.

Ricoeur, P. *Ermeneutica biblica. Linguaggio e simbolo nelle parabole di Gesù.* Brescia, Morcelliana, 1978.

Segalla, G. Cristologia implicita nelle parabole di Gesù. In: *Teol* 1(1976), pp. 297-337.

Theissen, G.; Merz, A. *Il Gesù storico. Un manuale.* Brescia, Queriniana, 1999. pp. 391-427. [Ed. bras.: *O Jesus histórico.* São Paulo, Loyola, 2002].

Via, D. O. *The parables. Their literary and existential dimension.* Philadelphia, 1967.

Weder, H. *Metafore del regno. Le parabole di Gesù: ricostruzione e interpretazione.* Brescia, Paideia, 1991.

Westermann, C. *Vergleiche und Gleichnisse im Alten und Neuen Testament.* Stuttgart, 1984.

Young, B. H. *Jesus and the jewish parables.* New York, 1989

Capítulo X
CARISMÁTICO ITINERANTE E SEUS SEGUIDORES

O Jesus público apresentado nas fontes históricas não está sozinho, mas tem um grupo de fidelíssimos seguidores ao seu redor. O vínculo que o une a eles, porém, é expresso com diversas categorias: fala-se muito de discípulos; importante é o léxico do seguimento: algumas pessoas o seguem (*akolouthein*), outras vão atrás dele (*erkhestai opisō*); característica também é a fórmula "Doze" para indicar o pequeno grupo relacionado a ele de modo estreito; enfim, recorre ao termo "apóstolos" que, mesmo conectado com "discípulos", não se identifica com estes; segundo o étimo do vocábulo se trata de quantos foram enviados em missão. Para ele, ademais, além do apelativo de "mestre" (*didaskalos*, e às vezes, somente em Lucas, também *epistatēs*), em Mateus, Marcos e João temos o hebraico *rabbi* e nos últimos dois evangelistas, uma vez cada um, também o equivalente *rabbouni*, com o quarto evangelho que se preocupa em traduzir os dois termos, forma simples e forma aumentativa, com o grego *didaskalos* (mestre).

Não devemos pensar, porém, que se trate de uma simples *quaestio de nomine*, porque subjacente aos diversos vocábulos se vislumbra a existência de um problema intrincado: que função reveste Jesus no grupo e qual a relação dos integrantes com ele? É um mestre no sentido escolástico ou mesmo sapiencial do termo, que reuniu em torno de si discípulos para instruí-los na sua doutrina, um pouco como os filósofos gregos da antiguidade ou também os rabinos judeus que se circundavam de alunos (*talmîdîm*), desejosos de serem doutrinados na Torá escrita e oral? Ou pode ser comparado com aqueles profetas escatológicos do século I, mais ou menos contemporâneos, que arrastavam detrás de si multidões entusiastas de seguidores, atraídas pela promessa de sinais mirabolantes de libertação do povo, repetições dos prodígios da gloriosa história do êxodo e do ingresso na terra prometida? E como Jesus pode ser visto com relação ao "Mestre de Justiça" do essenismo? São interrogações que, para uma resposta exaustiva, exigem ser enfrentadas na base de uma rigorosa pesquisa das fontes, capazes de peneirar os dados que remontam ao Nazareno e as leituras das comunidades cristãs que o exaltam como mestre incomparável, portador da palavra de Deus ao mundo.

1. Mestres e discípulos no mundo grego

A história da filosofia grega antiga apresenta uma característica comum — a presença determinante de mestres e discípulos, de escolas, de cenáculos nos quais se cultivavam o pensamento e a sabedoria do viver. Basta-nos, normalmente, o testemunho de Diógenes Laércio, *Vida dos filósofos*.

Com Pitágoras (582-500 a.C.) temos uma escola com a presença de um grande mestre e de grupos e gerações de seguidores ou discípulos, entre os quais também uma discípula (*mathētria*). A propósito de sua vinda a Crotone, Diógenes Laércio anota: "Conseguiu grande fama com seus seguidores (*mathētai*), que em número de aproximadamente trezentos administravam muito bem a coisa pública" (8,3). Sua autoridade de mestre era indiscutível e a ele se refere à fórmula *autos epha* (*ipse dixit*): valia o princípio de tradição e de autoridade (8,46). "Não menos de seiscentos participavam de suas audiências noturnas" (8,15). "Sua escola durou até a nona ou décima geração" (8,45).

Aos olhos dos seguidores tinha grande valor sua pessoa, considerada pelos pósteros a encarnação de Apolo, e o discipulado queria dizer comunhão com ele além do aprendizado de sua doutrina: "Além do mais, se diz que Pitágoras teve uma conduta tão grave e digna que seus discípulos acreditavam ser Apolo vindo dos Hiperbóreos" (8,11). E ainda: "Foi um homem tão prodigioso que seus discípulos eram chamados vozes múltiplas do deus (*pantoias theou phonas*)" (8,14). Chegando à Itália, depois de ter se retirado por muitos dias em uma gruta, ao sair disse ter saído do Hades; então os habitantes, "perturbados com quanto dizia, choravam e se lamentavam, e acreditavam que Pitágoras fosse uma divindade, tanto que lhe confiaram suas mulheres para que também elas aprendessem algo de sua doutrina: estas foram chamadas Pitagóricas" (8,41). "Foi o primeiro, segundo Timeu, a proclamar comuns as posses dos amigos e a amizade igual, e seus discípulos depositavam em um só lugar seus bens" (8,10). A vida em comum entre mestre e discípulos é atestada também nesta notícia, sempre de Diógenes Laércio: Pitágoras "confiou as memórias à sua filha Damo, com a ordem de não as entregar a nenhum dos que não eram admitidos à sua casa" (8,42).

Protágoras (nascido entre 491 e 481 a.C.), sofista, foi o primeiro a acolher em torno de si discípulos mediante pagamento, como atesta Platão: "Enquanto outros escondem esta arte [tornar virtuosos também os outros: 348e], tu, ao contrário, diante de todos os gregos fazes proclamar a ti mesmo dando-te o nome de sofista e revelando-te mestre de paideia e de virtude e, antes de qualquer outro, consideraste digno obter uma retribuição por este teu trabalho" (Prot 349a). O mesmo Platão diz que teve muitos discípulos e suscitou grande entusiasmo (Prot 310bss).

Sócrates (469-399 a.C.), por sua vez, em polêmica com os sofistas, recusou que chamassem a ele de mestre e a seus adeptos de discípulos, porque não aceitava uma relação meramente "escolástica", com pura transmissão de conhecimento, e de caráter comercial. Entre ele e seus fiéis ouvintes tentava instaurar uma relação profunda de comunhão espiritual e ideal, e não queria qualquer retribuição:

> Sempre fui o mesmo: alguém que jamais assentiu com o que quer que seja contra a justiça, nem com outros e principalmente com aqueles que meus caluniadores chamam discípulos meus (*emous mathētas einai*). Nunca fui mestre de ninguém (*egō de didaskalos men oudenos pōpote egenomēn*). Mas se alguém quer me ouvir quando falo ou quando desenvolvo minha atividade, jovem ou velho que seja, isso jamais neguei a ninguém. E não é verdade que falo somente quando recebo dinheiro, e fico em silêncio quando não recebo, porque estou igualmente à disposição de todos, pobres e ricos, qualquer pessoa que me interrogue e queira ouvir o que respondo (Platão, Apol 33a-b).

Isso levou a uma variação terminológica: evitava-se o termo *mathētēs*, que acabou por significar um aprendiz, um escolar, e os adeptos eram chamados por sua vez "familiares" (*gnōrimoi*), "aqueles que estão juntos" (*hoi syggignomenoi / hoi synontes*), "companheiros" (*hoi homilountes*), "seguidor" (*akolouthos*), "admirador" (*zēlōtēs*), "amigo/companheiro" (*hetairos*) (cf. Rengstorf, p. 1131). Também Platão (427-347 a.C.) normalmente se ateve a essa regra e sobre tal base foi organizada a Academia, em que o chefe era somente um *primus inter pares* e entre os discípulos se contavam também duas mulheres (Diógenes Laércio 4,2).

O método de ensino de Sócrates é resumido assim: "Desenvolvia seu ardor de pesquisa conversando com todos e todos conversando com ele: finalidade de suas conversações foi a conquista do verdadeiro, como também a que os outros renunciassem às suas opiniões" (2,22).

Seguimento e discipulado encontram-se unidos nesta passagem: Platão é chamado por Sócrates: "Segue(-me) ora... e aprende (*hepou toi-nyn... kai manthane*). E ele foi, a partir daquele momento, ouvinte de Sócrates" (2,48).

De Aristóteles (384-322 a.C.) temos a confirmação de que "foi o mais genuíno dos discípulos de Platão [...] e Platão ainda vivia quando Aristóteles abandonou a Academia" e em seguida "escolheu o passeio público, o Perípato, no Liceu para, passeando até o momento em que devia se ungir, discutir filosofia com seus discípulos" (5,2). "Ensinava aos seus discípulos a exercitar-se sobre um tema determinado e ao mesmo tempo os treinava para os debates retóricos" (5,3). "Dali foi depois a Macedônia, à corte de Filipe, e recebeu dele como aluno o filho Alexandre" (5,4).

De Zenão, filósofo estoico (333-261 a.C.), atestam-se como sinônimos o discipulado e o seguimento: "Naquele momento precisamente passava Crates e o livreiro, apontando-o, disse: 'Segue esse homem'. Desde então se tornou discípulo de Crates" (7,3). Mas já a propósito de Parmênides, Diógenes Laércio precisa que somente com relação aos discípulos se pode falar propriamente de seguimento: "Parmênides [...] foi ouvinte de Xenófanes [...]. Contudo, tendo sido ou não aluno de Xenófanes, não foi seu seguidor. Segundo Sozione, relacionou-se com o pitagórico Aminias, filho de Diocetes, homem pobre, mas probo e honesto. Parmênides tanto mais o seguiu e na sua morte levantou um sacelo como para um herói" (9,21).

Retornando a Zenão, Diógenes Laércio atesta: "Costumava ter suas lições passeando de um lado para outro no Pórtico Pintado (*en tē-i poikilē-i stoa-i*), Pécilo, chamado também Pisianatte" (7,5). Outro importante fator caracterizava sua "escola", a imitação, para não falar de um ensinamento tendente à vida e à prática da virtude: "[...] exortando os jovens que se confiavam a ele para serem instruídos na virtude e na moderação, guiava-os rumo a metas mais altas indicando como exemplo para todos sua própria vida, modelo de coerência com a doutrina que ele professava..." (7,10-11). Seu exemplo de desapego dos bens deste mundo é atestado em uma epigrama de Zenódoto Estoico, discípulo de Diógenes: "Fundaste a autossuficiência (*autarkheia*) e desprezaste a arrogante riqueza, ó Zenão, com teu aspecto grave e a grisalha sobrancelha" (7,30). A sua era uma presença incômoda, e era acusado "porque ele na *República* proclamava, colocando um ao lado do outro, que somente os virtuosos são cidadãos, amigos, parentes e livres, de modo que para os estoicos os pais e os filhos são inimigos, se não são sábios" (7,33). O valor da sabedoria está acima dos vínculos sagrados do sangue!

De Epicuro (341-271 a.C.), Diógenes Laércio fala longamente no livro décimo de sua obra: "Epicuro passou em Cólofon, onde estava seu pai, a ali permaneceu certo tempo e recolheu em torno de si discípulos, mas depois regressou a Atenas [...]. Até certo tempo cultivou a filosofia com os outros mestres, depois se separou e fundou a escola que dele tomou o nome" (10,1). Mestre fascinante de vida, teve um grande e duradouro sucesso, mesmo depois da morte: como "testemunhas de sua invencível probidade de sentimentos para com todos" são enumeradas as seguintes características:

> [...] os amigos, cujo número foi tal que não poderiam ser rastreados nem contados em inteiras cidades; todos os que o frequentaram intimamente, ligados pela corrente do fascínio — quase das sereias — de sua doutrina, se excetuarmos Metrodoro de Lâmpsaco, que passou à escola de Carnéades, talvez porque a invencível bondade do mestre lhe era maçante; a ininterrupta continuidade de sua escola que, enquanto quase todas as demais já desapareceram, sempre dura e o inumerável grupo dos discípulos que transmitem um ao outro seu escolarcado (10,9).

Ainda mais que outras "escolas", a de Epicuro era, na realidade, um cenáculo de formação e de partilha de intensa vida intelectual e ideal, não sem reflexos religiosos, uma verdadeira comunidade, mesmo se o filósofo não aceitava o princípio pitagórico da necessária comunhão dos bens como condição da amizade: "E os amigos vinham até ele, de todo lugar, e conviviam com ele no jardim, como refere também Apolodoro [...], com um teor de vida muito simples e modesto [...] e acrescenta que Epicuro não admitia a comunhão das propriedades e não aceitava, portanto, a sentença de Pitágoras: 'Comuns são os bens dos amigos'" (10,10-11). Sobre a técnica de seu ensino temos a seguinte atestação: "Segundo a mesma fonte [Diocles], Epicuro treinava os discípulos a memorizar seus escritos" (10,12).

Ele pensou também em assegurar a continuação da escola, como aparece no seu testamento: "E, para sempre e a todos os membros de nossa escola, eu entrego confiante a continuidade do ensinamento no jardim" (10,17), prescrevendo em particular que seus discípulos se lembrassem de celebrar seu aniversário "no décimo dia de Gamélion, todos os anos", e que se realizasse "a reunião de todos nossos companheiros em filosofia no dia vinte de cada mês, dedicada à lembrança de nós e de Metradoro" (10,18).

De Diógenes de Sinope (404-323 a.C.), pai dos cínicos, limitamo-nos aqui a anotar a determinação com a qual quis fazer-se discípulo e indicar o método de ensino fundado na memorização: "Chegando a Atenas, deparou-se com Antístenes. Porque este, que não queria acolher ninguém como aluno, o rejeitava, ele perseverando assiduamente conseguiu obter o que desejava" (6,21); "Os rapazes memorizavam muitas passagens de poetas e prosadores e de obras do mesmo Diógenes. E ele lhes recordava, frequentemente, o sistema de compendiar concisamente a matéria e de memorizá-la com facilidade" (6,31).

Enfim, uma simples menção a Apolônio de Tiana, neopitagórico (séc. I d.C.), filósofo e taumaturgo itinerante: "Seguiram-no todos os seus companheiros, aprovando seja a viagem seja ele mesmo" (Filóstrato, *Vida* 4,47). Mesmo fugazmente, mencionamos as religiões mistéricas, nas quais o mistagogo se tornava mestre do adepto, introduzido no conhecimento do rito e de seu alcance salvador. Mas o modelo expressivo de sua relação era mais o da família que o da escola (cf. Rengstorf, p. 1138).

2. Seguimento e discipulado na tradição judaica

Os textos bíblicos de Israel não oferecem elementos ricos de estudo: além dos profetas, porta-vozes de novas e originais palavras de Deus ao povo, estavam, no aspecto institucional, os sacerdotes, guardiões e intérpretes autorizados da Torá, com probabilidade depositada no templo jerosolimitano, aos quais se juntarão no pós-exílio doutores leigos profissionalmente preparados (escribas/*grammateis*) na leitura da Escritura, e também no âmbito administrativo e jurídico. Em concreto, aqui nos interessa somente o relato da vocação de Eliseu por seus reflexos sobre o testemunho evangélico. Em contrapartida, fenômenos importantes de seguimento e discipulado estão presentes, respectivamente, no essenismo, nos profetas escatológicos e nos chefes carismáticos do século I d.C. — dos quais fala Flávio Josefo, sem se esquecer de seu próprio discipulado junto de certo Banno —, também no rabinismo e na presença de João Batista.

2.1. O chamado de Eliseu

O relato da Bíblia hebraica inspirou — como veremos — os sinóticos na apresentação da vocação dos discípulos de Jesus. Elias encontrou Eliseu aplicado ao trabalho e lançou sobre ele seu manto:

> Este [Eliseu] deixou os bois e correu atrás (*'aharê/opisō*) de Elias, dizendo-lhe: "Irei beijar meu pai e minha mãe, depois te seguirei" (*halak 'aharê/akolouthein opisō*). Elias disse: "Vai e volta, porque sabes bem o que fiz de ti". Despedindo-se de casa e deixando o trabalho, se levantou e seguiu (*halak 'aharê/poreuesthai opisō*) Elias, entrando ao seu serviço (1Rs 19,19-21).

A relação de Eliseu com Elias aqui é descrita somente na linha do seguimento finalizado ao serviço, e tanto uma como outra lhe impuseram o abandono da casa e do trabalho. Não se fala aqui propriamente de chamado ao profetismo: o manto lançado sobre Eliseu é um gesto simbólico, expressivo — ao que parece — não tanto da participação ao carisma profético quanto do ingresso ao serviço de Elias. Além do mais, os críticos consideram que o relato originário hebraico não tinha o particular de Eliseu indo saudar seus pais: encontrando Elias, que lança sobre ele o manto, deixa trabalho e casa e segue-o. Na versão de Flávio Josefo, o chamado de Eliseu é, ao contrário, apresentado como vocação ao profetismo: "Eliseu começou imediatamente a profetizar, deixou os bois e seguiu Elias", tornando-se seu "discípulo" (*mathētēs*) e "servidor" (*diakonos*) (Ant 8,354).

2.2. O Mestre de Justiça e seus seguidores

Uma clara relação mestre/discípulos, embora este segundo termo não seja aplicado aos seguidores, é atestada no fenômeno complexo e importante do essenismo, que conheceu duas formas distintas: aquele difundido nas aldeias e nas cidades da Palestina, e aquele sectário e elitista de Qumrã, a comunidade da aliança retirada no deserto para preparar-se espiritualmente à próxima vinda final de Deus. Comum a ambos era a relação — direta ou também indireta mediante os vértices sacerdotais da "congregação" — dos aderentes com o Mestre de Justiça, o fundador do essenismo na segunda metade do século II a.C., o qual depois por divisões internas ao movimento se retirou precisamente a Qumrã com quantos lhe permaneceram fiéis. Grande personalidade religiosa, do sacerdócio sadoquita de Jerusalém, talvez um sumo sacerdote, apresentou-se como beneficiário de uma iluminação divina sobre os "mistérios" da reviravolta escatológica da história e sobre o sentido exato das prescrições da Lei mosaica, para uma perfeita observância dela. Muitos o seguiram no chamado movimento essênio e um grupo de fiéis no deserto do Mar Morto (cf. García Martínez na introdução ao livro *Textos de Qumran*). É testemunho direto a biblioteca de Qumrã, sobretudo as duas regras comunitárias, sigladas *1QS* e *CD*, mas também o livro dos Hinos (sigla *1QH*), ao menos aqueles cantos nos quais se destaca o eu pessoal do Mestre de Justiça, e o comentário ao livro de Habacuc (*1QpHab*). Pelos testemunhos indiretos de Flávio Josefo, de Fílon e de Plínio, o Velho, remete-se às citações feitas anteriormente.

Da *Regra da Comunidade (1QS)* temos, antes de tudo, este quadro geral dos adeptos: liberdade de adesão, conversão a uma rigorosa fidelidade à Lei mosaica, separação dos outros, comunhão de bens, obediência aos sacerdotes que comandam: "Esta é a regra para os homens da comunidade que se oferecem voluntariamente para converter-se de todo mal [...]. Que se separem da congregação dos homens de iniquidade para formar uma comunidade na Lei e nos bens, e submetendo-se à autoridade dos filhos de Sadoc, os sacerdotes que guardam a aliança" (5,1-2). O compromisso para com a Lei é um juramento formal e se especifica que normativa aparece na interpretação particular dada por inspiração divina pelos sacerdotes sadoquitas:

> Todo o que entra no conselho da comunidade entrará na aliança de Deus, na presença de todos os que se oferecem voluntariamente. Fará um juramento que o obriga a retornar à Lei de Moisés, com tudo o que prescreve, com todo o coração e com toda a alma, segundo tudo o que foi revelado aos filhos de Sadoc, os sacerdotes que guardam a aliança e interpretam sua vontade (5,7-9).

Na realidade, o estudo acurado da Lei é *pars magna* da vida dos membros da comunidade. Se em 5,11-12 se fala indiretamente — o candidato deverá separar-se daqueles que "não buscaram nem investigaram seus preceitos para conhecer as coisas ocultas nas quais erraram por sua culpa" —, direta é a atestação de 6,6-8: "E que não falte no lugar em que se encontram os dez um homem que interprete a Lei, dia e noite, sempre sobre as obrigações (?) de cada um para com seu próximo. E os Numerosos [denominação dos qumranitas] velarão juntos um terço de cada noite do ano, para ler o livro, interpretar a norma e bendizer juntos" (6,6-8).

A admissão plena acontecerá depois de uma longa aprendizagem sob o olho vigilante dos membros da comunidade, sobretudo do inspetor, que examinará anualmente os postulantes:

> Seus espíritos e suas obras deverão ser examinados ano após ano, a fim de promover cada um segundo seu discernimento e a perfeição de seu comportamento, ou de degradá-lo segundo suas faltas (5,24); E a todo o que se oferece voluntário de Israel para unir-se ao conselho da comunidade, o examinará o instrutor que está à frente dos Numerosos quanto ao seu discernimento e a suas obras. Se for apto para a disciplina, o introduzirá na aliança a fim que se volte à verdade e se aparte de toda iniquidade, e o instruirá em todos os preceitos da comunidade. E depois, quando entrar para estar ante os Numerosos, serão interrogados todos sobre seus assuntos. E, conforme o resultado da votação no conselho dos Numerosos, será incorporado ou afastado (6,13-16).

Tal procedimento era repetido pelos dois anos de postulado, depois do qual, "se prevalecer a decisão de incorporá-lo na comunidade, o inscreverão na regra de sua categoria em meio aos seus irmãos para a Lei, para o julgamento, para a pureza e para a colocação em comum de seus bens" (6,21-22).

A vida comum será conduzida salvaguardando as funções hierárquicas: "O pequeno obedecerá ao grande no trabalho e no dinheiro. Comerão juntos, juntos bendirão e juntos pedirão conselho. Em todo lugar em que houver dez homens do conselho da comunidade, que não falte entre eles um sacerdote" (6,2-4). Em 6,8-10, porém, especifica-se que a estrutura hierárquica com os sacerdotes no topo é duplicada pela ativa participação de todos:

> Essa é a regra para a reunião dos Numerosos. Cada um segundo sua categoria: os sacerdotes se sentarão primeiro, os anciãos segundo e o restante de todo o povo se sentará cada qual segundo sua categoria. De modo semelhante serão interrogados a respeito do juízo, do conselho e de todo assunto que se refira aos Numerosos, a fim de que cada qual contribua com seu saber para o conselho da comunidade.

O capítulo 7 trata das punições para os transgressores: varia desde alguns dias de separação até a expulsão nos casos mais graves.

Estes são aspectos confirmados no *Documento de Damasco (CD)* — outra regra comunitária, mas para os essênios em geral —, no qual emerge o papel dominante do Mestre de Justiça, que está na origem de sua conversão da infidelidade passada: "Eram como cegos e como quem às apalpadelas busca o caminho durante vinte anos. E Deus considerou suas obras porque o buscavam com coração perfeito, e suscitou para eles um Mestre de Justiça para guiá-los no caminho de seu coração" (1,9-11). A voz do Mestre ressoa em 2,14-15: "Agora, pois, filhos meus, escutai-me e eu abrirei vossos olhos para que vejais e compreendais as obras de Deus". A referência, note-se bem, é a uma família, não a uma escola. A iniciativa, seja como for, é da graça divina: "Mas Deus lembrou a aliança dos primeiros e suscitou de Aarão homens de conhecimento, e de Israel homens sábios, e os fez escutar. E eles escavaram o poço [...]. O poço é a Lei" (6,2-4). Os membros deverão agir "segundo a exata interpretação da Lei" (6,14).

Nessa regra não é obrigatório o celibato: "E se habitam nos acampamentos segundo a regra da terra e tomam mulheres e geram filhos, procederão segundo a Lei" (7,6-7).

A fidelidade à Lei tem força de juramento formal: "Todo juramento obrigatório com o qual alguém se comprometeu a cumprir a palavra da Lei, que não o retire nem a preço de morte" (16,7).

Os banhos, expressivos de aspiração à superior pureza, são uma característica dos essênios: "Ninguém se banhe na água suja ou que é menos que a medida que cobre um homem" (10,11). A respeito disso, veja-se também a norma de 12,1-2: "Deus é santo. Que nenhum homem durma com sua mulher na cidade do templo, contaminando a cidade do templo com suas impurezas". A observância do descanso sabático era muito rigorosa (cf. 10,4ss).

Ao inspetor cabe a tarefa de examinar os novos candidatos e seu parecer é determinante (13,11-13). Como na *Regra da Comunidade*, acentua--se o caráter hierárquico da comunidade: "Todos serão alistados por seus nomes: os sacerdotes em primeiro lugar, os levitas em segundo, os filhos de Israel em terceiro e o prosélito em quarto" (14,3-4). Mas, se em Qumrã os bens dos membros da comunidade eram colocados em comum, para os essênios presentes aqui e lá na Palestina existe apenas um dever de solidariedade: "E esta é a regra dos Numerosos para prover por todas as suas necessidades: o salário de dois dias cada mês, pelo menos. Colocá-lo-ão na mão do inspetor e dos juízes" (14,12-13).

No *Comentário a Habacuc (1QpHab)* sublinha-se com particular força o carisma do Mestre de Justiça que, dotado do Espírito, interpreta o texto profético como prenúncio da iminente reviravolta escatológica da história e prefiguração dos últimos eventos que interessarão a mesma comunidade e seu fundador. Portanto, não somente Mestre moral de fidelidade à Lei, mas também Mestre profético dos últimos tempos, guia dos discípulos no caminho da esperança. "[...] da boca do sacerdote (é o Mestre de Justiça) que Deus colocou no [meio da comunidade] para predizer o cumprimento de todas as palavras de seus servos os profetas, [por] meio dos quais Deus anunciou tudo o que acontecerá ao seu povo" (2,7-10). "E Deus disse/a/ Habacuc que escrevesse o que devia acontecer à geração futura, mas o fim da época não lhe deu a conhecer" (7,1-2), tarefa reservada precisamente ao Mestre de Justiça.

"Sua interpretação (isto é, do texto profético citado) refere-se a todos os que cumprem a Lei na Casa de Judá, aos quais livrará Deus do castigo por causa de seus trabalhos e de sua fidelidade ao Mestre de Justiça" (8,1-3). Nessa passagem, deve-se notar que a relação mestre/discípulos não se rege somente sobre o conhecimento e a prática da Lei, mas comporta também a comunhão destes com a pessoa do mestre, ao qual vai toda a sua confiança: nele acreditam.

Nos *Hinos (1QH)*, em alguns em particular, aqueles que citaremos, em primeiro plano se tem a personalidade do Mestre de Justiça, que se reconhece pecador necessitado da graça de Deus, mas confessa ao mesmo tempo sua eleição divina como guia e sinal de salvação dos membros da comunidade, e isto afrontando inclusive um verdadeiro martírio de sofrimentos e de perseguições:

> Eu sou uma armadilha para os transgressores, remédio para quem se aparta do pecado [...]. Pusesta-me como censura e zombaria dos traidores, fundamento de verdade e de conhecimento para os de comportamento reto (10,8-10). Mas tu me pusesta como bandeira para os eleitos da justiça, como disseminador sábio de segredos maravilhosos (10,13). Tu pusesta no seu coração o abrir a fonte do saber para todos os que compreendem (10,18). Livraste-me dos ciúmes dos disseminadores de mentiras e da congregação dos intérpretes de coisas aduladoras (os fariseus: 10,31-32). E eu, criatura de argila, que sou eu? (11,23-24). Dou-te graças, Senhor, porque iluminaste minha face com tua aliança (12,5). Mostras em mim teu poder e te manifestas em mim com tua força para iluminá-los (12,23). Por mim, iluminaste a face dos Numerosos (12,27). Estendeste sobre mim teu Santo Espírito (15,7). E tu, meu Deus, me pusesta para os abatidos, para teu santo conselho (15,10). Estabeleceste-me como pai para os filhos da graça, como nutriz para os homens de portentos (15,20-21). [Eis os motivos de sua] eucaristia: porque me ensinaste tua verdade, me fizeste conhecer teus mistérios maravilhosos (15,26-27), porque me colocaste na fonte dos regatos em uma terra seca, no

manancial das águas em uma terra árida, nos canais que regam um jardim [de delícias em meio ao deserto,] [para que cresça] uma plantação de ciprestes e olmos, junto com cedros, para tua glória (16,4-5).

2.3. Seguimento dos profetas escatológicos de sinais

Anteriormente já falamos de Teudas, do Egípcio e do anônimo profeta da Samaria que no século I arrastaram atrás de si multidões entusiastas com a promessa que Deus, à sua palavra, teria realizado sinais extraordinários de libertação do povo. Hengel chamou a atenção para eles, evidenciando no texto de Flávio Josefo a presença do motivo do seguimento, expresso sobretudo com o verbo *hepesthai* (seguir), mas não falta *akolouthein*, ricamente atestado nos evangelhos. Em geral, o historiador hebreu atesta, não sem preconceito parcial que leva a descrevê-los como charlatães em ação no tempo do procurador Félix (52-60 d.C.): "Impostores e enganadores incitavam a plebe a segui-los até o deserto, prometendo mostrar-lhes indiscutíveis prodígios e sinais que teriam sido realizados em harmonia com o desígnio de Deus" (*Ant* 20,167-168). Na passagem paralela de *Bell* 2,259, precisa que eles esperavam "sinais premonitórios da libertação" (*sēmeia eleutherias*). Em *Ant* 20,97-98, desses líderes carismáticos e profetas escatológicos, fala de Teudas que atuou no tempo do procurador romano Fado (42-44 d.C.): "Convenceu um grande número de pessoas *a juntar todas as suas posses e segui-lo* até o rio Jordão. Afirmou que era um profeta e que o rio se abriria ao seu comando, permitindo que atravessassem sem dificuldade". Um seguimento, portanto, que comportava desarraigamento do lugar de origem e do trabalho. Não é diferente a figura misteriosa do Egípcio afrontado pelo procurador romano Félix:

> Naquele tempo chegou a Jerusalém um homem vindo do Egito. Ele afirmou ser um profeta e convenceu as massas a *ir com ele* (*syn autō-i*) à colina chamada monte Oliveiras, que se encontra de frente à cidade, da qual dista cinco estádios. Garantiu que as muralhas de Jerusalém cairiam ao seu comando e poderiam entrar na cidade sem grandes dificuldades (*Ant* 20,169-170).

Semelhante é o profeta messiânico da Samaria de 35 d.C., pouco antes da deposição de Pilatos, "capaz de manipular a multidão como queria; ele a reuniu, ordenando a *ir com ele* (*synelthein*) até o Garizim, que segundo sua fé é a montanha mais sagrada. Garantiu que ao chegar lá lhes mostraria os vasos sagrados, enterrados onde Moisés os tinha deixado" (*Ant* 18,85).

Enfim, em *Ant* 20,188, Flávio Josefo fala da intervenção do procurador romano Festo (61-62 d.C.) contra os sequazes de um inominado impostor (*goēs*): "Festo mandou um destacamento de cavalaria e infantaria contra aqueles seduzidos por um impostor, que lhes tinha prometido a salvação e o fim de seus sofrimentos se o acompanhassem (verbo *hepesthai*) até o deserto. A tropa enviada por Festo destruiu o embusteiro e seus seguidores (*kai tous akolouthēsantas*)".

Mas já Matatias, pai dos Macabeus, quando levantou o estandarte da revolta contra Antíoco IV Epífanes em defesa das sagradas tradições pátrias, chamou quantos queriam permanecer fiéis à Lei a segui-lo, abandonando tudo: "Todo o que tiver zelo da lei e quiser defender a aliança, saia atrás de mim (*exelthetō opisō mou*). E ele fugiu com seus filhos para as montanhas, abandonando na cidade tudo o que possuíam" (1Mc 2,27-28).

2.4. Mestre e discípulo (rab-talmîd) no rabinismo

Gostaria de antecipar duas notícias de Flávio Josefo que atestam como no mundo judaico era difundido o discipulado, mesmo antes do rabinismo. Primeiramente, ele fala de um tal Judas essênio, que viveu no século I a.C., vidente que demonstrou seu carisma "aos amigos (*pros tous gnōrimous*) — de fato, estavam com ele não poucos discípulos (*ouk oligoi... tōn manthanontōn*)" (*Bell* 1,78). Depois nos apresenta dois "mestres" jerosolimitanos: Judas, filho de Sarifeu, e Matias, filho de Maraloto, "os mais instruídos dos judeus, inigualáveis intérpretes das Leis ancestrais e homens especialmente queridos pelo povo porque educavam a juventude, de modo que todos os que anelavam adquirir a virtude passavam com eles dia após dia". Diante da notícia de que Herodes estava morrendo, instigaram os discípulos para derrubar a águia de ouro que o rei tinha mandado colocar sobre a porta do templo, "por isto censurado por aqueles que estavam em torno de Judas e Matias (*hoi peri ton Ioudan kai Matthian*)" (*Ant* 17,149-150).

Mas é na literatura rabínica que as figuras do rabi e do discípulo emergem com toda a grandeza. Referimo-nos sobretudo aos *Ditos dos Padres* (*Pirqê mAbôt*, sigla mAbôt), livro da Mishná das primeiras duas décadas do século III d.C., e a seu comentário *mAbôt de-rabbi Natan*, transmitido em duas redações, A e B (sigla *ARN A-B*), esta não posterior ao terceiro século e aquela do período talmúdico (séculos V-VI), que registram ditos de "mestres" que vão do século III a.C. ao século III d.C. Naturalmente, a atribuição a este ou aquele rabi e o mesmo teor das sentenças não são imunes de reservas no plano histórico; mas basta aqui assumi-las como testemunho geral para poder apreciar um importante termo de confronto com Jesus de Nazaré, não um precedente do qual fazê-lo derivar, tampouco um movimento contemporâneo no qual inseri--lo. Em particular, os estudos recentes de tipo comparativo sobre Hillel e Jesus, o primeiro pouco anterior ao segundo, devem elucidar uma figura, a de Hillel, que se distancia cerca de 200 anos das fontes que falam dele e com intenções não históricas, pelo qual Neusner pôde declarar que "uma vida de Jesus é plausível, ao passo que uma vida de Aqiba ou de Hillel, não" (*Rabbinic Literature*, p. 24). Também a atribuição deste ou daquele dito a este ou aquele mestre, seja Hillel seja outro — continua sempre Neusner —, não nos garante de encontrarmos diante de suas *ipsissima verba* (p. 33).

Antecipamos que *rabbi*, junto com *rabban*, torna-se título próprio dos mestres judeus somente depois de 70 d.C. — não por acaso nos *Pirqê mAbôt* os representantes da tradição até Hillel e Shammai compreendidos não são indicados com este título; é Gamaliel I, neto de Hillel, o primeiro a ser introduzido como *rabban* — e, igualmente, somente a partir deste período eles se tornam figuras institucionalizadas. Os requisitos que os constituem são o longo *training* com um ou mais mestres titulados e a nomeação como mestres com um rito de "ordenação" atestado, por exemplo, em *mSanh* 4,4: "E três fileiras de discípulos dos sábios se sentaram em frente a eles, cada um deles conhecia seu lugar. Para ordená-los, se ordenou um da primeira fileira; depois um da segunda passou para a primeira fileira, e outro da terceira passou para a segunda fileira; depois se escolheu ainda um da comunidade e foi colocado na terceira fileira".

À sua escola iam por livre escolha pessoal somente judeus homens. Uma vez aceitos, assumiam o título, este também sinal de distinção social, de *talmîd* de *lamad* (aprender): portanto, discípulo (do latim *discere*). Os *talmîdîm* eram, na realidade, de dois tipos: os *talmîdê-hakamîm* ("discípulos de sábios"), de aprimorada formação e autorizados a tomar decisões autônomas no tocante a prescrições da Torá, e os simples *talmîdîm*, isto é, os principiantes. Os mestres, ou rabis, eram chamados também "sábios" (*hakamîm*) (Rengstorf, pp. 1164s; 1169-1172).

Na base dessa instituição estava a tradição secular que, partindo das origens, chega até o tempo atual. "Moisés recebeu a Torá no Sinai e a transmitiu a Josué, Josué aos anciãos, os anciãos aos profetas, e os profetas a transmitiram aos homens na grande assembleia [Esdras e seus companheiros]" (*mAbôt* 1,1). E a partir deste se parte para uma aventura de tradições até o século III d.C. De fato, as sentenças dos "Padres" começam com eles e prosseguem com os "mestres" judeus mais antigos, como Shim'on, o Justo, Antígono de Soco, Yehoshua' ben Perachya, Shema'ya, Avtalyon, Hillel e Shammai, próximos à geração de Jesus, até o tempo de composição de *mAbôt*. "Receber" e "transmitir": na fidelidade mais rigorosa, não com mecanismo de mera repetição, mas em um processo de viva e atualizador interpretação. E às origens mosaicas remonta não apenas a Torá escrita, mas também aquela oral.

A Torá, na sua dúplice forma, é o centro da instituição dos rabinos e de seus discípulos. Não basta a Escritura por si mesma, porque poderia ser lida em tantos modos; é preciso que seja interpretada retamente, precisamente por meio da tradição. A última das três exortações dos homens da grande assembleia recita: "Fazei uma sebe ao redor da Torá" (*mAbôt* 1,1), a interpretar com a explicação de rabi Aqiba: "A tradição é uma sebe para a Torá" (*mAbôt* 3,1).

A Torá, escrita e oral, encontrava-se no topo dos valores religiosos judaicos e vinha na escala hierárquica logo depois da confissão monoteísta. Leia-se o dito de Shim'on, o Justo, um dos homens da grande assembleia: "O mundo sustenta-se sobre três coisas: sobre a Torá, sobre o culto e sobre as obras de misericórdia" (*mAbôt* 1,2). E eis a versão de *ARN-B* 8: "Rabbi Shim'on diz: As palavras da Torá são para mim mais preciosas que os holocaustos e os sacrifícios".

Daqui a importância do estudo da Lei a fim de conhecê-la e de praticá-la. É interessante relevar que o verbo *lamad*, "aprender" e, em forma causativa, "fazer aprender", isto é, "ensinar", na literatura rabínica está geralmente por "aprender a Torá" e, vice-versa, dedicar-se à Torá significa dedicar-se ao estudo da Torá. Eis algumas atestações significativas, antes de tudo, dois ditos de Hillel: "Aquele que não estuda [subentendido, a Torá] merece a morte" (*mAbôt* 1,13); "Mais Torá, mais vida; mais assiduidade no estudo, mais sabedoria" (*mAbôt* 2,8). Por sua parte, Shammai exorta: "Faz da tua Torá [isto é, do teu estudo da Torá] uma ocupação fixa" (*mAbôt* 1,15). Um estudo que não deve, porém, desestimular o trabalho para sustentar-se. "Rabban Gamli'el, filho de Rabbi Yehuda, o patriarca, disse: Belo é o estudo da Torá com uma ocupação" (*mAbôt* 2,2). E, em *ARN-B* 55, lemos: "Rabbi Eli'ezer ben Ya'aqov diz: Deves ter duas mãos, uma para a Torá e outra para uma ocupação mundana".

O estudo, porém, exigia necessariamente o recurso a um mestre; era necessário tornar-se discípulo, rejeitando um estudo pessoal e amador. O processo é o seguinte: importância da Torá, portanto, estudo; mas se estudo, então a necessidade de ir à escola de um mestre. Alguns ditos de *mAbôt* exortam nessa dúplice direção. Entre as três exortações dos anciãos na grande assembleia, temos a seguinte: "Suscitai muitos discípulos" (*mAbôt* 1,1). A propósito disso comenta *ARN-A* 3: "A escola de Shammay diz: É necessário ensinar [a Torá] somente a quem é dotado e disciplinado, de boa família e abastado. A escola de Hillel, por sua vez, diz: É necessário ensiná-la a todo homem". Por outra parte, "Yosef ben Yo'ezer de Zereda diz: Tua casa seja um lugar de encontro para os sábios, gira em torno à poeira de seus pés e bebe com sede suas palavras" (*mAbôt* 1,4), e "Yehoshua' ben Perachya solicita: Procura-te um mestre" (*mAbôt* 1,6). Uma passagem talmúdica de *bBer* 47b desqualifica o estudo privado da Torá: à pergunta "Quem é definido 'gente da terra' (*'am-ha-'arets*)?", entre as várias respostas encontramos também a seguinte: "Outros dizem: Mesmo se tivesse estudado a Lei, escrita e oral, mas não tivesse frequentado a companhia dos doutos, faz parte da 'gente da terra'".

A importância do estudo da Torá encontra uma expressão significativa em um "dito de Yochanan ben Zakkai: Se estudaste muito a Torá, não te vanglories por isso, porque é justamente para isso que foste criado" (*mAbôt* 2,9). Constitui, portanto, o fim da criação do homem. E em *mAbôt* 3,7 podemos ler: a expressão "A Shekiná habita no meio deles" vale não somente quando dez, ou cinco, ou três ou dois "sentam decididos a estudar a Torá", mas também quando é apenas um que a estuda. Uma afirmação que relembra a palavra colocada nos lábios de Jesus: "Onde dois ou três estão reunidos no meu nome, lá estou eu, no meio deles" (Mt 18,20).

As exortações ao estudo, e a um estudo diligente, multiplicam-se. Eis um dito do rabi José: "Predispõe-te a estudar a Torá, visto que ela não é tua por herança" (*mAbôt* 2,15). "Rabbi Ele'azar diz: Sê vigilante no estudo da Torá" (*mAbôt* 2,17). "Rabbi Ya'aqov diz: Se alguém caminha pela estrada estudando, e interrompe seu estudo para dizer: Que árvore bela! Que belo este campo!, a Escritura o considera como alguém que coloca em perigo sua vida" (*mAbôt* 3,9). Este é um grave risco que corre também "quem esquece mesmo uma coisa só de seu estudo" ou "também no caso que tenha sido muito pesado" (*mAbôt* 3,10). Se na cidade ou na aldeia na qual se habita não há "uma casa de estudo", isto é, uma escola da Torá com rabino titulado, nenhuma hesitação: que se emigre. "Rabbi Nehoray diz: Deves tu mesmo exilar-te onde está a Torá" (*mAbôt* 4,18).

São atestados fúlgidos exemplos de dedicação ao estudo da Torá. Acerca de rabi Aqiba, a tradição, com traços coloridos e lendários, relata como por muitos anos abandonou até mesmo a mulher, com quem casou secretamente, a fim de se tornar *talmîd*:

> Rabbi Aqiba era pastor de Ben Kalba Sabua' e quando a filha deste viu como ele era casto e honesto, lhe disse: "Se eu me casar contigo, irás para a casa do estudo [da Torá]?" Ele respondeu: "Certamente". Então ela se casou secretamente com ele e depois o mandou [...]. Ele foi embora e permaneceu na casa de estudo doze anos, e quando regressou trouxe consigo doze mil discípulos.

E porque sua esposa, para defendê-lo das más línguas, manifestou-lhe sua intenção de que repetisse a experiência ainda por doze anos, "ele disse: Seja feito segundo sua vontade. E regressou à casa de estudo, permanecendo ali novamente doze anos, e quando regressou trouxe consigo vinte e quatro mil discípulos" (*bKet* 63a). Em *ARN-A* 6 dele se narra como se tornou discípulo.

> Partiu com seu filho e se apresentaram a um primeiro mestre. Rabbi Aqiba lhe disse: "Mestre, ensina-me a Torá". Rabbi Aqiba tomou o extremo de uma tabuinha [de argila] e seu filho pegou o outro. O mestre escreveu ali o Aleph-Beth e o aprendeu, depois o Aleph-Tau e o aprendeu; o livro do Levítico e o aprendeu. Continuou estudando até que tivesse aprendido toda a Torá. Então foi e se apresentou ao rabi Eliezer e ao rabi Josué: "Meus mestres — lhes perguntou —, revelai-me o sentido da Mishná".

Ben Azzai, pelo estudo da Torá, renunciou inclusive a casar-se e ter filhos: "Que devo fazer? Minha alma está ligada à Torá e o mundo pode continuar por obra de outros" (*tYeb* 8,4). Uma declaração retomada no Talmude babilônico a propósito de uma disputa rabínica sobre o dever de ter filhos, à qual Ben Azzai participava com considerações partilhadas: criticado pelos colegas por sua incoerência: "Alguns pregam bem e agem bem; outros agem bem mas não pregam bem; tu em todo caso pregas bem, mas não ages bem", defendeu-se assim: "Que posso fazer se minha alma almeja a Lei? O mundo pode ser continuado por outros" (*bYeb* 63b).

É extraordinário o exemplo de quem vendeu tudo para estudar a Torá:

> Rabi Yochanan († 279) foi de Tiberíades a Séforis apoiando-se nas costas de r. Chiyya b. Abba. Chegaram a um campo. Disse: "Este era meu e eu o vendi para poder me ocupar da Torá". Chegaram a um olival. Disse: "Este era meu e eu o vendi para poder me ocupar da Torá." R. Chiyya b. Abba começou a chorar e disse: "Choro porque tu não reservaste nada para tua velhice". Respondeu: "Chiyya, meu filho, é pouca coisa aos teus olhos que eu tenha vendido algo do que fora criado em seis dias (Ex 31,17), para adquirir com isto algo do que fora dado em quarenta dias e quarenta noites? (Ex 34,28)" (*Pesiqta* 178b; cit. Billerbeeck I, p. 817).

Sobre Yochanan ben Zakkai, reconstrutor do judaísmo sobre a base da Torá uma vez destruído o templo, assim atesta o talmúdico *bSukka* 28a: "Durante sua vida [...] não permitiu que ninguém o superasse na escola; não dormia nunca, nem de sonho esporádico nem de sonho fixo; não fazia meditação (religiosa) nos lugares de imundície; e não permitia que alguém saísse da escola depois dele: e nunca alguém o encontrou inativo, mas sempre empenhado no estudo".

São apresentadas características curiosas de discípulos. Dois dos discípulos de Yochanan ben Zakkai foram definidos um "uma cisterna rebocada que não perde uma gota", e o outro "uma fonte inesgotável" (*mAbôt* 2,10). É claro o sentido: o primeiro limita-se a não perder nada do que o mestre lhe transmite; o segundo é mais criativo: o ensinamento recebido torna-se nele fonte de inesgotáveis ensinamentos. E agora a apresentação de quatro tipos de estudantes: "Quem aprende rapidamente, mas esquece rapidamente. Quem aprende com fadiga, mas dificilmente esquece. Quem aprende rapidamente e dificilmente esquece: um sábio. Quem aprende com fadiga e esquece rapidamente" (*mAbôt* 5,13). Metafórica é a enumeração de diversos tipos de discípulos em *mAbôt* 5,16: "A esponja, o funil, o filtro e a peneira. A esponja, porque absorve tudo. O funil, porque faz entrar por um ouvido e faz sair pelo outro. O filtro, porque deixa passar o vinho e retém a borra. E a peneira, porque faz passar a farinha e recolhe a melhor parte".

Não faltam as exortações aos mestres para que sejam generosos no aceitar discípulos e fiéis no transmitir a Torá. Em *ARN-A* 6, é assim comentada a exortação de *mAbôt* 1,4 — "Tua casa seja um lugar de encontro para os sábios": "Quando um aluno vem e te pede: Ensina-me a Lei, se está no teu poder lha ensinar, deves lha ensinar [...]. Em tua presença não deve sentar-se nem sobre um leito, nem sobre um banco, nem sobre um escabelo; antes, deve se sentar no chão. Que receba toda palavra saída da tua boca com tremor, temor, com emoção e com estremecimento", precisamente como a geração mosaica recebeu a Lei no Sinai. Por sua parte, "Avtalyon diz: Sábios, estai atentos às vossas palavras [...], para que os discípulos que vierem depois de vós não bebam delas e morram" (*mAbôt* 1,11).

O ensino era totalmente gratuito. Um dito de Hillel o comprova: "[...] quem se serve da coroa [Lei] perece" (*mAbôt* 1,13). Rabi Zadoq retoma o tema ensino explicitamente, esclarecendo-o: "Aquele que lucrar com as palavras da Torá, elimina sua vida do mundo" (*mAbôt* 4,5). Para se sustentar, portanto, o rabi devia trabalhar, sem falar do serviço que o discípulo lhe prestava: "R. Yehoshua' b. Levi dizia: todos os trabalhos que um escravo deve executar para seu senhor, os realiza também um discípulo para seu mestre, exceto desatar as correias das sandálias" (*bKet* 96a), trabalho humilhante, próprio de um escravo.

Em passagens rabínicas fala-se também de "seguimento" do discípulo que deve ir atrás de seu mestre; trata-se, porém, simplesmente de sua obrigação de acompanhar o mestre, seguindo-o a apropriada distância, nos seus deslocamentos. Conferir, por exemplo, *Sifré Deut* 305: "Acontece que R. Yohanan ben Zakkai montava um jumento e seus discípulos iam detrás dele".

Em uma passagem que narra as condições para adquirir o conhecimento da Torá, não faltam particulares do método de aprendizado: "A Torá não se adquire a menos de quarenta e oito condições: Com o estudo, com a audição do ouvido, com a repetição dos lábios, com a inteligência do coração [...], com o servir os sábios [...], com a discussão com os discípulos [...], com o domínio da Escritura". E ainda, alguém adquire a Torá se "sabe fazer perguntas e sabe responder, é capaz de acrescentar (do seu) ao que aprendeu (dos outros)..." (*mAbôt* 6,5).

Enfim, um texto da Mishná atesta-nos como antes e depois da lição se rezasse: "R. Nehunia ben Haqanah preocupava-se em recitar uma breve oração quando entrava na casa de estudo e quando a deixava. Então seus discípulos lhe perguntaram de que gênero era sua oração. Ele lhes respondeu: Quando eu chego, rezo para não ofender culpavelmente ninguém; quando saio, dou graças pela parte que me cabe na vida" (*mBer* 4,2).

Um grande rabi com numerosos discípulos constituía uma escola. Dos dois grandes mestres do tempo de Jesus, Hillel e Shammai, a literatura rabínica relembra várias vezes as escolas: *bêt Hillel/bêt Shammai*, esta mais rígida enquanto aquela mais humana; se falará novamente disso mais adiante.

2.5. Flávio Josefo, discípulo de Banno

O célebre historiador hebreu relembra na *Autobiografia* como quando jovem tinha sido discípulo de um eremita:

> Com cerca dezesseis anos, decidi fazer experiência de nossas escolas. Estas são três. [Trata-se de fariseus, saduceus, essênios.] Com um duro exercício e a força de grande fadiga passei por todas as três; e considerando que nem a experiência conseguida com elas me fosse suficiente, e tomando conhecimento de alguém chamado Banno que vivia no deserto, usava vestes feitas das árvores, tomava como alimento apenas do que nascia espontaneamente e se aspergia muitas vezes com água fria dia e noite para purificar-se, me tornei seu discípulo (*zēlōtēs*). E depois de ter passado com ele três anos e realizado assim meu desejo, regressei à cidade. Tinha então dezenove anos e comecei a viver segundo as regras da escola dos fariseus, a qual é muito próxima àquela que os gregos chamam estoica (*Vida* 10-12).

Não diz nada mais, mas é suficiente para indicar uma experiência espiritual de comunhão de vida no deserto a exemplo de um asceta e de um "batista", com o abandono de tudo, embora se trate de um abandono temporário.

2.6. Os discípulos do Batista

Também João tinha seguidores que viviam com ele, compartilhando sua vida de profeta e batizador. Jesus mesmo, como dissemos anteriormente, durante certo tempo, fez parte do grupo de João. O testemunho das fontes cristãs alude a isso quando sublinha o ascetismo do mestre e de seus seguidores: eles jejuam várias vezes — o único jejum imposto na Torá era o anual do dia da expiação (Lv 16,29ss) —, enquanto os discípulos de Jesus não o fazem (Mc 2,18 e par.). Lucas, por sua vez, diz-nos que João tinha ensinado aos seguidores uma oração típica do grupo; por essa razão, os discípulos de Jesus lhe pedem para fazer o mesmo com eles: "Enquanto ele estava em um lugar rezando, quando terminou, um dos seus discípulos lhe disse: 'Senhor, ensina-nos uma oração, como João a ensinara aos seus discípulos'" (Lc 11,1). Na fonte Q, temos a notícia de que João, quando prisioneiro, enviou uma delegação de seus discípulos a Jesus para lhe perguntar se era ele o esperado (Lc 7,18-23; Mt 11,2-6). A Marcos, por sua vez, devemos o relato digno de fé em sede histórica, que, decapitado o mestre, os discípulos foram pegar o cadáver para lhe dar uma digna sepultura (Mc 6,29 e par. Mt). O quarto evangelho nos faz perceber que os primeiros discípulos de Jesus vieram do grupo do Batista, passados ao novo líder (Jo 1,35-51) não sem ter causado rivalidade (Jo 3,25-26). Enfim, em At 19,1-7, relata-se como, anos depois, Paulo teria encontrado em Éfeso discípulos de João, fiéis à sua práxis batismal.

As notícias, como vemos, não permitem ulteriores esclarecimentos: qual é exatamente a relação entre João e seus seguidores? Certamente viviam em comum; no entanto, participavam ativamente da missão do mestre, batizando também eles e anunciando sua mensagem moral e escatológica? A julgar por Jesus batista com o Batista, parece que sim.

3. Jesus chamado *rabbi*

No plano histórico, é incontestável que Jesus atraísse para si não poucas pessoas. Todas as fontes cristãs antigas que possuímos o atestam, sem esquecer Flávio Josefo: "Aqueles que o amaram desde o início não esmoreceram" (*Ant* 18,64), e um testemunho judaico, mesmo que tardio, na sua forma talvez voz de uma tradição antiga, que atribui a Jesus cinco discípulos (*talmîdîm*): Mattay, Naqqay, Nezer, Buni e Toda (*bSanh* 43a). Contudo, historicamente problemática se apresenta a tarefa de determinar a identidade e a denominação destes aderentes. As fontes falam de seguidores, discípulos, apóstolos, os Doze. E também a qualificação de Jesus como *rabbi*, mestre (*didaskalos / epistatēs*) e "senhor" aparece totalmente genérica.

O título de *rabbi*, ou mestre, é atestado principalmente em forma vocativa: em Marcos assim se dirige a ele Pedro (Mc 9,5; 11,21), mas também o cego de Jericó com a variante *rabbouni* (10,51) e o próprio Judas (14,45 par. Mt 26,25.49); no quarto evangelho, sempre no vocativo, desse modo o chamam primeiramente André e Pedro, seguidos por Natanael (Jo 1,38.49), depois os discípulos (Jo 4,31; 6,25; 9,2; 11,8), e por fim, Madalena (Jo 20,16: *rabbouni*). Em Mt 23,7-8, pelo contrário, é atestada a forma no nominativo: Ninguém entre "vós", diz Jesus, faça-se chamar *rabbi*, como gostam os mestres judaicos, porque um só é o mestre (*ho didaskalos*) e "vós" sois irmãos. O vocábulo remete manifestamente ao ambiente palestino. Mas, naquele tempo, o título tinha o sentido geral de chefe ou de "senhor": "meu grande", em sentido literal. Naturalmente, podia ser usado também a propósito de mestres da Lei mosaica, mas não tinha ainda sido elevado a título próprio dos mestres rabínicos; isso acontecerá mais tarde, depois do ano 70, começando por Yochanan ben Zakkai, mas já "à metade do século I d.C. o sufixo perde sempre mais o seu significado pronominal e começam as atestações do uso de *rabbi* como título" (Lohse, p. 916).

Por essa razão, não estamos ainda autorizados a afirmar que Jesus tenha sido um mestre circundado de discípulos, ao menos no sentido estreito dos termos. Esse valor, decerto, é-lhe atribuído com o vocábulo grego *didaskalos*, usado muitas vezes nos evangelhos. É significativo que Lucas evite o hebraico *rabbi*, substituindo-o nas passagens paralelas uma vez com *epistata* ("mestre": Lc 9,33) e outra com *kyrie* ("senhor": Lc 18,41). Por outra parte, Mateus evita colocar na boca dos discípulos o vocativo *rabbi*, substituindo-o nas passagens dependentes de Marcos por "Senhor" (*kyrie*). O primeiro evangelista sabe bem que, por si mesmo, esse título é apenas expressão de genérica honra; reserva-o, portanto, a quem não adere a Jesus. É evidente que não lhe reconhece nenhum valor cristológico; uma confirmação, caso fosse necessário, de seu significado geral de distinção.

4. Aqueles que lhe estavam próximos não se chamavam apóstolos

Os seguidores de Jesus não eram chamados então apóstolos; estes são, na realidade, um grupo específico no cenário do cristianismo das origens já nos primeiros decênios. Pouco depois do ano 50, Paulo menciona-os como beneficiários da aparição do Ressuscitado em 1Cor 15,7. Nas introduções de suas cartas, ademais, geralmente ele se apresenta como apóstolo de Cristo. Em 1Cor 9,1 exprime um primeiro requisito essencial do "apostolado" (*apostolē*): ter experimentado a aparição do Ressuscitado: "Não sou talvez apóstolo? Não tenho sido talvez gratificado por uma visão do Senhor Jesus?". Além disso, é necessário que a pessoa tenha sido enviada (*apostellein*: daí o vocábulo apóstolo) por Cristo a anunciar o Evangelho de sua morte e ressurreição. É sempre Paulo que o atesta; em Gl 1,1 assim se apresenta: "Apóstolo não por iniciativa de homens nem por mediação de homem, mas por obra de Jesus Cristo e de Deus Pai". Pouco depois afirma ter sido enviado a evangelizar os gentios (Gl 1,16). Em 1Cor 1,17 a relação entre envio e evangelização é explícita: "Cristo me enviou (*apesteilen*) não a batizar mas a anunciar o Evangelho (*euaggelizesthai*)". Como enviados, portanto, os apóstolos não podem remontar ao Jesus terreno; colocam-se necessariamente no seio da comunidade protocristã.

Mesmo assim, nos evangelhos sinóticos, não faltam passagens — pouquíssimas, na verdade — nas quais algumas pessoas escolhidas por Jesus são chamadas, inclusive diretamente por ele, apóstolos. Veja-se antes de tudo Mc 6,30: "E se reuniram os apóstolos com Jesus e lhe referiram quanto tinham feito e ensinado", mas é uma passagem redacional que retoma o fio da narrativa de sua missão depois de ter inserido a morte do Batista (Mc 6,17-29); sobretudo se note que os enviados por Jesus são chamados em Mc 6,7 simplesmente "os Doze": "E chama a si os Doze e começou a enviá-los (*apostellein*) de dois em dois". Ou Marcos entende "apóstolos" como "enviados" (adjetivo substantivado sinônimo do particípio passado *apestalmenoi*), ou introduz aqui, por própria iniciativa, o título de apóstolos para sublinhar a continuidade da Igreja com Jesus de Nazaré. Seja como for, não se sente ali, em absoluto, a voz do Jesus terreno.

Lc 17,5 e 22,14 têm "apóstolos" onde nas passagens paralelas de Marcos e de Mateus se fala respectivamente de "discípulos" e de "os Doze". Igualmente, a "os apóstolos" de Lc 24,10 correspondem "os discípulos" em Mt 28,8. E, em 11,49, Lucas introduz "os apóstolos" em uma citação bíblica, para atualizá-la: "Por isso também a sabedoria de Deus disse: Enviarei a vós profetas e apóstolos…", onde a passagem paralela de Mt 23,34 relaciona "profetas, sábios e escribas", demonstrando-se aqui mais fiel à fonte Q, exceto no acréscimo de escribas. Evidentemente o terceiro evangelista tem sua intenção pessoal, qual seja, fazer remontar a Jesus a instituição eclesial dos apóstolos; não por acaso também nos Atos dos Apóstolos os identifica com os doze escolhidos pelo Nazareno, mesmo sem usar a fórmula "os doze apóstolos", que aparece somente em Mt 10,2 e em Ap 21,14. Do epistolário paulino, por sua vez, emerge que eram mais que doze; o próprio Paulo e outros faziam parte (cf. Rm 16,7; 1Cor 9,6; At 14,14), e em 1Cor 15,5-7, Paulo distingue claramente os dois grupos — os doze e os apóstolos: "Apareceu a Cefas e aos Doze; depois apareceu a mais de 500 irmãos […]; depois apareceu a Tiago e a todos os apóstolos".

Resta por analisar o testemunho paralelo de Lc 6,13 e Mt 10,2, que gira em torno da fonte Mc 3,13-16, em que, contudo, não se fala de apóstolos, mas se anota que Jesus escolheu discípulos, depois numerados como doze e chamados "os Doze", dos quais se relacionam, enfim, os nomes. Mateus passa insensivelmente, com um evidente toque redacional, a falar dos nomes dos doze "apóstolos" e o mesmo faz, com mais elegância, Lucas — que em precedência tinha iniciado com a eleição dos discípulos e chega à seleção dos Doze, completada com seu elenco nominativo: "E os chamou apóstolos", e seguem os nomes.

Resta fazer apenas uma alusão a Jo 13,16: "Não há apóstolo maior daquele que o enviou": não temos aqui um testemunho sobre os apóstolos, mas a enunciação de um princípio geral sobre a relação entre enviado e enviante, semelhante ao dito precedente e paralelo: "Não há escravo maior do que seu senhor".

Concluindo, a evidente mão "manipuladora" dos evangelistas faz das passagens indicadas não o testemunho de uma realidade histórica do tempo de Jesus, mas a expressão do interesse da Igreja dos primeiros decênios de "fundar" a instituição dos apóstolos, dos Doze, sobre a vontade expressa de Jesus. Mais vago, mas não menos decidido, é o julgamento de Dupont depois de uma atenta análise: "Se não se forçam no seu real alcance, os textos evangélicos não permitem afirmar, nem mesmo supor, que Jesus, durante sua vida terrena, tenha dado aos Doze este título de apóstolos como uma designação própria deles" (p. 1.018).

5. "Os Doze", um grupo escolhido por Jesus

Também "os Doze" (*hoi dōdeka* não em forma predicativa mas absoluta) são uma presença consolidada no cristianismo primitivo. O testemunho mais antigo que possuímos é ainda o de Paulo. Em 1Cor 15,5 — estamos nos anos 53-54 — é introduzida como nota a fórmula "os Doze" para indicar um grupo bem definido presente na Igreja: "[o Ressuscitado] apareceu a Cefas e aos Doze". Com toda a probabilidade, não parece um círculo constituído a partir das aparições pascais; é precedente e tão consolidado que a falta de um deles, Judas, não o enfraquece, porque tem valor simbólico mais do que aritmético. Somente em textos tardios se corrige o número falando, depois da defecção de Judas, dos onze (cf. Mt 28,16; Lc 24,9.33; Mc 16,14).

A pertença dos Doze ao estágio mais antigo da tradição parece confirmada pela fonte Q, que nos transmitiu um dito arcaico já citado anteriormente: "Vós [com probabilidade os Doze] sentarão sobre (doze) tronos para julgar as doze tribos de Israel" (Mt 19,28; Lc 22,30, que não diz que os tronos eram doze, talvez para evitar inúteis especificações). É a única referência de Q, além do mais implícita: os doze tronos parecem indicar doze "que sentam", mas não faltam dúvidas (cf., por ex., Trilling) sobre os destinatários da promessa: os Doze ou os discípulos em geral? A promessa refere-se ao julgamento escatológico só de Israel, beneficiário da missão de Jesus e daquela, como veremos, dos Doze: um particularismo que joga a favor da autenticidade histórica da frase.

Mc 3,14, por sua vez, narra a eleição dos discípulos feita livremente por Jesus que, entre estes, "constituiu doze, para que ficassem com ele e para uma missão de anúncio". A esse quadro depois, de modo redacional, combina o elenco dos nomes que originariamente devia pertencer a outro contexto; por isso, retoma no v. 16, um pouco desastradamente, o motivo dos Doze repetindo a fórmula do v. 14: "E constituiu os Doze", para poder continuar com "e impôs nome...". É um texto elaborado por Marcos, mas o dado dos Doze parece tradicional. Mt 10,1-2 e Lc 6,12-13 seguem substancialmente sua fonte, Marcos, limitando-se a deixar mais fluente o texto e menos desajeitada a passagem da eleição dos Doze ao elenco de seus nomes. Uma passagem paralela é Jo 6,70: "Por acaso, não fui eu a vos escolher, os Doze?".

Marcos relata seguidamente seu envio em missão com as devidas ordens (cf. Mc 6,7-13), seguido por Lc 9,1-6. Pelo contrário, Mt 10,1.7-11.14 uniu esta perícope àquela da eleição e do elenco nominativo.

Outras passagens que mencionam os Doze não são importantes, salvo aquelas que nomeiam "Judas Iscariotes, um dos doze" (Mc 14,10); "Judas chamado Iscariotes [...] que era do número dos doze" (Lc 22,3); "Judas de Simão Iscariotes [...], um dos doze" (Jo 6,71). Conferir também Mc 14,20, mas sobretudo 14,43 (e par.): "Judas, um dos doze", chega com um batalhão para prender Jesus no Getsêmani. No pequeno grupo escolhido por Jesus figurava, portanto, também "o traidor" (*ho paradous*), denominação tradicional nos evangelhos. Não parece pensável que a Igreja das origens tenha criado por própria iniciativa a figura do traidor, causa de não pouco embaraço. Tanto é verdade que procuraram explicações teológicas de tal realidade escandalosa: será vexaminosa, mas profetizada no AT (Mc 14,18 com citação implícita de Sl 41,10); sua traição merece, sim, uma invectiva de Jesus, mas entra plenamente no projeto divino preanunciado nas Escrituras (Mc 14,21 e par.). Ora, a historicidade de Judas traidor comporta igualmente a historicidade dos Doze.

O quarto evangelho não deixa de dar seu testemunho sobre "os Doze"; por exemplo, menciona Tomé como "um dos doze" (Jo 20,24). Estão, porém, ausentes no apócrifo *Evangelho de Tomé* que apresenta, frequentemente, "os discípulos" de Jesus que se dirigem a ele com perguntas e são os destinatários de suas palavras.

Nesse quadro, merecem uma menção os elencos nominativos dos Doze presentes nos evangelhos sinóticos (Mc 3,13-19; Lc 6,12-16; Mt 10,1-4) e em At 1,13, sobretudo pela presença constante de Judas, o discípulo traidor, colocado rigorosamente no final, assim como Simão sempre aparece no início. Eis em coluna as listas que evidenciam, além da diversa sucessão de nomes, a diversidade mais notável: Lucas e Atos têm Simão, o Zelota, no lugar de Tadeu, atestado em Marcos e Mateus, no qual parece que Mateus segue em substância a fonte Marcos, enquanto Lucas poderia ter tomado de sua fonte L, porque não se explica de outra maneira a mencionada diversidade.

(Mc)	(Mt)	(Lc)	(At)
Simão	Simão	Simão	Pedro
Tiago	André	André	João
João	Tiago	Tiago	Tiago
André	João	João	André
Filipe	Filipe	Filipe	Filipe
Bartolomeu	Bartolomeu	Bartolomeu	Tomé
Mateus	Tomé	Mateus	Bartolomeu
Tomé	Mateus	Tomé	Mateus
Tiago de Alfeu	Tiago de Alfeu	Tiago de Alfeu	Tiago de Alfeu
Tadeu	Tadeu	Simão, o zelota	Simão, o zelota
Simão cananeu	Simão cananeu	Judas de Tiago	Judas de Tiago
Judas Iscariotes	Judas Iscariotes	Judas Iscariotes	———

Jamais a Igreja dos primeiros tempos teria inventado tais listas com a presença escandalosa de um discípulo traidor escolhido por Cristo. As diferenças apresentadas nas listas, longe de representar um elemento contrário, parecem ser confirmativas de uma realidade tradicional que se impôs à Igreja: uma criação do nada teria sido mais homogênea. Por outra parte, as diferenças se explicam facilmente com os diversos ambientes que transmitiram as listas e com a forma oral da tradição que está sujeita a variações. Não se quer afirmar aqui a historicidade de todos os nomes, mas a presença do grupo "os Doze", no qual se distinguiam, por um lado, Pedro e André, Tiago e João e, por outro lado, Judas, que com toda a plausibilidade histórica remonta ao Jesus terreno, pelo menos no seu valor simbólico se não aritmético. De fato, às diferenças se aplicam, como bem mostrara o estudo de Meier, os três critérios de historicidade: múltipla atestação — Marcos, João, 1Cor, e provavelmente também Q e L; constrangimento causado à Igreja primitiva pela presença do traidor Judas; dessemelhança com relação ao cristianismo das origens, em que o colégio dos doze desapareceu rapidamente de cena, substituído pelas grandes personalidades de Pedro, Tiago, Paulo.

Seja como for, além do número, "os Doze" deviam ter aos olhos de Jesus um grande significado simbólico: remetiam certamente às doze tribos de Israel constitutivas, na origem, do povo de Deus. Contudo, não se tratava tanto de uma memória, mas de uma esperança; o Nazareno não olhava para o passado, mas para o futuro, como diz também o dito citado da fonte Q: sentarão sobre (doze) tronos para julgar as doze tribos de Israel. A escolha dos Doze é um dado historicamente bastante sólido que abre uma janela para a esperança de Jesus, propenso à restauração das doze tribos de Israel, isto é, do povo de Deus. Nos sonhos dos israelitas mais sensíveis às expectativas escatológicas, expressos em não poucos escritos deste período, esperava-se de fato a recomposição das tribos israelitas. O povo dos doze filhos de Jacó não era mais uma realidade do tempo do exílio das tribos do Norte (721 a.C.). Aquelas do Sul, ao menos em parte, tinham regressado à pátria e, sem as outras, tinham dado origem à comunidade judaica pós-exílica. Os tempos da grande e decisiva reviravolta que Deus teria imprimido à história coincidiam com aqueles da recomposição do povo das doze tribos. Sanders insistiu sobre isso, com particular energia, nas suas duas obras *Gesù e Il Giudaismo*, da qual escolhemos algumas passagens proféticas indicadas a seguir. Baruc se dirige a Jerusalém: "Eis que regressam os filhos que viste partir. Regressam juntos reunidos do Oriente ao Ocidente" (Br 4,37; cf. 5,5). Em Eclo 36,10, o autor reza a Deus: "Reúne todas as tribos de Jacó, dá-lhes a posse como no princípio". Igualmente expressiva é a súplica de 2Mc 1,27: "Recolhe nossos dispersos, liberta os que estão escravos entre as nações", e a confiança expressa em 2Mc 2,18: "Esperamos que Deus tenha logo compaixão de nós e que, de toda região sob o céu, nos reunirá no lugar santo". Enfim, a oração hínica de Tb 13,5: "(Deus) vos reunirá de todas as nações, entre as quais fostes dispersos".

Expressões de tal esperança não faltam na literatura qumrânica. Em *1QM*, os guerreiros participantes da guerra escatológica provêm de todas as tribos (por ex., 2,7s) e "no grande estandarte que está à frente de todo o povo escreverão 'Povo de Deus', e o nome de Israel e de Aarão e os nomes das doze tribos de Israel" (3,13-14). No *Rolo do Templo* doze pães brancos são a oferta dos chefes das respectivas tribos (*11QTempl* 18,14-16) e o rei esperado escolherá de cada tribo mil homens, totalizando "doze mil homens de guerra que não o deixarão sozinho, para que não seja capturado pelas nações" (57,5-7). Acrescente-se o testemunho de *SlSal* 17,44, no qual a seguinte bem-aventurança é clara voz de esperança escatológica: "Felizes os que viverão naqueles dias, pois verão, na reunião das tribos, o bem de Israel que Deus preparará".

A referência às doze tribos de Israel, contudo, releva Zehetbauer, ainda não diz se a esperança se dirigia para todo o povo ou somente para o resto santo do povo. Esse sentido particularista e elitista estava presente em Qumrã: os essênios se consideravam os únicos eleitos, filhos da luz contra os filhos das trevas, isto é, todos os demais, gentios e judeus, eles os membros do resto santo de Israel. Mas também em *SlSal* encontramos afirmações nessa linha, sendo anunciada a purificação de Jerusalém que conduz a criar um povo fiel com exclusão rigorosa dos pecadores e dos indignos. Como Jesus tenha entendido que a representatividade dos Doze emerge da orientação de suas exortações éticas de caráter universalista (por ex., o mandamento do amor aos inimigos), e ainda mais da imagem, nele presente e por ele manifestada, de um Deus Pai que faz o sol brilhar sobre bons e maus e faz chover sobre justos e injustos.

Os Doze, de qualquer maneira, não representam somente o povo reunido para o dia da redenção, da qual a presença ativa de Jesus indica o alvorecer, mas também são associados na missão de anúncio e realização de sinais de libertação. Mc 6,7.12 atesta-o com clareza, mas mais explícita é a fonte Q: "Enviou-os a anunciar o Reino de Deus e a curar" (Lc 9,2; Mt 10,7-8). Sem esquecer que o dito, várias vezes relembrado, sobre o julgamento das doze tribos, indica um papel importante dos Doze no último e decisivo dia, que bem combina com sua missão histórica nas pegadas do mesmo Jesus, evangelista do poder régio divino que atua a favor do povo e, em extensão, da humanidade.

Enfim, ainda segundo Zehetbauer (p. 386), Jesus não se colocou dentro do grupo dos Doze: a ele incumbia a tarefa de reunir o povo.

6. Os seguidores

Por razões de clareza e respeito dos textos, deve-se distinguir entre seguimento e discipulado. Se é verdade que ambos vocábulos definem igualmente o *talmîd* rabínico, como vimos, mas também quem entrava na escola deste ou daquele filósofo ou sábio grego, sem se esquecer dos testemunhos cristãos antigos a respeito de quantos entraram em estreita relação com Jesus, no seu significado absoluto, se trata de categorias distintas; basta pensar no seguimento das multidões atrás dos profetas escatológicos e nos líderes carismáticos do século I d.C., dos quais falamos anteriormente. Também porque o seguimento não é necessariamente encerrado com o ensino; de fato, por si mesmo, não qualifica a relação entre ambos como formal relação didática entre mestre e discípulo.

6.1. Relatos de vocação

Em nossos testemunhos, o seguimento caracteriza, principalmente, os relatos de vocação, dos quais, contudo, são atestadas tipologias diversas. A primeira insiste na palavra convidativa de Jesus, como aparece no relato estilizado e exemplar do chamado de Simão e André, no qual se releva, por um lado, a iniciativa de Jesus vocante: "Vinde após mim (*deute opisō mou*)", e promitente: "Farei de vós pescadores (*halieis*) de homens", e por outro lado, a anotação de sua pronta resposta afirmativa: "Imediatamente, deixando as redes, o seguiram (*ēkolouthēsan*)". Note-se o nexo entre seguimento e abandono do trabalho, em que está implicado também o afastamento da casa e dos bens. Segue o relato paralelo da vocação de outro par de irmãos, também pescadores, Tiago e João, filhos de Zebedeu, mas em termos abreviados e indiretos: "E os chamou; e eles, deixando seu pai Zebedeu no barco com os empregados, foram após ele (*apēlthon opisō autou*)". Aqui o abandono exigido pelo seguimento diz respeito expressamente à família, em particular o pai, incluindo o trabalho (Mc 1,16-20; par Mt 4,18-20).

Se fica clara a obra redacional do evangelista que persegue objetivos de ensino prático aos cristãos de sua comunidade, não poucos são os dados de tradição arcaica que remontam, ao menos em parte, ao Jesus terreno. Antes de tudo, o dito-promessa de teor metafórico sobre os pescadores de homens, influenciado pelo trabalho exercido pelos chamados: a pesca. Jesus os chama a segui-lo para que se tornem (*genesthai* na passagem de Marcos) missionários; o abandono do trabalho, portanto, visa não a ficarem desocupados, mas a empreenderem uma nova atividade, de outro gênero. O vocante é também aquele que confia a nova tarefa. Por isso eles devem "segui-lo", um termo próprio e ao mesmo tempo metafórico: compartilhar sua errância (se segue alguém que está em caminho), mais exatamente sua missão de evangelista itinerante do Reino de Deus, como se esclarecerá melhor mais adiante. Errância que postula abandono do trabalho, da família, dos bens. No plano histórico discute-se se os dois pares de irmãos tenham sido os primeiros seguidores de Jesus e, sobretudo, se Simão tenha sido em absoluto o primeiro, como emerge do testemunho de Lc 5,1-11 (do qual falaremos a seguir). O testemunho do quarto evangelho, de fato, vai em outra direção.

Em Lc 5,1-11, temos uma versão bastante original da vocação dos referidos irmãos. Não se fala, porém, de André, enquanto Simão está no centro do evento: Jesus convida os pescadores, que depois da inútil fadiga da noite estão recolhendo as redes, para entrar no lago novamente. A pesca é prodigiosa; diante do divino que se manifestou tão claramente, Simão confessa sua indignidade humana: "Afasta-te de mim que sou um pecador", mas resulta beneficiário da promessa: "Não temas; de hoje em diante serás alguém que capture (*zōgrōn*) homens". E o relato se conclui com a anotação do imediato seguimento (*ēkolouthēsan*) dos pescadores que comporta o abandono de tudo (*aphentes panta*: v. 11). É uma página construída pelo evangelista aproveitando a lembrança de uma pesca extraordinária, atestada também em Jo 21.

O mesmo esquema de vocação, com o imperativo do vocante e a imediata resposta positiva do interessado, encontra-se presente também em

Mc 2,13-14 (par. Mt 9,9; Lc 5,27-28) a propósito de Levi (ou de Mateus, segundo o primeiro evangelista): "Segue-me"/"o seguiu" (Lucas acrescenta: "e deixando tudo...").

Em Jo 1,35ss, por sua vez, mais do que uma chamada de Jesus, motivo presente apenas no discipulado de Filipe, trata-se de um ir ao seu seguimento depois do estímulo de testemunhas-mediadores. O evangelista narra primeiramente de dois discípulos do Batista, um dos quais era André, que passam a seguir (*akolouthein*) Jesus (v. 38), indicado como o cordeiro de Deus por seu "mestre" que tinham seguido até então (v. 40); logo de Simão, que os dois conduzem ao novo *rabbi*; depois relata de Felipe chamado por Jesus: "Segue-me" (*akolouthei moi*; v. 43); e este conduz Natanael.

Em Mc 10,17-22, a passagem do chamado do rico, jovem segundo a versão de Mateus, serve como quadro para um dito de Jesus sobre a força impediente da riqueza (cf. par. Mt 19,16-22; Lc 18,18-23). À pergunta do interessado sobre os requisitos necessários "para herdar a vida eterna", o interpelado responde remetendo-o aos mandamentos, e cita alguns deles. "Eu os tenho observado desde minha juventude", disse aquele. O requisito necessário e suficiente para a salvação está, portanto, realizado; mas Jesus quer também algo mais dele, o seguimento: "Uma só coisa te falta: vai, vende o que [tudo o que, diz Lucas] possuis e dá aos pobres e terás um tesouro celeste; depois, vem e segue-me (*deute/akolouthei moi*)". "Consternado por essa palavra, foi embora com tristeza; tinha muitas riquezas". O apócrifo *Evangelho dos Hebreus* oferece outra conclusão do relato:

> Mas o rico começou a coçar a cabeça. Não gostou disso! O Senhor lhe disse: "Como podes dizer: 'Observei a Lei e os Profetas', se na Lei está escrito: Ama o teu próximo como a ti mesmo e eis que muitos de teus irmãos, filhos de Abraão, estão cobertos de farrapos e morrem de fome, enquanto tua casa está cheia de muitos bens e absolutamente nada sai dela para aqueles?". E dirigindo-se a seu discípulo Simão, sentado ao seu lado, disse: "Simão, filho de João, é mais fácil um camelo entrar pelo buraco de uma agulha do que um rico no Reino dos céus" (§ 5).

Uma vocação ao seguimento frustrada pela resposta negativa do interessado às exigências de desapego radical dos bens possuídos: não quis livrar-se deles; a riqueza o manteve acorrentado à posse impedindo-lhe uma escolha de liberdade. Fusco (p. 65) faz notar como a tradição hebraico-bíblica reprovasse não o rico, mas o rico injusto. Aqui, por sua vez, o julgamento negativo versa sobre a riqueza, que contudo não é vista com moralismo: Jesus não diz que seja má em si mesma; ela tem, porém, o poder, para quem faz dela um ídolo, de impedir o seguimento. É a mesma perspectiva do dito jesuano: "Não podeis servir a Deus e a Mamona" (Q: Lc 16,13 e Mt 6,24).

Na construção de um articulado ensinamento dos perigos espirituais que a riqueza comporta, Marcos continua, enquadrando em um diálogo com os discípulos, o seguinte dito arcaico atribuível ao Nazareno: "É mais fácil que um camelo passe [Lc: entre] pelo buraco de uma agulha do que o rico entre no Reino de Deus" (Mc 10,23-27; par. Mt 19,23-26; Lc 18,24-27). Do apego à riqueza como obstáculo ao seguimento, se passou à impossibilidade de um rico alcançar a salvação.

6.2. Exigências radicais

Sobre as exigências radicais — e não tanto sobre a vocação e a iniciativa de Jesus vocante — recai a atenção da fonte Q nos seus relatos-quadro ou apotegmas. Antes de tudo, são apresentados dois casos individuais (Lc 9,58-60; Mt 8,19-22). No primeiro há quem se autocandidata ao seguimento: "Eu te seguirei para onde quer que vás" (com o verbo *akolouthein*). Ao pretendente, genérico em Lucas e um escriba segundo Mateus, Jesus responde: "As raposas têm tocas, e as aves do céu, ninhos; mas o Filho do Homem [o homem que está diante de ti] não tem onde reclinar a cabeça". Importante é aqui o testemunho paralelo do *Evangelho Apócrifo de Tomé* desprovido de quadro narrativo e, por isso, segundo muitos estudiosos, mais confiável: "As raposas têm suas tocas. E as aves têm seus ninhos, mas o Filho do Homem não tem nenhum lugar onde apoiar a cabeça para descansar" (n. 86). Segui-lo, portanto, quer dizer compartilhar sua condição de vagabundo, pessoa sem fixa demora, apátrida, ao qual a sabedoria judaica nega qualquer confiança: de fato, reprova a "quem se confia [...] do homem que não tem um ninho e que dorme lá onde a noite o surpreende" (Eclo 36,27). O dito evangélico tem todos os atributos da autenticidade histórica, se pensarmos que na Igreja dos primeiros tempos Jesus fora descrito, sim, como um perseguido e um condenado à morte, mas nunca nas vestes de um vagabundo. O fato de que a fonte Q não se preocupe em registrar a resposta do interessado nos diz que o interesse recai totalmente sobre o radicalismo da exigência ínsita no seguimento do Nazareno: segui-lo quer dizer compartilhar seu destino de sem-teto, o qual comporta abandono da família, do trabalho e das propriedades.

No segundo apotegma, o quadro narrativo que emoldura um dito, nota-se como Lucas o tenha transformado em um relato de vocação: Jesus dirige ao outro o convite peremptório: "Segue-me" (*akolouthei moi*); mas o convidado põe uma condição: "Permite-me ir antes sepultar meu pai" (Lc 9,61-62). É mais fiel à fonte Mt 8,21-22 com um apotegma paralelo ao precedente: um outro que quer seguir Jesus se sente na obrigação de manter a prioridade de seu dever filial de assistir o pai ancião e, à sua morte, assegurar um funeral digno. É um dever sancionado pela palavra divina do quarto mandamento do Decálogo, que impõe aos filhos honrar pai e mãe (Ex 20,12; Dt 5,16), mas também do ethos comum da civilização mediterrânea, documentada na tradição bíblico-judaica e na cultura grega. Jacó deixa em testamento sua vontade de ser sepultado honrosamente pelos filhos na sua terra (Gn 49,29), e assim será feito. Não ter uma sepultura é vergonhoso e sinal de maldição divina; basta-nos a palavra de ameaça do profeta Jeremias contra Joaquim: "Não farão lamentos por ele [...]. Será sepultado como se sepulta um jumento; o arrastarão e o lançarão para fora das portas de Jerusalém" (Jr 22,18-19), e um oráculo jeremiano de julgamento contra as nações: "Naquele dia os feridos pelo Senhor [...] não serão chorados, nem recolhidos, nem sepultados, mas serão como esterco sobre a superfície da terra" (Jr 25,33). O velho Tobit se confia ao filho: "Quando eu morrer, dá-me uma digna sepultura", o que vale também para a mãe (Tb 4,3s). E Tobias teme tomar Sara por esposa pelo risco de ser morto pelo demônio e, assim, privar seus pais da devida sepultura (Tb 6,15).

Sepultar um morto como ato de piedade familiar e rito sagrado está ao centro da tragédia *Antígona*, de Sófocles. Segundo as leis da cidade, o rei de Tebas, Creonte, decreta que o cadáver de Polinice, morto enquanto atacava a cidade, permaneça "sem ser chorado e insepulto, agradável tesouro para as aves que espreitam o prazer do alimento" (29-30), e que "ninguém o honre com tumbas e com lamentos, mas seja deixado insepulto cadáver, alimento para aves e cães, vergonha a contemplar-se" (204-206). Antígona, fiel às leis dos deuses, rebela-se (cf. 430ss) mesmo arriscando a vida, "nascida — diz — não para compartilhar o ódio, mas o amor" (523): não hesita em realizar "o ato piedoso" (*eusebia*: 924), "um santo crime" (*hosia*: 74), "ela que honra o sepulcro" (*taphon kosmousa*: 395-396) do irmão (tr. De R. Cantarella, in *Classici Latini e Greci*, Mondadori). O mesmo Apolônio de Tiana "quando soube da morte de seu pai, apressou-se rumo a Tiana e sepultou-o com as próprias mãos, perto da tumba de sua mãe" (Filóstrato 1,13).

A voz da tradição judaico-rabínica mostra-se também eloquente: "Aquele diante do qual está seu morto é exonerado de recitar o *Shema'*, da oração (das Dezoito bênçãos) e de todos os mandamentos que são enunciados na Torá" (*mBer* 3,1a).

Por isso a palavra-resposta de Jesus aparece incrível e escandalosa ao mesmo tempo: "Segue-me e deixa que os mortos enterrem seus mortos". Isso significa, os mortos em sentido metafórico, os que se recusam a entrar no espaço salvífico aberto pelo anúncio e pelas curas do Nazareno, sejam eles os encarregados de cumprir os deveres de piedade filial para com o pai. Lucas introduz aqui, por iniciativa própria, o motivo do anúncio evangélico: "Quanto a ti, vai anunciar o Reino de Deus" (Lc 9,60b). O sentido da palavra de Jesus aparece claro: não há tempo a perder; os deveres familiares são menos importantes e urgentes que seu seguimento; podem então ser transgredidos. Nesse aspecto, parece-nos oportuna a valoração de Hengel: "É difícil encontrar um *logion* de Jesus que de modo tão agudo exprima a ruptura com a lei, a devoção e os costumes do seu tempo" (p. 35). Bockmühl, ao contrário, considera poder compreender a palavra de Jesus em relação à isenção reconhecida aos nazareus; mas não é totalmente perspícuo que ele e seu grupo fossem tais.

Lc 9,61-62 continua com um terceiro apotegma, propriamente seu, sobre as duras exigências do seguimento: a outro anônimo que se propõe de segui-lo (*akolouthēsō soi*) mas sob condição: "Permite-me primeiro despedir-me dos que estão em minha casa", Jesus responde: "Quem pôs a mão no arado e depois se volta para o que deixou atrás não é idôneo para o Reino de Deus". É demasiado evidente que o terceiro evangelista construiu o trecho sobre o exemplo do relato de vocação de Eliseu, acentuando a novidade evangélica: à diferença de Elias, Jesus não permite tal despedida familiar.

Também Marcos transmitiu uma frase de Jesus sobre a radicalidade das exigências do seguimento de Jesus. "Se alguém quiser vir após mim (*opisō mou elthein*), negue-se a si mesmo, tome a sua cruz e siga-me (*akoloutheitō moi*)" (Mc 8,34). Mt 16,24 segue com precisão Marcos, enquanto Lc 9,23 acrescenta, por conta própria, o motivo da cotidianidade do levar a cruz: "Tome sua cruz *cada dia*". A fonte Q tem o mesmo dito:

"Quem não carrega sua cruz e não vem após mim não pode ser meu discípulo" (Lc 14,27; Mt 10,38). Mas se discute sua historicidade jesuana; parece preferível atribuí-lo à comunidade cristã, especialmente aos carismáticos itinerantes que "se consolavam" na dureza de sua vida com a imitação do destino de Jesus.

Exigências radicais são expressas também fora do motivo do seguimento. Antes de tudo, em termos gerais temos o dito jesuano de Mc 8,35: "Quem quiser salvar sua vida a perderá, mas quem perder sua vida por causa de mim e do evangelho a salvará". Um pouco diversa é a versão na fonte Q: "Quem encontrar sua vida a perderá, e quem perder sua vida por mim a encontrará" (Mt 10,39); enquanto em Lc 17,33 as alternativas são encontrar-perder, perder-gerar. Enfim, no quarto evangelho temos este texto: "Quem ama sua vida a perde, e quem odeia sua vida neste mundo a conservará para a vida eterna" (Jo 12,25). Do confronto emerge como versão próxima ao dito primitivo a seguinte: "Quem encontra sua vida a perderá, e quem perde sua vida a encontrará" (cf. Coulot, p. 90). Naturalmente, a dúplice palavra icástica rege-se sobre o diverso significado de vida: desdenhar a própria vida terrena por adesão a Jesus comporta um ganho em outro plano: a vida como salvação última.

Temos, a seguir uma passagem da fonte Q — Lc 14,26 e Mt 10,37 — sobre as árduas exigências que comporta o discipulado, aqui equivalente ao seguimento. Os dados essenciais são aqueles de Mateus, que porém duplica o dito, mitiga a exigência radical e também a consequência: "Quem ama o pai ou a mãe mais do que a mim não é digno de mim. Quem ama o filho ou a filha mais do que a mim não é digno de mim". Mais do que uma condição para tornar-se discípulo, Mateus se interessa do requisito para permanecer no discipulado. Lucas reelabora ainda mais o dito: mantém o motivo do ódio familiar para tornar-se discípulo, mas alarga a perspectiva a todos os possíveis membros de uma família e até mesmo à vida do candidato: "Quem vem a mim e não odeia o pai e a mãe, a mulher e os filhos, os irmãos e as irmãs, e até sua própria vida, não pode ser meu discípulo". Sobretudo, o evangelista completa o quadro com duas parábolas paralelas de Jesus, que entendem mostrar os cuidados que exige o tornar-se discípulo: se impõe uma séria avaliação das próprias disposições espirituais. Um construtor que pretende levantar uma torre deve previamente calcular se suas disponibilidades financeiras são suficientes para a empreitada; caso contrário, é prudente renunciar a isso. Do mesmo modo, um rei cujo território seja ameaçado por um exército estrangeiro, antes de enfrentá-lo com suas tropas, deve avaliar se tem forças militares suficientes para o sucesso da investida; caso contrário, a sabedoria sugere que seja tentado um acordo (Lc 14,28-32).

Acrescente-se o testemunho do *Evangelho de Tomé*, que apresenta duas versões de uma palavra originária de Jesus:

> Quem não odiar seu pai e sua mãe não poderá tornar-se meu discípulo. [Quem não] odiar seus irmãos e suas irmãs, e [não] levar sua cruz como eu, não será digno de mim (n. 55). Quem não odeia seu pai e sua mãe como eu não é apto para ser meu discípulo. E quem não ama seu pai e sua mãe como eu não pode tornar-se meu discípulo. Porque minha mãe me deu mentira, mas minha verdadeira mãe me deu a vida (n. 101).

Aceitando as conclusões da análise de Coulot (p. 61), assim pode ser reconstruído o dito de Jesus: "Quem não odeia pai e mãe, filho e filha, não pode ser meu discípulo". Mas uma versão ainda mais breve pode ser tomada em consideração: "Quem não odeia pai e mãe não poderá ser meu discípulo" (assim, por ex., Guijarro Oporto). Em conclusão, o dito enquadra-se muito bem no contexto dos seguidores do Nazareno que tinham abandonado a família para compartilhar sua vida itinerante e se demonstra, com toda a probabilidade, jesuano.

Também o quarto evangelho conhece o motivo do seguimento, mas sem contribuir com novidades de relevo para nossa pesquisa histórica, salvo mostrar-se como testemunho complementar sobre o fenômeno enquanto tal. No dito de Jo 12,26: "Se alguém me serve, siga-me", estão vinculados os motivos do seguimento e do serviço, unidos também no relato da vocação de Eliseu e na relação mestre-discípulos do rabinismo. Em Jo 21,19.22 temos o convite do Ressuscitado a Pedro: "Segue-me", e em Jo 21,20 menciona-se o discípulo que Jesus amava como seu seguidor.

Enfim, Marcos (Mc 10,28-31 e par.) retorna ao tema do seguimento e atrai a atenção sobre o que acontecerá aos que, abandonando tudo, seguiram a Jesus. A pergunta é colocada na boca de Pedro. A construção do apotegma é clara, mas importante e arcaico é o dito a enquadrar: "Quem tenha abandonado casa, irmãos ou irmãs, mãe ou pai [Lucas acrescenta a mulher], filhos ou campos por mim, receberá o cêntuplo". Assim poderíamos reconstruir seu teor originário: Marcos acrescentou *"e pelo evangelho"*, diferenciou entre este éon e o éon vindouro: "O cêntuplo neste mundo e a vida eterna no mundo futuro" (assim também Lucas; Mateus limita-se a falar de cêntuplo e de vida eterna); quis, ademais, especificar o cêntuplo: cem vezes em casas, irmãos e irmãs, pai e mãe, referindo-se naturalmente à grande família da comunidade cristã.

6.3. Mulheres no seguimento

O seguimento de Jesus itinerante, entendido não apenas em sentido material, mas também como partilha de sua missão, não foi em absoluto uma prerrogativa exclusiva dos homens. Atestam-no duas fontes complementares, Marcos e Lucas, o qual deve ter procurado na sua fonte particular L. O segundo evangelho fala de mulheres presentes aos pés da cruz:

> Estavam também ali algumas mulheres, olhando de longe, entre as quais Maria Madalena, Maria, mãe de Tiago, o Menor, e de Joset e Salomé; estas, quando ele estava na Galileia, o seguiam (*ēkolouthoun*) e o serviam (*diekonoun*); também muitas outras que tinham subido com ele (*hai synanabasai*) a Jerusalém estavam lá" (Mc 15,40-41).

Mateus segue sua fonte Marcos com uma só diferença de relevo: no lugar de Salomé, fala da mãe dos filhos de Zebedeu (Mt 27,55-56): duas mulheres distintas e uma diversamente indicada? Lucas, por sua vez, sintetiza a notícia das mulheres aos pés da cruz: "Permaneciam observando tudo de longe, todos os seus conhecidos e as mulheres que o haviam acompanhado (*synakolouthousai*) desde a Galileia" (Lc 23,49). Mas depois, em Lc 8,1-3, há uma passagem própria sobre o seguimento de Jesus por parte de mulheres na Galileia: ele andava de aldeia em aldeia anunciando a Boa Notícia do Reino de Deus, "estavam com ele os Doze e algumas mulheres curadas de espíritos malignos e de doenças: Maria, chamada Madalena, da qual tinham saído sete demônios, Joana, mulher de Cusa, administrador de Herodes, Susana e muitas outras, as quais o serviam com seus bens". Note-se que a adesão das mulheres é a mesma que a dos Doze: formavam uma comunidade unida a Jesus, com ele (*syn autō-i*). A função delas, porém, é específica: procurar servir com seus bens o grupo que tinha abandonado família e casa, uma função ativa de sustentação econômica. Feliz com relação a isso é a fórmula de Ebner: as mulheres constituíam "a constelação mecânica" (p. 103). É inexato, porém, quando as contrapõe aos discípulos, ao grupo dos seguidores.

Em conclusão, o grupo itinerante de Jesus comportava também mulheres que colaboravam na sua missão no aspecto prático. No seguimento e na comunhão de vida com ele eram equiparadas aos outros componentes, mas não parece que fossem enviadas em missão, como os Doze. Theissen não teme em falar de discípulas, mas nos parece uma escolha não suficientemente provada. Resta firme o dado original de mulheres que faziam parte do círculo mais estreito em torno a Jesus, e parte ativa, um aspecto não secundário do escândalo que ele suscitava no seu ambiente, estigmatizado pelos conservadores.

7. Os discípulos

Os quatro evangelhos canônicos falam dos discípulos dezenas e dezenas de vezes usando o vocábulo *mathētai*, mas não poucas são as passagens nas quais são nomeados simplesmente como moldura a um dito ou a um relato, com fórmulas redacionais como "Jesus e seus discípulos", "os discípulos o seguiram", "ele disse aos discípulos", "os discípulos lhe perguntaram". Marcos, rico de referências, está na origem da grande expansão de "os discípulos" em Mateus e Lucas, que acrescentam outras menções. Por sua vez, a fonte Q, que não conhece, como vimos, o círculo dos Doze, apresenta somente dois testemunhos sobre o tema: um de caráter aforístico sobre o discípulo em geral, que não é maior do que seu mestre (Lc 6,40/Mt 10,24), e o outro, muito interessante, sobre as duras exigências do discipulado, há pouco citado. O material próprio de Mateus oferece pouquíssimas recorrências suplementares, e a fonte L, do material próprio de Lucas, não é menos escassa. No *Evangelho Apócrifo de Tomé*, que normalmente reporta ditos do Senhor, certo número está dirigido ao "vós" dos discípulos; e estes são às vezes nomeados como interlocutores do "mestre", a quem se dirigem com questões e interrogações.

No texto de Marcos, seguido geralmente por Mateus e Lucas, uma só vez Jesus fala em primeira pessoa dos discípulos, quando envia dois deles à cidade para fazer os preparativos da ceia pascal; devem-se apresentar com este pedido a um impreciso senhor: "Onde está a sala na qual poderei comer o cordeiro pascal com meus discípulos?" (Mc 14,14). À parte essas passagens redacionais já citadas, com os discípulos que enquadram um dito ou emolduram um relato, podemos distinguir no texto de Marcos os diálogos polêmicos daqueles instrutivos nos quais Jesus, respectivamente, enfrenta adversários dialéticos e responde a interrogações dos seus; neles os discípulos encontram sólida referência. Quanto ao primeiro gênero, impõem-se à atenção a controvérsia sobre o jejum praticado pelos discípulos do Batista, mas desconsiderado pelos discípulos de Jesus, por ele justificados por terem entre eles o esposo (Mc 2,18-22), e do mesmo modo a discussão sobre o descanso sabático, na qual o Nazareno defende seus discípulos que em um campo plantado tinham apanhado espigas arrancando seus grãos para saciar-se (Mc 2,23-28). Mas veja-se também a diatribe sobre o puro e o impuro com fariseus e escribas que atacam seus discípulos que comiam com as mãos sem lavar (Mc 7,1-16). Quanto aos diálogos instrutivos caracterizados por perguntas de explicação e por respostas, podem ser indicados os seguintes exemplos: à pergunta dos discípulos sobre sua impotência para libertar o possesso, Jesus responde indicando como elemento de poder a oração (Mc 9,28-29); depois toma posição na discussão surgida entre eles a respeito de quem seja o maior (Mc 9,33-37), e evoca o valor da pequena esmola da anciã (Mc 12,43-44); finalmente pergunta-lhes o que pensa a gente sobre ele e qual o seu parecer, com a resposta de Pedro: "Tu és o messias" (Mc 8,27-30).

Ao contrário, nas instruções de Jesus que se dizem endereçadas aos discípulos, geralmente dentro de uma casa, normalmente nos encontramos diante da obra do redator. Assim, por exemplo, a explicação da parábola pedida e obtida (Mc 4,10-13; cf. Mc 4,34 em princípio), a interpretação do dito sobre o puro e o impuro que entra e que sai do homem (Mc 7,17-23), a predição de sua paixão e ressurreição (Mc 8,31; 9,31), enfim, a perspectiva da indissolubilidade matrimonial (Mc 10,10). Nos relatos milagrosos, com exceção da repetida multiplicação dos pães, se depurarmos os textos das evidentes "manipulações" do relator, resulta que os discípulos não têm um papel próprio. Além da passagem mencionada dos preparativos da ceia pascal, na "paixão" fala-se ainda dos discípulos quando estes acompanham "o mestre" ao Getsêmani (Mc 14,26).

Na realidade, Marcos, partindo de dados tradicionais sobre quanto o Nazareno tinha dito e feito e servindo-se do apelativo de *rabbi*, elaborou sua precisa cristologia baseada sobre Jesus único mestre, dotado de extraordinária autoridade não só no dizer, mas também no fazer. Basta percorrer a primeira seção de seu evangelho: à Boa Notícia na Galileia (Mc 1,14-15) segue imediatamente a escolha de quatro sequazes (Mc 1,16-18): o protagonista está assim em campo circundado pelos seus. Entra depois na sinagoga de Cafarnaum e ali ensina, suscitando o estupor dos presentes: "Ensinava-lhes como alguém que tem autoridade (*exousia*) e não como os escribas" (Mc 1,22). É único! Imediatamente cura um possesso e os presentes reagem com uma exclamação: "Uma nova doutrina com autoridade!" (Mc 1,27). Seu poder extraordinário não está somente no dizer/ensinar, mas também no fazer/curar. As sequências prosseguem sempre sobre estas duas vertentes: cura a sogra de Pedro e diversos doentes (Mc 1,29-31 e Mc 1,32-34) e deve proclamar a Boa Notícia em toda a região (Mc 1,35-38); mais em geral: "E foi, por toda a Galileia, levando o anúncio nas suas sinagogas e expulsando os demônios" (Mc 1,39). Um poder (*exousia*) o seu que se aplica também ao perdão dos pecados (Mc 2,10).

Ora, a um Jesus mestre incomparável devem corresponder os discípulos: assim "os seguidores" do dado tradicional que remonta a Jesus tornam-se "os discípulos" com uma clara delimitação de caráter androcêntrico: são somente homens, enquanto no grupo itinerante de Jesus havia também mulheres que, porém, Marcos exclui do "discipulado". O vocábulo, de fato, nunca aparece na sua forma feminina *mathētria* (discípula). No NT, essa forma feminina é atestada somente em At 9,36 e se aplica a Tabita: uma novidade compreensível porque em Atos os discípulos são os crentes das comunidades cristãs, homens e mulheres.

Por sua parte, Mateus reelaborou tudo segundo duas diretrizes. Primeiramente, com relação ao Jesus terreno, identificou os discípulos com os Doze, como aparece na introdução e na conclusão redacionais do discurso missionário: "Chamando a si os doze discípulos"/ "Quando terminou de dar estas instruções a seus doze discípulos…" (Mt 10,1; 11,1). Para o tempo da Igreja, por sua vez, disse que o fim da evangelização consiste em "fazer discípulos" (*mathēteuein*) entre todos os povos, batizando-os e lhes ensinando (*didaskontes*) a observar quanto Jesus tinha ordenado (Mt 28,19-20). O magistério de Jesus continua, a díade mestre/discípulos atravessa a história cristã e agora incumbe à Igreja.

Em resumo, historicamente a insistência dos evangelhos sobre Jesus mestre e seus seguidores — chamados, com intenção didática, discípulos — deve ser atribuída à comunidade cristã. O Nazareno foi sobretudo uma figura carismática de grande impacto, transcendente à figura de um "professor", e capaz de um dizer e um fazer expressivos de extraordinária autoridade (*exousia*). Sobre a base dos resultados da pesquisa se deve redimensionar, se não colocar totalmente fora de circulação, uma imagem costumeira mas artificial de um Jesus que abre escola a discípulos chamados a aprender sua doutrina, um pouco como os filósofos do mundo grego e os mestres rabínicos. Não por acaso ao verbo *manthanein*, aprender, recorre--se tão poucas vezes nos evangelhos — somente sete vezes.

Pode-se citar, não sem um sorriso, o juízo do radical Bultmann que fala de um Jesus que apareceu no cenário palestino da época como um sábio rabi judeu:

> Mas se a tradição evangélica merece verdadeiramente certa confiança, isto é evidente: *Jesus de fato agiu como rabi judeu*. Como tal, entra como mestre nas sinagogas. Como tal, recolhe em torno a si um grupo de discípulos. Como tal, discute a respeito de questões da lei com discípulos e adversários ou com pessoas desejosas de saber, que se dirigem a ele como a célebre rabi. Discute com a mesma arte usada pelos rabinos judeus, se serve dos mesmos métodos argumentativos, do mesmo gênero de linguagem; como aqueles, cunha provérbios e ensina com parábolas" (*Gesù*, p. 150).

Na mesma linha está o retrato de alguns expoentes da *third quest*, segundo os quais o Jesus real foi um mestre de sabedoria do tipo grego, particularmente semelhante aos filósofos cínicos.

A análise do léxico "ensinar" e "mestre" em nossas fontes corresponde àquela sobre o vocábulo "os discípulos". *Didaskalos* (mestre) recorre uma só vez na fonte Q e além do mais em um dito geral: "O discípulo não é maior que o mestre" (Lc 6,40 e Mt 10,24s, que acrescenta ali um dito paralelo sobre o escravo e o senhor). O verbo correspondente *didaskein* (ensinar) está totalmente ausente em Q, em que o falar de Jesus é chamado simplesmente *legein* (dizer). Somente Mt 5,2 chama o discurso da montanha *didaskein*, mas por iniciativa própria, como mostra a passagem paralela de Lc 5,20, em que temos "dizia" (*elegen*). "Uma lacuna casual?", pergunta-se Karrer (p. 5). É Marcos que usa várias vezes quer *didaskalos*, quer *didaskein*, acoplado com o uso de *mathētai* (discípulos), e o faz em razão de suas finalidades cristológicas, como vimos. Compartilho substancialmente a avaliação de Rengstorf: "Sinal distintivo do *mathētēs* não é o *manthanein*, mas melhor o *akolouthein*, colocar-se e permanecer no seguimento" (col. 1.098). Em outras palavras, aqueles que se congregaram em torno de Jesus eram discípulos-seguidores. E acrescento que Jesus não pode ser representado essencialmente como professor de escola, mesmo se no seu falar não faltavam palavras didáticas de sabedoria, como veremos no capítulo seguinte.

8. Configuração sociológica do líder e de seu grupo

Jesus e seus seguidores formam uma única figura sociológica, mas parece preferível falar separadamente do líder, que tem uma função singular na pequena agregação, e de seus seguidores.

8.1. Jesus, um itinerante

É um dado enfatizado especialmente nos estudos recentes. De resto, pouco antes vimos como Jesus mesmo tenha se apresentado a quem se candidatava ao seu seguimento nas vestes de um errante. Depois de ter deixado casa e família, vivia, normalmente, sem morada fixa. O quarto evangelho o faz ir a Cafarnaum com permanência de poucos dias (Jo 2,12). A mesma hospitalidade recebida nesta ou naquela casa caracteriza sua errância: foi hospedado na habitação de Pedro, curando sua sogra (Mc 1,29-31); entrou na casa do publicano Zaqueu (Lc 19,1ss); foi convidado por um fariseu chamado Simão, feito objeto de carinhosas e contritas deferências de uma pecadora pública (Lc 7,36ss); em Betânia tinha como ponto de apoio a casa acolhedora dos amigos Lázaro, Marta e Maria (Jo 11,1-44; 12,1-11). Em resumo, praticava um *éthos* apátrida, segundo a fórmula de Theissen (Radicalismo, pp. 76-77), e era socialmente desenraizado.

Devemos, porém, precisar: um itinerante rural, não urbano, como era a clássica figura do filósofo cínico. Anteriormente apontamos que os evangelhos não conhecem a presença de Jesus nas cidades de Tiberíades e de Séforis, fato, ao que parece, de intencional distanciamento. As anotações topográficas dos evangelhos são aqui numerosas e conformes: Mc 1,38 atesta que na Galileia ele não tinha intenção de permanecer em um lugar mas de andar nas aldeias (*kōmopoleis*) da região. "Percorria os povoados (*kōmai*) circunvizinhos", lemos em Mc 6,6. Retira-se com seus discípulos em lugar desabitado (Mc 6,32). O cego de Betsaida é curado fora da aldeia (Mc 8,23). Vai às aldeias da região de Cesareia de Filipe (Mc 8,27). Durante a viagem a Jerusalém, entra em uma aldeia samaritana (Lc 9,52) e depois vai para outra aldeia (Lc 9,56). Em seguida, faz seu ingresso na aldeia de Marta e Maria (Lc 10,38ss). Atravessa um campo com seus discípulos, que arrancam espigas para comê-las (Mc 2,23). Sem esquecer das frequentes passagens de um lado ao outro do lago de Tiberíades (Mc 3,8; 4,35; 5,1 etc.) e ao longo de sua margem noroeste.

O abandono da casa e dos familiares acontecera não sem ásperas tensões e fortes conflitos, como testemunha Mc 3,21: "Os seus (*hoi par'autou*) vieram a sequestrá-lo (*kratein*); de fato, diziam que ele estava fora de si (*exestē*)", um trecho escandaloso não por acaso excluído por Mateus e Lucas. Os familiares comparecem de novo pouco depois, em uma passagem que atesta como Jesus tinha se afastado deles: enquanto se encontra em uma casa, rodeado por ouvintes atentos, sua mãe, os irmãos e as irmãs, permanecendo do lado de fora, mandaram-lhe dizer que queriam encontrá-lo; mas ele replica com certa dureza: "Quem é minha mãe e quem são os [meus] irmãos? E passando o olhar (*periblepsamenos*) sobre aqueles que estavam sentados em círculo ao redor dele disse: Eis minha mãe e meus irmãos. Aquele que cumpre a vontade de Deus, esse é meu irmão, minha irmã e minha mãe" (Mc 3,31-35 e par. Mt 12,46-50; Lc 8,19-21).

Com o abandono da casa deixou evidentemente também o trabalho, fazendo assim faltar à família a contribuição preciosa de seus braços. Como uma pessoa sem-teto, para seu sustento tinha diante de si dois caminhos: pedir esmolas, como faziam muitos deserdados de seu tempo na Galileia, mas também os cínicos nas cidades gregas, ou ser sustentado pelos amigos, obter a hospitalidade ocasional desta ou daquela família, em suma, viver da solidariedade de pessoas amigas. Sua escolha foi pelo segundo, como vimos anteriormente: mulheres com posses colocavam ao seu serviço e dos seguidores os meios com que se sustentar; casas de amigos o hospedavam.

Com certo fundamento, pode-se também supor que seu teor ascético de vida sem meios próprios, diríamos de "filho das flores" [*hippie*] *ante litteram*, tenha combinado um ascetismo sexual: sem mulher e sem uma família própria. Já nos capítulos precedentes foi citado o dito, não sem certa rispidez, sobre as três categorias de eunucos: aqueles que tais são por natureza, os que são castrados, e os que metaforicamente se mutilaram para entregar-se à causa do Reino (Mt 19,12): neste último grupo deve ter representado a si mesmo. De resto, seu estilo de vida implicava uma vida de solteiro.

Sua posição era crítica também do ponto de vista moral: um filho e um irmão que abandonara casa e trabalho e vivia como vagabundo, revelava-se uma pessoa desonrada e desonrosa para a família de origem. Estudos recentes, em particular o de Guijarro Oporto, sublinharam como a honra pessoal e familiar fosse sumamente estimada na cultura mediterrânea daquela época. Em tal contexto, compreendemos melhor a palavra-provérbio de Jesus rejeitado pelos seus em Nazaré. Duas fontes diversas o atestam: ele é um profeta "sem honra" (*atimos*: Mc 6,4 e Mt 13,57; Lc 4,24 limita-se a falar de profeta não acolhido [*ou dektos*]); "um profeta que não tem honra" (*timēn*: Jo 4,44). A versão do dito no *Evangelho de Tomé* é dupla: "Um profeta não é aceito (*dektos*) no seu país. Um médico não cura aqueles que o conhecem" (n. 31: papiro de Oxirrinco 1,5). É assim que com toda a probabilidade histórica podemos explicar o ostracismo que sua aldeia lhe decretou (Mc 6,1ss e par.).

Dele ademais se dizia o pior, a julgar pelos padrões ético-culturais do ambiente: colocado em confronto com João Batista, severo asceta do deserto, aparecia como "um comilão e um beberrão" (Q: Lc 7,34 e Mt 11,19); sentava-se à mesa em alegre companhia com publicanos de não duvidosa imoralidade (Mc 2,15-17 e par.); convidou-se a casa de um chefe publicano de Jericó, Zaqueu, por sua própria confissão agiota matriculado (Lc 19,1-10); em uma palavra, "amigo de publicanos e pecadores públicos" (Q: Lc 7,34b e Mt 11,19b); longe de tomar as devidas distâncias de mulheres de má fama, aceitou os gestos de comprometedora gentileza de uma dessas, que entrou na casa do fariseu Simão (Lc 7,36-50); e ousava assegurar o ingresso na área salvífica constituída pelo poder régio de Deus a pecadores públicos e prostitutas que acreditavam na sua Boa Notícia (Mt 21,31-32).

8.2. Um apátrida acompanhado de apátridas

Se os destinatários da ação de evangelista do Reino de Deus eram em geral os judeus — por isso muitas vezes a gente (*okhlos/okhloi*) está presente nos relatos e nas coleções dos ditos evangélicos —, ao redor de Jesus formaram-se três círculos de pessoas com relações mais ou menos estreitas com sua pessoa e sua missão. Aquele mais externo estava formado por simpatizantes ou também por pessoas que se aproximavam dele; depois, o círculo um pouco mais estreito era constituído de quantos aderiram a seu anúncio, considerando-o crível e confiável; enfim, os seguidores que, de modo permanente, ou também apenas por certos períodos, compartilhavam sua vida de itinerante. Os primeiros tinham simpatia por ele e apreciavam algumas de suas posições: a um escriba disse que não estava longe do Reino de Deus (Mc 12,34); alguns fariseus deviam estimá-lo, visto que lhe comunicaram as intenções homicidas de Herodes Antipas (Lc 13,31), sem falar que foi hóspede bem-vindo nas suas casas (Lc 7,36-50; 11,37; 14,1). Os segundos, por sua vez, tinham abraçado plenamente a causa, mas ficavam em suas casas, talvez dando a ele e a seu grupo hospitalidade e concreta solidariedade. Em nossas fontes, fala-se nominalmente de Lázaro, Marta e Maria em Betânia (Jo 11-12), de Nicodemos (Jo 3,1-21), e também de Zaqueu que tinha se convertido na ocasião de sua visita (Lc 19,1-10); talvez possamos elencar ainda o anônimo jerosolimitano que colocou à sua disposição a sala para a ceia pascal (Mc 14,14-15 e par.), e não parece arriscado pensar também aos beneficiados pela sua ação taumatúrgica. O círculo mais próximo e mais bem definido estava constituído pelos seguidores, os Doze, mas também por outros — por exemplo, Natanael (Jo 1,45-51) —, que não aparecem no elenco dos doze: Aqueles que tinham se candidatado ao seguimento aceitando suas duras exigências, ou tinham sido chamados a permanecer com ele, e tinham respondido positivamente. Podemos chamá-los discípulos-seguidores, entre os quais também as mulheres "diaconisas", a distinguir dos discípulos sedentários, ou também, com Theissen, carismáticos itinerantes. Eles compartilhavam sua errância e sua missão, colaborando em diversos modos. Citamos a fórmula densa de significado de Pesce: "Jesus era um itinerante acompanhado de itinerantes" (p. 372).

Como ele, tinham abandonado casa e trabalho, abraçando, à imitação de Jesus, o ethos apátrida e, sempre segundo Theissen, o *ethos* não familiar ("Radicalismo", p. 77), sem falar de seu desapego dos bens deste mundo. Não diversamente dele, deviam aparecer antissociais e seres desprezados pelo ambiente: tinham rompido polemicamente os vínculos com a sociedade fundada, então mais do que nunca, sobre a família e sua estabilidade. Guijarro Oporto evidencia como o distanciamento e, às vezes, a ruptura tenham se verificado sobretudo entre filhos e pais, fazendo assim vacilar os fundamentos da família patriarcal, típica dos países mediterrâneos daquele tempo, dominada pela *auctoritas* indiscutível do *paterfamilias*. Assim, os dois irmãos Tiago e João tinham abandonado o pai e a empresa familiar dedicada à pesca. Da frase de Jesus "Quem não odeia o pai e a mãe não pode ser meu discípulo" depreende-se que é o filho quem se separa do chefe de família. Ainda mais vale a exigência incrível de deixar o velho pai sem sustento e de negar-lhe, quando da morte, um devido e honroso funeral. Estamos diante de uma ruptura entre gerações de cima a baixo, que colocou em discussão o poder supremo do *paterfamilias* que dominava, durante sua vida, sobre os filhos, inclusive quando se casavam em casa e participavam à economia familiar.

Era uma ruptura que podia verificar-se contra o consenso do pai, e então assumia as características de aberta rebelião por uma parte e de ostracismo por outra, ou em termos consensuais; evitavam-se assim conflitos em família, mas eram estigmatizados para sempre pelo ambiente. Na sua monografia, Ebner mostrou a conexão estreita entre carisma e estigma.

8.3. Itinerantes missionários

É também do ponto de vista sociológico, e não apenas teológico, que se revelam interessantes as modalidades da missão dos enviados pelo Nazareno para difundir sua Boa Notícia. Sobre a historicidade da missão pré--pascal registra-se um discreto consenso entre os estudiosos; sobretudo a vocação deles por parte de um Jesus "missionário" faz sentido se finalizada a colaborar ativamente com ele. Mas não faltam contestações de muitos estudiosos que insistem no fato de que são apresentadas as mesmas modalidades da missão pós-pascal dos carismáticos itinerantes, estudados por Theissen, que, contudo, ele considera "transmissores" de uma experiência precedente e dos ditos radicais do "mestre" por eles interpretados e vividos ao pé da letra, *sine glossa*. Nos evangelhos, temos duas fontes independentes e nem sempre concordantes, Mc 6,6b-13, conhecido por Mateus e Lucas, e a fonte Q, atestada nesses dois evangelistas. Lucas ademais dividiu a missão em duas: a missão a Israel (Lc 9) e aquela universal aos povos confiada a 70 (ou 72) discípulos (Lc 10) e por ele criada redacionalmente para sublinhar que a missão cristã não se limita aos Doze. A versão marcana oferece-nos estes dados: irão de dois em dois, autorizados para realizar exorcismos e curas e para anunciar a Boa Notícia; não devem levar nada, exceto um bastão (para defender-se): nada de pão, nenhum alforje (*pēra*), sem moedas no cinto, mas calçando sandálias, renunciando à segunda túnica, pedindo hospitalidade em casas acolhedoras, contudo somente em uma por localidade, e em caso de rejeição de sua mensagem "sacudirão o pó dos pés como testemunho contra eles" (Mc 6,11), um gesto de distanciamento total e de ameaça.

Na versão de Q (Lc 9,2.3.4-12 e Mt 10,16.9-10a.7-8.10b-11.14-15) especifica-se que a mensagem versa sobre o Reino de Deus, se prescreve que os missionários não devem pegar nada (*mēden airete*), "nem bastão, nem alforje (*pēra*), nem pão, nem dinheiro, nem ter duas túnicas" (Lc). Mateus acrescenta a renúncia às sandálias e a prescrição de cumprir a missão gratuitamente: "Recebestes gratuitamente, gratuitamente dai" (Mt 10,8b). Enfatiza a práxis de pedir hospitalidade em alguma casa com a seguinte justificação: "O trabalhador merece receber seu salário (*misthos*)" (Lc 10,7), enquanto em Mt 10,10 se fala de alimento (*trophē*). Em seguida, Q confirma que a missão tem dimensão doméstica: irão de casa em casa, e acrescenta a ordem do voto augural: invocarão sobre a família a paz, isto é, a salvação, que será eficaz somente se os destinatários forem dignos dela (Lc 10,5-6). Mas, depois, Lucas fala de uma missão urbana com indicações bastante polêmicas: se os missionários não fossem aceitos, assim são intimados: "Saí para suas (da cidade) praças e dizei: Até a poeira de vossa cidade que se grudou aos nossos pés, nós a sacudimos contra vós" e segue o dito de Jesus: "Eu vos digo: naquele dia Sodoma será tratada mais benignamente que aquela cidade" (Lc 10,10.12). Aqui toma a palavra a comunidade de Q que, rejeitada na sua missão pelos destinatários da missão, lança anátemas contra os renitentes. Não assim a missão pré-pascal atestada nas fontes Mc e Q.

Na sua obra principal (pp. 378ss), Crossan chamou a atenção sobre a comensalidade e qual o modo de sustentar-se dos missionários, observando como as comunidades protocristãs passaram em seguida a reivindicar para o anunciador o direito ao salário, para depois, talvez, gloriar-se do fato de não beneficiar-se disso, como no caso de Paulo (cf. 1Cor 9). Na realidade, o estudioso fala de três estágios evolutivos: comensalidade, alimento, salário; mas os primeiros dois se equivalem na prática, e por isso temos o dúplice princípio do missionário que merece receber (*axios*) seu alimento (*trophē*) e justa retribuição (*misthos*). Na primeira direção vão a fonte Q (Lc 10,7a e Mt 10,10), menos explicitamente Mc 6,10 e com os mesmos termos de Q o *Evangelho Apócrifo de Tomé*: "Se vos acolhem, comei o que vos oferecerem" (n. 14); depois a Didaqué 13,1 nos mesmos termos: "[...] merece seu alimento"; enfim *Dial Salv* 53b e 1Cor 9,4: "Não temos direito de comer e de beber?". O direito a receber um justo salário é atestado em Lc 10,7b e na mesma formulação em 1Tm 5,18. A práxis da comensalidade remonta com certeza ao Jesus histórico, enquanto a segunda é própria da Igreja dos primeiros decênios.

No mesmo contexto da missão são registrados os seguintes ditos de Jesus: "A messe é muita, os operários, poucos" (Q: Lc 10,2 e Mt 9,37); "Sede prudentes como serpentes e simples como pombas" (Mt 10,16).

O equipamento dos itinerantes do grupo de Jesus, e de Jesus mesmo, não há dúvidas, mostra analogias e diferenças com aquele dos cínicos e dos essênios. A fonte Q é mais rigorosa: não devem levar absolutamente nada; Marcos, por sua vez, exclui somente o alforje no qual colocar alguma provisão, duas túnicas e cinto-carteira com dinheiro; mas admite sandálias aos pés e bastão (de defesa), explicitamente excluídos na fonte Q. Na *Didaqué* prescreve-se que "o apóstolo não leve consigo para a viagem nada além do pão (suficiente) até o lugar onde ficará; e se pedir dinheiro, é um falso profeta" (11,6a). Os essênios, quando viajavam, andavam a pés nus, sem alforje para provisões, porque se confiavam à hospitalidade dos "irmãos", mas com armas de autodefesa pessoal, como nos atesta Flávio Josefo: "Por isso, quando viajam, não levam consigo absolutamente nada, a não ser as armas contra os bandidos". A figura do cínico itinerante por sua vez era clássica: manto, alforje (*pēra*), bastão. De Diógenes, o cínico (404-323 a.C.), nos deixou claro testemunho Diógenes Laércio: "Segundo alguns, foi o primeiro a duplicar manto pela necessidade também de dormir dentro, e levava um alforje no qual recolhia os alimentos" (6,22). O mesmo autor registra a recordação do grande filósofo, escrita por Cercidas de Megalópolis: "Não mais, ele que um tempo foi cidadão de Sinope, célebre por seu bastão, pelo duplo manto e pelo nutrir-se de éter" (6,76).

Um texto exortativo da fonte Q nos ajuda a entender a condição interna e externa do grupo de itinerantes de Jesus: sem posses, grande confiança na providência paterna de Deus, todos ocupados com a causa do Reino de Deus:

> Não vos preocupeis com a vida, o que haveis de comer, nem com o corpo, o que haveis de vestir. A vida não é talvez mais do que o alimento e o corpo mais do que a roupa? Olhai os corvos: não semeiam nem colhem, nem acumulam nos celeiros, mas Deus os alimenta. Não valeis vós mais do que as aves? Quem dentre vós, afanando-se, pode acrescentar um palmo à sua estatura? E para que se preocupar com a roupa? Olhai como crescem os lírios: não fiam, nem tecem. Contudo, eu vos asseguro que nem Salomão, com todo o seu esplendor, se vestiu como um deles. Ora, se Deus veste tão esplendidamente a erva do campo, que hoje existe e amanhã se lança no fogo, não fará mais por vós, gente de pouca fé? Não vos

preocupeis portanto com que comer ou beber. São os pagãos que estão à procura de tudo isso. Vosso Pai sabe que tendes necessidade disso. Antes, buscai o seu reino, e essas coisas vos serão acrescentadas (Lc 12,22-31 e Mt 6,25-34).

8.4. Analogias, antecedentes, paralelos?

Imediatamente excluímos a equiparação com os chefes carismáticos do século I: Jesus não chamou as massas a segui-lo, mas pessoas escolhidas, e não perseguiu nenhum projeto político-revolucionário. A respeito disso, Ebner fala da "abstinência social-revolucionária" de Jesus (p. 166). O confronto mais frequente foi realizado com a experiência e a instituição mestre-discípulos do rabinismo, revelando como no caso do Nazareno se destaquem os seguintes dados característicos: os discípulos são escolhidos por ele, permanecem discípulos para sempre, são chamados a compartilhar sua vida e missão, devem satisfazer exigências radicais de seguimento, arriscando até a vida. Do outro lado, releva-se como na instituição rabínica eram os discípulos a escolher o mestre, o aprendizado temporário se concluía com a ordenação a rabi, os discípulos eram doutrinados no conhecimento da Torá, não faltavam sacrifícios e renúncias, mas nunca muito radicais. Se acrescente a *stabilitas loci* aqui e a errância lá. Trata-se, na realidade, de experiências bastante distantes: basta pensar que Jesus não era propriamente um mestre, mas um carismático de grande fascínio; Hengel diz de estatura messiânica (por ex., pp. 123 e 153), que solidificou em torno dele não uma multidão de discípulos com fins didáticos, mas um grupo de seguidores do seu caminho de evangelista do Reino de Deus e de taumaturgo, sem excluir mulheres participantes à sua errância. Hengel revela, com justiça, que nele faltava a douta atmosfera da escola (p. 95). Certamente, podem-se revelar aqui e lá semelhanças e analogias, mas se trata de grandezas não estritamente comparáveis.

Um julgamento igualmente drástico vale para o confronto entre Jesus e seu grupo com o Mestre de Justiça de Qumrã e seus adeptos, mesmo quando a tensão escatológica tornava semelhantes ambos líderes e os discípulos estavam ligados a eles com um vínculo de profunda confiança. As diferenças, de qualquer modo, são grandes: comunidades monásticas de um lado e itinerantes do outro; comunhão de bens para os qumranitas — o que resolvia brilhantemente o problema da própria sustentação —, abandono total e confiança na solidariedade dos outros; estudo e observância escrupulosa da Lei segundo a hermenêutica do Mestre de Justiça, participação na causa do Reino de Deus própria de Jesus. Além disso, a prospectiva geral do Nazareno era diametralmente oposta, se vista com relação à inclusão dos marginais, dos impuros e dos não praticantes no espaço da salvação escatológica *versus* o exclusivismo sectário da comunidade qumrânica, cujos membros tinham consciência de serem os únicos filhos da luz, únicos beneficiários da eleição divina, contra todos os outros, considerados filhos das trevas.

Ultimamente, não poucos estudiosos anglófonos afirmaram que Jesus e seu grupo devem ser compreendidos como uma variante, mais ou menos próxima, dos cínicos do mundo grego que, depois do esplendor dos séculos IV-III a.C. e o eclipse a seguir, no século I d.C., tinham conhecido uma nova florescente estação. A hipótese cínica, atribuída diretamente e em primeira instância à fonte Q, será retomada mais adiante quando analisarei a palavra aforística e sapiencial de Jesus. Agora, porém, pareceu útil aduzir algumas linhas essenciais do retrato de Diógenes de Sinope, desenhado por Diógenes Laércio, que mostra analogias mas também qualificantes diversidades do cínico grego com relação ao "profeta" da Galileia. Já antes se relevou que o primeiro, para se sustentar, recorria à esmola, enquanto o segundo e seus seguidores se confiavam à solidariedade de amigos e mantenedores. Em comum possuem uma vida de "associalidade". De Diógenes se diz: "Em todo caso, ele era sem cidade, sem-teto, expulso da pátria, mendigo, errante, à procura cotidiana de um pedaço de pão" (6,38). Seu distanciamento das coisas era radical: "Uma vez viu um menino que bebia na concavidade das mãos e jogou fora a tigela, dizendo: 'Um menino me deu lição de simplicidade'. Jogou fora também a bacia, porque viu também um menino que, quebrado o prato, colocou as lentilhas na cavidade de um pedaço de pão" (6,37). À riqueza preferia a pobreza: "Insistindo Cratero para tê-lo como hóspede, disse: 'Quero lamber sal em Atenas antes que gozar da rica mesa de Cratero'" (6,57). A contestação da sociedade, de suas instituições e de seus "valores" era absoluta: "Ridicularizava a nobreza de natalícios, a reputação e coisas semelhantes, julgando-os ornamentos vistosos do vício [...]; admitia a comunidade das mulheres, não reconhecia o matrimônio, mas a convivência concordada entre homem e mulher. Em consequência, também os filhos deviam ser comuns" (6,72). Não estava ausente o extremo da autodenigração: a Alexandre, o Grande, que se lhe tinha apresentado como "o grande rei" declara sua identidade: "E eu sou

Diógenes, o cão" (6,60). No entanto, nenhum senso de humildade ou complexo de inferioridade; ao contrário, não lhe faltavam tons de ostentação, como aparece neste apotegma: "Uma vez, enquanto tomava sol no Craneo, Alexandre chegando-se a ele disse: 'Pede-me o que quiserdes' e Diógenes respondeu: 'Deixa de me fazer sombra'" (6,38). A liberdade interior das paixões mundanas era seu ideal: "Costumava sentenciar que os néscios são escravos das paixões, como os servos dos patrões" (6,66). Liberdade interior, mas também liberdade de palavra, não desprovida de sarcástica provocação: "Interrogado qual fosse a coisa mais bela entre os homens, disse: 'A liberdade de palavra (*parrēsia*)'" (6,69). O cínico se sentia vinculado somente à lei da natureza, não às leis humanas: "[...] dava menor peso às prescrições das leis que às da natureza" (6,71).

Importante é também o seguinte testemunho de Antístenes sobre outro cínico da antiguidade, Crates, o Velho († 290 a.C.), discípulo de Diógenes: "Vendeu seu patrimônio, que pertencia a distinta família, conseguiu cerca de 200 talentos que distribui aos seus concidadãos". Um pouco diferente o testemunho de Diocles: "Diógenes o convenceu a abandonar seus campos para pasto das ovelhas e lançar ao mar o dinheiro que tivesse" (Diógenes Laércio 6,87).

Não queremos, enfim, aqui silenciar sobre um filósofo estoico Epicteto (50-130 d.C.), próximo aos tempos de Jesus, que assim descreve o cínico caracterizado de *ataraxia*, imperturbabilidade: "Olhai para mim: sou sem casa, sem cidade, sem bens, sem escravos; meu colchão é a terra, não tenho mulher, nem filhos, nem uma casinhola, mas somente a terra e o céu, e um único manto. Mesmo assim, que me falta? Não vivo sem pesares? Não vivo sem medos? Não sou livre?" (*Diatr* 22,46-48).

No cinismo tudo é finalizado à autossuficiência do indivíduo (*autarkheia*) e a uma ostensível liberdade (*eleutheria*) das necessidades, influxos externos e paixões (*apatheia*). Outro é o significado do radicalismo do grupo de Jesus, como vimos.

8.5. Familia dei

A perspectiva de uma nova família que se forma, a *familia dei* (cf. Roh), não se limita aos seguidores e itinerantes, mas é válida para todos os que aderiram a seu anúncio. Anteriormente, citamos o dito que dela são membros quantos estão ao seu redor e fazem a vontade de Deus (Mc 3,31-32 e par.). Abandonou a família natural e constitui outra sobre bases espirituais. O mesmo símbolo religioso paterno que o caracteriza inclusive lexicamente — Deus é invocado por ele como *abba* — segue neste sentido: uma comunidade, a sua, privada de pais terrenos, mas com um único e comum Pai celeste. Não por acaso o material próprio a Mateus tenta excluir da agregação dos "discípulos" a presença de dominantes, afirmando uma difusa fraternidade: "Não permitais que vos chamem rabi, porque um só é vosso mestre, e vós todos sois irmãos. E não chameis pai a ninguém na terra, porque um só é vosso pai, o celeste" (Mt 23,8-9).

Uma "família" unida também em uma própria oração de invocação, o pai-nosso: "Seja por ti santificado teu nome; venha logo teu Reino; dá-nos hoje nosso pão de que necessitamos (ou: para este dia); perdoa nossas dívidas como também nós perdoamos aos nossos devedores; e não nos faças entrar no vórtice da tentação" (Q: Lc 11,2-4 e Mt 6,9-13), que mostra semelhanças não marginais com a antiga oração judaica do *Qaddish*:

> Que seja enaltecido e santificado seu grande nome no mundo que ele criou segundo sua vontade. Que estabeleça seu Reino na vossa vida e nos vossos dias, nos dias de toda a casa de Israel, logo e proximamente e que se diga: Amém! Que seu grande nome seja bendito para sempre, nos séculos dos séculos. Bendito, louvado, celebrado, exaltado, venerado, honrado, enaltecido e louvado seja o nome do santo, seja bendito ele que está acima de toda bênção, de todo cântico, de todo louvor que pode ser recitado neste mundo. Dizei: Amém! Uma paz abundante e a vida desçam do céu sobre nós e sobre todo Israel. Dizei: Amém! Aquele que fez a paz nas alturas difunda a paz sobre nós e sobre todo Israel. Dizei: Amém! Que seu nome grande seja bendito nos séculos dos séculos. Amém!

O redimensionamento dos vínculos de sangue, a favor da valoração dos novos de adesão à causa de Deus, é expresso também em um dito próprio de Lucas: à bem-aventurança de uma mulher entusiasta entre os ouvintes: "Feliz o ventre que te levou e os seios que te amamentaram", Jesus respondeu: "Felizes, melhor, aqueles que escutam a palavra de Deus e a observam" (Lc 11,27-28).

Bibliografia do capítulo

Agnew, F. H. The origin of the NT apostle-concept. A review of research. In: *JBL* 105(1986), pp. 75-96.

Bockmuehl, M. "Let the dead bury their dead" (Mt 8:22/Lk 9:60): Jesus and the Halakah. In: *JThSt* 49(1998), pp. 582-629.

Coulot, C. *Jésus et le disciple. Étude sur l'autorité messianique de Jésus*. Paris, 1987.
Crossan, J. D. *Jesus*. Uma biografia revolucionária. Rio de Janeiro, Imago, 1995. pp. 115-134.
Downing F. G. The social contexts of Jesus the Teacher. Construction or reconstruction. In: *NTS* 33(1987), pp. 439-451.
_____. Christ and the cynics. Jesus and other radical preachers in first-century-tradition. Sheffield, 1988.
_____. Deeper reflections on the jewish cynic Jesus. In: *JBL* 117(1998), pp. 97-104.
Dunn, D. G. *Jesus' call to discipleship*. Cambridge, 1992.
Dupont, J. Le nom d'Apôtres a-t-il été donné aux Douze par Jésus? In: *Études sur les évangiles* synoptiques. Leuven, 1985. pp. 976-1018.
_____. Le logion de douze trônes (Mt 19,28; Lc 22,28-30), ibid. pp. 706-743.
Ebner, M. *Jesus — ein Weisheitslehrer? Synoptische Weisheitslogien in Traditionsprozess*. Freiburg-Basel-Wien, 1998.
Eddy, P. R. Jesus as Diogenes? Reflections on the cynic Jesus thesis. In: *JBL* 115(1996), pp. 449-469.
Fusco, V. *Povertà e sequela. La pericope sinottica della chiamata del ricco* (Mc 10,17-31 par.). Brescia, Paideia, 1991.
Guijarro Oporto, S. Reino y familia en conflicto. Una aportación al estudio del Jesús histórico. In: EstBibl 56(1998), pp. 507-541.
Hengel, M. *Sequela e carisma. Studio esegetico e di storia delle religioni su Mt 8,21s e la chiamata di Gesù alla sequela*. Brescia, Paideia, 1990.
Karrer, M. Lehrende Jesus. Neutestamentliche Erwägungen. In: *ZNW* 83(1992), pp. 1-20.
Kittel, G. *akoloutheō*. In: *GLNT* I, col. 567-582.
Leonardi, G. I discepoli del Gesù terreno e i ministeri nelle prime comunità. Rottura o normale evoluzione? In: *FS C. M. Martini*. Bologna, EDB, 1998. pp. 455-485.
Lohse, E. Rabbi. In: *GLNT* XI, col. 911-922.
Meier, J. P. The circle of the Twelve. Did it exist during Jesus' public ministry? In: JBL 116(1997), pp. 635-672.
_____. *A marginal jew*. Rethinking the historical Jesus. III. New York, Doubleday, 2001. pp. 17-285 (Jesus the Jew and his jewish followers).
Neudecker, R. Master-disciple/disciple-master relationship in rabbinic judaism and in the Gospels. In: *Greg* 80(1999), pp. 245-261.
Pesce, M. Discepolato gesuano e discepolato rabbinico. In: *ANRW II*, 25/1, Berlin-New York, 1982. pp. 351-389.

Rengstorf, K. H. *manthanō/mathētēs*. In: *GLNT* VI, col. 1053-1238.

_____. *dōdeka*. In: *GLNT* II, col. 1563-1580.

Riesner, R. *Jesus als Lehrer. Eine Untersuchung zum Ursprung der Evangelien-Überlieferung*. Tübingen, 1981.

_____. Jesus as preacher and teacher. In: Wansbrough, H., ed. *Jesus and the oral Gospel tradition*. Sheffield, 1991. pp. 185-210.

Roh, T. *Die familia dei in den synoptischen Evangelien: eine redaktions- und sozialgeschichtliche Untersuchung zu einem urchristlichen Bildfeld*. Freiburg-Göttingen, 2001.

Sanders, E. P. *Gesù e il giudaismo*. Genova, Marietti, 1992. pp. 132-141.

Schottroff, W. Wanderprophetinnen. Eine feministische Analyse der Logienquelle. In: *EvTh* 51(1991), pp. 332-344.

Theissen, G. Radicalismo itinerante. Aspetti sociologicoletterari della tradizione delle parole di Gesù nel cristianesimo primitivo. In: *Sociologia del cristianesimo primitivo*. pp. 73-94.

_____. "Noi abbiamo lasciato tutto" (Mc 10,28). Sequela e sradicamento sociale nella società giudaico-palestinese del I secolo d.C. In: *Sociologia del cristianesimo primitivo*. pp. 95-123.

_____. *Gesù e il suo movimento. Analisi sociologica della comunità cristiana primitiva*. Torino, Claudiana, 1979.

_____. Jesus — Prophet einer millenaristischen Bewegung? In: *EvTh* 59(1999), pp. 402-415.

Theissen, G.; Merz, A. *Il Gesù storico. Un manuale*. Brescia, Queriniana, 1999. pp. 268-281. [Ed. bras.: *O Jesus histórico*. São Paulo, Loyola, 2002].

Theobald, M. Jesus und seine Jünger. Ein problematisches Gruppenbild. In: *ThQ* 173(1993), pp. 219-226.

Trilling, W. Zur Entstehung des Zwölferkreises. Eine geschichtskritische Überlegung. In: *Die Kirche des Anfangs* (FS H. Schürmann). Leipzig, 1977. pp. 201-222.

Witherington III, B. *Women in the ministry of Jesus. A study of Jesus' attitudes to women and their roles as reflected in his earthly life*. Cambridge-New York, 1984.

Zehetbauer, M. Die Bedeutung des Zwölfkreises für die Botschaft Jesu. In: *MTZ* 49(1998), pp. 373-397.

Zumstein, J. *La relation du maître et du disciple dans le bas-judaïsme palestinien et dans l'évangile selon Matthieu*. Lausanne, 1971.

Capítulo XI
SÁBIO ENTRE OS SÁBIOS
DA ANTIGUIDADE

Da atividade verbal de Jesus já se disse muito, especificando até suas diversas tipologias: feliz anúncio da realeza de Deus, relatos parabólicos, bem-aventuranças, palavras de vocação ao seguimento, regras para os seguidores enviados em missão, sem excluir ameaças para os surdos ao seu anúncio e para os renitentes ao seu apelo. Resta-nos tratar *ex professo* outro aspecto muito importante de sua comunicação, objeto de acurado estudo nos últimos vinte anos da pesquisa: os provérbios, as máximas, as sentenças, os aforismos, as exortações, em resumo: os ditos breves e icásticos dos quais nossas fontes documentárias são bastante ricas. Contam-se ao menos uma centena; de fato, Carlston propõe o cômputo de 102 ditos presentes nas fontes sinóticas: 32 em Marcos, 38 em Q, 16 em M (fonte do material próprio de Mateus), 16 em L (fonte específica de Lucas). O mesmo estudioso afirma que podemos considerar consistentemente que pelo menos alguns desses sejam autênticos, do contrário não se explicaria o fato de que tantas palavras desse gênero lhes tenham sido atribuídas. Aune alarga o quadro investigado a 167 ditos, incluídas, porém, as bem-aventuranças e computando também os ditos escatológicos e as breves parábolas: 44 de Marcos (e par.); 49 da fonte Q, 32 e 22 próprios respectivamente de Mateus e de Lucas, 8 de João, 4 do *Evangelho Apócrifo de Tomé* e 8 nos outros escritos apócrifos. Na realidade, o cômputo diverso depende do âmbito mais ou menos vasto dos ditos tomados em consideração; seja como for, não se trata de um problema importante.

Um certo número desses já foi analisado nos capítulos precedentes, sobretudo sob a forma de apotegmas, mas agora se impõe a exigência de estudar diretamente uma dimensão interessante da figura histórica de Jesus: mestre de sabedoria e de vida, duas definições idênticas por conteúdo. Nessa prospectiva entram, por um lado, algumas de suas tomadas de posição, não de princípios, mas acerca de aspectos individuais, sobre o ensino dos preceitos mosaicos e, por outro lado, mais em geral, sobre instâncias éticas. Sabedoria e Lei tinham, na tradição judaica, fortes vínculos e cobriam o que nós chamamos de moral.

Portanto, um sábio da antiguidade, comparável aos outros sábios do mundo judaico e grego daquele tempo? Assim Jesus é hoje compreendido por alguns estudiosos da *third quest*, mas já no passado também por Bultmann, como vimos no capítulo anterior; só que os primeiros o definiram um sábio próximo aos cínicos do mundo grego, qualificação essencial, segundo eles, de sua figura, enquanto o segundo pensou Jesus como mestre de popular sabedoria judaica, uma imagem construída basicamente, a seu modo de ver, pelas comunidades protocristãs: "Muitos *logia* provêm da sabedoria popular e foram acolhidos pela comunidade na tradição cristã e carimbados como palavras de Jesus" (*Die Geschichte*, p. 106). De qualquer forma, está definido, na base dos testemunhos antigos que possuímos, que Jesus tenha aparecido também como um sábio — de resto o próprio Flávio Josefo, no *Testimonium Flavianum*, contudo não de indiscutível autenticidade, chama-o "homem sábio" (*sophos anēr*) —, tenha ensinado com provérbios de sabedoria geral, por si mesmos capazes de suscitar adesão universal na sociedade, mas de fato ilustrativos de uma realidade não costumeira por ele comunicada, e também com aforismos mais pessoais e expressivos de uma visão inovadora das coisas e, enfim, com exortações mais ou menos radicais. Um sábio subversivo, portanto, um pouco como subversiva era, com relação a seu ambiente grego, a filosofia dos cínicos, definidos por Crossan "*hippies* em um mundo de *yuppies*" (O *Jesus histórico*, p. 341). Mas talvez a colocação do Nazareno no campo da "sabedoria subversiva" (qualificação de Borg) parece um pouco unilateral, porque não se lhe podem desconhecer provérbios por si mesmos pertencentes à sabedoria conservadora, aos quais a tradição judaica mostrava um interesse não marginal, como atestam, por exemplo, os livros dos Provérbios e do Eclesiástico.

De passagem, note-se que máximas, sentenças, provérbios, aforismos estão presentes não somente em todas as literaturas, mas também nas tradições orais dos povos não afeitos à escrita.

Ponto nevrálgico das discussões mais acesas é, porém, a copresença em Jesus de duas figuras não facilmente combináveis: o Evangelista do

Reino e o Mestre sapiente. O primeiro voltado ao advento próximo do mundo novo e o segundo interessado ao que acontece a este mundo que parece continuar sem sobressaltos; em uma palavra, como ver presentes na mesma pessoa o impulso apaixonado ao futuro e a atenção ao presente? Um desdobramento de personalidade, ou uma difícil mas consumada harmonização do profeta escatológico e do guru sapiente?

Naturalmente decisivo é o problema da historicidade jesuana de seus ditos: quais remontam a ele, isto é, foram criados ou mesmo escolhidos por ele no material tradicional de seu ambiente, e quais, por sua vez, foram colocados na sua boca pelas comunidades protocristãs, movidas por seus interesses espirituais de "divulgadores" criativos do que o "mestre" tinha dito? Sobretudo, parece importante identificar a situação concreta na qual ele tenha pronunciado este ou aquele dito, e a que coisa de fato o referia. Um provérbio, por si mesmo, ilumina uma realidade não considerada mas conhecida por todos; por exemplo, todos sabem que o médico existe para os doentes, não para os sãos; mas para colher a verdadeira comunicação de Jesus é necessário identificar a situação na qual ele a pronunciou, a quem se dirigia e o que entendia afirmar; então, pode não ser convencional o que determinado provérbio exprime. No caso específico, esse serve para justificar sua solidariedade, afetiva e efetiva, com os excluídos e "os malditos" da sociedade, em particular com publicanos aproveitadores, solidariedade que encarna a ação de Deus que se encarrega, aqui e agora, propriamente deles. Somente unido ao seu referente concreto, o dito é expressivo. Não diversamente, de resto, acontece com as parábolas: também os provérbios jesuanos referem-se a outra coisa e representam aspectos da vida de Jesus. Desse ponto de vista também eles acabam por ser, normalmente, tão "subversivos" quanto os aforismos, só que, ao contrário destes, indiretamente, vistos no seu concreto contexto de comunicação.

Apresentaremos, portanto, como amostra exemplificativa, a sabedoria judaica e a grega, para ter úteis termos de comparação, ao menos formais, com a palavra sapiente de Jesus, Sábio entre os sábios da antiguidade.

1. Sabedoria de matriz grega

Limito-me, por causa das circunstâncias, a duas referências exemplares: os ditos de sabedoria tradicional presentes em Hesíodo e uma olhada na sabedoria contracorrente dos cínicos, em particular de Diógenes.

1.1. Hesíodo

Escolhi no mundo grego Hesíodo com sua obra *Os trabalhos e os dias* porque voz de uma cultura agrocamponesa, a mesma dos provérbios de Jesus de Nazaré, como veremos. A comparação torna-se assim mais homogênea. Os temas da reflexão são os trabalhos dos campos, a devida laboriosidade e a nociva preguiça, as relações com os vizinhos, amigos e inimigos, a mulher para casar, a *medietas* como regra geral do agir, a piedade para com os deuses, o acautelar-se das mulheres sedutoras, a formação de uma família tranquila, riqueza e pobreza, a honestidade nos negócios.

"Convida à mesa aquele que te quer bem (*ton phileonta*), e evita o inimigo; convida sobretudo o que vive perto de ti" (nn. 342-343).

"Um vizinho ruim é uma calamidade, enquanto um bom vizinho é uma grande bênção; quem encontra um vizinho bom, encontra uma posse preciosa. Nem mesmo um boi morreria a não ser por um vizinho ruim. Mede bem, quando tomares emprestado de teu vizinho, e bem quando restituíres, com a mesma medida, e até mais abundante, se possível, para que em caso de necessidade possas encontrar em seguida uma segura reposição" (nn. 346-351).

"Não adquiras ganho vil; o vil ganho é tão ruim quanto uma catástrofe" (n. 352).

"Ama quem te quer bem (*ton phileonta philein*), visita quem te visita. Dá a quem dá, mas não dês a quem não dá: um homem dá ao generoso (*dōtē-i men tis edōken*), mas ninguém dá ao avarento (*adōtē-i d'outis edōken*); dar é um bem, extorquir é um mal que traz a morte" (nn. 353-356).

"Porque o homem que dá do fundo de seu coração, mesmo que seja muito, regozija-se na sua dádiva e fica alegre no seu íntimo; mas quem aferra algo de si mesmo, obedecendo à impudência, mesmo que seja pouco, isso congela seu coração!" (nn. 357-360).

"Quem acrescenta ao que já tem, evitará a fome abrasadora; porque se somas o pouco ao pouco, e fazes isso frequentemente, aquele pouco se tornará um monte. O que alguém tem em casa não o preocupa; é melhor ter as coisas em casa, porque o que vem de fora pode ser nocivo. É bom valer-se do que se tem, mas causa aflição necessitar do que não se tem: eu te convido a refletir sobre isso!" (nn. 361-367).

"Pensa em saciar-te quando a ânfora está cheia e quando está por terminar; quando está no meio, poupa! É miserável poupar quando se está no final!" (nn. 368-369).

"Não deixes que uma mulher que se pavoneia te faça perder a cabeça, sussurrando palavras sedutoras enquanto olha tua despensa. Quem confia em uma mulher (*gynaiki pepoiethe*), confia nos piratas" (nn. 373-375).

"Tem um só filho, para manter a casa paterna — desse modo, de fato, aumenta-se a riqueza do lar —, para que possas morrer em idade avançada, deixando o posto a outro" (nn. 376-378).

"Se teu coração aspira à riqueza, age deste modo, e trabalha: trabalho sobre trabalho (*ergon ep'ergō-i ergazesthai*)!" (nn. 381-382).

"Esta é a lei do campo, seja para os que vivem perto do mar, seja para os que estão nos vales arborizados, longe das ondas do oceano, em terra fértil: nu semeia, nu ara o campo, nu colhe, se quiserdes verdadeiramente os frutos de Deméter no tempo oportuno. Assim certamente cada espécie brotará na sua época, e tu não correrás o risco, mais tarde, de passar necessidade nem de mendigar nas casas alheias, e receber uma total negação!" (nn. 388-395).

"Procura ter antes de tudo uma casa, uma mulher e um boi para arar — uma mulher escrava, não uma esposa, que se for o caso possa estar atrás dos bois. Prepara em casa todas as coisas, de maneira que não devas pedir a outro, e este negue, e assim, por estar em falta, a boa estação passe, e teu trabalho não dê em nada" (nn. 405-409).

"Não adies ao amanhã nem ao depois de amanhã, porque o homem que trabalha muito devagar não enche o celeiro, e muito menos quem adia: a solicitude exalta o trabalho! O homem que adia o trabalho está sempre se enfrentando com a ruína" (nn. 410-413).

"Na época em que a força pungente do sol perde o ardor que deixa os homens molhados [...], então a madeira do bosque cortada com o machado está menos sujeita à ação do caruncho; essa despeja por terra as folhas e cessa de brotar; nesta época corta a madeira do bosque, tendo presentes os trabalhos adequados à estação" (nn. 414-415.420-421).

"Constrói em casa dois arados, fazendo um de uma peça só e o outro articulado, pois assim será muito melhor: se quebrar um, poderás atrelar o outro aos bois. Os timões de louro ou de olmo são os mais seguros; o cepo deve ser de carvalho, a haste de azinheira" (nn. 432-436).

"Adquire dois bois, de nove anos, cujo vigor não está exaurido, pois estão na flor da juventude: esses são os melhores para trabalhar. Eles não brigarão no sulco nem quebrarão o arado, deixando o trabalho pela metade. Que vá detrás deles um robusto homem de quarenta anos, depois de ter jantado um pão fendido em quatro partes, em oito bocados. Desta maneira, solícito no seu trabalho, faça o sulco em linha reta, sem se deter com o olhar detrás dos companheiros, mas concentrado no seu trabalho" (nn. 436-445).

"Presta atenção quando ouves o grito do grou que do alto das nuvens grulha todo ano: ele dá o sinal para arar os campos e anuncia as estações do inverno chuvoso; ele comprime o coração do homem que não tem bois" (nn. 448-451).

"Quando o tempo de arar chega para os mortais, então verdadeiramente é preciso mover-se — tu e teus servos — para arar a terra no tempo oportuno, quando seca e quando molhada, apressando-te ao alvorecer, para que os campos se encham de messes" (nn. 458-461).

"Dirige a oração a Zeus da Terra e à veneranda Deméter, para fazer pesado quanto esteja maduro no sacro cereal de Deméter, iniciando primeiramente tuas orações ao tempo da aradura" (nn. 465-467).

"O trabalho bem ordenado é a coisa mais bela para os homens mortais, como o desordenado é a coisa pior" (nn. 471-472).

"As riquezas significam a vida para os pobres mortais!" (n. 686).

"Conserva a justa medida (*metra*); o sentido do equilíbrio é ótimo em tudo!" (n. 694).

"Leva para tua casa uma mulher quando tiveres a idade justa, não muito abaixo dos trinta anos, nem muito acima; esse é o tempo oportuno para as núpcias: quando a mulher tenha alcançado a puberdade há quatro anos, e no quinto sejas seu marido. Casa com uma virgem, para que possas lhe ensinar costumes honestos; casa sobretudo com a que vive perto de tua casa, depois de ter visto bem ao redor, para que teu matrimônio não seja motivo de ludíbrio para os vizinhos. De fato, nenhuma coisa melhor pode adquirir um homem senão uma esposa honesta, como não há nada mais triste do que uma mulher má, cheia de avidez, a qual queima sem necessidade de tocha o pobre marido, por mais galhardo que seja, e destina-o a uma cruel velhice" (nn. 695-705).

"Não trates um amigo (*hetairon*) como se fosse um irmão; e, se o fazes, procura não provocar dano tu por primeiro. Não digas mentiras pelo prazer de falar, e se depois ele começa a dizer ou fazer algo ofensivo, lembra-te de pagar-lhe o dobro. Se em seguida quiser de novo conduzir-te à sua amizade (*philotēs*), e quiser dar-te satisfação, aceita-a: certamente é um homem mesquinho que faz um amigo aqui e outro acolá. Faz em modo que o ânimo não delate o aspecto exterior" (nn. 707-714).

"Não te faças conhecer como homem de muitos hóspedes, nem homem sem hóspedes, nem amigos dos maus (*kakōn hetairon*), nem denegridor dos bons" (nn. 715-716).

"O melhor tesouro entre os homens é o de uma língua parca, e imensa é a graça de uma conversa que corre com moderação (*kata metron*); se disseres algo desagradável, sem dúvida ouvirás algo pior" (nn. 719-721).

"Quando surge a aurora, não libes jamais a Zeus o vinho excelente com as mãos sem lavar, nem aos outros imortais; eles, em tal caso, não escutam, mas recusam as orações" (nn. 724-726).

1.2. Os cínicos

Exemplo estrepitoso de sabedoria contracorrente, por sua vez, é a filosofia prática desses contestadores radicais, com palavras (*parrēsia*) e com fatos, da sociedade, de suas leis em nome de uma Lei superior, a da natureza (*natura sequi*/ comportar-se *kata physin*), mas também de seus valores e de suas instituições, como matrimônio, religião e pátria, aos quais contrapuseram a liberdade pessoal (*eleutheria*), a busca insone da virtude (*aretē*), a autossuficiência (*autarkheia*) e com essa o desapego da riqueza e dos bens, mas também das "paixões" (*apatheia*), dos prazeres e das necessidades. Reivindicavam uma ostensível superioridade até mesmo perante os grandes da terra; célebre a propósito disso quanto se narra de Diógenes, o Cínico: "Uma vez, Alexandre o encontrou e lhe disse: 'Eu sou Alexandre, o grande rei'. Diógenes respondeu: 'E eu, Diógenes, o cão'" (Diógenes

Laércio 6,60). Grandemente provocativos eram suas atitudes e comportamentos contrários às boas maneiras e à decência. Também de Diógenes se conta: "Uma vez, na praça do mercado se masturbava" (6,45); "Estava habituado a fazer todas as coisas à luz do dia, inclusive o que dizia respeito a Deméter e Afrodite" (6,69); "Uma vez, alguém o introduziu em uma casa suntuosa e lhe proibiu de cuspir. Diógenes, então, limpou a garganta e lhe cuspiu na cara, dizendo não ter sabido encontrar um lugar pior" (6,32).

Aqui queremos apresentar especialmente uma significativa antologia dos ditos de Diógenes de Sinope (404-323 a.C.) — Diógenes Laércio relaciona cerca de duzentos —, mas também sentenças de outros cínicos do mesmo período, uns e outros enquadrados geralmente em breves relatos (*khreiai*, em grego). No capítulo anterior já se falou do comportamento e equipamento de Diógenes. Agora queremos completar o quadro escolhendo seus aforismos mais característicos:

"Tudo pertence aos deuses; os sábios são amigos dos deuses; os bens dos amigos são comuns; portanto, os sábios possuem tudo" (6,37).

"É próprio dos deuses não ter necessidade de nada, e de quem é semelhante aos deuses ter necessidade de pouco" (6,105).

"Vendo alguém que fazia abluções purificatórias, 'Ó infeliz — disse —, não sabes que purificando-te não poderás livrar-te nem dos erros de gramática, e nem dos pecados de tua vida?'" (6,42).

"Definiu a avareza como a metrópole de todos os males" (6,50).

"À pergunta de quando se deve casar, respondeu: 'Quando se é jovem, não ainda; quando se é velho, nunca mais'" (6,54).

"Interrogado sobre sua pátria, respondeu: 'Cidadão do mundo'" (6,63).

"A quem o censurava por entrar em lugares sujos, respondia: 'Também o sol penetra nas latrinas, mas não é contaminado por elas'" (6,63).

"A um jovem afeminado, em tom de censura, disse: 'A natureza te fez homem, e tu a todo custo queres ser mulher'" (6,65).

"Costumava sentenciar que os néscios são escravos das paixões, como os escravos dos senhores" (6,66).

Também alguns ditos de Antístenes (446-366 a.C.), iniciador do cinismo, merecem ser relembrados, sempre da coleção de Diógenes Laércio:

"Quero antes enlouquecer do que sentir prazer" (6,3).

"A quem o acusava de relacionar-se com gente má, replicava: 'Também os médicos estão com os doentes, sem por isso ficar com febre'" (6,7). (Um dito análogo ao de Jesus.)

"A virtude é suficiente para a felicidade" (6,11).

"O sábio não deve viver segundo as leis vigentes da cidade, mas segundo a lei da virtude" (6,11).

"A virtude é a mesma para o homem e para a mulher" (6,12). (Igualdade de "gênero" em uma sociedade mediterrânea dominada pela figura do *paterfamilias*.)

"O que é bom é belo, o que é mau é torpe" (6,12).

De Crates, discípulo de Diógenes, citamos este dito: "A riqueza é nociva se não, se souber fazer bom uso" (6,95).

Uma alusão ao estoico Zenão (333-261 a.C.). Dele podemos indicar, sempre de Diógenes Laércio: "Somente os virtuosos são cidadãos, amigos, parentes e livres" (7,33). E ainda: "Pais e filhos são inimigos, se não são sábios" (7,33). Esses ditos apresentam certa semelhança com os de Jesus sobre a *familia dei* e sobre a renúncia dos vínculos de sangue.

2. Sabedoria judaica

A tradição bíblico-judaica mostra-se aqui muito rica, seja nos livros sapienciais da Bíblia hebraica, da qual analisamos em particular a contribuição significativa dos Provérbios e do Sirácida, seja naqueles posteriores marcados pela cultura grega e pelo rabinismo.

2.1. As coleções de ditos dos Provérbios e do Sirácida

Apresento uma breve antologia de provérbios que giram em torno de temas "clássicos" desse gênero literário: preciosidade da sabedoria, trabalho e preguiça, justiça e legalidade, relações entre pais e filhos, a mulher e a esposa, generosidade para com o pobre, a amizade, a boa fama, as autoridades públicas. O critério de juízo é claramente a experiência comprovada: assim estão as coisas. E as pessoas devem aprender a lição. Mas não faltam exortações que solicitam expressamente atitudes e comportamentos. Por razões de brevidade, a escolha se fará, normalmente, dentre a coleção dos cc. 10-22 dos Provérbios, que os estudiosos consideram a mais antiga do material desta obra: não por acaso não se preocupa em recolher os ditos segundo certa ordem e conforme esta ou aquela temática, como fará, por sua vez, o Sirácida. Tudo está sob o signo do princípio que o bem ou a sabedoria conduzem ao bem ou à felicidade, e que o mal e a estultícia causam males e ruínas. Um dogma do qual os livros de Jó e do Coélet, duas vozes de sabedoria contracorrente, mostram a falsidade, denunciando assim seu caráter ideológico:

"O filho sábio alegra o pai, / o filho insensato entristece a mãe" (10,1).

"A mão preguiçosa empobrece, / a mão diligente enriquece" (10,4).

"O ódio suscita litígios, / o amor cobre toda culpa" (10,12).

"Balança falsa é abominação para o Senhor, / mas do peso exato ele se compraz" (11,1).

"Um anel de ouro no focinho do porco, / assim é a mulher bela mas sem bom senso" (11,22).

"Quem confia na própria riqueza cairá" (11,28).

"A mulher perfeita é a coroa do marido" (12,4).

"O preguiçoso não encontrará caça" (12,27).

"Há quem finge ser rico e nada tem, / há quem finge ser pobre e tem muitos bens" (13,7).

"As riquezas acumuladas com pressa diminuem, / quem as reúne pouco a pouco as aumenta" (13,11).

"Quem poupa o bastão odeia seu filho, / quem o ama está pronto para corrigi-lo" (13,24).

"A sabedoria de uma dona de casa constrói a casa, / a estultícia a derruba" (14,1).

"O pobre é odioso mesmo para seu amigo, / numerosos são os amigos do rico" (14,20).

"Quem despreza o próximo peca, / feliz quem tem piedade dos humildes" (14,21).

"Quem oprime o pobre ofende seu criador, / quem tem piedade do miserável o honra" (14,31).

"Uma resposta gentil acalma a cólera, / uma palavra pungente excita a ira" (15,1).

"Todos os dias são desagradáveis para o aflito, / para um coração feliz é sempre festa" (15,15).

"Mais vale um prato de verdura com amor do que um boi cevado com ódio" (15,17).

"Mais vale pouco com honestidade do que muitos ganhos sem justiça" (16,8).

"Melhor do que o ouro é adquirir sabedoria" (16,16).

"Mais vale o paciente do que o herói" (16,32).

"Quem zomba do pobre ofende seu criador" (17,5).

"Quem retribui mal por bem verá sempre a desventura em casa" (17,13).

"Ama sempre o amigo" (17,17).

"O iníquo aceita presentes por debaixo do manto para desviar o curso da justiça" (17,23).

"Quem encontrou uma esposa encontrou uma fortuna" (18,22).

"A riqueza multiplica os amigos, / mas o pobre é abandonado até pelo seu amigo" (19,4).

"A casa e o patrimônio se herdam dos pais, / mas uma esposa prudente é dom do Senhor" (19,14).

"A preguiça faz cair no torpor, / o indolente sofrerá a fome" (19,15).

"Corrige teu filho enquanto há esperança" (19,18).

"O preguiçoso não ara no outono, / e na colheita procura, mas nada encontra" (20,4).

"Não ames o sono para não ficar pobre" (20,13).

"Praticar a justiça e a equidade vale mais para o Senhor do que um sacrifício" (21,3).

"É melhor morar em um canto do teto do que ter uma esposa briguenta e casa em comum" (21,9).

"É melhor morar em um deserto do que com uma mulher briguenta e iracunda" (21,19).

"Quem fecha o ouvido ao grito do pobre também invocará e não terá resposta" (21,13).

"Vale mais um bom nome do que grandes riquezas" (22,1).

Do Sirácida quero indicar aqui somente algumas pequenas coleções temáticas de ditos: a sabedoria (por ex., Eclo 1–2), as relações familiares (3,1ss), a amizade (6,5ss; 12,8ss), a prudência (8,1ss), as mulheres (9,1ss), as autoridades públicas (10ss), a inveja e a avareza (14,3ss), estar em silêncio e falar (20,1ss).

2.2. O Pseudo-Focílides

É um exemplo de sabedoria sincretista que se coloca entre o ano 200 a.C. e o 200 d.C., no qual um autor judaico, ou talvez mais autores, se esconde sob um pseudônimo grego, precisamente Focílides, poeta grego nascido em Mileto no século VI a.C. Ele persegue um escopo apologético e propagandístico na sua coletânea de versos gnômicos: mostrar como a sabedoria grega deriva da judaica, que ele quer difundir no ambiente grego, em Alexandria do Egito, presume-se. Apresento uma seleção suficiente para mostrar como tenha focado sua atenção sobre temas tipicamente sapienciais: riqueza e avidez, generosidade para com os necessitados, o princípio *in medio stat virtus*, o valor da sabedoria, relações com o próximo e na família, trabalho e preguiça, matrimônio e celibato (trad. de L. Troiani, in *Apocrifi dell'AT*, V, editado por P. Sacchi, sem numeração).

"[…] A vida é uma roda; a felicidade é instável".

"Se tens riqueza, estende tua mão a quem é pobre".

"O que Deus te deu, oferece-o a quem tem necessidade".

"A avidez é a mãe de todo mal".

"O ouro e a prata constituem sempre um engano para os homens".

"Ó ouro, princípio dos males, destruidor da vida, inimigo de tudo, quisera o céu que tu não fosses ruína desejável para os homens! Com efeito, por tua culpa, batalhas, roubos, homicídios; os filhos odeiam os pais e os irmãos, os consanguíneos".

"Come com moderação (*metrō-i*), com moderação (*metrō-i*) bebe e fala. A medida (*metron*) é a melhor de *todas* as coisas. Os excessos são dolorosos".

"Dá uma medida à tua conduta: o justo meio (*epimetron*) é a coisa melhor".

"O homem sábio é melhor, naturalmente, do que o vigoroso".

"A sabedoria governa os países, as cidades, os navios".

"Se o animal do inimigo cair ao longo da estrada, levanta-o".

"Uma profissão nutre o homem; a fome fere o ocioso".

"Toda atividade serve para viver, se estiveres disposto a esforçar-te".

"Sem fadiga nenhum trabalho é fácil para os homens".

Das formigas, topos de laboriosidade: "Pequena espécie que muito trabalha".

"Não permaneças solteiro para não morrer sem nome. Também tu dá alguma coisa para a natureza; gera por tua vez, do momento que foste gerado".

"Ama tua companheira: o que há de mais doce e de mais belo que quando a mulher nutre sentimentos de amizade e de afeto para com seu homem até a velhice, e o marido com sua esposa nem a briga consegue dividi-los?".

"Não acrescentes matrimônio a outro matrimônio: desventura a desventura".

"Não trates mal teus filhos, mas sê doce".

2.3. A sabedoria dos ditos rabínicos

É bem conhecida a riqueza dos ditos rabínicos. Do horizonte no qual se colocam, fala-nos o seguinte dito de Yohanan ben Zakkai que, abandonando Jerusalém assediada, faz esta petição a Tito: "Peço-te Yavneh para poder ali ensinar aos meus discípulos, constituir as orações e observar os preceitos" (*ARN-A* 4 e *ARN-B* 6; cf. também *bGittin* 56ab). Apresento a seguir alguns ditos extraídos de *mAbôt*, notando que diversos já foram citados no capítulo sobre a Lei mosaica e sobre a relação mestre/discípulo. Acrescentarei outros do comentário a esta obra, *Abôt de-rabbi Natan*, nas suas duas versões: A e B. As temáticas são mais ou menos as mesmas da tradição bíblica, com especial atenção ao valor da Lei.

"Sede ponderados no julgar" (*mAbôt* 1,1).

"Que tua casa seja aberta a todos, e os pobres sejam como filhos em tua casa, mas não converses muito com a mulher" (1,5).

"Mantém-te longe do mau vizinho" (1,7).

"Ama o trabalho" (1,10).

"Quem se faz um nome, perde seu nome, e quem não cresce, diminui" (1,13).

"Se eu não for por mim, quem será por mim? E quando ainda eu fosse por mim, o que sou eu? E se não agora, quando?" (1,14: dito atribuído a Hillel).

"Acolhe todo homem com rosto jovial" (1,15).

"Faze atenção a um preceito leve como a um grave, porque tu não sabes qual será a recompensa dos preceitos" (2,1).

"Guardai-vos das autoridades, porque se aproximam de alguém somente pelo próprio interesse" (2,3).

"Faze a sua [de Deus] vontade como se fosse a tua, para que ele faça tua vontade como se fosse a sua" (2,4). Comentário de *ARN-B* 32: "Se tu fizeste sua vontade como se fosse a tua, ainda não fizeste sua vontade como ele quer".

"Onde não houver homens, esforça-te em ser um homem" (2,6).

"Mais bens, mais preocupações" (2,8).

"A honra de teu próximo te seja tão prezada como a tua" (2,13).

"O dinheiro de teu próximo te seja tão prezado como o teu" (2,15).

"[...] e todas tuas ações sejam feitas por amor do Céu" (2,15). Para o estudioso da Torá: "É fiel teu dador de trabalho, que te pagará o salário por tua obra" (2,17).

"O dia é breve, o trabalho é muito e os operários são lentos, mas a recompensa é grande e o patrão urge" (2,18).

"Sabe de onde vieste e aonde vais, e ante quem deverás prestar contas no julgamento" (3,1).

"Reza pela saúde dos governantes, porque, não fosse pelo temor que incutem, vos devoraríeis um ao outro" (3,2).

"Daquele de quem se comprazem as criaturas, se compraz também o Onipotente" (3,12).

"A sebe para a sabedoria é o silêncio" (3,16).

"Tudo está previsto, mas a liberdade é deixada" (3,18).

"A loja está aberta e o comerciante abre crédito, o registro está aberto e a mão escreve" (3,19).

"Sem sabedoria não há temor, mas sem temor também não há sabedoria" (3,20).

"A recompensa de um preceito é um preceito" (4,2).

"Não desprezeis nenhum homem" (4,3).

"Quem se abstém do juízo se poupa inimizades, rapina e falso juramento" (4,9).

"Se teu inimigo cai, não te alegres. Se tropeça, não se regozije teu coração" (4,24).

"Não olhes o odre, mas o que tem dentro dele. Pode ser um odre novo cheio de vinho velho e um odre velho que não tem nem vinho novo" (4,27). É evidente a semelhança com o dito de Jesus focado, porém, na contraposição entre o velho e o novo. O santo: "O meu é teu e o teu é teu" / o ímpio: "O meu é meu e o teu é meu" (5,11).

"Conforme a fadiga, a recompensa" (5,25).

De *Abôt de-rabbi Natan* citamos os seguintes ditos:

"Se desces, sobes, mas se sobes, desces. Um homem que se humilhou será exaltado, mas se se exaltou, será humilhado" (*ARN-B* 22). Tal contraposição, na segunda parte, está presente substancialmente também no dito de Jesus (Lc 14,11; 18,14; Mt 23,12).

"O que odeias para ti, não o faças a teu próximo" (*ARN-B* 26: dito atribuído a rabi Aqiba, mas, como se verá mais adiante, outra formulação da "regra de ouro" é atribuída a Hillel e se imporá a comparação com a de Jesus).

"Se não quiseres que se fale mal de ti, tampouco tu deves falar mal dos outros" (*ARN-B* 29).

"Aquele que odeia seu próximo, o Onipotente o extirpa do mundo" (*ARN-B* 30).

"Quando Hillel ia a algum lugar, e a gente lhe perguntava: 'Aonde vais?', ele respondia sempre: 'Estou indo a cumprir um preceito'" (*ARN-B* 30).

"Se tivesses na mão uma planta e te disserem: 'Eis o Messias!', vai antes plantar tua planta, e depois vai acolhê-lo" (*ARN-B* 31).

"(O forte) é quem faz de seu inimigo um amigo" (*ARN-A* 23).

"Se tens amigos que te censuram e outros que te louvam, ama a quem te censura e odeia a quem te louva" (*ARN-A* 29).

3. Os ditos sapienciais de Jesus

Fazer o elenco material, um por um, extraindo-os dos evangelhos, não parece o melhor método. Com relação a isso, de qualquer maneira, pode-se conferir o inventário de Aune no apêndice de seu estudo. É preferível colhê-los, antes de tudo, no seu atual contexto literário, reunidos em pequenas ou grandes coleções, como normalmente faz a fonte Q, não diversamente da tradição sapiencial judaica, ou também emoldurados em breves relatos ou quadros narrativos (*apotegmas*), forma preferida por Marcos que se inspira aqui nos modelos gregos. Sobre esse assunto Ebner fala de apotegmatização dos ditos de Jesus por parte do evangelista (pp. 374s). Depois, liberando-os de seu contexto redacional, colher seu sentido que resulta de sua colocação, ao menos provável, na vida do Nazareno como a conhecemos por outros aspectos. Desse ponto de vista, o trabalho de Ebner nos parece exemplar: "A situação é a segunda metade do *logion* sapiencial" (p. 51). Do mesmo modo, parece-nos convincente o critério de historicidade por ele aplicado, o da dessemelhança em uma só direção: poderão ser atribuídos a ele os ditos, devidamente colocados na sua situação concreta (*situativ*, diz Ebner), quando exprimem uma "sabedoria" não típica das comunidades cristãs e, antes, contrária, mesmo se mostram estreitas analogias com a sabedoria judaica: "Por sua vez de abstrair Jesus do *judaísmo*, ele deve ser abstraído da *tradição cristã*" (p. 50).

Relembro brevemente os provérbios, os aforismos e as exortações já analisados nos capítulos precedentes. Antes de tudo, o provérbio que do médico têm necessidade os doentes, não os sãos (Mc 2,17 e par.), enquadrado por Marcos no relato do chamado de Levi e da comensalidade de Jesus com ele e seus colegas: assim, Jesus justificou seu comportamento de acolhida dos publicanos, mais em geral dos marginalizados e desprezados da sociedade judaica. O dito sobre a impossibilidade para os participantes ao banquete nupcial de jejuar com o esposo presente, ambientado por Marcos no quadro da crítica dos discípulos do Batista que jejuavam ao contrário dos de Jesus (Mc 2,19 e par.), faz referência à novidade salvífica aparecida com ele na história. O duplo dito da fonte Q sobre os corvos que Deus nutre e sobre os lírios do campo que ele veste esplendidamente é usado para inculcar a confiança em Deus próvido para com os seguidores que tinham abandonado tudo para seguir Jesus (Lc 12,24.27-28 e Mt 6,25-34). As semelhanças do Reino e da família que desmoronam quando surgem divisões internas, e ainda do homem forte que poderá saquear o fortim e o que contém com a condição de amarrar primeiro o guarda armado (Mc 3,24-25.27 e Q: Lc 11,17.21-22 e Mt 12,25), são apresentadas por Jesus para dar razão do sentido libertador de seus exorcismos e da vitória sobre Satanás. O dito "é mais fácil que um camelo passe [Lc: entre] pelo buraco de uma agulha do que um rico entre no Reino de Deus" (Mc 10,25), enquadrado no relato do anônimo rico que interroga Jesus sobre os requisitos para herdar a vida eterna, exprime sua posição radical a respeito do desapego das riquezas.

Além disso, "Quem faz a vontade de Deus, este é meu irmão, minha irmã e minha mãe" (Mc 3,35 e par.); "Não há profeta sem honra a não ser na sua pátria" (Mc 6,4 e par.); "Não há discípulo maior que o mestre" (Q: Lc 6,40 e Mt 10,24); as crianças caprichosas que brincam na praça e não se põem de acordo (Q: Lc 7,31-32 e Mt 11,16-17); "A sabedoria foi justificada por todos os seus filhos" (Q: Lc 7,35 e Mt 11,19); "As raposas têm tocas e as aves, ninhos; mas o Filho do Homem [o homem que está diante de vós] não tem onde reclinar sua cabeça" (Q: Lc 9,58 e Mt 8,20); "Deixa que os mortos enterrem seus mortos" (Q: Lc 9,60 e Mt 8,22); "A messe é muita, os operários poucos" (Q: Lc 10,2/Mt 9,37); "O operário merece seu salário" (Lc 10,7), "[…] seu sustento" (Mt 10,10); as três categorias de eunucos (Mt 19,12); "Quem pôs a mão no arado e depois se volta para o que deixara atrás não é idôneo para o Reino de Deus" (Lc 9,62); "os filhos deste mundo são mais sábios que os filhos da luz", dito como conclusão da parábola do administrador desonesto (Lc 16,1-8). Enfim, o dito "Os últimos serão os primeiros e os primeiros, últimos", conclusão redacional da parábola dos trabalhadores chamados por um patrão a diversas horas do dia para trabalhar na sua vinha (Mt 20,16).

Passamos agora aos ditos "novos", antecipando os interessantes relevos que Carlston faz sobre a ausência surpreendente em Jesus de temáticas usuais nos ditos sapienciais de matriz grega e judaica. Faltam, mas o fato não surpreende, provérbios obscenos; estão também ausentes, e, isso, sim causa assombro, ditos que exortem a procurar a sabedoria e a exaltar o seu valor. Além do mais, poderíamos esperar que dissesse mais a respeito do dinheiro e da riqueza. Surpreende que não tenha dito nada sobre a amizade, um tema central na sabedoria bíblica e greco-romana: para Zenão um amigo é "Um outro eu mesmo", enquanto a definição de Aristóteles é: "Uma alma só em dois corpos" (Diógenes Laércio 7,23 e 5,20). Igualmente evidente é a falta de valorações negativas sobre as mulheres, habituais naquele mundo: por exemplo, "Vinho e mulheres desencaminham até os sábios" (Eclo 19,2); "Os deuses deram um antídoto para o veneno das serpentes, mas nenhum remédio para a mulher má" (Eurípides, *Andrômaca* 270-274). De fato, Jesus admitiu mulheres no seu seguimento, indício claro de uma posição contracorrente. Também das relações entre os membros da família: obediência dos filhos, deveres dos pais, mútuo amor entre os esposos, nada disse em forma aforística. Não conhece em absoluto a regra do justo meio exprimível nas fórmulas *In medio stat virtus*, *Ne quid nimis*. O mesmo se diga, em geral, de virtudes e de vícios, como laboriosidade, temperança, justiça e preguiça, embriaguez, injustiça. Sua falta de atenção para com as autoridades políticas não é impugnada pela célebre frase: "Dai a César o que é de César, / mas a Deus o que é de Deus" (Mc 12,17 e par.), que separa nitidamente os dois campos, político e religioso, para acentuar que o homem pertence totalmente a Deus qual sua imagem, como ao imperador a moeda com sua figura nela gravada.

Somente uma alusão à forma que torna comuns muitíssimos ditos de Jesus com os do mundo judaico e greco-romano. Alguns são caracterizados pela fórmula "É melhor... que..."; outros do esquema "Se... então..."; e outros ainda de "Onde... lá..."; não faltam ditos introduzidos pelo pronome relativo "quem...", ou de um particípio equivalente; acrescente-se a fórmula comparativa "Como... assim..." e a interrogativa "Talvez...?". Existem ditos no indicativo e no imperativo, aqueles de caráter proverbial e aforístico, estes com tom exortativo; ditos a dois versos com paralelismo sinonímico ou antitético e ditos expressivos da autoridade de quem os disse, com a fórmula "Eu vos digo" ou também da sua missão "Eu vim para...". Esses últimos são considerados, na sua maioria, de formação protocristã: as comunidades dos crentes neles exprimem assim sua fé cristológica. "Não vim chamar os justos, mas os pecadores" (Mc 2,17 e par.); "Vim trazer fogo à terra" (Lc 12,49); "Não vim trazer paz à terra, mas a espada" (Mt 10,34); "Não vim abolir (a lei e os profetas), mas dar cumprimento" (Mt 5,17).

4. As coleções

Marcos caracteriza-se, como já dissemos, pelo enquadramento de diversos ditos de Jesus em breves relatos (apotegmas ou *khreiai*). Aos já apresentados nos capítulos anteriores, acrescentamos: "O sábado foi feito para o homem / e não o homem para o sábado" (Mc 2,27), defendendo o comportamento transgressivo dos discípulos no dia de sábado; "É lícito no sábado fazer o bem ou fazer o mal, / salvar uma vida ou suprimi-la?" (Mc 3,4), a propósito de uma cura no sábado; "Nada do que é externo ao homem e entra nele pode contaminá-lo; / ao contrário, é o que sai do homem que o contamina" (Mc 7,15), posicionamento sobre o puro e o impuro em contexto de diatribe com os fariseus.

Marcos, porém, não deixa de colecionar, com liberdade redacional, algumas palavras de Jesus. Depois do dito sobre a impossibilidade de jejuar para os convidados às núpcias, ele continua: "Ninguém coloca remendo de pano novo em vestido velho, senão o novo repuxa o velho e se produz um rasgão pior. / E ninguém coloca vinho novo em odres velhos, porque o vinho estoura os odres e se perde juntamente com estes; / ao contrário, vinho novo em odres novos" (Mc 2,21-22).

Em Mc 4,21-25 reúne estes ditos:

> A lâmpada se acende para ser colocada sob o alqueire ou no candelabro? Não sob o alqueire mas no candelabro. / Não há realidade escondida que não esteja destinada a tornar-se manifesta; nem foi feita para ficar escondida mas para tornar-se manifesta. / Se alguém tem ouvidos para entender, entenda bem. / Com o mesmo metro com o qual medirdes, sereis medidos. / A quem tem será dado; a quem não tem, ainda o que tem lhe será tirado.

Dois ditos sapienciais são unidos por Marcos em 8,36 e 37; o primeiro sublinha o valor primário da vida no novo mundo sobre os bens terrenos: "Que aproveita a uma pessoa ganhar todo o mundo mas perder a própria vida?". É uma perspectiva tradicional da sabedoria judaica que acentuou muitas vezes o valor dos bens espirituais com relação às riquezas terrenas, como já foi visto anteriormente. O segundo, ao contrário afirma, sempre na linha da sabedoria tradicional, que a vida terrena não é permutável com os bens materiais: "O que uma pessoa poderia dar em troca de sua vida (Lc: de si mesmo)?". Conferir a propósito disso Eclo 26,14b LXX: "Não há preço possível [*antallagma*: o mesmo termo que o dito evangélico] para uma alma educada". Em todo caso, não se espelha ali o mundo ideal de Jesus e de sua sabedoria. Mais rica a coleção de ditos em Mc 9,42-50:

> Quem for causa de queda para estes pequeninos que creem [em mim: texto incerto], melhor seria que lhe amarrassem uma pedra de moinho ao pescoço e o lançassem ao mar. / Se tua mão for para ti causa de queda, corta-a: é melhor entrares mutilado à vida do que ires, com as duas mãos, para a geena, para o fogo inextinguível. / Se teu pé for para ti causa de queda, corta-o: é melhor entrares na vida manco do que, com os dois pés, ser lançado à geena. / Se teu olho for para ti causa de queda, arranca-o: é melhor entrares na vida com um olho só do que ser lançado na geena com os dois olhos... / Todos serão salgados com fogo. / O sal é bom; mas se o sal se tornar insípido, com que se o poderia reintegrar? / Tende sal em vós mesmos e vivei em paz uns com os outros.

A fonte Q, por sua vez, distingue-se por seu caráter compilatório: reunir diversos ditos de Jesus em unidades redacionais de consistentes dimensões. Assim em 6,20-49 (as referências são ao texto de Lucas) temos uma pequena *summa* que podemos chamar discurso programático. Para não falar do discurso missionário (Lc 10), já analisado. Mas Kirk soube discernir em Q doze unidades mais breves do material tradicional elaborado por essa fonte: amai vossos inimigos (Lc 6,27-36); não julgueis (Lc 6,37-42); árvore, fruto e palavra (Lc 6,43-45); oração confiante (Lc 11,2-13); controvérsia sobre Belzebu (Lc 11,14-23); pedido de um sinal (Lc 11,29-35); testemunho corajoso (Lc 12,2-12); não ficar ansiosos (Lc 12,22-31); estar vigilantes e prontos (Lc 12,35-46); discernir os sinais dos tempos (Lc 12,49-59); entrar pela porta estreita (Lc 13,24-30; 14,11.16-24.26-27; 14,34-35; 17,33); discernir o dia do filho do homem (Lc 17,23-37). A ligação redacional ocorre ora com o critério da uniformidade temática, ora pelo recurso de palavras-gancho.

Quanto ao material do discurso programático de Q reproduzido por Lucas na sua versão, podemos indicar os seguintes breves ditos de Jesus diversamente enriquecidos, sobretudo de motivações: "Amai vossos inimigos e fazei o bem aos que vos odeiam" (Lc 6,27); "A quem te bater numa face oferece-lhe também a outra" (Lc 6,29a; na versão de Mt 5,39 temos a díade "face direita, a outra face"); "Dá a quem te pede e não reclames o que é teu a quem o tomou" (Lc 6,30); "Como quereis que os outros vos façam, assim fazei a eles" (Lc 6,31); "Sede misericordiosos como [também] vosso Pai é misericordioso" (Lc 6,36); "Não julgueis e não sereis julgados" (Lc 6,37a); "Dai e vos será dado" (Lc 6,38a); "Com a medida com a qual medirdes os outros, sereis medidos" (Lc 6,38c); "Pode talvez um cego guiar outro cego? Não acabarão ambos caindo em uma fossa?" (Lc 6,39); "Não há discípulo acima de seu mestre" (Lc 6,40a); "Por que olhas a palha que há no olho do teu irmão e não fixas a mente na trave que está no teu próprio olho?" (Lc 6,41); "Não existe árvore boa que produza fruto mau, nem árvore má que produza fruto bom" (Lc 6,43); "Toda árvore se reconhece por seu próprio fruto; não se colhem figos de espinheiros, nem se vindimam uvas de sarças" (Lc 6,44); "O homem bom, de seu bom tesouro do coração, tira o bem; o homem mau, do mau tira o mal" (Lc 6,45ab).

A esses ensinamentos, sempre no discurso da montanha por ele bastante enriquecido (107 versículos contra cerca de 30 da versão lucana), Mateus reúne outro material da fonte Q que Lucas mais fielmente atesta em outros lugares: "Não acumuleis tesouros na terra", perecíveis e passíveis de roubo; "acumulai tesouros no céu", não perecíveis nem passíveis de roubo (Mt 6,19-20 e Lc 12,33 que traz somente a segunda parte do dito); "Onde estiver teu tesouro, ali estará também teu coração" (Mt 6,21 e Lc 12,34); "A lâmpada do corpo é o olho: se teu olho é puro, todo o teu corpo será luminoso; mas se teu olho é mau, todo o teu corpo será tenebroso" (Mt 6,22-23 e Lc 11,34); "Nenhum criado [esta especificação é atestada somente em Lucas] pode servir a dois senhores: odiará um e amará o outro, ou aderirá a um e desprezará o outro" (Mt 6,24 e Lc 16,13); "Não podeis servir a Deus e ao dinheiro" (Mt 6,24b e Lc 16,13b); "Não vos angustieis com a vida, o que haveis de comer, nem com o corpo, o que haveis de vestir. Vossa vida vale mais do que o alimento e vosso corpo mais do que a roupa", e Jesus continua convidando a olhar os pequenos corvos e as flores do campo que Deus respectivamente sacia e reveste; com maior razão, assegura, ele cuidará das necessidades vitais de seus discípulos (Mt 6,25-34 e Lc 12,22-32); "Pedi e vos será dado, procurai e encontrareis, batei e vos será aberto" (Mt 7,7 e Lc 11,9).

Mateus toma outro material sapiencial de sua própria tradição para enriquecer ainda mais seu discurso da montanha: "Não pode uma cidade colocada sobre um monte ficar escondida" (Mt 5,14; cf. *Evangelho de Tomé*, n. 32); as antíteses "Não matar", "Não cometer adultério", "Não jurar" de Mt 5; necessidade da reconciliação com o irmão ofendido antes de oferecer um sacrifício a Deus (Mt 5,23s); "Se alguém te compele por uma milha, vai com ele por duas milhas" (Mt 5,41); as três obras judaicas por excelência a realizar "em segredo" (Mt 6,1-4.5-6.16-18); "Na oração não tagareleis como fazem os pagãos" (Mt 6,7); "Não vos angustieis hoje pelo amanhã; ao amanhã sua própria angústia" (Mt 6,34ab); "Não lanceis pérolas aos cães" (Mt 7,6).

O *Evangelho Apócrifo de Tomé*, além da coleção de ditos do Senhor, oferece muitas palavras sapienciais, algumas em comum com os evangelhos canônicos e diversas outras que lhe são próprias ou nos conteúdos ou na forma. Entre essas, cito as seguintes: "Quem procura não cesse de procurar até encontrar" (n. 2); "Muitos primeiros serão últimos, e se tornarão um só" (n. 4); "Nenhum profeta é bem aceito na sua aldeia; / nenhum médico cura aos que o conhecem" (n. 31); "Se um cego guia outro cego, ambos cairão em uma fossa" (n. 34); "Sede transeuntes" (n. 42); "Não é possível que um homem monte sobre dois cavalos e retese dois arcos; / e não é possível que um servo sirva a dois senhores" (n. 47); "Aquele que conhece tudo, mas é privado (do conhecimento) de si mesmo, está privado de tudo" (n. 67); "Muitos permanecem diante da porta, mas (somente) os solitários entrarão na câmara nupcial" (n. 75); "Procurai e encontrareis" (n. 92: nesta forma, com um só verso).

5. Provérbios e aforismos

Além dos não poucos provérbios e aforismos já citados nos capítulos precedentes, dos "novos" — dos quais foi apresentada anteriormente uma rica antologia — parece muitas vezes impossível reconstruir um quadro contextual confiável; não conseguimos colher, assim, seu exato alcance de palavras pronunciadas em determinadas circunstâncias e endereçadas a este ou aquele público. Aqui nos ocuparemos daqueles dos quais podemos, com toda a probabilidade, traçar o contexto e, consequentemente, o alcance.

5.1. Dois ditos sobre o sábado

O descanso sabático estava sancionado solenemente no decálogo sinaítico nas duas versões do código da aliança e daquele deuteronômico: "Lembrai-vos do dia de descanso (*yôm hashshabbat*), para santificá-lo. Por seis dias trabalhareis [...], mas no sétimo dia [...] não realizareis nenhum trabalho" (Ex 20,8-10); "Observa o dia de descanso para santificá-lo [...]. Trabalha seis dias [...] mas o sétimo dia é descanso (*shabbat*) [...], não fareis nenhum trabalho" (Dt 5,12-13). As motivações adotadas são de gênero diferente: imitação de Deus criador que descansou no sétimo dia (Ex 20,11); memória da escravidão egípcia e da libertação divina (Dt 5,15).

O texto do mandamento soava, porém, em termos gerais e até genéricos; daí a exigência de especificar o objeto da proibição. Em tempos de graves crises nos quais Israel estava sob ataque político e cultural de potências estrangeiras, o descanso sabático que diferenciava o povo "eleito" dos outros povos erguia-se como sinal de fidelidade à aliança, baluarte de defesa das sagradas tradições dos antepassados: um verdadeiro e próprio *identity-marker*. Assim, na luta contra Antíoco IV Epífanes, que queria helenizar a terra de Israel, em um primeiro momento os combatentes reunidos em torno dos Macabeus abstinham-se no sábado não somente de atacar o inimigo, mas até de defender-se de seus ataques, pagando com a vida uma fidelidade a toda prova (1Mc 2,38). Somente depois, para salvaguardar a própria vida, deram uma interpretação menos rigorosa ao descanso sabático: "Todo o que vier em guerra contra nós no dia de sábado, combatemos contra ele e não morreremos todos, como morreram nossos irmãos nos esconderijos" (1Mc 2,41). E mais tarde contra o exército de Pompeu, que no ano 63 a.C. assediou Jerusalém, a observância do descanso sabático, mesmo com essa limitação, acabou por facilitar a conquista da cidade santa, como testemunha Flávio Josefo:

> Mas, se não fosse por nosso costume nacional de descanso no dia de sábado, a terraplanagem [construída por Pompeu ao norte da cidade] não teria sido terminada, porque os judeus o

teriam impedido; a Lei, de fato, consente que nos defendamos contra aqueles que em uma batalha nos atacam, mas não nos consente de combater um inimigo que faça outra coisa (*Ant* 14,63; cf. *Bell* 1,146: "No sábado somente era permitido defender a própria vida").

Por sua parte, os essênios, que mais ou menos radicalmente — o sectarismo foi característico somente da ala extremista do movimento, os qumranitas — se separaram, não somente dos gentios, mas também do restante do povo, enrijeceram a observância do descanso sabático para que fosse digna de seu estado de elitistas filhos da luz. Flávio Josefo atesta-o em *Bell* 2,147: "Com mais rigor que todos os demais judeus se abstêm do trabalho no sétimo dia; com efeito, não somente preparam de comer o dia anterior, para não acender o fogo aquele dia, mas não ousam sequer mover um utensílio nem dar de corpo".

Ainda mais eloquente a atestação direta de *CD* 10,17–11,17:

> E no dia de sábado ninguém diga uma palavra vã ou estúpida. Ninguém empreste a seu próximo. Não se discuta sobre a riqueza e a propriedade. Não se fale de assuntos de trabalho e das tarefas a realizar no dia seguinte. No sábado, que ninguém caminhe no campo para fazer o trabalho que deseja. Não vá fora da cidade mais de mil côvados. Ninguém coma no dia de sábado a não ser aquilo que fora preparado; e não coma do que pegou no campo. E não beba senão daquilo que está no acampamento [...]. Não permita ao estrangeiro fazer o que deseja no dia de sábado; ninguém use vestes sujas [...]. Ninguém jejue voluntariamente no sábado. Ninguém vá detrás dos animais para pastar fora da sua cidade por mais de dois mil côvados. Não levante sua mão para golpear com o punho [...]. Ninguém leve nada da casa para fora nem de fora para a casa [...]. No sábado, que não abra um vaso fechado. Ninguém se coloque perfumes, no sábado, para sair ou para entrar. Ninguém levante na sua habitação pedra ou poeira. A nutriz não levante a criança para sair ou para entrar, no sábado [...] ninguém ajude a parir um animal, no dia de sábado. E se o faz cair em um poço ou em uma fossa não o tire para fora, no sábado [...]. E todo homem vivo que cair em lugar com água ou em um lugar [...], que ninguém o tire para fora com escala, corda ou utensílio; que ninguém ofereça nada sobre o altar, no sábado.

Também no livro dos *Jubileus*, que remonta ao século II a.C., está presente uma leitura rigorosa do preceito sabático:

> [os israelitas] não se aprontem a fazer, em tal dia, obra que não se deva e não preparem, nele, algo para comer ou beber e que (não se aprontem) a pegar água e a fazer entrar e sair, através de suas portas, nenhuma coisa transportável. O que eles não tiverem preparado para si mesmos no sexto dia, nas suas casas, não o introduzam nem o façam sair, neste dia, de uma casa para outra porque é um dia santo e bendito mais do que todos os dias dos jubileus (*Jub* 2,29-30).

[Um veredicto de morte atingirá] quem realizar, nele, trabalhos, ou quem for viajar ou quem se dedicar a trabalhos nos campos, ou em casa ou em outro lugar, e quem acender o fogo e quem cavalgar animais, e quem for em barco, por mar, e quem bater e matar alguém, e quem degolar animais, aves e os que pegou na armadilha — feras ou aves ou peixes — e quem jejuar e guerrear no dia de sábado, e aquele que fizer qualquer destes (trabalhos) no dia de sábado (*Jub* 50,12-13).

Na tradição rabínica, por outro lado, emerge uma interpretação mais humana e algumas normas interpretativas sobre isso podem remontar, substancialmente, ao farisaísmo do século I, portanto ao tempo de Jesus. Em *Mekilta Ex* 31,13-14 se vê a seguinte leitura do preceito, muito próxima à máxima do Nazareno: "Eis que diz: 'Observai o sábado porque é santo entre vós' (v. 16). Isto significa: 'O sábado foi entregue a vós, não vós ao sábado'". É atribuído a rabi Shimon ben Menasya (cerca do ano 180 d.C.) e faz referência à lei sinaítica: o Senhor o entregou aos israelitas como dom e fonte de bênção. Análoga a formulação de rabi Yonatan b. Yoseph: "O sábado é colocado em vossas mãos, não vós nas suas mãos" (*bYoma* 85b). Não falta certa casuística: no sábado é lícito salvar vidas humanas: "Se alguém tiver dores na garganta, se pode dar remédio por via oral no dia de sábado, porque pode haver risco de vida e diante de qualquer possibilidade de risco de vida pode ser profanado o sábado" (*mYoma* 8,6); "A uma parturiente se presta qualquer ajuda no sábado; pode-se chamar a parteira em qualquer lugar que se encontre, e por sua causa pode ser profanado o sábado e amarrado o umbigo. Rabi Yosé ensina: se pode também cortá-lo. Tudo quanto for necessário para a circuncisão pode se fazer em dia de sábado" (*mShabb* 18,3). Com um argumento *a fortiori* afirma-se também que, sendo permitido no sábado o serviço no templo e o rito da circuncisão, "com maior razão se podem suspender as Leis do sábado para salvar uma vida humana" (*bYoma* 85b).

Atribui-se a Hillel o chamado '*eruv*: unindo diversas casas com batentes e arquitraves às portas, elas podiam ser consideradas uma única habitação, tornando assim lícito transportar de uma casa a outra o alimento preparado para a refeição em comum de comunidades farisaicas de bairros: um modo para contornar a rigidez do preceito sabático ou, melhor, sua compreensão humanitária para o bem das pessoas. Porém, era uma interpretação contestada pelos saduceus. Pode conferir-se o tratado mishnaico *Shabbat* (= *mShabb*).

Seja como for, nesse tratado discute-se de modo casuístico, não sem anotar as diversas soluções das escolas de Shammai e de Hillel, das muitas atividades que se podem ou não se podem fazer no sábado. Capítulo 1: "Proibições referentes ao transporte de objetos para dentro ou para fora de casa no sábado". Capítulo 2: "Com que elementos está permitido acender (o fogo) e com quais não". O capítulo 3 faz referência ao forno. No capítulo 5 interroga-se: "Com que coisa pode sair uma besta no sábado, e com que não?", exemplificando com camelo, jumento, galinhas e vaca. A questão do capítulo 6: "Com que pode sair uma mulher no sábado, e com que não?". Em 7,2 mencionam-se os trabalhos principais proibidos no sábado, mas não os únicos, e trata-se de uns quarenta:

> Os trabalhos principais são quarenta menos um. Semear; arar; colher; enfeixar; debulhar; aventar; separar o grão; triturar; peneirar; amassar; cozer; tosquiar; lavar a lã, batê-la, tingi-la; fiar; urdir; fazer tecidos; tecer dois fios; fazer nós, desatá-los; costurar dois pontos; caçar um veado, esfolá-lo, salgar a pele, trabalhá-la, raspá-la, cortá-la; escrever duas letras; edificar; derrubar; apagar o fogo, acendê-lo; golpear com o martelo; transportar de um recinto a outro.

Uma exceção significativa à proibição sabática: "Todos os livros sagrados podem ser salvos de um incêndio" (16,1).

Justamente por isso os fariseus eram atacados pelos essênios, que os acusavam de laxismo para com a Lei mosaica: "Estes são os que se desviam do caminho" (*CD* 1,13), "procuraram interpretações fáceis" (*CD* 1,18), "Aqueles que procuram interpretações fáceis" (*4QpNah* 3-4,1,2); eles, ao contrário, "são os que se mantêm firmes nos preceitos de Deus" (*CD* 3,12), entre os quais se mencionam "seus sábados sagrados" (*CD* 3,14).

No cristianismo das origens se distinguem comunidades observantes do descanso sabático, mas também outras que se consideravam livres disso. Em Mt 24,20, destaca-se a figura de cristãos fiéis à prescrição mosaica: ali se fala de fato de oração capaz de esconjurar que a fuga da catástrofe apocalíptica aconteça no inverno ou no sábado, dia de repouso que tornava impossível mover-se. Em Cl 2,16 o autor denuncia como "heréticos" os crentes que observavam regras de dieta judaica, a celebração de festas e o descanso sabático. Igualmente, em Gl 4,10, Paulo ataca os judaizantes da Galácia porque celebravam dias — certamente está compreendido o sábado —, meses, estações e anos. É um indício que nos diz como não existia lembrança precisa de uma práxis ou de um ensinamento de Jesus dirimente em um sentido ou no outro.

Em nossos evangelhos é repetido o testemunho de vivazes contrastes entre o Nazareno e, normalmente, os fariseus a respeito do descanso sabático. Antes de tudo, podemos citar Mc 2,23-28: no sábado os discípulos, com Jesus, caminham entre os campos semeados, arrancam espigas de trigo para comê-las e por isso são censurados; e Mc 3,1-6: em dia de sábado Jesus cura um homem com a mão atrofiada e é acusado. Aqui Mateus e Lucas o seguem bastante fielmente. Depois temos a fonte L: em Lc 13,10-17, Jesus cura uma mulher encurvada e é criticado pelo chefe da sinagoga na qual realizou a cura; em Lc 14,1-6 objeto de crítica por parte de escribas e fariseus é a cura de um hidrópico. Também o quarto evangelho participa: Jo 5,1-18 narra a cura de um paralítico e da rejeição de "os judeus"; em Jo 9,1ss, lemos que Jesus deu a vista a um cego de nascimento e os fariseus o denegriram como transgressor do sábado. Na realidade, o pano de fundo histórico dessas páginas polêmicas é constituído na maior parte pelas diatribes que contrapuseram as primeiras comunidades cristãs à ortodoxia farisaica consolidada em todo o judaísmo depois do ano 70 d.C., mas também por discussões internas do cristianismo entre comunidades observantes e comunidades livres. Mas dois ditos de Jesus, emoldurados em duas passagens de Marcos, são comumente considerados autênticos, porque levam a marca estilística própria de diversas palavras suas, teor icástico e forma antitética, e delatam certa originalidade com relação aos posicionamentos do cristianismo das origens enquanto se enquadram coerentemente no contexto judaico.

O primeiro é atestado em Mc 2,27: "O sábado foi feito por amor do homem, não o homem por amor do sábado", mas está ausente, omitido de propósito — se supõe —, nas versões paralelas e dependentes do apotegma de Mateus e Lucas. Estes se demonstraram insensíveis à sua orientação humanista e, talvez, críticos diante de seu timbre judaico, interessados unicamente no valor cristológico do dito final: "O Filho do Homem é senhor também do sábado" (Mc 2,28; cf. Mt 12,8 e Lc 6,5). O quadro narrativo mostra-se obscuro: qual transgressão do descanso sabático é denunciada ali — o caminhar ou o trabalho de conseguir alimento das espigas arrancadas ou, até mesmo, um comportamento vandálico? Não está claro. Além do mais, parece inverossímil que os fariseus tenham seguido o grupo de Jesus para pegá-lo em flagrante. Ainda mais, a acusação dirigida aos discípulos, não ao Nazareno, parece esboçar uma situação de crítica a comunidades cristãs não fiéis ao mandamento do sábado. Sem esquecer que nosso dito é introduzido por "e lhes dizia" (Mc 2,27a) depois que nos vv. 25-26, com a fórmula introdutória "E lhes diz", Jesus tinha apelado ao rei Davi e companheiros que, famintos, se alimentaram com "os pães da proposição" oferecidos no santuário e, portanto, sagrados: um comportamento que não tem nada a ver com o sábado, e que mostra como em uma situação de emergência se deixa de lado a preceitualidade de uma norma. Em breve, a palavra jesuana da qual nos ocupamos deve ser desligada do quadro narrativo no qual aparece inserida; de qualquer maneira, devia referir-se a uma situação, imprecisa, na qual o Nazareno foi provocado a respeito do descanso sabático.

Seja como for, a interrogação principal versa sobre seu significado: exprime acaso sua vontade de abolir esse mandamento da Lei? De modo algum. Ele, de fato, não somente não nega o sábado, mas inclusive o confirma: "O sábado foi feito", um passivo teológico que subentende a ação de Deus e, com toda a probabilidade, a referência implícita é à criação: o Criador "cessou o sétimo dia de toda obra por ele feita e bendisse Deus o sétimo dia e o santificou" (Gn 2,2-3). E afirma sua validez precisando sua destinação para o homem e a finalidade: a seu favor ("por amor do homem"). O descanso sabático fica assim subordinado ao bem das pessoas, não vice-versa. Em resumo, Jesus oferece-nos sua interpretação do sábado em chave humanitária, mas em perspectiva teológica: Deus doou ao homem o descanso sabático, para seu bem. O mandamento divino prescreve, portanto, o que é vantajoso para as pessoas: vantajoso em sentido muito concreto, precisamente o descanso da fadiga de um duro trabalho. Consequentemente, nem abolição nem introdução de uma exceção à sua observância, mas descoberta de seu verdadeiro alcance segundo a vontade de Deus.

Por isso Jesus, em vez de distanciar-se, demonstra-se aqui bem inserido no judaísmo. Com a especificação de que está longe das leituras radicalizantes dos essênios e de quantos tinham erigido o sábado como barreira de separação dos outros e como defesa da própria identidade particular. O respiro humanitário de sua palavra o aproxima à tradição rabínica, sobretudo àquela de marca hillelita, e paradoxalmente ao farisaísmo, ao passo que nossos evangelhos o opõem aos fariseus. Não fuja, porém, uma particularidade de timbre universalista: se os rabinos falavam de sábado entregue "a vós", portanto aos filhos de Israel, o Nazareno afirma que foi feito por amor do homem.

Isso precisado, aparece claro que Mateus e Lucas, deixando de lado esta palavra de Jesus para fazer valer unicamente aquela sobre o poder do filho do homem, acabam por afirmar que a validez do preceito sabático depende em tudo do Cristo, que portanto pode até aboli-lo. Aqui, com probabilidade, falam aqueles setores da igreja primitiva que se sentiam livres das prescrições da Lei mosaica e também do preceito do sábado. Certamente Paulo, defensor da liberdade cristã da Lei mosaica em nome do papel salvífico exclusivo do Senhor, teria dado de coração sua entusiasta adesão. Portanto, o Nazareno é homogêneo ao seu contexto judaico e inomogêneo, nisto, àquelas comunidades cristãs que viviam livres do preceito mosaico, mas também àquelas que o observavam em modo legalista.

O segundo dito sobre o descanso sabático coloca-se na mesma linha: "No sábado, é lícito fazer o bem ou fazer o mal, salvar uma vida ou matar?" (Mc 3,4). É uma alternativa que não deixa dúvida alguma sobre a escolha a fazer: é lícito fazer o bem, em concreto salvar uma vida. Ainda mais que o precedente, esse dito se enquadra no judaísmo do tempo, nas opostas interpretações, rigorista e humanitária, do descanso sabático. Os essênios fizeram valer a proibição de toda intervenção mesmo nos casos nos quais um animal ou uma pessoa tenha caído em uma fossa: não devem ser tirados de lá; a interpretação rabínica, ao contrário, nessa casuística, pronuncia-se em sentido diametralmente oposto (*bShabb* 128b).

Uma marca evidente dessas leituras diferentes do sábado aparece também em duas passagens da fonte L: "Hipócritas! Acaso cada um de vós não solta seu boi ou seu jumento do curral, para dar-lhe de beber, mesmo no sábado?" (Lc 13,15); "É lícito no sábado curar ou não?" (Lc 14,3); e em Mt 12,11: "Quem dentre vós, tendo uma só ovelha e caindo ela em um barranco no sábado, não a apanharia para tirá-la de lá?". Enfim, Mateus cita na sua versão do primeiro supracitado apotegma de Marcos uma passagem de Oseias de caráter mais geral: "Misericórdia eu quero e não sacrifício" (Mt 12,7), invocado ainda pelo mesmo evangelista a propósito da cura, mas não em sábado, de um paralítico (Mt 9,3). A exaltação do agir misericordioso aparece também na literatura rabínica, não como crítica ao rito sacro, mas em estreito paralelo: "O mundo se sustenta sobre três coisas: sobre a Torá, sobre o culto e sobre as obras de misericórdia" (*mAbôt* 1,2).

Note-se também que, normalmente, as diatribes sobre o descanso sabático presentes em nossos evangelhos fazem referência às curas realizadas por Jesus. Por outro lado, sua palavra sobre o sábado dado por Deus para o bem do homem, para salvar a vida humana, assume um significado específico no quadro da sua ação terapêutica: o sábado, como dia de ação benéfica, alcança uma relevância de caráter escatológico: é santificado — para usar um termo da Bíblia hebraica — pelo Nazareno que realiza já, mesmo que "pobremente", a realeza de Deus na história em benefício dos doentes.

Por razões de completude citamos um *agraphon* atestado no códice Cantabrigense (D) no lugar de Lc 6,5. É uma breve narração centralizada em uma palavra do Nazareno sobre a observância sabática: "No mesmo dia (Jesus) viu um homem que trabalhava no sábado. Então lhe disse: 'Homem, se sabes o que estás fazendo, és feliz; mas se não o sabes, és maldito e transgressor da Lei'". No seu comentário, Schürmann declara-se abertamente a favor da tese da origem cristã, enquanto Söding, recentemente — como vimos no segundo capítulo —, defendeu a autenticidade jesuana. No dito se exprime, como critério decisivo de comportamento moral, o primado da consciência sobre a objetividade do fazer; uma coisa muito similar a quanto disse Paulo em 1Cor 8 a propósito do alimentar-se ou não com carnes imoladas aos deuses falsos e mentirosos.

5.2. O que verdadeiramente contamina o homem

Puro e impuro, realidades que se definem em relação à contaminação da pessoa que impede a todos os israelitas de entrar na esfera do sagrado, em especial no templo para participar ao culto, e aos sacerdotes de cumprir os ritos sagrados, permearam constantemente a religião hebraica. A maioria das impurezas, como as que "provinham da morte, do parto, das menstruações, do esperma e das outras perdas da vagina ou do pênis" (Sanders, *Il Giudaismo*, p. 302) não comportava culpa alguma. À parte devem ser avaliadas, porém, as impurezas culpadas, isto é, as evitáveis e voluntárias, por exemplo, a relação com uma mulher em estado menstrual; sobretudo, era gravíssimo comer carnes proibidas, a de porco em particular, consideradas "uma abominação" aos olhos de Deus (cf. Lv 11). Geral é, com relação a isso, a exortação de Lv 10,10, dirigida aos sacerdotes mas que devem ensiná-la ao povo: "Para que possais distinguir o sagrado do profano e o puro do impuro".

Ora, essa esfera de ação, mais do que aquela do descanso sabático, prestava-se a ser vivida, em período de crise, como senha de identidade e como muro de separação dos outros. Vejamos um testemunho inequívoco em *Aristeias*, n. 139: "O legislador, sendo sábio, instruído por Deus para o reconhecimento de cada coisa, nos encerrou dentro com paliçadas ininterruptas e com muralhas de ferro, para que não nos misturemos em nada com algum dos outros povos, permanecendo puros no corpo e na alma". Assim, os essênios foram intérpretes rigorosíssimos das Leis divinas da pureza, das quais estendiam muitíssimo a aplicação, até fazer próprias as normas válidas para os sacerdotes no exercício do culto jerosolimitano e no alimentar-se das ofertas rituais a Deus. Já foram citados anteriormente inequívocos testemunhos; basta pensar, por exemplo, na sua prática cotidiana de banhos de purificação. São suficientes duas citações: "Mesmo que a expulsão dos excrementos seja um fato natural, a regra impõe lavar-se logo depois como para purificar-se de uma contaminação" (*Bell* 2,149); "Ele é santo. Nenhum homem durma na cidade do templo contaminando a cidade do templo com suas impurezas" (*CD* 12,1-2): portanto, do templo a zona de pureza foi alargada a toda a cidade. Sobretudo, eles interpretavam a Torá segundo a palavra inspirada do Mestre de Justiça, uma interpretação bastante diversa daquela do clero e do culto de Jerusalém afetados de radical impureza, porque se referiam a um calendário festivo por eles rejeitado. Por essa razão, consideravam-se "separados/santos" com relação aos comuns judeus (*1QS* 8,10-12).

Algo similar vale para os fariseus, mesmo se seu rigorismo com relação à práxis da gente comum não fosse comparável com o dos essênios e dos qumranitas em particular. A propósito disso, as valorações divergem: Neusner considera que eles fizessem valer para si mesmos, em dimensão de aldeia e de estrada, as regras de pureza reservadas na Lei aos sacerdotes atuantes no templo, enquanto Sanders o nega. Em todo caso, com relação ao povo os fariseus estendiam os âmbitos das regras de pureza.

Mas precisamos também anteriormente que nos escritos de Qumrã a impureza ritual era duplicada por uma mais radical e pecaminosa, pelo qual o próprio Mestre de Justiça, leal às normas da Lei mosaica, se confessava um ser imundo, necessitado da ação purificadora da graça de Deus e de seu santo espírito: uma impureza não causada pelo contato externo, mas por uma fonte interna, um dinamismo, um instinto perverso que leva a pessoa a fazer o mal: "Sou uma criatura de argila, modelada com água, alicerce de vergonha, fonte de impureza, forno de iniquidade, construção de pecado, espírito de erro, extraviado, sem conhecimento" (*1QH* 9,21-22); "E pelo espírito de santidade que o une à sua verdade é purificado de todas as suas iniquidades" (*1QS* 3,7-8).

Por outra parte, em um filão da tradição bíblico-judaica permaneceu viva a consciência que a pureza moral vale incomparavelmente mais que a ritual. Os termos de puro e impuro assumem assim também significados metafóricos, aplicados não à esfera cultual, mas àquela ética do agir, diríamos hoje. Temos testemunho disso em Ag 2,11-14: é "toda obra de suas mãos" que contamina, não tanto "tocar um morto". O profeta acusa aqui o ritualismo dos israelitas, fiéis ao ensinamento sacerdotal sobre o puro e o impuro, e afirma o primado do agir moral. Para não falar de Is 1,16, no qual o profeta denuncia o cultualismo de seus contemporâneos aplicando vocábulos de pureza ao agir moral: "Lavai-vos, purificai-vos, tirai da minha vista a malícia de vossas obras, cessai de fazer o mal", e da invocação de Sl 51,12: "Ó Deus, cria em mim um coração puro". No apócrifo *Assunção de Moisés*, da primeira metade do século II a.C., o autor censura os hipócritas, réus de todo crime, que se cuidam para serem ritualmente puros: "[...] dirão: 'Não me toques, para não me contaminar'", na realidade, são impuros pelo agir de "suas mãos" e pelas decisões de "suas intenções" (7,3-10).

No ambiente judaico-helenístico, do qual 4 Macabeus é uma voz que ressoa no período entre os séculos I a.C. e o I d.C., temos um testemunho claro de apego às normas de pureza: "Não considereis que comer alimentos impuros seja um pequeno pecado para nós" (4Mc 5,19ss). Mas não faltam posições mais liberais, das quais um qualificado porta-voz é a *Carta de Aristeias*. À pergunta sobre o sentido da "legislação a propósito dos alimentos e das bebidas e dos animais que são considerados impuros" (n. 128), o autor responde, antes de tudo, que Deus "nos encerrou, segundo o modelo da Lei, com prescrições de pureza tanto nos alimentos quanto nas bebidas, no tato, no ouvido e na vista", "para que não sofrêssemos degenerações, sem contaminar-nos com algum e sem contato com os maus" (n. 142); depois precisa "que todas as coisas são iguais perante a razão natural" (n. 143) e que a finalidade concreta das proibições sobre algumas delas é a seguinte: "Aqueles, para os quais é estabelecida a lei, devem exercer de coração a justiça e não oprimir ninguém, confiando nas próprias forças, e não rapinar nada" (n. 147). Veja também o n. 148: "Não extorquir nada com a violência e não usar violência contra os outros". Em uma palavra, o fim é que se tenda "à justiça e às justas relações entre os homens" (n. 168). Releva com razão Sacchi: na *Carta de Aristeias* aparece "um tipo de judaísmo que não reconhecia mais a existência do impuro como algo de realmente existente" (p. 53).

No mundo grego, o cínico Diógenes, com espírito iluminista, afirmou: "Vendo alguém que fazia abluções purificatórias, 'Ó infeliz — disse —, não sabes que purificando-te não poderás livrar-te nem dos erros de gramática, nem dos pecados de tua vida?'" (Diógenes Laércio 6,42) E ainda: "A quem o censurava por entrar em lugares sujos, respondia: 'Também o sol penetra nas latrinas, mas não é contaminado por elas'" (6,63).

Nesse vasto contexto assume sua justa relevância um dito jesuano de sólida autenticidade histórica. Atesta-o Mc 7,15: "Nada há que, vindo de fora (*exōthen*) e entrando no homem, possa contaminá-lo; ao contrário, é o que sai do homem que o contamina". Lucas o omite, enquanto Mateus introduz uma especificação: contaminante é o que sai da *boca* do homem, não o que entra por ela (Mt 15,11). Recorre a um quadro narrativo, ou apotegma, muito complexo e de clara mão redacional.

Primeiro quadro: fariseus e escribas vêm de Jerusalém a controlar o grupo dos discípulos de Jesus (incrível!) e descobrem que estes comem sem antes lavarem as mãos. Imediatamente, o evangelista preocupa-se em precisar que essa, junto com outras do mesmo gênero, é a "tradição (*paradosis*) dos antigos". Dirigindo-se então ao mestre, fazem-lhe perceber que os discípulos, comendo com as mãos impuras, "não se comportam segundo a tradição dos antigos". O interrogado, na realidade, não responde mas os ataca com extrema dureza, aplicando-lhes uma passagem de Isaías (cf. Is 29,13): os israelitas honram a Deus só com os lábios, não com o coração, enquanto entre eles está em auge o ensino de preceitos humanos. Então o evangelista descobre seu verdadeiro interesse: uma coisa são os preceitos divinos e uma outra a tradição dos antigos; esta é puramente humana e, portanto, desconsiderável, enquanto aqueles conservam plena validez também na fé cristã. Daí o ataque do Nazareno aos críticos: "Invalidando o mandamento de Deus (*tēn entolēn tou theou*), aderis à tradição dos homens (*tēn paradosin tōn anthrōpōn*)" (Mc 7,8). E cita um exemplo clamoroso de tal dissociação, o *korban*: consagrar ao santuário os próprios bens, ficando assim intangíveis mesmo perante o imperativo de ajudar os pais anciãos necessitados, como obriga o mandamento do decálogo: "Honra teu pai e tua mãe".

Segundo quadro: aos fariseus e aos escribas sucede agora a multidão como interlocutor de Jesus que lhe dirige sua palavra sobre o puro e o impuro.

Terceiro quadro: o Nazareno deixa a multidão, entra em uma casa e fala aos discípulos, que o interrogam sobre o sentido de sua palavra. Ele a precisa passando do binômio externo/interno ao de ventre/coração: o que entra no homem não toca seu centro decisional, o coração, mas vai ao ventre para terminar em uma latrina. E assim Marcos pode colocar nos lábios de Jesus sua tese: todos os alimentos são puros (Mc 7,19). Ao contrário, é quanto sai do coração do homem que o contamina: "Os maus pensamentos, fornicações, latrocínios, homicídios, adultérios, cobiça, maldades, fraudes, devassidão, inveja, difamação, orgulho, insensatez".

O relato é claramente uma construção do evangelista, que engastou ali um dito autêntico de Jesus a ser compreendido não em relação ao purificar-se das mãos antes de comer, práxis particular de alguns grupos judaicos, como os fariseus, mas não incluída entre as normas da Lei mosaica. Essa conexão foi estabelecida por Marcos. É possível supor uma imprecisa situação na qual o Nazareno foi provocado a pronunciar-se sobre o puro e o impuro, e sua palavra deve ser compreendida nesse contexto geral. Ebner conjectura, não sem plausibilidade, que o dito tenha nascido a propósito da comensalidade do Nazareno e de seu grupo com os publicanos e os excluídos: deveria existir alguém que lhe imputava de contaminar-se com estes "malditos", colaboracionistas das autoridades judaicas para a arrecadação dos impostos indiretos. A resposta de Jesus questiona o critério de pureza dos acusadores: o que verdadeiramente contamina é o que sai do homem, isto é, suas palavras venenosas, não o que entra nele (pp. 245-248).

Segundo uma interpretação típica da *new quest* — mas não somente dela —, com essa palavra Jesus teria passado uma esponja sobre toda a normativa do Levítico no tocante à pureza. Um claro testemunho, diz-se, de sua radical liberdade e de seu ensinamento de libertação da Lei mosaica, vistos os pronunciamentos análogos sobre sábado, divórcio, juramento etc. Um Jesus alienado de seu mundo judaico, defensor de uma religião interior e moral alternativa à religião judaica legalista e ritualística. Mas já se disse repetidamente que essa é uma caricatura do judaísmo, e, a propósito do sábado, já precisamos que ele não o aboliu em absoluto. Quanto a essa palavra sobre o puro e, o impuro, duas são hoje as interpretações prevalentes. De acordo com a primeira, Jesus chamaria a atenção sobre a fonte da contaminação interna ao homem, sem excluir a outra que vem de fora (*exōthen*), na prática, dos alimentos: contaminante não *é tanto* isto *quanto* aquilo. Outros estudiosos, insistindo sobre a forma antitética do dito, dizem que sua afirmação é exclusiva: isto sim contamina, não aquilo. Parece-me mais convincente essa segunda leitura, pelo motivo expresso e também pelo radicalismo do Nazareno, evidente em outros pronunciamentos, por exemplo, sobre o dever sacrossanto de sepultar o pai.

Note-se bem que Jesus não afirmou com isso, como o faz dizer Marcos, que todos os alimentos sejam puros, tese de setores da Igreja primitiva aos quais pertence o segundo evangelista e também Paulo (cf. Rm 14,20: "Tudo é puro"). Ele disse que os alimentos impuros não contaminam verdadeiramente a pessoa: a contaminação ritual não reveste muita importância aos seus olhos. Em resumo, é outra impureza da qual ele intenta advertir, aquela ínsita no homem mesmo e que se materializa ao externo em palavras e ações más. Podemos chamá-la impureza moral, para distingui-la daquela ritual; é a mesma que interessava a Ageu, a Isaías, ao cantor do *Miserere* e aos autores da *Assunção de Moisés* e da *Carta de Aristeias*, assim como aos essênios, que, porém, estavam bastante presos também à pureza externa.

Jesus não se livrou do código do puro e do impuro, ao contrário, como para todo hebreu respeitável, esse entrou de direito na sua perspectiva religiosa; mas, com outros judeus, seu olho penetrante se fixou não em fontes contaminantes externas ao homem e que agem por contato, mas naquelas ínsitas na mesma pessoa: essa tem em si aquilo que a contamina. Contudo, não se trata de um dinamismo natural mais ou menos invencível, de algo fatal; consiste em possibilidades negativas que se encarnam em exteriorizações verbais e operativas, e devem ser combatidas responsavelmente. Ebner, que se limita a indicar as palavras como o que sai do homem, parece-me unilateral. De tudo isso deve precaver-se a pessoa para não ser "contaminada" em sentido moral, isto é, separada de Deus e de sua graça; os alimentos e contatos impuros não incidem no homem, em seu verdadeiro ser. Uma visão das coisas e do homem assaz dramática: o ataque do mal, da contaminação em sentido metafórico, não é trazido do externo, mas do interno, de seu centro de decisão, do coração, como interpretara, esta vez muito bem, Marcos. E novamente a originalidade do dito do Nazareno, indiscutível na contraposição entre esfera externa e esfera interna, não o deixa estrangeiro ao seu mundo judaico, mas companheiro de específicos grupos judaicos.

Último relevo, essa palavra não representa nenhum papel na polêmica entre Pedro e Paulo em Antioquia sobre a participação à mesa comum de gentios convertidos, isto é, de pessoas que comiam de tudo (cf. Gl 2,11-14). O mesmo deve ser relevado a propósito da questão de comer ou não as carnes imoladas às divindades idolátricas, da qual fala longamente o apóstolo em Rm 14–15 e 1Cor 8–10. Um silêncio que alguns entenderam como argumento contra a autenticidade jesuana do dito de Mc 7,15; se Jesus tivesse se pronunciado claramente contra a preceitualidade das normas de pureza, como poderia a Igreja dos primeiros decênios não referir-se a isso e resolver assim *ex auctoritate* o problema? Mas, como é sabido, a prova *ex silentio* é a menos sólida. Melhor se deve salientar que a perspectiva na qual o Nazareno viu e, no seu modo, resolveu a questão do puro e do impuro não era exatamente aquela do cristianismo das origens. Esse se interrogava sobre a obrigação ou a liberdade dos gentios convertidos de comerem à mesa segundo a dieta judaica; Jesus, ao contrário, dando-o por descontado, e irrelevante, que existam alimentos impuros, afirma que a verdadeira contaminação vem de dentro da pessoa, não de fora.

Uma posição de total negação da Lei de pureza é, por sua vez, atribuída a Jesus no papiro 840 de Oxirrinco: ele e seus discípulos entram no templo, mas são enfrentados pelo sumo sacerdote Levi:

> "Quem te permitiu passear por este lugar de purificação e olhar estes vasos sagrados sem teres te lavado e sem que nem teus discípulos tenham se molhado os pés? E antes, contaminado, caminhas neste templo, que é um lugar puro". A resposta de Jesus: "Tu, portanto, que estás aqui no templo, tu és puro?". Aquele respondeu: "Sou puro! Com efeito, fiz a ablução na piscina de Davi, e, depois de ter descido por uma escada, subi por outra, e vesti hábitos brancos e puros, depois vim ver estes vasos sagrados". O Salvador respondeu, dizendo: "Ai [de vós] cegos, que não vedes! Tu fizeste a ablução naquelas águas servidas [...] e limpaste a pele exterior, como fazem as prostitutas e as flautistas, que se perfumam, se lavam, se limpam e se embelecem para a concupiscência dos homens, mas dentro estão cheias de escorpiões e de toda maldade. Eu, por sua vez, e meus discípulos, que tu acusas de não se terem molhado, lavamo-nos em águas de vida eterna, que descem de Deus, do céu".

É pouco provável — até mesmo como simples conjectura — que tal texto tenha algum valor histórico; não é de fato nem imaginável um Jesus que com seu grupo zombe publicamente de uma práxis rigorosa do judaísmo e saia incólume.

5.3. *O duplo dito sobre o manto e os odres de vinho*

"Ninguém coloca remendo de pano novo em vestido velho, senão o novo repuxa o velho e se produz um rasgão pior. / E ninguém coloca vinho novo em odres velhos, porque o vinho estoura os odres e se perde juntamente com estes: / ao contrário, vinho novo em odres novos" (Mc 2,21-22 e par.). Tal palavra segue, sem solução de continuidade, ao dito sobre a impensabilidade, para os participantes a um banquete de núpcias, de jejuar. A contextualização é artificial, devida à mão redacional do evangelista. Deve-se, portanto, buscar em outro lugar para identificar seu contexto histórico e entender consequentemente seu significado. Em concreto, perguntamo-nos a que faziam referência as duas metáforas do manto velho e do remendo novo, dos odres velhos e do vinho novo. Em geral, os intérpretes pensam no Reino de Deus por Jesus anunciado, que representa uma novidade com relação ao velho mundo; por consequência, quem é admitido ali por graça não pode logicamente viver a nova situação como se ainda estivesse no velho mundo, com conciliações e incoerências, dividindo-se entre o novo e o velho. Essa leitura pode basear-se no fato de que o motivo da novidade qualitativa (em grego, *kainos*, *kainōtēs*) tinha sido utilizado nos sonhos escatológicos da tradição judaica para definir o mundo esperado, precisamente "novos céus e nova terra", como se expressara o célebre Is 65,17; ao qual coroam diversos textos pseudoepigráficos: "E o primeiro céu sairá, passará e aparecerá um novo céu", "e desde então o pecado não mais existirá" (*1Hen* 91,16-17); "até que seja feita uma obra nova, que restará eternamente" (*1Hen.* 72,1); em *Jub* 1,29 se fala de "nova criação", assim caracterizada em 4,26: "A terra é santificada de todos os pecados e da impureza das gerações do mundo". E ainda: "Quando o Poderoso renovará sua criação" (*Baruc siríaco* 32,6), "um mundo novo", "mundo renovado" (*Baruc siríaco* 44,12 e 57,2); "até aquele tempo no qual deverás renovar a criação" (*4Esd* 7,75). Em Is 43,18 também aparece, em projeção escatológica, a antítese novo/velho: "Não vos lembreis mais das coisas primeiras (*ta prōta*) nem considereis as coisas antigas (*ta arkhaia*), eis que eu faço coisas novas (*kaina*)", um texto ao qual se refere Paulo em 2Cor 5,17: "Quem vive na esfera de Cristo é uma nova criatura (*kainē ktisis*); o velho (*ta arkhaia*) passou, eis que surge um mundo novo (*kaina*)". Sem falar da fórmula "nova aliança" (*kainē diathekē*), recorrente em Jr 31,31-33 e em Lc 22,20; 1Cor 11,25; 2Cor 3,6; Hb 8,8.

Ebner, por seu turno, vê subjacente nesse dito, como em muitos outros, a experiência de seguidores itinerantes de Jesus, mas com a seguinte especificação: depois de ter abandonado casa, bens e trabalho podiam ter sido tentados a assumir compromissos: um pouco estar em casa e um pouco seguir a Jesus. Jesus os alertaria sobre tal queda de tensão espiritual (pp. 212-213).

5.4. Os corvos que não semeiam e os lírios que não tecem

Apesar de ter me referido a isso anteriormente, parece útil demorarmo-nos com uma análise mais aprofundada. Esse dito binário é atestado na fonte Q, que o inseriu em uma coleção de palavras análogas, criada de próprio punho, para apresentar um articulado ensinamento sobre o confiante abandono em Deus providente (Lc 12,22-32 e Mt 6,25-34). O texto atual é atravessado pelo repetido imperativo: "Não vos inquieteis (*mē merimnate*)" pelo alimento e pelo vestido, que é o *leitmotiv* da perícope. E como motivação temos o apelo a olhar os corvos que não semeiam, e, contudo, são nutridos por Deus, e aos lírios que não tecem, mas que o criador veste esplendidamente. Para dizer que o mundo animal e o vegetal estão demonstrando como, com maior razão, Deus se preocupará de "vós". E com o acréscimo, no fechamento, do imperativo a buscar antes a realeza divina, porque a todo o restante provê o bom Deus.

Dessa construção literária da fonte Q emerge a exortação endereçada a todos os crentes das comunidades cristãs para que sejam confiantes na providência divina e coloquem no primeiro lugar de suas preocupações o valor do Reino, muito mais importante que os bens terrenos. A estes podem até tender, mas sem inquietação; angústia não, mas tranquilidade interior; trabalho sim, mas não angustiante, à diferença dos gentios; se dediquem melhor com toda a alma à busca do Reino de Deus. Mas provavelmente o Nazareno se dirigia a seus seguidores que, tendo abandonado tudo, corriam o risco de não ter nada para comer e nada para vestir. Jesus, portanto, dirige a atenção deles para o mundo animal e a natureza, âmbitos privilegiados do ensinamento sapiencial de toda cultura. E aponta os corvos e os lírios como metáforas deles mesmos: os primeiros não trabalham os campos, os segundos não tecem, dois trabalhos típicos respectivamente do homem e da mulher na sociedade agrícola da Galileia e bem conhecidos pelo galileu Jesus. Mesmo assim, aqueles são nutridos e estes vestidos pelo Criador. Que o Nazareno tenha escolhido tal *exemplum* do mundo animal não parece um puro acaso: dos corvos [o texto paralelo de Mateus que fala em geral de "aves do céu" é secundário], animais impuros (Lv 11,15), encarrega-se o Deus providente (Sl 147,9). No papiro de Oxirrinco 655,1-23, porém, a passagem paralela acrescenta apenas a metáfora dos lírios, não a dos corvos.

Note-se como Jesus, não diversamente de todo bom judeu do seu tempo, vê a natureza não como realidade autônoma, mas qual criação: ali surge a presença constantemente atuante de Deus. Não devia ser difícil para seus seguidores concluir o ensinamento implícito: confiança absoluta e motivada em Deus para as necessidades elementares. Portanto, uma palavra endereçada aos poucos que o tinham seguido na sua errância e no seu vagabundear. Somente no cristianismo das origens tornou-se palavra para todos os crentes e com o valor indicado anteriormente.

Também o texto paralelo do papiro de Oxirrinco 655 mostra uma evidente releitura da tradição originária. Oferece-nos, de fato, uma versão centralizada no vestido e caracterizada pelo contraste entre esta vida e a escatológica, representadas pela metáfora do vestido, claros indícios de interpretação posterior:

> "Não vos preocupeis da manhã até a noite nem da noite até o amanhecer nem com o vosso alimento, quanto ao que comereis, nem com a roupa, quanto ao que vestireis. Muito mais preciosos sois que os lírios, os quais crescem e não fadigam por si. Tendo um vestido, por que [...] também vós? Quem seria capaz de acrescentar [algo] à vossa estatura? Ele vos dará vosso vestido". Dizem-lhe seus discípulos: "Quando te manifestarás a nós e quando poderemos ver-te?" [Jesus] respondeu: "Quando vos desvestirdes e não sintais vergonha".

Análogo é o Evangelho Apócrifo de Tomé:

> Jesus disse: "Não fiqueis ansiosos da manhã até a noite nem da noite até o amanhecer a respeito de como vos vestireis". Seus discípulos perguntaram: "Em que dia te manifestarás a nós e em que dia te veremos?" Jesus respondeu: "Quando vos desvestirdes sem vergonha, quando depuserdes vossas roupas e as coloqueis debaixo de vossos pés, como fazem as crianças, e as pisardes, então vereis o Filho do Vivente sem nenhum temor" (nn. 36 e 37).

E, por razão de completude, podem ser citadas também outras palavras análogas da fonte Q atribuíveis ao Nazareno; aqui não compartilhamos o ceticismo geral de Ebner sobre os ditos duplos. "Acaso não se vendem cinco aves por dois asses? No entanto, nenhuma delas é negligenciada por Deus. / Até mesmo os cabelos de vossa cabeça estão todos contados. / Não temais! Vós valeis mais do que muitas aves" (Lc 12,6-7). Sem dizer que em referência à oração devem registrar-se aqui duas pequenas parábolas paralelas, sempre da fonte Q. Lucas as faz preceder do dito: "Pedi e vos será dado; / procurai e encontrareis; / batei e vos será aberto" (Lc 11,9). A versão de Mateus parece preferível: "Quem dentre vós, se o filho lhe pedir pão, lhe dará uma pedra? E se lhe pedir um peixe, lhe dará uma serpente?" (Mt 7,9-10). Não era necessária nenhuma explicação: seus seguidores devem ter entendido instantaneamente: confiança incondicionada na súplica a Deus, certos de serem atendidos.

6. Exortações

De algumas exortações já falamos; veja-se, por exemplo, os imperativos do seguimento e aqueles, ao menos implícitos, estudados há pouco. Aqui analisamos certo número que, segundo Zeller, se apresentam indiscutíveis. Os imperativos dos quais se falará estão, muitas vezes, na segunda pessoa do plural: Jesus não visa ao homem individual, mas a um grupo; não ao povo em geral, mas, ao que parece, a quantos tinham aderido ao seu anúncio, com essa especificação: não é palavra limitada aos seguidores que tinham abandonado tudo, mas estendida a todos os adeptos, compreendidos aqueles que permaneceram nos seus lares. Outra fácil, mas surpreendente, observação: Jesus apresenta as exigências de um viver positivo sem fundá-las sobre o ditame da Torá; por isso não veste os panos de um rabino tampouco os do Mestre de Justiça, dedicados a ler os preceitos da lei e a interpretá-los aplicando-os às situações do presente. Não foi em absoluto um mestre da Lei. Em qual horizonte de motivações se movesse se verá na análise das exortações individuais que muitas vezes se apresentam sem explícita motivação. Não se evitará a espinhosa questão de sua reivindicada autoridade com a qual falou: autoridade messiânica, profética ou tão somente de mestre de sabedoria?

6.1. Amai vossos inimigos

O mandamento do amor aos inimigos chegou-nos em duas versões paralelas: Mt 5,43-45 e Lc 6,27-28.35, ambas dependentes da fonte Q. O confronto dos dois textos as permite remontar ao processo de tradição até seu ponto de partida. A forma antitética própria do primeiro evangelista: "Ouvistes que foi dito (por Deus): Amarás a teu próximo [cf. Lv 19,18] e odiarás ao teu inimigo. Mas eu vos digo: Amai vossos inimigos e orai por aqueles que vos perseguem" (Mt 5,43-44), é redacional: Mateus conclui assim de maneira positiva a série das seis antíteses do capítulo 5 de seu evangelho, com as quais evidencia a palavra autorizada e nova de Cristo com relação ao ditame da Lei mosaica. Os dois evangelistas diferenciam--se também nos conteúdos do mandamento, segundo Mateus articulado em forma binária, amor aos inimigos e oração pelos perseguidores, e segundo Lucas com quatro versos: "Amai vossos inimigos, fazei o bem aos que vos odeiam, bendizei aos que vos maldizem, orai por quantos vos maltratam". Ora, o motivo dos perseguidores, que tende a interpretar, limitando-os, os inimigos no sentido religioso, pertence ao trabalho redacional de Mateus: na sua obra, ele demonstra um particular interesse pela perseguição, estando sua comunidade exposta à hostilidade do ambiente (cf. Mt 5,10-11; 10,23; 23,34). A formulação quaternária de Lucas na qual "os inimigos" são relacionados a categorias equivalentes: "Aqueles que vos odeiam", "os que vos maldizem", "quantos vos maltratam", parece ser também essa uma especificação secundária; tem ótima probabilidade de ser originariamente jesuana a fórmula simples: "Amai vossos inimigos". No papiro de Oxirrinco 1224, porém, o dito de Jesus aparece nesta forma: "[...] e orai por vossos inimigos".

A motivação religiosa encontra em Mateus uma linguagem concreta e plástica: "Para que vos torneis filhos de vosso Pai celeste, que faz surgir seu sol sobre maus e bons e faz chover sobre justos e injustos" (Mt 5,45), e se faz preferir àquele doutrinal de Lucas: "E sereis filhos do Altíssimo, pois ele é bom para com os ingratos e maus" (Lc 6,35). Também a perspectiva futura da filiação divina ("e sereis") parece de caráter redacional; de fato, já nas bem-aventuranças e nas respectivas maldições, Lucas delata sua acentuação escatológica. O "para que vos torneis" de Mateus corresponde melhor à orientação original de Jesus, para o qual a reviravolta decisiva da história já teve início e foi aberto o espaço para uma experiência de filiação divina. Lucas, enfim, conclui sua apresentação do mandamento do amor aos inimigos com um dito plausivelmente jesuano: "Sede misericordiosos como vosso Pai é misericordioso" (Lc 6,36). Aí se exprime o motivo da imitação de Deus já presente na motivação do preceito do amor, com a ênfase de que esse Deus misericordioso é o Pai: imitação do pai por parte do filho, uma filiação divina também essa característica do supracitado mandamento.

Eis, portanto, o dito atribuível substancialmente a Jesus: "Amai vossos inimigos, para que vos torneis filhos de vosso Pai celeste: ele faz surgir seu sol sobre maus e bons e faz chover sobre justos e injustos".

Tal exortação, nos seus conteúdos, não é totalmente original como muitas vezes se afirma, inclusive ultimamente (cf. Reiser). É verdade, em Qumrã ressoam expressões opostas: os que entram na Congregação o fazem "para amar tudo o que ele [Deus] escolhe e odiar tudo o que ele rejeita [...]; para amar a todos os filhos da luz, cada um segundo sua parte no plano de Deus, e para odiar todos os filhos das trevas, cada um segundo sua culpa na vingança de Deus" (*1QS* 1,3-4.9-11): tradução no léxico amor/ódio do separatismo típico dos essênios de todos os outros. Contudo, qualificadas tradições bíblicas e judaicas têm acentuações bem diversas. O mandamento do amor ao próximo, isto é, do concidadão, de Lv 19,18 pouco depois é estendido às minorias étnicas presentes em Israel (os *gerîm*): "Tratareis o forasteiro como um de vós que nasceu no país; o amarás como a ti mesmo, pois também vós vivestes como forasteiros no Egito" (Lv 19,34). Mais próximas são algumas sentenças sapienciais de marca judaica: "Se teu inimigo tem fome, dá-lhe pão para comer; se tem sede, dá-lhe água para beber" (Pr 25,21); entre as prescrições da Lei mosaica, Flávio Josefo em *Ap* 2,29 indica a seguinte: "Sede justos, mesmo para com os inimigos declarados"; no *Pseudo-Focílides* lemos: "Se o animal do inimigo cair ao longo da estrada, levanta-o". Na *Carta de Aristeias* 227 o autor se pergunta: "Como é possível ser liberais (*philotimos*)?". E responde: "Todos consideram que seja necessário sê-lo com quantos tenham disposição amigável para conosco. Eu penso, porém, que seja necessário ter generosa liberalidade (*philotimiam kharistikēn*) para com quantos sejam de opinião contrária para conduzi-los, neste modo, para o que é conveniente e útil para eles mesmos". Na literatura rabínica, podemos citar: "Se teu inimigo cai, não te alegres. Se tropeça, não se regozije teu coração" (*mAbôt* 4,24); enquanto mais genéricas são as seguintes exortações: "Acolhe todo homem com rosto jovial" (*mAbôt* 1,15); "Não desprezeis nenhum homem" (*mAbôt* 4,3).

Também no mundo greco-romano não faltam vozes contrastantes. Anteriormente citamos Hesíodo: "Ama quem te quer bem, visita quem te visita. Dá a quem dá, mas não dês a quem não dá: um homem dá ao generoso, mas ninguém dá ao avarento" (353-354). Sêneca, ao contrário, aparece bastante próximo a Jesus pelos motivos da imitação de Deus — *Propositum est nobis secundum rerum naturam vivere et deorum exemplum sequi* (*Benef* 4,25,1) — e do sol que surge também para os maus: *Se deos, inquit, imitaris, da et ingratis beneficia, nam et scelestis sol oritur et piratos patent maria* (*Benef* 4,26,1: "Se diz, se queres imitar os deuses, faz o bem também aos ingratos; de fato, o sol surge também para os criminosos, e os mares estão abertos também aos piratas"). Não inferior é Marco Aurélio, que insiste sobre a comum natureza dos homens:

> De manhã cedo começa imediatamente a dizer contigo mesmo: estarei ocupado com gente que mete o nariz nos interesses dos outros; com ingratos, com violentos; com espertalhões; com malvados; com gente não sociável [...]. Mas eu, que já tive oportunidade de [...] meditar sobre a natureza daquele que está cometendo o mal e aprender que aquele homem é meu semelhante, não certo por identidade de sangue ou de sêmen, mas enquanto partícipe de uma mente e de uma função que é divina [...], não posso irar-me com meu semelhante nem senti-lo como meu inimigo (*Meditações* 2,1).

Ao mesmo imperador devemos a afirmação: "É próprio do homem amar (*philein*) aqueles que o ofendem" (*Meditações* 7,22). Enfim, Epicteto assim apresenta o cínico: "Ele pode apanhar como um jumento, mas enquanto é espancado deve amar (*philein*) os homens que batem nele, como se fosse o pai ou o irmão de todos" (*Diatr* 3,22,54). Séculos antes Sócrates tinha ensinado que não se pode remediar a injustiça com a injustiça (*antadikein*) nem o mal com o mal (*antikakourgein*) (Platão, *Críton* 49bc).

Resta verdadeiro, porém, como sublinhara Reiser, que em princípio no mundo pagão vigorava o princípio enunciado no *Ménon* de Platão: "Fazer o bem aos amigos e fazer o mal aos inimigos (*tous men philou eu poiein, tous d'ekhthrous kakōs*)" (71e). Significativo também o epitáfio que Sila quis que fosse escrito na sua tumba em Campo de Marte: "Nenhum de seus amigos o superou no fazer o bem e nenhum inimigo no fazer o mal" (Plutarco, *Sila* 38,4).

O imperativo de Jesus caracteriza-se por seu caráter absoluto e paradoxal: amar aos que nos odeiam. Com efeito, no léxico hebraico assim é definido o inimigo; mas sobretudo por sua motivação religiosa: com o fim de tornarem-se filhos de um Deus que não discrimina no seu amor benéfico de criador. O Nazareno mostra-se atento às experiências mais elementares, qual o surgir do sol e a chuva que cai do céu; não se detém, porém, no puro dado visual; vive um e outro fenômeno natural como um agir benéfico de Deus que faz surgir o sol e faz chover, procurando ao homem os bens necessários para a existência humana, antes, as fontes mesmas de nosso viver. E na sua alma religiosa fala do sol que é de Deus, o qual não tem zelosamente para si quanto de bom e precioso possui, mas o compartilha com os homens. A eles, portanto, o criador relaciona-se não como a rivais mas, puro do espírito de competição, divide com eles o que é seu. "A raiz da violência, identificada agudamente por R. Girard na rivalidade que não sabe suportar a posse em comum do mesmo bem, não vinga no jardim de Deus" (Barbaglio, p. 168).

Sobretudo, Jesus percebe na natureza o agir indiscriminado do Criador que faz surgir igualmente seu sol e faz chover sobre todos os homens, sejam eles bons ou maus, façam ou não sua vontade:

> [...] o Deus vivido pelo Nazareno não parece reativo ao homem, isto é, não age de maneira sintônica ao comportamento e atitude humana assumida para com ele. Tampouco age como juiz que discrimina entre inocente e culpado, absolvendo o primeiro e condenando o segundo. A natureza, quer dizer Jesus, manifesta-nos um Deus que é fonte de vida igualmente para todos. É verdade que os homens se diferenciam perante ele, aceitando uns, os justos, sua vontade como norma de vida e rejeitando os outros, os injustos; mas ele não diferencia sua ação com a qual faz surgir o sol e faz cair a chuva, doados igualmente a todos (Barbaglio, p. 169).

A imagem de Deus que faz surgir seu sol e faz chover sobre todos indistintamente, no ambiente rabínico, constituía um gravíssimo problema de teologia: como conciliar a evidência de natureza com a crença no justo juiz que premia os justos e castiga os injustos? Uma primeira linha de pensamento, abafando a contradição mencionada, considerava poder vincular o dom da chuva ao mérito humano: rabi Chiyya (cerca do ano 360 d.C.), tendo ouvido as nuvens dizer que iam ao território de Amon e Moab, dirigiu-se a Deus nestes termos: "Senhor do mundo, quando deste a Torá a teu povo Israel, a ofereceste a todos os povos do mundo, mas eles não a aceitaram, e agora tu queres lhes dar a chuva?". Então as nuvens fizeram cair a chuva onde estava o rabi, isto é, na terra de Israel (*bTaan* 25a). Uma segunda linha pensou distinguir entre a história e o além; é testemunha disso rabi Chanina (cerca de 225 d.C.) que lê o Sl 145,9: "Bom é o Senhor para todos", porque faz surgir o sol e faz chover sobre todos, e o interpreta em sentido restritivo: "Isto é, neste mundo; mas no mundo vindouro, que um dia virá, se diz: 'Fazei o bem, Senhor, aos bons' (Sl 125,4)" (*Midrash* Sl 22, § 3 [91a]; cit. em Billerbeeck, I, p. 376). Rabi Eleazar (cerca do ano

270 d.C.), por sua vez, à iniciativa universal de Deus opõe sua preferencial dedicação pelos justos, juntando duas passagens bíblicas: "Bom é o Senhor para com todos" (Sl 145,9) e "O Senhor é bom com aqueles que o escutam" (Lm 3,25), e comenta: "Como um homem que tem um jardim; quando o rega, rega tudo, mas quando capina, capina somente as plantas boas" (*bSanh* 39b).

Para Jesus, pelo contrário, são estranhas discussões de escola e problemáticas teológicas a respeito da aparente contradição em Deus entre benevolência universal e justiça retributiva. Escuta com simplicidade a voz da natureza na qual se manifesta o Criador: este é exatamente como aparece no fazer surgir seu sol e fazer chover sobre todos, precisamente um Deus de benevolência indiscriminada e de graça. Próximo a ele está rabi Samuel (cerca do ano 260 d.C.), que explica deste modo a bondade universal e indiscriminada do Senhor expressa no Sl 145,9: "Disse R. Shemuel b. Nahman: *Bom é o Senhor para todos, e sua misericórdia é para todos: porque este é seu modo de comportar--se, porque ele é misericordioso*" (*Bereshit Rabba* 33,3,1).

O imperativo se apoia ultimamente sobre esta figura de Deus, mas em sentido imediato insiste sobre o amor aos inimigos como via mestra para tornarem-se filhos de Deus. No cristianismo das origens, a filiação divina era considerada realidade possuída por graça: "Todos vós sois filhos de Deus pela fé em Cristo Jesus" (Gl 3,26); "Deus enviou seu filho [...] para que recebêssemos a adoção filial" (Gl 4,4-5); "Mas, a quantos o acolheram, [o Verbo encarnado] deu o poder de se tornarem filhos de Deus: aos que creem no seu nome, os quais [...] de Deus foram gerados" (Jo 1,12-13). Para Jesus é um objetivo histórico a alcançar com precisos comportamentos de vida, em concreto amando não apenas os amigos, mas também os inimigos. Porque assim fazendo nos comportamos como Deus, segundo sua mesma dinâmica operativa de indiscriminada benevolência para bons e maus. Em breve, o Nazareno quer dizer: *talis pater, talis filius*. Na literatura rabínica, a filiação divina depende da observância da Torá: "Quereis ser caracterizados como filhos meus? Ocupai-vos da Torá e da observância dos preceitos, e assim todos verão que sois meus filhos" (*Deut Rabba* 7,9 a 29,1).

Na palavra de Jesus, o símbolo religioso "Deus não discrimina" funda o código ético: no vosso amor pelo próximo não discrimineis. Do "vós" destinatário da exortação se falará mais adiante, que determina também a quem se refere o vocábulo "os inimigos": somente os pessoais ou também os inimigos públicos, os adversários políticos, segundo a conhecida distinção entre *inimicus* e *hostis*? Acredito que não exista limitação alguma; o interesse do Nazareno está total e somente voltado aos sujeitos chamados a amar os inimigos, a vencer neles uma reação como inimigo. Em resumo, eis o sentido de sua palavra: não sejais inimigos de quem é inimigo vosso. Jesus nunca pareceu muito interessado na política e não indicou diretamente na opressão romana a realidade da qual a realeza de Deus vem a libertar, mesmo se esta termina por destituir os poderes terrenos dominantes. Contudo, no seu mandamento parecem estar compreendidos também os inimigos políticos. Além do mais, se o mandamento se enraíza na experiência religiosa de partilha da imagem de Deus mostrada aqui por Jesus, conclui-se que a ética brota da fé.

Mas também o verbo "amar" deve ser precisado: nada de sentimental, amar o inimigo não quer dizer provar entusiasmo, e muito menos afeto por ele; permanece um inimigo, mas nem por isso não se deve fazer o bem. Disse muito bem Bultmann: "O amor ao próximo e ao inimigo não se funda sobre um sentimento emotivo e sentimental de simpatia ou de admiração, que inclusive no sujeito mais abjeto detecta a faísca do divino, da humanidade nobre e imperecível" (*Gesù*, p. 196). O mandamento diz respeito à ação, um agir benéfico. Di-lo toda a tradição bíblica que entende o amor em modo praxista, mas também no dito jesuano a referência motivacional a Deus: ele *faz* surgir seu sol e *faz* chover indiscriminadamente, dando a todos, mesmo a quantos o rejeitam, aquilo do qual têm necessidade para sua vida. Por isso tem sentido o mandamento: "Trata-se de um amor ordenável e ordenado. Jesus dirige-se não tanto ao coração (ao qual não se pode ordenar), mas à vontade e à operosidade humana, à nossa responsabilidade de sujeitos operativos" (Barbaglio, pp. 29-30).

Para finalizar, a avaliação de um estudioso e praticante hebreu contemporâneo, J. Neusner, que nisto encontra um contraste entre Jesus e a Lei mosaica: "Mas a Torá nos pede claramente para combater contra os inimigos de Deus" (*Disputa immaginaria tra un rabbino e Gesù*, p. 45).

6.2. Resposta não violenta aos violentos

"Ao que te bate em uma face, oferece-lhe também a outra / e a quem te quer levar a julgamento para tomar tua capa, deixa-lhe também o (teu) manto" (Q: Lc 6,29 e Mt 5,39-40). A versão de Mateus é aqui preferível, à parte a forma antitética que faz referência à lei do talião: "Ouvistes que foi dito (por Deus): Olho por olho e dente por dente. Mas eu vos digo: não contrasteis o mau", devido à sua mão redacional, e o particular da face direita, ofensa particularmente humilhante (cf. J. Gnilka, *Das Matthäus-Evangelium*, I, p. 182), e depois da outra. O mesmo evangelista apresenta, por conta própria, um terceiro exemplo plástico de resposta não violenta: se fores obrigado a fazer uma milha, uma corveia a prestar com toda a probabilidade a soldados de ocupação, mas também a militares de Herodes Antipas que reinava então na Galileia, faz duas milhas com quem te quer obrigar (Mt 5,41). Contudo, a autenticidade jesuana é duvidosa. Se em Mateus constitui uma antítese à parte, em Lucas e, com toda a probabilidade, já em Q este imperativo aparece estreitamente vinculado àquele sobre o amor aos inimigos.

Note-se que Jesus pede que se enfrentem os violentos não com uma atitude puramente passiva, isto é, padecendo a violência, mas com uma reação ativa e dotada de uma não comum força provocativa: oferecer a outra face a quem te bate, deixar também a última vestimenta a quem, por via judiciária [por furto, diz Lucas], te toma uma peça do vestuário; se obrigado a prestar uma corveia a militares, em concreto, fazer-lhes de guia por uma milha, andar por duas milhas. Em particular, este último imperativo delata um timbre paradoxal manifesto. Segundo uma corrente interpretativa, trata-se de um desafio que pode fazer refletir e mudar o violento, vencer sua hostilidade, solicitar-lhe a renunciar a seu modo violento de agir e a abraçar o código da não violência. Jesus, portanto, ordena não o martírio, nem o oferecer-se vítima ao agressor, mas indicaria uma estratégia não violenta para conquistar o violento. Insistiram, entre outros, primeiro Schottroff e depois Neugebauer, dos quais em todo caso não compartilho a tentativa de estender essa interpretação ao mesmo mandamento do amor aos inimigos, reduzido a meio para vencer sua inimizade e a violência. Nessa linha está uma voz rabínica: "(O forte) é aquele que faz de seu inimigo um amigo" (*ARN-A* 23).

Theissen mostrou que a prática da resistência passiva, considerada eficaz, estava em uso no tempo de Jesus. Mostram-no dois episódios dramáticos nos quais a uma provocação odiosa, por parte do poder romano, o povo judaico respondeu ativamente não com a violência mas com própria determinação a se oferecer à espada antes que aceitar imposições contrárias à própria religião. Em *Bell* 2,174, Flávio Josefo narra a reação do povo quando Pilatos ousou introduzir na cidade santa suas tropas com imagens do imperador pintadas em estandartes: o povo reuniu-se em Cesareia em frente de seu palácio e durante dias lhe pediu para fazer cessar tal escândalo; mas ele os fez circundar por soldados e

> ameaçou que os massacraria se não aceitassem as imagens de César, e deu um sinal aos soldados para que desembainhassem as espadas. Como se tivessem combinado entre si, os judeus jogaram-se ao chão, ofereceram suas nucas e declararam que prefeririam morrer a transgredir a Lei. Impressionado com a intensidade de seu fervor religioso, Pilatos ordenou a imediata retirada dos estandartes de Jerusalém.

Análogo o comportamento dos judeus quando o imperador Calígula ordenou a Petrônio de erigir no templo uma estátua sua como se fosse um deus: dirigiram-se a Tiberíades, onde o governador romano da Síria tinha chegado e responderam assim às suas ameaças de desistir da oposição:

> [...] deveria primeiro sacrificar o povo judaico por inteiro; com as mulheres e com os filhos teriam se oferecido prontos para o massacre. Diante dessas palavras, Petrônio sentiu admiração e piedade por seu insuperável zelo religioso e pela firme determinação de enfrentar a morte. E nesse momento eles foram liberados, sem que fosse tomada alguma decisão (*Bell* 2,195-198).

Não é, porém, perspícuo que Jesus com sua palavra, sem explícita motivação, tenha entendido exortar a um comportamento que vencesse a violência do violento. Ele, na realidade, se interessa aqui não a quanto poderá fazer o violento se se reagisse em certo modo, mas a quem destina seu imperativo, solicitando-o a vencer em si a violência reativa e quebrar o espiral ou inclusive a *escalation* da violência. Esta nunca se detém, antes, em geral aumenta, se a uma ação violenta responde uma reação de igual caráter agressivo; a violência passaria continuamente de um ao outro contendor sem fim. Ao mimetismo dos violentos o Nazareno entende substituir o código da assimetria: uma resposta não em conformidade com a provocação violenta, antes de caráter oposto.

No contexto cultural da época, as vozes a esse respeito não são uniformes. Em Hesíodo, a reação é simétrica: "E se depois ele [o amigo] começa a dizer ou fazer algo ofensivo, lembra-te de pagar-lhe o dobro" (710-711). Ao contrário, na sabedoria babilônica e naquela egípcia, temos testemunhos que exortam também a uma resposta positiva: "Não ofendas teu adversário; paga com o bem a quem te faz o mal"; "Um homem piedoso não retruca subitamente a injustiça" (cit. in Theissen, "La renuncia alla violenza", p. 174). Aquela grega não é inferior. Eis o retrato do cínico em um texto já citado de Epicteto: "Ele pode apanhar como um jumento, mas enquanto é espancado deve amar os homens que batem nele, como se fosse o pai ou o irmão de todos" (*Diatr* 3,22,54). O mesmo autor exorta assim: "Deverias controlar todo o teu corpo como um jumentinho carregado, por quanto seja possível, por quanto tempo te seja concedido. Mas, se houver uma requisição (*aggareia*) e um soldado o pega, deixa-o, não te oponhas, não reclames; se não, serás castigado e mesmo assim perderás o jumentinho" (*Diatr* 4,1,79). E Sêneca: "Se nos benefícios é honroso compensar os méritos com os méritos, não é assim com as ofensas. No primeiro caso é vergonhoso deixar-se superar, no segundo superar" (*De ira* 2,32,1). Também Musônio Rufo merece ser citado: "Ver como se pode restituir a mordida a quem nos mordeu e o mal a quem nos fez mal, é próprio de uma besta, não de um homem [...]. Aceitar as ofensas sem aspereza e não ser implacável contra quantos agem mal, antes ser para eles motivo de boa esperança, é próprio de uma índole plácida e cordial" (*Diatr* 10: cit. in Penna, *Ritratti*, p. 89). Enfim, não se pode silenciar o ensinamento de Confúcio: o homem nobre "não faz aos outros o que não quer que lhe seja feito" (*Diálogos* 5,11).

Na tradição judaica não faltam também vozes afins à exortação de Jesus. "Não digas: 'Como fizeram comigo, assim lhes farei. Retribuirei a cada um segundo quanto fez'" (Pr 24,29). "Toda culpa, ferida e queimadura e toda palavra má, se vos acontecem por causa do Senhor, suportai-as, e mesmo podendo restituir, não as restituas ao próximo, porque é o Senhor quem restitui, e ele será vosso vingador no dia do grande julgamento" (*1Hen* 50,3s).

A evidência do mundo essênio aparece bifronte. Em *1QS* 10,17-18, podemos ler: "Não devolverei a ninguém uma má recompensa; com o bem o perseguirei", deixando a Deus o juízo. Mas pouco depois a mesma voz afirma: "Não guardarei rancor irado de quem se converte da transgressão; porém, não terei piedade de todos os que se apartam do caminho" (*1QS* 10,20-21). Acrescente-se o testemunho do *Rolo do Templo* que repete os termos da lei do talião presente na Torá (cf. Ex 21,24s; Lv 24,20; Dt 19,21): "Teu olho não terá piedade dela [uma falsa testemunha]; vida por vida, olho por olho, dente por dente, mão por mão, pé por pé" (*11QTempl* 61,12).

O dito de Jesus caracteriza-se pela plasticidade da linguagem concreta: não um princípio geral, mas a apresentação de duas ou três situações de violência às quais reagir de maneira não violenta.

6.3. Não jureis em absoluto

No mundo judaico, um ponto interessante de referência é o essenismo, no qual se distinguia entre juramentos oficiais e privados, admitidos os primeiros e excluídos os segundos. "Todo o que entra no conselho da comunidade [...]. Comprometer-se-á com um juramento obrigatório a retornar à Lei de Moisés, com tudo o que prescreve" (*1QS* 5,7-8); "Todo juramento obrigatório com o qual alguém se comprometeu a cumprir a palavra da Lei, que não o retire nem a preço de morte" (*CD* 16,7-8); todo membro da Congregação "[Não ju]rará nem pelo '*Alef* e o *Lamed* ('*El* = Deus) nem pelo '*Alef* e o *Dalet* ('*Adonai* = o Senhor), mas com o juramento daqueles que entram, com as maldições da aliança" (*CD* 15,1-2); e Flávio Josefo, em *Bell* 2,135, atesta deles: "Tudo o que eles dizem vale mais do que um juramento, mas se abstêm de jurar considerando-o coisa pior que o perjurar; de fato, dizem que está já condenado quem não inspira confiança sem invocar a Deus". Também Fílon lhes atribui a "negação do juramento" (*Quod omnis probus liber* sit, 84).

Na Lei mosaica fala-se de juramentos como autoatestações de inocência no caso de misterioso furto de animais (Ex 22,9-10) e no rito ordálico em que era protagonista uma mulher suspeita de adultério pelo marido, mas sem provas: deverá jurar diante do sacerdote sobre sua inocência (Nm 5,11-31). No Sirácida, alerta-se da facilidade no jurar: "Não habitues tua boca ao juramento, nem te acostumes a pronunciar o nome santo [...]; quem jura e nomeia continuamente Deus não permanecerá imune do pecado. O homem que jura muitas vezes se manchará de iniquidade" (Eclo 23,10-12).

No reinado de Herodes, o Grande, uma primeira vez aproximadamente na metade de seu governo, os judeus, com exceção dos essênios e de numerosos fariseus que obtiveram sua isenção, foram chamados a prestar juramento de fidelidade ao rei (cf. Flavio Josefo, in *Ant* 15,368s). Uma segunda vez, sempre isentos os fariseus, para o final de seu reinado ele chamou os súditos para uma profissão solene de fidelidade a ele e ao imperador romano (*Ant* 17,42). Kollmann conjectura, não sem bons motivos —

Tito Lívio 43,14,5 assim fala da Lei de recenseamento: *commune omnium civium ius iurandum* —, que o recenseamento sob Quirino, em 6 d.C., tenha comportado um juramento perante as autoridades censoras sobre os bens possuídos.

A exortação de Jesus, atestada em Mt 5,34a.37a; Tg 5,12, é nítida e peremptória na dúplice proposição, negativa e afirmativa: "Eu vos digo: não jureis de modo algum. / Vosso sim seja um sim, e vosso não seja um não". O texto mateano nesta segunda parte: "Vossa palavra seja sim sim, não não", talvez indique uma forma simples de juramento atestada no judaísmo tardio; ao dito de rabi Eleazar que dizia: "'Não' é um juramento e 'sim' é um juramento", corresponde o de Raba: "Isto vale somente se se disse duas vezes 'não', e igualmente se se disse duas vezes 'sim'" (*bShebu* 36a). Ou pode ser um reduplicativo retórico em lugar de uma equivalente forma simples: "Vossa linguagem seja sim e não". Em todo caso, a expressão mateana mostra-se secundária com relação a Tg 5,12, que citamos. Confirma-o Justino, que cita a palavra de Jesus assim: "Não jureis em absoluto; vosso sim seja um sim, e vosso não um não (*hymōn to nai nai kai to ou ou*)" (*Apol* 1,16,5). Sempre à redação mateana se deve a especificação de diversas fórmulas de juramento: "Não jureis nem pelo céu: é o trono de Deus; nem pela terra: é o estrado de seus pés; nem por Jerusalém: é a cidade do grande rei". A radicalidade do Nazareno aparece aqui evidente: nenhuma distinção entre juramento e juramento; todo juramento é excluído. Um não duplicado por um sim à palavra que deve adquirir valor de sinceridade por si mesma, não necessitada de confirmações juradas.

6.4. O divórcio é adultério

A Lei mosaica proibia a um marido retomar a mulher da qual tinha se divorciado — respeitando o procedimento da entrega de um certificado jurídico de estado livre — e que tinha se casado com outro homem (Dt 24,1-4). Temos, portanto, pressuposta a licitude do divórcio, e indica-se também seu motivo: "Encontrando nela algo vergonhoso", uma expressão obscura que dará lugar a diversas interpretações. Além do mais, a faculdade de se divorciar cabe aqui somente ao marido. Mas uma passagem da regra dos essênios parece reagir contra a práxis divorcista:

> Os construtores do muro [sequazes de um pregador mentiroso] [...] são capturados duas vezes na fornicação: por tomar duas mulheres em suas vidas, apesar de que o princípio da

criação é: "Macho e fêmea os criou". E os que entraram na arca, entraram dois a dois na arca. E do príncipe está escrito: "Que não multiplique para si as mulheres" (*CD* 4,19–5,2).

Discute-se se aqui temos uma proibição somente da poligamia ou também do divórcio. Em *11QTempl* 57,16-19, de qualquer maneira, ordena-se ao rei tanto a monogamia quanto a indissolubilidade matrimonial: "Tomará para si mulher da casa de seu pai, da família de seu pai. Não tomará outra mulher além dela, porque somente ela estará com ele todos os dias de sua vida. Se morrer, tomará para si outra da casa de seu pai, de sua família". O texto hebraico de Ml 2,16 soa assim: "Ele [Deus] odeia o repúdio".

Da literatura rabínica sabe-se que as escolas de Shammai e de Hillel tinham pareceres diversos a respeito disso, em conformidade com diferentes interpretações do texto deuteronômico: a primeira, de timbre rigorista, admitia como única razão o adultério da mulher, que não somente autorizava o marido a se divorciar mas também o obrigava a isso; para a segunda, laxista, bastava que a mulher tivesse deixado queimar a comida do marido (*mGittin* 9,10). Rabi Aqiba acrescentava ainda dizendo que era suficiente ter encontrado uma mulher mais bonita; e até ele encontrava também no Deuteronômio uma peça de apoio: "Conforme o que diz o texto: E será se ela não encontrar *graça* aos seus olhos" (*mGittin* 9,10). E, ainda, o "algo vergonhoso" era interpretado assim por rabi Meir (cerca de 140 d.C.): o marido deve se divorciar de uma mulher que "sai com os cabelos soltos, os ombros descobertos, comporta-se de modo vergonhoso diante de seus servos, comporta-se de modo vergonhoso diante de suas servas, sai de casa e vai ao mercado, toma banho, fala em qualquer lugar com os homens sobre tudo" (*tSota* 5,9). A esse texto faz eco *mGittin* 89a: segundo rabi Meir deve ser afastada "se comeu na rua, se bebeu na rua, se amamentou na rua [...], deve ser divorciada". Enfim, em termos gerais, "Raba dizia: é um mandamento expulsar uma esposa má" (*bYeb* 63b).

Essa discussão aparece no fundo também de Mateus, que coloca nos lábios dos fariseus vindos a interrogar Jesus: "É lícito ou não romper o vínculo com a própria mulher por qualquer motivo (*kata pasan aitian*)?" (Mt 19,13), enquanto na versão de Marcos falta esta especificação: "É lícito ao marido romper o vínculo com sua mulher?" (Mc 10,2). Na realidade, o segundo evangelista construiu uma complexa cena em dois atos, similar àquela de Mc 7,1ss analisada anteriormente. Primeiro, o confronto entre fariseus e o Nazareno (Mc 10,2-9): à sua pergunta ele responde com a contrapergunta sobre o que está escrito na Lei mosaica. Eles citam Dt 24: que o marido dê o documento de repúdio e divorcie. E Jesus subsume interpretando o preceito mosaico como concessão "ao vosso coração esclerosado" e opondo ali a ação originária de Deus criador, que fez o homem macho e fêmea para que se unissem em um só ser (uma só carne) (cf. Gn 1,27 e 2,24). E concluiu: "Portanto, o que Deus uniu, o homem não separe" (Mc 10,9). Depois se retira em uma casa e os discípulos lhe pedem a explicação desse ponto. Eis então o dito ao centro desse apotegma: "Quem romper o vínculo com sua mulher e desposar outra comete adultério contra a primeira; e, se ela se divorciar de seu marido e desposar outro, comete adultério" (Mc 10,11b-12).

Na versão de Mateus, que depende de Marcos, a palavra de Jesus limita-se à primeira parte e introduz uma exceção: "A não ser em caso de impudicícia (*porneia*)" (Mt 19,9), um vocábulo este de larga gama semântica: adultério (equivalente a *moikheia*; cf. Eclo 23,23), imoralidade selvagem, transgressão pré-matrimonial da mulher, prostituição. Ainda o primeiro evangelista, em outro lugar, retoma em forma antitética o pronunciamento de Jesus da fonte Q: "Ouvistes que foi dito [e cita Dt 24,1]. Mas eu vos digo: Todo o que dissolver o vínculo com sua mulher, exceto em caso de impudicícia (*porneia*), obriga-a a tornar-se adúltera, e quem desposar uma divorciada, comete adultério" (Mt 5,31-32). É uma antítese de seu punho, com utilização de material tradicional. Lucas, por sua parte, em dependência da fonte Q, conhece somente o dito central de Jesus, que transmite nesta forma: "Todo o que dissolve o vínculo com sua mulher e desposa outra comete adultério; e quem desposa a mulher repudiada por seu marido comete adultério" (Lc 16,18). Tal formulação parece, entre todas, a que tem maiores possibilidades de remontar substancialmente a Jesus. Também Paulo, uma vez apenas, declara-se deste lado, testemunhando esta ordem (*paraggellein*) do Senhor: "A mulher não se separe (*khōrizesthai*) do marido" (1Cor 7,10).

As diversidades manifestas que caracterizam esses testemunhos demonstram como o pronunciamento jesuano tenha sido diversamente aplicado às situações das comunidades cristãs dos primeiros decênios. Marcos e Paulo traduzem-no para ambientes nos quais também as mulheres tinham o direito de se divorciar, interpretando bem a intenção do mestre mas alargando a aplicação do dito originário. Também na comunidade judaica de Elefantina reconhecia-se, na realidade, às mulheres a faculdade de se divorciarem dos maridos, como aparece em um papiro do ano 450 a.C.: "Se amanhã ou mais tarde Mifttachya se apresenta à assembleia da comunidade e declara: 'odeio' meu marido Eschor, ela deve pagar o preço do divórcio [...]. Depois disso, pode retomar tudo o que levara consigo, 'sem deixar nem um fio'. Pode ir aonde quiser". E o mesmo vale para Eschor, o marido (cf. Müller, 10). Mas na Palestina não era essa a situação jurídica dos casados.

Mateus, por sua vez, introduz a exceção mencionada, demonstrando-se próximo à escola de Shammai; seu objetivo é salvaguardar as uniões matrimoniais da infidelidade: quer dizer que a palavra de Jesus não pode se tornar pretexto para viver indignamente a união nupcial. O matrimônio deve ser santo, não profanado pela infidelidade: a indissolubilidade do vínculo está condicionada à santidade de comportamento dos esposos. Caso contrário, está subentendido, é melhor separar-se. Uma exceção que diz como a Igreja mateana não interpretou a palavra de Jesus em sentido jurídico-legalista. O próprio Paulo, sempre em 1Cor 7, concede ao parceiro que se tornou cristão separar-se da parte ainda pagã, que se nega a conviver pacificamente.

O dito de Jesus, que se enquadra muito bem no contexto do judaísmo e influenciou diversamente o cristianismo das origens, não é uma exortação, mas um pronunciamento sobre a moralidade de certos comportamentos: o marido que se divorcia da mulher comete adultério; igualmente adúltero é quem casa com uma divorciada. Ele se interessa diretamente pela qualidade moral do agir das pessoas, não em estabelecer normas jurídicas. Naturalmente, supõe que o vínculo matrimonial não seja quebrado pela iniciativa divorcista do marido. Por isso, e somente por isso, pode falar de adultério. Ele quer que seja desterrado do matrimônio e suprime a convicção, baseada de resto sobre uma passagem da Torá, de poder divorciar licitamente. Chama a uma absoluta responsabilidade os maridos, responsáveis também pelas consequências inevitáveis de suas iniciativas: a mulher, divorciada, contrai naturalmente outra união que, porém, na sua opinião, é adulterina.

Alguns exegetas pensaram que Jesus quisesse, desse modo, atacar o divórcio como repúdio da esposa por parte do marido, e defender assim a dignidade da mulher. Hoffmann, por exemplo, afirma: "Contra o arbítrio legalizado do marido, próprio de uma sociedade patriarcal, faz emergir o direito da esposa" (p. 129). Contudo, parece mais plausível que quisesse atacar a infidelidade matrimonial que se escondia mesmo sob a forma da Lei mosaica permissiva no tocante ao divórcio. E, mais uma vez, demonstra-se inserido no judaísmo de seu tempo, ou melhor, em um "judaísmo" de então, o de marca essênia, ao passo que se distancia daquele de caráter rabínico e, ainda mais, farisaico. Também mostra sinais de autenticidade histórica o apelo à Lei do criador, atestada em Gn 1,27, sobre macho e fêmea criados por Deus, se subentende para formar uma união matrimonial estável. Note-se, por sua vez, que Gn 2,24 sobre os *dois*, macho e fêmea [*eles*, no texto hebraico], que se tornam um só ser, aqui é referido segundo a tradução grega dos LXX; portanto, é uma referência a atribuir-se ao cristianismo das origens. De qualquer maneira, pode ser atribuída ao Nazareno a passagem do Sinai, da Lei mosaica, à criação, que aparece, como vimos também na regra dos essênios, com a referência ao texto do Gênesis.

A contextualização do dito jesuano em Marcos delata evidentes marcas de redação, como por exemplo os dois quadros, o primeiro de confronto polêmico entre fariseus e Jesus, o segundo "escolástico" do mestre que explica aos discípulos seu ensinamento. O dito do Nazareno, ao contrário, é jesuano, embora não possamos delinear o exato contexto no qual fora pronunciado. Em geral se pode conjecturar que encontra seu posto na discussão presente no judaísmo de então sobre o divórcio, ou melhor, sobre o repúdio e suas causas.

6.5. A cólera, um homicídio e o adultério já no coração

Das seis antíteses de Mt 5,21-48, muitos estudiosos reconhecem como originárias de Jesus as primeiras duas, sobre o homicídio e sobre o adultério, e a quarta sobre o juramento; são próprias do primeiro evangelista que as tomou de seu material (sigla M). Discute-se, porém, animadamente sobre a autoridade reivindicada aqui pelo Nazareno com o seu "Mas eu vos digo" confrontado com "Ouvistes que foi dito (aos antigos)", que introduz um mandamento da Lei mosaica considerada de origem divina (foi dito por Deus): reivindicação de um poder divino, pretensão messiânica, ou apenas uma fórmula não comprometedora com a qual o Nazareno se apresenta no mesmo nível que os rabinos que assim (*wa'anî yo'mer*) expõem sua interpretação da Torá diversa daquela de outros mestres? Isso será discutido mais adiante. Agora nos limitamos a colher o sentido de suas palavras.

A primeira antítese relembra o quinto mandamento do decálogo: "Não cometerás homicídio" (Ex 20,13; Dt 5,18) com sua sanção de sentença capital prevista em muitas passagens bíblicas (cf. Ex 21,12; Lv 24,17; Nm 35,16ss): "Quem cometer homicídios será passível de condenação no juízo". E ora a palavra autorizada de Jesus: "Mas eu vos digo: Todo aquele que se encolerizar ["sem motivo", acrescentam alguns manuscritos importantes, mas parece uma adição extenuante do radicalismo do Nazareno] contra seu irmão, será passível de condenação no juízo" (Mt 5,21-22a). Como se vê, o dito jesuano não tende diretamente ao preceito do decálogo, mas ao direito penal hebraico. O sentido é claro: a cólera contra o próximo merece a mesma sanção do homicídio, portanto, tem a mesma gravidade pecaminosa deste. A pena é de fato proporcional à culpa. É alargado o campo da responsabilidade moral do homem, e esta é intensificada. As relações com o outro devem ser salvaguardadas não apenas excluindo o homicídio, mas também evitando investir o próximo com ira. Jesus visa conter a agressividade violenta em todas as suas formas: não somente quando chega a derramar o sangue, mas também aquela que fere o outro com comportamentos coléricos. Homero já falava da ira funesta do valente Aquiles que armou sua espada ensanguentada. Não devemos pensar nos meros sentimentos internos de ira, mas na vasta gama de palavras e de gestos agressivos aos quais um colérico transcende: uma dinâmica que, por sua própria natureza, o leva a matar.

Mateus prossegue acrescentando ofensas verbais: "Quem dizer ao seu irmão *raka* (= ímpio) será passível do tribunal do sinédrio; quem dizer 'estúpido' será passível do fogo da geena" (v. 22b); mas é material próprio, ou elemento de sua tradição.

O dito jesuano mostra-se original na equiparação da ira ao homicídio; contudo, insere-se, em certo modo, no coral das vozes mais nobres da sabedoria judaica. Veja-se, por exemplo, Pr 16,14: "A ira do rei é mensageira de morte"; Pr 19,19: "O colérico incorre na punição"; Pr 27,4: "Cruel é a ira"; Eclo 22,24: "Antes do fogo, vapor e fumaça da fornalha, assim, antes do sangue, injúrias". Entre os pseudoepigráficos hebraicos o *Testamento de Dã* trata expressamente da ira e de sua negatividade: "A mentira e a ira são coisas más, porque ensinam ao homem toda malícia" (1,3); Dã confessa: "Como o leopardo suga um cabrito, assim (a ira) me tinha sugerido sugar José" (1,8); "A ira de fato é uma cegueira e não permite olhar o rosto de ninguém com verdade. Que se trate do pai ou da mãe, ela se dirige a eles como a inimigos; se é um irmão, não o reconhece; se é um profeta do Senhor, não dá ouvidos; se é um justo, não se importa; se é um amigo, não o reconhece" (2,2-3). "A ira é má, meus filhos, a ponto de tornar-se alma para a alma. Ela faz sua o corpo do irado, senhoreia sua alma e dá ao corpo força para cometer qualquer transgressão" (3,1-2).

E agora um texto de *Antígona* de Sófocles no qual o corifeu assim comenta o destino trágico da heroína: "Tua ira (*orga*), por ti mesma querida, te perdeu" (875). Mas, sobretudo no mundo romano, eloquente é a voz de Sêneca que escreveu todo um tratado sobre a ira, do qual citaremos alguns trechos: "A ira é um desejo de pagar mal com mal" (*De ira* 1,3,3); "Os homens foram feitos para ajudar-se mutuamente, a ira para destruir [...]; o homem quer ser útil, a ira causar dano; um socorre até os estrangeiros, a outra fere inclusive os seres mais queridos" (1,5,2); "Nenhuma paixão é mais ávida de vingança do que a cólera" (1,12,5); "ela torna a paz similar à guerra" (1,12,5); "Que grande vitória é fugir do pior dos males, a ira, e com essa, a raiva, a vingança, a crueldade, o furor e outros companheiros desta paixão!" (2,12,5); "Mas a ira suscita algum prazer, é doce pagar mal com mal? Absolutamente não! É honroso recompensar benefícios com benefícios (*merita meritis repensare*), mas não ofensas com ofensas (*iniurias iniuriis*)" (2,32,1); Sêneca relata depois, como *exemplum*, de um cortesão chegado à velhice que assim responde a quem lhe pergunta pelo motivo: *Iniurias accipiendo et gratias agendo* (2,32,2); acerca do que fazer, o filósofo responde na conclusão que a ira deve ser combatida radicalmente: *et iram, non temperemus, sed ex toto removeamus* (3,42,1).

A segunda antítese corre pelo mesmo trilho estrutural: mandamento do decálogo: "Não cometerás adultério" (cf. Ex 20,14; Dt 5,17) e palavra de Jesus: "Todo o que olhe uma mulher casada com olhar cúpido (*pros to epithymēsai*) já cometeu adultério com ela no seu coração" (Mt 5,27-28). Também aqui temos uma equiparação no tocante à responsabilidade moral, precisamente entre adultério consumado na carne e desejo cúpido. Uma particularidade, porém, distingue essa palavra daquela da primeira antítese: o advérbio "já". Evidentemente, todo adultério nasce de um desejo cúpido; por isso, na conclusão, o decálogo proíbe desejar — cobiça que se materializa em tentativas de perseguir o objetivo (*epithymein*) — o que pertence ao próximo, entre o qual se enumera a esposa (Ex 20,17), um mandamento que Dt 5,21 desdobra assim: "Não cobiçarás a mulher de teu próximo"; "Não cobiçarás a casa de teu próximo". Jesus diz que já é adúltero quem o é na sua interioridade decisional ("no seu coração"): a imoralidade do adultério consumado carnalmente é igual àquela do adultério realizado com o olho e o coração.

Nos textos judaicos, temos formulações análogas. Em *TestIss* 7,2, o patriarca pode confessar: "Exceto minha esposa, não conheci outra mulher. Não cometi impudicícia, levantando meus olhos". Similares as seguintes passagens: "Se dentre vós uma esposa ou uma filha comete fornicação, queima-a com fogo e não vão, elas, atrás dos próprios olhos e dos próprios corações" (*Jub* 20,4); "De noite e em segredo peca como se não pudesse ser visto, com seus olhos fala a toda mulher de uniões más, se enfia agilmente em cada casa, sereno como um inocente" (*SlSal* 4,5); para os membros da Congregação essênia é obrigatório "não caminhar mais na ostentação de um coração culpado e de olhos luxuriosos" (*1QS* 1,6). Em *Pesiqta Rabbati* 12 [124b] temos uma fórmula bastante próxima à de Jesus: "Pensamos que também quem rompe o matrimônio com seus olhos é chamado um adúltero".

Não faltam afirmações semelhantes no mundo grego. Basta citar Epicteto: "Hoje eu vi um belo rapaz e uma bela moça, mas não disse para mim: Oxalá pudesse me deitar com ela!, nem: Afortunado seu marido! Com efeito, quem disse isso, disse igualmente: Afortunado o adúltero!" (*Diatr* 2,18,14s).

É necessário perceber que Jesus aqui se dirige somente aos maridos, ao seu dever de fidelidade total, corpo e alma, para com a própria esposa. É um pecado evidente de unilateralidade que se explica com a cultura judaica do tempo.

Enfim, nesse quadro podem ser lidos também os três ditos paralelos de Jesus, sobretudo o terceiro, verossimilmente autênticos, vista sua radicalidade, sobre a extrema gravidade moral do "escândalo" produzido não aos outros, mas à própria pessoa. Estão atestados em Mc 9,43.45.47: "Se tua mão é causa de queda, corta-a / Se teu pé é causa de queda, corta-o / Se teu olho é causa de queda, arranca-o".

6.6. A regra de ouro do agir

"E como quereis que os homens ajam convosco, assim agi com eles" (Lc 6,31). O terceiro evangelista, mas já a fonte Q, ao que parece, insere-o na perícope do mandamento do amor aos inimigos para dizer que ele traduz em ato o preceito de amar a todos os homens. Mateus faz dela a conclusão de uma longa seção exortativa, sublinha a totalidade do comportamento e a avalia como síntese dos mandamentos da Torá e da palavra dos profetas: *"Portanto, tudo o que quereis que os homens vos façam, assim também fazei a eles; com efeito, esta é a lei e os profetas"* (Mt 7,12).

Além de pequenas diversidades, por exemplo, forma afirmativa ou negativa, a regra de ouro é amplamente atestada na literatura bíblico-judaica e naquela grega e romana. O texto hebraico de Eclo 31,15 soa assim: "Demonstra amizade a teu próximo como a ti mesmo, e tudo o que tu mesmo odeies, pensa-o (também em relação a teu próximo)". E eis como traduziu o neto de Ben Sirá: "Pensa tu nas coisas do próximo e considera em toda ação (o que lhe diz respeito)" (cf. Hengel, 392); estamos no ano 200 a.C. Em Tb 4,15 também lemos: "O que tu odeias, não o faças a ninguém". Assim *Aristeias* 207 resume "o ensinamento da sabedoria": "Como tu não queres que os malvados sejam contigo, enquanto queres participar de todos os bens, pois bem, faze precisamente isso com os submetidos e com os que erram". Ao *TestNeft* hebraico 1,6 devemos: "Ninguém faça ao seu próximo o que não quer que lhe seja feito".

Ainda mais eloquente é a literatura rabínica. "A honra de teu próximo te seja tão prezada quanto a tua" (*mAbôt* 2,13). O dito é assim comentado em *ARN-A* 15: "Como cada um tem preocupação pela própria honra, assim deve preocupar-se também pela honra de seu próximo. E como ninguém deseja fazer-se uma má reputação, assim também deves desejar que nem teu próximo adquira má reputação". Este é o comentário de *ARN-B* 29: "Se não queres que se fale mal de ti, tampouco tu deves falar mal dos outros". Outro dito mishnaico: "O dinheiro de teu próximo te seja tão importante quanto o teu" (*mAbôt* 2,15). Uma formulação clássica da regra de ouro é atestada em *ARN-B* 26: "O que odeias para ti, não o faças ao teu próximo", atribuída aqui a rabi Aqiba, mas uma similar em outro lugar é de Hillel, como lemos em *bShabb* 31a: "Um não judeu foi a Shammai e lhe disse: Faz-me prosélito, mas com a condição de que me ensines toda a Torá no tempo que eu conseguir ficar parado sobre um só pé". Shammai expulsou-

-o, enfurecido. "Um não judeu foi a Hillel e este o fez prosélito e lhe disse: O que não te agrada, não o faças ao teu próximo. Esta é toda a Torá e todo o resto é pura explicação; vai e aprende". O mesmo texto depois continua apresentando uma declaração mais desenvolvida de rabi Aqiba: "O pagão pediu: Ensina-me em um só instante toda a Torá". Aqiba então lembra como Moisés passou 40 dias e 40 noites no Sinai, e continua: "Mas, meu filho, esta é a *summa* da Torá: o que não queres que te aconteça, não o faças ao teu próximo. Se não queres que alguém cause dano a ti e ao que possuis, tampouco tu lhe causes dano. Se não queres que alguém pegue o que é teu, tampouco tu pegues o que pertence ao teu próximo".

O mundo greco-romano não fica atrás, mas apresenta testemunhos da regra de ouro mais antigos ainda. Certamente estava presente o *jus talionis* de origem mesopotâmica, que aparece, por exemplo, na Estela de Hamurabi; e era difusa a máxima: "Ama a quem te ama e sê inimigo do inimigo" (*ton phileonta philein/ton ekhtron ekhthairein*: cit. in Dihle, p. 32); mas um dito de Pitágoras caminha na direção oposta: "Tuas relações com os outros sejam tais para não tornar inimigos os amigos, mas para fazer amigos os inimigos" (Diógenes Laércio 8,23). Sobretudo se deve salientar que já Heródoto colocava na boca do justo Meandro a seguinte declaração: "Eu não farei, enquanto puder, o que censuro nos outros" (3,142,3). E Sêneca, na tragédia *Phoenissae* 494, afirma: "Mais vale sofrer tu mesmo do que cometer um crime" (*patiare potius ipse quam facias scelus*). A documentação oferecida por Dihle aparece bastante rica a respeito do tema e este é o resultado de sua pesquisa: "A continuidade que podemos observar entre antiguidade, judaísmo e cristianismo, quanto à regra de ouro, pertence portanto ao âmbito da ética vulgar", adquirida depois pela filosofia e pela religião (p. 121).

A regra de ouro rege-se sobre a simétrica correspondência entre o nosso eu e os outros, todos os outros: o bem que esperamos dos outros, estes devem esperá-lo de nós; ou, em forma negativa, o mal que não queremos pela ação alheia, não devemos provocá-lo a eles. Em breve, a natural propensão a que os outros nos façam o bem, deve tornar-se o imperativo para nós de fazer o bem aos outros. Nosso interesse deve instigar-nos a fazer o interesse dos outros. A regra de ouro de Lc 6,39 provavelmente remonta a Jesus, que pôde tê-la colhida do ambiente judaico no qual vivia, ao passo que não é fácil dizer que ela, em última análise, provenha do mundo grego. Nenhuma originalidade, portanto, nele; mesmo a forma positiva, com relação por exemplo àquela negativa de Hillel, não constitui uma grande diversidade. A própria *Didaqué* no fim do século I a atesta em forma negativa: "Tudo o que queres que não te seja feito, também tu não o faças a outro" (1,2).

E aqui podemos também citar uma célebre metáfora de Jesus sobre a reciprocidade das relações, conservadas pela fonte Q: "Por que olhas o cisco que está no olho de teu irmão, e não te concentras na trave que está no teu? Como podes dizer ao irmão: permite-me tirar o cisco de teu olho, enquanto não vês a trave que está no teu olho? Hipócrita, tira primeiro a trave de teu olho e então verás claro para tirar o cisco que está no olho de teu irmão" (Lc 6,41-42 e Mt 7,3-5).

7. Torá, sabedoria, realeza divina

7.1. Jesus e a Lei mosaica

À pergunta "O que fazer?", todo bom judeu da época teria respondido: "Observar os preceitos da Lei mosaica". Nas suas exortações, porém, Jesus não apela em princípio para a Torá, mas de sua autoridade faz valer, normalmente, imperativos ali não contidos. Assemelha-se mais aos mestres de sabedoria — sejam judeus, gregos ou romanos —, que mediante suas pessoais exortações entendiam estimular os discípulos a viver de maneira virtuosa. Nem, à diferença do Mestre de Justiça do movimento essênio e dos rabinos, erigiu-se intérprete autorizado da Torá. Em resumo, a Lei está praticamente ausente nas suas palavras exortativas, seja como fonte de regras de vida a seguir assim como soam, seja como texto normativo a interpretar. Jesus não diz: a Torá ordena, segundo a minha interpretação. Desse ponto de vista, assemelha-se ao autor do *Rolo do Templo* que, com a Torá e até contra a Torá, propõe outras leis dotadas de valor divino porque reveladas por Deus; só que Jesus apresenta como normativa *sua própria* palavra.

Sobre sua relação com a Lei mosaica correram os proverbiais rios de tinta. Duas as posições extremas: alguns falaram de ab-rogação, crítica, liberdade; outros, exegetas hebreus e não, ao contrário, de sua plena conformidade. Mas também expressaram valorações intermédias: célebre a tese de H. Braun que, a propósito dos essênios e de Jesus, fala de exacerbação da Torá e de suas exigências; por sua parte, Sanders afirma que apenas em um caso o Nazareno se contrapôs a ela, quando exortou um candidato ao seguimento de passar por cima do seu dever de assistir o pai ancião e dar-lhe uma honrosa sepultura; a distinção entre preceitos morais afirmados e prescrições rituais abolidas, muitas vezes conjeturada no passado, na realidade é aplicável não a ele, mas a Marcos, e aqui se pode citar também Theissen, que lhe atribui a exacerbação dos primeiros e a revogação das segundas (p. 457). Grande mérito, por sua vez, se deva reconhecer a Müller que, baseando-se em documentos de Elefantina, o *Rolo do Templo* e os testemunhos de Flávio Josefo e de Fílon, mostrou como existisse no judaísmo antigo uma atitude de impensável liberdade: urgiam-se leis divinas *além* do preceituário da Torá e também *contra* seu ditame. Por exemplo, como foi indicado anteriormente na colônia hebraica de Elefantina, a esposa tinha o direito de se divorciar, enquanto em Dt 24 é privilégio do marido; acrescente-se que o *Rolo do Templo* proíbe, por exemplo, o matrimônio entre tio e sobrinha (*11QTempl* 66,15-17), uma proibição ausente na Lei.

Acredito que a questão apresente mais do que uma abordagem e que seja necessário distinguir cuidadosamente diversos aspectos. Primeiramente, Jesus nunca se pronunciou sobre a Lei mosaica, nem a favor nem contra, com afirmações de princípio. É verdade que em Mt 5,17 lemos: eu vim não para abolir a Torá, mas para dar-lhe cumprimento; contudo, é um dito não jesuano, mas da tradição mateana ou do próprio Mateus. Mc 12,28-35 (par. Mt), em um diálogo de escola sobre o primeiro e maior mandamento, narra como Jesus colocou no mesmo plano dois preceitos da Torá — amor a Deus (Dt 6,5) e amor ao próximo (Lv 19,18); porém, mais uma vez, estamos diante de um trecho de criação cristã. Invocou-se também Lc 16,12: "A Lei e os Profetas até João, desde então..."; no entanto, a referência não é aos preceitos mosaicos, mas à história da Palavra divina revelada ao longo da história de Israel e chegada agora ao seu termo, pois de agora em diante começa uma nova era do mundo.

Por outro lado, não faltam pronunciamentos de Jesus que se ocupam de algumas prescrições da Torá; aqui se deve avaliar, caso por caso, o sentido de suas palavras. Do mandamento da honra devida aos pais falamos há pouco. Pouco antes vimos como interpretou o preceito do descanso sabático em chave de bênção para o homem, e o tenha feito não apelando à Torá, mas à vontade do Criador. Com o dito de Mc 7,15 sobre o puro e o impuro deslocou decididamente o acento: a contaminação verdadeira do homem nasce do mal que está dentro dele e se materializa em decisões e ações; ao contrário, a dos alimentos impuros é totalmente irrelevante, na prática inexistente. Uma posição, a sua, que tinha nas costas uma nobre tradição bíblica e judaica de caráter profético.

Excluiu também a licitude do divórcio seguido de novas núpcias admitido na Torá, porque equivalente, aos seus olhos, a um adultério. Estamos diante de um evidente radicalismo de ética matrimonial que invalida uma Lei mosaica e uma práxis permissiva em nome de uma instância superior, a vontade originária do Criador expressa no Gênesis. Aqui, portanto, ele se demonstra inomogêneo com relação ao judaísmo institucional, mas em sintonia com o maximalismo essênio. Semelhança que encontramos também no seu imperativo: "Não jureis em absoluto", confirmação de sua constante tendência a uma radicalidade ética que ultrapassa os confins entre lícito e ilícito traçados pela Torá. Enfim, quanto às palavras sobre o adultério do coração e sobre igual gravidade moral do homicídio e da ira, nenhuma oposição nem crítica aos mandamentos mosaicos; Jesus entendia atingir as raízes do mal, declarando que o olhar e o coração cúpido do marido, dirigidos a uma outra mulher casada, são já adultério, e que a ira contra o próximo é tão malvada quanto o próprio homicídio. Paradoxalmente, se poderia dizer que para ele toda a negatividade moral do homicídio e do adultério existem já antes de sua factualidade: o sujeito é "homicida" e "adúltero" antes dos relativos atos objetivos. A atenção de Jesus, na realidade, recai sobre a pessoa que está acima de suas ações individuais más ou boas.

Se a Lei mosaica que ele, como todo bom judeu então, deve ter suposto norma divina válida e observada em princípio, não constitui a fonte de suas exortações, em qual outro horizonte Jesus se moveu? Alguns estudiosos viram nele certa contraposição entre Torá colocada à parte e vontade divina que o inspirou. Mas esta aparece somente com certa clareza, sem dúvida, na interpretação do preceito sabático e, com toda a probabilidade, na exclusão do divórcio. Na realidade, seus imperativos nascem do seu "Eu vos digo", de sua autoridade. Isso admitido, porém, não existe acordo sobre sua qualificação. A *new quest*, inclinada a ressaltar sua originalidade, viu nas três antíteses consideradas autênticas uma contraposição entre sua palavra e aquela de Moisés, e a superioridade da primeira. Na nossa análise realizada, porém, tal rígida antítese não aparece, sem falar que o caráter antitético dessas palavras de Jesus não se mostra autêntico fora de toda dúvida. Do extremo oposto, afirma-se que a fórmula "Mas eu vos digo" se limita a sublinhar o parecer sapiente de Jesus, seu conselho persuasivo de mestre de vida, sábio entre os sábios do mundo judaico e greco-romano. Mas não se identifica ainda em qual perspectiva ele se colocou com seus imperativos caracterizados por "um tom excessivo, paradoxal ou hiperbólico" ou até de "intransigência, radicalidade", segundo as palavras de Marguerat (pp. 315 e 316). Esse mesmo autor cita, a propósito disto (p. 314), a avaliação de Klausner: à ética humana e sensata de Hillel se contrapõe a moral excessiva e extravagante de Jesus. A esse problema está conectado um outro: a qual auditório ele se dirigia?

7.2. Profeta e sábio

Um confronto estimulante se impõe com o Batista, no qual o horizonte apocalíptico de sua palavra profética — da qual fazia parte de direito o iminente juízo de Deus como ameaça e condenação tanto dos gentios como do povo israelita —, fundava uma ética de conversão à fiel observância da Lei, unida ao rito batismal. Análoga é a perspectiva do Mestre de Justiça fundador do essenismo: retorno a uma pontual obediência à Lei mosaica, interpretada por seu carisma profético, na espera da próxima vinda do Senhor, que porá fim a este mundo malvado e o substituirá com outro novo. Em Jesus está ausente toda ética de conversão moral: evangelista do Reino de Deus caracteriza-se por sua original conjunção do futuro com o presente. A catástrofe iminente da apocalíptica compartilhada pelo Batista não é aquilo no qual ele fixa seu olhar. Depositou toda a sua esperança na realeza libertadora de Deus, vivida como o grande horizonte de seu espírito que não se afastou, porém, do hoje para transmigrar no mundo novo; essa é realidade germinante na sua história de curandeiro e exorcista e daquele que acolhia gratuitamente os deserdados, os pecadores e as crianças no espaço criado pela divina iniciativa de salvação. Em resumo, por meio de sua mediação histórica, Deus começava a reinar no mundo, mesmo em dimensão de aldeia galileia. O presente, portanto, não é para ele como para os apocalípticos, reino do mal e da morte, a aniquilar para dar lugar a céus novos e terra nova, mas lugar de graça de Deus rei. Em poucas palavras, na sua esperança não deve exilar-se espiritualmente do hoje, mas vivê-lo, ele e os seus, como tempo atraído do futuro na sua órbita, embora sempre tempo de um mundo ainda irredento como tal.

Nesse quadro, podemos compreendê-lo como profeta e como sábio, ligado ao futuro e atento ao presente, evangelista da realeza divina e homem deste velho mundo iluminado já, embora tenuemente, pela aurora da nova criação. Uma junção não casual: agora é o profeta, em outros momentos o sábio. As duas dimensões de sua figura estão estreitamente ligadas: se a realeza divina colhe o presente, nada mais lógico que o evangelista do Reino se faça, ao mesmo tempo, sábio que ensina a viver agora em sintonia com a novidade de graça divina. Pode-se conferir aqui o ótimo estudo de Weder (*Gegenwart und Gottescherrschaft*). O *aut aut* de não poucos estudiosos da *third quest* contrários à representação escatológica de Jesus, mas entendida em chave apocalíptica — presente tenebroso e espera do luminoso futuro —, deve dar passagem ao *et et*, precisamente porque o Nazareno viveu uma esperança conjugada com uma experiência atual do futuro. Eis, portanto, seus provérbios, expressão direta, por si mesmos, da sabedoria popular deste mundo: por exemplo, são os doentes os que têm necessidade do médico; durante um banquete de núpcias não é possível que os convidados jejuem; para vinho novo, odres novos. Para depois aplicá-los a realidades absolutamente típicas da *routine* de cada dia. Aqui ainda presente a regra de ouro, bem conhecida no seu ambiente e em todo o mundo de então, mas, sobretudo, suas exortações excessivas. Nesse aspecto foi fácil relevar, com surpresa, que ele não as motivava apelando à realeza divina; Marguerat nota, de fato, pontualmente, duas ausências nas suas exortações: a Lei e o Reino (p. 311). É verdade que alguns exegetas entenderam suas exigências como condições de ingresso ao Reino, apoiando-se naquelas passagens evangélicas caracterizadas pelo condicional: "Se queres entrar no Reino, deves...". Mas se trata de textos do protocristianismo; para ele se trata, antes, de condições para permanecer no Reino no qual, por graça, se foi admitido, ou melhor, de exigências operativas novas coerentes ao novo estado das coisas próprio do Reino de Deus.

Ebner viu tudo em relação aos seguidores que tinham abandonado casa, trabalho, família para compartilhar sua errância e sua missão de evangelista do Reino. Mas se tal contextualização se revela confiável e fecunda em alguns ditos, sobretudo nos aforismos e imperativos de seguimento, não me parece a solução geral. Talvez devêssemos admitir que efetivamente suas palavras de sabedoria, provérbios, aforismos subversivos e exortações éticas, quase sempre radicais, podem ser explicadas na sua perspectiva do futuro que se antecipa no presente, e da liberdade da paralisante repetitividade do passado. É uma hipótese capaz de dar razão de quanto fora salientado até aqui. Se é verdade, com efeito, que a realeza divina não aparece como explícita motivação de seus imperativos, parece que deveríamos admitir que essa constitui o horizonte de suas palavras de sábio original que ensina a viver coerentemente dentro do espaço criado pela iniciativa salvífica de Deus rei: a graça solicita e funda o imperativo (correlação de *Gabe* e *Aufgabe*). Jesus, evangelista da graça, se faz mestre de exigências imperativas para os agraciados. O poder régio de Deus é, juntamente, domínio libertador e salvador, mas também vontade exigente, esta correlativa àquele.

Em particular, aos chamados a segui-lo na sua errância, dirigiu os aforismos mais subversivos e os imperativos mais radicais: deixa que os mortos enterrem seus mortos; livrai-vos de todos vossos bens; em missão não leveis nada convosco, confiai na solidariedade do próximo e na providência de Deus que nutre os corvos e veste os lírios; invocai com confiança o Pai celeste que se preocupa com seus filhos.

A quantos se interrogavam, mais ou menos duvidosos, sobre suas curas, desvelou seu sentido profundo de atos libertadores do poder satânico com as parábolas do homem forte que vence o guarda armado do fortim apropriando-se, assim, dos despojos, e também da família e do reino que as lutas internas conduzem à ruína certa. Para depois precisar ao grupo de seguidores que nos seus gestos de libertação Deus operou regiamente: "A realeza de Deus chegou até vós".

A todos os que tinham acolhido sua mensagem e lhe eram fiéis, mas sem segui-lo na sua errância, ele dirigiu suas exortações éticas: amar os inimigos, apresentar a outra face, não divorciar, viver uma profunda fidelidade matrimonial, fazer aos outros o que queremos que eles nos façam, servir a Deus não ao dinheiro, ser misericordiosos como o Pai. Naturalmente, trata-se de exigências endereçadas também aos seguidores. Acredito que estamos diante de uma "dúplice" ética para uma dupla fronte de destinatários, mas não adequadamente distintas: a primeira bastante radical válida para quantos tinham decidido segui-lo na sua errância, participando ao seu estilo de vida, e a segunda — também essa não desprovida de radicalidade — destinada a todos aqueles que acolheram a mensagem de evangelista do Reino, tanto aos empenhados no seu seguimento quanto os que permaneciam nas suas casas.

Schweitzer falou, a propósito disso, de "uma escatologia ética" (*Storia della ricerca*, p. 732), mas também de ética interna, circunscrita ao breve lapso de tempo que separava da catástrofe final, que se imaginava iminente. Hoje Gräser quis fazer justiça, também nisto, ao grande exegeta. Se a expressão é depurada da perspectiva apocalíptica atribuída por Schweitzer a Jesus, ao qual não reconheceu a original perspectiva da realeza divina que alvorece na história do seu evangelista, pode-se afirmar que essa, em última análise, colhe exatamente o sentido das exigências feitas valer pelo Nazareno: elas trazem sua razão de ser de sua escatologia que conjuga estreitamente futuro e presente, por isso não são provisórias na espera do próximo dia do fim. O erro de leitura do grande Schweitzer não foi o de qualificar como escatológica a ética do Nazareno, mas em ter entendido a escatologia sob o signo da iminente catástrofe.

Enfim, uma palavra sobre a autoridade de Jesus sábio, sobre o alcance do "Eu vos digo". A discussão sobre os adjetivos qualificativos — autoridade profética, messiânica, sapiencial — parece-me errar do verdadeiro alvo; essa mostra, na realidade, a outra face de seu papel em relação à realeza escatológica de Deus: se dessa é o evangelista anunciante e atuante, precisamente com a palavra, as curas e os gestos de acolhida dos deserdados, desta sua "missão" faz parte a determinação autorizada das exigências trazidas pelo Reino. Somente com certa relutância a quero adjetivar falando de autoridade "evangélica": revela e exprime seu papel original no evento decisivo da realeza divina — que vem e intervém — que o define. Por isso, não forçarei a tradição judaica para encontrar nela figuras, como profeta, messias, sábio, a aplicar *sic et simpliciter* à sua figura. Com as necessárias especificações se poderia dizer que Jesus é o homem do Reino na hora decisiva do seu atual ativar-se.

Bibliografia do capítulo

Aune, D. E. Oral tradition and the aphorisms of Jesus. In: Wansbrough, H., ed. *Jesus and the oral Gospel tradition.* Sheffield, 1991. pp. 211-265.
Back, S. O. *Jesus of Nazareth and the Sabbath commandment.* Abo, 1996.
Barbaglio, G. L'amore dei nemici. In: *Bozze* 8(1985)8, pp. 23-33.
_____. L'immagine di Dio e l'amore dei nemici. In: *Dio violento? Lettura delle Scritture ebraiche e cristiane.* Assisi, Cittadella, 1991. pp. 165-175.
Becker, J. Jesus von Nazaret. Berlin-New York, 1996. pp. 276-398.
Berger, K. Jesus als Pharisäer und frühe Christen als Pharisäer. In: *NT* 30(1988), pp. 231-262.

_____. Der "brutal" Jesus. Gewaltsames in Wirken und Verkündigung Jesu. In: *BK* 51(1996), pp. 119-127.

Betz, H. D. *The Sermon on the Mount*. Minneapolis, 1995.

_____. Jesus and the Cynics. Survey and analysis of an hypothesis. In: *Journal of Religion* 74(1994), pp. 453-473.

Borg, M. J. the teaching of Jesus. In: *ABD* III, pp. 804-812.

Broer, J., ed. *Jesus und das jüdische Gesetz*. Stuttgart-Berlin-Köln, 1992.

_____. Jesus und das Gesetz. Anmerkungen zur Geschichte des Problems und zur Frage der Sündenvergebung durch den historischen Jesus. In: Broer, J., ed. *Jesus und das jüdische Gesetz*. pp. 61-104.

Carlston, CH. E. Proverbs, maxims and the historical Jesus. In: *JBL* 99(1980), pp. 87-105.

Dautzenberg, G. Critica della legge e ubbidienza alla legge nella tradizione di Gesù. In: Kertelge K., ed. *Saggi esegetici su La Legge nel Nuovo Testamento*. Cinisello Balsamo (MI), Paoline, 1990. pp. 41-64.

Dihle, A. *Die goldene Regel*. Göttingen, 1962.

Ebner, M. *Jesus – ein Weisheitslehrer? Synoptische Weisheitslogien in Traditionsprozess*. Freiburg-Basel-Wien, 1998.

Eddy, P. R. Jesus as Diogenes? Reflections on the Cynic Jesus thesis. In: *JBL* 115(1996), pp. 449-469.

Evans, C. A. Jesus and the ritually impure. In: Chilton, B; Evans, C. A., eds. *Jesus in context. Temple, purity and restoration*. Leiden, Brill, 1997. pp. 353-376.

Fiedler, P. La Tora in Gesù e nella tradizione di Gesù. In: Kertelge K., ed. *Saggi esegetici su La Legge nel Nuovo Testamento*. Cinisello Balsamo (MI), Paoline, 1990. pp. 65-81.

Flusser, D. Jesus, his ancestry, and the commandment of love. In: Charlesworth, J. H., ed. *Jesus' jewishness*. Philadelphia, 1991. pp. 153-176.

Fusco, V. Gesù e la Legge. In: *RasT* 30(1989), pp. 528-538.

Grässer, E. Noch einmal: "Interimethik" Jesu. In: *ZNW* 91(2000), pp. 136-142.

Hengel, M. Zur matthäischen Bergpredigt und ihrem jüdischen Hintergrund. In: *ThR* 52(1987), pp. 327-400.

_____. Jesus und die Tora. In: *ThBeitr* 9(1978), pp. 152-172.

Hoffmann, P. Die Begründung einer neuen Sittlichkeit in den Antithesen der Bergpredigt. In: Hoffmann, P.; Eid, V., eds. *Jesus von Nazareth und eine christliche Moral*: sittliche Perspektiven der Verkündigung Jesu. 3 ed. Freiburg, Herder, 1979. pp. 73-107.

_____. Jesu Stellungnahme zur Ehescheidung und ihre Auswirkungen im Urchristentum. In: *ibid.* pp. 109-131.

_____. Der Feind aid "Nächster". In: *ibid.* pp. 147-166.

_____. Jesu Forderung, auf Vorrang und Herrschaft zu verzichten. In: *ibid.* pp. 186-230.

Jüngel, E. *Paolo e Gesù. Alle origini della cristologia.* Brescia, Paideia, 1978. pp. 237-257.

Klassen, W. Love (NT and early Jewish). In: *ABD* IV, pp. 382-396.

Kollmann, B. Erwägungen zur Reichweite des Schwurzverbots Jesu (Mt 5,34). In: *ZNW* 92(2001), pp. 20-32.

Kümmel, W. G. Äussere und innere Reinheit des Menschen bei Jesus. In: *Heilgeschehen und Geschichte.* Marburg, 1978, II. pp. 117-129.

von Lips, H. Jesus von Nazareth und die Weisheit. In: *AnDenken* (FS E. Biser). Graz-Wien-Köln, 1998. pp. 295-305.

Loader, W. R. G. *Jesus' Attitude toward the Law.* Tübingen, 1997.

Marguerat, D. Jésus le sage et Jésus le prophète. In: Marguerat, D; Norelli, E.; Poffet, J.-M., eds. *Jésus de Nazareth.* Genève, 1998. pp. 293-317.

Merklein, H. *Die Gottesherrschaft als Handlungsprinzip. Untersuchung zur Ethik Jesu.* 3 ed. Würzburg, 1984.

_____. *La signoria di Dio nell'annuncio di Gesù.* Brescia, Paideia, 1994. pp. 111-127ss.

Muddiman, J. B. Jesus and Fasting (Marc 2,18-22). In: Dupont, J., ed. *Jésus aux origines de la christologie.* 2 ed. Leuven, 1989. pp. 271-281.

Müller, K. Legge e adempimento della Legge nel giudaismo antico. In: Kertelge K., ed. *Saggi esegetici su La Legge nel Nuovo Testamento.* Cinisello Balsamo (MI), Paoline, 1990. pp. 9-23.

_____. Beobachtungen zum Verhältnis von Tora und Halacha in frühjüdischen Quellen. In: Broer, J., ed. *Jesus und das jüdische Gesetz.* pp. 105-134.

Mussner, F. La vita secondo la Tora nell'interpretazione ebraica. In: Kertelge K., ed. *Saggi esegetici su La Legge nel Nuovo Testamento.* Cinisello Balsamo (MI), Paoline, 1990. pp. 24-40.

Neirynck, F. Jesus and the Sabbath. Some observations on Mk 11,27. In: Dupont, J., ed. *Jésus aux origines de la christologie.* 2 ed. Leuven, 1989. pp. 227-270.

Neugebauer, F. Die dargebotene Wange und Jesu Gebot der Feindesliebe: Erwägungen zu Lk 6,27-36/ Mt 5,38-48. In: *Theologische Literaturzeitung* 110(1985), pp. 865-876.

Penna, R. *I ritratti originali di Gesù il Cristo*, I. Cinisello Balsamo (MI), San Paolo, 1996. pp. 74-86.

Perrin, N. *Rediscovering the Teaching of Jesus.* New York, 1967.

Poirier, J. C. The interiority of true religion in Mark 7,6-8. With a note on pap. Egerton 2. In: *ZNW* 91(2000), pp. 180-191.

Reiser, M. Love of enemies in the context of antiquity. In: *NTS* 47(2001), pp. 411-427.

Riesner, P. *Jesus als Lehrer. Eine Untersuchung zum Ursprung der Evangelienüberlieferung.* Tübingen, 1981.

_____. Teacher. In: *Dictionary of Jesus and the Gospels.* Leicester and Downer Grove, 1992. pp. 807-811.

Sacchi, P. Gesù di fronte all'impuro e alla Legge. In: *Ricerche storico-bibliche* 11(1999)2, pp. 43-64.

Sanders, E. P. *Gesù e il giudaismo.* Genova, Marietti, 1992. pp. 315-346.

Schlosser, J. La création dans la tradition des logia. In: Marguerat, D.; Norelli, E.; Poffet, J.-M., eds. *Jésus de Nazareth.* Genève, 1998. pp. 319-348.

Schottroff, L. Gewaltverzicht und Feindesliebe in der urchristlichen Jesustradition (Mt 5,38-48; Lk 6,27-36). In: *Jesus in Historie und Theologie* (FS H. Conzelmann). Tübingen, 1975. pp. 197-221.

Schrage, W. *Etica del Nuovo Testamento.* Brescia, Paideia, 1999. pp. 25-142.

Schröter, J. Rezeptionsprozesse in der Jesusüberlieferung: Überlegungen zum historischen Charakter der neutestamentlichen Wissenschaft am Beispiel der Sorgensprüche. In: *NTS* 47(2001), pp. 442-468.

Schürmann, H. Das "eigentümlich Jesuanische" im Gebet Jesu. Jesu Beten als Schlüssel für das Verständnis seiner Verkündigung. In: *Jesus – Gestalt und Geheimnis*, Paderborn, 1994. pp. 45-63.

Taeger, J. N. Der grundsätzliche oder ungrundsätzliche Unterschied. Anmerkungen zur gegenwärtigen Debatte um das Gesetzesverständnis Jesu. In: Broer, J., ed. *Jesus und das jüdische Gesetz.* pp. 13-35.

Theissen, G. La rinuncia alla violenza, l'amore per il nemico (Mt 5,38-48; Lc 6,27-38) e il loro sfondo sociale. In: *Sociologia del cristianesimo primitivo.* pp. 142-175.

Theissen, G.; Merz, A. *Il Gesù storico. Un manuale.* Brescia, Queriniana, 1999. pp. 429-495. [Ed. bras.: *O Jesus histórico.* São Paulo, Loyola, 2002].

Wick, P. Der historische Ort von Mt 6,1-18. In: *RB* 105(1998), pp. 332-358.

Wischemeyer, O. Matthäus 6,25-34 par. Die Spruchreihe vom Sorgen. In: *ZNW* 85(1994), pp. 1-22.

_____. Herrschen als Dienen – Mk 10,41-45. In: *ZNW* 90(1999), pp. 28-44.

Witherington III, B. *Jesus the Sage. The pilgrimage of wisdom.* Edinburgh, 1994. [especialmente pp. 155-201]

Zeller, D. *Die weisheitlichen Mahnsprüche bei den Synoptikern.* Würzburg, 1977.

Capítulo XII
CRUCIFIXUS SUB PONTIO PILATO

Nenhum outro fato da história, ao menos no Ocidente, questionou mais aguda e dolorosamente a consciência humana. Basta pensar, no que se refere às relações entre cristãos e hebreus, na acusação de deicídio lançada com um maximalismo que não distingue entre os hebreus daquele tempo e os outros vindos depois, nem, ficando naquele período histórico, entre o povo e alguns expoentes autorizados do judaísmo dos anos 30. Uma acusação da qual durante séculos os cristãos portaram a grave responsabilidade e que não poucos — ultimamente, por exemplo, Crossan na sua obra *Quem matou Jesus?* — julgam condição favorável, se não causa, do nascimento do trágico projeto hitleriano de extermínio dos hebreus. E, se o Concílio Vaticano II interveio para removê-la, tratou-se de reparação bastante tardia. Como imperdoavelmente tarde, sempre na década de 1960, por mérito de João XXIII, foi cancelado das orações oficiais da Sexta-Feira Santa o ofensivo epíteto de "pérfidos" com o qual "os judeus" eram solicitados a fazer reparação de sua "pérfida" negação de converter-se, abjurando a pertença espiritual ao hebraísmo: *pro perfidis judaeis* se rezava oficialmente nas igrejas católicas. E não se trata somente de desvios do cristianismo dos séculos sucessivos, mas de antijudaísmo religioso presente não marginalmente nos próprios evangelhos e nos outros escritos protocristãos que constituem as Sagradas Escrituras cristãs, isto é, o grande código da fé cristã.

Também por isso a análise histórica das fontes cristãs revela-se indispensável, capaz de evidenciar suas tendências e tendenciosidades e de precisar, mesmo que seja somente em grandes linhas, o quadro histórico dos eventos que permite refletir mais serenamente sobre causas e responsabilidades naquele evento, interceptando o caminho a tentativas impróprias e incorretas, para um historiador, de atribuir culpas a este ou aquele responsável da crucificação de Jesus. Em particular, reconhecida por todos como decisiva a ação do prefeito romano Pôncio Pilatos, discute-se sobre a participação ativa das autoridades judaicas de então, mais exatamente de expoentes da aristocracia sacerdotal e laica de Jerusalém. Essa foi determinante, de pouco peso, ou até mesmo inexistente? Teve a forma de um processo formal instruído por um tribunal judaico, ou se limitou à denúncia perante o tribunal de Pilatos? Estudiosos hebreus de direito e de história se empenharam intensamente nessas questões ao lado de outros de crença ou somente de cultura cristã. Quero recordar, entre os primeiros, Flusser, que reconhece uma corresponsabilidade de Caifás, sumo sacerdote nos anos 18-36 e de seus conselheiros políticos — Sinédrio —, e Chaim Cohn, que não somente exclui toda responsabilidade jurídica e moral das autoridades judaicas de então, mas chega até a afirmar que essas se mobilizaram ativamente, embora sem eficácia, para subtrair Jesus das mãos de Pilatos. Uma tentativa, a de Cohn, tão generosa quanto veleidosa, porque conduzida, certamente, com as melhores intenções, mas também com escasso senso crítico na valoração das fontes históricas, *in primis* dos evangelhos. Na realidade, diante de tantas pesquisas com a característica de "um ponto de vista cristão", ele tentou se tornar defensor de "um ponto de vista hebraico", como recita o subtítulo, e destruir aquele "pérfido" vínculo entre a geração hebraica de então e as gerações futuras que faz cair sobre o contínuo presente um passado considerado condicionante. Eis a sua tese, irrepreensível no que diz sobre os romanos e criticável por aquilo que não diz sobre Caifás e seu grupo de poder: "A verdade é que Jesus foi condenado à morte pelo governador romano, em conformidade ao direito romano e em base à própria admissão de culpabilidade [...]. Tratou-se de um processo romano, concluído com uma condenação penal romana, executada por carrascos romanos" (p. 231).

Do lado diametralmente oposto, pode-se citar o clássico estudo do católico Blinzler, que atribui a responsabilidade maior às autoridades judaicas e à multidão por essas manipuladas, enquanto atenua muito a de Pilatos. Eis suas conclusões:

> A responsabilidade principal recai sobre os hebreus (p. 417); Os hebreus culpados constam de dois grupos: os membros do Sinédrio e a massa dos manifestantes contra Jesus (p. 418); Junto com os hebreus o procurador romano Pôncio Pilatos é responsável da execução de Jesus [...]; como atenuante, tem a circunstância de que ele realizou estas duas coisas [flagelação e condenação capital] sob a pressão dos fanáticos hebreus [...]; sua culpa é, tudo somado, menor que a dos hebreus [...]; quanto à medida da culpa respectiva, a dos hebreus, porquanto se disse, é certamente preponderante (p. 419).

Sobre o deicídio, suas valorações parecem-nos hoje totalmente tendenciosas: a ação de "os inimigos de Jesus" "não foi o delito formal de deicídio", mas o cristão que crê na divindade de Cristo "não pode objetivamente julgar o evento do Gólgota senão como um *deicidium*", acrescentando logo, com uma boa dose de hipocrisia: "Fará melhor se evitar esta acusação" (p. 420). Na realidade, Blinzler oferece uma leitura ingênua e acrítica dos textos evangélicos, cego perante suas manifestas tendências e tendenciosidade, e certo de encontrar ali uma crônica exata e desapaixonada da "paixão" de Jesus. O sucesso que teve então o livro não o preserva de ser um estudo datado no plano da pesquisa histórico-crítica e em relação ao espírito da época.

Hoje acredito que se possa discutir, com base histórica e sem condicionamentos teológicos e confessionais, sobre o que levou Jesus à cruz, evitando cuidadosamente a questão moral das culpas daqueles que o condenaram. Um estudioso hebreu, Rivkin, sugere fazer uma passagem epocal na pesquisa: da questão "*quem* o matou" ao interrogativo "*o que* fez com que terminasse no patíbulo". Estou de acordo com ele se com essas palavras ele entende sair do campo da atribuição a este ou aquele protagonista de manchas morais. Considero, porém, objeto imprescindível na pesquisa histórica também a individualização daquelas pessoas que o prenderam, condenaram à cruz e executaram tal sentença. Parece-me que Rivkin não faça distinções sempre com clareza entre responsabilidade e culpa; a distinção deve ser feita entre pesquisa das culpas e investigação sobre as causas (*Schuldfrage* e *Ursachenforschung*), como diz J. Becker (p. 400).

Não poderemos evitar de adentrar-nos em uma senda de difícil percurso, perguntando-nos se seria possível e praticável determinar, no plano histórico, a atitude de Jesus diante de sua morte violenta: ele a previu, a enfrentou com coragem, sem fugir dela, movido por qual finalidade? Sobretudo, qual sentido lhe atribuiu?

Questões e interrogações a enfrentar com uma análise crítica das fontes, em primeiro plano dos testemunhos cristãos antigos que constituem a *magna pars* da documentação que possuímos e que, na narração da "paixão" do Nazareno, perseguem fins apologéticos, polêmicos, de justificação teológica e de edificação espiritual, sobretudo de confissão de fé em Jesus — Messias, Filho de Deus e Senhor glorioso —, sem, contudo, abandonar o dramático evento, evocado em seus pontos principais de detenção, julgamento romano de condenação (*ibis ad crucem*) e execução da sentença capital.

1. As fontes e suas tendências

A morte de Jesus na cruz, condenado pelo prefeito romano de então Pôncio Pilatos, é o ponto mais firme na pesquisa histórica. Antigos testemunhos o atestam: não somente os cristãos, como as cartas de Paulo e os evangelhos canônicos e apócrifos, para não falar de outros escritos protocristãos, mas também a voz do mundo judaico e as fontes greco-romanas. A maioria deles já foi indicada anteriormente, mas aqui iremos relembrá-las, sublinhando o que concerne ao nosso argumento específico, completando-os com outras numerosas referências.

1.1. Testemunhos greco-romanos e judaicos

Antes de tudo, é obrigatório citar Tácito que, contudo, não fala expressamente de crucificação mas em termos mais genéricos de *suplicium*, pena capital acompanhada de torturas, nem indica as intervenções ativas da parte judaica: "[Cristo] foi supliciado por obra do procurador Pôncio Pilatos sob o império de Tibério (*Tiberio imperitante per procuratorem Pontium Pilatum supplicio adfectus erat*)" (*Ann* 44,15,3). E assim determina também a data, embora oscilante de um decênio: Pilatos governou nos anos 26-36, como precisado antes. Portanto, o Nazareno terminou miseravelmente na cruz entre esses dois lustros, provavelmente mais no segundo que no primeiro, uma inferência motivada por outros dados da cronologia da vida de Jesus já estudados.

Por sua vez, Marco Cornélio Frontão (100-160 d.C.), autor de uma *Oração contra os cristãos*, registrada no *Octavius* de Minúcio Félix, coloca em paralelo o suplício e a crucificação de Jesus: "Um homem punido por seu delito com a pena suprema (*summo supplicio*) e o madeiro de uma cruz (*et crucis ligna*)..." (9,4). Não diversamente se expressou Luciano de Samósata (120-190) na obra *De morte Peregrini*: "[...] o homem que foi crucificado na Palestina (*anthrōpon ton en tē-i Palaistinē-i anaskolopisthenta*)" (§ 11); os cristãos adoram "aquele mesmo sofista crucificado (*ton de aneskolopismenon ekeinon sophistēn*)" (§ 13). Em termos análogos, expressou-se o filósofo Celso, a quem temos acesso somente nas citações de Orígenes em *Contra Celsum*. O filósofo pagão exprime todo o seu desprezo por Jesus crucificado que os cristãos confessam filho de Deus, perguntando-se como é possível que não tenha sido livrado de "esta afronta" (*aiskhynē*) (2,35), equiparando com outros condenados a uma morte igualmente ignominiosa: "Não existiram talvez outros a serem condenados e de maneira não menos ignóbil (*agennōs*)?" (2,47) e considerando impossível que o Filho de Deus "tenha sido feito prisioneiro do modo mais desonroso (*atimotata*) e punido no modo mais infamante (*aiskhista*)" (6,10).

Do mundo judaico temos, sobretudo, o testemunho de Flávio Josefo, provavelmente autêntico, o qual menciona como responsáveis, além de Pilatos, as autoridades judaicas e fala expressamente de crucificação: "E depois que Pilatos, por causa de uma acusação feita pelos maiores responsáveis de nosso povo (*tōn protōn andrōn par'hēmin*), o condenou à cruz (*staurō-i epitetimēkotos*)..." (*Ant* 18,64). Mais controverso, o texto rabínico de *Sahn* 43a que registra uma tradição tannaítica: "Na tarde da parasceve foi enforcado *Yeshû* [*ha-nôserî*]". Mas se discute se originariamente se referisse a Jesus de Nazaré, ou somente do procedimento a seguir no caso de lapidação de um transgressor da Torá, identificado no Nazareno só sucessivamente. Incerta, portanto, aparece a datação desse testemunho sobre a morte de Jesus: remonta ao período tannaítico (aproximadamente de 70 a 200 d.C.), ou àquele talmúdico (séculos V-VI)? Seja como for, a responsabilidade da morte é atribuída somente às autoridades judaicas, das quais se salienta, com intenção claramente apologética, a equidade da sentença capital, por causa da conclamada culpa do Nazareno: "[...] e o arauto saiu diante dele por quarenta dias [dizendo]: 'Ele [*Jeshû ha-nôserî*] será lapidado, porque praticou a magia, instigou (*hissît*) Israel (à idolatria) e (o) perverteu (*hiddîah*). Quem souber algo para sua defesa, venha e apresente [a desculpa]'. Mas não encontraram para ele nenhuma desculpa, e o enforcaram [na sexta-feira e] na tarde da parasceve". Segue um dito de Ulla (Palestina/Babilônia, século IV) que insiste sobre a culpabilidade do acusado e estranhamente fala de colaboracionismo de Jesus com a autoridade romana: "Disse Ulla: 'Pensas que ele [*Jeshû ha-nôserî*] fosse alguém pelo qual se poderia ter esperado uma desculpa? Ele era um *mesit* (instigador de idolatria), e o Misericordioso disse: *Não deves ter misericórdia e não deves esconder (sua culpa)!*' (Dt 13,9). Com *Jeshû* era diverso, porque estava próximo ao domínio (*malkût*)". Sobre a historicidade desse testemunho, porém, nutrem-se sérias dúvidas: mais que do distante e constrangedor acontecimento dos anos 30 parece responder à tendência autojustificadora do judaísmo, confrontado, a partir do ano 70 sobretudo, com a agressiva pregação cristã que imputava aos hebreus em geral a culpa da execução capital do messias Jesus, divinamente sancionada pela destruição de Jerusalém. Confiável parece, por sua vez, a indicação do dia da morte: a vigília da festa de Páscoa, o 14 de Nisã, de acordo com o quarto evangelho. Ao contrário, o texto não parece confiável historicamente quando fala de lapidação; na realidade, uma vez afirmado que Jesus foi condenado como herético, não poderia indicar senão a pena prevista na Torá (Dt 13,11). Mas depois segue a tradição autêntica do enforcamento, que, porém, é entendida, no contexto, como pena subsidiária e subsequente à morte do lapidado, também essa prevista em Dt 21,23. Entre parênteses, também Justino atesta que para os hebreus Jesus era um mago e um sedutor do povo (*magos, laoplanos*) (*Diálogo com Trifão* 69,7).

Nem as *Toledôth Yeshû* oferecem garantias de confiabilidade histórica, tanto mais que suas fontes transmitem versões assaz diversas e contrastantes da morte de Jesus. Foi condenado pela autoridade romana (Tibério) ou pela judaica (a rainha Helena)? O processo se realizou em Tiberíades ou em Jerusalém? Foi processado e condenado como Filho de Deus — mas que, submetido à prova, foi incapaz de fazer milagres — ou como herético? Considera-se que no fundo estejam o Talmude, os *Acta Pilati* e o apócrifo *Evangelho de Nicodemos*.

1.2. Atestações cristãs antigas

Prescindindo agora das mais ricas atestações — os evangelhos canônicos e apócrifos —, podemos citar antes de tudo Paulo, cujas cartas dos anos 50 são os escritos cristãos mais antigos. Em 1Cor 11,23, ele se faz eco da tradição protocristã que assim introduz o relato da ceia de despedida: "Na noite na qual o Senhor Jesus foi entregue à morte (*paradidonai*)". Sempre como porta-voz da fé cristã mais antiga, anuncia aos conteúdos essenciais do anúncio evangélico: "Cristo morreu por nossos pecados segundo as Escrituras e que foi sepultado" (1Cor 15,3-4). Sobretudo, peculiar dele, o apóstolo gosta de especificar que a morte de Jesus foi uma crucificação (1Cor 1,13.17.18.23; 2,2.8 etc.). Basta citar Fl 2,5-11, um hino provavelmente pré-paulino, mas feito próprio pelo apóstolo, que ali salienta o rebaixamento de Cristo até a horrenda cruz: "[...] se humilhou, fazendo-se obediente até a morte, até a morte de cruz!". O que ele anuncia é "Cristo crucificado, escândalo para os judeus e loucura para os gregos" (1Cor 1,23). De qualquer maneira, não encontramos nele nenhum relato de "paixão" e nenhum episódio particular da *via crucis*.

A Carta aos Hebreus fala de sua crucificação fora da porta da cidade de Jerusalém (Hb 13,12) e de seu vergonhoso patíbulo (Hb 13,13), enquanto em Hb 5,7-8 menciona sua dramática oração no Getsêmani. A tradição paulina relembra que Jesus "sob Pilatos testemunhou sua bela profissão" (1Tm 6,13).

Os Atos dos Apóstolos apresentam, sobretudo, resumos da "vida" de Jesus culminante na morte e ressurreição, debitando aos judeus jerosolimitanos — povo e chefes — a responsabilidade verdadeira de sua execução capital. São sumários, preste-se atenção, inseridos em um contexto de pregação apostólica que visa obter o arrependimento e a conversão dos ouvintes. Lembramos alguns: "Pregando-o na cruz, vós o matastes pela mão dos ímpios" (2,23); "[...] que vós entregastes à morte e renegastes diante de Pilatos, que como juiz tinha decidido libertá-lo" (At 3,13); eles, "mesmo não tendo encontrado nele nenhum crime digno de morte, pediram a Pilatos que fosse suspenso" ao madeiro de cruz (At 13,28-29: pregação de Paulo em Antioquia da Pisídia). Mas em uma passagem se diz que é por ignorância (*kata agnoian*) que eles o fizeram (At 3,17). Em At 4,25-28, ademais, ressoa uma oração da comunidade jerosolimitana, na qual se faz referência à ação concorde de Pilatos e Herodes. É difícil não vislumbrar aqui marcas mais ou menos profundas de antijudaísmo que caracteriza o cristianismo das origens, atestado também em 1Ts 2,15 ("[...] os judeus, que mataram o Senhor Jesus como os profetas") e, em geral, nos evangelhos, como veremos.

1.3. O apócrifo Evangelho de Pedro

Entre os evangelhos se pode iniciar o exame deste que ultimamente catalisou a atenção dos estudiosos. Citado algumas vezes nos escritos patrísticos (cf., por exemplo, Serapion de Antioquia do fim do século II na citação de Eusébio de Cesareia, *Hist eccl* 6,12,1-9), foi descoberto em 1886 em um manuscrito grego do século VIII-IX, enquanto o original data aproximadamente de 100/150 d.C. Narra a fase conclusiva da crucificação de "o Senhor" e sua ressurreição. Atualmente discute-se com vivacidade sobre sua relação com os relatos da paixão dos evangelhos canônicos; em concreto, os estudiosos se situam em duas posições contrapostas: dependência dos relatos de paixão de Marcos, Mateus, Lucas e João e, vice-versa, dependência destes do *Evangelho de Pedro*. Na realidade, os termos das duas polaridades são menos drásticos: a dependência deste último daqueles é entendida, em todo caso, não como uma cópia de textos que estão sob os olhos do autor, mas em forma de lembranças das "paixões", e dos sinóticos e de João — ouvidas de viva voz — e de referência a tradições arcaicas comuns e próprias. Por sua vez, Crossan conjecturou uma versão primitiva mais breve que chama "Evangelho da Cruz", datado nos anos 30-60 e seguido diversamente pelos evangelhos sinóticos; uma hipótese compartilhada por poucos. Parece mais provável a primeira linha de solução entendida em sentido elástico: dependência dos evangelhos canônicos e das tradições comuns, mas também de crenças cristãs populares e de timbre bastante ingênuo. Confirma-o o seguinte dúplice relevo: por um lado, o *Evangelho de Pedro* tem em comum com todos os evangelhos canônicos, com um ou com outro, o grosso de seu material: processo perante Herodes, logo *via crucis*, derrisão, flagelação, depois crucificação com particulares cenas e, enfim, sepultura; por outro lado, esse apresenta material original: Herodes, não Pilatos, é o verdadeiro responsável da morte de Jesus; judeus e não os romanos executam a condenação capital depois de tê-lo derriço e flagelado; uma morte silenciosa e sem dor do Nazareno na cruz; depois de sua captura, Pedro e companheiros ficam escondidos porque procurados como malfeitores; sempre judeus são os que, em obediência à norma de Dt 21,23, depõem o cadáver do crucificado para entregá-lo a José de Arimateia; enfim, é o centurião romano Petrônio quem fica de guarda no sepulcro (cf. os preciosos e detalhados prospectos na obra de Brown, pp. 1494-1505). Da parte conclusiva da ressurreição se tratará no capítulo seguinte. Sobre seu valor histórico, porém, as ressalvas são muitas e substanciais; sintomática a opinião de A. J. Dewey, que, mesmo sustentando a tese de uma primitiva narração da paixão subjacente ao *Evangelho de Pedro* e anterior àquela presente em Marcos, estima necessário recomendar voto negro, isto é, de não historicidade, para todo o relato apócrifo (in *Forum*, p. 64).

A tendência mais macroscópica de seu ignoto autor é um antijudaísmo exagerado. À diferença de Pilatos, como se supõe, "nenhum dos hebreus lavou as mãos, nem Herodes nem nenhum de seus juízes" (1,1); é Herodes quem o entrega para a execução capital (1,2) dando-o nas mãos do povo (2,5), que o derrice como rei de Israel, coloca sobre ele um manto de púrpura e sobre a cabeça uma coroa de espinhos, zombando dele e batendo nele (3,7-9). Depois o crucificam entre dois malfeitores (4,10) e por sadismo evitam quebrar-lhe as pernas: deve morrer "entre tormentos" (4,14). Em resumo, eis o juízo do anônimo autor do escrito: "Completaram a medida de pecado sobre suas cabeças" (5,17); ainda mais expressiva é a confissão colocada nos lábios dos crucificadores hebreus logo depois da morte do crucificado: "Ai de nós por nossos pecados! O julgamento e o fim de Jerusalém estão próximos" (7,25).

Parece útil oferecer o texto na sua parte relativa à morte de Jesus, assim o leitor pode fazer pessoalmente o confronto com as "paixões" dos evangelhos canônicos:

> [1,1] Mas nenhum dos judeus lavou as mãos, nem Herodes nem nenhum de seus juízes. E como esses não queriam lavar as mãos, Pilatos se levantou. [2] Então o rei Herodes ordenou que o Senhor fosse levado embora e lhes disse: "Fazei a ele o que vos ordenei".
>
> [2,3] Lá estava José, amigo de Pilatos e do Senhor, e, sabendo que estavam para crucificá-lo, foi a Pilatos e suplicou que lhe fosse entregue o corpo para ser sepultado. [4] Então Pilatos foi até Herodes e lhe pediu o corpo. [5] E Herodes disse: "Irmão Pilatos, ainda que ninguém tivesse reclamado o corpo, teríamos que enterrá-lo, pois o sábado se aproxima. Porque está escrito na Lei: 'O sol não deve se pôr sobre alguém que foi condenado à morte'". E ele o entregou ao povo na véspera do pão ázimo, a sua festa. [3,6] Então pegaram o Senhor e o empurraram com pressa, dizendo: "Arrastemos o Filho de Deus agora que temos poder sobre ele". [7] E vestiram-no com uma túnica púrpura, sentaram-no na cadeira de juiz e disseram: "Julgue com justiça, ó rei de Israel!". [8] Um deles trouxe uma coroa de espinhos e a colocou na cabeça do Senhor. [9] Outros que estavam lá cuspiram em seu rosto, e outros ainda esbofetearam-no, cutucaram-no com uma vara e alguns o flagelavam, dizendo: "Esta é a honra que damos ao Filho de Deus".
>
> [4,10] Então trouxeram dois malfeitores e o crucificaram no meio deles. Mas ele ficou em silêncio, e parecia não sentir nenhuma dor. [11] Depois de prepararem a cruz, escreveram sobre ela: "Este é o rei de Israel". [12] Depois lhe tiraram as roupas, colocaram-nas diante dele e as dividiram entre si através do sorteio. [13] Mas um dos malfeitores os repreendeu dizendo: "Encontraremos o sofrimento por causa dos atos perversos que cometemos, mas este homem, que se tornou o salvador dos homens, que mal ele vos fez?". [14] Então ficaram zangados com ele e ordenaram que suas pernas não fossem quebradas, para que morresse entre tormentos.
>
> [5,15] Era meio-dia quando as trevas cobriram toda a Judeia. E eles ficaram ansiosos e pre-ocupados ao verem que o sol já tinha se posto, pois ele ainda estava vivo. Porque foi escrito para eles: "O sol não deve se pôr sobre alguém que foi condenado à morte". [16] E um deles disse: "Dai fel e vinagre para ele beber". Fizeram a mistura e lhe deram para beber. [17]

Então cumpriram todas as coisas e completaram a medida de pecado sobre suas cabeças. [18] E muitos saíram carregando lâmpadas e, por pensarem que era noite, foram dormir. [19] Então o Senhor gritou: "Força minha, força minha, tu me abandonaste!". Enquanto dizia isso, foi assumpto. [20] Na mesma hora, o véu do templo de Jerusalém rasgou-se ao meio.

[6,21] Então os judeus retiraram os pregos das mãos do Senhor e o deitaram no chão. A terra toda tremeu e houve um grande medo. [22] Então o sol brilhou novamente e viram que era a nona hora. [23] E os hebreus alegraram-se e entregaram o corpo a José, para que pudesse enterrá-lo, pois tinha visto o bem que ele (Jesus) fizera. [24] Ele tomou o Senhor, lavou-o, envolveu-o em um lençol e levou-o para o seu próprio sepulcro, chamado o jardim de José.

[7,25] Os hebreus, os anciãos e os sacerdotes, percebendo o grande mal que haviam feito contra si mesmos, começaram a se lamentar e a dizer: "Ai de nós por nossos pecados! O julgamento e o fim de Jerusalém estão próximos". [26] Eu e meus amigos estávamos tristes e, com o coração ferido, escondemo-nos, pois éramos perseguidos por eles como malfeitores e pessoas que desejavam incendiar o templo. [27] Por causa dessas coisas, fizemos jejum, lamentando e chorando noite e dia, até o sábado.

[8,28] Mas os escribas, os fariseus e os anciãos, quando se reuniram e ouviram que todo o povo murmurava e se lamentava batendo-se no peito, dizendo: "Se sinais extraordinários ocorreram na sua morte, então vede como ele era justo!", [29] ficaram com medo e foram até Pilatos, implorando e dizendo: [30] "Dai-nos alguns soldados para que seu sepulcro possa ser vigiado por três dias. Que não aconteça que seus discípulos venham roubar seu corpo e depois as pessoas pensem que ele ressuscitou dos mortos, fazendo-nos mal". [31] Então Pilatos cedeu-lhes o centurião Petrônio com alguns soldados para vigiar o sepulcro. Os anciãos e os escribas foram com eles até o sepulcro, [32] e todos os que lá estavam com o centurião; os soldados rolaram uma grande pedra, [33] e a colocaram na entrada do sepulcro e a lacraram com sete selos; depois armaram uma tenda e montaram guarda (trad. L. Moraldi).

1.4. Os evangelhos canônicos

Assumimos os evangelhos canônicos em bloco porque os quatro relatam as paixões com claras e análogas tendências teológicas e pastorais, mas com olhar atento à situação política do tempo. Sem dizer que nunca como nesta parte os sinóticos e João oferecem textos paralelos caracterizados por grandes semelhanças, não última a qualidade literária de um relato contínuo que, diversamente da justaposição artificial de trechos desconexos das narrações da atividade pública do protagonista, ora segue os acontecimentos dia por dia, ora momento por momento. A contiguidade singular dos sinóticos explica-se muito bem com a dependência literária de Mateus e de Lucas de Marcos, cuja "paixão", como texto escrito, é em ordem cronológica a primeira que temos. Discute-se, por sua vez, se Marcos teria sido dependente de um relato precedente já bem delineado (cf. R. Pesch, *Markus-evangelium*, II, pp. 1-27), ou tenha composto ele mesmo o relato, servindo-se naturalmente de diversas tradições (Linnemann, pp. 174-175). O quarto evangelho também depende de Marcos, ou, mais provavelmente (Fortna), de uma própria "paixão" precedente, por ele reelaborada como fez com a fonte dos sinais nos relatos milagrosos? As diferenças não marginais entre os dois relatos motivam a ver, de preferência, nas "paixões" dos dois evangelhos duas fontes independentes, mesmo se muitas vezes obtêm substância narrativa de tradições antigas assaz próximas, o que justifica suas semelhanças.

1.4.1. Fora profeticamente predito

Já em uma primeira leitura percebemos que os relatos são caracterizados pelo frequente recurso às Escrituras hebraicas, vistas como grande profecia do evento de Cristo e citadas geralmente seguindo a tradução grega. Crossan fala disso como profecia historicizada, entendendo uma história construída artificialmente sobre a pauta das passagens bíblicas citadas; mas parece uma hipótese extrema que não considera a natureza biográfica dos textos que se referem ao destino trágico de Jesus, relido certamente à luz da crença na ressurreição do Crucificado e sob a motivação de interesses espirituais das comunidades cristãs das origens, mas sempre dele, substancialmente, narram e de sua *via crucis*. Diversa é a valoração de episódios individuais e de particulares pitorescos que se podem, esses sim, qualificar, com plausibilidade mais ou menos grande, como profecia historicizada. Preferimos muito mais a solução que vê ali essencialmente uma história profetizada, uma história traçada porém só a grandes linhas e não nos particulares, interpretada a fundo para superar o escândalo do fim horrendo de Cristo.

Seguimos, antes de tudo, o relato de Marcos. Judas, um dos Doze, o trai? Tinha-o predito o salmista no canto de lamentação de um justo traído pelo amigo, seu comensal: "Um de vós, *o que come comigo*, me entregará à morte" (Mc 14,18; cf. Sl 41,10). O traidor merece uma invectiva, mas tudo acontece de acordo com o projeto divino indicado nas Escrituras: "O Filho do Homem vai, como está escrito dele, mas ai daquele homem que entregará à morte o Filho do Homem! Teria sido melhor para esse homem não ter nascido" (Mc 14,21). Se os discípulos o abandonam, não falta uma passagem bíblica entendida como profecia desse fato de cuja autenticidade histórica é difícil duvidar: "Está escrito: ferirei o pastor, e as ovelhas serão dispersas" (Mc 14,27; cf. Zc 13,7). A oração angustiada no Getsêmani encontra sentido de cumprimento profético em Sl 42,6.12: "Minha alma — diz Jesus — está imersa na tristeza (*perilypos*) até à morte" (Mc 14,34). Também a prisão não foge à convicção de que tudo acontece profeticamente: "[...] para que se cumpram as Escrituras" (Mc 14,49). E ainda, o Sl 22,19 falava das vestes de um justo perseguido que seus perseguidores se dividem; o mesmo acontecera — profecia historicizada — aos pés da cruz de Jesus (Mc 15,24). O mesmo salmo é lido como eco do grito, citado em aramaico, de Jesus que expira na cruz: "Deus meu, Deus meu, por que me abandonaste?" (Mc 15,34; cf. Sl 22,2).

Mateus não se limita a seguir fielmente sua fonte Marcos, enriquece o motivo do cumprimento das Escrituras e acrescenta ao relato, tirando-os do material tradicional à sua disposição (sigla M), particulares que permitem a extensão e o aprofundamento da leitura profética. Judas recebe por sua traição trinta peças de prata — equivalentes a 120 denários, calcula Klauck (p. 51) —, com clara alusão a Zc 11,12 (Mt 26,17). O suicídio do traidor — provavelmente profecia historicizada — é figuração da morte ignominiosa do malvado que permutou a vida de Jesus por trinta peças de prata (Mt 27,3-10; cf. Zc 11,12s). Ao Crucificado "deram-lhe de beber vinho misturado com fel" (Mt 27,34), recuperando o Sl 69,22. O Sl 22,9 é profecia de Jesus, desafiado por seus adversários em cruz: "Colocou sua confiança em Deus; que o livre agora, se quer" (Mt 27,43). Em Mt 26,54, o evangelista coloca nos seus lábios a própria explícita teologia do cumprimento profético: "Como se realizariam as Escrituras que dizem que assim *deve* (*dei*) acontecer?". Não a necessidade violenta do fato, mas aquela moral e aceita do projeto de Deus revelado nas Escrituras.

Se passarmos à "paixão" de Lucas, notaremos imediatamente que, não diferentemente de Mateus, veremos que ele atribui a Jesus o *topos* teológico da "necessidade" do cumprimento das profecias: "Isso que está escrito deve (*dei*) ser cumprido em mim", e cita Is 53,12: "Será contado entre os ímpios" (Lc 22,37). Subindo ao Gólgota, o condenado fala às mulheres que o seguem com as palavras de Os 10,8: "Então começarão a dizer aos montes: 'Caí sobre nós', e às colinas: 'Cobri-nos'" (Lc 23,30). O grito do moribundo é uma oração de abandono confiante ao Pai que retoma Sl 31,6: "Nas tuas mãos coloco meu espírito de vida" (Lc 23,46).

O quarto evangelho não é inferior: à imitação de Marcos citou Sl 22,19 sobre a divisão das vestes do Crucificado (Jo 19,24) e Sl 69,22 sobre a bebida de vinho misturada com fel (Jo 19,29). De seu próprio punho apresenta a palavra de Jesus na cruz: "Tenho sede" como cumprimento escriturístico (Jo 19,28; cf. Sl 22,16?). Sobretudo tipologicamente interpreta o fato de que ao Crucificado não foram quebradas as pernas: ele é o verdadeiro Cordeiro pascal (Jo 19,36; cf. em Ex 12,46 a normativa que proíbe quebrar os ossos ao cordeiro de Páscoa), e o mesmo evento da crucificação: "E ainda outra Escritura diz: Olharão para aquele que transpassaram" (Jo 19,37; cf. Zc 12,10).

1.4.2. Apologia

Um segundo motivo condutor comum às "paixões" de nossos evangelhos é a defesa da inocência do condenado. Já está ínsito nas diversas citações bíblicas referidas anteriormente que aplicam a Cristo passagens dos lamentos do justo perseguido injustamente, por exemplo o Sl 22, o mais citado. Pode-se assim definir o relato de Marcos — mas isso vale também para os de Mateus e Lucas que o seguem fielmente — uma narração da *passio iusti* ou do martírio do Justo (cf. Pesch, 22ss). Em particular, a mencionada invectiva a Judas: "Ai daquele homem..." significa que estamos diante de uma vítima inocente. As testemunhas contra ele são "falsas testemunhas" (Mc 14,57). O tribunal judaico o julga "réu de morte" (Mc 14,64; par. Mt 26,66), mas somente porque nega sua identidade, por ele claramente confessada, de Messias, Filho de Deus e Filho do Homem (Mc 14,61-64 e par.). Pilatos conhece as traiçoeiras intenções de seus acusadores (Mc 15,16; par. Mt) e lhes pergunta sobre o mal que ele teria feito e eles não sabem senão pedir sua crucificação (Mc 15,14). Faz-lhe justiça *post mortem* somente o centurião romano: "Verdadeiramente este homem era Filho de Deus" (Mc 15,39; par. Mt), enquanto em Lc 23,47 a confissão tem este teor: "Verdadeiramente este homem era um justo".

A apologia de Mateus vai ainda além, porque o evangelista adiciona à sua fonte Marcos os seguintes elementos obtidos de seu próprio material: o suicídio de Judas depende da consciência de ter entregado à morte "sangue inocente" (*haima athōon*) (Mt 27,4); a mulher de Pilatos, impressionada por uma visão em sonho, manda dizer ao marido: "Não te envolvas no caso desse justo" (Mt 27,19); e o prefeito romano declara-se publicamente "inocente da condenação à morte (lit.: do sangue) deste homem", duplicando a palavra com o gesto simbólico de lavar-se as mãos diante da multidão (Mt 27,24).

Lucas, por conta própria, acrescenta que também Herodes Antipas é testemunha da inocência do acusado: Pilatos o tinha enviado para que o julgasse ele, depois de tudo era um galileu e, portanto, sujeito à jurisdição do tetrarca da Galileia, mas ele o mandou de volta porque inocente; assim o prefeito romano pode responder aos acusadores: "Não encontrei neste homem culpa alguma das acusações que movestes contra ele e nem Herodes, que o mandou de volta a nós. Não realizou nenhuma ação digna de morte; portanto, o castigarei e o soltarei" (Lc 23,14-16). Também "o bom ladrão" crucificado com ele afirma sua inocência: "Este não fez nenhum mal" (Lc 23,42).

O quarto evangelho apresenta dois traços próprios: Caifás o quer condenar como bode expiatório: "É melhor que um só morra pelo povo" (Jo 18,14; 11,49-50); Pilatos fazia de tudo para o libertar, pois estava certo de sua inocência (Jo 19,12).

1.4.3. Pilatos absolvido e culpabilizados os judeus

Conexa com a tendência apologética é a absolvição para Pilatos, que caminha em uníssono, porém, com a culpabilização não somente das autoridades judaicas de Jerusalém, mas também da multidão de judeus presentes, para não dizer de todo o povo. Ali se manifestam três interesses convergentes dos evangelistas: antes de tudo, absolver a autoridade romana, arrastada contra sua vontade — e somente *pro bono pacis*, se quer fazer crer — a condenar Cristo; depois, defender diante da sociedade romana a memória de um crucificado ao qual vão a própria fé e o próprio culto; enfim, atacar os judeus da segunda metade do século I, que em massa tinham se negado a acreditar em Jesus como o Messias e eram veementes contestadores das primeiras comunidades cristãs, às quais não poupavam sequer alguma agressão violenta, como a morte de Estêvão e a ação persecutória de Saulo de Tarso. A demolição humana e moral do adversário foi na história um costume excessivamente difundido. Em uma palavra, os crentes em um messias mestre de amor que estão detrás das "paixões" evangélicas demonstraram-se antijudeus com ápices de manifesta fúria. Uma leitura desapaixonada dos textos demonstra-o.

Do apócrifo *Evangelho de Pedro* já falamos. Ainda entre os evangelhos apócrifos se pode citar aqui também aquele dos *Nazarenos* do testemunho medieval *Historia passionis Domini* f. 44r: "Lê-se no evangelho dos Nazarenos que os judeus pagaram quatro soldados para flagelar duramente o Senhor até fazer pingar o sangue por todo o corpo. Pagaram também os mesmos soldados para crucificar o Senhor como diz Jo 19" (cf. E. Hennecke e W. Schneemelche, *Neutestamentliche Apocryphen*). Já no início do relato da paixão, Marcos narra das autoridades judaicas jerosolimitanas que se reúnem e decidem o destino de Jesus (Mc 14,1-2 e par.). Na versão do quarto evangelho o complô é anterior (Jo 11,47-53). É a polícia do templo que o prende (Mc 14,43-52; par.) e, segundo Marcos, se instrui inclusive um processo contra ele (Mc 14,53-65; par. Mt), é feito alvo também de insultos, cusparadas e pancadas (Mc 14,65; par.); no quarto evangelho, porém, a prisão vê em ação também soldados romanos, enquanto não se fala ali de nenhum processo judaico. Mas é sobretudo na narração do processo perante Pilatos que a tendenciosidade dos evangelistas emerge a plena luz: os chefes judeus são acusadores irredutíveis, e o prefeito romano cede somente com relutância, no fim, às suas insistências e veladas ameaças, depois de ter tentado a carta do indulto pela festividade pascal que deveria ter, ao seu parecer, beneficiado Jesus oposto a Barrabás, expediente revelado um bumerangue: os acusadores instigam a multidão para que peça a liberdade de Barrabás e a cruz para Jesus, obtendo uma e outra (Mc 15,2-15; par.; Jo 18,38-40). Lucas acrescenta ali o interrogatório perante Herodes, como vimos.

Mas o vértice da polêmica antijudaica é atingido com o evangelho de Mateus: não somente absolve plenamente Pilatos, que lava as mãos e declara ser inocente da morte de Jesus, mas também encarece a dose na denúncia da perversidade das autoridades judaicas e até de "todo o povo" que grita: "Que seu sangue caia sobre nós e sobre nossos filhos" (Mt 27,25): uma enorme reivindicação de responsabilidade para a crucificação de Jesus e uma titânica assunção da pena do juiz divino não somente para si mas também para a descendência. Espantoso! Para Mateus, veja-se bem, não para o povo judaico daquele tempo — di-lo uma atenta análise histórica das fontes —, pois nunca declarou isso: foi colocado na boca por aqueles cristãos que estão detrás do primeiro evangelho e manifestam aqui uma ferocidade e uma sede de vingança que seu adorado Mestre teria, certamente, condenado com toda a severidade.

Lucas, porém, não generaliza: mulheres judias acompanham Jesus ao Gólgota batendo no peito e lamentando por ele (Lc 23,27), para não falar do "bom ladrão" e, sobretudo, da multidão que acorreu para ver o Crucificado, a qual depois de sua morte regressa a casa batendo no peito em sinal de penitência (Lc 23,48).

O quarto evangelho, que ignora totalmente um procedimento judiciário das autoridades judaicas, fala somente de um interrogatório no qual se prepara a acusação para sustentar perante o tribunal de Pilatos (Jo 18,19ss); contudo, coloca sob processo os acusadores: "Tua gente e os sumos sacerdotes te entregaram a mim", diz o prefeito romano a Jesus (Jo 18,35). Ao hesitante juiz romano lançam o desafio: "Nós temos uma Lei e segundo esta Lei deve morrer, porque se fez Filho de Deus" (Jo 19,7). E Jesus a Pilatos retruca: "Quem me entregou a ti tem uma culpa ainda maior" (Jo 19,11).

1.4.4. Modelo a imitar

Não faltam nas "paixões" evangélicas elementos de caráter edificante, sobretudo em Lucas, que gosta de apresentar Jesus como exemplo de vida, mas também em Marcos e Mateus. No Getsêmani, perante sua prova suprema, faz vigília em oração e exorta seus acompanhantes a fazer o mesmo (Mc 14,32-42; par.); sobretudo ao desejo de livrar-se ele contrapõe a decisão de fazer o que quer a vontade de seu Abba/Pai (Mc 14,36; par.; também Jo 12,27). Na sua compaixão, cura o desafortunado servo do sumo sacerdote, de nome Malco, segundo a especificação do quarto evangelho (Jo 18,10b), ao qual um de seus discípulos, Simão Pedro, conforme o quarto evangelho (Jo 18,10a), com um golpe de espada tinha arrancado uma orelha (Lc 22,52). Perante o tribunal judaico o acusado confessa corajosamente sua identidade de Messias, Filho de Deus, Filho do Homem, exemplo incomparável para os cristãos denunciados nos tribunais e tentados a abjurar (Mc 14,53-65; par.). E se Pedro nega tê-lo conhecido, parece exemplar seu arrependimento, que Lucas parece discretamente colocar em relação com o particular de que o Mestre, voltando-se, fixou o discípulo com olhar penetrante (*eneblepsen*: Lc 22,61): "E saindo (do palácio do Sinédrio) continuava a chorar" (Mc 14,72); "[...] chorou amargas lágrimas" (Lc 22,62; Mt 26,75). Às mulheres que choram e o seguem na *via crucis* Jesus pede para não chorarem por seu amargo destino, mas por aquele horrendo, reservado ao povo que o rejeitou (Lc 23,27-31). E na cruz reza a Deus intercedendo de certo modo por seus crucificadores: "Pai, não sabem o que fazem" (Lc 23,34: frase que falta em importantes manuscritos e, portanto, de incerta autenticidade textual); assegura ao "bom ladrão" o perdão divino e a comunhão com ele no paraíso (Lc 23,43); enfim, na hora última exprime sua confiança: "Pai, nas tuas mãos entrego meu espírito vital" (Lc 23,46).

1.4.5. Quem é verdadeiramente o Crucificado

Entre todos os motivos da releitura do *bios* de sofrimento e morte de Jesus, porém, parece primária a finalidade de evidenciar sua identidade assim como foi compreendida e confessada pelos crentes: é o Messias prometido na tradição hebraica, o Filho de Deus em sentido elevado, o celeste Filho do Homem que virá julgar, e o Senhor divino, aqui em particular o vencedor da morte. É uma interpretação de fé do trágico fim do protagonista de seus relatos feita sobre o trilho das respectivas cristologias: aquele que sobe na cruz infamante por identidade pessoal é o surgido na luz resplandecente da manhã de Páscoa; Deus é seu *Abba*, Pai (Mc 14,36), e ele é o justo perseguido pelos homens mas por Deus "vingado", no sentido da *vindicatio iuris*, como veremos mais adiante a propósito da ressurreição. Respondendo ao sumo sacerdote, ele mesmo confessa ser o Messias, o Filho de Deus bendito (Mc 14,62: "Eu o sou"), e continua relembrando a visão do Filho do homem de Dn 7 com o qual se identifica (Mc 14,62 e par.). A resposta é mais atenuada em Mt 26,64: "Tu o disseste", enquanto em Lc 22,63 a uma primeira pergunta: "És tu o messias"; responde evasivamente: "Se eu vos disser, não acreditareis", e à segunda: "Portanto, és tu o filho de Deus?", replica com estas palavras: "Vós dizeis que eu sou" (Lc 22,70). Ao tribunal de Pilatos é acusado de ser rei dos judeus e por isso é condenado; nas cenas de motejos é zombado como um soberano de brincadeira, vestido com um manto de púrpura, com a coroa de espinhos na cabeça, uma imitação de cetro em mão, sentado no trono; crucificado por ser pretenso rei, como recita o *titulus crucis*: "Rei dos judeus", é provocado a demonstrar seu poder descendo do patíbulo. Os evangelhos insistem: Jesus é verdadeiramente o Messias régio; a rejeição dos judeus e a condenação à cruz pela mão da autoridade romana são somente cegueira, e cegueira culpável sobre sua autêntica identidade.

Em particular, Marcos sublinha, na sua *christologia crucis*, que o Jesus terreno foi um Messias e Filho de Deus pobre ou ainda desprovido totalmente do poder divino glorioso e triunfante: impotente, pregado em cruz. Mas é Messias e Filho de Deus ao qual o Pai fez justiça, ressuscitando-o e constituindo-o juiz final dos vivos e dos mortos. Por sua parte, Mateus, na abjeção da *via crucis*, faz resplender fulgores de glória e de poder: é como Senhor que ele enfrenta a morte horrenda; não é em absoluto surpreendido pelos eventos: sabe antecipadamente o que lhe espera e o comunica aos discípulos (Mt 26,2); conhece o nome do traidor, Judas, e o diz expressamente (Mt 26,25); o discípulo que desembainhou a espada para se opor à prisão do Mestre pode colocá-la na bainha: ele poderia para defender-se pedir ao Pai mais de doze legiões de anjos, mas devem cumprir-se as Escrituras (Mt 26,52-54). Sobretudo o primeiro evangelista narra sua morte como o início do novo mundo dos ressuscitados: "A terra foi atingida por um terremoto (*eseisthē*), e as rochas se fenderam e os sepulcros se abriram, e então muitos corpos de santos adormecidos na morte ressuscitaram" (Mt 27,51-52). Típica de Lucas é a imagem do compassivo salvador dos homens pecadores, exposta em todo o escrito e aqui conduzida ao termo. Vimos há pouco os traços evidentes no seu relato.

João não falta à sua elevada cristologia: o eu divino de Jesus ressoa potente na cena da prisão e faz cair por terra aqueles que vieram prendê-lo (Jo 18,5-6); interrogado por Pilatos, afirma ser rei, mas não deste mundo, rei no sentido de testemunha da verdade, isto é, da definitiva revelação de Deus ao mundo, para a salvação da humanidade (Jo 18,36-37). Na cena na qual Pilatos o apresenta aos judeus: "Eis o vosso rei!", e aqueles o rejeitam: "Tira-o, tira-o!", mais refinada que nunca aparece a habitual ironia do evangelista: na sua pele o experimentaram como rei; o condenado julga como rei quantos o rejeitam como Rei revelador de Deus (Jo 19,14-15). Outro título, mais ou menos equivalente: Jesus é o Filho de Deus, por isso deve morrer segundo a Lei judaica (Jo 19,7). Enfim, sobre a cruz expira o Cordeiro pascal (Jo 19,36; cf. Ex 12,46) e o misterioso transpassado de Zc 12,10, capaz de atrair o olhar de quantos acreditando nele terão sua salvação (Jo 19,37). A cristologia do quarto evangelho, de qualquer maneira, está plenamente desenvolvida nos discursos de despedida dos capítulos 15–17, em que são colocados na sua boca autodeclarações de alcance divino: "Eu sou o Caminho, a Verdade, a Vida" (Jo 14,6); "Quem me vê, vê o Pai" (Jo 14,9); "Eu estou no Pai e o Pai está em mim" (Jo 14,11); "Eu sou a videira verdadeira e meu Pai é o lavrador" (Jo 15,1); "Saí do Pai e vim ao mundo; agora deixo o mundo e vou ao Pai" (Jo 16,28). A paixão e morte são inclusive sua glorificação por parte do Pai: "Pai, chegou a hora, glorifica teu Filho" (Jo 17,1; cf. 12,20ss).

2. Casos análogos: o Batista, Jesus, filho de Ananias

É útil o confronto com outras vítimas judaicas dos poderosos da época. Primeiramente, João Batista, morto por Herodes Antipas para prevenir possíveis rebeliões da multidão que acorria a fazer-se batizar por ele: uma medida preventiva em defesa da solidez do poder do tetrarca da Galileia e da Pereia, atestou Flávio Josefo (*Ant* 18,118). Em comum com a morte de Jesus, porém, temos aqui somente a motivação política da intervenção violenta e a eliminação de uma pessoa, não de um grupo de sequazes. E João não sofreu um processo, mas foi morto por ação policial.

O mesmo historiador hebreu, como vimos antes, falou-nos de "messias" políticos (Judas, Simão, Atronges) que depois da morte de Herodes se proclamaram reis, estabelecendo com o poder dos Herodes e dos romanos uma luta armada da qual saíram derrotados no campo de batalha, eles e seus seguidores (*Bell* 2,55-65). Com esses, Jesus não tem em comum nem a insurreição armada para conquistar o poder, nem a morte em combate; contudo, os romanos perseguiram como reis rebeldes tanto uns como o outro.

Uma distante analogia pode ser vista com "os profetas do sinal" que, animados por sonhos de redenção escatológica do povo de Israel, eram seguidos por multidões de pessoas, atraídas por suas pregações e suas promessas: confiando-se à ação libertadora de Deus, deles se esperavam um clamoroso milagre, similar àqueles do êxodo e da conquista da terra do tempo mosaico, início do nascimento de um novo povo. Assim, Judas convenceu muitíssimos a "segui-lo" até as margens do Jordão com a promessa de que a um sinal seu as águas do rio se abririam como antes acontecera com Josué e sua gente. Um anônimo profeta egípcio tinha feito o mesmo, levando milhares de sequazes sobre o monte das Oliveiras, defronte a cidade de Jerusalém: as muralhas da cidade teriam caído como aquelas de Jericó diante do exército de Josué. Enfim, um profeta samaritano arrastou não poucos de sua cidade ao monte Garizim aos quais teria mostrado o lugar onde Moisés tinha enterrado os vasos sagrados do culto: uma garantia que o templo legítimo de YHWH está sobre o Garizim, não sobre o monte Sião de Jerusalém. Os três foram exterminados, eles e os seguidores, pelas tropas romanas como os mencionados messias políticos, embora estivessem desarmados e aguardassem a libertação de Deus (*Ant* 20,97-98; 20,169-171; 18,85-87). O dominador romano via nisso um atentado à ordem e ao domínio de Roma na província. Também aqui as diferenças com Jesus são evidentes, não sendo ele profeta de um estrepitoso sinal celeste de libertação: Flávio Josefo, como já fora relevado, fala a respeito disso de *sēmeia eleutherias* (*Bell* 2,259). A tensão escatológica que os une ao Nazareno é um horizonte geral por ele interpretado de modo original com relação a esses exaltados e aos seus crédulos seguidores. Sobretudo Jesus não chamou multidões entusiastas ao seu seguimento para dar início a uma palingênese do povo de Israel, clara ameaça ao poder constituído. Resta, porém, o comum destino de "profetas" eliminados com violência pelos romanos como perigosos para a ordem pública e a estabilidade do domínio romano.

O verdadeiro caso análogo nos parece, por sua vez, o outro profeta da palavra, Jesus de Ananias, anunciador do tremendo juízo de Deus sobre o povo, Jerusalém e seu templo, que apresenta certa semelhança com o Batista. O testemunho de Flávio Josefo também aqui é preciso:

> Quatro anos antes da guerra, quando a cidade estava gozando de muita paz e prosperidade, certo Jesus, filho de Ananias, um simples camponês, veio à festa na qual todos tradicionalmente armam tendas para Deus. Estando de pé no templo, subitamente começou a clamar, "Uma voz do Oriente, uma voz do Ocidente, uma voz dos quatro ventos; uma voz contra Jerusalém e o templo (*epi ton naon*), uma voz contra esposos e esposas, uma voz contra todo o povo". Dia e noite perambulava por todos os becos gritando essas palavras. Algumas pessoas da nobreza local (*tōn de episēmōn tines dēmotōn*), irritadas com suas palavras agourentas, prenderam-no e açoitaram-no violentamente. Mas ele, sem dizer uma só palavra em sua defesa, nem acusar especificamente aos que o tinham flagelado, continuou repetindo seu brado. Então as autoridades (*hoi arkhontes*), julgando que esse homem agisse por efeito de uma força — como de fato era —, levaram-no ao governador romano. Lá, apesar de ser açoitado até os ossos, não pediu clemência nem gemeu, mas, dando à sua voz o tom mais lúgubre que podia, a cada golpe murmurava: "Ai de Jerusalém". Quando Albino, o governador, lhe perguntou quem era, de onde vinha e por que bradava aquela lamentação, ele não respondeu, mas apenas continuava a compadecer o destino da cidade até que Albino, julgando tratar-se de loucura (*mania*), liberou-o. No período anterior à guerra, não se aproximou de nenhum cidadão, nem foi visto conversando com ninguém, mas cada dia, como alguém que estivesse rezando, repetia seu lúgubre brado: "Ai de Jerusalém". Não amaldiçoava ninguém dos que batiam nele, nem agradecia a ninguém dos que lhe davam comida. A todos dava como única resposta o mesmo grito de mau agouro, que lançava sobretudo nas festas. Perseverou, assim, por sete anos e cinco meses, sem que sua voz enfraquecesse e sem provar cansaço.

Só parou no início do ataque, quando viu seu triste presságio sendo realizado. Com efeito, um dia que andava sobre as muralhas gritando com força: "Mais uma vez, ai da cidade, ai do povo, ai do templo (*aiai tō-i naō-i*)!", acrescentou uma palavra final: "E ai de mim também!". Naquele momento foi lançada uma pedra por uma das máquinas de arremesso; esta o atingiu e o matou instantaneamente. Assim, ele pronunciou esses lamentos até o fim" (*Bell* 6,300-309).

As diversidades da ação profética dos dois Jesus são manifestas: profeta de desventura esse, o Nazareno anunciador da Boa Notícia da realeza libertadora de Deus; profeta solitário o primeiro, o segundo líder de um grupo de carismáticos seguidores mas também centro de agregação de não poucos simpatizantes e aderentes. Mas não se pode contestar a grande semelhança que os liga no seu destino: advertidos como perigosos pelas autoridades jerosolimitanas — contudo, o historiador hebreu não precisa —, foram ambos levados perante o tribunal romano do governador da província: Pilatos, o Nazareno; Albino, Jesus de Ananias. Com o resultado que o primeiro foi condenado à morte, enquanto o segundo foi punido e libertado porque considerado um exaltado, um louco. O resultado diverso das denúncias, que se compreende por sua diversa missão, mas também porque o Nazareno, à diferença daquele, tinha certo séquito popular, não exclui que ambos foram vítimas de uma sinergia das autoridades locais e da estrangeira, no caso, a romana. E se como tal colaboração constitui um aspecto discutido do fim dramático de Jesus de Nazaré, essa analogia é um precioso indício que o valoriza.

Se quisermos voltar mais no tempo, merece ao menos uma alusão o destino de perseguição do Mestre de Justiça, fundador do movimento essênio, condenado à morte pelo "sacerdote ímpio", isto é, por um expoente da dinastia dos macabeus, Jônatas ou Simão, ou inclusive os dois, que tinham reunido na sua pessoa o poder político e o do sumo sacerdote, usurpando assim um cargo religioso incumbente por secular tradição aos descendentes do sacerdote Sadoc. Para isso pode-se conferir *1QpHab*: "[o malvado é o Sacerdote Ímpio, e o justo] é o Mestre de Justiça" (1,13); cita-se um versículo do livro de Habacuc e continua assim: "Sua interpretação refere-se ao sacerdote ímpio, que perseguiu o Mestre de Justiça para devorá-lo com o furor de sua ira no lugar de seu exílio, no tempo da festa, no repouso do Dia das Expiações. Apresentou-se diante deles para devorá-los e fazê-los cair no dia do jejum, o sábado de seu repouso" (11,4-8). No entanto, o caso de Jesus de Nazaré é diverso: se é verdade — ao que parece — que também ele tenha provocado as autoridades sacerdotais de Jerusalém, não foi porém por motivos de legitimidade ou não do supremo cargo sacerdotal e do culto jerosolimitano que seguia um calendário diverso daquele tradicional da congregação essênia. Além do mais, não há notícia de que o Mestre de Justiça tenha sido martirizado.

Quanto aos escritos qumrânicos, é justo precisá-lo aqui, não parece que ao Messias esperado tenha sido atribuído um destino de morte violenta. Em uma passagem não clara, na realidade, foi lida a presença de uma figura antecipadora do Messias cristão levado à morte. Assim, de fato, R. H. Eisenman e M. Wise (*Manoscritti segreti di Qumran*, pp. 24-25) traduziram o versículo 4 do fragmento 7 de *4Q285*: "E eles matarão o Príncipe da comunidade, o reb[ento de Davi]". Mas a vocalização do hebraico *whmytw* é incerta e pode muito bem indicar uma forma ativa desse verbo. Portanto, para uma escolha devemos confiar na apresentação geral que outros textos qumrânicos análogos fazem do Messias, chamado Príncipe da Congregação ou de outras formas. Ora, estes "são absolutamente estranhos ao conceito de 'morte do Messias' [...]; será portanto seguramente mais econômico inserir também 4Q285 nesse sulco ideológico e supor que nesse texto o Príncipe da Congregação tenha matado seu adversário, antes do que ter sido morto por seus adversários" (Martone, p. 335).

O caso de Jeremias, por sua vez, manifesta estreitas semelhanças com a vida de Jesus, o filho de Ananias, e demonstra como fosse assaz perigoso "tocar" o templo. O profeta de Anatot tinha preanunciado a destruição do templo jerosolimitano como castigo de Deus pela infidelidade do povo, indicando o caso análogo do antigo santuário de Silo que jazia destruído; eis o oráculo divino: "Eu tratarei este templo que leva meu nome e no qual confiais, e este lugar que vos concedi, como tratei Silo" (Jr 7,14). "Então os sacerdotes e os profetas disseram aos chefes e a todo o povo: 'Uma sentença de morte merece este homem, porque profetizou contra esta cidade'". Jeremias defende-se e evita temporariamente o pior graças à intervenção de alguns amigos: "O Senhor me enviou a profetizar contra este templo e contra esta cidade" (Jr 26,11-12ss).

3. Mors turpissima crucis

Hengel e Kuhn colocaram à nossa disposição um rico dossiê de testemunhos literários latinos e gregos. O léxico era variado: *crux* e *stauros*, os substantivos que indicam propriamente a haste vertical, com os correspondentes verbos *crucifigere/stauroun*. *Patibulum* indica uma *pars pro toto*: era de fato a trave horizontal da cruz. Mais genéricos os termos de "madeiro" (*lignum/xylon*) e de haste (*stipes/skolops*). Recorria-se, enfim, aos verbos suspender (*suspendere/kremannynai*) e pregar (*affigere/prosēloun*).

A cruz tinha diversas formas: com a trave transversal fixada em cima da grande haste vertical em forma de T (*crux commissa*) ou também na metade em forma de † (*crux immissa*). O condenado era imobilizado com os braços amarrados por cordas ou também, mais raramente, com pregos nos pés e nos braços. Para que o corpo do crucificado não pesasse para baixo, provocando um fim repentino por asfixia, era fixado na haste vertical um estrado sobre o qual podia apoiar as nádegas e em certo modo reger-se; mas os testemunhos do suporte para apoiar os pés (*suppedaneum*) não remontam além do século III d.C. Também um grosso tronco de árvore bastava para pendurar, amarrado, um condenado.

As cruzes eram plantadas em lugar público e expostas para que fossem visíveis e assim atingissem sua finalidade de dissuasão. Com relação a isso, temos o testemunho de Tácito: em Roma as execuções aconteciam sobre a colina Esquilino (*campus Esquilinus*), "lugar reservado às penas servis" (*locus servilibus poenis sepositus*) (*Ann* 15,60,1). Se o condenado devia carregar a cruz, esta atividade na realidade era limitada ao patíbulo, enquanto a haste vertical estava bem fixada no posto.

A crucificação realizava-se em várias modalidades. Atesta-o, por exemplo, Flávio Josefo: "[...] os soldados se divertiam ao crucificar os prisioneiros em várias posições, e tal era seu número que faltava espaço para as cruzes e as cruzes para as vítimas" (*Bell* 5,451). Mais analítico é Sêneca em *Dial* 6,20,3: "Vejo aqui cruzes, não do mesmo gênero, mas construídas por estes em um modo e por aqueles em outro. Alguns penduram suas vítimas de cabeça para baixo, outros as empalam, outros divaricam os braços no patíbulo".

Do *titulus crucis*, uma pequena tábua sobre a qual era escrita a causa da condenação, temos testemunhos nas *Vidas dos Césares*, de Suetônio: o historiador romano fala de um escravo culpado, precedido por uma tabuinha indicativa da razão da pena (*praecedente titulo qui causam poenae indicaret*), conduzido a um público banquete e circundado por comensais (*Calig* 32,2); depois narra de um pai de família da Trácia condenado na arena aos cães *cum hoc titulo Impie locutus parmularius* ("Um membro do partido dos gladiadores trácios falou de modo ímpio") (*Domit* 10,1). Por sua vez, Dio Cássio refere-se a um escravo conduzido através do foro "com uma inscrição (*grammata*) que notificava o motivo (*hē aitia*) de seu ser levado à morte, e depois eles o crucificaram" (54,3,7). A Tertuliano, que afirma: "Quando na tabuinha (*tabella*) ledes esta imputação 'cristão'..." (*Apolog* 2,20), faz eco Eusébio de Cesareia: "Precedido por uma tabuinha (*pinax*) na qual estava escrito em língua latina: 'Este é Attalo, cristão', foi conduzido em torno do anfiteatro" (*Hist eccl* 5,1,44).

A cruz era enumerada entre as penas mais horríveis, e muitas vezes encabeçava a classificação. Nas *Sententiae*, Paulus arrola como penas máximas *crux, crematio, decollatio* (5,17,2). Mas também a *damnatio ad bestias* às vezes era inserida no vértice das penas mais espantosas. Apuleio, com efeito, atesta essa tríade: *ferae, ignis, patibulum* (*Metam* 6,32,1); Tácito inverte os termos das últimas duas: *ferae, crux, ignis* (*Ann* 15,44,4), e Lucano tem a seguinte ordem: *crux, flammae, dens ferarum* (*Pharsalia* 10,517). Também Ignácio de Antioquia menciona a supracitada tríade, invertendo a ordem dos componentes: *pyr, stauros, theriōn systaseis* (fogo, cruz, rebanhos de feras) (Rom 5,3).

Cícero a considera "o mais cruel e horrendo suplício (*crudelissimum taeterrimumque supplicium*)" (*In Verrem* 2,5,64,165), e Sêneca chama a cruz *infelix lignum* (madeiro estéril) (*Epist* 101,14), mas se falava também de *infamis stipes* (haste infamante) (*Anthologia Latina*, 415). Para Orígenes, é a pena mais obscena: *mors turpissima crucis* (*Comm in Matt* 27,22-26).

Não somente a cruz em si, mas a palavra mesma evocava quanto de mais espantoso e horrível existe no mundo, como atesta Cícero, intérprete do unânime sentir humano: "A palavra mesma de cruz esteja longe não somente do corpo dos cidadãos romanos, mas também de seus pensamentos, de seus olhos e de seus ouvidos (*nomen ipsum crucis absit non modo a corpore civium Romanorum, sed etiam a cogitatione, oculis, auribus*)" (*Pro Rabirio* 5,16). Era conhecido também o provérbio latino "*I in malam/ maximam crucem*", que queria dizer "Vai pro inferno" (Plauto, *Asin* 940).

Não faltam testemunhos que definem a cruz a pena que mais do que qualquer outra suscitava comiseração e piedade. Flávio Josefo a chama, de fato, a morte mais digna de compaixão (*thanaton ton oiktiston*: *Bell*

7,203). Luciano de Samósata coloca nos lábios de Prometeu esta confissão: "Fui crucificado no Cáucaso como o espetáculo mais comiserável (*oiktiston theama*) para todos os sitônios" (*Prometheus* 4). Mas Flávio Josefo, em *Bell* 5,450, limita-se ao adjetivo de base: "paixão" digna de ter piedade (*oiktron to pathos*). O mesmo historiador, em Ant 13,380, falando da iniciativa de Alexandre Janeu de condenar ao patíbulo 800 hebreus, adversários seus, qualifica-a "ação de uma crueldade sem igual" (*pantōn ōmotaton ergon*) e pouco depois de pena que supera os limites humanos (*hyper anthrōpon*) (*Ant* 13,380 e 381).

A descrição de Sêneca evidencia o tormento do crucificado denunciando "o infame voto de Mecenas", que a aceita de bom grado a fim de continuar vivendo:

> Vale a pena pendurar do patíbulo com os braços deslocados e o corpo chagado, na esperança de adiar aquela que, nos tormentos, é a coisa mais desejável: o fim dos tormentos mesmos? [...]. Encontra-se um homem que, amarrado ao maldito patíbulo (*illud infelix lignum*), exausto, com as costas e o peito deformados pela corcunda, tem já, além do suplício da cruz, mil motivos para desejar a morte, e mesmo assim quer alongar a existência que prolongará seus tormentos? (*Ep* 101,12.14).

Na mesma carta, o filósofo esclarece que a morte em cruz é uma prolongada agonia, um *diu mori* (Ep. 101,13).

A crucificação era somente o último ato da tortura, porque regularmente a precedia a flagelação (*mastigoō/ mastizō/ mastix*) do condenado junto a outras formas sádicas (*basanoi/ basanizō*) com as quais se assanhava sobre o desgraçado. Assim, Flávio Josefo fala de quantos tinham tentado a fuga durante o assédio de Jerusalém: "Foram presos também muitos dos moderados e conduzidos perante Floro [o procurador romano], que depois de tê-los feito flagelar (*mastixin proaikisamenos*) os crucificou (*anestaurōsen*)" (*Bell* 2,306). Mais em geral, dos prisioneiros de guerra atesta: "Eram flagelados e, depois de ter padecido todo tipo de suplícios antes de morrer, eram crucificados em frente das muralhas" (*Bell* 5,449). A ferocidade de Floro (procurador nos anos 64-66) chegou a decretar a flagelação e a crucificação de "pessoas pertencentes à ordem equestre", judeus com cidadania romana (*Bell* 2,308). Luciano de Samósata atesta como no direito penal fosse previsto que antes da crucificação o condenado podia ser submetido à flagelação. Narra com efeito sobre um grupo de pessoas que propõem penas para um homem: se o primeiro diz: "Eu sugiro que seja crucificado. Um outro: Sim, por Deus; mas que antes seja flagelado" (*mastigōthenta ge proteron*) (*Piscator* 2).

A desonra para o crucificado e sua família alcançava o ápice no frequente abandono do cadáver insepulto à fome das aves. Artemidoro afirma que a riqueza do crucificado consiste em "nutrir muitos corvos" (*Inirocrit* 4,49) e Petrônio lhe faz eco: *crucis offla, corvorum cibaria* ("o que pende da cruz é alimento dos corvos") (*Satyricon* 58,2).

A pena capital da crucificação de proveniência, parece, de origem persa, foi apropriada pelos romanos, talvez por influxo dos cartagineses (cf. o martírio de Attilio Regolo), reservada sobretudo aos escravos e aos libertos, réus de crimes. Por isso se chamava *servile supplicium* (Tácito, *Hist* 4,11,3), *supplicium in servilem modum* (Tácito, *Hist* 2,72,2), *serviles cruciatus* (torturas servis) (Tácito, *Ann* 3,50,1) e o mesmo Cícero a definiu de maneira equivalente: *servitutis extremum summumque supplicium* (*In Verrem* 2,5,66,169). Era uma pena que podia punir um escravo mesmo arbitrariamente e por capricho sádico, como atesta Juvenal em um famoso diálogo no qual escarnece um marido tiranizado pela mulher que manda em casa: "'Faz crucificar este escravo (*Pone crucem servo*)!', te grita. 'Que fez para ser crucificado (*Meruit quo crimine servus supplicium*)? Quem são as testemunhas? Quem o denunciou? Escuta: há sempre tempo para matar um homem!'. 'Tonto! Acaso um escravo é um homem (*ita servus homo est*)? Mesmo se não fez nada, quero que seja crucificado o mesmo; eu estou mandando (*hoc volo, sic iubeo*)! E, se eu mando, basta assim (*sit pro ratione voluntas*)'" (Sat 6,219).

Nas províncias do Império Romano servia como instrumento de dissuasão para todos os patriotas rebeldes e de terror para os súditos. Por sua conotação de particular crueldade e de grande desonra, os cidadãos romanos estavam em princípio isentos dela: Cícero pode inculpar o governador romano da Sicília, Varrão, de ter ousado *in crucem agere* uma pessoa que era cidadão romano (*In Verrem* 2,5,63,16s). Podemos então entender que Paulo de Tarso, cidadão romano, a tenha evitado, morrendo decapitado, segundo a tradição atestada cerca do ano 200 por Tertuliano: "Os apóstolos derramaram seu sangue pela fé: Pedro igualou a paixão do Senhor; Paulo foi coroado com a morte própria de João Batista (*Petrus passioni dominicae adaequatur; Paulus Iohannis exitu coronatur*)" (*De praescr haer* 36,3). Somente em caso de alta traição contra a pátria um cidadão romano podia ser crucificado. Cícero, de fato, fala a propósito disso de *perduellio* (*Pro Rabirio* 10). No mundo grego começou-se a fazer uso dela com Alexandre Magno e os Diádocos (cf. Hengel); anteriormente, a sensibilidade humana dos gregos levava-os a excluí-la. Foi abolida por Constantino em sinal de respeito pela cruz de Cristo e como recordação de sua visão "*In hoc signo vinces*", como atesta o historiador Sozomenos: Constantino, "que tinha uma singular veneração pela santa cruz", "suspendeu com uma lei do uso dos tribunais o suplício até então o habitual entre os romanos" (*Hist eccl* 1,8,12 e 13).

Quanto desprezo circundasse em Roma pela crença religiosa centrada em um crucificado aparece com toda a evidência na famosa descoberta arqueológica do Palatino com a figura de um crucificado com a cabeça de jumento e a inscrição: "Alexamenos adora deus (*Alexamenos sebete* [por *sebetai*] *theon*)", um evidente motejo anticristão da Roma antiga.

Considerava-se que a pena da crucificação fosse desconhecida no mundo judaico. Basta citar a seguinte declaração de Joh. Schneider de alguns anos atrás: "O direito penal judaico não conhecia a crucificação. Segundo a lei judaica, a suspensão ao madeiro aplicava-se aos idólatras e aos blasfemadores lapidados, não como pena de morte, mas só como pena adjuntiva à morte acontecida. Desse modo, o justiçado era desonrado como maldito por Deus conforme Dt 21,23 (LXX): 'O que pende de um madeiro é maldito por Deus'. Essas palavras no judaísmo foram referidas também a um crucificado" (*GLNT* XII, 975). Mas hoje se apreciam testemunhos dos quais se pode concluir que também autoridades judaicas, certamente em medida muito inferior à práxis romana, condenaram à cruz. A propósito de Alexandre Janeu que fez crucificar 800 judeus, seus inimigos, temos o testemunho confiável de Flávio Josefo (*Ant* 13,380). À mesma atrocidade se refere *4QpNah* 3-4,1,7b-8: "Dependurou homens vivos [na árvore, cometendo uma abominação que não se cometia] em Israel desde antigamente, pois é terrível para o dependurado vivo na árvore". *O Rolo do Templo* de Qumrã também prevê a pena da crucificação para o crime de traição: "Se houver um homem que faz de espião contra seu povo ou que trai seu povo [...], suspendei-o no madeiro e que morra [...]. Se um homem cometer um pecado (pelo qual é prevista) uma sentença de morte, ou fugir em meio às nações e maldizer seu povo e os filhos de Israel, o suspendereis também ao madeiro e que morra" (*11QTempl* 64,6b-8a e 9b-11a). Segue uma norma sobre os corpos crucificados: "Não deixeis seus cadáveres dependurados no madeiro, mas os enterreis no mesmo dia" (*11QTempl* 64,11b) (tr. A. Vivian).

A essas anotações acrescente-se o mesmo Paulo, que confirma como a cruz era entendida por seus correligionários como sinal de maldição divina; com efeito, escrevendo aos cristãos da Galácia fala de Jesus em cruz maldito por Deus segundo o ditado de Dt 21,23, e, paradoxalmente, fonte de bênção salvadora para os crentes (cf. Gl 3,13-14). O caráter infamante da crucificação é atestado também em outros escritos da Bíblia cristã. A Carta aos Hebreus afirma que Jesus "se submeteu à cruz, desprezando a vergonha (*aiskhynēs*)" (Hb 12,2). E pouco mais adiante exorta os crentes a sair do acampamento e ir para o Cristo, "carregando seu opróbrio (*oneidismos*)" (Hb 13,13). Por sua vez, Paulo em Gl 5,11 fala de "escândalo da cruz", que é preferível traduzir com "cruz escandalosa". Um messias crucificado não pode ser senão "pedra de tropeço para os judeus e loucura para os gentios" (1Cor 1,23). A crucificação foi para Cristo o máximo da humilhação: "Rebaixou-se fazendo-se obediente até a morte, e morte de cruz!" (Fl 2,8).

Em breve, uma violência máxima, física e moral, foi feita a Jesus, unido nisso à escória da sociedade do Império Romano.

Como achado arqueológico, foi importantíssima a descoberta em 1968, um pouco fora do perímetro urbano de Jerusalém, para o norte, na localidade Giv'at ha-Mivtar, local de uma necrópole judaica, entre outros, de um ossário com os restos de um homem crucificado, chamado Yehohanan, como se lê no ossário mesmo, justiçado não durante a guerra judaica, mas alguns anos antes da metade do século I, portanto, poucos anos depois da crucificação de Jesus. A análise acurada dos estudiosos ofereceu estes resultados confiáveis: provavelmente os braços do condenado — não foram relevados traumas — foram amarrados e não pregados à cruz; os pés, ao contrário, foram pregados lateralmente na cruz: de fato, foi encontrado um prego de aproximadamente 11 cm que transpassou o osso do calcanhar direito, mas, tendo penetrado torto na madeira, não foi retirado para não danificar o pé do condenado; portanto, o crucificado estava com as pernas separadas a cavalo da trave vertical.

Naturalmente não se pode dizer se Yehohanan e Jesus foram crucificados do mesmo modo. Como mostra a descoberta, Yehohanan teve honrosa sepultura. Uma prova que também o Nazareno poderia ter tido a mesma sorte.

4. Os responsáveis

Deixamos de lado a atestação rabínica de *Sahn* 43a que fala somente das autoridades judaicas, porque não confiável, como dissemos anteriormente. O testemunho de Tácito indica o prefeito romano Pôncio Pilatos: uma notícia brevíssima, a sua, que não desce nos detalhes. Por sua vez, Flávio Josefo aponta o dedo sobre Pilatos e sobre imprecisos chefes do povo como acusadores. Testemunhos preciosos, mesmo na sua brevidade, aos quais devemos, ademais, a certeza de que Jesus não foi vítima de um linchamento ou de uma execução sumária, como mais tarde acontecerá a Estêvão, apresentado como protomártir em At 7,55-60, nem de uma ação policial, como ocorre com o Batista. O Nazareno terminou em cruz porque processado perante um juiz titulado para emitir sentenças capitais e condenado à morte. Além do mais, a mesma natureza da pena capital direciona a pesquisa do responsável para o prefeito romano. E também o *titulus crucis*, que indicava a *causa poenae*, no qual, segundo as fontes cristãs, concordemente estava escrito "Rei dos judeus" e cuja autenticidade histórica é amplamente reconhecida — se houvesse sido elaboração cristã, teríamos lido ali "Rei de Israel" (assim no apócrifo *Evangelho de Pedro*) ou também "Messias" —, está indicando que se tratou de uma condenação romana: Jesus foi justiçado como pretendente judaico ao trono e rebelde ao domínio de Roma. Em resumo, o processo, a condenação e a execução capital do Nazareno foram obra do poder romano.

4.1. O prefeito romano Pôncio Pilatos

As fontes cristãs, sobretudo os evangelhos, têm necessidade de uma análise mais concisa. Sobre Pilatos, juiz que condenou Jesus à morte, esses são concordes, com exceção do apócrifo *Evangelho de Pedro*, não merecedor, porém, de nenhum crédito histórico quando troca as partes entre Pilatos e Herodes Antipas. Sobre a figura do prefeito romano, nasceu uma literatura (*Acta Pilati*), da qual parece interessante aqui citar a pseudoepigráfica carta de Pilatos a Cláudio, originariamente a Tibério, do século II, o qual, mesmo atenuando sua responsabilidade, a reconhece toda: um dado que se impõe ao anônimo autor do escrito:

> Pôncio Pilatos a Cláudio, saudações! Estas coisas aconteceram agora, e eu mesmo as comprovei. A tua grandeza saiba que os hebreus, por inveja, puniram a si mesmos e seus pósteros com uma condenação cruel. Aos seus antepassados fora prometido que seu Deus

teria enviado a eles seu santo, que justamente teria sido chamado rei, e que este teria sido enviado à terra por meio de uma virgem.

Enquanto me encontrava na Judeia como governador dos hebreus, os demônios o chamavam Filho de Deus, ele dava a vista aos cegos, limpava os leprosos, curava os paralíticos, expulsava os demônios dos homens, ressuscitava os mortos, curava os doentes com a palavra, comandava os ventos e as vagas, caminhava sobre as ondas do mar, realizava muitas outras coisas maravilhosas diante do povo, se dizia Deus e Filho de Deus, mas contra ele se opuseram os príncipes dos sacerdotes dos hebreus, o capturaram, falaram dele todo tipo de falsidade e o entregaram a mim declarando: "Age contra nossa Lei". Eu acreditei neles: fi-lo flagelar e depois o entreguei ao seu arbítrio. Eles o crucificaram e, depois de tê-lo sepultado, colocaram soldados para montar guarda para ver se ressuscitaria dos mortos; e, no terceiro dia, enquanto os soldados lhe faziam guarda, ele ressuscitou.

E a maldade deles chegou ao ponto que deram aos soldados dinheiro para que dissessem: "De noite, enquanto dormíamos, vieram seus discípulos e pegaram seu corpo", incitando-os, assim, a ocultar a verdade, aduzindo uma ocasião falsa. Os soldados, porém, tendo pegado o dinheiro, não conseguiram se abster de manifestar a verdade e testemunharam que ele tinha ressuscitado dos mortos e que eles tinham recebido dinheiro dos hebreus.

Fiz-vos presentes essas coisas para que ninguém vos minta, para que não acrediteis que as coisas aconteceram diversamente e não deis vosso assentimento às mentiras dos hebreus (trad. L. Moraldi).

Pilatos foi um governador romano decidido e hábil em manter a ordem a qualquer preço. É prova disso o ter permanecido no poder durante dez anos, de 26 a 36, colocando-se no segundo lugar, após Grato, na classificação da duração dos governadores romanos da província da Judeia. Ao mesmo tempo, não fez nada para evitar atritos com os judeus, orgulhosos de suas tradições religiosas. Decerto, de qualquer maneira, um Pilatos muito distante deste pseudoepigráfico autorretrato e do retrato dos evangelhos de homem indeciso e cheio de escrúpulos morais.

4.2. O sumo sacerdote Caifás

Menos clara é a responsabilidade dos chefes judaicos de Jerusalém. Começamos por Marcos, a primeira "paixão" escrita que temos. Para dar força a seu escopo teológico — apresentar Jesus como Messias e Filho de Deus rejeitado pelos correligionários — já no início introduz adversários judaicos na Galileia prontos a tramar sua morte violenta: "E os fariseus saíram imediatamente com os herodianos e conspiraram contra ele para decretar seu fim" (Mc 3,6). Alguns doutores da Lei também estão prontos para acusá-lo de blasfêmia quando perdoa os pecados a um paralítico (Mc

2,7), antecipando em certo modo o que lhe debitará o sumo sacerdote no processo (Mc 14,64; par. Mt). Mas tudo isso faz parte de sua releitura da vida de Jesus que, na Galileia, deveria ter somente discussões sobre seu comportamento contracorrente com os fariseus, adversários dialéticos, muitas vezes mencionados (Mc 2,18.24; 7,3; 8,11.15; 10,2), cuja presença fora da Judeia naquele tempo não parece um dado histórico certo. É em Jerusalém que ele enfrentou duramente os expoentes da aristocracia sacerdotal (sumos sacerdotes) e laica (anciãos) da cidade santa (cf., por exemplo, Mc 11,27: sumos sacerdotes, doutores da Lei, anciãos). Por sumos sacerdotes, no plural, entendem-se aqueles em exercício, os predecessores e os altos cargos sacerdotais, por exemplo, o capitão do templo e o tesoureiro. No relato da paixão, são eles os que estavam no ataque: procuram o modo "de capturá-lo com uma cilada" (Mc 14,1) e concordam com Judas (Mc 14,10); depois enviam um pelotão de homens, com toda a probabilidade a polícia do templo, para prendê-lo de noite (Mc 14,43). "Então conduziram Jesus ao sumo sacerdote, reuniram-se todos os sumos sacerdotes, os anciãos e os escribas" (Mc 14,53). E julgam-no, afirmando no final que "é réu de morte", não propriamente uma sentença de condenação (Mc 14,54-64). Outra reunião dos sinedritas de manhã e "depois de fazer conselho, manietando-o, desfizeram-se dele e o entregaram a Pilatos" (Mc 15,1). Mas logo depois, no tribunal romano do prefeito, os sumos sacerdotes são mencionados como acusadores (Mc 15,3) e depois instigadores da multidão reunida diante da residência do prefeito romano para pedir a libertação de Barrabás e a condenação de Jesus (Mc 15,11-14). Sumos sacerdotes, com doutores da Lei, são indicados também sob a cruz escarnecendo o Crucificado (Mc 15,31-32).

Mateus segue substancialmente Marcos, limitando-se a adicionar alguns pormenores: o complô contra Jesus é tramado por "sumos sacerdotes e anciãos reunidos no palácio do sumo sacerdote em exercício, que se chamava Caifás" (Mt 26,3-4). O nome desse sumo sacerdote será precisado por Mateus também a propósito do julgamento no Sinédrio (Mt 26,57). Os sumos sacerdotes fixam em trinta peças de prata o preço a dar a Judas (Mt 26,15); os mesmos receberão a devolução da soma depois do arrependimento do traidor (Mt 27,5ss).

Por sua parte, Lucas especifica assim os que vieram prender Jesus: "Sumos sacerdotes, chefes da guarda do templo e anciãos" (Lc 22,52), que o levam "para a casa do sumo sacerdote" (Lc 22,54). Somente de manhã "reuniu-se o conselho dos anciãos do povo (*to presbyterion tou laou*), sumos sacerdotes e doutores da Lei, e o conduziram ao Sinédrio" (Lc 22,66). Depois o interrogam e, sobre sua resposta de ser o Filho de Deus, declaram não ter necessidade de outro testemunho. Nenhuma sentença. Em seguida, conduzem-no a Pilatos e começam a acusá-lo (Lc 22,67–23,5). Depois de passar por Herodes, Pilatos convoca "os sumos sacerdotes, os chefes e o povo", dizendo que não encontra nele nenhum crime: o punirá adequadamente e o deixará livre. Mas aqueles insistem no seu pedido de condenação e Pilatos cede (Lc 23,13-25).

A participação das autoridades judaicas é apresentada ainda mais diversamente no quarto evangelho. Antes de tudo, o complô é colocado dias antes do precipitar-se dos eventos e é apresentado em relação com a ressurreição de Lázaro: "Sumos sacerdotes e fariseus se reuniram em conselho" para decidir medidas coercitivas contra o Nazareno que, segundo eles, opera milagres, conquista as massas e assim provoca os romanos a intervir e destruir o templo e o povo; mas é Caifás, sumo sacerdote em exercício, que decide: "É melhor que morra um só pelo povo do que se arruíne a nação inteira" (Jo 11,47-51). Na "paixão", o quarto evangelho caracteriza-se por dois elementos. Primeiramente, quem prende Jesus não são somente guardas judaicos do templo, mas também um destacamento de soldados romanos (*hē speira*: Jo 18,3), comandados inclusive por um "quiliarca", que se precisa pouco depois (Jo 18,12): um dado de pouquíssima confiabilidade histórica visto à luz da "paixão" de Marcos e em relação à transferência do prisioneiro não ao palácio de Pilatos, mas à casa do sumo sacerdote. Em segundo lugar — e é a diferença mais importante —, no quarto evangelho está ausente todo traço de um processo judaico: Jesus é conduzido primeiro a Anás (Jo 18,13-14), sogro de Caifás (anos 18-36), sumo sacerdote do ano 6 ao ano 15, que viu cinco filhos e um genro sucederem-se no poder, o qual o interroga "sobre seus discípulos e sua doutrina" (Jo 18,19). Depois o levam até Caifás (Jo 18,24); enfim, conduzem-no "da casa de Caifás ao pretório" (Jo 18,28), com probabilidade, o palácio régio de Herodes, antes da torre Antônia, sita sobre a colina ocidental da cidade, residência de Pilatos quando ia a Jerusalém para as festividades hebraicas, em particular a Páscoa, para garantir de perto a ordem pública muitas vezes ameaçada pelo tumulto das massas. E se fazem de acusadores de Jesus perante o tribunal romano (Jo 18,29-32). Daí em diante, o quarto evangelho chama-os simplesmente "os judeus" (Jo 18,31.38; 19,7.12.14), exceto em Jo 19,6, em que há menção a "os sumos sacerdotes e os guardas", que pedem a crucificação de Jesus, e em Jo 19,15, em que são os sumos sacerdotes a dizer que não têm outro rei além do imperador.

Como se vê, os testemunhos não são homogêneos, mas algum dado é comum e com toda a probabilidade historicamente confiável. Primeiro, a ausência em geral dos fariseus nas "paixões" indica suficientemente que eles não participaram aos fatos. Segundo, a menção constante dos sumos sacerdotes ao longo dos relatos de paixão mostra que eles constituíram uma presença ativa. Terceiro, com sumos sacerdotes aparecem os anciãos, representantes da aristocracia laica de Jerusalém. Quarto, mesmo admitida, e não concedida, a presença de algum doutor da Lei, mais do que um completo conselho de juízes — sendo excluído um verdadeiro processo, como se verá a seguir —, devia tratar-se da participação de um estreito círculo que assistia o sumo sacerdote em exercício e que este convocava em reunião (Sinédrio) para tomar importantes decisões. Quinto, Caifás, indicado genericamente como sumo sacerdote em Marcos e Lucas, mas apresentado nominalmente em Mateus e João, por certo teve uma parte relevante. Sexto, a presença de Anás, sogro de Caifás que interroga Jesus, atestada somente no quarto evangelho, é de incerta valoração, porque de fato foi Caifás quem tomou, algum tempo antes, a decisão de condenar Jesus; sem dizer que, também falando do prisioneiro conduzido até Anás, o quarto evangelho relembra essa decisão que agora está sendo efetivada. Sétimo, perante o tribunal romano de Pilatos as mencionadas autoridades judaicas sustentaram a parte da pública acusação, enquanto o juiz foi o prefeito romano, a quem cabia o direito de condenar à morte e fazer executar a sentença. Di-lo o quarto evangelho, que coloca na boca dos sumos sacerdotes estas palavras: "Não nos é lícito condenar ninguém à morte" (Jo 18,31); mas ainda mais importante aparece o testemunho de Flávio Josefo a propósito de Copônio, primeiro prefeito romano da Judeia (de 6 a 9 d.C.): "Tendo sido reduzido a província o território de Arquelau, foi enviado ali como procurador (*epitropos*) Copônio, um membro da ordem equestre dos romanos, investido por César também com o poder de condenar à morte (*exousian tou kteinein*)" (*Bell* 2,117). Pode-se acrescentar a atestação da literatura talmúdica: "Fora ensinado: quarenta anos antes que a casa [o templo] fosse destruída, foi tirada (aos israelitas a jurisdição sobre) causas capitais. E nos dias de Simão ben Shetah foi tirada (aos israelitas a jurisdição sobre) processos capitais" (*jSanh* 1,18a 42-44).

Não se pode objetar fazendo referência à condenação à morte de Tiago, irmão de Jesus, do qual se falou anteriormente, obra das autoridades judaicas; de fato, ela foi decretada durante uma *vacatio sedis* do procurador romano, considerada ilegal e punida depois pelos romanos com a deposição de seu artífice, o sumo sacerdote Anano, o Jovem (*Ant* 20,200-203). Excepcional também era o poder de condenar à morte um gentio que tivesse ousado ultrapassar os limites fixados no templo jerosolimitano, sem dizer que se tratava mais de um linchamento do que de um procedimento judiciário verdadeiro e próprio (cf. *Bell* 6,125; *Ant* 15,417).

A verdadeira discussão diz respeito à transferência de Jesus diante do tribunal judaico, com o conselho dos juízes — o Sinédrio — reunidos à noite e depois também de manhã, segundo Marcos (par. Mt), mas somente de manhã segundo Lucas, os quais na versão de Marcos (e Mateus) declaram o acusado réu de morte, mas propriamente não se diz que o tenham condenado, enquanto o terceiro evangelista ignora até esta declaração: os membros do conselho contentam-se, qual imputação, de sua afirmação de ser o Filho de Deus. Como vimos, o quarto evangelho não sabe nada desse procedimento judicial: Jesus é somente interrogado e depois despachado a Pilatos. A solução mais provável é que Marcos, ou o relato tradicional que lhe servira de fonte preciosa, tenha transformado o interrogatório do prisioneiro — assim parece também em Lucas — em um verdadeiro processo por parte do conselho supremo judaico por dois motivos: sublinhar polemicamente a grave responsabilidade judaica da negação do Cristo e colocar nos lábios do Nazareno uma bela profissão de Messias, Filho de Deus e Filho do Homem, exemplo cativante para os cristãos denunciados aos tribunais e tentados de apostasia. De parecer oposto também, ultimamente, Jossa, que defende a historicidade do relato marcano.

Existiu, portanto, com toda a probabilidade — veja também o caso análogo do profeta Jesus, filho de Ananias — uma participação ativa de autoridades judaicas, em concreto do sumo sacerdote Caifás e do grupo mais ou menos restrito de seus estreitos colaboradores, consistente no sustentar a acusação e fazer pressão sobre o prefeito romano. Rivkin insiste sobre a distinção entre um conselho que assistia Caifás na sua função política de garante da ordem pública junto do prefeito romano, associando-se nisso ao testemunho de Flávio Josefo sobre o Sinédrio, e um tribunal (um verdadeiro e próprio *bet din*, *boulē*) habilitado para discutir questões especificamente religiosas que movimentava os especialistas do direito divino, os doutores da Lei. Por sua parte, Sanders nega a evidência para aquele tempo — o testemunho da Mishná sobre o *sanhedrin* de 71 membros refere-se a tempos sucessivos — da "existência formal de uma corte suprema [o Sinédrio] com um número fixo e conhecido de membros. Todavia, podemos estar seguros de que, mesmo supondo que existisse uma tal corte, os governantes podiam de qualquer maneira reunir um grupo de seus colaboradores para um processo [*um* sinédrio]", como aparece no testemunho de Flávio Josefo (*Il Giudaismo*, 662). No caso de Jesus, deve-se pensar nesse tipo de reunião. A colaboração entre Caifás e Pilatos deve ter sido perfeita, se esse sumo sacerdote permaneceu no cargo tanto tempo (anos 18-36) e se, caído em desgraça Pôncio Pilatos em 36, também ele foi demitido no mesmo ano. O caso trágico de Jesus de Nazaré pode ser compreendido muito bem nessa colaboração, no plano político, entre autoridades romanas e judaicas. Rivkin insiste também em dizer que o Nazareno foi vítima do poder romano que tinha na mão a autoridade judaica, do "sistema imperial romano" (p. 253). Mas parece mais exato dividir as responsabilidades entre os dois: a da pública acusação ou do ministério público — diríamos nós — de Caifás e de seus colaboradores, e a responsabilidade do juiz que processou, condenou e mandou executar a sentença, que é toda de Pilatos.

E é essa participação de influentes chefes judaicos que explica como Jesus foi entregue diante de um tribunal e não eliminado diretamente, assim como o Batista, por um ato policial.

A presença da multidão de judeus em Jerusalém, salientada com particular força por Mateus, sinal de sua polêmica com o judaísmo do último quarto de século hostil à comunidade cristã mateana, está ligada estreitamente ao pretendido privilégio anual de páscoa, com a libertação de um prisioneiro por parte do prefeito romano, em particular à figura de Barrabás, ambos atestados nas fontes independentes de Marcos — seguido por Mateus e Lucas — e de João. Mas daquele privilégio não temos nenhum testemunho externo aos evangelhos e não parece muito compreensível. Ao contrário, o nome de certo Barrabás, rebelde e talvez libertado, deve ter se conservado na memória da comunidade cristã dos primeiros anos, e deve ter dado lugar à criação do relato evangélico de tom claramente polêmico contra o mundo judaico. Como dirá também o autor dos Atos dos Apóstolos, Pilatos procurava libertá-lo, "vós, ao contrário, renegastes o santo e o justo e exigistes que fosse agraciado para vós um homicida" (At 3,14).

4.3. Judas, o traidor

A Judas, um dos Doze, como vimos anteriormente, e ao seu papel de colaborador das autoridades judaicas se deve reconhecer dignidade de figura histórica. Como pensar, com efeito, que a comunidade cristã das origens pudesse criar um "traidor" de Jesus? A tendência mesma dos evangelhos a esclarecer que Cristo não foi surpreendido por isso (cf. Mc 14,18-21 e par.; Jo 13,21-30) e a interpretar o fato escandaloso à luz das Escrituras, como vimos há pouco, é a confirmação dessa hipótese. O que exatamente Judas fez não está muito claro; parece que tenha indicado aos encarregados da prisão o lugar, assim mais claramente o quarto evangelho (Jo 18,2: "Judas, o traidor, conhecia aquele lugar", o jardim no outro lado da torrente do Cedron), e a pessoa mesma de Jesus circundado por seus discípulos. O beijo está presente em Marcos e paralelos, mas não no quarto evangelho, e sua historicidade parece duvidosa. É a tradição mais antiga sobre sua pessoa que o afirma presente, com probabilidade como guia, na prisão de Jesus, enquanto as outras referências a ele são um desenvolvimento sucessivo. O que o teria motivado permanece em silêncio, e as hipóteses feitas a respeito disso — desilusão como zelota e antirromano da inatividade de Jesus; desejo de provocar o Mestre a manifestar seu poder libertador etc. — são puras conjecturas. Com relação a isso vale o princípio: aquilo sobre o qual as fontes calam tampouco nós devemos falar.

Além disso, com o simples nome de "Judas" (*Ioudas*), habitual na tradição judaica e tradução do hebraico *Yehudah*, levado pelo célebre filho de Jacó, muitas vezes é qualificado como Iscariotes (Mt 10,4; 26,4; Lc 22,3; Jo 12,4), ou "Iscariotes, filho de Simão" (Jo 13,2), ou "filho de Simão Iscariotes" (Jo 6,71), enfim "Iscariot" (Mc 3,19; 14,10; Lc 6,16). Mas desse apelativo se ignora o exato significado: pertença aos sicários, ou "homem falso" (de *shaqar*), ou originário da cidade de Kerioth?

Pelo contrário, clara é a apresentação que fazem dele os cristãos das origens em chave sempre mais demolidora e depreciativa. A qualificação de "aquele que o entregou (à morte)" (*ho paradidous*) significa, na realidade, "o traidor", mesmo se somente Lucas em 6,16 o chama assim em modo lexicalmente rigoroso (*ho prodotēs*). O terceiro evangelho chega a apresentá-lo como instrumento do diabo: "Então Satanás entrou em Judas" (Lc 22,3); assim também o quarto evangelho (Jo 13,2.27) que, porém, vai além, afirmando que Jesus o chamava "um diabo" (Jo 6,70) e que Judas tinha a caixa comum do grupo e roubava (Jo 12,6). Seu fim trágico apresentado em Mt 27,2ss e em At 1,18-20 é o do mau. Uma notícia original está presente no quarto evangelho, que narra sobre uma grave crise que abalou o grupo de Jesus: entre os discípulos muitos não acreditaram mais nele e o abandonaram, e no mesmo contexto fala de Judas, que o teria traído (Jo 6,64-71). Pode-se pensar que sua "traição" tenha amadurecido nesse clima de desconfiança. De qualquer maneira, para um estudo mais aprofundado, vejam-se os escritos exaustivos de Klassen e de Klauck. Este último distingue com clareza, nos textos que temos dele, os fatos, as interpretações e a lenda (*Ereignis, Deutung, Legende*, p. 137).

5. *Causa poenae*

O que levou Jesus à cruz? Um processo concluído com a condenação capital deve ter tido causas precisas. Qual comportamento ou palavra do interessado o destruiu? Nos mencionados responsáveis da sua morte violenta não podem ter estado ausentes motivos na sua opinião válidos: o que os levou a suprimi-lo? Qual perigo representava para eles a ponto de motivá-los a eliminá-lo? É necessário supor claramente um conflito entre as partes desembocado na crucificação do Nazareno: podemos especificá-lo em base aos testemunhos que possuímos? No plano das soluções propostas se vai da individualização de uma só *causa poenae* ao esquema de um complexo de causas. Quanto ao primeiro, no passado se indicou a crítica de Jesus à Lei mosaica, tese cara aos partidários da *new quest*, por exemplo, Käsemann e Bornkamm, mas sustentada ainda em nossos dias por J. Becker, que, porém, a incorpora a outras razões (p. 412); ou foi o gesto provocativo no templo, diversamente interpretado: para Sanders, profecia de sua destruição e da reconstrução do santuário escatológico esperado nos apocalipses judaicos do tempo; segundo outros, por sua vez, gesto de purificação do templo no sentido de crítica da classe sacerdotal e de seus tráficos econômicos internos à área do templo jerosolimitano (Betz, Casey) ou também denúncia de uma práxis sacrificial incorreta (Chilton). A tese da multiplicidade das razões (cf., por exemplo, Lémonon) faz apelo à pregação jesuana da realeza divina incipiente no presente que implica uma contestação do poder atual político e religioso, no ingresso de Jesus na cidade santa sentado sobre um jumento e escoltado por seus sequazes que o aclamavam, também ao gesto provocativo no templo e à palavra profética sobre sua destruição. Sem se esquecer de quem afirma, em termos globais mas também genéricos, que a vida mesma de Jesus foi a causa de sua morte.

5.1. "Rei dos judeus"

O motivo político pelo qual Pilatos condenou Jesus à morte não deixa nenhuma dúvida. Já dissemos do *titulus crucis*, chamado latinizadamente *titlos* em Jo 19,19, mas *epigraphē* em Mc 15,26 e Lc 23,38, enquanto Mt 27,37 fala de *aitia autou gegrammenē* (causa escrita de sua condenação) e indica Jesus como "o Rei dos judeus". Acrescente-se que os relatos evangélicos da paixão concordam nisto: a acusação perante o tribunal romano versa sobre sua pretendida realeza (Mc 15,2 par. Mt; Jo 18,33) e aqui o mais explícito é Lucas: "Encontramos este que instigava nosso povo, impedia pagar os impostos ao imperador e dizia ser o Messias Rei" (Lc 23,2). O quarto evangelho também toma ocasião desse dado de sua tradição para desenvolvê-lo teologicamente: Jesus não é rei deste mundo, sua presença terrena é para testemunhar a verdade, isto é, a autorrevelação de Deus (Jo 19,4ss). Os ultrajes que recebe são aqueles de um rei de carnaval (Mc 15,17-20; Jo 19,1-3); crucificado, é desafiado no seu poder régio a descer da cruz (Mc 15,32; cf. Mt); para não falar do interrogatório perante as autoridades judaicas a respeito de sua messianidade, isto é, o ser o Ungido real esperado, como vimos. Acrescente-se o testemunho de Mara bar Sarapion, que relembra "a execução de seu sábio Rei" por parte dos hebreus. Ditos em termos jurídicos, considera-se que tenha sido condenado pelo *crimen maiestatis populi romani imminutae* (Egger, p. 199, com referência a T. Mommsen).

Mas como se chegou a formular tal acusação resultada fatal se, como parece, nunca tinha se declarado Rei de Israel, nem Messias? Não parece, porém, que os acusadores tenham inventado tudo integralmente ou que o Nazareno tenha sido condenado por erro, se feito passar por aquilo que não era e não queria ser. Para obter sua condenação, a acusação pública perante o tribunal romano devia apresentar motivos de certo peso contra o acusado. Os boatos populares sobre o profeta da Galileia certamente tinham chegado aos ouvidos do alto clero de Jerusalém: o quarto evangelho atesta de fato que a gente entusiasta queria proclamá-lo rei (Jo 6,15) e que alguns o consideravam o Messias (Jo 7,41). Ademais, o ingresso na cidade santa, talvez sobre um jumento, rodeado por seus discípulos e por outras pessoas que o aclamavam (cf. Mc 11,1-10 e par.; Jo 12,12-19), podia parecer um gesto simbólico de reivindicação de um papel messiânico ou real. Para não dizer de sua pregação na Galileia centrada na realeza divina florescente no presente por meio de suas curas, e de sua aceitação incondicionada dos pecadores públicos; era fácil concluir que ele se reservasse o papel de rei, o representante na terra do poder divino. Tudo isso explica a acusação política formulada contra ele perante o tribunal de Pôncio Pilatos e sua condenação à morte como contestador de fato do poder romano na terra de Israel. Não compartilho a opinião, recentemente reproposta por Schnabel, de uma sua aberta reivindicação régia perante o tribunal romano, pelo qual a condenação teria sido emitida em base à sua confissão: *confessus pro iudicato*, segundo o princípio judicial romano. O texto joanino é reflexo da teologia de seu autor; não por acaso a realeza é entendida ali como testemunho da verdade ao mundo.

5.2. Motivo político e causa religiosa

Mais complexa a determinação das causas que levaram Caifás e seu grupo de poder judaico a prendê-lo e acusá-lo diante do tribunal de Pilatos. Digamos de pronto que não nos parece praticável o caminho, muitas vezes sugerido pelos estudiosos, de procurar aqui motivações religiosas em contraste com aquela política alegada pela acusação pública no processo perante Pilatos (concordo com Horsley). Como também não devemos confiar-nos à confissão de Jesus proclamando-se Messias, Filho de Deus e Filho do Homem diante do Sinédrio, porque exprime uma releitura cristã dos fatos: na sua boca foi colocada a profissão da Igreja das origens. "Este processo, na realidade, é um tipo de *compendium* cristológico entregue à reflexão crente do leitor" (Légasse, p. 72). A tese de Castello que, por sua vez, considera historicamente confiável tudo isso, parece-me infundada, fruto de uma leitura acrítica do texto de Marcos. Ao contrário, a introdução de testemunhas que o acusam de ter preanunciado a destruição do templo (Mc 14,58; par. Mt) parece ser um elemento a considerar seriamente, como veremos melhor a seguir. Do mesmo modo, parece que deveríamos fazer referência à decisão de Caifás na reunião de seu grupo de poder na qual se conspirou contra o Nazareno: é melhor sacrificar a vida de um só homem para poupar a toda a nação uma intervenção armada dos romanos (Jo 11,45ss; 18,14); se for assim, a *causa poenae* no nível das autoridades judaicas acabaria por coincidir, em certo modo, com aquela do mesmo prefeito romano: uma ameaça ao domínio dos romanos, com a diferença que aqui Caifás vê em Jesus um potencial agitador, querendo ou não, do povo que levará à reação violenta dos dominadores. Em essência, Caifás repete a estratégia de uma preventiva ação violenta operada por Herodes Antipas contra o Batista; mas agora o sumo sacerdote deve depender do prefeito romano e a esse recorre para esconjurar um perigo iminente.

5.3. Inimigo do templo

A atitude de Jesus para com o templo jerosolimitano, expressa na dupla linha de seu gesto provocativo na área do templo e de sua profecia de destruição do santuário, aproxima-nos — na minha opinião — das causas imediatas da condenação. A ação de Jesus na esplanada do templo jerosolimitano é testemunhada de maneira independente por Marcos (Mc 11,15-17 e par.) e pelo quarto evangelho, que a derivou de sua fonte particular (Jo 2,13-17). Marcos ambienta-o, com maior plausibilidade histórica, nos dias próximos à Páscoa, quando Jesus foi a Jerusalém para a festa, ao passo que João o põe ao início de sua atividade pública, colocação que outros estudiosos consideram a mais plausível. Outra diversidade: Marcos fala de expulsão do templo (*to hieron*) dos vendedores e compradores, de virar as mesas dos cambistas e as cadeiras dos vendedores de pombas, assim como da proibição de transportar vasos por meio da área do templo. Mateus segue Marcos, omitindo, porém, esse último particular, e Lucas limita-se a falar da expulsão dos vendedores. O quarto evangelho, ao contrário, especifica que o objeto da ação do Nazareno eram também bois e ovelhas que se vendiam para os sacrifícios; sobretudo, acrescenta que ele interveio com certa violência, flagelo na mão.

Mas o verdadeiro questionamento versa sobre o significado do gesto. Deve-se descartar imediatamente como arbitrária a interpretação político-militar de Reimarus e, em tempos mais próximos, de Brandon, sobre uma aberta e belicosa rebelião ao poder romano e aos seus acólitos judaicos que terminou com a captura do rebelde ou "terrorista". O interrogativo real é: foi um ato de protesto contra a comercialização do culto e de severa exigência para que o templo fosse espaço de pura oração ou foi um símbolo e uma profecia em ato, talvez valorizados pela relativa palavra de Jesus, de sua destruição e da edificação de um novo templo, aquele esperado para os tempos novos da esperança apocalíptica. Mas de destruição do templo no tempo messiânico não se fala nas expectativas judaicas, mas somente de um novo templo:

> Esta é a casa que [estabelecera] para si no fim dos dias [...]. Esta é a casa na qual nunca entrará [um incircunciso no coração nem um incircunciso na] carne [...] e os estrangeiros não a destruirão de novo, como tinham destruído no passado o santuário de Israel por causa de seus pecados. E ordenou construir para ele um templo de homem, a fim de que levassem ali ofertas para ele" (*4QFlorilegium* 3,2b-6);

> "Santificarei meu templo com minha glória, pois farei morar sobre ele minha glória até o dia da criação, quando criar meu templo estabelecendo-o para mim para sempre, segundo a aliança que fiz com Jacó em Betel" (*11QTempl* 29,7-10).

Além do mais, não se vê como expulsar vendedores, derrubar mesas de cambistas e cadeiras ocupadas por gaiolas de pombas, sem falar da proibição de transportar vasos pelo templo, tenha alguma relação com uma profecia de destruição; não parece que devamos compartilhar a afirmação de Sanders: "Mesmo virar um só banco faz pensar na destruição" (p. 97). Muito menos o gesto de Jesus parece indicativo de um novo templo. Também por isso parece preferível a primeira leitura que reconhece historicamente ao protagonista, não à Igreja das origens, a palavra explicativa de um gesto estrepitoso. Ele devia explicar uma ação não tão perspícua por si mesma e com toda a probabilidade o fez aludindo às duas passagens das Escrituras registradas por Marcos e paralelos: Is 56,7: "Minha casa [diz o Senhor] é casa de oração para todos os povos", e Jr 7,11: "Vós a convertestes em covil de ladrões". O quarto evangelho as sintetizou: "Não façais da casa de meu Pai uma casa de comércio". Jesus não contestou propriamente o culto nem o templo por si mesmo, mas o que acontecia no pátio dos gentios da área do templo, onde se encontravam os vendedores de pombas e animais destinados aos sacrifícios e os cambistas que ofereciam aos peregrinos hebreus os siclos de prata de Tiro necessários para o pagamento anual do imposto do templo e de outras ofertas em dinheiro; acrescente-se o particular de Marcos do transporte de vasos de um lugar ao outro do templo para abreviar o caminho, do qual fala também Flávio Josefo: "Além do mais, não se pode transportar no templo nem um vaso; ali tinham sido colocados somente o altar, a mesa, o turíbulo e o candelabro, todos objetos prescritos na Lei [...]. Nada que tenha relação com alimentos e bebidas é transportado no templo" (*Ap* 2,106 e 108). Conferir também *mBer* 9,5:

"Não se suba ao monte do templo com bastão, nem com sapatos, nem com a bolsa, nem com poeira nos pés. Ninguém faça um atalho".

Nessas condições, como os gentios, vindos ao templo jerosolimitano para rezar, podiam elevar suas súplicas? O Nazareno aparece aqui nas vestes dos antigos profetas de Israel que se levantam contra os desvios da prática cultual para restabelecer sua pureza e sua genuinidade. Um exemplo entre todos, Jeremias, citado por Jesus que reconhece à denúncia do profeta valor de atualidade: o comércio no templo — antes acontecia no monte das Oliveiras, e é possível que a transferência do mercado tenha acontecido no tempo de Caifás (cf. Evans) — era fonte de abundantes lucros para o alto clero, cuja cobiça se manifestou, entre outras coisas, por tornar anual a taxa para o templo obrigatória para todos os varões hebreus adultos. Encontramos o primeiro testemunho disso em 2Cr 24,5, enquanto o ditame da Torá faz pensar a uma taxa *una tantum* na vida; e eis de fato a norma para o recenseamento dos israelitas ordenado por Deus a Moisés: "Quando fizeres o recenseamento dos israelitas, cada um deles pagará ao Senhor o resgate de sua vida [...], pagará meio siclo [...] de vinte anos para cima" (Ex 30,11-16). E Qumrã se opõe abertamente e restaura o uso antigo: "O dinheiro do tributo que cada um dá como resgate da própria pessoa será de meio siclo [...]. Apenas uma vez o dará em todos os seus dias" (*4Q159* 1,2,6-7).

Sem dizer que a "monumentalização" do templo jerosolimitano querido por Herodes, o Grande (cf. Betz), que duplicou a área até levá-la a 300 x 450 m, somada à ostentação de seus sacrifícios, não excluído o recurso a extraordinárias hecatombes, isto é, à imolação de centenas de vítimas, fazia dele o lugar da ostentação dos ricos e dos poderosos. Lembre-se de que no templo jerosolimitano — já por vontade e dom de Augusto — os judeus "ofereciam duas vezes ao dia vítimas sacrificiais para César e para o povo romano" (*Bell* 2,197), cuja suspensão querida por Eleazar, capitão do templo, deu início em 66 d.C. à guerra judaica (*Bell* 2,409-410). Na sua denúncia, Jesus fala de oração, atividade totalmente gratuita e sem despesas, não de sacrifícios que exigiam a aquisição, para os pobres, de pombas e, para os ricos, de ovelhas ou bois.

Assim se explica também por que o contestador não foi preso pela polícia do templo: à parte o perigo de tumultos, as autoridades sacerdotais estavam comprometidas e prudentemente não tomaram de forma imediata procedimentos coercitivos contra o Nazareno, o qual gozava da simpatia e da aprovação de muitos devotos peregrinos. De resto, naquele tempo do judaísmo, a corrupção da hierarquia sacerdotal de Jerusalém era objeto de severa denúncia. Veja-se por exemplo o *Testamento de Moisés*, que remonta originariamente, ao que parece, à primeira metade do século II a.C. e "atualizado" no século I d.C.:

> "Eles fugirão da justiça e se voltarão para a iniquidade" e "eles contaminarão a casa de seu culto com profanações" [...], não seguirão a verdade de Deus, mas alguns contaminarão o altar com as ofertas que levarão ao Senhor [...], aceitarão presentes e farão comércio dos preceitos, aceitando honorários (5,3-5); Governarão entre eles homens nocivos e ímpios [...] que gostam de fazer exageros a toda hora do dia, ávidos e glutões [...] devoradores dos bens dos pobres (7,1-6).

Flávio Josefo lembra, para desonra deles, como membros do alto clero na vigília da guerra tivessem apanhado com violência das mãos de camponeses dízimos destinados ao baixo clero: "Tal era a petulância vergonhosa e a ousadia dos pontífices, que não duvidavam de enviar escravos às eiras de trigo batido e tomar os dízimos devidos aos sacerdotes, com o resultado que os sacerdotes mais necessitados morriam de fome" (*Ant* 20,181; cf. também pp. 206-207).

Tampouco fica excluído que Jesus não tenha aprovado a iniciativa da hierarquia de fazer pagar a taxa do templo e outras contribuições em moeda com o siclo de prata de Tiro que levava a efígie do deus Melkat (cf. Murphy-O'Connor).

De qualquer maneira, merece grande atenção sua palavra sobre o templo jerosolimitano atestada em muitas fontes cristãs independentes e em diversos contextos: Marcos — Mateus e Lucas dependem dele e o mesmo vale para At 6,14 —, o quarto evangelho, o *Evangelho Apócrifo de Tomé*. Deste último veja-se o dito n. 71: "Destruirei esta casa e ninguém poderá reconstruí-la". Em Mc 13,2, lemos esta sua resposta à manifestação de estupor de um discípulo diante da majestosa construção templar (*to hieron*) de Jerusalém: "Vês estas grandes construções? Delas não permanecerá pedra sobre pedra, mas tudo será destruído (*katalyein*)" (cf. par.). Mc 14,58 também apresenta a acusação de testemunhas durante o processo judaico: "Nós o ouvimos dizer: eu destruirei (*katalyein*) este santuário feito por mãos humanas (*ton naon touton kheiropoiēton*) e depois de três dias edificarei (*oikodomein*) um outro não feito por mãos humanas (*allon akheiropoiēton*)". Lucas a omite de propósito, visto que diversos anos depois da destruição do ano 70 não se vislumbrava nem de longe a reedificação do santuário. Além de omitir a distinção entre templo feito por mão humana ou não, Mateus atribui a profecia ao poder de Jesus de destruir e reedificar o templo, salvando assim seu dito de uma clamorosa desmentida histórica: "Este disse: Posso destruir o santuário de Deus (*ton naon tou Theou*) e depois de três dias edificá-lo" (Mt 26,61). O desafio dos adversários ao Crucificado é uma retomada da mesma palavra: "Ah! Tu que destróis (*katalyein*) o santuário e em três dias o edificas..." (Mc 15,30; par. Mt). A versão do quarto evangelho conectou o dito de Jesus com seu gesto provocativo no templo, mais exatamente com a questão, levantada pelos críticos, da autoridade com a qual ele agiu: "Destruí este templo (*lysate ton naon touton*) e em três dias o farei ressurgir (*egeirein*)" (Jo 2,19). Note-se que a destruição aqui não é obra sua mas dos adversários. E logo depois o evangelista oferece sua própria interpretação cristológica e pascal: "Mas ele falava do templo de seu corpo" e seus discípulos o entenderam "quando foi ressuscitado do reino dos mortos" (vv. 21 e 22).

Como se vê, o dito jesuano tem sofrido diversas mutações e interpretações por parte dos grupos cristãos das origens. A tradição de Marcos de característica judeu-helenista contrapôs ali ao atual templo material, destinado à destruição, um *outro* templo não feito por mão humana, que tomará seu lugar; quer dizer que o lugar do culto e da oração dos novos tempos não é mais um edifício material, mas uma construção celeste, talvez a Igreja. O quarto evangelho identificou ali metaforicamente o corpo de Cristo, destruído na morte por seus adversários, mas ressuscitado por Deus (o mesmo templo, embora em sentido metafórico, não outro como em Marcos). O *Evangelho Apócrifo de Tomé* mostra aversão pela materialidade das experiências religiosas e anseia por um culto "em espírito e verdade", para parafrasear uma frase joanina espiritualisticamente interpretada em Nag Hammadi: nenhum templo material, nunca mais. Também a fórmula "depois de três dias" ou "em três dias" explica-se com a crença protocristã da ressurreição de Jesus o terceiro dia (cf. 1Cor 15,4), depois de três dias (Mc 8,31; 9,31). Tanto mais que no judaísmo do tempo a espera de um novo templo não era absolutamente vinculada a uma fórmula similar (Paesler, 167).

Depurada desses elementos interpretativos, podemos reconstruir com toda a probabilidade a seguinte forma da tradição subjacente às nossas versões evangélicas: "Eu destruirei este santuário e depois o reconstruirei". Mas o confronto com Mc 13,2, que fala somente de destruição do *templo* (o complexo templar), não do *santuário* (*ho naos*, a pequena construção no centro da esplanada), elemento este sublinhado por Segalla: "Não permanecerá pedra sobre pedra, tudo será destruído", pode fazer pensar que provavelmente a palavra de Jesus tenha sido profecia de destruição (cf. Paesler). Segundo Schlosser, ao contrário, dois foram os ditos, a frase "não ficará pedra sobre pedra" e o propósito de destruir e reedificar o templo. Em todo caso, em predicado como causa próxima da prisão e da consequente condenação de Jesus está a predição da destruição do templo, que já em Jeremias e em Jesus, filho de Ananias, tinha causado aversão, denúncia e punição exemplar. Com uma particularidade: enquanto nesse exprimia a condenação de Deus para um povo infiel, portanto era uma profecia de julgamento, para Jesus é provável que fizesse parte de sua fundamental perspectiva da realeza divina que irrompe no presente e explode como poder de libertação e salvação em um futuro próximo. Neste sentido: o templo jerosolimitano não tem mais razão de existir, se o encontro com Deus já agora acontece fora dos espaços sagrados, nas estradas e nas aldeias da Galileia, por meio do feliz Anúncio do Nazareno e de sua ação libertadora dos males e acolhedora dos deserdados; tanto mais não haverá necessidade do santuário quando em um próximo futuro a realeza divina for plenamente realizada. A perspectiva de um novo templo não parece ter feito uma brecha na alma do Nazareno que, porém, no tempo atual no qual o senhorio divino alvorece muito timidamente, pode também preocupar-se que a área do templo jerosolimitana seja purificada de fenômenos de comercialização e de consequente profanação. A tensão escatológica do Nazareno que revoga o templo une-se aqui com seu reformismo profético de um lugar reservado à oração também para os gentios, para não dizer dos numerosos peregrinos hebreus que, durante as grandes festividades, não podiam certamente ser contidos nos pátios para eles reservados. Não é necessário conjecturar, como faz Murphy-O'Connor, que essa ação reformista do Nazareno remonte à sua primeira atividade, quando fazia parte do grupo do Batista.

Tudo isto não deixou de provocar a reação agressiva e violenta de Caifás e de seu grupo de poder religioso e político conjuntamente: contra a contestação do profeta da Galileia, era necessário defender energicamente a ordem no templo e os privilégios do alto clero jerosolimitano. Mas estavam claramente em jogo também os interesses da oligarquia laica da cidade e de quantos — na prática toda a mão de obra jerosolimitana — obtinham recursos da gestão administrativa do templo. E ir contra o templo era um delito não somente religioso, mas também político: o poder romano defendia as instituições locais dos súditos, essencialmente para a salvaguarda da ordem social e política que constituía, nas províncias, o primeiro dever de um prefeito romano. A casta sacerdotal recorre a ele para a condenação de um perigoso contestador que minava a autoridade tanto local quanto estrangeira. Söding resume muito bem a importância do templo jerosolimitano: "O templo, lugar de culto, casa de oração e meta de peregrinação, mas também nó central administrativo, banco nacional e centro econômico..." (p. 37).

Jesus, como o Batista, mas também na mesma linha de Jesus, filho de Ananias, e não diferentemente dos profetas do sinal que esperavam a intervenção libertadora de Deus, tinha se apresentado nas vestes de um carismático preso por grandes ideais religiosos e espirituais. Mas não é por isso diretamente que foi suspenso na cruz. Pelo contrário, tornou-se perigoso aos olhos do poder constituído local e estrangeiro, por dois fatores convergentes: antes de tudo, pelos reflexos políticos ou de qualquer forma de natureza institucional da sua ação carismática, que acabava por colocar em discussão poderes, hierarquias, posições adquiridas, privilégios, em breve o *status quo*; e depois porque, à diferença de Jesus, filho de Ananias, tinha certo séquito e podia criar desordens e alguma revolta popular. Por isso exatamente e não por acaso que Jesus terminou na cruz. Em poucas palavras, pode-se dizer que foi condenado como evangelista do Reino de Deus, sua característica essencial. Nenhum mal-entendido ou equívoco: morreu por aquilo que quis ser e foi. E desse ponto de vista tem razão Evans quando em "From public ministry to the passion" identifica um nexo entre a vida de Jesus na Galileia e sua morte na Judeia. Radical e apriorística, porém, parece-nos a posição de Bultmann: "Dificilmente esta execução capital pode ser compreendida como consequência intrinsecamente necessária de seu agir; essa acontecera principalmente por motivo de um mal-entendido sobre seu agir como se fosse sido político" ("Das Verhältnis", p. 453).

6. Jesus diante de sua morte

"O constrangimento maior que se prova na tentativa de reconstruir um retrato de Jesus é constituído pelo fato de que nós não podemos saber como Jesus entendeu seu fim, sua morte [...]. Não podemos saber se e como Jesus encontrou um sentido para ela". Essas afirmações de Bultmann ("Das Verhältnis", pp. 452 e 453) exprimem total ceticismo sobre a solução de um problema muito difícil mas não insolúvel; e a dificuldade da tarefa não deve desencorajar a tentativa: entre o nada e a certeza inabalável existe a via do meio de plausibilidades históricas mais ou menos grandes. Do ponto de vista metodológico, parece oportuno distinguir dois aspectos da questão: da consciência e da intencionalidade. Jesus percebeu que encontraria uma morte violenta e, se for assim, como se comportou? Subtraindo-se com a fuga ou enfrentando-a? E em tal eventualidade, com qual espírito morreu, que sentido lhe atribuiu? Essa pergunta assume todo o seu valor em relação às releituras soteriológicas dos primeiros crentes: "Morreu por nossos pecados" (1Cor 15,3), "pelos pecados, o justo pelos injustos" (1Pd 3,18), "por nós" (Rm 5,8; 1Ts 5,10), "por todos" (2Cor 5,14.15); "foi crucificado por vós" (1Cor 1,13); "temos o resgate mediante seu sangue" (Ef 1,7; cf. Tt 2,14; 1Pd 1,18); "com o sangue de sua cruz quis Deus reconciliar em si todas as coisas" (Cl 1,20). Acrescente-se a crença da expiação (*hilasmos, hilaskesthai, hilastērion*) dos pecados obtida por Jesus (Rm 3,25; Hb 2,17; 1Jo 2,2); para não dizer da leitura cultual e vitimária de sua morte, típica da Carta aos Hebreus: ele se ofereceu a si mesmo obtendo uma vez para sempre a libertação do pecado (Hb 7,27); "com seu próprio sangue entrou no santuário uma vez por todas obtendo um resgate eterno" (Hb 9,12; cf. 9,28; 10,10); "oferecida uma só vítima pelos pecados..." (Hb 10,12). Eis, portanto, a interrogação crucial: Jesus entendeu sua morte em sentido soteriológico, isto é, portadora de salvação para os homens, em continuidade com sua Igreja? Ou entre ele e os crentes se deve admitir aqui um importante hiato?

6.1. Uma morte anunciada

Procedamos com ordem. Antes de tudo, pode-se dizer com certeza que a morte violenta não lhe sobreveio de golpe, de maneira totalmente inesperada, nem ele estava totalmente despreparado; previu-a. Decerto, suas famosas predições, três ao todo, que constituem uma reviravolta no relato evangélico de Marcos, seguido por Mateus e Lucas, são quase sempre, se não de todo, *vaticinia ex eventu*, isto é, construídas com fundamento no que aconteceu em seguida. Não por acaso, apresentam-se como um resumo das "paixões" dos evangelhos, não excluída a ressurreição que com certeza não remonta a Jesus: "É necessário que o Filho do Homem sofra muito, seja rejeitado (*apodokimazein*) pelos anciãos, pelos sumos sacerdotes e pelos doutores da Lei, ser morto..." (Mc 8,31). A segunda predição é a mais sintética: "O Filho do Homem será entregue às mãos dos homens e o matarão" (Mc 9,31; par. Mt). A versão de Lucas é ainda mais breve: "O Filho do Homem será entregue às mãos dos homens", sem menção explícita nem da morte nem da ressurreição (Lc 9,44b). A terceira é a mais detalhada: "O Filho do Homem será entregue aos sumos sacerdotes e aos doutores da Lei, e o condenarão à morte (*katakrinousin auton thanatō-i*) e o entregarão aos gentios e estes zombarão dele, cuspirão nele, o flagelarão e o matarão" (Mc 10,33-34 e par.). Não poucos estudiosos consideram a segunda, ao menos na sua versão lucana, historicamente confiável: jogando com os termos "Filho do Homem" e "homens", Jesus teria revelado aos seus o trágico destino que lhe aguardava (cf. Jeremias, *Teologia*, pp. 315ss). Mas não há certeza sobre isso.

Pelo contrário, um dito seu ambientado durante a ceia de despedida e reconhecido por todos como certamente jesuano, atesta-nos que pouco antes de ser morto ele estava ciente do que o aguardava e o manifestou aos seus: "Não beberei mais do fruto da videira até o dia no qual o beberei, novo, no Reino de Deus" (Mc 14,25). Mt 26,29 acrescenta "o beberei convosco" e Lc 22,18 dá esta versão: "Doravante não beberei do fruto da videira até que não tenha vindo o Reino de Deus". É uma predição e ao mesmo tempo um encorajamento para os seus: a violência homicida que está por atingi-lo não será a última palavra sobre seu destino; ele sentará à mesa no futuro Reino de Deus realizado em plenitude. "Jesus anuncia que, se cessa de fazer parte dos banquetes terrestres, é para participar um dia no banquete último, quando vier o Reino de Deus" (Léon-Dufour, p. 158). Que essa palavra remonte a ele, demonstra-o, sobretudo, a "pobreza" da perspectiva aqui expressa: nenhuma vinda triunfal sobre as nuvens do céu, como o Filho do Homem de Daniel, e nenhuma ativa participação sua ao evento da plena realização da realeza divina; somente certa esperança que Deus o fará sentar à sua mesa no mundo redento.

Portanto, sabia-o antecipadamente e para tal não recorreu a capacidades divinatórias; bastava olhar ao redor e observar seus adversários jerosolimitanos, antes lhe era suficiente ponderar o potencial explosivo de seus últimos posicionamentos: entrada em Jerusalém, circundado dos seus e de outra gente que o aclamava; gesto provocativo no templo jerosolimitano; a palavra profética contra as majestosas construções do templo jerosolimitano. O destino do Batista também devia estar sempre diante de seus olhos, e não somente no tempo em que soube que Herodes Antipas atentava contra sua vida (Lc 13,31), mas também agora em Jerusalém durante os últimos dias.

Igualmente a parábola dos vinhateiros homicidas que Marcos, seguido por Mateus e Lucas — mas veja também a versão, privada de qualquer elemento metafórico, do *Evangelho Apócrifo de Tomé* (dito n. 65) —, ambientada durante sua última permanência em Jerusalém, na versão originária mostra-o não apenas ciente do trágico destino que lhe espera, mas também ativo no denunciar o delito que os adversários estão maquinando contra ele. Na realidade, a sua é uma extrema tentativa de detê-los; para este fim mostra-lhes que, rejeitando aquele que Deus enviou para uma missão de salvação, opõem-se ao próprio Deus. A palavra exprime também uma precisa autocompreensão sua, mas não, ao que parece, aquela de Filho transcendente de Deus: a transposição do Filho do relato à identidade do narrador seria forçada. O relato quer dizer que a rejeição e a violência dos camponeses não se detêm nem mesmo diante do homicídio da pessoa mais cara ao dono. É, ao contrário, totalmente plausível que tenha representado a si mesmo como o mediador da ação última e decisiva de Deus a favor de seu povo.

Em substância, podemos compartilhar a reconstrução da sua versão original feita por Weder:

> Um homem plantou uma vinha, confiou-a a vinhateiros e partiu para outro país. No tempo oportuno enviou um servo aos vinhateiros para receber deles (a sua parte) dos frutos da vinha. Mas estes o agarraram, maltrataram-no e o mandaram de volta com as mãos vazias. De novo, ele então lhes enviou outro servo; eles o espancaram até sangrar e (o) insultaram. Então lhes enviou ainda outro: a esse o mataram. Enfim lhes enviou (seu) filho dizendo (a si mesmo): "Respeitarão meu filho!". Mas aqueles vinhateiros disseram entre si: "Este é o herdeiro. Vamos! Matemo-lo e a herança será nossa!". Então o agarraram, o mataram e o lançaram fora da vinha. Que fará o dono da vinha?

Mas talvez originário é o envio sucessivo somente de dois servos antes do filho, como atesta o *Evangelho Apócrifo de Tomé*.

Portanto, Jesus é consciente das tramas homicidas de seus adversários, mas sobretudo distingue em sua ameaça mortal um sentido para ele: seu destino é aquele do enviado divino rejeitado e morto. É a mesma perspectiva da lamentação sobre Jerusalém atestada na fonte Q que exprime aqui a própria compreensão de Jesus, enviado pela sabedoria divina e rejeitado pelo povo; por isso sua historicidade se mostra incerta: "Jerusalém, Jerusalém, que matas os profetas e apedrejas os enviados divinos a ti, quantas vezes eu quis recolher teus filhos assim como a galinha reúne os pintainhos debaixo de suas asas, mas não quiseste" (Lc 13,34 e Mt 23,37). Na parábola, Jesus não se apresenta em linha com os profetas da história israelita perseguidos pelo povo infiel, segundo a conhecida teologia do deuteronomista que tanto influenciou a tradição judaica e também cristã (cf. Steck). Ele é, antes, o enviado depois daqueles enviados, o último enviado, a extrema tentativa de Deus de fazer uma brecha no coração de seu povo. Não fica de todo excluído que a metáfora da vinha de Isaías estivesse presente à sua mente de parabolista: "Cantarei para meu amado meu canto de amor por sua vinha. Meu amado possuía uma vinha em uma fértil colina. Ele a cavou, removeu as pedras e plantou nela videiras escolhidas; construiu no meio dela uma torre e cavou também um lagar. Esperou que produzisse uva, mas ela deu uva silvestre" (Is 5,1-2). E se pode reconhecer a Marcos, com sua descrição detalhada da vinha, o ter colhido um nível do Nazareno, mesmo que talvez não expresso em palavras: "Um homem plantou uma vinha, cercou-a com uma sebe, cavou uma prensa, construiu uma torre e a arrendou a camponeses" (Mc 12,1). A infidelidade do Israel antigo retorna agora como rejeição violenta do enviado especial de Deus. Membros da hierarquia sacerdotal, que lhe pediam explicações de seu gesto provocativo no templo (Mc 11,27), devem ter sido efetivamente os destinatários do relato parabólico, como atesta Marcos (Mc 12,1.12). São os mesmos que o acusarão diante do tribunal de Pôncio Pilatos, decididos a obter sua condenação à morte.

6.2. As palavras da ceia de despedida

Até agora, porém, nenhum significado de salvação na sua morte não apenas prevista e anunciada mas também enfrentada. Não fugiu, como mais tarde farão seus seguidores quando estiver preso (Mc 14,50 e par. Mt; em Jo 18,8 é Jesus que pede aos que o prendem de deixar livres os discípulos); manteve-se firme, fiel à missão divina, ele enviado no final por Deus à sua vinha, isto é, seu povo. No entanto, há uma passagem de Marcos, seguido por Mateus, na qual ele teria afirmado *explicitis verbis* dar sua vida para a redenção dos homens: "O Filho do Homem veio não para ser servido, mas para servir (verbo *diakonein*) e dar a própria vida como resgate (*lytron*) para muitos (*anti pollōn*)" (Mc 10,45). Naturalmente, a questão versa sobre sua autenticidade jesuana. E que não faltem dúvidas a propósito disso, antes sérios argumentos contrários, aparece da versão paralela de Lucas: "Eu estou no meio de vós como aquele que serve (*ho diakonōn*)" (Lc 22,27). O terceiro evangelista mantém-se na linha do motivo do serviço da mesa (*diakonia*); é uma metáfora que evidencia a escolha antissenhoril de Jesus: ele se põe embaixo e não no alto; não senhoreia, mas vive em função do bem dos outros. É um dito de Jesus paralelo a outra palavra sua sobre a paradoxal grandeza e superioridade que deveriam vigorar no seu grupo: "Quem quer se tornar grande entre vós seja vosso servidor (*diakonos*)" (Mc 10,43; par. Mt), com a versão lucana um pouco diferente: "Quem quer governar entre vós torne-se como aquele que serve (*ho diakonōn*)" (Lc 22,26). Marcos ou sua fonte quiseram especificar qual serviço realizou de fato Jesus, inserindo ali a crença cristã na sua morte redentora, talvez deixando-se inspirar por uma passagem de Isaías sobre o servo sofredor de Deus: "Para os quais (*anth'hōn*) [os muitos] sua vida (*hē psykhē*) foi entregue à morte [...] e ele carregou os pecados de muitos e por seus pecados foi entregue à morte" (Is 53,12). Uma afirmação tendenciosa de Marcos que Lucas quis evitar. Por isso não nos parece que possamos seguir Schürmann em sua tese na qual o Nazareno não somente prestou a seu povo um serviço de vida, como anunciador da realeza divina florescente no presente por meio de sua ação, mas está agora pronto para prestar o serviço de morte, de uma morte expiatória, para uma cidade que o rejeitou afundando no pecado e à qual ele dá o extremo ato de perdão. A sugestão do grande exegeta alemão não deve cobrir o olhar sobre a fragilidade da sua base de partida, o dito de Mc 10,45b atribuído a Jesus.

Mais promissor para nossa pesquisa histórica é o relato da ceia de despedida presente em Mc 14,22-25 (par. Mt), em Lc 22,15-20 e em 1Cor 11,23-26, unidos por evidentes analogias (cf. van Cangh), mas também na *Didaqué*. Na realidade, os textos evangélicos são páginas de forte marca litúrgica que apresentam diretamente a práxis eucarística da Igreja dos primeiros anos antes que "o testamento" (Léon-Dufour) do Nazareno deixado aos seus à vigília da separação; em resumo, trata-se de páginas etiológicas.

Mas, no fundo, pode-se reconstruir em grandes linhas a última comunhão de mesa entre Jesus e os seus. Para esse escopo, evidenciamos os elementos eucarísticos que nos conduzem ao cristianismo das origens. Na página de Marcos, estruturada nas duas partes paralelas do pão e do vinho, narra-se que Jesus,

> durante a refeição, tomou o pão, recitou a bênção (*eulogein*), o partiu e lhes deu dizendo: "Este é meu corpo". E, tomando o cálice, elevou a oração de agradecimento (*eukharistein*), lhes deu e todos eles beberam. E lhes disse: "Este é meu sangue, sangue de aliança, derramado por muitos. Em verdade vos digo que não bebereis mais do fruto da videira até aquele dia que o beberei novo no Reino de Deus".

As palavras sobre o cálice são uma clara adição, precisamente de caráter litúrgico, que se referem à práxis cultual cristã. De fato, depois que os presentes, aceitando seu convite, beberam do cálice dado a eles, não há outra coisa a esperar. A confirmação nos vem da fórmula "Em verdade vos digo" introdutória da palavra escatológica, a qual concorda de modo insuficiente com a expressão análoga "Em verdade vos digo" que introduz as palavras interpretativas sobre o cálice. Sem dizer que aos olhos dos judeus era até uma abominação diante de Deus beber o sangue, sede da vida. Conferir Gn 9,4: "Somente não comereis a carne com sua vida, isto é, seu sangue"; Lv 17,10-12: "Todo homem [...] que comer de qualquer espécie de sangue, contra ele [...] eu voltarei o rosto e o eliminarei de seu povo. Porque a vida do ser efêmero está no sangue [...]. Por isso disse aos israelitas: Ninguém entre vós comerá o sangue".

Acrescente-se que, nas solenes ceias judaicas do tempo, o chefe de família realizava os mesmos gestos aqui descritos: no início, tomava o pão, recitava a oração de bênção ou de agradecimento pelos dons da terra — "Bendito és tu, YHWH, nosso Deus, Rei do universo, tu que fazes sair o pão da terra" (*mBer* 6,1) —, o partia e o dava aos presentes que respondiam com um amém (*bBer* 47a), sinal de aceitação do pão e de seu significado religioso de dom da bênção divina; depois, no final, tomava o cálice cheio de vinho, recitava a oração de bênção e o bebia enquanto os comensais, depois de terem respondido com amém, bebiam do cálice que estava diante de cada um. Sem esquecer de que na *Didaqué* as bênçãos — chamadas, porém, agradecimentos (*eukharistein* no lugar de *eulogein*) — estão no centro da celebração eucarística:

> A respeito da eucaristia, assim dai graças. No dia do Senhor, reunidos, parti o pão e dai graças. Primeiro pelo cálice: "Nós te damos graças, Pai nosso, pela santa videira que nos revelaste por meio de Jesus, teu Servo. A ti é a glória nos séculos". Depois pelo pão partido: "Nós te damos graças, Pai nosso, pela vida e o conhecimento que nos revelaste por meio de Jesus, teu Servo. A ti é a glória nos séculos. Como este pão partido era disperso sobre os montes

e recolhido, tornou-se uma coisa só, assim tua Igreja deverá ser recolhida dos confins da terra no teu Reino! Porque tua é a glória e teu o poder, por Jesus Cristo nos séculos'" [...]. E depois de comer, assim dai graças: "Damos graças, Pai Santo, por teu santo Nome que fizeste habitar em nossos corações [...]. Tu, Senhor onipotente, criaste tudo para glória de teu Nome. Deste aos homens alimento e bebida [...]. Por tudo nós te damos graças, porque tu és poderoso. A ti a glória nos séculos! Lembra-te, Senhor, de tua Igreja [...]" (9,1-4; 10,1-5).

Excluídas as palavras sobre o cálice, que são de origem protocristã, permanece o elemento originário da palavra escatológica, citada anteriormente, que devia indicar o sentido do vinho dado para beber aos comensais: Jesus não beberá mais do fruto da videira nesta vida; o beberá novo no Reino de Deus, talvez com a especificação presente em Mateus: "convosco".

Em Lucas se justapõem dois trechos narrativos. O primeiro (Lc 22,15-18) está centrado sobre a palavra escatológica de Jesus referida porém não somente ao beber, como em Marcos, mas também ao comer, ao comer o cordeiro pascal, visto que se trata de ceia pascal: "Não comerei mais..."; "a partir de agora [elemento novo] não beberei do fruto da videira..."; o segundo (Lc 22,19-20) parece de caráter litúrgico com os gestos e as palavras sobre o pão e sobre o cálice de vinho, estas últimas especificadas assim: o corpo de Cristo "que é entregue por vós"; o sangue derramado "por vós"; a aliança "nova". Além do mais, temos o imperativo que segue às palavras sobre o pão: "Fazei isto em minha memória". Em 1Cor 11 as analogias com a parte eucarística da passagem lucana são evidentes: o corpo "que é por vós"; a aliança "nova"; o imperativo para repetir quanto fez Jesus, mas estendido ao gesto sobre o cálice. No texto paulino, porém, não faltam particularidades próprias: não tem o *hyper* (o por) sobre o sangue; vincula a memória da ceia com a noite na qual o Senhor foi entregue à morte; no fechamento une estreitamente o rito eucarístico à morte e à parusia de Cristo: "Sempre que comeis este pão e bebeis este cálice, anunciai sua morte, até que ele vier".

Na origem dos textos citados, colocados entre parênteses os elementos litúrgicos, não é difícil supor a existência de uma tradição narrativa como recordação da ceia de despedida centrada nos típicos gestos conviviais de marca judaica das bênçãos do pão e do cálice de vinho, aos quais Jesus acrescentou por sua parte as respectivas palavras, a primeira interpretativa, a segunda escatológica: "Este é meu corpo", "Não beberei mais do fruto da videira...". Como desta última já falamos, resta analisarmos a primeira. Essa adquire sentido do gesto simbólico do dom do pão portador da bênção divina invocada pelo chefe de família. Ora, para o Nazareno o pão equivale a seu corpo, isto é, a todo seu ser. Eis por que não pode seguir uma frase sobre o sangue como uma segunda parte do homem: aparecerá no cristianismo helenista; a eucaristia devia ser centrada somente sobre o pão, como mostra também a frase "partir o pão" (Lc 24,35; At 2,42.46; 20,7.13; 27,35; 1Cor 10,16). "É muito provável que é a substituição de *sōma* [corpo] com o vocábulo *sarx* [carne] [...] que comportou o acréscimo de *haima* [sangue], em função do frequente par idiomático: a carne e o sangue (bisrá u-demá)" (van Cangh, p. 214). Corpo dado aos comensais, corpo que está por ser violentado na trágica morte, corpo fonte de bênção divina.

Portanto, se no nível do Jesus histórico não podemos falar de morte sacrificial ou expiatória, concessão típica do cristianismo das origens, podemos, no entanto, atribuir-lhe não apenas a consciência de morrer como o enviado último de Deus ao povo, aquele que as autoridades judaicas rejeitam e estão prontas para suprimir, mas também a consciência, manifestada na ceia de despedida, de que sua morte, como de resto foi sua vida, será fonte de bênção divina para seus seguidores. Não somente ele, mas também os seus terão um futuro positivo além de sua morte: ele será comensal no banquete final que Deus, plenamente rei, suntuosamente preparará; os seus têm no presente o dom da bênção divina e no futuro último gozarão da comensalidade com ele à mesa da salvação final.

7. As estações da *via crucis*

Os relatos evangélicos da paixão, como vimos anteriormente, estão construídos ao redor desses pontos firmes do trágico evento do ponto histórico: prisão, interrogatório judaico e processo romano, condenação à cruz e execução da sentença. Mas muitos outros são os trechos de complemento e de contorno que enriquecem as narrações e não poucos quadros e particulares que completam o trajeto de Jesus rumo à cruz. Alguma alusão já foi feita. Queremos agora revê-las com atenção para avaliar, porquanto seja possível, sua historicidade. A propósito disso é de particular ajuda a *opus magnum* de Brown que, contudo, qualifica-se por uma tendência bastante conservadora no tocante à confiabilidade histórica por ele de bom grado estendida, enquanto eu estou convencido de que deva ser restrita.

7.1. Os particulares da prisão

Com seus discípulos, Jesus sai "para o monte das Oliveiras" (Mc 14,26 e par.) e entra "em um sítio cujo nome é Getsêmani" (Mc 14,32; par. Mt), enquanto para o quarto evangelho sai "para além da torrente do Cedron, onde havia um jardim", e ali entra (Jo 18,1). Aqui é ambientada, segundo os sinóticos (Mc 14,32b-42 e par.), a oração do Nazareno, oração de idêntico conteúdo nos três evangelhos: reza a Deus (*Abba* em Mc) para que lhe poupe o destino de morte trágica, mas no final decide fazer a vontade divina. O quarto evangelho atesta uma oração bastante similar em outro contexto: "Pai, livra-me desta hora; mas precisamente para isto cheguei a esta hora" (Jo 12,27). Lucas coloca, um pouco antes e logo depois, a exortação de Jesus aos discípulos para que rezem a fim de não sucumbir à tentação. Porém, Marcos, seguido por Mateus, fala de três súplicas repetidas, intermediadas pelas exortações, dirigidas não a todos os discípulos, mas somente a Pedro, Tiago e João, para ficarem acordados, para vigiarem e rezarem a fim de não sucumbirem na prova. De uma dramática oração sua fala também a Carta aos Hebreus, que depende de uma tradição própria: "Nos dias de sua existência terrena ele ofereceu orações e súplicas, com forte grito e lágrimas, àquele que podia salvá-lo da morte, e foi atendido por sua piedade" (Hb 5,7). Não é difícil admitir, detrás dos mencionados testemunhos, uma antiga tradição baseada na luta espiritual de Jesus diante da perspectiva de seu fim violento; queria evitá-la mas depois a aceita por fidelidade a seu Deus. No entanto, discute-se sobre sua historicidade, por causa também do caráter edificante que tem para os crentes confrontados com ameaças e experiências de perseguição.

No quadro da prisão já falamos anteriormente de diversos detalhes: o beijo de Judas, atestado somente nos sinóticos; o ataque imprevisto de um discípulo que decepou a orelha a um servo do sumo sacerdote, seguido em Mateus pelo imperativo de embainhar a espada (Mt 26,52); a fuga dos discípulos testemunhada por Marcos seguido por Mateus, enquanto Lucas estende sobre eles um piedoso silêncio, e o quarto evangelho a transforma na possibilidade de retirarem-se livres que Jesus obtém daqueles que vieram para prendê-lo. Acrescente-se o particular apenas marcano de um jovem, anônimo, que, detido, foge nu, deixando o lençol com o qual estava coberto. Depois é atestada a palavra no Nazareno que se lamenta de ser preso como um malfeitor, enquanto nos dias anteriores falava em público e ninguém lhe tinha colocado a mão (Mc 14,48-49 e par.). E, se nos sinóticos é preso pela força, no quarto evangelho é ele que se entrega livremente. Na realidade são todos particulares de "embelezamento" de timbre novelista, exceto a historicidade indiscutível da presença de Judas e da fuga dos discípulos.

7.2. Dentro do palácio do sumo sacerdote e perante o tribunal de Pilatos

No quadro do interrogatório judaico está inserido o relato da negação de Pedro presente nos quatro evangelhos, embora com particularidades diversas nas duas fontes independentes: Marcos e João. No quarto evangelho, a narração é mais circunstanciada e mostra Pedro ajudado pelo "outro discípulo" a entrar no palácio do sumo sacerdote, onde a negação é dupla, não tripla, como nos sinóticos. Sobre a historicidade do fato, não embelezado como se apresenta em nossos textos, mas reduzido ao essencial, discute-se: quem a nega insistindo sobre o caráter edificante do arrependimento do apóstolo; quem a afirma revelando que, dado o papel dominante que ele tem no cristianismo das origens, é difícil pensar na invenção de uma sua tão grave infidelidade destinada a desqualificá-lo. A menos que se conjecture a presença de grupos cristãos contrários que querem ressaltar seus defeitos. Em conclusão, parece mais provável a confiabilidade histórica de sua negação que tem lugar no quadro mais amplo de uma extensa infidelidade a Jesus, como documentam a fuga dos discípulos e a traição de Judas.

O processo perante Pôncio Pilatos, narrado de modo tão sucinto por Marcos, mais extensamente em Mateus, Lucas e sobretudo João, é diversamente enriquecido pela cena de Barrabás, da qual já falamos; do envio de Jesus a Herodes, atestado somente em Lucas que criou o relato para sublinhar a inocência do acusado, reconhecida até mesmo por seu inimigo, disposto no passado a eliminá-lo violentamente; pela pena suplementar da flagelação, presente somente nos sinóticos; enfim, por uma cena de ultrajosa representação de Jesus como rei do ridículo, sobre a qual Lucas porém silencia. Em compensação, o terceiro evangelista, seguindo sua fonte Marcos, conhece uma outra cena de ultraje, antecedente, que coloca durante a noite depois da prisão e da transferência do prisioneiro para a casa do sumo sacerdote (Lc 22,63-65), enquanto Marcos, seguido por Mateus, a insere depois do processo judaico. A *mise en scène* de Jesus como rei de carnaval poderia também ter existido, visto que se conhecem cenas análogas no mundo circunstante. Em particular, veja-se o escárnio de certo Caraba, aclamado senhor em Alexandria do Egito onde estava em visita Herodes Agripa, objeto de goliardesca zombaria. O bobo Caraba é travestido com uma coberta, um diadema falso na cabeça e na mão um cetro de cana de papiro; não lhe faltava nenhuma insígnia real, sem dizer de jovens imitando o corpo da guarda. "Aproximaram-se dele, quem para saudá-lo, quem para pedir que faça justiça, quem para lhe apresentar pedidos de público interesse. Depois, da multidão que estava em torno ressoou um grito, o nome de Marin — parece ser o título que se dá ao soberano da Síria" (Fílon, *In Flaccum* 6,36-39). Mas parece impossível ir além do limiar de uma possibilidade. A duplicata de ultrajes por parte ora dos judeus, ora dos romanos de Marcos, seguido por Mateus, é julgada como amplificação sucessiva, sem poder identificar qual das duas cenas motivou a criação da outra.

7.3. Sobre o Gólgota

No quadro da execução da sentença (Mc 15,22-41 e par.; Jo 19,17-37) são comuns os seguintes particulares. Antes de tudo, a especificação do lugar chamado hebraicamente Golgotha no quarto evangelho, enquanto Marcos e Mateus o fazem seguir de sua tradução em grego (lugar do) "Crânio", e Lucas escreve somente a palavra grega. Depois, a companhia para Jesus na cruz de outros dois, segundo João; de dois bandidos, nos sinóticos. A seguir, a apropriação das vestes do Crucificado, tiradas à sorte (sinóticos), enquanto João fala vestes rasgadas e distribuídas entre diversos crucificadores; porém, a túnica foi sorteada. Ainda o *titulus crucis*, do qual falamos; enquanto o particular do vinho com mirra ou misturado com fel dado ao Crucificado que o rejeita está somente em Marcos (e em Mateus), e a hora da crucificação, a terceira, às 9 da manhã, é típica de Marcos. Esse evangelista, seguido por Mateus, atesta, ademais, o ultrajante desafio ao Crucificado para que desça da cruz e salve a si mesmo, enquanto Lucas a apresenta de forma muito breve. Os sinóticos concordam ao afirmar que na hora sexta ficou escuro e que as mulheres da Galileia estavam presentes mas ao longe, enquanto o quarto evangelho tem, por conta própria, a cena da mãe de Jesus e do discípulo predileto aos pés da cruz. De suas palavras na cruz temos informações bastante diversas: *"Eloi, Eloi, lamá sabachtáni* — Deus meu, Deus meu, por que me abandonaste?" (cit. de Sl 22,2) em Marcos e Mateus; Jesus morre depois de dar um grande grito (Mc e Mt); da promessa de Jesus ao bom ladrão como também de seu confiante abandono nas mãos do Pai, presente somente em Lucas, já falamos. No quarto evangelho, temos a palavra do Crucificado à mãe e ao discípulo amado: "Eis teu filho"; "Eis tua mãe" e as últimas palavras: "Tenho sede"; "Está consumado". No apócrifo *Evangelho de Pedro*, o Crucificado exala o último respiro, dizendo: "Força minha, força minha, tu me abandonaste!", com a anotação de sua glorificação: "Enquanto dizia isso, foi assunto" (Jo 5,19). Enfim, Mc 15,38 e paralelos afirmam que, à sua morte, a cortina do santuário jerosolimitano se rasgou ao meio.

Do ponto de vista histórico, confiáveis são somente o lugar da crucificação, Gólgota (sobre sua localização, cf. Taylor), a provável companhia de dois desgraçados e o *titulus crucis*. O restante entra nas tendências dos evangelistas. O mesmo julgamento pode valer para o detalhe de Simão de Cirene, de quem Marcos menciona os filhos Alexandre e Rufo, que levou a cruz de Jesus. A presença de mulheres galileias ao longe, porém, não parece deva se excluir *ipso facto*, mesmo se sua menção está em função dos relatos sucessivos da Páscoa: conhecem onde foi sepultado, daí a descoberta do sepulcro vazio, como veremos. Ao contrário, criação certa do quarto evangelho, ou de sua fonte, é a presença de Maria e do discípulo amado, sobretudo as palavras do Crucificado "Eis teu filho", "Eis tua mãe", nas quais se exprime a realidade das relações familiares, mãe e filho, vividas dentro da Igreja. Sempre à tendência teológica do quarto evangelho e de sua fonte, devemos o particular que a Jesus não foram quebradas as pernas, o que o faz parecer como o cordeiro pascal do qual a Torá proibia quebrar os ossos; por sua vez, seu lado foi atravessado por um golpe de lança que fez sair sangue e água, símbolos da eucaristia e do batismo (Jo 19,31-37). Em conclusão, pode-se pensar que sua morte horrenda tenha acontecido no silêncio.

7.4. A sepultura

O relato de Marcos (15,42-47) narra a atividade de certo José de Arimateia, "nobre sinedrita (ou conselheiro) (*bouleutēs*), que esperava a vinda do Reino de Deus". Era a vigília do sábado. Com coragem, José de

Arimateia foi a Pilatos para solicitar o corpo de Jesus e o obteve. Depois, comprando um lençol, desceu-o da cruz e o envolveu nele, e o pôs em um sepulcro escavado na rocha. Enfim, rolou uma pedra na porta do sepulcro. Maria de Magdala e Maria de Joset estavam olhando onde o tinham colocado.

Mt 27,57-61 e Lc 23,50-55, que dependem de Marcos, preocuparam-se em amplificar esses dados: o primeiro evangelista qualifica José de Arimateia *homem rico* e ainda *alguém que se fez discípulo de Jesus*; segundo Lucas era "um membro do Sinédrio, *homem bom e justo — ele não tinha concordado nem com a decisão nem com a obra deles* — de Arimateia, *cidade judaica*, e esperava a vinda do Reino de Deus". Marcos tem, apenas ele, a anotação de que Pilatos se admirou que Jesus estivesse já morto e, conferindo a notícia com o centurião, concedeu o pedido (Mc 15,44-45). Para Mateus, o lençol no qual o corpo de Jesus fora envolto é "limpo" (*kathara*) e o sepulcro no qual foi posto é novo e propriedade do mesmo José, sem dizer da pedra rolada à entrada do sepulcro que é "grande". Por sua vez, Lucas faz questão de afirmar que no sepulcro no qual foi posto o corpo de Jesus "ninguém tinha ainda sido posto". Quanto às mulheres galileias que estavam lá, o terceiro evangelista acrescenta que, morto Jesus, foram comprar aromas e mirra, propondo-se ir depois do descanso sabático para ungir o cadáver do Crucificado e dar-lhe uma digna sepultura.

O quarto evangelho (Jo 19,38-42) a José de Arimateia, "discípulo de Jesus, mas em secreto por temor dos judeus", acopla Nicodemos, apresentado já no capítulo 3, "que leva uma mistura de mirra e aloés de cerca cem libras", uma quantidade enorme, trinta e três quilos: o Crucificado deve ter uma sepultura régia, como emerge também dos seguintes particulares: "Tomaram o corpo de Jesus, envolveram-no com faixas junto com óleos aromáticos, segundo o costume de sepultar dos judeus". Depois afirma que no lugar da crucificação havia um jardim e que nele havia um sepulcro novo no qual ninguém fora ainda colocado; aqui o sepultaram. O particular do jardim reaparecerá no *Evangelho de Pedro* e também nas *Toledôth Jeshû*.

Além disso, Mt 27,62-66 tem o episódio dos guardas que vigiavam o sepulcro para evitar o roubo do cadáver por parte dos discípulos que, com a tumba vazia, teriam depois ostentado a ressurreição: um traço de grosseira mas eficaz apologética para sustentar a crença cristã em Cristo ressuscitado. O primeiro evangelista foi seguido nisso pelo apócrifo *Evangelho de Pedro* (8,28-33). Tal escrito, porém, caracteriza-se, sobretudo, por ter atribuído não a amigos, mas aos inimigos de Jesus, a permissão de poder sepultar seu corpo; permissão que José, "o amigo de Pilatos e do Senhor", obteve por intercessão de Herodes que faz apelo a um preceito da Torá: "Irmão Pilatos, mesmo se ninguém o tivesse pedido, o teríamos sepultado nós mesmos; de fato, o sábado está chegando. Porque está escrito na Lei: 'Não se ponha o sol sobre um morto!'" (2,3.6). Aos mesmos inimigos é designado a deposição do corpo da cruz: "Extraíram então os pregos das mãos do Senhor e o puseram por terra [...]. Os hebreus se alegraram e deram seu corpo a José, para que o sepultasse" (6,21.23). "Tomando o Senhor, lavou-o, envolveu-o em um lençol e o levou ao seu próprio sepulcro, chamado jardim de José" (6,24).

Por Marcos, deduz-se que a sepultura do cadáver de Jesus aconteceu sem os ritos habituais da unção do corpo e da lamentação dos parentes, posto em uma tumba não sua, talvez em um sepulcro próximo destinado a acolher os corpos de condenados; uma sepultura vergonhosa, própria de um condenado à cruz. Se tudo tivesse sido criado pela fantasia dos cristãos dos primeiros anos, deveríamos esperar certamente o relato de um funeral "de primeira classe", um pouco como se fabulou em seguida com os embelezamentos introduzidos pelos evangelistas, sobretudo por João, que lhe reserva, com a intervenção de dois homens nobres, José e Nicodemos, uma sepultura régia. Aquele que a fé e o culto cristãos reconheciam e adoravam como Filho transcendente de Deus, merecia-a sem dúvida (cf. McCane). A tese de Crossan do Crucificado privado de qualquer sepultura, deixado como alimento às aves de rapina, parece infundada: não deviam faltar pessoas que podiam solicitar e obter de Pilatos a permissão de sepultar o Crucificado, tanto mais que a tradição hebraica, expressa em Dt 21,22-23, mas também em Qumrã no *Rolo do Templo*, como vimos, não permitia que o corpo de um suspenso ficasse lá pregado ao ludíbrio.

Mas quem realmente sepultou Jesus? Amigos ou inimigos? Aos testemunhos evangélicos mencionados que se pronunciam pelo primeiro grupo fazem de contrapeso outras atestações que se exprimem em sentido contrário. Em At 13,29, se lê que os judeus "o depuseram do madeiro da cruz e o colocaram em um sepulcro". Também o quarto evangelho faz eco a essa tradição: "Os judeus então, sendo a parasceve [o dia de preparação da festa da Páscoa] [...] pediram a Pilatos que lhe quebrasse as pernas e fosse retirado" (Jo 19,31). Também o apócrifo *Evangelho de Pedro* em certo modo supõe que assim aconteceu, embora introduza depois José de Arimateia: "[6,21] Então os judeus retiraram os pregos das mãos do Senhor e o deitaram no chão. A terra toda tremeu e houve um grande medo. [22] Então o sol brilhou novamente e viram que era a nona hora. [23] E os hebreus se alegraram e entregaram o corpo a José, para que pudesse enterrá-lo". Talvez sua sepultura por mão amiga faça parte do mais vasto interesse da comunidade cristã das origens que entendeu reservar a seu Senhor uma sepultura honrosa de todos os pontos de vista.

Discutiu-se muito sobre o dia e o ano da morte (cf. Meier, *Um judeu marginal*, I, pp. 380ss e Brown, pp. 1527-1560). As duas fontes independentes — Marcos (seguido por Mateus e Lucas) e João — concordam ao dizer que na tarde antes da paixão consumou com os seus a última ceia, na qual, segundo o quarto evangelho, lavou os pés dos discípulos (Jo 13,1-13); depois da ceia, de fato, continua o relato, foi preso durante a noite, na manhã seguinte interrogado e condenado com execução da sentença, ao todo, sempre segundo eles, na sexta-feira, dizem que foi deposto da cruz e sepultado na vigília do sábado (Mc 15,42 e par.; Jo 19,31). Mas, para Marcos, seguido por Mateus e Lucas, a ceia de despedida era pascal (Mc 14,12), portanto realizada no dia 14 de Nisã; e assim Jesus teria sido morto no dia de Páscoa que caía naquele ano na sexta-feira. Para João, por sua vez, morreu, sim, na sexta-feira, mas em 14 de Nisã, quando se matavam os cordeiros no templo, portanto não no dia da Páscoa, mas na vigília da Páscoa que, portanto, caía no sábado (Jo 19,31: "Era a parasceve..."). Sobre os dias de preparação ("parasceve") e de Páscoa, eis o claro testemunho do apócrifo *Jub* 49,1, século II a.C.: "Lembrai das ordens que o Senhor te deu a propósito da Páscoa: que (a) faças a seu tempo, o 14 do primeiro mês [Nisã], que degoles (o cordeiro) antes do entardecer, para que o comam à noite, quando é a tarde do 15, do pôr do sol".

Não há dúvida, é necessário escolher entre Marcos, seguido por Mateus e Lucas, e o quarto evangelho. A favor desse último se fazem valer a inverossimilhança de uma crucificação no dia de Páscoa, e o testemunho rabínico, citado anteriormente, de que Jesus foi suspenso na "parasceve", assim como o do *Evangelho de Pedro*: "[...] o dia antes dos ázimos, sua festa" foi entregue o corpo de Jesus a José (2,5). Na realidade, A. Jaubert (*La date de la cène*, Paris, 1957) tentou concordar o dado de Marcos com o de João, conjecturando que Jesus tivesse seguido para a ceia pascal, mas sem cordeiro e somente com os ázimos, o calendário solar em uso também em Qumrã e defendido pelo livro dos Jubileus, segundo o qual a Páscoa caía sempre na quarta-feira. Jesus, portanto, teria celebrado o banquete pascal na terça-feira à tarde e teria sido crucificado na sexta-feira, o 14 de Nisã, isto é, na parasceve. Mas é inverossímil que o Nazareno tenha seguido um calendário dos sectários de Qumrã, de outra parte nunca nomeados em nossas fontes cristãs; ele frequentava o templo e subia a Jerusalém para as festas. Não se compreende por que deveria ter seguido um calendário diverso daquele oficial. Além do mais, Jaubert é obrigado a atribuir a Marcos (e paralelos) o erro de colocar a ceia pascal na quinta-feira e não na terça-feira. Sem dizer que Marcos (cf. também Mt e Lc) fala da ceia de despedida como ceia pascal somente em 14,1a e no relato da preparação da ceia em 14,12-16, enquanto no seu relato de paixão tal determinação está ausente. Do episódio de Barrabás, histórico ou não, deduz-se enfim que no relato tradicional da paixão a graça devia ser concedida não no dia da Páscoa, mas naquele da preparação para conceder ao prisioneiro a possibilidade de comer o cordeiro pascal.

Bibliografia do capítulo

Ådna, J. *Jerusalem Temple and Tempelmarkt in 1. Jahrhundert n. Ch.* Wiesbaden, 1998.
Antonini, P. C. *Processo e condanna di Gesù. Indagine storico-esegetica sulle motivazioni della sentenza.* Torino, Claudiana, 1982.
Becker, J. *Jesus von Nazaret.* Berlin-New York, 1996. pp. 399ss.
Betz, H. D. Jesus and the purity of the Temple (Mark 11:15-18). In: *JBL* 116(1997), pp. 455-472.
Betz, O. Probleme des Prozesses Jesu. In: *ANRW* II, 25, 1(1984), pp. 565-647.
Blinzler, J. *Il processo di Gesù.* Brescia, Paideia, 1966.
Brown, R. E. *La morte del Messia. Un commentario ai racconti della Passione dei quattro vangeli.* Brescia, Queriniana, 1999.
Casey, P. M. Culture and historicity: the cleansing of the Temple. In: *CBQ* 59(1997), pp. 306-332.
Castello, G. *L'interrogatorio di Gesù davanti al Sinedrio.* Roma, Dehoniane, 1992.
Chilton, B. The trial of Jesus reconsidered. In: Chilton, B.; Evans, C. A., eds. *Jesus in context.* Leiden, Brill, 1997. pp. 481-500.

Cohn, Ch. *Processo e morte di Gesù. Un punto di vista ebraico.* Torino, Einaudi, 2000.

Crossan, J. D. *O Jesus histórico.* A vida de um camponês judeu do Mediterrâneo. Rio de Janeiro, Imago, 1994. pp. 392-432.

_____. *Quem matou Jesus? As raízes do antissemitismo na história evangélica da morte de Jesus.* Rio de Janeiro, Imago, 1995.

Di Segni, R. La morte di Gesù nelle 'Toledoth Jeshu'. In: Vv. Aa. *Gesù e la sua morte.* pp. 379-388.

Dianich, S. *Il Messia sconfitto.* Casale Monferrato, Piemme, 1997.

Egger, P. *Cruciftxus sub Pontio Pilato. Das Crimen Jesu von Nazareth im Spannungsfeld römischer and jüdischer Verwaltungs-und Rechtsstrukturen.* München, 1997.

Evans, C. A. From public ministry to the passion: can a link be found between the (Galilean) life and the (Judean) death of Jesus? In: *SBL 1993 Seminar Papers.* Atlanta, 1993, pp. 460-472.

_____. Jesus' action in the Temple cleansing or portent of destruction? In: Chilton, B.; Evans, C. A., eds. *Jesus in context.* Leiden, Brill, 1997. pp. 395-439.

Fortna, R. T. A pre-johannine passion narrative as historical source. In: *Forum* 1,1(1998), pp. 71-94.

Giorgi, A. M. *Aprì loro la mente all'intelligenza delle Scritture. Categorie bibliche interpretative della morte e risurrezione di Gesù nei vangeli sinottici.* Roma, Borla, 1992.

Hengel, M. *Crocifissione ed espiazione.* Brescia, Paideia, 1988.

Horsley, R. A. The death of Jesus. In: Chilton, B.; Evans, C. A., eds. *Studying the historical Jesus.* Leiden, Brill, 1994. pp. 395-422.

Jeremias, J. *Le parole dell'ultima cena.* Brescia, Paideia, 1973.

Johnson, E. S. Mark 15,39 and the so-called confession of the Roman centurion. In: *Bib* 81(2000), pp. 406-413.

Jossa, G. *Il processo di Gesù.* Brescia, Paideia, 2002.

Kertelge, K., ed. *Der Prozess gegen Jesus. Historische Rückfrage and theologische Deutung.* Freiburg i.Br., 1988.

Klassen, W. Judas Iscariot. In: *ABD* III, pp. 1091-1096.

_____. *Giuda. Traditore o amico di Cristo?* Milano, Bompiani, 1996.

Klauck, H. J. *Judas - Ein Jünger des Herrn.* Freiburg, 1987.

Kuhn, H. W. Die Kreuzesstrafe während der frühen Kaiserzeit. Ihre Wirklichkeit and Wertung in der Umwelt des Urchristentums. In: *ANRW* II, 25, 1(1982), pp. 684-793.

Légasse, S. *Le procès de Jésus*. I-II: *L'histoire/La passion des quatre Évangiles*. Paris, 1994-1995.

Lémonon, J.-P. Les causes de la mort de Jésus. In: Marguerat, D.; Norelli, E.; Poffet, J.-M., eds. *Jésus de Nazareth*. Genève, 1998. pp. 349-369.

Léon-Dufour, X. Jésus devant sa mort, à la lumière des textes de l'institution eucharistique et des discours d'adieu. In: Dupont, J., ed. *Jésus aux origines de la christologie*. 2 ed. Leuven, 1989. pp. 141-168.

Linnemann, E. *Studien zur Passionsgeschichte*. Göttingen, 1970.

Maggioni, B. *I racconti evangelici della passione*. Assisi, Cittadella Editrice, 1991.

Magne, J. Jésus devant Pilate. In: *RB* 105(1998), pp. 42-69.

Marchadour, A., ed. *Procès de Jésus, procès des Juifs? Éclairage biblique et historique*. Paris, 1998.

Martone, C. Un testo qumranico che narra la morte del Messia? A proposito del recente dibattito su 4Q285. In: *RivBib* 42(1994), pp. 329-336.

McCane, B. R. "Where no one had yet been laid": The shame of Jesus' burial. In: Chilton, B; Evans, C. A., eds. *Authenticating the activities of Jesus*. Leiden-Boston-Köln, 1999. pp. 431-452.

Murphy-O'Connor, J. Jesus and the money changers (Mk 11:15-17; John 2:13-17) in *RB* 107(2000), pp. 42-55.

Myllykoski, M. *Die letzten Tage Jesu: Markus und Johannes, ihre Traditionen und die historische Frage*. Helsinki, 1991.

Nodet, E. Les dernières vingtquatre heures de Jésus. In: Quesnel, M.; Blanchard, Y. M.; Tassin, C., eds. *Nourriture et repas dans les milieux juifs et chrétiens de l'Antiquité* (FS C. Perrot). Paris, 1999. pp. 155-169.

Paesler, K. *Das Tempelwort Jesu. Die Traditionen von Tempelzerstörung und Tempelerneuerung im NT*. Göttingen, 1999.

Penna, R. *I ritratti originali di Gesù il Cristo*. I: *Gli inizi*. Cinisello Balsamo (MI), San Paolo, 1996. pp. 66-74; 153-166.

Prete, B. *La passione e la morte di Gesù nel vangelo di Luca*. I. Brescia, Paideia, 1996.

Rivkin, E. What crucified Jesus? In: Charlesworth, J. H., ed. *Jesus' jewishness*. Philadelphia, 1991. pp. 153-176.

Sanders, E. P. *Gesù e il giudaismo*. Genova, Marietti, 1992. pp. 83-105; 347-410.

Schlosser, J. La parole de Jésus sur la fin du Temple. In: *NTS* 36(1990), pp. 398-414.

Schnabel, E. J. The silence of Jesus. The Galilean rabbi who was more than a prophet. In: Chilton, B.; Evans, C. A., eds. *Authenticating the words of Jesus*. Leiden-Boston-Köln, 1999. pp. 203-257.

Schürmann, H. *Gesù di fronte alla propria morte. Riflessioni esegetiche e prospettive.* Brescia, Morcelliana, 1983.

_____. *Regno di Dio e destino di Gesù. La morte di Gesù alla luce del suo annuncio del Regno.* Milano, Jaka Book, 1995.

Segalla, G. Gesù e il tempio. Una distruzione annunciata e/o minacciata del santuario (*naos*) e una misteriosa riedificazione. In: Fabris, R., ed. *Initium sapientiae.* Bologna, EDB, 2000. pp. 271-293.

Söding, Th. Die Tempelaktion Jesu. In: *TThZ* 101(1992), pp. 36-64.

Steck, O. H. *Israel und das gewaltsame Geschick der Propheten.* Neukirchen, 1967.

Taylor, J. E. Golgotha. A reconsideration of the evidence for the sites of Jesus' crucifixion and burial. In: *NTS* 44(1998), pp. 180-203.

Theissen, G. La profezia di Gesù sul tempio. Profezia e tensioni fra città e campagna. In: *Sociologia del cristianesimo primitivo.* pp. 124-141.

_____ & Merz, A. Il Gesù storico. Un manuale. Brescia, Queriniana, 1999. pp. 540-578. [Ed. bras.: O Jesus histórico. São Paulo, Loyola, 2002].

Van Cangh, J. M. Le déroulement primitif de la Cène (Mc 14,18-26 et par). In: *RB* 102(1995), pp. 193-225.

Vv. Aa. *Gesù e la sua morte. Atti della XXVII settimana biblica.* Brescia, Paideia, 1984.

Vv. Aa. On the passion narratives. In: *Forum* 1998/1.

Winter, J. *On the trial of Jesus.* Berlin-New York, 1974.

Zias, J.; Charlesworth, J. H. Crocifissione: l'archeologia, Gesù, e i manoscritti del Mar Morto. In: Charlesworth, J. H., ed. *Gesù e la comunità di Qumran.* Casale Monferrato, Piemme, 1997. pp. 187-302.

Capítulo XIII
NÓS CREMOS QUE DEUS O RESSUSCITOU

A pesquisa histórica sobre Jesus se detém indiscutivelmente na sua morte e sepultura; mas não se deteve em seu movimento que, superado o choque da catástrofe da crucificação, renasceu rapidamente à nova existência. Seus discípulos históricos, cuja fé pré-pascal fora desmentida na Sexta-Feira Santa, dentro de poucos meses, pode-se considerar, atestam ter uma firme fé pascal: Jesus que morreu, dizem, está novamente vivo, mas de uma vida qualitativamente diversa daquela terrena concluída definitivamente no Gólgota. Trata-se de uma fé que não se esgota em uma convicção interna, mas se manifesta socialmente sob forma de uma nova agregação com um Pedro líder indiscutido: reencontram-se em Jerusalém, depois da ignominiosa fuga para a Galileia (Mc 14,50; par. Mt) e a traição do mesmo Pedro (Mc 14,66-72 e par.; Jo 18,25-27); participam de reuniões de oração e ao rito da comensalidade da Ceia do Senhor; fazem-se missionários anunciadores de Jesus aos judeus e depois, superando os confins palestinos, também aos gentios. Atestam-no, sobretudo, os Atos dos Apóstolos, aos quais se acrescentam notícias importantes e historicamente confiáveis, presentes nas cartas paulinas e em outros escritos das origens cristãs.

Ora, tudo isso entra legitimamente no âmbito das competências do historiador que não pode se abster de estudar o êxito inesperado da vida histórica do Nazareno. A morte horrenda sobre o patíbulo não foi a última palavra pronunciada sobre seu destino; essa é consignada à fé de Pedro e de seus companheiros que não o encerraram no museu das lembranças nostálgicas e das venerandas memórias, mas o creram e anunciaram mais do que nunca vivo e atuante, é bem verdade que não da maneira na qual tinha sido no passado na Galileia e na Judeia, mas ao modo no qual Deus mesmo se faz presente e atuante na história e que somente a fé colhe e pode colher. Em uma palavra, o objeto de nosso estudo é a crença cristã no

Crucificado ressuscitado e sua gênese: o que exatamente quer dizer crer, por parte de Pedro e de seus companheiros, na sua ressurreição e em que modo eles chegaram a crer? Por outro lado, a ressurreição de Jesus, afirmada como evento real, não é absolutamente um evento histórico, não está situada no tempo e no espaço. Kessler não impressiona quando afirma: "Uma videocâmara instalada no sepulcro não teria gravado nada" (p. 438).

1. O antigo formulário da fé pascal

Está presente nos vários escritos das origens cristãs sob gêneros literários diversos: cantos hínicos (Fl 2,5-11; 1Tm 3,16), confissões de fé (Rm 10,10: "Se cremos..."), anúncios evangélicos (1Cor 15,1.3-5: "Lembro-vos o evangelho..."; 1Cor 15,12: "Se se proclama que"), postulados de argumentações teológicas (1Cor 15,12ss; Rm 8,11: da fé na ressurreição de Jesus à esperança na ressurreição dos crentes). Sobretudo, a fé pascal dos primeiros crentes em Cristo se expressou com grande variedade de linguagens e de categorias de pensamento, umas e outras de notável significação teológica, referentes a quanto acontecera na Páscoa. Note-se bem: *nenhuma descrição* do evento pascal, do qual ninguém fora testemunha — o fará somente o apócrifo *Evangelho de Pedro* —, evento por si mesmo *inenarrável*, mas somente linguagens da fé que têm sua "inteligência" (*intellectus fidei*) de quanto se crê com o coração e se professa com a língua (cf. Rm 10,9). A pluralidade e variedade das expressões teológicas usadas indicam que nenhuma delas se mostrava exaustiva para exprimir uma realidade tão profunda; foram necessárias mais "metáforas" interpretativas, todas complementares, para que Pedro e seus companheiros pudessem "dizer", a si e aos outros, aquilo no qual acreditavam.

1.1. Deus ressuscitou o Crucificado

A categoria teológica mais usada pelos primeiros crentes é a da ressurreição, com o uso prevalente dos verbos *egeirein* (lit.: "despertar-se"), sobretudo, e *anistanai* ("levantar-se"), enquanto os substantivos correspondentes *egersis* e *anastasis* recorrem poucas vezes (cf. respectivamente Mt 27,53 e At 1,22; Rm 6,5 etc.). Muitíssimas vezes acrescenta-se o complemento "do reino dos mortos" (*ek [tōn] nekrōn*) que esclarece bastante bem, em primeira instância, o significado de ressurreição: quer dizer, antes de tudo, libertação do *sheol*, lugar subterrâneo de trevas e de inatividade onde acabam os mortos segundo a tradição bíblico-hebraica ao qual corresponde o Hades da mitologia e cosmologia gregas (e *inferi* em latim). Daí a fórmula: Cristo é o primeiro saído do mundo dos mortos, primícias de uma humanidade regenerada (*prōtotokos ek tōn nekrōn*: "O primogênito dos ressuscitados do reino dos mortos") (Cl 1,18; Ap 1,5). E positivamente ressurreição significa um ponto de chegada à vida: Jesus se apresentou vivo aos discípulos depois de sua paixão mortal (At 1,3); "Cristo morreu e reviveu (*apethanen kai ezēsen*)" (Rm 14,9); "Estive morto (*egenomēn nekros*) e eis que estou vivo (*zōn eimi*) para sempre e tenho nas mãos as chaves da morte e do Hades" (Ap 1,18).

Decerto Pedro e seus companheiros de fé se inspiraram aqui na herança do povo judaico. É fato que por séculos Israel viveu convencido de que o fim da existência humana fosse igualmente negativo para todos, com a queda no reino tenebroso dos mortos e os defuntos reduzidos a larvas, privados de vida. Apenas tardiamente, no século II a.C., pode-se perceber uma clara esperança — nascida no clima dramático da perseguição de Antíoco IV Epífanes (175-163 a.C.) — em um além-mundo para cada pessoa. Na defesa da liberdade religiosa não poucos israelitas tinham dado a vida; era a estação dos mártires e a fé israelita não podia não se interrogar: como é possível que Deus abandone no esquálido *sheol*, longe de si, quantos pagam com a vida sua adesão a ele e à sua lei? Uma resposta clara na substância, embora controversa acerca do caráter universal da ressurreição, é dada antes de tudo por Dn 12,2: "Muitos dos que dormem no pó da terra despertarão: uns para a vida eterna e outros para a vergonha e a infâmia". Mais perspícuo o sucessivo testemunho de 2Mc 7 no qual o segundo dos sete irmãos macabeus assim diz ao tirano: "Tu, celerado, elimina-nos da vida presente, mas o rei do mundo, depois que tenhamos morrido por suas leis, nos ressuscitará para uma vida nova e eterna (*eis aiōnion anabiōsin zōēs hēmas anastēsei*)" (v. 9). À sua certeza de ressurgir, o quarto irmão acopla a exclusão de qualquer ressurreição para o perseguidor: "Para ti não haverá nenhuma ressurreição para a vida (*anastasis eis zōēn*)" (v. 14). E parece que ali se fala de ressurreição logo depois da morte: "Já agora nossos irmãos, que suportaram breve tormento, conseguiram a herança da vida eterna por obra de Deus" (2Mc 7,36). Uma ressurreição mais generalizada, para não dizer universal, encontra-se por exemplo, em *1Hen* 51,1-5:

Naqueles dias a terra e o inferno restituirão o que (lhes) fora confiado, e o reino dos mortos restituirá o que deve. (2) E (Deus?) escolherá, entre eles, os santos e os justos, pois terá se aproximado o dia no qual eles se salvarão. [...] (4) [...] e todos serão anjos no céu. (5) O rosto deles brilhará de alegria porque naqueles dias o eleito terá surgido e a terra se alegrará, os justos habitarão nela e os eleitos passearão sobre ela.

Juntamente a essa esperança na ressurreição que se inscreve em um quadro de antropologia monística, desponta outra prospectiva em chave de antropologia espiritualista que encontra voz no livro da Sabedoria. Basta citar esta passagem: "As almas dos justos estão nas mãos de Deus, nenhum tormento as tocará [...], sua esperança é cheia de imortalidade (*athanasias*)" (Sb 3,1.4), enquanto vã é a esperança dos ímpios (Sb 3,11), que serão vítimas da morte entrada no mundo pela inveja do diabo (Sb 2,24). São dois endereços antropologicamente diversos, mas têm em comum a fé na vitória da vida sobre a morte, dom daquele Deus capaz de ressuscitar os mortos e beatificar a substância espiritual das pessoas.

Basta aqui acrescentar que, no tempo de Jesus, se os fariseus eram defensores da esperança na ressurreição final dos mortos, essa era contestada pelos saduceus (cf. Flávio Josefo, *Bell* 2,163-165; Mc 12,18-27 e par.; At 23,6-9). Por outra parte, sabe-se que o mundo grego a negava decididamente. Por exemplo, em Ésquilo podemos ler: "Deixa que o pó sugue primeiro o sangue de um homem, uma vez caído: não existe ressurreição (*outis esti' anastasis*)" (*Eumênides* 647-648: tr. E. Savino, Garzanti). Por sua parte Plotino defende a imortalidade da alma e nega a ressurreição: "Visto que a parte da alma que está no corpo dorme, o verdadeiro despertar é uma verdadeira ressurreição do corpo, não com o corpo (*alēthinē apo sōmatos, ou meta sōmatos, anastasis*)" (*Enéadas* 3,6,6,70-72).

Esse é, contudo, um fundo genérico da fé em Cristo ressuscitado. A ressurreição do Crucificado, com efeito, manifesta indubitáveis originalidades que fazem dela um *unicum* no mundo judaico do tempo. Antes de tudo, os primeiros cristãos creem e proclamam que ele foi ressuscitado já agora: uma realidade consumada, não uma esperança para o futuro último. Além do mais, é libertação da morte, certo, não temporária, mas para sempre. Atestam-no por exemplo Paulo em Rm 6,9: "Sabemos (pela fé) que Cristo ressuscitado do reino dos mortos (*egertheis ek nekrōn*) não morre mais (*ouketi apothneskei*)", e o autor do apocalipse, que transfere para Cristo o título "o Vivente" reservado a Deus pela tradição hebraica, seguida aqui por aquela cristã (cf. por ex., At 14,15; 1Ts 1,9; Jo 6,57). Cristo, de fato, se proclama: "Eu sou o vivente (*ho zōn*)" (Ap 1,18). Não devemos, portanto, confundi-la com a pretendida ressurreição de Lázaro, da filha de Jairo e do filho único da viúva de Naim, narradas nos evangelhos: aqui um simples regresso à vida passageira do passado, um prolongamento de existência concluída, de qualquer maneira, finalmente com a morte; para Jesus, uma vida sem ocasos, nova, superior, de caráter divino, ele que é ao mesmo tempo Ressuscitado e princípio ativo de ressurreição para os outros. Nisso se distancia nitidamente do destino dos irmãos macabeus ou também daquele de Henoc e Elias arrebatados ao céu. Eis os testemunhos das origens cristãs, ricos já de reflexão teológica: se o primeiro Adão foi um ser vivente de vida natural e passageira (*psykhē zōsa*), Cristo, segundo Adão, é um vivente da vida "espiritual" dispensador de vida nova aos mortos (*pneuma zōopoioun*). Análoga a afirmação de 1Pd 3,18: Jesus foi morto quanto à sua existência transitória (*thanatōtheis men sarki*) mas foi vivificado pela vida do Espírito (*zōopoiētheis de pneumati*). Em Rm 6,10, Paulo fala de um viver totalmente para Deus.

Das fórmulas arcaicas, a mais constante sublinha a iniciativa de Deus: foi ele quem ressuscitou Jesus crucificado; e Paulo precisa que ele interveio com ação poderosa, típica daquele que, segundo a tradição hebraica, feita própria pelos cristãos nos seus primeiros escritos, é "o ressuscitador dos mortos" (Rm 4,18). Jesus "foi crucificado por sua fraqueza, mas está vivo pelo poder de Deus" (2Cor 13,4). Na realidade, encontramo-nos diante de dois tipos de proposições: o primeiro com Deus como sujeito e o verbo "ressuscitar" em forma ativa, no segundo Jesus é o sujeito do mesmo verbo em forma passiva e Deus o agente da passiva subentendido. Basta-nos algum exemplo de um e de outro. Paulo fala assim do conteúdo essencial da fé dos primeiros crentes: "Se creres com teu coração que Deus o ressuscitou do reino dos mortos (*ēgeiren ek nekrōs*)..." (Rm 10,9); "Deus ressuscitou o Senhor" (1Cor 6,14; cf. também por ex., 1Ts 1,10; 1Cor 15,15; Rm 8,11). Por sua parte, mais tarde, o livro dos Atos dos Apóstolos contrapõe a ação ressuscitadora de Deus àquela mortífera dos crucificadores: esses mataram o autor da vida, mas Deus o ressuscitou do reino dos mortos (At 3,15; cf. também 4,10; 5,30; 10,39-40). Não faltam proposições análogas, todas no livro dos Atos, com o verbo ativo *anistanai*: Jesus, "que Deus ressuscitou (*anestesēn*)" (At 2,24.32; cf. 13,33.34; 17,31). Quanto às proposições passivas, indicamos como exemplo: Cristo "foi ressuscitado (*ēgerthē*) por Deus para nossa justiça" (Rm 4,25); "Quando Cristo foi por

Deus ressuscitado do reino dos mortos" (Jo 2,22; cf. também Mc 16,6; Mt 28,6; Lc 24,34; Rm 6,4 etc.).

A ação divina ressuscitadora do Crucificado é tão importante e decisiva para os primeiros crentes que eles a elevam como qualificação essencial de Deus; ele é definido, portanto, como "aquele que ressuscitou Jesus", um pouco como na tradição bíblico-hebraica que o chamava "aquele que fez o céu e a terra" (Sl 115,5; 121,2) ou "aquele que vos [Israel] tirou do país do Egito" (Ex 16,6; Dt 8,14; Jr 16,14-15; 23,7-8). Paulo, em particular, é o artífice destas formas participiais: "[...] nós que cremos naquele que ressuscitou Jesus (*epi ton egeiranta Iēsoun*), nosso Senhor, do reino dos mortos" (Rm 4,24); "Aquele que ressuscitou o Senhor Jesus... (*ho egeiras ton kyrion Iēsoun*)" (2Cor 4,14); e Paulo se apresenta aos gálatas como "apóstolo por Deus Pai, aquele que ressuscitou Cristo do mundo dos mortos (*tou egeirantos auton ek nekrōn*)" (Gl 1,1; cf. também Rm 8,11; Cl 2,12; 1Pd 1,21).

Não faltam, porém, proposições, provavelmente mais recentes, nas quais Jesus é sujeito ativo de sua ressurreição: "Se acreditarmos que Jesus morreu e ressuscitou (*anestē*)" (1Ts 4,14); em 1Cor 15,3-5 Paulo transmite o que recebera: "Cristo morreu/foi sepultado/ressuscitou e é o Ressuscitado (*egēgertai*)..." (cf. também 1Cor 15,12.20). Assim também nas predições evangélicas: "O Filho do Homem deverá ser morto e depois de três dias ressurgir (*anastēnai*)/ será morto e depois de três dias ressuscitará (*anastēsetai*)" (Mc 8,31; 9,31; 10,33s).

Por razões de completude devemos citar as passagens nas quais a ressurreição do Nazareno está estritamente vinculada com sua nova identidade. Tornou-se Filho de Deus dotado de poder divino, como recita uma antiga tradição protocristã: "Filho de Deus, nascido da estirpe de Davi segundo sua existência passageira (lit.: quanto à carne), constituído filho de Deus com poder, segundo o Espírito de santidade, pela ressurreição dos mortos" (Rm 1,3-4). Mas se afirma um estreito paralelismo também entre ressurreição e senhorio: "Se confessares com tua boca que Jesus é o Senhor e creres com teu coração que Deus o ressuscitou, serás salvo" (Rm 10,9). Assim também em Rm 14,9: "Por isso Cristo morreu e entrou na vida, para ser o senhor (*kyrieusē-i*) dos mortos e dos vivos". Trata-se de filiação divina e de senhorio de caráter salvífico que se manifestará plenamente no último dia, como aparece em uma tradição cristã arcaica que define a fé cristológica em termos de esperança: os crentes de Tessalônica converteram-se "para servir o Deus vivo e esperar dos céus seu Filho, que ele ressuscitou do reino dos mortos, Jesus que nos livrará do iminente juízo de condenação" (1Ts 1,9-10). Mais arcaica ainda, pensa-se, a súplica a Cristo registrada em aramaico em 1Cor 16,22: "*Marana tha*, vem, ó Senhor".

Poucos textos preocupam-se em fixar cronologicamente o evento da sua ressurreição: "O terceiro dia" diz a fórmula de 1Cor 15,4 (cf. também At 10,39-40 e Lc 24,7); mas nas predições evangélicas o testemunho não é exatamente idêntico: "Depois de três dias" na versão de Mc 8,31; 9,31; 10,34, "o terceiro dia" nas versões paralelas de Mateus e Lucas. Como interpretar essas fórmulas? Uma possível referência é o texto profético de Os 6,2: "[Deus] nos salvará depois de dois dias, o terceiro dia seremos levantados (*anastēsometha*) e viveremos diante dele". "Depois de dois dias" e "o terceiro dia" indicam aqui um breve lapso de tempo que transcorre entre a desolação e a "ressurreição". Em uma palavra, Deus não demora em intervir a favor de seu povo. Ora, na releitura judaico-rabínica, a passagem de Oseias foi interpretada em referência à ressurreição dos mortos: "'O terceiro dia Abraão levantou os olhos' (Gn 22,4). Está escrito: 'Depois de dois dias nos fará reviver, o terceiro dia nos fará ressurgir e viveremos diante dEle' (Os 6,2) [...] o terceiro dia de Jonas [...] o terceiro dia da ressurreição dos mortos" (*Bereshit Rabba* 56,1); "Durante dois dias todos os seus [da terra] habitantes experimentarão o sabor da morte [...]. O terceiro dia ele os renovará, dando a vida aos mortos e os estabelecerá diante dele, como fora anunciado: 'O terceiro dia nos ressuscitará e nós viveremos diante dEle' (Os 6,2)" (*Pirqê R. Eliezar* 51). Mas não faltam estudiosos que preferem o sentido estritamente cronológico: no terceiro dia depois da morte Cristo apareceu ressuscitado; uma determinação cronológica inaplicável ao evento da ressurreição que é extensivo à morte, como bem compreendera o quarto evangelho, que vê na cruz a exaltação gloriosa do Crucificado.

1.2. *Deus o exaltou*

As fórmulas aqui são várias, mas todas indicadoras de uma ação divina que circundou de esplendor divino o Crucificado e igualmente expressivas de máxima humilhação e de suma desonra do vencido, terminado na cruz por obra de homens violentos aos quais Deus respondeu exaltando-o (*hypsoun*), glorificando-o (*doxazein/ doxa*), levando-o ao céu (*analambanein, anabainein, metabainein, anapherein, anagagein*) e entronizando-o "à sua direita". Outras fórmulas o apresentam como sujeito ativo dessa "transição": foi para o céu (*poreuesthai*) (cf. o quarto evangelho); atravessou os céus (*dierkhesthai*) para entrar no santuário celeste (*eiserkhesthai*) (Hb 4,14; 9,24). Com uma fórmula conhecida pela tradição cristã e típica do autor do terceiro evangelho e dos Atos dos Apóstolos fala-se de "ascensão" ao céu (*analēmpsis*).

Estamos, na realidade, diante de símbolos caracterizados pelo esquema antitético baixo/alto e terra/céu que indica plasticamente a baixeza do mundo humano e a alteza do divino, em particular a humilhação e a glorificação de uma pessoa. A ressurreição do Crucificado significa que Deus o colocou no alto, introduziu-o no seu mundo. Porém, quem subiu aos céus não fica separado das coisas desse mundo, mas mais do que nunca é ativo com o poder divino salvador que lhe foi dado. Se o contraste com a condenação infamante à cruz aparece muito nítido e assinala uma indubitável descontinuidade com o Jesus terreno, contudo, é afirmada sempre a identidade pessoal: o exaltado é o Crucificado.

Entre os textos que documentam a exaltação com o motivo conexo da entronização "à direita de Deus", citamos de pronto o hino pré-paulino de Fl 2,5-11, centrado na antítese abaixamento/elevação: "Cristo Jesus [...] se abaixou (*etapeinōsen*) fazendo-se obediente até a morte, e até a morte de cruz. E por isso Deus o superexaltou (*hyperypsōsen*) e lhe doou o Nome mais excelso que existe, para que, ao nome de Jesus, todos se ajoelhem no céu, na terra e sob a terra, e toda língua confesse, para glória de Deus Pai, que Jesus Cristo é o Senhor!". O quarto evangelho lê como profecia de Jesus a serpente de bronze hasteada para curar os filhos de Israel mordidos por serpentes: "Como Moisés levantou a serpente no deserto, assim é necessário que seja levantado o Filho do Homem" (Jo 3,14; cf. 8,28; 12,32.34): o evangelista, na realidade, se refere à exaltação na cruz, vista porém no seu lado glorioso porque em estreita relação com a ressurreição. At 2,32-33 conectou *explicitis verbis* ressurreição e exaltação, assim como a doação do Espírito em Pentecostes: "Deus ressuscitou este Jesus, e disto todos nós somos testemunhas; portanto, exaltado à direita de Deus (*tē-i dexia-i oun tou theu hypsōtheis*), derramou o Espírito prometido" (cf. também At 5,30-31; 7,55.56). Em Rm 8,34 são indicadas estas "etapas" de sua parábola terrena e celeste: "Cristo, aquele que morreu e foi ressuscitado, o qual também está à direita de Deus e intercede por nós".

A entronização à direita de Deus significa a participação no poder régio divino com o qual ele domina sobre a criação, também sobre os poderes sobre-humanos que influem, segundo o mito de então, na esfera humana: Deus exerceu seu poder sobre Cristo, "ressuscitando-o do reino dos mortos e fazendo-o sentar à sua direita nos céus acima de todo principado, potestade..." (Ef 1,20); "[...] está à direita de Deus, depois de ter ido ao céu e obtido a submissão de anjos, autoridades, potestades" (1Pd 3,22; cf. também Hb 1,3; 8,1; 12,2: "Sentou-se à direita do trono de Deus"; 10,2).

Não menos numerosas as fórmulas expressivas de ascensão ou de subida ao céu, assim como de viagem deste mundo ao mundo de Deus. Antes de tudo, deve-se citar o hino cristológico, arcaico, de 1Tm 3,16: "Foi assunto na glória (divina) (*anelēmphthē en doxē-i*)". A redação de Lucas é "narrativa" e "visual", modo plástico para afirmar um evento divino que por sua natureza foge ao nosso olhar sensível e também racional. Com efeito, se em Lc 9,51 se limita a uma breve afirmação: "Enquanto se cumpriam os dias de sua ascensão (*tēs analēmpseōs*)", em 24,50-51 apresenta um verdadeiro relato não privado de dados cronológicos e topográficos: "Depois os levou fora para Betânia e, levantando as mãos os abençoou e enquanto os abençoava se separou deles (*diestē ap'autōn*) e foi levado ao céu (*anephereto eis ton ouranon*)". Assim também em At 1,3.9.11: "Mostrou-se a eles por quarenta dias [...]. E dito isto, sob seu olhar foi elevado ao alto (*epērthē*) e uma nuvem o ocultou aos seus olhos". Depois os discípulos, espectadores, são convidados a não ficar com o olhar fixo ao céu, porque "este Jesus que foi assunto ao céu e tirado de vós virá do modo como o vistes partir ao céu".

Também o quarto evangelho fala desta "viagem" ascensional, mas vinculando-a àquela inversa de descida da encarnação; portanto, catábase e anábase. "Ninguém subiu ao céu senão aquele que desceu do céu (*anabebēken, ho katabas*)" (Jo 3,13); a hora de Jesus indica sua passagem (*metabainein*) deste mundo ao Pai (Jo 13,1). Em Jo 14,2-3.12.28; 16,7.28 recorre normalmente o verbo "ir" (*poreuesthai*) e uma vez "retirar-se" (*apelthein*). Veja também Rm 10,7: "Quem desceria nos abismos do inferno para fazer subir (*anagagein*) Cristo do reino dos mortos?". Descida e subida estão no centro também de Ef 4,10: "Aquele que desceu é o mesmo que subiu acima de todos os céus (*ho katabas autos estin kai ho anabas*)".

Quanto às fórmulas de glorificação, as testemunhas são, sobretudo, Lucas e João. O misterioso companheiro de viagem dos dois discípulos de Emaús assim explica o sentido positivo da Sexta-Feira Santa vivida por eles como catastrófica: "Não era necessário que o Cristo padecesse e entrasse na sua glória?" (Lc 24,26). Em At 3,13, temos o contraste entre a ação dos crucificadores e a de Deus: "O Pai glorificou seu servo Jesus (*edoxasen ton paida autou Iēsoun*)" por aqueles rejeitado e entregue à morte. O quarto evangelho, como para a exaltação, vê sua glorificação já na cruz: na vigília da paixão ele reza a Deus para glorificá-lo com aquela glória que tinha antes da criação do mundo junto dele (Jo 17,1.5) e encoraja os seus: "Agora o Filho do Homem foi glorificado" (Jo 13,31). Na Primeira Carta de Pedro, a ressurreição está em paralelo com a glorificação: "[...] Deus, que o ressuscitou do reino dos mortos e lhe deu a glória" (1Pd 1,21).

De passagem, parece necessário aludir ao fato de que o motivo lucano de arrebatamento celeste é atestado na tradição bíblico-judaica e no mundo greco-romano: "Henoc caminhou diante de Deus e não foi além, porque Deus o capturou (*laqah*)" (Gn 5,24). A mesma sorte teve o profeta Elias: "Depois, querendo Deus fazer subir (*anagein*) ao céu em um turbilhão a Elias [...]. Elias subiu (*anelēmphthē*) no turbilhão ao céu" (2Rs 2,1.11). Do arrebatamento celeste de Rômulo nos fala Tito Lívio: "De repente desatou--se uma tempestade, com grande estrondo e trovões, que envolveu o rei em uma densa nuvem a ponto de tirá-lo da vista de seu povo; em seguida, Rômulo não estava no chão"; e pouco depois o historiador fala de "sublime rapto (*sublimem raptum*) acontecido em uma procela" (*Hist* 1,16). Em benefício do valente Menelau, Homero relata esta profecia: "[...] não está estabelecido que tu morras e sofras o destino em Argo que nutre cavalos, mas para o Campo Eliseu e na extremidade da terra, onde está o loiro Radamanto, os imortais te enviarão (*pempousin*)" (*Odisseia* 4,561-569: ed. Fondazione Lorenzo Valla). A mesma sorte coube a Ganimedes, que por sua beleza "os deuses o raptaram ao alto (*an-airein*) para tornar-se copeiro de Zeus" (*Ilíada* 20,232ss). Mais próximo no tempo a Jesus, Apolônio de Tiana: "Apolônio já não estava mais entre os homens, e se perguntavam sobre o modo de sua desaparição, mas ninguém ousava colocar em dúvida que não fosse imortal [...]. Em nenhum lugar encontrou-se, que se saiba, uma tumba ou um cenotáfio do sábio" (Filóstrato 8,31).

1.3. Deus lhe fez justiça

Já as mencionadas categorias teológicas referem-se à morte e à humilhação da cruz do Nazareno como ao polo antitético com relação à ressurreição, triunfo da vida sobre a morte, e à exaltação, reabilitação do humilhado. Na mesma linha antitética, coloca-se um verso do hino arcaico, já citado de 1Tm 3,16, que mostra analogias estreitas com Fl 2,5-11 e Rm 1,3 mencionados anteriormente: a Jesus manifestado na sua existência terrena foi feita justiça por Deus, que lhe fez dom da vida do Espírito (*edikaiōthē en pneumati*). Sua existência terrena tinha terminado na tragédia e, juntamente, na vergonha. A pena da cruz, foi dito antes, era infamante para o mundo greco-romano do ponto de vista político-social (*infamis stipes*), mas para os judeus de então, herdeiros de uma centenária tradição, constituía inclusive uma maldição divina. O próprio Paulo é testemunha disto quando inverte um provável ultraje judaico a Jesus Crucificado: o Maldito é fonte de bênção (Gl 3,13-14).

Sobretudo a morte em cruz deve ser confrontada com sua pretensão de ser o enviado último de Deus ao povo israelita para anunciar e inaugurar a reviravolta decisiva da história humana: de fato, com sua palavra e ação Jesus entendeu fazer surgir a alvorada do poder régio divino sob o signo da libertação e da salvação definitiva. Mas seu fim inglório de evangelista do Reino de Deus o desqualificava aos olhos de todos, adversários, indiferentes, seguidores. E não era somente uma questão de honra privada, mas de legitimidade de seu papel e de sua própria identidade; a cruz terminava por negar aquilo que ele afirmava: não pode ser o enviado definitivo ou escatológico de Deus, se foi abandonado nas mãos violentas da autoridade política romana e daquela político-religiosa do sumo sacerdócio jerosolimitano. A impotência do Crucificado, imóvel sobre o patíbulo, e a ausência sob a cruz de seu Deus, que não moveu um dedo para libertá-lo, tinham escrito a palavra fim sobre sua pretensão: desmentido do alto. Mas seu Deus, que não lhe poupara a morte horrenda da cruz, não o abandonou para sempre, dizem os primeiros cristãos; ao contrário, interveio com poder para libertá-lo da morte, dar-lhe uma nova vida, introduzi-lo gloriosamente no seu mundo divino, fazê-lo seu Filho *poderoso* da força salvadora do Espírito, proclamá-lo Senhor e Juiz de todos os homens. Os crucificadores o condenaram injustamente, culpadamente os discípulos o abandonaram fugindo para a Galileia, para seu passado remoto, mas ele não é um mentiroso réu de tráfico de influência. O que disse ser, com palavras e fatos, responde plenamente à verdade; é verdadeiramente o evangelista do Reino de Deus, o último e definitivo enviado divino a Israel e ao mundo. Em breve, seu Deus o "vingou" no sentido da *vendicatio iuris*, fez-lhe justiça.

E que esse seja o sentido do citado 1Tm 3,16, o qual emerge com clareza da tradição bíblica que usa esse verbo. Nela se afirma que, no processo, deve ser feita justiça ao justo e condenado o réu: um princípio jurídico não privado de conotações éticas (Dt 25,1). Absalão preconiza-se como futuro rei que saberá fazer justiça (2Sm 15,4). Mas a experiência muitas vezes negativa de seus juízes persuadiu Israel a confiar-se a Deus; assim reza Salomão no templo que está inaugurando: o Senhor faça justiça ao justo ou ao inocente (1Rs 8,32). Aos juízes depois Deus intima defender a justa causa do miserável e do pobre (Sl 81,2), isto é, a quantos não têm nenhuma possibilidade de fazer-se valer no debate processual. Enfim, o misterioso servo de Deus de Is 50,8 espera-se uma pronta intervenção divina para reabilitá-lo.

A ressurreição do Nazareno, portanto, significa também a legitimação divina de sua ação na Galileia e na Judeia. O Ressuscitado resgata a imagem do Crucificado, não porém no sentido de deixar de fora sua morte; essa, em todo caso, representou a última etapa de sua vida terrena de evangelista do Reino esquecido de si, totalmente dedicado à causa de seu Deus vivido simbolicamente como Pai e Rei, em breve, *proexistente* para Deus e os homens, como bem dissera Schürmann. Agora como Ressuscitado continua, certamente em modo novo e mais eficaz, o que tinha então iniciado.

Quero insistir sobre isto: ressuscitando-o, dizem os primeiros crentes, Deus "reivindicou", contra toda negação humana, o papel "escatológico", isto é, decisivo para o destino do homem, de sua ação que tinha se atribuído: nenhum desmentido, antes, plena confirmação. E não se trata somente de um puro reconhecimento jurídico *post factum*, aliás muito importante, porque Deus, ressuscitando-o, elevou tal papel à máxima potência. Sua mediação ativa no anunciar a alvorada da realeza divina sobre a terra tinha ficado restrita no tempo e no espaço, confinada precisamente nas aldeias da Galileia e da Judeia e no breve lapso de tempo de alguns anos da tetrarquia de Herodes Antipas e da prefeitura romana de Pôncio Pilatos. Agora, como Ressuscitado, a esfera de sua ação escatológica ou definitiva se estende ao mundo e cobre todo o tempo da humanidade. Ainda mais, ele sabe influir com poder libertador ainda maior. De fato, agora não somente está animado plenamente pelas forças criativas do novo mundo, isto é, pelo Espírito de Deus, mas também influi eficazmente sobre quantos chamou a crer. Com uma fórmula breve — e aqui emerge a peculiaridade mais alta da ressurreição do Crucificado acreditada por Pedro e por seus companheiros — podemos dizer que, para a fé deles, ele ressuscitou não como um meteoro no céu da história de Deus com o homem e o mundo, mas como o Ressuscitador dos homens, o Vencedor de sua morte e da morte dos demais.

Paulo coloca em estreito paralelo a ressurreição de Jesus e a dos crentes: Cristo foi ressuscitado não como caso individual e anômalo, mas como o primeiro ("primícias", *aparkhē*), mediante o qual haverá "a ressurreição dos mortos" e "todos serão vivificados", exatamente "aqueles que na sua vinda final são de Cristo": ele *victor mortis*: "O último inimigo a ser destruído é a morte" (1Cor 15,26). Veja-se também 1Cor 6,14: "Deus ressuscitou o Senhor e ressuscitará também a nós com seu poder", e Rm 8,11: "Aquele que ressuscitou Cristo dos mortos vivificará também nossos corpos mortos". Sua ressurreição, já acontecida, implica a ressurreição futura dos crentes; o vínculo entre as duas é estabelecido pela fidelidade de Deus que não se desmente no perseguir seu projeto de salvação.

Resumindo, a ressurreição de Jesus acreditada pelos primeiros cristãos é escatológica, isto é, tem um caráter inconfundível de definitividade de um duplo ponto de vista. Primeiramente, na sua pessoa de Ressuscitado o desígnio salvífico de Deus se realizou plenamente. Mas não se trata de um indivíduo à parte, mas do "primogênito de muitos irmãos" (Rm 8,29): por esse vínculo de solidariedade não somente sua ressurreição é uma irrevogável promessa divina de ressurreição futura para quantos aderem a ele, portanto fonte de esperança, mas na história ele intervém com o poder salvífico a ele dado por Deus para fazer, sim, com que a realeza divina libertadora atue em formas sempre mais incisivas, até o dia da redenção definitiva. Em Rm 4,25, Paulo, porta-voz de uma crença tradicional, afirma que ele "foi ressuscitado para nossa justiça".

1.4. Jesus se fez "ver" a

Cristo ressuscitado, exaltado e que obteve de Deus plena justiça: essas afirmações de fé em alguns textos de antiquíssima tradição estão correlacionadas às atestações de que ele se fez ver a Pedro e aos outros, embora talvez no início se limitassem a confessar sua ressurreição e/ou exaltação gloriosa. Normalmente, usa-se a forma verbal *ōphthē*, um aoristo formalmente passivo seguido porém não por um normal complemento agente mas por um dativo; por isso se deve traduzir não com "foi visto", mas "se fez ver a". Na tradição bíblico-hebraica serve para indicar as aparições de Deus a Abraão (Gn 12,7; 17,1), a Moisés na sarça (Ex 3,2: o anjo do Senhor que está por Deus), a Salomão (1Rs 3,5) etc. Ora, em duas atestações que remontam aos primeiros anos da crença cristã se faz recurso disso para exprimir a aparição de Jesus ressuscitado aos primeiros cristãos. Em Lc 24,34, lemos: "Verdadeiramente o Senhor foi ressuscitado e se fez ver a Simão (*ōphthē Simōni*)"; em 1Cor 15,4-5, Paulo transmite quanto ele mesmo recebera: Cristo "ressuscitou e é o Ressuscitado (*egegertai*) e se fez ver a Cefas e aos Doze (*ōphthē Kēpha-i kai tois dōdeka*)". Outros beneficiários da aparição do Ressuscitado são indicados por Paulo em 1Cor 15,6-8: "Se fez ver a quinhentos irmãos de uma só vez/ a Tiago/ a todos os apóstolos/ por último em absoluto [...] se fez ver também a mim". Em At 13,31, fala-se de Cristo que "se fez ver àqueles que com ele subiram da Galileia a Jerusalém".

Naturalmente, questiona-se o que exatamente teriam sido tais aparições: alucinações, visões sensíveis, fantasias, percepções mentais? Ainda antes, impõe-se o interrogativo se a fórmula usada entenda descrever diretamente uma experiência humana, ou seja, uma categoria teológica interpretativa de uma recôndita vivência pessoal. Já a ressurreição, como vimos anteriormente, é uma interpretação apocalíptica, isto é, concernente aos eventos finais da história e do mundo, de quanto acontecera a Jesus, do seu estar vivo depois de estar morto, vivo de um novo modo de viver. E o mesmo vale das "metáforas" de exaltação. Ora, coisa idêntica parece se deveria dizer do "fazer-se ver a" do Ressuscitado: os beneficiários entendem definir assim não diretamente a experiência mas seu estar presente na experiência deles ao modo de Deus, deixando aberta a questão sobre em qual experiência determinada isso aconteceu. Na prática, recorreram ao motivo da "teofania" de tradição bíblico-judaica: como Moisés encontrara Deus, certamente não de modo visionário, e ainda antes Abraão, assim eles encontraram Jesus ressuscitado. O "fazer-se ver a" não quer dizer nem propriamente visão sensível com os olhos, nem propriamente visão interior, mas ser superados por uma presença divina que se desvela: um existir que é um autodesvelar-se. Ressurreição e aparição não entram no âmbito de uma possível revelação histórica, mas são realidades afirmadas pela fé de Pedro e companheiros, esta, sim, objeto de estudo do historiador. Em concreto, historicamente podemos nos interrogar, em princípio, sobre a vivência que motivou essas pessoas a convencerem-se e a dizerem que o Crucificado foi ressuscitado e exaltado e que se fez "ver" a eles, interpretando teologicamente uma experiência pessoal, um contato, um encontro com o Crucificado vivo e presente exatamente como Abraão e Moisés encontraram Deus. Vögtle assim contrapõe duas leituras, pronunciando-se a favor da segunda: "Não fazer-se ver mas revelar-se" (pp. 42ss). Não faltam de fato estudiosos que, mantendo-se na diretriz da visão, afirmam a copresença de aspectos sensíveis: "A aparição descrita nos evangelhos tem sempre um componente de experiência sensível" (Ghiberti, p. 56).

Falaremos disso em seguida. Para completar o quadro, parece oportuno voltarmos ainda uma vez a Paulo, o único que em primeira pessoa nos fala de tal encontro, porque de todos os outros "confessores de fé" da aparição do Ressuscitado temos somente testemunhos indiretos: por exemplo, Lucas se faz porta-voz do que se dizia entre os primeiros cristãos: "Jesus foi ressuscitado e se fez ver a Simão", do qual o epíteto aramaico Cefas, traduzido em grego como Pedro, com probabilidade é para debitar à Igreja mãe de Jerusalém. Essa reconheceu nele o primeiro crente na ressurreição do Crucificado e o primeiro beneficiário de sua aparição e, portanto, o definiu rocha (*kepha*) sobre o qual se ergue, sólida, a Igreja de Cristo (cf. Mt 16,16-19). Ora, Paulo que falou de Jesus ressuscitado, que se fez ver a Cefas e os Doze, mas também a ele (1Cor 15,5ss), em outras passagens, sempre em referência a sua experiência de encontro com o Crucificado ressuscitado, usou outras linguagens. Em 1Cor 9,1 como motivo de legitimação do alto de sua apostolicidade, faz-se esta pergunta retórica: "Acaso não vi (*heōraka*) o Senhor Jesus?". Refere-se a uma verdadeira e própria visão? Na realidade, quer dizer, contra dúvidas e contestações, que ele é um autêntico apóstolo, porque chamado diretamente por Cristo ressuscitado ao apostolado, não diversamente de Isaías, que, em 6,1-6, fala de sua visão de Deus tonante no céu que o chamou para fazer o profeta de seu povo. Paulo entende afirmar que a fonte de seu apostolado não é humana mas do Senhor Jesus e que ela remonta a uma vocação do Ressuscitado que veio misteriosamente ao seu encontro.

Dessa interpretação, que exclui todo aspecto "visionário", tem-se confirmação nas outras duas atestações de sua vocação. Como legitimação de seu papel de apóstolo em campo aberto, em Gl 1,16 invoca a gratuita benevolência de Deus "que lhe revelou (*apokalypsai*) seu filho para que levasse sua Boa Notícia aos gentios". O verbo diz que ele viu, com os olhos da fé, um evento "apocalíptico", isto é, parte do desígnio salvífico de Deus escondido no passado mas agora revelado, cujo núcleo essencial é Jesus Cristo, Filho seu e Mediador da salvação. Nesse sentido, deve-se ler também Gl 1,12: Paulo afirma ter recebido o evangelho "mediante o apocalipse de Jesus Cristo (*di'apokalypseōs Iēsou Khristou*)": esse se revelou aos seus olhos de fé que assim puderam conhecê-lo como Filho de Deus, superando a convicção de que fosse um crucificado divinamente amaldiçoado.

De fato, revelação e conhecimento estão incindivelmente conectados, mas o último resultante daquela e, portanto, graça ou dom recebido. Paulo é nisso semelhante a Pedro, que pôde confessar Jesus Messias e Filho do Altíssimo porque Deus se lhe revelou (*apekalypsen*) (Mt 16,16-17). Na mesma direção segue o terceiro testemunho paulino de Fl 3,7ss: o "conhecimento (*gnōsis*) de Cristo Jesus" é agora para ele o valor supremo, superior a sua anterior fidelidade judaica; porquanto nobre do ponto de vista da práxis judaica, vendeu todo o seu passado para "ganhar a Cristo"; a tensão de sua vida é "conhecer (*gnōnai*) a ele e ao poder de sua ressurreição assim como à participação aos seus sofrimentos"; está totalmente empenhado, diz, "para conquistá-lo, eu que fui agarrado por Cristo (*katelēmphthēn hypo Khristou*)". O conhecimento de Cristo não é aqui aquele intelectual amado pelos gregos, mas experiência profunda de vida que comporta juízos axiológicos sobre valores em campo, por uma parte a fidelidade judaica, por outra Cristo e a experiência dele; depois a firme decisão por esse segundo polo da alternativa; enfim, a comunhão vivida com o Crucificado ressuscitado de quem experimenta a força da ressurreição, mas, ao mesmo tempo, a impotência da paixão, melhor aquela no quadro dessa última. É a primeira vez que Paulo apresenta sua vocação como decorrência de decisões pessoais; até então a avaliara como intervenção de graça de Deus que lhe revelou seu Filho (Gl 1,15) e iniciativa do próprio Cristo que se fez ver a ele (1Cor 15,8) e o chamou ao apostolado (1Cor 9,1). Na realidade, nem o nosso texto faz exceção: em Fl 3,12 precisa ter sido precedido por Cristo ressuscitado que o capturou, fazendo-o seu, ainda antes que ele se fizesse seu: uma imagem plástica para dizer que Jesus se impôs a ele qual mediador da ação salvífica definitiva de Deus.

Se as categorias teológicas ou também as metáforas de ressurreição e exaltação apresentam a identidade do Crucificado como aquele que vive agora uma vida animada plenamente pelo Espírito, aquela da aparição exprime sua presença atuante na vivência das pessoas às quais ele veio ao encontro, de modo semelhante ao Deus das teofanias da tradição bíblica. Não se podem confundir as duas. "A ressurreição de Jesus não acontece cronologicamente somente depois de sua morte; acontece *na* sua morte, mas se torna cronologicamente manifesta mais tarde aos seus discípulos mediante a automanifestação do ressuscitado" (Kessler, p. 464). Com o termo "encontro", entendemos referir-nos à pessoal experiência feita por Pedro e pelos demais na qual o Crucificado se apresentou vivo. Disse muito bem Kessler: a manifestação do Crucificado "tem o caráter do encontro *ab extra*, do encontro *padecido pelos discípulos*" (p. 197); as aparições pascais do Ressuscitado devem ser compreendidas "com os conceitos e os termos de *encontro* e de *automanifestação* no meio de tal encontro" (p. 216). Tratou-se de uma misteriosa experiência que exigia ser clarificada para eles mesmos antes que para os outros; fizeram-no apelando-se à sua cultura religiosa bíblico-judaica e concluindo que ele se fez "ver" a eles assim como Deus a Moisés, Ressuscitado como alvorada do dia da ressurreição final dos mortos.

2. Os relatos evangélicos

Se as fórmulas citadas remontam, geralmente, aos primeiros anos do movimento cristão, em um segundo momento, ao que parece, nasceram algumas narrações para apresentar quanto tinha acontecido pouco depois da sexta-feira da crucificação. O intento era o de confessar a fé no Ressuscitado, sustentar espiritualmente os crentes das comunidades às quais elas faziam referência e defender a crença diante das dúvidas e negações. São narrações transmitidas e colocadas por escrito em nossos evangelhos que, por sua vez, imprimiram ao material recebido a marca dos próprios interesses espirituais. Podemos dizer de pronto que, diferentemente das tradições e dos relativos relatos de paixão, as diversidades são aqui relevantes e concernem aos beneficiários das aparições pascais, os lugares onde se diz que aconteceram e a ordem de sua sucessão. Dessas, Reimarus já no seu tempo tinha notado: "A primeira coisa que observamos mediante o confronto dos quatro evangelistas é que seus relatos, em quase todos os pontos e em cada um singularmente, diferem um do outro", concluindo assim: "Dizei-me ante Deus, leitores, vós que tendes consciência e honestidade: podeis considerar este testemunho, sobre um ponto tão importante, coerente e exato?; um testemunho que se contradiz de maneira tão múltipla e manifesta quanto a pessoas, tempos, lugares, forma, intenção, discursos, histórias?" (Fragmento VI, 20 e 32; pp. 318 e 345: ed. de F. Parente).

Temos sete relatos diversos: Mc 16,1-8; Mt 28; Lc 24; Jo 20; Mc 16,9-20 (perícope presente somente em alguns manuscritos e não da mesma mão do autor do evangelho); Jo 21 (capítulo adicionado ao evangelho); enfim o *Evangelho de Pedro*, sem se esquecer do *Evangelho dos Hebreus*, que narra as aparições a Tiago e aos discípulos, e da *Carta dos Apóstolos*, um escrito do século II. Em concreto, podem ser identificadas as seguintes fontes independentes: antes de tudo, Marcos com sua tradição, depois o material próprio de Mateus (sigla M) e a fonte L usada por Lucas, logo as tradições subjacentes respectivamente a Jo 20 e a Jo 21; mas também Mc 16,9-20, que resume dados já presentes nas outras fontes, é ainda de outra mão. Da relação, enfim, do *Evangelho de Pedro* com nossos evangelhos já cuidamos anteriormente.

2.1. Nenhuma aparição do Ressuscitado no Evangelho de Marcos

Mc 16,1-8 narra que as mulheres que tinham assistido à sepultura — mas aqui são três, enquanto lá somente duas, e também seus nomes não coincidem totalmente (cf. Mc 15,47), com o elemento comum da presença de Maria de Magdala —, o primeiro dia depois do sábado, bem cedo, foram ao sepulcro para embalsamar o cadáver de Jesus com óleos aromáticos comprados para tal fim. Chegando lá, perceberam que a pedra que fechava a tumba tinha sido removida. Entraram e "viram um jovem sentado à direita usando uma veste branca e ficaram cheias de medo. Mas esse lhes disse: 'Não temais: vós procurais Jesus, o Nazareno, o Crucificado; foi ressuscitado por Deus (*ēgerthē*); não está aqui, eis o lugar onde o tinham colocado". Segue a ordem de dizer aos discípulos e a Pedro: "Ele vos precede na Galileia. Lá o vereis, como vos tinha dito". Mas elas fugiram aterrorizadas e não disseram nada a ninguém.

O relato tem seu centro focal no anúncio da ressurreição do Crucificado, transmitido por um mensageiro divino identificável pela veste branca do jovem. Destaca oportunamente Schillebeeckx: "A mensagem deste anjo de Deus não é uma tumba vazia, mas: ele ressuscitou" (p. 349). Também o medo das mulheres diz que se trata de um evento de revelação do Alto. A descoberta da tumba vazia vem depois. Sobretudo, ali não se fala em absoluto de uma aparição do Ressuscitado. Basta o anúncio: "Foi ressuscitado por Deus", o mesmo que os primeiros crentes proclamam na sua pregação. O escrito de Marcos, portanto, conclui-se assim como começara: com o evangelho referente a Jesus, o Jesus terreno narrado nos capítulos 1–15 e o Jesus ressuscitado anunciado em 16,1-8. Também o fato de que as mulheres fujam e não digam nada a ninguém mostra que os primeiros cristãos deviam basear-se sobre o anúncio evangélico, não sobre escoras externas de sustentação. Naturalmente será necessário perguntar-se sobre a natureza literária dessa perícope: uma crônica da descoberta do sepulcro vazio ou uma página expressiva da fé pascal dos primeiros cristãos? Em particular, a pedra removida e a tumba vazia são particulares históricos ou símbolos de vitória sobre a morte e de êxodo do reino dos mortos? Tomando posição, Schillebeeckx afirma a propósito da pedra retirada e da tumba vazia: "A sacralidade da morte foi profanada" (p. 353).

2.2. Os trechos de Mt 28

Em Mt 28,1-8, o evangelista depende da fonte Marcos não sem, porém, imprimir ali sua mão redacional. Antes de tudo, faz coincidir o dado das mulheres presentes à sepultura com aquelas que vão ao sepulcro: são sempre duas e levam os mesmos nomes: Maria de Magdala e a outra Maria (cf. Mt 27,61). Elimina também o particular da compra dos óleos aromáticos e afirma que as mulheres vão ao sepulcro para visitá-lo, não para embalsamar o cadáver. Acrescenta que houve um terremoto e que um anjo do Senhor desceu do céu, fez rolar a pedra e assentou-se sobre ela. Sobretudo inverte a ordem de Marcos: primeiro a descoberta da tumba vazia, depois o anúncio da ressurreição: "Não está aqui. Foi ressuscitado". Enfim, entre sentimentos de temor e de alegria, as mulheres dizem aos discípulos que devem ir para a Galileia.

No primeiro evangelho, segue um breve relato de uma aparição do Ressuscitado às mesmas mulheres, que recebem de novo a ordem de dizer aos discípulos, aqui chamados pelo Ressuscitado "meus irmãos", de ir para a Galileia com a promessa de que o verão (Mt 28,9-10).

Mt 28,11-15 é material original de Mateus conexo estreitamente com o trecho 27,62-66 dos guardas que custodiavam a tumba do Crucificado. É uma página claramente apologética que defende a crença cristã na ressurreição, em particular, a identidade pessoal do ressuscitado com o crucificado contra boatos infamantes: nenhum roubo do cadáver, porque sua tumba estava bem custodiada por guardas. Pressupõe-se ali que esta estava vazia e se quer explicar tal fato excluindo toda fraude: por isso o relato mateano aduz uma fracassada tentativa por parte das autoridades jerosolimitanas de corromper os guardas e induzi-los a testemunhar o falso, isto é, um roubo, como se elas mesmas estivessem convencidas da ressurreição do Crucificado e quisessem impedir sua divulgação. Note-se que tumba vazia e apologética cristã caminham em uníssono, e por isso não é arriscado afirmar que aquela seja somente um artifício defensivo ou também um *a priori* de cristãos que conectavam a ressurreição com a tumba vazia.

O evangelho de Mateus se conclui com a anunciada aparição aos onze discípulos na Galileia (Mt 28,16-20). Na realidade, mais que a visão, a perícope atesta a palavra do Ressuscitado que se autoapresenta como detentor, por dom de Deus, de todo poder sobre céu e terra; consequentemente, chama com autoridade os seus para a missão: "Ide portanto e fazei discípulos meus (*mathēteusate*) entre todos os povos, batizando-os no nome do Pai, do Filho e do Espírito Santo, ensinando-lhes a observar tudo o que vos ordenei"; enfim, promete estar sempre presente na sua Igreja missionária: "Eis que eu estou convosco todos os dias até o fim do mundo". Uma digna conclusão do evangelho com alguns motivos característicos de Mateus: o poder divino de Jesus ressuscitado; a missão consistente no fazer discípulos, epíteto típico dos cristãos do primeiro evangelho e mutuado dos discípulos históricos; a importância de quanto o Jesus terreno ensinara para a práxis cristã; a presença de Cristo na sua Igreja. Sem se esquecer da fórmula trinitária do batismo, provavelmente posterior àquela no nome de Jesus, solidamente atestada nos Atos e presente na comunidade mateana.

2.3. Aparições na Judeia no relato de Lc 24

Não diversamente de Mateus, depende no trecho de abertura de Marcos, não sem alguns elementos próprios (Lc 24,1-12). Diferentemente do primeiro evangelista, porém, segue sua fonte no indicar o escopo da ida das mulheres ao sepulcro: queriam ungi-lo com os aromas, mas também no particular que elas encontraram a pedra da tumba removida. Insiste, por sua vez, sobre a tumba vazia: as mulheres, "entrando, não encontraram o corpo do Senhor Jesus". A palavra de dois homens com vestes fulgurantes declara vã sua busca: não é possível procurar entre os mortos quem está vivo (*ho zōn*); não pode estar na tumba ("não está aqui"); depois a explicação de tal fato: "Foi ressuscitado". Lucas especifica a predição jesuana de sua ressurreição repetindo seu conteúdo: "O Filho do Homem deve ser entregue nas mãos de homens pecadores, ser crucificado e ressuscitar ao terceiro dia" (20,7). Nenhuma alusão, ao contrário, à ordem de dizer aos discípulos para irem à Galileia com a promessa da visão; na sua fonte L, que segue, eram narradas aparições do Ressuscitado somente em Jerusalém e arredores. As mulheres, identificadas como Maria de Magdala, Joana, Maria de Tiago e outras ainda, levam a notícia da ressurreição, mas não acreditam nelas; e Pedro — um particular que aproxima a fonte L à de Jo 20, como veremos — vai então ao sepulcro e vê somente as faixas que envolviam o corpo de Jesus: este não está; e regressa cheio de admiração pelo acontecido. Como se pode ver, o texto de Lucas insiste sobre a tumba vazia e a conecta com a ressurreição muito mais estreitamente que Marcos.

Segue o original relato da aparição a dois discípulos de Emaús no caminho de regresso depois da catástrofe da sexta-feira (Lc 24,13-35). Pode-se considerar que o evangelista depende aqui de sua fonte L. É de salientar o motivo dos olhos dos dois que antes, enquanto caminham na sua companhia, são impedidos de reconhecê-lo (v. 16) e depois se abrem e o reconhecem quando repete os gestos da ceia de despedida (v. 31). No centro da narração está a explicação teológica da inteira vida de Jesus colocada nos lábios do Ressuscitado: "Era necessário [necessidade do projeto divino preanunciado profeticamente na Escritura] que o Cristo sofresse para entrar na sua glória" (v. 25). Depois, os dois, retornando a Jerusalém para levar a feliz notícia, são precedidos pelos Onze e pelos outros reunidos, que lhes anunciam: "Verdadeiramente, o Senhor foi ressuscitado e se fez 'ver' a Simão" (v. 34). Note-se que no relato dos discípulos de Emaús não se fala propriamente de visão do Ressuscitado, mas de seu reconhecimento (*epigignoskein*): nenhuma visão sensível, somente reconhecimento de sua presença ativa com os olhos da fé.

E logo depois, continua Lucas, o Ressuscitado aparece a todos aqueles que estavam reunidos, os Onze e os outros (Lc 24,30-49). Na realidade, não se fala de um "fazer-se ver", mas de um estar no meio deles. Esses acreditam ver um fantasma, mas o Aparecido encoraja-os e quer vencer suas dúvidas com uma prova *de visu*: "Olhai minhas mãos e meus pés: sou eu mesmo! Tocai-me e olhai: o fantasma não tem carne e ossos como vedes que eu tenho". A demonstração continua: "Tendes aqui algo para comer? Colocaram diante dele uma porção de peixe assado e ele a tomou e a comeu diante deles". É, sem dúvida alguma, uma página de apologia do fato de fé: "Verdadeiramente, o Senhor foi ressuscitado e se fez 'ver' a Simão". Mostrar mãos e pés e comer é um modo plástico para afirmar e justificar o citado advérbio "verdadeiramente". Colocam-se também nos lábios do Ressuscitado o sentido profético da parábola de Jesus, morte e ressurreição, mas também a ordem missionária universal: "Proclamar a todos os povos a graça da conversão e o dom do perdão dos pecados no seu nome, começando por Jerusalém", com a promessa do Espírito que Deus lhes enviará. A missão cristã não parece reduzível a uma iniciativa humana dos protagonistas, mas é legitimada pela vontade de Cristo ressuscitado.

Enfim, em 24,50-51, o breve relato da ascensão ao céu, citado anteriormente; é a segunda grande novidade do relato lucano que considera a ressurreição um primeiro passo do evento pascal, enquanto o ápice é precisamente a ascensão ao céu que faz a demarcação entre o período de Jesus e aquele da Igreja. Como conclusão, os vv. 52-53, que anotam como os discípulos ficaram em Jerusalém, precisamente na espera do Pentecostes, do dom prometido do Espírito (cf. At 2).

2.4. O capítulo 20 do quarto evangelho

Na conclusão de sua obra, João depende de sua tradição ou fonte, que tem em comum com Marcos o relato das mulheres que se dirigem à tumba de Jesus, mas em seguida continua por conta própria. É somente Maria de Magdala quem se dirige ao sepulcro e percebe que a pedra da tumba foi removida; a esse ponto corre "a Pedro e ao outro discípulo, aquele que Jesus amava", para dizer: "Levaram o Senhor do sepulcro e não se sabe onde o colocaram". Os dois correm ao sepulcro; Pedro entra e vê as faixas por terra e o lenço que tinha sido colocado sobre a cabeça não por terra, mas dobrado à parte. "Entrou também o outro discípulo [...], viu e creu."

Regressam à casa, enquanto Maria de Magdala experimentou a aparição do Ressuscitado (Jo 20,11-18), confundido primeiro pelo jardineiro do lugar — segundo Jo 19,41, o sepulcro de Jesus estava em um jardim —, mas depois reconhecido pela sua voz que a chama pelo nome: "Maria!". O Ressuscitado alude à sua "subida ao Pai" da qual Maria deverá levar a notícia "aos meus irmãos", diz. A Madalena vai dizer aos discípulos: "Vi o Senhor", e refere quanto este tinha lhe ordenado.

Note-se a analogia dessa aparição com aquela lucana aos dois discípulos de Emaús: não se trata de uma visão com os olhos dos sentidos e da mente, mas com aqueles da fé que o reconhecem pela palavra ou pelo gesto da ceia do Senhor. Além do mais, desse relato resulta que Maria de Magdala foi a primeira a "ver" o Senhor. Se é preferível considerar como histórico esse dado de João ou aquele de Lucas, confirmado por Paulo em 1Cor 15,5, sobre Simão Pedro como primeiro beneficiário da aparição do Ressuscitado, tal é discutido entre os estudiosos.

Segue em Jo 20,19-29 a narração de duas aparições do Ressuscitado aos discípulos à distância de uma semana entre uma e outra, sendo a primeira ao anoitecer do primeiro dia depois do sábado. Também aqui se releva uma clara analogia com a tradição seguida por Lucas: há a demonstração da real identidade pessoal do Crucificado e do Ressuscitado: "Mostrou-lhes as mãos e o lado", e a Tomé, ausente naquela tarde e permanecendo incrédulo, mas presente uma semana depois: "Põe aqui teu dedo e olha minhas mãos; aproxima tua mão e põe-na no meu lado". Segue a confissão de fé do discípulo: "Meu Senhor e meu Deus". E a perícope se conclui com a proclamada bem-aventurança daqueles que acreditaram sem ter visto. O evangelista tem presente os cristãos da segunda hora, aqueles que acreditam no anúncio evangélico sem nenhuma aparição pascal.

2.5. *Duas conclusões adicionais nos evangelhos de Marcos e de João*

Mc 16,9-16, ausente nos códices Sinaítico e Vaticano, é uma conclusão do evangelho que tende a completá-lo. Em concreto, propriamente não relata, mas se limita a anotar, as aparições do Ressuscitado já atestadas: em João, aquela a Maria de Magdala (vv. 9-11); em Lucas, aquela aos dois discípulos de Emaús (vv. 12-13); nesses dois evangelistas, a aparição aos discípulos (vv. 14); depois une a esta última a ordem missionária (vv. 15-18) semelhante à de Mt 28,18-20; enfim, retoma de Lucas o motivo da ascensão do Ressuscitado (v. 19) e conclui com a anotação de que os discípulos começaram a missão (v. 20).

Em Jo 21, outra conclusão do quarto evangelho, aparece totalmente original a tradição colocada aqui por escrito: aparição aos discípulos na beira do lago da Galileia, com Pedro em grande evidência, ao qual se contrapõe o discípulo que Jesus amava, o primeiro a reconhecer a presença do Senhor (v. 7). A passagem está impregnada de simbolismos: o barco de pesca, símbolo da Igreja; os 153 peixes grandes pescados prodigiosamente à palavra de Jesus, metáfora dos crentes conquistados pelo anúncio evangélico; o papel de líder de Pedro, constituído pelo Senhor pastor de suas ovelhas e de seus cordeiros. Aqui se relevam também traços evidentes da já longa história da Igreja das origens, o martírio de Pedro (vv. 18-19) e a extraordinária velhice do misterioso discípulo amado por Jesus, que tinha feito nascer entre os cristãos o boato de que viveria até a parusia de Cristo (vv. 20-23).

2.6. O apócrifo Evangelho de Pedro

O *Evangelho de Pedro* não teme em relatar com vivaz descrição a ressurreição mesma de Jesus, vista não pelos discípulos, mas pelos estranhos, os soldados que montavam guarda, entrelaçando-a com o motivo apologético, presente também em Mateus, dos guardas que custodiavam o sepulcro:

> [9,34] De manhã cedo, quando amanheceu o sábado, veio uma multidão de Jerusalém e de todo o campo em volta para ver o sepulcro que tinha sido selado. [35] Mas durante a noite em que despontava o dia do Senhor, quando os soldados montavam guarda, dois a dois, ressoou nos céus uma grande voz; [36] então viram os céus se abrirem e homens descerem, em um grande esplendor, aproximando-se do sepulcro. [37] A pedra que fora colocada na entrada do sepulcro rolou sozinha e se pôs ao lado, se abriu o sepulcro e ali entraram os dois jovens. [10,38] Quando os soldados viram isso, despertaram o centurião e os anciãos, pois eles também estavam lá de guarda. [39] Enquanto estavam contando o que tinham visto, viram novamente três homens saírem do sepulcro: dois deles sustentando o terceiro, seguidos por uma cruz; [40] a cabeça dos dois atingia os céus, mas a cabeça daquele que conduziam pela mão ultrapassava os céus. [41] E ouviram uma voz dos céus que dizia: "Pregaste para os que dormem?", [42] e da cruz veio a resposta: "Sim!". [11,43] Aqueles homens, então, deliberaram entre si para ir manifestar isso a Pilatos. [44] Enquanto ainda estavam debatendo, os céus se abriram mais uma vez, e um homem desceu e entrou no sepulcro. [45] Quando aqueles que estavam na

companhia do centurião viram isso, foram correndo à noite falar com Pilatos, abandonando o sepulcro que estavam guardando; grandemente agitados relataram o que tinham visto, dizendo: "Verdadeiramente ele era o filho de Deus!". [46] Pilatos respondeu: "Eu estou puro do sangue do Filho de Deus, fostes vós que decidistes tal coisa". [47] Então todos se aproximaram dele implorando e suplicando para que ordenasse ao centurião e aos soldados que não contassem a ninguém o que tinham visto. [48] Diziam: "Pois será melhor para nós tornar-nos culpados do maior pecado diante de Deus, do que cair nas mãos do povo hebraico e sermos apedrejados". [49] Pilatos, então, ordenou ao centurião e aos soldados que não contassem nada.

O apócrifo *Evangelho de Pedro* narra depois a visita de Maria de Magdala e de outras mulheres à tumba, acentuando a descoberta da tumba vazia como irrefutável prova da ressurreição:

[12,50] Bem cedo, na manhã do dia do Senhor, Maria Madalena, discípula do Senhor, que por temor dos hebreus — que estavam inflamados de raiva — não tinha feito no sepulcro aquilo que as mulheres costumam fazer quando um ente querido morre, [51] levou com ela suas amigas e foi até o sepulcro onde ele fora posto. [52] Tinham medo de que os hebreus as vissem, e diziam: "Se no dia em que foi crucificado não pudemos lamentar-nos batendo o peito, façamos isso agora ao menos no seu sepulcro. [53] Mas quem afastará para nós a pedra que está colocada na entrada do sepulcro, para que posamos entrar, sentar-nos ao seu redor e fazer o que é preciso? [54] — pois a pedra era grande — e temos medo que alguém nos veja. Se não pudermos fazer isso, pelo menos deixaremos na entrada o que trouxemos para celebrar a sua memória: choraremos e nos lamentaremos batendo o peito até voltarmos para casa".

[13,55] Ao chegar, encontraram o sepulcro aberto. Então se aproximaram, abaixaram-se e viram um jovem sentado no meio do sepulcro: era belo e vestia uma túnica ofuscante; ele lhes disse: [56] "Por que viestes? Quem procurais? Talvez aquele que foi crucificado? Ele ressuscitou e partiu. Mas, se não acreditais, vinde até aqui e contemplai o lugar onde estava deitado, não está mais! Ele ressuscitou e voltou para o lugar de onde foi enviado". [57]. Então as mulheres fugiram, cheias de medo.

Segue o início de um relato relativo a Pedro e André que se dirigem a pescar no lago da Galileia, interrompido porque o texto está mutilado:

[14,58] Era o último dia dos ázimos. Muitos partiram de volta para as suas casas, pois a festa estava no fim. [59] Mas nós, os doze apóstolos do Senhor, choramos e nos lamentamos; cada um, cheio de pesar pelo que havia acontecido, foi à sua casa. [60] Mas eu, Simão Pedro, e meu irmão André pegamos nossas redes e fomos para o mar. Conosco estava Levi, filho de Alfeu, que o Senhor [...].

2.7. *Outros dois antigos relatos apócrifos*

Por razão de completude incluímos o testemunho do *Evangelho dos Hebreus* que relata principalmente a aparição a Tiago, da qual temos uma antiquíssima notícia em 1Cor 15,7, como vimos. "Depois de ter entregado o sudário ao servo do sacerdote, o Senhor foi a Tiago e lhe apareceu", e pouco depois o mesmo escrito, atesta Jerônimo, continua assim: "Trazei à mesa e o alimento", diz o Senhor. Depois, "Tomou o pão, o abençoou, o partiu e o deu a Tiago, o Justo, dizendo: 'Irmão meu, come teu pão porque o Filho do Homem ressuscitou dos que dormem'" (§ 10). No § 11 relata-se a aparição aos discípulos com a prova sensível da identidade do Aparecido como Lucas e João, mas aqui vai além: os discípulos tocam efetivamente Jesus e assim são levados a crer: "Eu o vi na carne depois da ressurreição e estou convencido de que vive. E quando foi a Pedro e aos que estavam com Pedro, disse-lhes: 'Tocai e vede que não sou um espírito incorpóreo'. Eles imediatamente tocaram e acreditaram". O interesse apologético não conhece limites.

Ainda mais eloquente a respeito disto é o testemunho da *Carta dos Apóstolos* (séc. II), que salienta a carne do Ressuscitado aparecido:

> Então, duvidando, fomos ao Senhor para ver se era ele mesmo. Ele nos disse: "Por que duvidais ainda e por que permaneceis incrédulos? Sou eu mesmo que vos falei a propósito da minha carne, da minha morte e da minha ressurreição. A fim de que fiqueis convencidos de que sou eu, Pedro, põe tua mão e teu dedo nos sinais dos pregos das minhas mãos; e também tu, Tomé, põe teu dedo na ferida da lança no meu lado; e tu, André, examina meus pés e vê se não tocam a terra. Pois está escrito nos profetas: O fantasma de um espírito não deixa pegadas na terra". Nós o tocamos para ver se ele era verdadeiramente ressuscitado na carne, depois nos prostramos no chão, confessando nossos pecados porque tínhamos sido incrédulos (§§ 11-12).

3. Gênese da fé cristã de pedro e companheiros

Como chegaram a crer na ressurreição do Crucificado? O que os moveu? Ou melhor, os textos das origens cristãs apresentados anteriormente nos permitem identificar a mola que motivou Pedro e companheiros a tal crença e o trajeto espiritual seguido para chegarem à dedução ou intenção de fé: "Deus ressuscitou o Crucificado do reino dos mortos"? No seu passado de convivência com o Jesus terreno tinham compartilhado sua orientação de vida de Evangelista da realeza divina que irrompia no presente em benefício dos perdidos e dos marginais; com uma fórmula podemos falar, nesse sentido, de uma fé pré-pascal em Jesus. A morte na cruz do líder tinha abalado sua confiança e adesão, aliás, tinha-a destruído. A fuga para a Galileia dos mais próximos, não separada da negação de Pedro, assinala o regresso ao seu passado remoto depois do feliz intervalo da aventura com o Nazareno. "Nós esperávamos", dizem os dois discípulos de Emaús depois da tragédia da Sexta-Feira Santa: fé e esperança se conjugam ao passado. Mas em pouco tempo Pedro e companheiros manifestam uma nova fé em Jesus como Ressuscitado, e sinal tangível de tal radical mudança de vida é seu regresso a Jerusalém, onde se agregam em uma nova comunidade de crentes em Cristo. Como explicar essa reviravolta inesperada, quando tudo concorria para que sobre a vida do Nazareno terminado em cruz se estendesse a palavra fim?

Já Davis Friedrich Strauss, na sua obra *Das Leben Jesu kritisch bearbeitat*, admitia:

> A formidável virada (*der ungeheure Umschwung*), que da profunda depressão de total desespero causada pela morte de Jesus levou à força da fé e ao entusiasmo com o qual os discípulos o anunciaram como Messias, não se poderia explicar se no entretempo não tivesse se produzido um acontecimento excepcionalmente encorajador (*etwas ganz ausserordentlich Ermunthingendes*) (Tübingen, 1840, II, pp. 631-632; cit. in Penna, pp. 173-174).

M. Dibelius lhe faz eco: "Deve consequentemente ter entrado alguma coisa, que em breve tempo não só mudou completamente seu estado de ânimo, mas os fez capazes de desenvolver uma nova atividade. Esta 'alguma coisa' é o núcleo histórico da fé pascal" (cit. in Kessler, p. 127).

De fato, ao longo da história secular da pesquisa procurou-se encontrar uma resposta e foram apresentadas soluções diversas, conforme se faça referência ao sepulcro vazio (Reimarus), ou às visões pascais (Strauss, Lüdemann, também Schillebeeckx), ou ainda ao Jesus terreno e à sua carga espiritual por um átimo perdida, mas depois reacesa (Pesch, Müller, Verweyen). Para evitar equívocos, os nomes desses estudiosos são apenas indicativos das mencionadas orientações e não pretendem esgotar nem as posições expressas sobre isso nem seus precursores (cf. a exposição crítica de Brambilla).

3.1. *Vazia ou cheia a tumba?*

Reimarus (1694-1768) insistiu sobre o motivo do roubo do cadáver atestado em Mateus, acusação levantada pela parte judaica contra os cristãos e excluída pelo evangelista, mas também presente em uma fugaz alusão em Jo 20,15, para não dizer do apócrifo *Evangelho de Pedro*; e leu ali, devidamente escondido mas não muito, o fato de que os discípulos verdadeiramente o roubaram para proclamar aos quatro ventos que Jesus crucificado, Messias político e militar vencido na luta armada contra os dominadores romanos, tinha ressuscitado e eles eram suas testemunhas. Tudo, portanto, nasce da tumba vazia, mas tal porque esvaziada por aqueles que, não resignados ao pior, tinham, com o engano, transformado um belicoso movimento revolucionário em uma religião espiritual centrada em Cristo morto para expiação dos pecados humanos, ressuscitado e elevado ao céu como ser divino que virá no final da história para julgar os vivos e os mortos. Não parece inútil citar as passagens mais significativas dos Fragmentos VI e VII, da edição preparada por F. Parente: "Não digo sem razão que a acusação é verossímil e crível, enquanto a justificação encontrada por Mateus é má e cheia de contradições" (VI,14; p. 304). "Mateus tirou esta história puramente do seu próprio cérebro; ele queria responder de qualquer modo à acusação, e não soube fazer melhor" (VI,15; p. 308).

Reimarus esboça o processo que conduziu os discípulos à mencionada tarefa:

> Eles também esperaram em Jesus como em um salvador terreno do povo de Israel, até sua morte, e, uma vez esmorecida esta esperança, após sua morte pela primeira vez forjaram a doutrina de um redentor espiritual sofredor de todo o gênero humano; depois ampliaram sua precedente doutrina, que era fundada, essa, no escopo do ensino e da ação de Jesus (VII,31; p. 429). Logo depois da morte de Jesus, reinou entre os apóstolos nada mais do que a angústia e o medo de serem eles mesmos também perseguidos e conduzidos ao suplício [...]. Então o abandonaram todos e fugiram" (VII,54; pp. 506 e 507). Mas depois, desaparecido o perigo, não querendo regressar ao seu humilde trabalho precedente, portanto por interesse e por amor das honras, abriram para si "uma nova via para chegarem a tudo isso mediante uma *astuta invenção* [grifo nosso] (VII,55; p. 511). [...] e eles compreenderam que não tinham ainda perdido a partida. [...] Antes de qualquer outra coisa, era necessário fazer desaparecer o corpo de Jesus, para poder depois sustentar com pretexto que ele tinha ressuscitado e subido ao céu, de onde devia em breve tempo regressar com poder e majestade. Pôr em obra uma semelhante subtração do cadáver era fácil para eles: este jazia no jardim de José [...]. Certamente sofreram a acusação de terem sido eles de fato a fazer isso durante a noite, e não conseguiram de nenhum modo justificar-se verdadeiramente desta fama comum; em breve, todas as circunstâncias sugerem que eles tenham efetivamente realizado esta tarefa, e que a tenham em seguida colocado como fundamento de sua nova doutrina (VII,56; pp. 511 e 512).

Reimarus, portanto, considera histórica a descoberta da tumba vazia de Jesus mas se trata, aos seus olhos, de um estratagema doloso colocado como base de uma fé artificialmente criada por gente privada de qualquer escrúpulo moral. Não parece, porém, uma explicação suficiente para um fenômeno grandioso qual fora na história o cristianismo: tudo se basearia sobre um engano, uma *pia fraus*, diz-se, mas não é tão "pia"! Sobretudo os textos mais antigos das origens cristãs não fazem depender em absoluto a crença insurgente na ressurreição de Jesus da pretendida descoberta da tumba vazia.

Somente uma variante de tal solução é a teoria racionalista sustentada por H. J. Holtzmann (1832-1910) e retomada por Klausner, da tumba vazia por equívoco: o corpo de Jesus, colocado provisoriamente em uma tumba por José de Arimateia na Sexta-Feira Santa, foi depois por ele transferido em um novo sepulcro sem que os discípulos o soubessem; as mulheres, portanto, desconhecendo isso, foram até a primeira tumba e constatando que estava vazia gritaram o milagre da ressurreição do Crucificado, comunicando aos discípulos sua crença. Mas os testemunhos cristãos mais antigos analisados anteriormente contrastam com uma explicação tão pueril. E o mesmo se diga da solução lançada pelo racionalista Paulus (1761-1851): a tumba estava vazia porque Jesus crucificado tinha morrido de morte aparente e, uma vez deposto do patíbulo e colocado no sepulcro, tinha se acordado pelas curas aromáticas dos amigos; daí a proclamação de que estava novamente vivo.

Em tais deduções obtidas a partir da tumba vazia não é preciso estender-se mais; ao contrário, esse é um problema histórico sério por si mesmo: ainda hoje os estudiosos estão divididos a respeito do sentido dos relatos evangélicos que falam disso em modo mais ou menos persistente: há quem lhe atribua plausibilidade histórica (por exemplo, Ghiberti e Penna) e quem não (por exemplo, Lüdemann e Dalferth), enquanto Theissen deixa a questão em aberto. De fato, nas fórmulas arcaicas de fé não se fala disso em absoluto. Pela primeira vez, a tumba vazia aparece no relato de Mc 16,1-8, mas não como motivo válido para crer na ressurreição ou mesmo apenas qual razão confirmativa: as mulheres ficam com medo e fogem. Na realidade, como vimos anteriormente, no centro do relato está o anúncio celeste: "Foi ressuscitado por Deus"! A pedra removida do ingresso e a própria tumba vazia são, mais do que tudo, símbolos de uma estrepitosa vitória sobre a morte: a porta do reino dos mortos no qual Jesus tinha sido encerrado está aberta e ele saiu por ela; a tumba vazia, imagem do *sheol* que tinha acolhido o Crucificado, diz que ele foi liberado dela. Símbolos ilustrativos da verdade crida "Jesus foi ressuscitado por Deus", o único objeto da fé cristã proclamada ao mundo.

Tal interpretação parece valorizada pela história sucessiva dos testemunhos evangélicos que, ao contrário, chegam progressivamente a fazer dela motivo apologético da nova crença cristã. Mateus e Lucas invertem a ordem da fonte Marcos: primeiro a descoberta da tumba vazia e depois o anúncio angélico da ressurreição, entendendo essa como explicação daquela. Na tradição independente seguida por Jo 20,1-10, a descoberta da tumba vazia é atribuída a Pedro e ao discípulo amado por Jesus, e se acrescenta o motivo das faixas e do sudário deixados em ordem, um modo para insinuar que não se tratou de furto de cadáver. A defesa contra malévolas insinuações do roubo do cadáver aparece desenvolvida em Mateus — assim também no *Evangelho de Pedro* —, que coloca em cima a lenda dos guardas que custodiavam a tumba: surpreendidos pelo terremoto e pela remoção da pedra sobre a qual assenta o anjo do Senhor, foram corrompidos pelo dinheiro dos poderosos que lhes obrigam a testemunhar como os discípulos, durante a noite, foram e levaram o cadáver de Jesus para poder depois proclamá-lo ressuscitado.

Podemos aqui citar um teólogo, Kessler: o sepulcro vazio "coloca-se mais exatamente sobre o plano da metafórica e da lógica narrativa. A libertação do sepulcro é modelo e imagem (indicação) da coisa que se entende dizer (indicada): modelo e imagem da libertação da morte e do dom de uma vida nova e precisamente indestrutível" (p. 451). E conclui: "A ressurreição não tem por isso diretamente alguma coisa a ver com o cadáver e, consequentemente, o sepulcro vazio não é parte constitutiva necessária da fé cristã na ressurreição, mas seu símbolo ilustrativo" (p. 452).

Objetou-se que a crença em Jesus ressuscitado e sua proclamação pública não teriam suportado um só instante com a tumba "cheia" do cadáver do Crucificado. Porque, diz-se, no judaísmo do tempo a ressurreição implicava necessariamente o sepulcro vazio. E se citam passagens rabínicas, referidas anteriormente, nas quais se fala do *sheol* e da tumba que devem devolver aquilo que receberam, um pouco como o ventre da mulher restitui como criança nascida o sêmen recebido (cf., por exemplo Penna, p. 183). Mas, tratando-se de textos metafóricos, a imagem da restituição daquilo que se recebeu não deve ser ampliada para além de uma figura genérica. Além do mais, relevou-se que as representações da ressurreição eram então múltiplas e diversas, um pouco como as crenças na vida além-mundo. Enfim, a opinião de Herodes Antipas, segundo a qual Jesus seria o Batista ressuscitado (Mc 6,14 e par.), indica que no ambiente judaico a ressurreição era considerada compossível com o sepulcro cheio; de fato, os discípulos de João o tinham sepultado com honra guardando sua sacra memória (Mc 6,29). Sem esquecer que o mesmo Jesus, respondendo aos saduceus, confessa sua fé na ressurreição de Abraão, Isaac e Jacó, em relação aos quais o Altíssimo se declara "Deus não de mortos mas de vivos" (Mc 12,27 e par.): uma crença que não implicava a tumba vazia, se é verdade que também no seu tempo se veneravam as tumbas, evidentemente "cheias", como aquela de Abraão em Hebron.

Decerto, revela Kessler, a ressurreição devia ser por força corpórea, isto é, concernente a todo o homem considerado na sua essencial relacionalidade aos outros e ao mundo, mas não implicava em absoluto sua corporeidade ou materialidade física (pp. 445-447). Podia-se muito bem acreditar na ressurreição e a tumba estar "cheia", isto é, com o cadáver destinado à decomposição. E que existisse então também uma concepção mais refinada da ressurreição corpórea, atesta-o, sem sombra de dúvida, um hebreu como Paulo: no início dos anos 50, desenvolvendo o motivo de esperança cristã na ressurreição "dos corpos" por meio de Cristo e a imagem de seu "corpo" glorioso, contrapõe corpo terreno a corpo ressuscitado. De fato, assim responde à pergunta: "Como ressuscitam os mortos e com qual corpo voltam?" (1Cor 15,35):

> É semeado na corruptibilidade, é ressuscitado na incorruptibilidade (*en aphtarsia-i*); é semeado na desonra, é ressuscitado na honra (*en doxē-i*); é semeado na fraqueza, é ressuscitado na força (*en dynamei*); é semeado um corpo psíquico, é ressuscitado um corpo "espiritual" (*sōma pneumatikon*) [...]; os mortos serão ressuscitados incorruptíveis (*aphthartoi*) e nós seremos transformados (*allagēsometha*). É necessário que este ser corruptível revista a incorruptibilidade (*aphtarsia*) e este ser mortal, a imortalidade (*athanasia*) (1Cor 15,42-53).

O apóstolo não pensa seguramente em uma ressurreição que assume o cadáver e os ossos. Acrescente-se Mc 16,12, no qual se afirma que Cristo se manifestou "em outra forma essencial (*en etera-i morphē-i*)", isto é, na identidade da pessoa e de seu corpo que não equivale à materialidade, sendo estrutura básica do homem que entra em comunicação com os outros e com o mundo.

3.2. As aparições ou "visões" do Ressuscitado

Strauss (1808-1874), que tinha se oposto às explicações racionalistas da tumba vazia, por ele considerada lendária, volta-se para as "visões" dos discípulos para ter a chave de explicação da sua fé na ressurreição. "Durante sua plurianual convivência com eles, Jesus tinha dado a impressão sempre mais nítida de ser o Messias, mas a morte tinha ao menos pelo momento destruído essa impressão" (*Das Leben Jesu*, II, p. 636). Depois do primeiro desânimo, porém, "a precedente impressão começou novamente a despertar-se: nasce espontaneamente neles a necessidade psicológica de resolver a contradição entre o extremo destino de Jesus e sua precedente opinião a respeito dele, mediante a inclusão no seu conceito de Messias da paixão e da morte" (p. 636). Desse modo, podia-se "criar" nos discípulos a convicção de sua ressurreição que "em simples indivíduos, sobretudo mulheres [...] em modo puramente subjetivo, cresceu até assumir a forma da visão verdadeira e própria" (p. 637).

Strauss torna-se assim o pai da teoria das visões subjetivas dos discípulos destinada a um grande sucesso, enquanto original nele parece a interpretação mítica de Jesus morto e ressuscitado, símbolo de uma humanidade que morre, ressurge e ascende ao céu. Mas devemos lhe objetar que a concepção de um Messias crucificado estava não somente ausente no judaísmo de então, mas também era contrária à imagem dominante na corrente judaica da espera de um rei glorioso e libertador de Israel do domínio dos gentios (cf. *Salmos de Salomão*). Além do mais, no plano histórico não é absolutamente certo que o Nazareno tenha se apresentado como Messias.

Recentemente, também G. Lüdemann, descartada a via da tumba vazia pelo caráter lendário das narrações evangélicas de sua descoberta ("uma lenda apologética com traços epifânicos": *Auferstehung*, p. 138), indicou nas visões dos discípulos a causa da fé na ressurreição de Jesus. "Mas o que concretamente levou os discípulos a esta proposição [Deus ressuscitou Jesus dos mortos]? A minha resposta: visões" ("Karfreitag", p. 27). Na realidade, esse autor concentra sua atenção sobre a visão de Pedro, o primeiro que chegou a crer em Cristo ressuscitado e que em seguida contagiou o grupo que vê também o Crucificado ressuscitado, e depois sobre Paulo, aflito por um complexo de culpa em relação a Jesus como emerge em Rm 7. Ora, da visão originária de Pedro, Lüdemann oferece uma explicação totalmente natural de caráter psicanalítico: não soube elaborar o luto, isto é, o sofrimento pela perda do amado Mestre; não aceitou a realidade por dura que fosse; seu desejo o levou a convencer-se de que estava vivo e a criar uma visão imaginária dele. Daí a fé que tinha sido ressuscitado, fé comunicada a seus companheiros de que também eles, seguindo um clichê de psicologia de massas, foram sugestionados por visões de Jesus vivo. Portanto, para esse autor, a ressurreição concerne não a Jesus, mas à fé dos discípulos: essa ressuscitou, não o Nazareno, ressuscitada como objeto do desejo impelente de homens que não se resignavam à perda do mestre.

Mas nessa sua reconstrução ainda há lugar para a fé cristã? Lüdemann, que se fez expressamente tal pergunta, não tem dúvidas sobre uma resposta positiva, para depois compreender tal fé como resultado conjunto de dois fatores: antes de tudo, o trabalho crítico-histórico que reconstruiu a figura do Nazareno, depois — e nisto consiste propriamente o crer cristão — a decisão de fazer-se guiar na vida pelo Jesus terreno, de novo influente e vital como o tinha sido durante a vida terrena: "Por causa do Jesus histórico, assim como ele se me apresenta pelos textos e vem ao meu encontro mediante a reconstrução histórica como pessoa, eu me decido consequentemente a crer, não por motivo do Cristo ressuscitado a que me augurei" (*Auferstehung*, p. 220).

Porém, as fórmulas da fé pascal analisadas anteriormente sublinham com força que a ressurreição de Jesus comporta algo novo nele, além do que em Pedro e companheiros, aos quais mudou a vida. Além do mais, Lüdemann entende em modo assaz arbitrário as aparições do Ressuscitado: simples visões como efeito projetivo de um desejo.

Nessa linha pode entrar também a solução original de Schillebeeckx que, todavia, não insiste no caráter visionário da experiência de Pedro e companheiros. Trata-se, diz, propriamente de uma experiência cognitiva de conversão: os discípulos experimentam ser perdoados por Jesus e "o modelo da 'visão' é um meio para exprimir um *evento de graça*, uma divina iniciativa de salvação" (p. 410). "Ele lhes oferece novamente a salvação: isto eles experimentam *na* sua conversão; portanto, ele deve estar vivo [...]. *Um morto* não oferece perdão" (p. 412). E ainda: "Um gracioso manifestar-se — qualquer que seja sua natureza — de Jesus morto motivou os discípulos à proclamação crente: Jesus retorna, está vivo, ou: ressuscitou" (p. 346). Uma experiência de graça que postula ser interpretada com linguagens da tradição judaica: está vivo e foi ressuscitado, inaugurando assim o evento final da ressurreição dos mortos: "Em certo momento a vida destas pessoas teve uma sacudida — uma intuição, outrossim — que deu uma orientação definitiva às suas vidas. Na virada provada, experimentada como definitiva, eles sentem Jesus como o Vivente. Uma determinada *experiência de vida* é anunciada em linguagem *escatológica*" (p. 363).

Fácil a crítica, os escritos das origens cristãs, citados anteriormente, não descrevem em absoluto a experiência pascal dos discípulos como um processo de conversão e de graça do perdão dos pecados. Todavia, parece aceitável a tentativa de Schillebeeckx de ir além da aparição, ou da visão, e indagar qual experiência vital estava subjacente.

3.3. Memória reavivada do Jesus terreno

Nos últimos anos, mais insistente foi a tentativa de explicar a gênese da fé no Ressuscitado com o influxo, sobre a vida de Pedro e companheiros, da lembrança de Jesus terreno, melhor da sua fé pré-pascal que, longe de ser extinta com a tragédia da Sexta-Feira Santa, depois de certo atordoamento e crise momentânea, estava energicamente reproposta. Pesch, em um primeiro momento, tinha insistido sobre a autocompreensão do Nazareno como Messias e Profeta escatológico, sobre o valor expiatório de sua morte por ele comunicada aos discípulos e sobre a presença no judaísmo do tempo da ideia da ressurreição de um único homem logo depois da morte. Voltando a essas memórias, Pedro e companheiros conseguiram superar a hora tenebrosa da crucificação, entendida como morte do justo perseguido pelos homens mas exaltado por Deus, e chegar à fé na ressurreição do Crucificado. Em seguida, o mesmo autor se corrigiu indicando como fundamento de sua teoria quanto Jesus tinha dito do Filho do Homem vindo para julgar os vivos e os mortos no qual se tinha identificado. Enfim, Pesch regressou sobre seus passos, admitindo que na gênese da fé em Cristo ressuscitado não se podem excluir, como tinha feito no primeiro momento, as aparições; consigna a essas o papel de evidência *de facto* da ressurreição do Crucificado, enquanto os pressupostos da memória do Jesus terreno constituem sua evidência *de jure*, isto é, em princípio; eis em breve os dois fatores complementares: o que devia acontecer, aconteceu de fato.

Os pontos fracos da hipótese são, por uma parte, a atenuação do hiato e do corte entre Sexta-Feira Santa e manhã da Páscoa, inclusive a negação de que a cruz tenha sido catastrófica para os discípulos e para sua fé pré-pascal; por outra parte, o fato de que as representações judaicas do Messias e do Filho do Homem ignoravam totalmente sua ressurreição, para não dizer de sua morte em cruz. Podemos confiar-nos à autoridade científica de Hengel, quando afirma: "Não há nenhuma doutrina judaica da entronização como Messias e Filho do Homem por meio da ressurreição e da elevação de um *morto*"; "A ressurreição do Messias crucificado é um *novum* na tradição judaica" (cit. in Brambilla, p. 68), e o mesmo vale de um Filho do Homem crucificado e ressuscitado. Sem dizer que, do ponto de vista histórico, duvida-se e até se nega que Jesus tenha se identificado diante dos seus discípulos como Messias e como o Filho do Homem que estava por vir.

Müller pensa poder explicar o nascimento da fé em Cristo ressuscitado apelando à particular compreensão de fé que Pedro e companheiros tinham elaborado na convivência anual com ele. E, se a cruz devia ter sido "uma experiência de crise desestabilizadora", nem por isso se pode "falar de uma catástrofe total de sua fé" (p. 63). A Sexta-Feira Santa não produziu neles "uma definitiva desmentida de sua pretensão", mas foi uma provação para sua fé (p. 64). Longe de resolver-se "em maneira regressiva", sua crise produziu "uma experiência absolutamente extraordinária" (p. 115). Em concreto: durante a convivência com o Nazareno, eles tiveram como experimentar "a superabundância salvífica como irrupção do Reino de Deus" na sua palavra e na sua ação taumatúrgica e de acolhida dos perdidos (p. 117); além do mais, por Mc 14,25 ("Não beberei mais do fruto da videira...") se sabe que Jesus predisse sua morte como porta aberta ao seu ingresso no Reino de Deus plenamente realizado, um ingresso como vivo além de sua morte, portanto, como Ressuscitado. Müller considera que essa pretensão do Nazareno contenha a reivindicação de seu papel ativo também na completa atuação da realeza divina. Daí a fé na sua ressurreição de Primogênito dos mortos chamados à vida nova.

A objeção básica à sua posição, por um lado, não é diversa daquela dirigida a Pesch: o hiato da Sexta-Feira Santa não parece superável senão através de "um novo impulso", como não se cansa de repetir Kessler (pp. 127; 187; 192 etc.); não basta a fé pré-pascal, que a cruz tinha reduzido às últimas se não destruída totalmente. Além do mais, no plano histórico mostra-se árduo atribuir a Jesus a persuasão e a afirmação de um seu específico papel ativo na explosão final da realeza divina, pressuposto necessário para poder concluir sua ressurreição como evento escatológico ou decisivo, isto é, como primícias dos mortos que serão chamados à vida.

Também Verweyen está inscrito legitimamente na lista de quantos procuram a base da fé pascal no viver e morrer de Jesus mesmo, e não na alternativa de quantos afirmam uma ação de Deus criativa de ressurreição a favor do Crucificado depois da Sexta-Feira Santa. Ele despreza a esperança na ressurreição como "projeção do egoísmo sublimado e de uma visão do aquém como tempo de prova para o além" (p. 107), insistindo sobre o primado do presente qual tempo de uma vida plena sob o signo da proexistência para os outros. Por isso exprime a necessidade de regressar ao Jesus terreno no qual se manifestou, uma vez para sempre e de modo definitivo, o amor incondicionado e absoluto de Deus para os homens, e exclui uma segunda iniciativa divina de caráter escatológico ou definitivo na Páscoa. "[...] se com a conclusão da vida de Jesus tinha se tornada já manifesta 'a decisão irrevogável' do amor de Deus, que necessidade havia ainda da ressurreição?" (cit. in Kessler, p. 413). A morte foi vencida no nível do Jesus terreno, cuja plena proexistência até a cruz marcou já o fim da morte que fecha os corações dos homens na angústia do viver para si mesmos. Na virada pascal do comportamento dos discípulos, o estudioso vê a "explosão" de uma experiência já feita durante a vida terrena de Jesus e à vista de sua morte; e se em um primeiro momento após a tragédia da Sexta-Feira Santa ela foi removida, depois é adequadamente entendida e vivida: "Jesus vive não obstante sua execução capital e nesse viver por Deus e em Deus está nosso futuro" ("Auferstehung", p. 125).

Mas tal compreensão dos discípulos foi suficiente para fazer superar o escândalo da cruz? Além do mais, por que remover uma categoria teológica tão central nos testemunhos neotestamentários e rica de valores significativos e contentar-nos com a categoria mais genérica de vida? Enfim, o autor não acaba assim por banalizar o insucesso da morte física de Jesus, morte não vencida pela ressurreição?

3.4. Uma palavra crítica sobre o debate ainda em curso

Primeiramente, quero fazer ao menos uma alusão ao entendimento de dois estudiosos que suscitaram vivazes debates, Bultmann e Marxsen. Ambos intencionalmente se abstiveram de enfrentar a questão da gênese da fé pascal de Pedro e companheiros, considerada supérflua, se não totalmente insolúvel, e concentraram sua atenção sobre a ressurreição mesma de Cristo, por ambos considerada uma "cifra" para dizer outra coisa. De fato, concordam em negar que com essa os textos cristãos das origens "tenham entendido" afirmar um evento referente à pessoa do Crucificado, vivente de vida nova e exaltada "à direita de Deus". Na realidade, confessar que "Deus ressuscitou o Crucificado" equivale a afirmar "a ressurreição" da fé pascal dos discípulos.

Em particular, segundo Bultmann (*Nuovo Testamento e mitologia*, pp. 165-172), teórico da demitização da linguagem dos textos das origens cristãs, falar de ressurreição é um falar mitológico que prospecta o agir de Deus na história como se fosse aquele das causas criadas. É necessário demitizar tal linguagem, diz, e interpretá-lo existencialmente: exprimem de fato "a importância decisiva da cruz", ou melhor, o desvelamento de seu sentido salvífico. No início, o estudioso alemão se faz estas perguntas retóricas:

> O que se diz sobre a ressurreição de Jesus pode *exprimir outra coisa* que não seja *o significado da cruz?* [...] Diz algo diferente de que a morte de Jesus na cruz deve ser considerada não como a morte de um homem qualquer, mas como o julgamento libertador pronunciado por Deus sobre o mundo, o julgamento de Deus que enquanto tal tira todo poder à morte? (p. 165).

Eis sua tese: "A fé na ressurreição não é senão a fé na cruz como evento de salvação, na cruz qual cruz de Cristo", isto é, qual ação escatológica de Deus mesmo (p. 169). "[...] sua morte mesma é já a vitória sobre o poder da morte" (p. 166), e aqui Bultmann apela a João, que conhece um dúplice sentido da exaltação: exaltação na cruz e exaltação na glória. "Cruz e ressurreição são uma unidade, constituem juntas um só evento 'cósmico', com o qual o mundo é julgado e torna-se possível viver a vida autêntica" (p. 166). A Páscoa significa sim uma ação divina, não porém com relação a Jesus, mas aos discípulos, chamados eficazmente a crer que no evento da cruz Deus permite viver autenticamente, não para si mesmos, mas para os outros. E quanto aconteceu para eles, acontece também no anúncio de todo tempo, isto é, na palavra da cruz, como diz Paulo em 1Cor 1,17-18, que é evento escatológico porque ali se decide o destino de vida e de morte dos homens. E negativamente afirma: "A ressurreição de Jesus não pode ser um milagre que faz fé, na base do qual quem duvida possa consolidar sua fé em Jesus" (p. 167). E ainda em termos positivos: "Crer em Cristo presente no anúncio, esse é o significado da fé pascal" ("Das Verhältnis", p. 469).

Para Marxsen (cf. *La risurrezione*), a ressurreição de Cristo é somente uma interpretação (*Interpretament*) entre outras (p. 187) que tem o escopo de salvaguardar o caráter de milagre, "a prioridade de Deus ou de Jesus no verificar-se da minha fé" (pp. 190s). E, ainda, falar de sua ressurreição é "uma interpretação que quer exprimir: minha fé tem um ponto de proveniência que se chama Jesus" (p. 192). Com uma fórmula polêmica, resume assim o sentido: "A causa de Jesus continua", isto é, Jesus, o Jesus terreno, continua a viver na pregação e no nascimento da fé, do mesmo modo que tinha agido antes sobre a terra chamando eficazmente a crer (p. 115). Em concreto, a fórmula quer dizer "o confiar-se a Deus nesta vida, a libertação pelo amor, o perder-se por amor ao próximo e experimentar como salvação precisamente isto etc." (p. 197). Consequentemente, "a fé pascal (a fé no Ressuscitado) não tem nenhum outro conteúdo senão aquele da fé pré-pascal, para a qual Jesus chamava" (p. 171). "'Jesus ressuscitou' não significa senão que o Jesus que foi crucificado chama hoje à fé" (p. 173). "[...] depois da Sexta-Feira Santa (não importa de que modo), sabiam ter sido chamados à fé por *aquele* Jesus que tinha atuado na terra, que então tinha chamado à fé e que depois morreu na cruz. Mas se podia chamar à fé [...], então se aprendia *no mesmo tempo* que ele não estava morto, mas vivia. É precisamente isso que se podia exprimir dizendo que Jesus ressuscitou" (pp. 173s). A afirmação da sua ressurreição "foi o resultado de uma dedução, a partir da própria fé" (p. 187). Ao contrário de ressurreição, se pode falar, como fazem os textos das origens cristãs, de vida, neste sentido: ali se confessa que "Jesus ainda vive e age, ali se confessa que seu passado é presente" (p. 197).

São leituras radicais que nos parecem infiéis à múltipla e rica atestação dos escritos das origens cristãs que referem o evento da ressurreição ao Crucificado, e que avaliam como efeito seu novo influxo sobre Pedro e companheiros chamados eficazmente à fé pascal.

Quanto ao problema de sua gênese, deixando fora totalmente a questão da tumba vazia que, qualquer que seja o valor histórico dado a ela, de todo modo nem funda nem garante, como vimos, o crer de Pedro e companheiros em Cristo, a atenção deve dirigir-se conjuntamente às crenças do ambiente a propósito da ressurreição, à memória do Jesus terreno terminado em cruz e à nova experiência feita pelos discípulos depois da Sexta-Feira Santa, por eles definida "aparição" ("fazer-se ver a") do Crucificado. São esses três fatores que, em modo complementar, nenhum independente, motivaram a crer em Cristo ressuscitado. O primeiro expõe a crença judaica em Deus mais potente que a morte e capaz de oferecer a seus fiéis, segundo certas correntes, a imortalidade beata e, segundo outras, a ressurreição do reino dos mortos. Trata-se de um quadro geral que pode ter orientado os primeiros cristãos, mas sem constituir, certamente, o impulso decisivo para crer; de qualquer maneira, a fé pascal nunca poderia ter nascido em um ambiente grego, totalmente estranho à prospectiva da ressurreição.

O segundo fator é ainda mais indispensável; não é totalmente por acaso que na origem da fé pascal estão os discípulos históricos do Nazareno, não pessoas estranhas à sua pessoa. O próprio Paulo, que não foi seu seguidor, não ignorava quem fosse Jesus ressuscitado, se é verdade que perseguia seu movimento; sem dizer que se uniu a testemunhas preexistentes da fé pascal, aqueles capazes de afirmar, na fé, a identidade do Ressuscitado com o Crucificado. A ressurreição, com efeito, considerou o Jesus terreno por aquilo que foi e fez; é resposta de Deus a ele e à sua morte ignominiosa, reabilitação do Evangelista do Reino, confirmação e fortalecimento do mediador ativo da reviravolta decisiva impressa pelo poder régio divino à história. Ora, como tal, ele tinha se apresentado e tinha sido crido pelos seus seguidores, que compartilharam com ele seu estilo de vida de itinerante e a mesma missão evangelizadora, para não falar de outros que tinham aderido a seu "Evangelho", mesmo não mudando o próprio *status* social, como Marta, Maria e Lázaro, por exemplo. Essa sua convicção, porém, não era suficiente, por si mesma, para suscitar a fé no Ressuscitado, porque a Sexta-Feira Santa com a morte horrenda do "Evangelista" Jesus tinha destruído sua esperança colocada nele e no seu Deus. Não parece possível pensar que existisse ainda neles aquela fé que os tinha movido tempos atrás a se confiarem nele. Disse-se anteriormente como a cruz representasse a desmentida divina à pretensão do Nazareno de ser seu mediador ativo no alvorecer da redenção do mundo. Quero acrescentar esta afirmação de Vögtle: "Sua execução capital aos olhos de todos os israelitas devia querer dizer, uma vez por todas, que a vinda da salvação não pode estar vinculada à sua pessoa e ao seu agir e que de qualquer modo Israel não deve esperar a salvação desse homem" (p. 118).

Um terceiro fator deve entrar em campo, "um novo impulso" (Kessler), "uma sacudida" (Schillebeeckx), "um acontecimento excepcionalmente encorajador" (Strauss), "algo que [...] mudou completamente seu estado de ânimo" (Dibelius). Mas o que exatamente? Os antigos testemunhos cristãos falam de um "fazer-se ver a" por parte do Crucificado. Porém, trata-se de uma linguagem interpretativa em sentido teofânico de uma vivência não esclarecida: o Crucificado se fez presente e atuante em suas vidas assim como Deus tinha se apresentado a Moisés no Sinai. Naturalmente, deve-se clarificar essa misteriosa vivência interpretada com uma categoria teológica. Schillebeeckx falou de experiência de conversão e de perdão recebido dos pecados, mas parece restritivo. Kessler limita-se a adicionar a categoria do encontro, "um encontro padecido", com Jesus que se fez ele encontro para Pedro e companheiros (p. 197) e de *encontro* intersubjetivo: o outro, aqui o Crucificado ressuscitado, vem a mim e no encontro comigo" se dá a conhecer e muda minha vida (p. 124); mas parece genérico. Léon-Dufour afirma: "Para os discípulos, a presença do Ressuscitado foi experimentada na sua história pessoal" (p. 268), mas é precisamente essa história pessoal que deve ser clarificada.

Penso que por falta de dados não se possa ir além de suposições e compartilho a opinião de Vögtle: "Não somos capazes de oferecer uma resposta certa à origem da fé pascal" (p. 127). Pode-se conjecturar que, fugidos na Galileia, Pedro e companheiros tenham refletido seriamente sobre Jesus, sobre sua ação e morte horrível, relendo e meditando páginas da Bíblia hebraica para encontrar ali um sentido de quanto tinha acontecido, uma resposta a perguntas angustiantes: como é possível que tudo tenha terminado de maneira tão negativa? YHWH, que se tinha declarado e demonstrado fiel ao povo apesar de tudo, "ressuscitando-o" das mais graves dificuldades, como, por exemplo, o exílio babilônico, não é talvez o mesmo Deus de cuja realeza definitiva Jesus se fez o Evangelista? Pode-se conjecturar que nesse processo interior, sem excluir confrontos no grupo, tenha renascido esperança e confiança, vividas não como própria conquista autônoma, mas qual dom de graça daquele Jesus do qual redescobrem agora, de modo novo, o papel decisivo de Evangelista do Reino rejeitado pelos maus mas aprovado por seu Deus: ele está vivo em suas vidas, vivo da vida dos ressuscitados porque libertado do reino dos mortos; presente e atuante em modo original com relação à passada presença terrena; Ressuscitado e ressuscitador de sua fé. Podemos dizer com Léon-Dufour, advertiram "a presença de um sujeito que não é deste mundo. O Ressuscitado está presente (iniciativa), vincula-se ao passado (reconhecimento), dirige o advir (missão)" (p. 269).

São somente sugestões que um historiador pode fazer com os insuficientes dados que tem em mãos, reconhecendo com toda a honestidade intelectual não ser capaz de precisar mais a gênese da fé de Pedro e companheiros expressa na fórmula antiquíssima: "Deus o ressuscitou do reino dos mortos".

Bibliografia do capítulo

Brambilla, F. G. *Il crocifisso risorto*. Brescia, Queriniana, 1998.
Collins, J. J. The resurrection of Jesus: the debate continued. In: *Greg* 81(2000), pp. 589-598.
Dalferth, I. U. Volles Grab, leerer Glaube? Zum Streit um die Auferweckung des Gekreuzigten. In: *ZTK* 95(1998), pp. 379-409.
Fitzmyer, J. *The Gospel according to Luke*. New York, 1985. pp. 1532ss.
Ghiberti, G. *La risurrezione di Gesù*. Brescia, Paideia, 1982.
Hoffmann, P., ed. *Zur neutestamentlichen Überlieferung von der Auferstehung Jesu*. Darmstadt, 1988.
Kessler, H. *La risurrezione di Gesù Cristo. Uno studio letterario, teologico-fondamentale e sistematico*. Brescia, Queriniana, 1999.
Kittel, G. Das leere Grab als Zeichen für das überwundene Totenreich. In: *ZTK* 96(1999), pp. 458-479.
Koeste, H. The memory of Jesus' death and the worship of the risen Lord. In: *HTR* 91(1998), pp. 335-350.
Léon-Dufour, X. *Risurrezione di Gesù e messaggio pasquale*. Cinisello Balsamo (MI), San Paolo, 1973.
Lüdemann, G. *Die Auferstehung Jesu. Historie, Erfahrung, Theologie*. Stuttgart, 1994.
_____. Zwischen Karfreitag und Ostern. In: Verweyen H., ed. *Osterglaube ohne Auferstehung?* pp. 13-46.
Ludemann, g; Özen, A. *What really happened to Jesus. A historical approach to the resurrection*. London, 1995.
Marxsen, W. *La risurrezione di Gesù di Nazareth*. Bologna, EDB, 1970.
_____. *Il terzo giorno risuscitò... La risurrezione di Gesù: un fatto storico?* Torino, Claudiana, 1993.
Müller, U. B. *L'origine della fede nella risurrezione di Gesù. Aspetti e condizioni storiche*. Assisi, Cittadella, 2001.
Oberlinner, L. 'Gott [aber] hat ihn auferweckt' – Der Anspruch eines frühchristlichen Gottesbekenntnisses. In: Verweyen, H., ed. *Osterglaube ohne Auferstehung?* pp. 65-79.

O'Collins, G. The resurrection: The state of the questions. In: Davis, S. T.; Kendall, D.; O'Collins, G., eds. *The resurrection. An interdisciplinary symposium on the resurrection of Jesus.* Oxford, 1997. pp. 5-28.

Penna, R. *I ritratti originali di Gesù il Cristo. Inizi e sviluppi della cristologia neotestamentaria, I: Gli inizi.* Cinisello Balsamo (MI), San Paolo, 1996. pp.173-223.

Perkins, P. The resurrection of Jesus of Nazareth. In: Chilton, B.; Evans, C. A., eds. *Studying the historical Jesus.* Leiden, Brill, 1994. pp. 423-442.

Pesch, R. Zur Entstehung des Glaubens an die Auferstehung Jesu. In: *ThQ* 113(1973), pp. 201-228.

_____. *Zur Entstehung des Glaubens an die Auferstehung Jesu.* Ein neuer Versuch. In: Hoffmann, ed. Zur neutestamentlichen Überlieferung von der Auferstehung Jesu. pp. 228-255.

Schillebeeckx, E. *Gesù, la storia di un vivente.* Brescia, Queriniana, 1976. pp. 333-418.

Theissen, G.; Merz, A. *Il Gesù storico. Un manuale.* Brescia, Queriniana, 1999. pp. 580-622. [Ed. bras.: *O Jesus histórico.* São Paulo, Loyola, 2002].

Verweyen, H., ed. *Osterglaube ohne Auferstehung? Diskussion mit Gerd Lüdemann.* Freiburg-Basel-Wien, 1995.

_____. "Auferstehung": ein Wort verstellt die Sache. In: Verweyen, H., ed. *Osterglaube ohne Auferstehung?* pp. 105-144.

Vögtle, A. Wie kam es zum Osterglauben? In: Vögtle, A.; Pesch, R. *Wie kam es zum Osterglauben?* Düsseldorf, 1975. pp. 9-131.

Capítulo XIV
FÉ DE JESUS E FÉ EM JESUS

Importante problema histórico é determinar, nos limites do possível, a passagem temporal da vida de Jesus de Nazaré ao nascimento do movimento cristão, relevando sua continuidade e descontinuidade. Excluo de pronto, e as explicarei, as soluções que avistam ali patentes antíteses, como a teoria de Reimarus, mas também, em geral, as leituras do século XIX de um Jesus da história contraposto ao Cristo da fé, ou perfeita identidade, perspectiva típica da leitura fundamentalista dos evangelhos. Definem-se muitas vezes os extremos dessa "passagem/conexão", como diz Sequeri, com as fórmulas de cristologia implícita, própria de Jesus, e de cristologia explícita, a da Igreja; mas é um horizonte muito restrito. Considero mais adequado o confronto global entre Jesus e a Igreja das origens, em particular entre sua fé e a fé nele dos primeiros crentes. Hoje se mostram superadas passadas resistências, suscitadas pelo dogma cristológico das duas naturezas e da única pessoa divina, para falar sobre a fé; se lhe negava de fato o crer compreendido em sentido cognitivo como percepção obscura, *tamquam in speculo et in aenigmate*, do mundo divino, enquanto não se tinha nenhum remorso no atribuir-lhe até a *beata visio* de Deus (cf., por exemplo, M. J. Scheeben, *I misteri del cristianesimo*, Brescia, Morcelliana, 1953, pp. 244s). Para legitimar seu uso hoje, apela-se às vezes, mas de modo inexato, ao meu ver, à expressão paulina *pistis Iēsou* (Rm 3,26; cf. Gl 2,16: *pistis Iēsou Khristou*), entendida como fé própria de Jesus e não em Jesus. Na realidade, é uma leitura atenta do material evangélico que legitima nosso ponto de vista. "O discurso sobre a fé de Jesus não representa mais um tabu, Jesus pode ser visto como o verdadeiro crente que funda uma nova fé" (Pesch, p. 72). Em todo caso, trata-se de sua relação com Deus, que ocupa o centro de sua pessoa e pode ser até definida como o código genético de sua alma. Que tenha sido um homem profundamente religioso, totalmente preso pela causa de seu Deus, apareceu irrefutavelmente nos capítulos anteriores. Agora se trata de especificar a qualidade de sua fé, isto é, de seu pleno confiar-se a Deus, confrontando-a depois com a fé teológica e cristológica da Igreja das origens.

1. A fé de Jesus

É necessário precisar logo que Jesus não nos falou diretamente de sua relação com Deus. Podemos entendê-la de maneira indireta, em suas palavras e em suas ações que fazem transparecer seu mundo interior religioso. Em concreto, dois são os caminhos que nos permitem entrar, não sem prudência e circunspeção, no santuário de sua alma, acessível somente através das janelas abertas de seu dizer e fazer atestados nos evangelhos e nas outras fontes das origens cristãs. Primeiramente, o estudo dos símbolos religiosos paterno e real que não só manifestam sua relação com o Deus hebraico, mas também dão substância a sua experiência religiosa. Relacionou-se com ele como pai e rei, símbolos religiosos conhecidos tanto no mundo judaico como também na cultura greco-romana, mas presentes e atuantes nele com singulares conotações. Em segundo lugar, no fundo de suas numerosas e icásticas *ficções* parabólicas emergem, com suficiente clareza, imagens de Deus encarnadas nos comportamentos, muitas vezes paradoxais, dos protagonistas das *histórias* narradas. Essas suas criações delatam, ainda antes da comunicação verbal aos ouvintes, seu mundo poético mas também, e sobretudo, sua religiosidade.

1.1. O símbolo religioso paterno e real

Como sabemos, os símbolos têm origem na universal experiência humana da família e daquela social-política dos estados monárquicos da antiguidade, transferindo, em certo modo, seus valores terrenos ao mundo misterioso do numinoso, para usar uma categoria cara a R. Otto. Mas nessa transferência relevam-se significativas peculiaridades, pelas quais não podemos não perguntar em que sentido Deus, por um lado, é confessado e invocado Pai e, por outro, é compreendido como Rei, e especialmente qual desvelamento de seu rosto escondido manifestam tais símbolos: tudo isso em referência a Jesus e à sua experiência religiosa. De fato, os papéis essenciais que Pai e Rei revestem nas várias culturas não bastam para qualificar seus valores simbólicos na fé de um indivíduo e de um povo. Além disso, o símbolo na sua aplicação ao longo da história se evolve assumindo significados novos e perdendo os velhos, mas também se distanciando dos valores da cultura originária e originante. Ainda mais, deve-se revelar que o mesmo símbolo religioso apresenta uma variedade assaz grande de significados, isto é, remete a uma rica escala de valores simbólicos diversamente enfatizados na história das crenças religiosas. Parece mais importante avaliar a estreita relação entre símbolo religioso e código ético: crença e conduta moral estão indissoluvelmente unidas, sendo verdadeiro que aquela funda essa e que a segunda nos permite avaliar a funcionalidade da primeira. Por isso, como veremos, o Deus de graça de Jesus é, ao mesmo tempo, Deus exigente que não se contenta de observâncias, mas pede a adesão do coração. Enfim, quanto ao símbolo paterno, impõe-se à nossa atenção a crítica de Freud que em *O futuro de uma ilusão* oferece uma redutiva leitura de caráter infantil da figura paterna: pai protetor e ameaçador de uma criança impotente e atemorizada. E resulta igualmente ambígua por si mesma a aplicação ao símbolo religioso da imagem familiar e social do pai, que pode ser também um pai muito autoritário.

Se aceitarmos a famosa definição de símbolo dada por Ricoeur: "Ce qui donne à penser", é necessário estudá-lo como grandeza que moveu o Nazareno a pensar Deus e sua realidade não como grandeza objetiva autônoma, mas como ser vivo ao qual se relacionar na vida.

1.1.1. O símbolo de Deus Pai

Já na área mesopotâmica antiga Enlil era definido "pai de todos os deuses" e "pai do país", isto é, procriador e gerador do mundo, e Anu "pai dos deuses, criador de todos", "pai do céu e da terra". Mas em relação aos homens, com o binômio pai/filhos se queria exprimir, sobretudo, a bondade e o cuidado dos deuses e não falta um claro acento personalista na fórmula *'abî* ("meu pai"). Não diversamente no Egito o deus Amon é chamado "pai e mãe (ou somente pai) dos homens" e se encontram nomes teóforos como "Amon é meu pai". A mesma orientação cosmológica e universal reveste o símbolo religioso paterno no mundo grego e na religião romana. *Iupiter* na origem era um vocativo (*Zeu pater*) e, difundida, aparece a concepção mitológica do gerador de todos. Assim Homero qualifica Zeus "pai dos homens e dos deuses" (*patēr andrōn te Theōn te*) (*Odisseia* 1,28; *Ilíada* 1,544) e na "greceidade" antiga "pai" aplicado à divindade suprema do Olimpo é especificado como "gerador" (*patēr genetēr* ou também *genetēs*). Igualmente é comum aos romanos a fórmula *Diovis pater genitor*.

Nas Escrituras hebraicas, só raramente Deus é chamado pai, uma dezena de vezes, mas se devem computar também as numerosas passagens nas quais o povo israelita é chamado seu filho. Como primeira constatação surpreende a ausência do significado mítico de caráter cosmológico e universal; jamais, de fato, se confessa Deus Pai gerador dos homens e do mundo. Ele é, com certeza, seu criador poderoso e livre, mas para exprimir tal crença não se recorre à metáfora do pai, mas à imagem do oleiro que plasma a argila (Gn 2), ao verbo "fazer" (*'asah*) e à categoria da palavra eficaz ("Deus disse...", Gn 1). Na realidade é chamado pai somente na sua dúplice relação com o povo de Israel e com seu rei, e é tal em sentido histórico ou eletivo: aquele que escolheu livremente Israel como seu povo e o rei para representá-lo diante do povo (cf., por exemplo, Dt 14,1-2). Uma eleição, a de Israel, por amor gratuito e imerecido, sublinha o mesmo livro bíblico (Dt 7,7-8), e está encarnada na história do povo, escravo no Egito e libertado por seu Deus que o conduziu pelo deserto à posse da terra prometida aos antepassados; é em tal gênese histórica do povo que YHWH tornou-se de fato seu pai e este seu filho primogênito, um adjetivo que não exprime prioridade cronológica sobre outros filhos, mas profundo e incomparável amor paterno (cf. Os 11,1-5; Is 63,16; Ex 4,22-23):

> Em resumo, *não a natureza, mas a história é a raiz da paternidade de Deus*. A criatividade divina não é gerativa, mas eletiva: YHWH não gerou do início o pai do antigo Israel, mas formou o povo na história, fazendo-o depositário de extraordinárias promessas para si e para a humanidade, libertando-o da opressão egípcia, conduzindo-o à posse da terra de Canaã, dando-lhe uma lei como guia na vida, falando-lhe pela boca dos profetas e chamando-o de novo, sempre por meio dos profetas, ao dever de proficiente fidelidade a seu Deus (Barbaglio, "Simbologia religiosa", pp. 65-66).

O símbolo religioso do pai no antigo Israel significa também cuidado e amor; por isso, a imagem paterna de Deus transfere-se insensivelmente para aquela materna, como, por exemplo, em Dt 32,11, no qual aparece a metáfora da águia que cuida e alimenta seus filhotes. Mas estreitamente unido é o valor simbólico do binômio *imperium* e *oboedientia*, no qual se confrontam a vontade imperativa de YHWH e a vontade obediente de Israel. Por isso, em Ml 1,6, pai/filho parece paralelo a senhor/servo: "O filho honra seu pai e o servo respeita seu senhor. Se eu sou pai, onde está a honra que me toca? Se eu sou o senhor (*'adôn/kyrios*), onde está o temor de mim?".

Também a paternidade com relação ao rei israelita é compreendida em sentido eletivo; se ali se fala de geração, trata-se de uma metáfora da investidura real. O rei israelita é legitimado na sua ascensão ao trono pela vontade divina: "'Eu o constituí meu soberano sobre Sião, meu santo monte [...]'. Ele me disse: 'Tu és meu filho, eu hoje te gerei'" (Sl 2,6-7).

No judaísmo dos anos 200 a.C.–200 d.C. e além, pai não é a qualificação prevalente de Deus, visto que está atestada poucas vezes. Em todo caso, os textos caracterizam-se, antes de tudo, pela aplicação, mesmo sempre minoritária com relação ao símbolo de Deus Pai de Israel, da paternidade divina ao indivíduo israelita. No Sirácida, lemos estas duas súplicas: "Senhor, pai e senhor de minha vida, não me abandones [...]. Senhor, pai e Deus de minha vida, não me deixes à mercê de olhares altivos" (Eclo 23,1.4); "Exclamei: Senhor, tu és meu pai" (Eclo 51,10). Encontramos também a fórmula "Pai celeste/Pai nosso celeste" (*'ab sebbashamayîm*), muito usada na sinagoga palestinense, na qual a indicação espaço-vertical do céu sublinha a diversa e superior paternidade divina com relação àquela humana. Acrescentem-se as duas fórmulas de oração estreitamente unidas "Pai nosso, Rei nosso" (*'abinû malkenû*), com o símbolo paterno duplicado por aquele real, confirmando assim a contiguidade dos dois. Sem dizer que o judaísmo elevava a obediência à Lei, vivida também com sacrifício, a qualificação do homem Filho de Deus: "Como posso fazê-lo [comer carne suína, ter relações incestuosas], se meu Pai celeste me proibiu?" (*Sifra Levítico* 20,26); "Estes golpes são o motivo pelos quais eu sou amado pelo meu Pai celeste" (*Mekilta Êxodo* 20,6). Diversamente se expressaram os rabinos sobre o caráter excludente do requisito da obediência à Lei; pelo sim se pronunciou rabi Yehuda (cerca de 150): "Se vos comportais como filhos, chamai-vos filhos, mas se não vos comportais como filhos, então não podeis chamar-vos tais". De opinião contrária, rabi Meir: "Seja como for, vós sois chamados filhos" (cit. in Jeremias, p. 16). Enfim, a ênfase do significado de misericórdia e de piedade: para com Israel Deus é mais misericordioso do que um pai terreno: "Tu és aquele, cuja misericórdia para conosco é maior do que aquela que um pai tem para com seus filhos" (*Targum de Isaías* 63,16).

Nas Escrituras cristãs o uso do símbolo religioso paterno é bastante frequente: 254 vezes, das quais 170 na boca de Jesus, mas com diversa recorrência nos quatro evangelhos: 4 vezes em Mc, 15 em Lc, 42 em Mt, 109 em Jo. Mateus e João, portanto, mostram uma manifesta tendência a multiplicá-lo: evidentemente na Igreja dos alvores o caráter reservado do Nazareno, como veremos, é abandonado e se serve com grande desenvoltura do símbolo para exprimir uma robusta fé na filiação divina de Cristo. É em referência a ele, de fato, que na maioria dos casos se fala de Deus Pai, exaltando a especial relação entre ambos. A fórmula "Pai nosso" recorre somente na homônima oração ensinada aos seus discípulos e somente na versão de Mateus, não naquela de Lucas (Q: Lc 11,2 e Mt 6,9). Uma dezena de vezes ele fala de "vosso Pai", enquanto se lhe atribui mais de 40 vezes a expressão em primeira pessoa singular "meu Pai" e mais de 20 vezes se dirige a Deus na oração invocando-o seu pai. Último relevo digno de nota: em três passagens, Deus é invocado ou proclamado com o vocativo aramaico *Abba*, uma vez por Jesus no Getsêmani (Mc 14,36), as outras duas pelos crentes que por meio do Espírito assim ousam "gritar" a Deus (Gl 4,6; Rm 8,15), e o fazem certamente retomando sua invocação. Naturalmente, interessa-nos somente o uso do símbolo religioso paterno por parte de Jesus de Nazaré, a quem podemos atribuir pouco menos de dez invocações ou declarações dirigidas a Deus Pai.

Antes de tudo, a atenção se dirige sobre a forma aramaica *Abba*, estado enfático, como *talitha* ("menina") em Mc 5,41, que pode valer também como vocativo. Por consenso geral dos estudiosos, em forma de apelativo ela manifesta uma peculiaridade do Nazareno. Neste sentido se pode compartilhar o juízo de Jeremias: "É evidente por isso que não uso de *Abba* nós colhemos a *ipsissima vox Jesu*" (p. 60). Mais prudente se mostra Fitzmyer: "Tem boa probabilidade" de sê-lo (p. 34). Nos evangelhos recorre uma só vez, em Mc 14,36, na sua dramática oração no Getsêmani, na qual suplica ao seu *Abba* de lhe poupar a morte horrenda, mas disposto a fazer sua vontade. A historicidade dos conteúdos da súplica é mais do que suspeita, enquanto aparece certo que a tradição marcana ou o próprio Marcos nunca teria lhe colocado em boca tal apelativo senão sob estímulo de sua práxis orante. É de fato um vocativo de oração totalmente original no ambiente judaico do tempo, onde não se encontra nenhum exemplo análogo. Também, se é verdade que não faltam atestações rabínicas, nunca, porém, na Mishná (Fitzmyer, p. 23), na qual Deus é definido, mas não invocado, como *Abba*:

> Quando a terra tinha necessidade de chuva, os rabinos costumavam enviar alguns discípulos até ele [Hasid Hanan, neto de Honi, o Desenhador de círculos]; eles, pegando a borda da túnica, diziam: "*Abba, Abba*, manda-nos chuva!". E ele rezava: "Senhor do universo [eis seu apelativo], escuta estes que não distinguem o *Abba* que dá a chuva do *Abba* que não pode fazê-lo" (*bTaan* 23b).

Então, é provável que *Abba* tenha nascido do balbucio da criança, um pouco como *má* e *pá*, mas, com licença de Jeremias, não podem ser entendidos como apelativos somente de crianças para seus pais; ao contrário, é próprio de todos os filhos, pequenos e adultos. Exprime, portanto, por si mesmo, familiaridade, mas não ternura infantil; revela-se por isso incorreto traduzi-lo por "papai", *daddy* (cf. Barr); a tradução adequada é, por sua vez, "pai", ou também "meu pai". Em conclusão, Jesus se dirige a Deus com tons de clara familiaridade e o uso singular de tal vocativo aramaico exprime uma relação imediata, direta.

A ele também remonta, certamente, a oração do "pai-nosso", ao menos nas suas linhas essenciais, e aqui o vocativo inicial "Pai" (em grego *pater*) de Lc 11,2 — Mateus transmuda-o em uma fórmula usada pelo judaísmo de seu tempo "Pai nosso celeste" (Mt 6,9) — com probabilidade reflete o original *Abba*. O relevo tem sua importância porque mostra que não é exclusivo de Jesus dirigir-se a Deus na oração com tanta familiaridade e imediatismo; são legitimados por ele também seus seguidores. Portanto, com o símbolo paterno aqui ele não reivindica uma paternidade divina exclusiva; a metáfora, como também veremos a seguir, exprime, em geral, uma paternidade divina não universal, mas de pessoas particulares.

Resta-nos, e é a melhor coisa, avaliar quais conotações tem na experiência religiosa do Nazareno o símbolo paterno. Esse funciona, sobretudo, como motivação de imperativos, de exigências sustentadas por Jesus para os seus. Assim em Mc 11,25 (par. Mt 21,14) o pedido de perdoar os erros dos outros coloca-se na perspectiva de sermos perdoados pelo Pai: "Perdoai..., para que vosso Pai celeste vos perdoe vossas quedas". Ele vive dentro de si, desvelando-o nas palavras, um Deus perdoador que pede, por sua boca, ao perdoado para tornar-se também ele perdoador. O símbolo de um Deus paterno aparece, portanto, unido ao código de um simétrico comportamento humano. Esse vínculo estreitíssimo entre perdão para dar e perdão para receber do Pai será precisado mais adiante no sentido da incondicionalidade do perdão divino. De qualquer maneira, é certo que o Nazareno aqui se dirige aos seus seguidores; portanto, a paternidade divina por ele vivida e comunicada concerne diretamente a esses e suas experiências espirituais de adesão à sua pessoa.

Não é diversa a função do símbolo paterno expresso nas numerosas atestações da fonte Q. Se na passagem paralela de Mt 5,48 o evangelista introduz por iniciativa própria o motivo, a ele caro, da "perfeição" ou integridade: "Sede perfeitos como é perfeito vosso Pai celeste", Lc 6,36 se revela fiel transmissor de um dito jesuano: "Sede misericordiosos como misericordioso é vosso Pai". De novo o símbolo religioso paterno funda um código de conduta simétrica, mas agora o vínculo estreito entre a misericórdia divina e a misericórdia humana está na linha da imitação: fazer próprio o comportamento misericordioso de Deus. O Nazareno vive dentro de si, e manifesta, uma figura de Deus piedoso e compassivo, nisso herdeiro de uma consolidada tradição bíblico-judaica, na qual, tal qualificativo aparece muito difuso, como documenta, por exemplo, a frequente fórmula definitória de YHWH "misericordioso e piedoso" (Ex 34,6; Gl 2,13; Gn 4,2; Sl 85,15 etc.). E, além do já citado testemunho targúmico sobre a transcendente misericórdia do pai celeste com relação àquela do pai terreno, temos também uma palavra totalmente análoga ao dito jesuano no *Targum jerosolimitano I* de *Levítico* 22,28: "Como nosso Pai celeste é misericordioso, assim sede misericordiosos sobre a terra". Portanto, também religiosamente Jesus se demonstra filho do povo judaico, mas será interessante ver como entende em concreto a paternidade misericordiosa de Deus.

Em Mt 5,45 — a passagem paralela de Lc 6,35: "E sereis filhos do Altíssimo, porque ele é benévolo com ingratos e malvados", mostra vistosos traços da redação do evangelista — mais uma vez o Nazareno apela ao símbolo religioso paterno para motivar uma conduta dos seus, em concreto, o mandamento de amar os inimigos (Mt 5,44): "Para que vos torneis filhos de vosso Pai celeste: ele faz surgir seu sol sobre maus e bons e faz chover sobre justos e injustos". Deus Pai simbolicamente significa, portanto, para o Nazareno, amor indiscriminado para com todos os homens, para além de suas diversidades éticas, e justifica um código ético tão radical quanto único de amor proficiente aos inimigos. O tudo é exprimível na fórmula *talis pater*, *talis filius*, com o primeiro polo no indicativo e o segundo no imperativo: qual *é* o pai, tal *deve ser* o filho. Uma correspondência operativa tão essencial que, em caso contrário, não se pode falar de paternidade e filiação, como se deduz da proposição final do período sobre a qual se funda o imperativo: "Para que vos torneis filhos de vosso Pai celeste". A paternidade divina não é um dado descontado, algo que vale para o homem somente pelo fato de ser como tal; assim era entendida na cultura greco-romana. Jesus se coloca no nível não da natureza, mas da liberdade responsável do homem que, imitando o amor indiscriminado de Deus, por isso pai, escolhe-o de fato como seu pai. E tudo leva a crer que assim o tenha vivido o Nazareno:

> Ele [Jesus] se manifesta como uma pessoa que, no fundo de sua vivência religiosa, longe de ser determinado por doutrinas, crenças, estereótipos, aparece atento às experiências mais elementares, entre as quais o surgir do sol e o cair da chuva. Não se detém, porém, no puro dado visível; vive um e outro fenômeno da natureza como um agir benéfico de Deus, que faz surgir o sol e cair a chuva. Dentro de sua alma está presente um símbolo divino dinâmico, expressivo não da essência de Deus mas de sua ação por meio da qual entra em relação com o mundo, conosco, procurando-nos bens necessários para a existência humana, antes as fontes mesmas de nosso viver. Não é somente a cultura antiga que certifica nossa dependência do sol e da chuva. Mas, à diferença do homem moderno, Jesus fala do sol que é de Deus: este não retém zelosamente para si o quanto de bom e de precioso possui, mas o compartilha com os homens. Com eles, portanto, se relaciona não como com rivais, mas livre do espírito de competição, compartilhando tudo quanto é seu. A raiz da violência, identificada agudamente por R. Girard na rivalidade que não sabe suportar a posse em comum do mesmo bem, não vinga no jardim do Deus vivido por Jesus [...]. A natureza, quer dizer Jesus, manifesta-nos um Deus que é fonte de vida igualmente para todos. É verdade que os homens se diferenciam diante dele, aceitando uns, os justos, sua vontade como norma de vida e rejeitando os outros, os injustos, porém, ele não diversifica sua ação com a qual faz surgir o sol e faz cair a chuva, doados igualmente a todos. Em resumo, seu agir para com os homens não é simétrico ao comportamento destes para com ele (Barbaglio, *ibid.*, pp. 72-73).

É verdade que também no judaísmo se falava de Deus que faz surgir seu sol e faz chover sobre todos, mas não se lia ali, como fez o Nazareno, o sinal de um amor indiscriminado para com todos. Sobretudo, aqui se torna claro aquele seu Deus que acolhe, mediante ele, os párias da sociedade judaica, em particular os publicanos e mais em geral os não observantes da Lei mosaica e divina. Sem falar do imperativo do amor aos inimigos, desconhecido na sua radicalidade da tradição bíblico-judaica, motivado precisamente por tal paternidade divina.

Sempre na fonte Q é atestada a seguinte exortação de Jesus a quantos, abandonando tudo, casa, família e bens, tinham-no seguido na sua vida de itinerante: não devem ficar ansiosos pelo sustento e pelas vestes. Devem olhar os corvos do campo e os lírios do prado: aqueles não semeiam nem recolhem, mesmo assim Deus os nutre; esses não fiam nem tecem, mesmo assim Deus os veste magnificamente. A paternidade divina é fundadora de uma grande confiança nele: "Vosso Pai sabe do que tendes necessidade" (Lc 12,30; cf. Mt 6,33). Deve bastar para lhes reassegurar a certeza de que ele conhece suas necessidades vitais; virá certamente no seu auxílio. Em resumo, a experiência religiosa de Jesus vive um Deus *ciente* e de consequência *providente* para os seus mas também para ele, líder do grupo de carismáticos apátridas e associais da Galileia por volta do ano 30, que se confiavam à solidariedade dos amigos e às contribuições de algumas mulheres abastadas que faziam parte do grupo. Confiança vertical em Deus e confiança horizontal nos vizinhos, uma estritamente conexa à outra. O Pai do Nazareno revela-se, portanto, um Deus confiável no qual confiar em condições de vida tão excepcionais para pessoas dotadas sim de carisma, mas marcadas também pelo estigma da reprovação dos tradicionalistas, não excluídos os familiares. Note-se bem, a paternidade divina não é aqui genérica providência, mas providência para quantos compartilharam sua condição excepcional de vida: portanto, mais uma vez, um Deus Pai não universal, mas de seu grupo, todo dedicado à causa da realeza divina, como emergem do dito conclusivo da perícope: "Procurai seu Reino e todas estas coisas vos serão acrescentadas" (Q: Lc 12,31 e Mt 6,33). Em conclusão, a confiança no Pai celeste se traduz em liberdade radical para uma incansável busca tendente a acolher o Evangelho do Reino e a viver sobre seus desígnios.

> Sem este último horizonte, o símbolo religioso paterno [de Jesus] poderia ser trocado pelo fantasma infantil do pai onipotente capaz de proteger filhos inermes e amedrontados assegurando-lhes o necessário. Mas a exclusão da ansiedade a respeito de alimento e vestes não quer dizer liberdade de toda responsabilidade pessoal, fixação do Filho no estado de eterna criança acudida em tudo pelo potentíssimo Pai celeste, mas finalização do empenho primário da pessoa para a causa do Reino de Deus. Longe da desresponsabilização, o símbolo religioso responsabiliza ao máximo [...] canalizando todas as energias espirituais do sujeito para o novo horizonte aberto por Cristo com seu anúncio da decisiva iniciativa de graça de Deus que está por tornar-se rei, libertador dos "pobres", de quantos são oprimidos e violentados na história (Barbaglio, *ibid.*, p. 82).

Em termos mais gerais, o símbolo paterno motiva uma confiança incondicionada no pedido orante de auxílio. Como conclusão da *ficção* parabólica do filho que pede ao pai um pão ou um ovo e os recebe sem dúvida em dom, o Nazareno com um argumento *a fortiori* faz apelo a Deus, pai bem mais generoso que os pais terrenos: "Tanto mais o Pai celeste dará coisas boas a quantos lhe pedirem" (Q: Lc 11,13 e Mt 7,11). Jesus vive e manifesta simbolicamente um Deus "doador" que não se subtrai aos pedidos e às suplicas e que funda um espírito confiante de oração destinada a ser ouvida. Vejam-se os imperativos que introduzem a mencionada parábola: "Pedi e vos será dado por Deus; procurai e encontrareis; batei e Deus vos abrirá sua porta" (Q: Lc 11,9 e Mt 7,7).

Um outro imperativo está fundado sobre a ação divina de preferência e benevolência. Dirigindo-se ao "pequeno rebanho" que o segue e que ele guia com cuidado e dedicação, o Nazareno o exorta a ser confiante. O grupo não devia estar livre de ameaças e perigos, objeto de derrisão e de reprovação também por parte de familiares; ele mesmo tinha experimentado uma tentativa de sequestro por parte dos seus (Mc 3,21). Por isso, coloca quantos o seguem sob a proteção divina, desse Deus que os gratificou de seu poder régio libertador e salvador: "Não temais, pequeno rebanho, porque foi do agrado de vosso Pai dar-vos o Reino" (Lc 12,32). O símbolo religioso paterno exprime, portanto, principalmente, a complacência (*eudokia* em grego) de Deus pelos "pequeninos" que fazem vida comum com ele, pessoas indefesas em um contexto hostil: foram beneficiárias, em um passado próximo, do amor preferencial do Pai manifestado em Jesus. Além do mais, reafirma a presente proteção divina, que justifica confiança, apesar de tudo. Sem dizer que aqui ele desvela a presença, na sua alma, da imagem de um Deus não dos poderosos, dos grandes e dos vencedores, garante no céu da ordem terrena rigidamente hierárquica, mas dos fracos, dos "pequeninos" e dos vencidos, o qual prefere precisamente os desprezados pelos homens. Por isso é um Deus contracorrente que, tomando partido por eles, torna-se instância crítica dos modelos discriminatórios humanos.

Uma alusão, enfim, a Mt 23,9, dito talvez autêntico de Jesus: "Não chameis a ninguém pai sobre a terra, porque um só é vosso pai, o celeste". Aos seus tinha assegurado a introdução em uma nova família, fundada não sobre vínculos de sangue, mas sobre vínculos de comum participação à sua ativa esperança na realeza divina alvorejante nas pobres aldeias da Galileia (cf. Mc 3,31). Então exige que eles não reconheçam nenhum "pai" terreno, sendo todos filhos de um único Pai celeste. A paternidade divina para Jesus e seus discípulos é a única que vale; aquela do sangue, na prática, desaparece. Parece-me que ele tenha somente explicitado neste modo quanto era implícito na confissão hebraica do único e exclusivo Deus: "Não tereis outro Deus fora de mim" (cf. Ex 20,2-3; Dt 5,6-7; cf. também o *Shema'Israel* de Dt 6,4): o monoteísmo torna-se "monopatrismo" para ele e seus discípulos. São filhos do Pai celeste, livres de toda *patria potestas*, afirmada e vivida no mundo romano em maneira maximalista como *ius vitae necisque* (Schrenk, p. 1125). "Longe de ser reprodução no alto da figura de abaixo, o Pai que está nos céus elimina todos os 'pais' que querem *impor-se* na terra ao nível familiar, social, político e religioso" (Barbaglio, *ibid.*, p. 80).

Em um segundo filão de testemunhos evangélicos, em apenas dois Jesus manifesta sua relação com Deus Pai em orações formais. Antes de tudo o glorifica com um breve hino que brota de sua surpreendente experiência pública a duas frontes: como Evangelista do Reino de Deus conheceu resistências e oposições dos guias religiosos e da *elite* do povo judaico, mas também a adesão sincera de pessoas simples, sem relevância social porque privadas da sabedoria dos mestres e do conhecimento acurado da Lei mosaica dos titulares intérpretes de seu ditame. Como explicar as duas reações? Sua alma profundamente religiosa se interroga diante de seu Deus e descobre que tudo isso, longe de ser casual, faz parte da iniciativa divina: é pura graça do Alto que gente despreparada tenha aceitado seu anúncio e com este o dom da salvação, enquanto é sinal de reprovação divina que pessoas espiritualmente preparadas tenham lhe oposto uma total negação. É um conhecimento adquirido na fé que se traduz de imediato em canto de agradecimento e juntamente de louvor a Deus Pai; uma originalidade porque, como Fitzmyer releva no seu *Comentário a Lucas*, em textos análogos de Qumrã se faz apelo ao Senhor (*'Adonai*): "Bendigo-te, Pai, senhor do céu e da terra, porque revelaste (*apekalypsas*) estas coisas aos pequeninos (*nēpiois*), enquanto permaneceram escondidas aos sábios e aos inteligentes (*sophōn kai synetōn*). Sim, Pai, porque assim foi de teu agrado (*eudokia*)" (Q: Lc 10,21 e Mt 11,25). O pronome neutro "estas coisas" provavelmente refere-se ao mistério do Reino de Deus (cf. Mc 4,11), ao conhecimento não por capacidades humanas, mas pelo revelador dom divino, da misteriosa realidade do domínio real de Deus; misteriosa não em si mesma, mas no seu ter se aproximado aos homens e ter feito irrupção na história. O símbolo paterno exprime tal complacência divina manifestada no *hic et nunc* da obra de Jesus no mundo: um beneplácito não geral, mas atual e "histórico", ligado à sua ação nas aldeias da Galileia. Naturalmente, a qualidade, ou melhor, a ausência de qualidades espirituais dos beneficiários especifica a iniciativa de Deus: aos olhos de Jesus ele é simbolicamente pai por uma sua iniciativa particular a favor dos desmerecedores. E na fé do Nazareno revela-se como seu pai singular, porque atuante na sua missão específica de Evangelista do Reino: a paternidade divina concerne em modo específico a ele, mediador do apocalipse do mistério do Reino de Deus, e se estende a quantos ele conquista, por graça divina, à sua causa.

Enfim, a mencionada implícita conexão entre o símbolo paterno e o real torna-se explícita no "pai-nosso": "Pai, santifica teu nome, venha logo tua realeza, dá-nos hoje o pão necessário para viver, perdoa nossas dívidas, a nós que as perdoamos aos nossos devedores, e não nos introduzas no olho do furacão da tentação" (Lc 11,2-4; Mt 6,9-13). Em outro lugar, salientamos as grandes semelhanças com o Qaddish judaico, agora queremos sublinhar principalmente que Jesus ensina a suplicar confiantes ao Pai para que exerça logo na história e no mundo seu poder real libertador e salvador: um ensinamento que traduz sua própria experiência religiosa. Se até agora tinha mostrado a presença nele de um Deus empenhado no presente como pai perdoador, protetor, animado por amor indiscriminado, revelador por graça de seu mistério, agora o símbolo paterno mostra um Deus do futuro que, fazendo-se valer por aquilo que é, isto é, salvador — esse é o significado da autossantificação de seu nome —, intervirá na história para exercer plenamente seu poder real. Não insisto sobre o fato de que Jesus e os seus esperam do Pai também o repetido dom do nutrimento necessário para a vida, um valor do símbolo religioso paterno destacado anteriormente, o perdão dos pecados e a proteção na prova final.

1.1.2. A metáfora de Deus rei

Já estudamos como Jesus colocara a realeza divina ao centro de sua palavra evangélica, de sua ação desdemonizadora e terapêutica, assim como de sua escandalosa iniciativa de incondicionada acolhida dos pecadores públicos e das crianças. Nunca chamou seu Deus de rei, mas a temática do Reino exprime claramente o símbolo real. Por isso a afirmação de que "no anúncio de Jesus temos uma *basileia* sem *basileus*" (uma realeza sem rei) (K. W. Müller, p. 28) parece um jogo de palavras; a metáfora real é expressa em ambos os vocábulos. Em particular, quero relembrar como este símbolo nasce, decerto, em Israel, mas também mais em geral na área cultural do antigo Oriente Médio, para dar corpo à esperança dos "pobres", isto é, de quantos na história não conseguem obter justiça. Esses, desiludidos nas suas expectativas pelos reis terrenos que em vez de defender sua justa causa, como era sua tarefa específica segundo a ideologia régia do tempo, exploravam-nos, longe de abandonarem o pedido de justiça, o transferem para a esfera transcendente, aguardando de Deus o que os monarcas não souberam culpadamente dar. Eis por que surge nas Escrituras hebraicas e assume grande intensidade na pregação de Jesus a espera de que ele mesmo se fizesse rei poderoso na história em defesa dos indefensos e protetor eficaz dos deserdados. Nessa projeção futura o símbolo real de Deus tem, portanto, origem nas expectativas políticas desiludidas e serve para exprimir esperanças transcendentes, recolocadas precisamente na ação divina. Mas não estavam ausentes conotações jurídicas, como vimos acima: Deus rei é, ao mesmo tempo, juiz que intervirá contra opressores e malvados para condená-los.

Herdada de seu ambiente judaico, ele contudo viveu e mostrou tal metáfora com peculiaridades interessantes; e não se deve desatender o confronto com aquela presente no mundo greco-romano, que era expressiva de uma relação fria, enquanto o símbolo paterno exprimia familiaridade e investia o sentimento. Müller relembrou a respeito disso uma passagem significativa de Dio de Prusa, do século I d.C.; depois de ter afirmado que "todos estes poetas concordam em chamar o primeiro e máximo Deus Pai e rei de todos os seres racionais", precisa que "os homens erigem altares para Zeus rei e não temem chamá-lo de pai nas suas orações" (*Or* 36,36). E o mencionado estudioso assim comenta: "A honra institucionalizada é para Zeus rei, mas o coração para Zeus pai" (p. 30). O Nazareno, ao contrário, sublinha também no símbolo real a proximidade de seu Deus, sobretudo uma proximidade surpreendente e até escandalosa aos desprezados.

O mesmo relevo vale também no confronto, ainda mais significativo, com o Batista, de quem fora discípulo. Seu mestre deixa transparecer uma imagem divina própria dos apocalípticos que esperavam o fim catastrófico deste mundo e o nascimento de um novo, começando pela criação de um novo Israel purificado e fiel, obra de um Deus juiz e salvador, ao mesmo tempo pronto para queimar no fogo inextinguível a palha e recolher no celeiro a boa semente em um processo de dramática separação entre bons e maus, isto é, entre os que tinham aderido ao apelo de conversão e à exigência do batismo de penitência e quantos tinham declarado sua posição de rejeição. Com seu símbolo real, desconhecido ao Batista, ao menos segundo as fontes à nossa disposição, o Nazareno acentua o valor libertador e salvador de Deus rei: nele, à diferença de seu mestre, nenhuma metáfora ameaçadora, mas um Deus que na hora extrema a um povo infiel — duas convicções que o unem ao Batista — não pede para converter-se e submeter-se a um rito penitencial sob pena da condenação eterna, mas oferece gratuita e incondicionalmente a salvação, e o faz mediante a palavra e a ação do Nazareno. A realeza divina por ele anunciada como alegre notícia faz retroceder ao fundo a figura do juiz tremendo *dies irae*: este é protelado a um segundo tempo — limitado a quantos obstinadamente se negaram a acolher o dom real do Deus de Jesus — e em absoluto acentuado. Podemos considerar com Schürmann (*Regno di Dio*, pp. 41-42) que o fracasso do Batista ante o povo de Israel o tenha estimulado para anunciar a única possibilidade salvífica existente: a iniciativa incondicionada de Deus para perdoar e resgatar os perdidos. Diremos que o fez "evangelista", portador de boa notícia.

Ainda mais relacionado ao judaísmo escatológico de seu tempo, ele viveu e mostrou um Deus régio não confinado no futuro, em contraste com um presente de morte e trevas, mas que irrompe pela sua ação no hoje. O poder libertador e salvador de Deus toca já a história, é fato que não em plenitude e totalidade, mas sob o signo de realizações "pobres", embora reais. Nada é já como antes: teve início o fim deste mundo e o nascimento do novo ao menos em dimensão do povo, das doze tribos de Israel: "Se (como é verdade) eu expulso os demônios, então quer dizer que a realeza de Deus chegou até vós" (Q: Lc 11,20 e Mt 12,28). O símbolo real é expressivo em Jesus desta iniciativa desdemonizadora em ato. Também as palavras sobre a "proximidade" da realeza divina não dizem outra coisa: seria equivocado interpretar os vocábulos de vizinhança (o verbo *eggizein* no perfeito e o adjetivo *eggys*) em contraposição à presença, atribuindo-lhes um valor cronológico; na realidade, Deus rei se fez próximo aos camponeses da Galileia que entraram positivamente em contato com o Nazareno; não um Deus distante, quer dizer, ausente de suas vidas, despreocupado de seu destino. Ao contrário, não conjuga o símbolo real no passado, nem sequer aos grandes fatos da história salvífica de Israel, como o êxodo. Igualmente ausente é a conotação criacionista da metáfora do Reino atestada, sobretudo, em não poucos salmos.

Schürmann propôs a fórmula rica de "eskhaton historicizado" (*Regno di Dio*, p. 61): a realidade última e decisiva da redenção do mundo assumiu forma histórica, portanto precária e imperfeita. E, segunda e ainda mais decisiva novidade com relação ao mundo cultural e religioso judaico, isso acontece no seu presente de mediador ativo da realeza divina; assim ele materializa o símbolo régio que o anima.

Além do mais, Schürmann em certo modo contrapôs, no nível do Jesus histórico, escatologia e teologia, o anúncio da realeza futura de Deus e a manifestação de Deus Pai, crítico com "o pan-escatologismo" ("Le problème", p. 117) da escola de Weiss, Schweitzer e do filão principal dos estudiosos modernos. O famoso exegeta alemão atribui ao Nazareno uma decisiva orientação "teológica", centrada sobre o que Deus é por sua natureza, precisamente pai, enquanto em segundo plano passa aquilo que será, precisamente rei. Mas se podem compartilhar as ressalvas de Vögtle que critica, entre outras coisas, sua impostação de tipo essencialista. Da minha parte, quero relembrar que Jesus se serve de dois símbolos religiosos, paterno e real, para poder exprimir plenamente sua experiência de um Deus que abraça igualmente o presente e o futuro, para não dizer o passado de criador que faz surgir o sol e faz chover. E a divina realeza escatológica para ele não fica confinada no futuro segundo o esquema apocalíptico que Weiss e Schweitzer lhe atribuem, mas colhe sobretudo o presente. Ademais, o símbolo religioso, como vimos, não é expressivo de "ontologia", como quer fazer parecer Schürmann, que insiste em falar de "essência de Deus" (p. 145): o valor simbólico diz respeito ao que Deus faz, como se comporta. Em todo caso, o Nazareno conjuga estreitamente paternidade e realeza divina: Deus Pai faz surgir seu sol e faz chover sobre bons e maus com amor indiscriminado; e, além do mais, exerce já agora seu poder régio de salvação, mas de maneira "pobre", parcial e imperfeita, na prática limitada às aldeias da Galileia e a um número limitado de pessoas; enfim, desta sua realeza de pai, o futuro conhecerá a plena atuação com a redenção do mundo. Além do mais, os dois símbolos são convergentes: o amor indiscriminado do Pai para justos e injustos, bons e maus é o mesmo que se revela na realeza divina anunciada por Jesus. A contraposição remarcada por Schürmann entre o que Deus é, pai, e o que será, rei, mais radical, daquela, também muitas vezes afirmada, entre Jesus profeta e Jesus sábio, parece-me índice de uma pré-compreensão filosófica na linha da ontologia: Deus é principalmente o santo *ab aeterno* e como tal se manifesta. Mas não se leva em consideração uma percepção mais imediata própria da tradição bíblico-judaica e do próprio Jesus: Deus é aquele que começou a ser e que será. O símbolo real diz que também ele tem um futuro, não separado do presente mas invasivo no hoje atuante do Nazareno.

1.2. Suas imagens divinas nas parábolas

O estudo precedente de Jesus parabolista nos ajuda nessa pesquisa. Importante nesse aspecto são os personagens protagonistas das *ficções* narrativas por ele criadas: saídas de sua mente, exprimem seu mundo interior também de marca religiosa. Em relação ao nosso tema, não poucos estudiosos as leem como palavras sobre Deus, portanto reveladoras das imagens divinas que povoavam sua alma e sua vida. Não por acaso ao menos algumas dessas foram narradas como parábolas do Reino, portanto representantes da realeza divina. Outros pensam que Jesus se vê refletido nelas e que elas falam sobretudo dele. Dois pontos de vista não opostos, mas geralmente complementares, porque o parabolista várias vezes defende com elas a si mesmo e sua obra, apresentando o comportamento de Deus que ele historiciza. Basta-nos analisar algumas de suas parábolas, obviamente entre as mais características, que exprimem vivas imagens de Deus presentes e atuantes nele, talvez alternativas àquelas dos interlocutores críticos ou duvidosos, os destinatários de seus relatos.

Assim, a *história* do sátrapa desapiedado de Mt 18,23-35 é a metáfora de um Deus que perdoa ilimitadamente e que exige perdão dos perdoados. Esta é a exata relação entre os dois polos: é um perdoado que deve tornar-se perdoador; a ação de graça incondicionada do Deus de Jesus que ali se revela precede, a exigência segue logicamente. Leia-se a palavra do grande rei ao seu sátrapa, ao qual deu novamente a vida, perdoando-lhe uma soma enorme: "Perdoei-te toda aquela dívida por causa de tua súplica; não *devias também tu* ter piedade de teu colega, como eu tive piedade de ti?". Mas o perdoado não se comportou simetricamente para com o colega devedor, não foi coerente com a finalidade do dom recebido que o obrigava, não por Lei, mas por um dever moral. Não percebeu, ou não quis perceber, que se negar a perdoar equivalia a negar uma vida a ser vivida sob o signo da troca do dom do perdão; regressou a um passado vivido conforme a lógica férrea do crédito e do débito, do débito a pagar e do crédito a exigir a qualquer preço. Lê-se ali a extraordinária imagem de um Deus não de geral misericórdia, talvez como resposta ao arrependimento do pecador, mas de graça incondicionada feita agora aos excluídos e desprezados que

Jesus encontrou e acolheu, chamados, sempre por graça, a ser coerentes na vida com o que se tornaram por puro dom.

A parábola do pai do pródigo (Lc 15,11-32), centrada no contraste entre o comportamento do pai e aquele do irmão mais velho ante o regresso do pródigo, evidencia duas imagens de Deus alternativas, a primeira própria do evangelista e a segunda de seus críticos, destinatários da *ficção* narrativa. Nessa aparece um Deus que, mediante o Nazareno, busca os pecadores porque estão perdidos, têm necessidade de sua intervenção, caso contrário, para eles é a morte, como diz o pai ao filho mais velho: o pródigo estava na morte e regressou, acolhido pelo pai, à vida. Um prodígio que deve ser festejado! Em resumo, tudo é graça na iniciativa divina encarnada em Jesus que se fez comensal dos pecadores e dos desprezáveis publicanos (Mc 2,15-17 e par.). Ao contrário, o irmão mais velho que se comporta segundo o código do mérito e do débito, negando assim acolher em casa o irmão pródigo, reflete um Deus justo retribuidor, que premia os bons e castiga os maus, ou também um Deus que perdoa, sim, mas como resposta ao arrependimento do pecador e a uma sua necessária penitência, compreendido o ressarcimento do dano. Além do mais, é a mesma imagem que o pródigo se faz do pai e de sua relação com ele: errou, gastou a parte da herança que lhe cabia; não pode mais, por justiça, entrar como filho e como herdeiro na casa. Metáfora de um Deus que pondera o bem e o mal e que reage em consequência. Ao contrário, a imagem religiosa, personificada pelo pai do relato, a mesma que Jesus tem e revela, é própria daquele que faz festa pelo reencontro do perdido, pela vida de quem estava morto. Um Deus criador, por graça e amor, de vida lá onde reina a morte e alegre por esta sua atividade que põe em ação na vida de Jesus de Nazaré, que assim justifica sua acolhida dos desprezados e dos pecadores públicos ainda antes que se convertam: seu comportamento escandaloso é o mesmo comportamento divino.

Uma última anotação sobre a parábola do pai e do pródigo: a imagem paterna de Deus funda o código da fraternidade. À acolhida do pai deve seguir, coerentemente, a acolhida do irmão mais velho; é uma família com vários filhos. Para ser plenamente satisfatória, a relação pai/filho tem necessidade de uma satisfatória relação irmão/irmão. No novo Israel das doze tribos reunidas, Jesus entende integrar os publicanos e pecadores públicos com os piedosos e observantes escrupulosos da Lei, e o faz mostrando um Deus que acolhe como filhos na mesma família tanto uns quanto outros.

Complementares são as duas parábolas paralelas da ovelha e da moeda extraviadas (Lc 15,4-10): o pastor e a dona de casa não se resignam à perda; procuram até encontrá-las para alegrar-se do reencontro. Na primeira também ressalta o contraste entre as noventa e nove ovelhas que ficam em lugar protegido e a única que se extraviou: uma desproporção que explica o apego do pastor a essa, terminada em um beco sem saída e destinada à morte; ele, portanto, parte na sua busca. Tal pastor é metáfora do Deus de Jesus que, neste seu "agente" terreno, age como o Deus dos perdidos e experimenta grande alegria por sua recuperação, não confinado dentro da cerca do ovil na qual as ovelhas que não se extraviam estão protegidas. E também aqui emerge certo contraste de imagens religiosas entre Jesus e seus críticos, tanto mais que ele revela no fechamento o sentido metafórico da *ficção* parabólica da ovelha extraviada: no céu se faz mais festa por um pecador reencontrado que por noventa e nove justos (v. 7). Na realidade, como sabemos, Lucas fala de pecador convertido e de justos que não têm necessidade de conversão; mas é um motivo redacional sobreposto que faz desviar a leitura da parábola para abordagens moralistas, enquanto por si mesma, na boca de Jesus, é expressiva da inaudita graça de Deus revelada nele "amigo de publicanos e de pecadores públicos" (Q: Lc 7,34 e Mt 11,19), como era acusado pelos respeitáveis porque sentava à mesa em um gesto de comensalidade expressiva, na cultura bíblica, da salvação. Note-se que à mencionada censura para justificá-lo a fonte Q faz preceder esta outra: "Eis um comilão e um beberrão". Amigo em nome e por conta de seu Deus, que emerge, assim, com a mesma identidade sua; portanto, também ele um Deus "amigo de publicanos e pecadores públicos" (cf. Pedersen).

Ainda mais escandalosa, para certo tipo de ouvintes, deve ter sido a imagem de Deus que aflora na *ficção* parabólica dos trabalhadores contratados em diversas horas da jornada (Mt 20,1ss). Se, como parece provável, Jesus se dirigiu a quantos lhe censuravam a familiaridade acolhedora de conhecidos pecadores sem lhes pedir prévia penitência, a parábola aparece clara: o parabolista se justifica chamando em causa Deus, um Deus não ligado ao dogma da retribuição regulada pelo modelo da correspondência entre trabalho e salário, obras do homem e remuneração, mas vinculada à lógica do puro dom. A acolhida dos pecadores é totalmente incondicionada, sem nenhum passo primeiro deles. *Sola gratia*, diria Lutero, com o acento sobre a exclusividade. É límpida metáfora disso o comportamento do senhor que retribui na mesma medida os trabalhadores que tinham fadigado em diversas medidas. Uma verdadeira e própria injustiça, dizem os primeiros contratados que tinham suportado uma inteira jornada de fadiga, enquanto os últimos tinham trabalhado somente por uma hora. Não iguais no trabalho, iguais na paga! Eis, de fato, de que modo se materializa sua censura ao senhor: "Igualaste-os a nós" (Mt 20,12). Como é possível tal equiparação? É manifestamente contra a justiça retributiva de Deus ensinada em toda a tradição bíblico-judaica. Voz eloquente, não diferente em substância daquela dos trabalhadores da primeira hora, ressoa no moderno hebreu J. Klausner, autor de um notável escrito, *Jesus von Nazareth* (1930):

> Não existem mais doentes: diante da face de Deus publicanos e pecadores são "sãos"; pecadores e não pecadores, bons e maus, justos e injustos, todos são iguais diante de Deus. Segue-se, portanto, que Deus não é a *absoluta* justiça, mas somente o *Bem*, diante do qual ninguém é mau [...]. Esta é a concepção judaica de Deus: os maus não são dignos de que o sol os ilumine [...]. Deus é bom, mas também justo [...]. Não é somente "o Pai misericordioso", mas também "o Rei do juízo" — o Deus da ordem social, o Deus da nação, o Deus da história. A ideia de Deus de Jesus está totalmente em nítido contraste [...]. Uma tal concepção o judaísmo não podia em nenhum caso fazê-la sua (pp. 527s).

É interessante notar como o senhor se justifica: nenhuma injustiça para com os primeiros assumidos, com os quais tinha concordado a canônica retribuição diária de um denário; para com os últimos, ninguém pode investigar o modo de gestão do que é seu: comportou-se com extrema generosidade, em linha com sua extrema bondade, que faz de contrapeso à inveja dos primeiros trabalhadores, como diz no fechamento ao porta-voz dos contestadores: "O teu olho é mau porque eu sou bom". Deus reserva-se a liberdade de agir, para com os últimos, segundo a generosidade do gratuito e não em base à medida do devido. O parabolista entende fazer mudar a perspectiva aos ouvintes que se identificam nas boas razões dos trabalhadores da primeira hora: assumem sua lógica que reflete aquela de Deus. Jeremias sintetiza bem o sentido da parábola: "Assim age Deus, diz Jesus, assim é Deus" (*Le parabole di Gesù*, p. 42).

Na mesma direção vai a parábola lucana do fariseu e do publicano (Lc 18,9-14). Os dois vão ao templo para rezar: o primeiro, de pé, fica na frente; o segundo, no fundo, não ousa sequer levantar os olhos ao céu e se bate o peito; aquele agradece a Deus por ser diferente dos outros homens: nenhuma equiparação, especialmente com aquele publicano pecador inveterado que está lá atrás; ele é um exemplo de fidelidade e de observância religiosa. Outra oração é a do desprezado: "Ó Deus, tende piedade de mim, pecador". Eis o sentido do relato expresso na palavra conclusiva autorizada de Jesus: "Este desceu do monte do templo justificado, aquele não". A imagem de um Deus que separa os observantes dos pecadores públicos, próximo daqueles e longe desses, revela-se muito distante daquela imagem jesuana de um Deus próximo destes e distante daqueles na hora de sua iniciativa histórica de salvação. Estamos em sintonia com a metáfora parabólica dos convidados ao grande banquete (Q: Lc 14,15-24 e Mt 22,1-14): os convidados de honra que se excluem e a gente reunida da rua introduzidos na sala do banquete. Basta-nos aqui quanto afirma Dupont: "Vinculada à expulsão dos primeiros, a chance de substitutos é, na realidade vivida por Jesus, o resultado da benevolência divina que privilegia os marginalizados" (p. 327).

Uma alusão somente às parábolas do semeador, da semente que cresce por si só e àquelas paralelas do grão de mostarda e do fermento (Mc 4,1-9.20-29; 30-32; Q: Lc 13,20-21 e Mt 13,33). A primeira história evidencia o sucesso final do trabalho do camponês, mas por meio de repetidos insucessos: uma grande parte de semente não chega, por um motivo ou por outro, a dar fruto, mas as sementes caídas em terreno bom produziram fruto abundante. Tudo isso é claro no contexto da missão de Jesus, que conheceu rejeições e fracassos, sobretudo com pessoas de reconhecido valor espiritual; por isso, foi considerado não confiável na proclamação do Reino, mas não confiável com ele resultava ser também seu Deus, a cujo serviço estava. Poder-se-ia conjeturar uma crise de credibilidade sucedida talvez a um movimento de inicial entusiasmo. Com esta parábola ele quer dizer que não obstante obstáculos e insucessos a realeza divina se consolida na história de seu Evangelista e terá sua plena realização no futuro. Nenhum derrotismo; seu Deus é confiável. Jesus tem plena confiança nele e chama seus ouvintes a compartilhar sua mesma certeza.

A imagem de um Deus confiável encontra-se também subjacente nas parábolas paralelas do grão de mostarda, o de menor tamanho, e do punhado de fermento lançado em uma grande quantidade de farinha: aquele crescerá até dar vida a um arbusto grande, esse fará fermentar uma quantidade desproposital de massa. Contraste nítido entre o início e o fim do processo, mas também dependência dessa com relação àqueles. O pequeno é garantia do grande, porque Deus, atuando na vida do Nazareno, é fiel a seu projeto: merece plena confiança, como a merece seu representante histórico. Mas se pode citar também a parábola da semente que, lançada pelo camponês no terreno, crescerá até a colheita pela força prodigiosa da natureza: Jesus reveste aqui o traje do semeador e se mostra animado pela imagem de seu Deus que, sem dúvida, cumprirá o prodígio do crescimento e da colheita: ele se confia a ele e chama os duvidosos e também os críticos a fazer o mesmo.

Chegando ao fim, perguntamo-nos se este Deus de Jesus seria ainda o Deus de sua tradição bíblico-judaica, ou se estamos diante de uma outra diversa e diversificante imagem religiosa que origina uma nova religião. K. Holl escolheu essa segunda alternativa: "Jesus anunciou um Deus que se relaciona com o homem pecador"; "Nunca compreendi como se possa duvidar do fato de que Jesus trouxe um novo modo de pensar Deus com relação ao Antigo Testamento" (cit. in Kümmel, p. 107). Bultmann, ao contrário, nivelou o Deus do Nazareno na mais difusa crença judaica: "A religião de Jesus era o judaísmo; a fé de Jesus era a fé judaica" (in *ThR* 4[1932], p. 9); a novidade vem com a fé da Igreja. "Jesus encontra-se no *quadro do autêntico judaísmo*, e sua peculiaridade não consiste em ter exposto ideias particularmente originais sobre Deus e sobre o mundo, mas por ter compreendido em toda sua pureza e consequencialidade a concepção de Deus própria do judaísmo" (*Gesù*, p. 227). Parece-me que os dois pontos de vista não fazem justiça aos símbolos e às imagens de Deus presentes na experiência religiosa de Jesus: nele tudo está substancialmente em continuidade com o Deus da tradição bíblico-judaica: aquele da criação (cf. Mc 10,7-8; Mt 5,45), de Abraão, Isaac e Jacó (Mt 8,11), das expectativas escatológicas dos profetas e de importantes filões do judaísmo de seu tempo; mas tudo, igualmente, é novo, porque o núcleo de sua fé é a irrupção: a) *agora* na história do poder libertador e salvífico de Deus, b) *mediada ativamente por ele*, c) sob forma de uma *humilhante pequenez*, anunciadora, porém, da explosão final. Concordo com a conclusão do estudo de Kümmel: "Com relação ao judaísmo tardio, Jesus não trouxe um novo *conceito* de Deus, mas uma nova *realidade* de Deus, aquela dada com sua pessoa e seu agir" (p. 125). Mais articulado o entendimento de Dupont: "Sua originalidade resulta essencialmente da acentuação de certos traços que o judaísmo não rejeita, mas aos quais Jesus dá um relevo mais vigoroso e uma importância tão absoluta que outros traços tradicionais ficam como relegados na sombra, embora não formalmente contestados"

(p. 323). Neste sentido, pode-se falar do Deus *de Jesus* sem fazer expatriar sua fé da matriz da tradição religiosa judaica.

1.3. *A imagem de si perante seu Deus*

Visto que os símbolos religiosos e as imagens divinas que animaram Jesus na sua experiência de fé obedecem não a uma intemporal essência divina, válida para todos em todo tempo e lugar, mas à iniciativa do Deus da tradição bíblico-hebraica na sua vida histórica — palavra evangélica, ação exorcística e terapêutica, criação e proposição de ficções parabólicas, exortações radicais ao seguimento para os seguidores e a uma vida conforme ao alvorecer do dia decisivo para todos aqueles que aderem a ele —, sua imagem espelha-se naquela assaz articulada de seu Deus e resulta por ela qualificada. Disse muito bem Schürmann que Jesus, anunciando o Reino de Deus, "cotematizou diretamente, embora implicitamente, a si mesmo" (*Il regno*, p. 76). Na realidade, Jesus não se autocompreendeu, atribuindo-se títulos de excelência, como Messias, Filho de Deus em sentido único e exclusivo, transcendente Filho do Homem destinado a julgar, em nome e por ordem de Deus, o mundo e a humanidade, Profeta escatológico nas pegadas de algumas expectativas judaicas tendentes à vinda de Elias (cf. Ml 3,23-24) ou à chegada de um novo Moisés (cf. Dt 18). Em breve, não se definiu e não se apresentou com precisas definições; ao contrário, falou e atuou de modo a deixar claramente transparecer sua imagem de modo especular àquela de Deus, que caracterizava sua fé.

Qual? Primeiramente, a de um homem que se entregou totalmente à causa de Deus. Não anunciou a si mesmo, mas a realeza e a paternidade divina. Portanto, sem reservas nem limites a serviço dele. "Este homem é o (autêntico) homem (por excelência), precisamente porque esquece de si mesmo por Deus e pelo homem necessitado de salvação e existe somente neste esquecimento" (K. Rahner, cit. in Schürmann, *Il Regno*, p. 75). O exegeta alemão também falou da proexistência do Nazareno: colocou-se totalmente também a serviço de seu povo e, *fine finaliter*, da humanidade, porque viveu como seu "agente" na terra no *incipit* da reviravolta decisiva da história impressa pelo poder libertador divino que entrou finalmente em ação. Para evitar equívocos, quero precisar que, para ele, não foi sua contribuição ativa, por si mesma, que fez com que surgisse o alvorecer do grande e esperado dia, para introduzir no mundo o Reino. Já se disse anteriormente, ele se compreendeu como "o fruto histórico" da realeza divina. Em outras palavras, se começou a desdemonizar o mundo na Galileia com seus exorcismos bem-sucedidos, o deve à força divina: "Se, como é verdadeiro, é com o dedo de Deus que expulso os demônios...". Se acolhe sem condições os publicanos e pecadores públicos (Mc 2,13-17 e par.), é Deus que nele acolhe, como mostram as parábolas já analisadas. E quando disse ao paralítico que seus pecados estão perdoados (Mc 2,5 e par.), sua palavra soa a garantia da ação de graça de Deus que perdoa, evidenciado nas imagens que dele se fez e revelou; se come e bebe com os desprezados e os párias como seu amigo (Q: Lc 7,34; Mt 11,19; Mc 2,15-17), sua comensalidade escandalosa historiciza a comensalidade de Deus.

Seu Deus é o absoluto protagonista, ele é o mediador por graça, para usar esse termo, mas não um mediador qualquer da ação divina na história e no mundo. Com essa qualificação se podem definir também Moisés e os profetas na história anterior de Israel. Tampouco um mediador como tinha sido o Batista ou mesmo o Mestre de Justiça da congregação essênia, sábio intérprete do ditame da Lei mosaica e profético revelador do misterioso projeto salvífico de Deus sobre a história. Sua hora, a do alvor da realização *definitiva* do poder libertador e salvador de Deus, qualifica-o como mediador *definitivo*. "O anúncio escatológico de Jesus faz dele a pessoa escatológica única no seu gênero" (Jüngel, p. 229). Por essa razão, já considerei podê-lo qualificar essencialmente como *Evangelista do Reino de Deus*, anunciador, com palavras e fatos, da feliz notícia que Deus finalmente decidiu começar a exercer seu poder régio na história. Começou a redenção do mundo, embora em forma fragmentária e paupérrima, especificamente nas aldeias agrícolas da Galileia e um pouco além, e começou com ele, com o carisma doado por Deus. Com fórmulas sugestivas se expressou muito bem G. Lohfink: "Deus nele definitivamente fala, definitivamente age e definitivamente está presente" (p. 64). Por isso muitos tendem a defini-lo "o profeta escatológico" (por exemplo, Merklein, *La signoria di Dio*, p. 183) ou aplicar-lhe o modelo profético (Fabris). Mas prefiro evitar definições que fechem uma realidade mais fluída e menos classificável em esquemas preestabelecidos. Tenho minhas reservas também sobre a proposta de Theissen e de Allison, os quais falam de Jesus como de um profeta milenarista.

Perante Deus que chama pai/*abba* na oração e o narra aos seus com a metáfora paterna, se revela decerto como filho unido aos outros filhos, porque todos habilitados a invocá-lo como *abba*: uma paternidade *particular* ligada à decisiva iniciativa salvífica divina que se realiza no seu hoje. Mas, se o Pai celeste como tal age com iniciativa "última" por meio dele, compete-lhe uma paternidade divina *singular*, própria de um filho que não somente é beneficiário por graça, como aqueles que aderiram a ele, mas também seu "agente" na história. E aqui podemos relembrar a parábola do senhor da vinha confiada a alguns inquilinos: depois de ter enviado um servo e depois um segundo a pedir sua parte dos frutos concordada no contrato, no final envia o filho (Mc 12,1-11 e par.). Em breve, a filiação divina reivindicada por Jesus com o símbolo religioso paterno é peculiar para sua missão "escatológica" a ele confiada, própria dos dias da reviravolta decisiva da história. Poder-se-ia melhor falar de filho "representante" de Deus Pai na hora exata na qual este começou a "dominar" sobre a terra.

Por isso, com relação a ele, pode-se falar de paternidade divina funcional e de filiação divina peculiar na linha do papel único por ele desempenhado. Somente a Igreja das origens, motivada pela crença pascal suscitada pelas homônimas aparições do Crucificado, se aventurará nos campos por ele inexplorados de sua preexistência, de sua filiação divina manifestada na concepção virginal, da declaração colocada em sua boca por João: "Eu e o Pai somos uma só coisa" (Jo 10,30). Daí o interrogativo se a cristologia explícita da Igreja esteja em continuidade ou não com sua cristologia implícita. Falaremos disso a seguir.

Ao contrário, permanece duvidoso — já o dissemos — que Jesus tenha sido consciente, e o tenha mostrado, de uma sua participação ativa na futura plena realização do domínio divino. Tudo depende da solução da *vexata quaestio* se tenha se identificado com a figura celeste do misterioso Filho do Homem que julgará os vivos e os mortos. Questão de tal forma intrincada que hoje não poucos (por exemplo, Burkett, mas também Vögtle) julgam impossível resolver. Ao contrário, a fé em Jesus dos primeiros crentes não teve nenhuma hesitação sobre tal identidade.

2. A fé em Jesus

Falou-se do "fosso da Páscoa" que divide Jesus de Nazaré da Igreja das origens. Bultmann especificou assim as duas beiras: "Se antes era o portador da mensagem, agora Jesus foi ele mesmo inserido na mensagem, tornou-se seu conteúdo essencial. De anunciador tornou-se o anunciado, o objeto da pregação" (*Teologia del NT*, p. 43). Pode-se continuar na mesma linha: de crente em Deus o Nazareno tornou-se "o crido" pelos cristãos; de homem religioso que se dirigia na oração ao Pai passou a ser o destinatário da oração e do culto cristãos. E se ele tinha se compreendido como o Evangelista *definitivo* do *definitivo* poder libertador de Deus, os crentes o confessaram o Messias esperado, o Filho transcendente de Deus, o Senhor glorioso, o celeste Filho do Homem, o Sacerdote santificador no templo celeste. É verdade, segundo não poucos estudiosos, Jesus teria se considerado o Messias (por exemplo, Hengel), teria pensado ser Filho de Deus de maneira única (Schürmann), teria se identificado com o misterioso Filho do Homem que virá no dia último para julgar os vivos e os mortos (por exemplo, Hengel e Theissen). Mas a dúvida é mais do que fundada, como diz, por exemplo, W. Thüsing: "Nenhum título de soberania se pode provar com suficiente certeza de que Jesus mesmo se o tenha atribuído" (cit. in Merklein, p. 179).

Mesmo assim, não parece que sobre o "fosso da Páscoa" não passe uma ponte mais ou menos ampla, mais ou menos cômoda para coligar os dois extremos. Para evidenciar essa passagem que é também uma conexão, antes de tudo se apresentará a fé dos primeiros crentes nele, expressa não somente na confissão de que Deus o ressuscitou do reino dos mortos, mas também com títulos cristológicos de excelência, para não dizer de ousadas especulações cristológicas. Inspirando-se na tradição judaica e menos no ambiente cultural grego, eles transformaram tais títulos gloriosos em seus conteúdos para adaptá-los à realidade de Jesus. Além disso, se mostrará como a fé em Jesus não substituiu a fé em Deus, um Deus, porém, qualificado essencialmente pela relação com ele: enviou-o à terra; concedeu-lhe o carisma especial de Evangelista de seu Reino — não por acaso dele narraram primeiro as tradições depois os evangelhos —; ressuscitou-o e glorificou-o. Desse modo, será possível estabelecer um confronto entre a fé de Jesus e a fé em Jesus e ver se efetivamente sobre o "fosso da Páscoa" passa ao menos uma pontícula para unir as duas beiras. Em todo caso, essas permanecem uma aqui e outra lá, motivo pelo qual é possível e também justificado caminhar sobre uma margem, a do Nazareno, e não querer passar para a outra, a cristã. No seu famoso *Fratello Gesù*, o estudioso hebreu S. Ben-Chorin pode de fato afirmar em diálogo com os cristãos: "A fé de Jesus nos une [...] a fé em Jesus nos divide" (p. 28).

2.1. As correntes messiânicas da tradição bíblico-judaica

Devemos de imediato desmistificar uma ideia corrente, isto é, a de que o judaísmo fosse permeado completamente e sempre pela espera do messias e que esse fosse uma só figura bem delineada; por consequência, os primeiros cristãos a teriam facilmente identificado com Jesus. Trata-se, na realidade, de pressupostos falsos: seja na tradição bíblica, seja no judaísmo de então, a espera messiânica não foi nem onipresente nem focalizada sobre um preciso personagem, tampouco esgotava a esperança judaica em um futuro de felicidade. De fato, o messianismo é uma subespécie, inclusive menor, das esperanças escatológicas do povo de Israel que estava certo "do advento, em um tempo futuro indeterminável, de um mundo feliz" (Sacchi, p. 199). Por isso se falou, com razão, de um messianismo sem messias, centrado na esperada e direta intervenção libertadora e salvadora de Deus na história do povo e, pela corrente apocalíptica no mundo a substituir aquele atual, corrompido e irremível, com um novo, existente já no céu e destinado a descer para a terra "para inspirar deslumbramento" (cf., por exemplo, o citado *AssMos* 10,1ss). Também se distinguiu no messianismo, com ou sem messias, uma corrente restauradora, propensa a renovar as antigas glórias, e um messianismo utópico propenso para um povo totalmente novo e, sobretudo, para céus e terra novos (cf. Talmon). Normalmente, o messianismo restaurador se expressou na espera de um rei que teria governado na justiça e na paz, um rei ideal, talvez um descendente de Davi com os traços idealizados do grande soberano do passado (por exemplo, o apócrifo *Salmos de Salomão*); por sua vez, na linha de um messianismo utópico ou também apocalíptico, atestou-se a espera em *Qumrã* do sacerdote religioso e, em outro lugar, do Filho do Homem. De qualquer maneira, como lembra Collins, "central no judaísmo tradicional é a Torá mais do que o messias" (*The Scepter*, p. 2).

Nas Escrituras hebraicas não faltam textos expressivos de esperanças mais ou menos escatológicas a realizar-se na história futura do povo israelita, não em outro mundo. Em 2Sm 7, a profecia de Natã, de que um descendente reinaria sempre sobre o trono de Davi, foi retomada para dar corpo ao messianismo real de marca davídica. A passagem de Is 11,1-5 influenciou ainda mais na mesma direção, mas trazendo ao primeiro plano não tanto o domínio quanto as qualidades morais e religiosas do rei esperado, do qual se esperava a justiça para os indefesos e paz para o povo. Influxo sobre um messias real exerceu também a profecia de Balaão: "Uma estrela despontará de Jacó, um cetro surgirá de Israel" (Nm 24,17). Inspirada em Dt 18,15, não faltava a espera de um profeta que fosse cópia fiel do grande Moisés, mediador final da palavra de Deus. Com olhar profético, Zc 4,12.14 vê "dois ramos de oliveira", metáfora para indicar as duas figuras real e sacerdotal; o texto pode ser definido o berço da diarquia messiânica que caracterizará uma estação e alguns escritos da seita de Qumrã, onde se esperava precisamente a vinda de dois messias, de Israel e de Levi: um claro sinal da crítica aos asmoneus, que tinham justaposto ilegitimamente os cargos de rei e de sumo sacerdote. Não quero deixar passar, enfim, o texto de Ml 3,23-24, no qual se espera pela vinda de uma figura celeste, Elias, arrebatado ao céu: virá como reformador religioso "antes que chegue o dia grande e terrível de YHWH".

Sempre figuras celestes são esperadas no judaísmo não bíblico, como Henoc, também ele arrebatado ao céu e protagonista do homônimo apócrifo (*1Henoc* ou *Henoc etiópico*), e Melquisedec, figura misteriosa transfigurada pela especulação judaica de *2Henoc* ou *Henoc eslavo*, que o chama "Sacerdote dos sacerdotes para sempre" (71,29) mas também pela literatura cristã antiga: "Ele é sem pai, sem mãe, sem genealogia, sem princípio de dias, nem fim de vida, feito semelhante ao Filho de Deus, e permanece sacerdote eternamente" (Hb 7,3). Dele não menos fabulou em Qumrã o escrito homônimo *11QMelch*: "Ele proclamará para eles (os israelitas) a libertação, livrando-os [do peso de] todas as suas iniquidades"; "E Melquisedec executará a vingança dos juízos de Deus" contra Belial e todos os espíritos maus (2,6.13). De qualquer maneira, a figura celeste mais famosa das esperas messiânicas judaicas é o Filho do Homem, de que se falará a seguir.

Sempre o apócrifo *1Henoc*, no livro dos *Sonhos* (cc. 83–90), com linguagem imaginativa, canaliza as esperanças sobre um boi com grandes cornos, metáfora de um ser excepcional que governará todos os povos, de um rei portador de justiça e paz. Porém, a voz mais eloquente do messianismo real, e ademais davídico, é o apócrifo *Salmos de Salomão*, do século I a.C. Por sua importância merece uma citação extensa; basta ler o salmo 17. Antes de tudo, o autor exprime a esperança em Deus salvador (v. 3); depois relembra a promessa de um descendente terreno para o trono de Davi de 2Sm 7 (v. 4); em seguida, para explicar a atual submissão do povo ao poder romano de Pompeu, fala das infidelidades de Israel (vv. 5-20). Enfim, dá voz à espera messiânica:

> (21) Vê Senhor e faz surgir para eles seu rei filho de Davi para a ocasião que escolheste, ó Deus, para que teu servo governe Israel (22) e cingi-o de força para que possa destruir os governantes injustos e purificar Jerusalém dos povos pagãos que oprimem com destruição (23) e com sabedoria de justiça afastar os pecadores da herança e destruir o orgulho do pecador como vasos de argila, (24) com cetro de ferro esmiuçar toda a sua existência, exterminar (os) pagãos transgressores com (a) palavra de sua boca, (25) com sua ameaça fazer fugir (os) pagãos (longe) de seu rosto e punir os pecadores pelos pensamentos de seus corações. (26) E reunirá um povo santo, do qual será chefe com justiça e julgará as tribos do povo santificado pelo Senhor seu Deus: (27) e não permitirá que (a) injustiça habite ainda entre eles e não habitará com eles nenhum homem que conheça o mal; de fato os conhecerá porque são todos filhos de seu Deus. (28) E os subdividirá no país de suas tribos, e imigrado e estrangeiro não mais habitará com eles: (29) julgará povos e nações com (a) sabedoria de sua justiça. (30) Terá os povos dos pagãos sob seu jugo para servi-lo e dará glória ao Senhor sob os olhos de toda a terra e purificará Jerusalém com santificação semelhante àquela do início: (31) visto que chegarão nações das extremidades da terra para ver sua glória trazendo como dom os filhos dos quais fora privada e verão sua glória com a qual Deus a tem glorificado. (32) E o rei sobre eles será justo e doutrinado por Deus e não haverá em seus dias injustiça no meio deles porque todos serão santos e seu rei será o Ungido do Senhor. (33) De fato, não confiará em cavalo, cavaleiro e arco nem juntará ouro e prata para a guerra, e não recolherá esperanças para o dia da guerra confiando-se sobre muitos: (34) o Senhor em pessoa é seu rei, esperança de [ele] que é forte porque espera em Deus e porá todas as nações diante dele com temor. (35) Castigará de fato (a) terra com a palavra de sua boca eternamente, abençoará (o) povo do Senhor com sabedoria e alegria; (36) e ele mesmo é livre do pecado e assim poderá governar um grande povo, confundir os poderosos e cancelar os pecadores com (a) força da palavra. (37) Não se enfraquecerá em seus dias, por causa de seu Deus: porque Deus o fortaleceu com um espírito santo e (o tornou) mestre com sapiente prudência unida à força e justiça. (38) E (a) bênção do Senhor o acompanhará e será forte, e não se debilitará. (39) Sua esperança está no Senhor e quem é forte, com relação a ele? (40) Será forte nas suas obras, e poderoso graças ao temor de Deus pastoreando o rebanho do Senhor com fidelidade e justiça e não deixará que (ninguém) dentre eles se debilite no seu pasto. (41) Guiará a todos com equidade e não haverá entre eles orgulhoso para que (ninguém) entre eles seja oprimido. (42) Esta é a dignidade do rei de Israel, que Deus conhece, a ponto de (o) elevar sobre a casa de Israel para guiá-los. (42) Suas palavras são mais refinadas do que o ouro mais precioso, nas assembleias julgará as tribos do povo santificado, suas palavras como palavras de santos no meio de povos santificados.

É o retrato de um messias militante, que destruirá os inimigos de Israel — os romanos — ou também os submeterá, mas será também fonte de purificação espiritual para o povo, rei de justiça a favor dos miseráveis, mestre de sabedoria, exemplo de plena confiança em Deus, animado pelo espírito divino em linha com a profecia de Is 11,1ss.

O apócrifo *Testamentos dos Doze Patriarcas* (séc. I a.C.), voz de um messianismo sacerdotal, concentra a esperança na figura do sacerdote:

> Então o Senhor fará surgir um sacerdote novo, ao qual todas as palavras do Senhor serão reveladas; ao tempo de seu sacerdócio os povos crescerão no conhecimento sobre a terra, serão iluminados pela graça do Senhor; sob seu sacerdócio desaparecerá o pecado; ademais ele abrirá as portas do paraíso e desviará a espada apontada contra Adão. Dará de comer da árvore da vida aos santos e sobre eles estará o espírito de santidade. Beliar será amarrado por ele (*TestLevi* 18,2.9a.9b.10-12).

Mas em *TestJosé* 19,11 aparece a dúplice figura sacerdotal e real: "Honrai Levi e Judas, porque deles surgirá a salvação de Israel".

Em Qumrã, o messianismo não tem uma só face; ali se encontram de fato distintas figuras messiânicas. Antes de tudo, em *1QS* 9,11, temos a espera de três individualidades: o profeta, a entender como tal alguém semelhante a Moisés de Dt 18,15, e os dois messias de Aarão e de Israel como evocação da passagem citada de Zacarias: "[...] até que chegue o profeta e o messias de Aarão e Israel". Outras passagens concentram-se sobre os dois messias sacerdotal e real, rigorosamente nessa ordem, mas também com explícita e afirmada superioridade do primeiro sobre o segundo: "[...] quando gerará [Deus] o Messias entre eles. Entrará [o sacerdote] chefe de toda a Congregação de Israel"; "Depois entra[rá o Mes]sias de Israel" (*1QSa* 2,11-12.14). O profeta escatológico e o rei estão unidos em *4Q175*: "Suscitar-lhes-ei um profeta do meio de seus irmãos, como tu, e porei minhas palavras na sua boca, e lhes dirá tudo o que eu lhes ordeno"; "Saiu uma estrela de Jacó,/ e surgiu/ um cetro de Israel. Ele quebra os lados de Moab e aniquila todos os filhos de Set" (vv. 5 e 12-13). Outras passagens mencionam no singular o messias sacerdotal e real: "Os que procedem nelas (normas da comunidade) no tempo da impiedade até que surja o Messias de Aarão e Israel" (*CD* 12,23–13,1); "[até que não surja o messi] as de Aarão e de Israel. Ele expiará por seus pecados" (*CD* 14,19); "[...] até que surja o Messias de Aarão e de Israel" (*CD* 20,1).

Depois, com a fórmula de tipo jeremiano "o broto de Davi", é atestado um messianismo real davídico. Assim, *4Q174* interpreta a famosa profecia de 2Sm 7: "Este é o broto de Davi que está com aquele que indaga a lei que [surgirá em Si]ão nos últimos dias" (3,11); enquanto em *4Q252* lemos: "[...] até a vinda do messias de Justiça, broto de Davi" (5,3-4). A metáfora botânica recorre também em *4QpIsa*, um manuscrito que remonta cronologicamente aos inícios da congregação essênia que interpreta a famosa passagem de Is 11,1-5: "[A interpretação da citação se refere ao broto] de Davi que crescerá [nos últimos dias, do momento que] [com o alento de seus lábios executará] seus inimigos e Deus o sustentará [com o espírito de] valentia [...] [...] trono de glória, coroa [santa] e vestes recamadas [...] em sua mão. Dominará sobre todos os povos e Magog [...], sua espada julgará todos os povos" (3,18-22).

Expressão do messianismo real é também a figura do Príncipe da Congregação. *CD* 7,18-21 relê a profecia de Nm 24,17: "E a estrela é o Intérprete da Lei que virá a Damasco, como está escrito: 'Uma estrela sai de Jacó e se alça um cetro de Israel'. O cetro é o Príncipe de toda a Congregação e quando surgir ferirá todos os filhos de Set". Ainda mais explícito é *1QSb* 5,20-29, que se religa à profecia de Isaías 11:

> Para abençoar o Príncipe da Congregação que [...] renovará a aliança da comunidade por ele, para estabelecer o reino de seu povo para sempre, [para julgar com justiça os pobres], para repreender com re[tidão o humil]de da terra, para andar na perfeição diante dele por todos os seus caminhos [...], para estabelecer a aliança [santa durante] a aflição dos que o buscam. Que o Senhor te eleve a uma altura eterna, como torre fortificada sobre a muralha elevada. Que [golpeies os povos] com a força de tua boca. Que com teu cetro devastes *vacat* a terra. Que com o alento de teus lábios mates os ímpios. [Que envie sobre ti um espírito de] conselho e de fortaleza eterna, um espírito *vacat* de conhecimento e de temor de Deus. Que seja a justiça o cinturão de [teus lombos, e a fidelidade] o cinturão de tuas costas. Que te ponha chifres de ferro e ferraduras de bronze. Chifrarás como um touro [... pisotearás os po]vos como o barro das rodas. Porque Deus te estabeleceu como cetro. Os que dominam [... todas as na]ções te servirão. Far-te-á forte por seu santo Nome. Será como um le[ão...] de ti a presa, sem que ninguém a cace. Teus corcéis se dispersarão sobre.

As semelhanças desse retrato com aquele do apócrifo *Salmos de Salomão* são evidentes. Da figura "messiânica" de Melquisedec já falamos anteriormente.

Em resumo, Oegema releva como em muitos escritos qumrânicos existem, além de "diversos conceitos de messias", figuras messiânicas ambivalentes, isto é, com traços sacerdotais e reais (pp. 53-54), ou "figuras escatológicas multidimensionais e consequentemente também multi-interpretáveis" (p. 63). Tentou-se também reconstruir uma história do messianismo qumrânico com distinção de períodos e de várias esperas messiânicas; mas o caráter hipotético e aleatório de tais reconstruções conduz para escolhas mais prudentes, como convida a fazer Schiffmann: os escritos qumrânicos não são, certamente, um *corpus* monolítico; todavia, não somos capazes de construir "uma exata sequência histórica das ideias messiânicas e dos textos encontrados em Qumrã" (p. 29). Por sua vez, Maier observa que para além das figuras "messiânicas", sobretudo o sacerdote e o rei — e se deve acrescentar também a figura do profeta escatológico —, em primeiro plano estão as funções e não os atributos pessoais (p. 186). Collins afirma que "existiam diferentes paradigmas messiânicos" e se refere às figuras do rei, do sacerdote, do profeta, de um ser celeste, como Melquisedec (*The Scepter*, p. 196). Todavia, se deve também relevar que existem escritos qumrânicos, como a *Guerra* (= *1QM*), nos quais não aparece nenhuma figura messiânica e a esperança se focaliza sobre a intervenção final de Deus: um messianismo sem messias. Para a vinda da era salvífica não é, portanto, necessária uma figura messiânica (Lichtenberger, pp. 13-14).

Acrescentamos a atestação preciosa de Justino, testemunha da crença messiânica judaica no tempo das origens cristãs: "Nós todos esperamos o messias, que será homem entre os homens, e Elias o ungirá quando vier. Se esse homem é o messias, se saiba que é um homem entre os homens" (*Dial* 49); "Quanto ao Cristo, no caso de ter nascido e existir em algum lugar, é desconhecido e não tem consciência de si até que não venha Elias a ungi--lo e a manifestá-lo a todos. Vós, ao contrário, recolhendo um boato vazio, vos fizestes um vosso Cristo e por sua causa agora vais cegamente para a ruína" (*Dial.* 8). E por completude se leiam, voz tardia do messianismo real e davídico, as passagens de *4Esdras* 11-12 e *2Baruc* 40 e 70, do fim do século I d.C., que sublinham o caráter belicoso do messias em luta vitoriosa contra os inimigos do povo; mas também relevante é a proclamação messiânica, no início do século II d.C., de Bar Kokhba por parte de rabi Aqiba — "Este é o Rei Messias" — e por isso caçoava dele R. Yohanan ben Toreta: "Aqiba, a erva crescerá em tuas bochechas e o messias não terá ainda chegado" (*jTaan* 4,5: tr. J. Neusner). Incerto, por sua vez, aparece o caráter propriamente messiânico dos rebeldes que depois da morte de Herodes tinham se proclamado rei.

Relembro ainda a leitura da esperança messiânica judaica de Flávio Josefo que identifica o Ungido esperado com Vespasiano:

> O que principalmente os [os judeus] incitou à guerra foi uma profecia ambígua, encontrada também nas Sagradas Escrituras, segundo a qual naquele tempo alguém saído de seu país teria se tornado o dominador do mundo. Eles a entenderam como se aludisse a um conterrâ-

neo, e muitos sábios se enganaram com essa interpretação, enquanto a profecia na verdade se referia ao domínio de Vespasiano, proclamado imperador na Judeia (*Bell* 6,312-313).

Enfim, apenas uma alusão ao judaísmo posterior da Mishná que J. Neusner declarou "simplesmente não messiânico", mas fora criticado, como mostra o estudo de Evans.

Em conclusão, refiro quanto afirma Charlesworth como objeto de um vasto consenso dos estudiosos: a) a messianologia judaica explodiu no século I a.C. e não antes, quer dizer, em coincidência com a subida ao poder dos asmoneus que reivindicaram, indevidamente, não sendo descendentes nem de Davi nem da dinastia sacerdotal de Sadoc, o dúplice poder, real e sacerdotal; b) os judeus não professavam uma coerente e normativa messianologia; c) não se pode afirmar que a maioria deles desejasse então a vinda do messias (*The Messiah*, p. 35). Do messias em sentido próprio, isto é, do Ungido real, sublinham-se duas funções; a do libertador nacional e político do povo e a do chefe espiritual e religioso. Portanto, rei e salvador, herói político e espiritual (Rochais, p. 194).

2.2. Jesus, o Messias

Falamos anteriormente de figuras messiânicas como o rei, o sacerdote, o profeta e os misteriosos seres celestes; mas, a bem da verdade, o aramaico *meshiah*, do qual vem o vocábulo das línguas modernas, com o correspondente hebraico *mashiah* exprime por si mesmo o motivo da unção, símbolo de consagração e de sacra impunidade, comunicada na tradição bíblico-hebraica ao rei e também ao sacerdote. De qualquer maneira, o Ungido por excelência, "o Messias", não simplesmente "um ungido", era, geralmente, na espera popular do tempo de Jesus, uma figura régia, sobretudo davídica. Mas é surpreendente notar como o termo "o messias" para indicar o futuro rei não apareça nunca nas Escrituras hebraicas e apenas raramente surja no judaísmo dos anos 250 a.C.-200 d.C., sem dizer que às vezes designa uma figura não régia, mas sacerdotal ou também profética, como em Qumrã, ou também um ser celeste, como nas *Parábolas* de *1Henoc*.

Em todo caso, o cristianismo das origens não hesitou em proclamar *ore rotundo* que "o messias" (o Cristo, do grego *ho khristos*), Messias davídico, é Jesus de Nazaré crucificado e ressuscitado. Antes de tudo, um dado estatístico: Paulo, autor dos primeiros escritos cristãos que temos, usa 270 vezes "Cristo" para indicar Jesus, mas poucas são as recorrências com valor propriamente messiânico. Em Rm 1,3-4 que recolhe uma tradição cristã bastante arcaica, é qualificado como "descendente da estirpe de Davi" e "constituído Filho de Deus a partir da ressurreição do reino dos mortos": assim com probabilidade a tradição depurada dos acréscimos de Paulo. Veja-se bem que "Filho de Deus" aparece aqui um título messiânico, como mostra, por exemplo, o Salmo real 2, analisado anteriormente: "Tu és meu Filho, hoje eu te gerei", e que a messianidade do Nazareno é caracterizada não somente pela descendência davídica mas também, e ainda mais, pela eleição divina evidenciada na sua ressurreição. A crença cristã em Jesus o Cristo mostra-se, além do mais, nas estereotípicas afirmações paulinas sobre o valor salvífico de sua morte: "Cristo morreu por nós" (por exemplo, Rm 5,8; 1Cor 8,11; 2Cor 5,15; 1Ts 5,10; Gl 2,21). Vejam-se também os evangelhos da infância de Mateus e Lucas caracterizados pela confissão de Jesus como "o Messias", o Messias davídico. Não por acaso o fazem nascer em Belém, pátria de Davi. De resto, sua genealogia é intitulada pelo primeiro evangelista "Livro da 'gênese' de Jesus *Cristo, filho de Davi*, filho de Abraão" (Mt 1,1). É José, "filho (= descendente) de Davi" (Mt 1,20), que transmite a Jesus, seu filho, a descendência davídica. Expressivo é também o anúncio do anjo a Maria: "Conceberás no seio e darás à luz um filho e o chamarás com o nome de Jesus: ele será grande e será chamado Filho do Altíssimo. O Senhor Deus lhe dará o trono de Davi, seu pai, e reinará sobre a casa de Israel em eterno e sua realeza não terá fim" (Lc 1,31-33), com manifesta evocação a 2Sm 7. Sem esquecer do convite angélico aos pastores: "Nasceu hoje para vós um salvador, que é o Cristo Senhor, na cidade de Davi" (Lc 2,11). Enfim, uma referência ao quarto evangelho que se confronta com a objeção: "Acaso o Messias vem da Galileia?" (Jo 7,41) e a explícita negação: "Da Galileia não sai nenhum profeta" (Jo 7,52) dos ambientes judaicos, aos quais o evangelista responde assim: a verdadeira messianidade de Jesus não se baseia em registros anagráficos, mas sobre o decreto divino. Em At 2,36, afirma-se: ressuscitando-o, "Deus 'fez' senhor e messias este Jesus que vós crucificastes".

Deve-se depois relevar que desde muito cedo "Cristo" perdeu seu significado de título, tornando-se nome próprio, muitas vezes segundo nome acoplado a "Jesus"; não por acaso os primeiros crentes foram chamados "cristãos" (At 11,26). Uma mudança que se explica facilmente porque, no mundo greco-romano, "Cristo" não evocava nenhuma crença messiânica; sem dizer que era trocado de bom grado por "Cresto", nome próprio de escravos bastante difundido em Roma (cf. os testemunhos romanos).

Ora, o problema histórico mais espinhoso é perguntar-se de que modo e por que os primeiros seguidores de Jesus o reconheceram como o messias. A resposta mais simples — mas penso a menos adequada — é que ele tenha se considerado tal e o tenha dito explicitamente ou também só alusivamente e os primeiros crentes, superando o escândalo da cruz com a crença na sua ressurreição, foram seus fiéis repetidores (cf., por exemplo, Hengel). Mas o Nazareno nunca proclamou ser o Messias. Suas respostas às perguntas do Sinédrio (Mc 14,61 e par.) e de Pilatos (Jo 18,37) sobre se era ele o Messias e o Rei dos judeus não gozam de segura plausibilidade histórica. Além do mais, na diatribe na qual coloca em dificuldade seus interlocutores sobre o messiânico filho de Davi, relevando que no salmo 110, Davi, considerado o autor, chama-o Senhor: "Disse o Senhor (Deus) a meu Senhor (o filho que sobe ao trono)", e perguntando-se como conciliar ambas as coisas (Mc 12,35-37 e par.), não quer dizer nem insinuar uma sua messianidade, mesmo que seja diversa daquela entendida normalmente.

É verdade, Simão Pedro confessou: "Tu és o Messias" (Mc 8,29); "o Messias de Deus" (Lc 9,20); "Tu és o Messias, o Filho do Deus vivo" (Mt 16,16); "Tu és o santo de Deus" (Jo 6,69) e sobre a versão de Marcos não há nenhuma dúvida em sede histórica. Mas ele aceitou ou não tal confissão? Esta confissão, no texto mateano, é seguida à breve distância por uma dura censura do Nazareno, também essa de indubitável historicidade, ao mesmo Pedro, impensável como invenção da Igreja em prejuízo do próprio líder indiscutido: "Retira-te de mim, satanás: és para mim pedra de tropeço, porque teus pensamentos não são pensamentos de Deus mas de um homem" (Mt 16,23). Na atual redação evangélica entre os dois pronunciamentos foi inserido o pré-anúncio da paixão e morte (e ressurreição) e assim a censura é vinculada com a rejeição de tal prospectiva por parte de Pedro (Mt 16,21-22), mas é bastante provável que confissão messiânica e repreensão de Jesus tenham estado originariamente coligadas. Em todo caso, nada induz a conjeturar que ele a tenha aceitado. Wrede disse que o segredo messiânico em Marcos, isto é, a ordem de Jesus de calar sobre seus milagres e sobre sua identidade de messias, foi um artifício redacional para explicar a ausência de qualquer seu pronunciamento sobre o assunto e para defender a crença messiânica dos primeiros cristãos. Contudo, já no início sua teoria foi criticada. Resta, todavia, bastante provável o pressuposto de sua hipótese: Jesus de Nazaré nunca disse ser o Messias. Não temos, porém, nenhum elemento certo para afirmar que o tivesse negado; por isso, parece-nos gratuita a afirmação de Wrede de que Jesus não teve nenhuma consciência messiânica, porque não dedutível de seu silêncio a respeito disso. Ao contrário, poderíamos compartilhar sua tese de que a messianidade de Jesus foi uma crença criada pela primeira comunidade cristã.

Na realidade, quantos afirmam certa reivindicação messiânica do interessado se refugiam em um argumento apriorístico: caso contrário, não se entenderia por que e como os primeiros cristãos o tenham confessado e proclamado Messias. Assim, por exemplo, Hengel (pp. 158s), que, porém, pensa também poder qualificar como pretensão messiânica a autoridade com a qual Jesus cumpriu sua missão evangelizadora, terapêutica e sapiencial. Os primeiros crentes, por outra parte, não o professaram Messias por causa da ressurreição, argumenta com razão Hengel (p. 158), porque nem a exaltação de um justo, tanto menos a ressurreição de um crucificado no ambiente cultural judaico estavam conectadas com o messianismo. Então, como? Theissen apresenta uma messianidade evocativa: o Nazareno tinha suscitado entusiasmo entre a gente e seus seguidores, um entusiasmo messiânico (cf. o apelativo "filho de Davi" dirigido a ele, por exemplo, em Mc 10,47.48), e as primeiras comunidades cristãs, superado o escândalo da cruz, puderam apegar-se a isso e fazê-lo próprio.

Mas podemos nos referir, com maior probabilidade — ao meu ver —, a um geral convencimento da Igreja das origens: à luz da ressurreição chegou à convicção de que as esperanças proféticas tinham encontrado consumação extraordinária no Crucificado ressuscitado, como documentam, por exemplo, os relatos evangélicos de paixão. Ora, entre essas estava a espera messiânica propriamente dita, isto é, do Ungido real, mas, também, como veremos, a do misterioso Filho do Homem. O passo a dar não era tão longo. Permanece, de qualquer maneira, verdadeiro o que diz Collins: "Como Jesus chegou a ser chamado Messias, mais especificamente Messias davídico, permanece um dos maiores enigmas das origens cristãs" ("Jesus, Messianism and the DSS", p. 112).

Em todo caso, além das expressões "o Messias" e "o filho de Davi", pouco ou nada dos conteúdos do messianismo régio judaico reflui na confissão messiânica cristã: não o messias militante, como o chama Collins (*The Scepter*, p. 122), vencedor dos inimigos do povo, nem o líder supremo do povo, com a escolha dos Doze que sentarão sobre tronos para julgar o povo, como diz com originalidade Theissen; o Nazareno tinha feito valer um messianismo de grupo, não personalizado. Por outra parte, a morte ignominiosa do Messias na cruz não somente estava ausente de toda especulação messiânica judaica, mas também constituía um obstáculo insuperável à possibilidade — não digamos ao fato — de que um crucificado fosse o messias esperado. Quero relembrar que na famosa passagem qumrânica *4Q285*, discutida anteriormente, contra traduções equivocadas infundadas, é o Messias que mata o adversário, e não vice-versa. Por isso parece descontado quanto afirma Charlesworth: é difícil compreender como os judeus poderiam ter pensado que Jesus fosse o Messias; porque o esperado era muito diverso (*The Messiah*, p. 7). Os primeiros cristãos, porém, tinham chegado a atribuir à morte na cruz de Jesus valor salvífico (cf. também apenas a fórmula supracitada "Morreu por nossos pecados") e tal conquista devia ter facilitado também a confissão messiânica.

O diálogo ecumênico, porém, colocou em pauta a questão sobre se Jesus é o Messias de Israel, aquele das expectativas judaicas, ou somente o Messias da Igreja. A manifesta diversidade de conteúdos da messianologia cristã com relação à judaica leva na segunda direção. Haacker afirma: "A questão sobre se Jesus seria o 'Messias de Israel' encontra nos cristãos e nos judeus respostas diversas por diversos motivos [...]. Eu poderia também usar esta fórmula: 'Jesus não é ainda o Messias de Israel'" (p. 457), porque, acrescento, não trouxe "a redenção do mundo", como relevou M. Buber. Além do mais, também os cristãos esperam ainda sua vinda final, precisamente para redimir o mundo.

2.3. *O filho de Deus*

O Nazareno tinha se atribuído explicitamente no símbolo paterno uma filiação divina inclusiva, não exclusiva, isto é, em comum com seus seguidores. Todavia, ele se distinguia por seu papel de mediador histórico da definitiva realeza divina de Deus Pai e por uma específica relação funcional com ele. De qualquer maneira, é certo que Jesus nunca disse ser Filho de Deus transcendente; a Igreja das origens tematizou e desenvolveu tal título glorioso até enriquecê-lo de conteúdos surpreendentes. Em uma passagem pré-paulina, o apóstolo nos anos 49/50 resume assim a fé cristã: servir o único Deus (monoteísmo explícito para os convertidos do paganismo mas pressuposto para os judeu-cristãos) e esperar dos céus como salvador final seu filho Jesus, por ele ressuscitado do reino dos mortos (1Ts 1,9-10). O título está vinculado com a ressurreição e com a vinda final gloriosa (*parousia*): a filiação divina de Jesus Cristo é, portanto, totalmente exclusiva. Por sua parte, o mesmo Paulo não recorre frequentemente a essa qualificação, mas o faz em pontos centrais de sua cristologia. É o objeto do feliz anúncio evangélico, além de que, o termo de sua conversão, que foi "um apocalipse", isto é, o desvelamento próprio dos tempos últimos da filiação divina de Jesus: "Mas quando Deus [...] houve por bem me revelar (*apokalypsai*) seu filho para que levasse seu feliz anúncio entre os pagãos..." (Gl 1,15-16). Afirma depois a preexistência e a salvífica "missão" divina no mundo: "Mas quando o tempo chegou à sua plenitude, Deus enviou seu filho, nascido de mulher, nascido sob o domínio da Lei, para resgatar os que estão sujeitos ao domínio da Lei e para que nós recebêssemos a adoção filial" (Gl 4,4-5). Uma filiação divina difusiva que, porém, não perde, antes reafirma sua unicidade: os crentes são "filhos no Filho", como é precisado em Rm 8,29-30 com esta síntese dos momentos qualificantes do projeto salvífico divino: pré-conhecimento eletivo/predestinação "para serem conformes à imagem de seu filho, para que fosse o primogênito de muitos irmãos"/ chamado à fé/ justificação/ glorificação. O papel salvífico de Jesus Filho de Deus estende-se ao pleno domínio sobre o mundo e sobre suas forças inimigas: ele vencerá o último inimigo seu e do homem, a morte, e entregará o próprio Reino ao Pai, que o verá no fim submetido a si, depois que tudo tenha submetido a ele (1Cor 15,24-28).

O dado mais característico dos evangelhos sinóticos e de suas tradições parece ser o fato de que a confissão da filiação divina cobre as etapas fundamentais de sua existência: a concepção e o nascimento (cf. os evangelhos da infância); o início da missão na cena simbólica do batismo: "Tu és meu filho predileto" (Mc 1,11 e par.); o centro de sua parábola terrena com a confissão de Simão Pedro em Mt 16,16, para não falar das confissões diabólicas que o reconhecem Filho de Deus (por exemplo, Mc 3,11; 5,7 e par.); enfim, debaixo da cruz, pela boca do centurião romano (Mc 15,39 e par. Mt); e tudo confirmado na ressurreição (At 13,33).

De qualquer maneira, para mostrar como a cristologia do cristianismo das origens percorreu rapidamente um longo caminho de interpretação, indico sinteticamente o desenvolvimento incrível presente no quarto evangelho, que é datado do fim do século I. Esse exalta a proximidade filial de Jesus a Deus: é o unigênito de Deus, rodeado pelo esplendor divino (Jo 1,14) e doado ao mundo para sua salvação com gesto de supremo amor (Jo 3,16-18; cf. 1Jo 4,9), o Filho que tem em comum com o Pai os poderes divinos de julgar e ressuscitar (Jo 5,25-29) e que permanece eternamente (Jo 8,35). Note-se a presença da comparação de igualdade: "Como o Pai tem a vida em si mesmo, assim deu também ao Filho o ter a vida em si mesmo" (Jo 5,26), mas significativo é também o motivo da totalidade: "O Pai colocou tudo nas suas mãos" (Jo 13,3). A relação que os liga é de estreitíssima comunhão no ser e no agir que os correlaciona na sua identidade profunda: Deus Pai é "*o mandante*" e o filho Jesus "*o mandado*" na tarefa da salvação da humanidade. Eis suas respectivas "definições" colocadas na boca de Jesus: "Aquele que me enviou, o Pai" (Jo 5,37; cf. 7,28; 8,18.26); a vontade "daquele que me enviou" (Jo 4,34; 5,30; 6,38.39; 9,4); "quem crê naquele que me enviou" (Jo 5,24); "quem crê [....] em quem me enviou" (Jo 12,44); "vou para aquele que me enviou" (Jo 7,33; 16,5). Por sua parte, Jesus é "aquele que ele enviou (ao mundo)" (Jo 5,38; 6,29; 10,36), "o enviado" (Jo 9,7); "aquele que tu enviaste" (Jo 17,3). Consequentemente, a vida eterna é "que te conheçam, a ti, o único Deus verdadeiro, e àquele que enviaste, Jesus Cristo" (Jo 17,3). Sem dizer que a revelação e o consequente conhecimento de Deus passam pela sua "exegese": "A Deus ninguém viu jamais, o unigênito de Deus que vive na intimidade do Pai, ele fez sua 'exegese' (*exēgēsato*)" (Jo 1,18). Ainda: "Quem crê nele não é condenado, mas quem não crê já é um condenado, porque não acreditou na pessoa do unigênito Filho de Deus" (Jo 3,18). O ápice é alcançado em uma afirmação de dinâmica identidade: "Eu e o Pai somos uma só coisa" (Jo 10,30). Para não falar da cristologia joanina de Jesus *logos* existente já *no princípio* como ser dirigido para Deus (*pros ton theon*), de natureza divina (*theos* sem artigo), mediante o qual tudo foi criado (Jo 1,1-3), e que "tornou-se ser efêmero e mortal (lit.: carne) e estabeleceu sua morada no meio de nós, e nós contemplamos seu esplendor divino, esplendor próprio do unigênito do Pai, cheio de graça e verdade" (Jo 1,14).

Mas sem esperar João ou, ainda antes, Paulo, o processo de divinização de Jesus aparece em ação já nas primeiras duas décadas das origens cristãs, como atesta o hino pré-paulino de Fl 2, que exalta o rebaixamento até a morte e a elevação gloriosa como Senhor universal de Jesus: "Tendo a forma essencial de Deus (*en morphē-i theou*), não considera presa de agarrar seu ser igual a Deus (*isa theō-i*)" que possuía com pleno direito (v. 6). Não parece, portanto, possível negar uma dose de verdade à crítica radical de H. J. Iwand que denunciou "a paganização da cristologia" (cit. in Klappert, p. 64). Jesus surge divinizado e parece que deveremos imputar tal processo ao influxo não somente do mundo judaico, que tinha exaltado a preexistência e a mediação criativa da sabedoria divina (cf. Pr 8,22ss; Eclo 24,8-12), assim com força Hengel, mas também, em parte, à cultura grega, com seus imperadores e reis divinizados e que especulava sobre o *logos* divino, como, por exemplo, Fílon. Ao contrário, o título de Filho de Deus que aparece em uma passagem qumrânica de *4Q246* 2,1 no máximo se compreende melhor como designação messiânica, mas outros estudiosos identificaram figuras históricas da época.

2.4. O Senhor

Se o apelativo de Filho de Deus colocava em primeiro plano a estreitíssima relação de Jesus com o Pai, o de Senhor indica melhor sua relação com a comunidade dos crentes que a ele obedece e honra na oração. Na tradição evangélica não faltam passagens nas quais é chamado ou qualificado de "Senhor", mas em sentido não exigente, um pouco como *monsieur* (por exemplo, Mc 7,28; Lc 5,12; 7,7 e par. Mt). Decerto o Nazareno nunca se apresentou como "o Senhor" em sentido alto e divino. Mas assim o confessaram os primeiros crentes. Vimos a propósito da crença na ressurreição do Crucificado: Deus o exaltou a "Senhor" digno de louvor e glorificação. "Se confessares com tua boca que Jesus é o Senhor..." (Rm 10,9). Ainda Paulo, que gosta desse título cristológico, professa o seguinte credo bipolar dos primeiros cristãos, contraposto à crença do mundo pagão adorador de "muitos deuses e muitos senhores neste mundo": "Para nós, ao contrário, há um só Deus, o Pai, do qual tudo vem e nós existimos por ele, e há um só Senhor, Jesus Cristo, mediante o qual tudo é e nós somos mediante ele" (1Cor 8,6). O hino cristológico de Fl 2, com toda a probabilidade pré-paulino, mas que o apóstolo faz próprio, assim expressa a glorificação do Ressuscitado: "E é por isso que Deus o sobre-exaltou e lhe deu o Nome mais excelso que existe [precisamente o de 'o Senhor', como veremos a seguir] para que, no nome de Jesus, todos se ajoelhem, no céu, na terra e sob a terra, e toda língua confesse para glória de Deus Pai: 'Jesus Cristo é o Senhor!'" (vv. 9-11). Portanto, não somente os crentes o confessam agora, mas, no final, todos os seres criados o reconhecerão, querendo ou não, e lhe tributarão o louvor devido a Deus mesmo. No cumprimento com o qual conclui seu endereço epistolar, geralmente Paulo invoca graça e paz de Deus Pai e do Senhor Jesus Cristo (cf. Rm 1,7; 1Cor 1,3; 2Cor 1,2 etc.) e no epílogo costuma invocar sobre os destinatários "a graça do Senhor (nosso) Jesus (Cristo)" (Rm 16,20; 1Cor 16,23; 2Cor 13,13 etc.). Em 1Cor 15,57, por sua vez, agradece a Deus "que nos dá a vitória (sobre a morte) por meio do Senhor nosso Jesus Cristo"; enquanto em Fl 3,20 exprime a esperança cristã: "Esperamos como salvador o Senhor Jesus Cristo". Não somente a salvação última, mas também a justificação histórica dos crentes depende de sua mediação: "Justificados, portanto, pela fé temos a paz com Deus mediante o Senhor nosso Jesus Cristo" (Rm 5,1). Enfim, em 1Cor 12,3, o apóstolo afirma que a confissão de fé no senhorio de Jesus é possível somente em virtude do Espírito que a torna verdadeira na boca dos crentes: "Ninguém pode dizer 'Jesus é Senhor' senão mediante o Espírito Santo".

De qualquer maneira, o texto mais arcaico que atesta este título é 1Cor 16,21, no qual Paulo se despede de seus interlocutores de Corinto com uma invocação aramaica que remonta, ao que parece, à primeira comunidade cristã de Jerusalém: "*Marana tha*" que quer dizer "Vem, Senhor!". A forma grega correspondente a essa fórmula recorre em Ap 22,20: "Vem, Senhor Jesus". Encontra aqui expressão a ardente espera dos primeiros crentes na vinda final do Senhor, qualificativo referido certamente a Jesus. Com probabilidade, deve-se pensar nos participantes da ceia do Senhor que dão voz à sua tensão escatológica. A tradução teoricamente possível "O Senhor vem" não parece congruente: na tradição bíblico-judaica a "vinda" de Deus era objeto de esperança e se colocava no horizonte último da história (cf. U. B. Müller).

Foi muito debatida a questão do influxo cultural: os primeiros crentes foram solicitados pelo ambiente pagão no qual *kyrios* era título de divindade? De fato, temos claro testemunho disso nos frequentes banquetes sagrados aos quais se solicitavam com convites formais os convidados a participar à ceia do deus Serápis. Um só exemplo extraído do papiro 110 de Oxirrinco: "Cheremone te convida a jantar à mesa do Senhor Serápis no templo de Serápis (*deipnēsai eis kleinēn tou kyriou Sarapidos en tō-i Sarapeiō-i*) amanhã, que é 15, a partir da hora 9". Mas é conhecido que também Ísis era chamada "Senhora" (*kyria*). Não faltaram estudiosos que se expressaram neste sentido; mas muito aguerrida é ultimamente a vanguarda de quantos, como Hengel, reagem a isso convencidos de uma derivação bíblico-judaica. Não por acaso nos escritos das origens cristãs são citadas passagens das Escrituras hebraicas onde "o Senhor" (*ho kyrios*, que traduz o hebraico '*Adonai*), originariamente referido a Deus, é agora atribuído a Jesus; assim em Rm 10,13: "Quem tiver invocado o nome do Senhor será salvo" (cf. Jl 3,5). Note-se que, em 1Cor 1,2, Paulo qualifica os cristãos como "aqueles que invocam o nome do Senhor nosso Jesus Cristo". Nenhum atentado ao monoteísmo hebraico: o único Deus, ao qual Paulo reserva o termo *ho theos* (cf. o único Deus da profissão de fé de 1Cor 8,6, citado anteriormente), permanece no centro da fé cristã que, contudo, coloca ao seu lado, subordinado de qualquer maneira, Cristo como o único Senhor: ao monoteísmo, que permanece, acrescenta-se a "monossenhoria" de Jesus.

2.5. O Filho do Homem

Com exceção de At 7,56, que atesta as palavras de Estêvão: "Vejo o filho do homem à direita de Deus", as muitas recorrências desta fórmula, em grego *ho hyos tou anthrōpou*, que traduz literalmente, com os dois artigos, o aramaico *bar-nasha*, estão presentes somente nos evangelhos e normalmente apenas nos lábios de Jesus que, todavia, fala do Filho do Homem em terceira pessoa; portanto, não se identifica com ele formalmente. Mas ele diz "Eu sou o Filho do Homem" (em Jo 9,35-37, à pergunta do cego responde que é; mas não responde à outra pergunta "Quem é este Filho do Homem?" em Jo 12,34); e nunca é confessado por outros com fórmulas como as seguintes: "Tu és/ Ele é o Filho do Homem". Tal identificação, porém, é certa para os evangelistas, que em muitas passagens nas quais têm a fórmula "o Filho do Homem" em textos paralelos a substituem com o pronome pessoal "eu" (cf., por exemplo, Mt 10,33 com relação a Mc 8,38). Quanto à sua delineação, deve ser estudado à parte o quarto evangelho, que apresenta uma própria: o Filho do Homem desceu do céu e sobe ao céu (Jo 3,13; 6,62); deve ser/ será elevado, na sua morte gloriosa (Jo 3,14; 12,34; cf. 8,28), ou também deve ser/ será glorificado (Jo 12,23; 13,31); foi-lhe dado o poder para julgar (Jo 5,27); sua carne é alimento de vida eterna (Jo 6,27.53).

Nos evangelhos sinóticos, ao contrário, o Filho do Homem é apresentado em três distintas dimensões. Antes de tudo, na sua vida terrena é apresentado como um vagabundo ("não tem onde recostar a cabeça": Q: Lc 9,58 e Mt 8,20 e *Evangelho de Tomé* n. 86, a única menção deste apócrifo), alguém que come e bebe, portanto não um asceta (Q: Lc 7,34 e Mt 11,19), dotado do poder de perdoar na terra os pecados (Mc 2,10 e par.) e senhor do sábado (Mc 2,28 e par.). Também é descrito como aquele que deve sofrer, ser eliminado e ressuscitar (cf. sobretudo as predições em Mc 8,31; 9,31; 10,33 e par.), aspecto totalmente ausente em Q mas muito sublinhado em Marcos. Enfim, surgem vestes do venturo que aparecerá sobre as nuvens do céu rodeado de esplendor divino para julgar os homens; sobre essa função insistiu particularmente Mateus (cf., por exemplo, Mt 16,27: "[...] pagará a cada um segundo sua práxis"). Citamos como exemplo Mc 13,26-27: "Então verão o Filho do Homem vindo sobre as nuvens com grande poder e glória, e então ele enviará seus anjos a reunir os eleitos dos quatro ventos"; Lc 17,24: "Como o relâmpago, lampejando, brilha de uma ponta a outra do céu, assim será o Filho do Homem no seu dia" (cf. Mt 24,26); Mc 8,28: "Quem se envergonhar de mim e de minhas palavras, o Filho do Homem se envergonhará dele, quando vier rodeado do esplendor do Pai com os anjos santos" (cf. par.; mas também a versão de Q: Lc 12,8-9 e Mt 10,33-34).

Nessa temática, dois são os interrogativos inevitáveis: qual imagem de Filho do Homem era proposta no contexto cultural judaico do tempo e qual juízo dar, do ponto de vista da autenticidade histórica, aos numerosos ditos evangélicos caracterizados por essa fórmula? Na tradição bíblico-judaica a fórmula podia ser usada como sinônimo de "o homem". "O que é *o homem*, que dele te lembres, ou o *Filho do Homem* (*ben 'adam* em hebraico; *hyios anthrōpou* em grego) que Tu devas cuidar dele?" (Sl 8,5). No livro de Ezequiel, Deus se dirige ao profeta chamando-o "filho do homem" (*ben 'adam/hyie anthrōpou*), isto é, um ser criatural (cf. Ez 2,1.3.6 etc.). No judaísmo do tempo, que vai de 200 a.C. a 200 d.C., e além, à parte esses significados — genérico de "um homem" e universal de "o homem" —, a fórmula é atestada em escritos apocalípticos com valores próprios. Assim, em Dn 7,13-15, às quatro bestas, metáforas dos grandes impérios humanos, em visão é contraposto "um como filho de homem" (*ke bar 'enosh*) que apareceu "sobre as nuvens do céu: veio até o Ancião de dias e foi apresentado a ele que lhe deu poder, glória e reino:

todos os povos e nações e línguas o deverão servir; seu poder é um poder eterno, que nunca termina, e seu reino é tal que nunca será destruído" (vv. 13-14). Trata-se de uma comparação: um ser como um homem. Sobre sua identidade, todos concordam porque o v. 27 oferece uma clara leitura em chave coletiva e humana: trata-se de "os santos do Altíssimo", isto é, do povo eleito de Israel ao qual Deus dará poder e realeza; mas não faltam estudiosos, como Collins, segundo o qual, originariamente, tratava-se de uma figura angelical individual.

A expressão aparece ainda nas *Parábolas* de *1Henoc* (cc. 37-71), com probabilidade do século I a.C. (cf. Chialà, de quem citamos quase sempre a tradução), não como termo de comparação de uma misteriosa grandeza, mas qual designação de um indivíduo do qual se oferece em linguagem visionária certo retrato. "Com ele [Deus], havia um outro cujo rosto tinha aspecto de homem"; "Este é o Filho do Homem ao qual pertence a justiça e a justiça habita com ele"; "Este Filho do Homem, que viste, afastará os reis e os poderosos de suas moradas e os fortes de seus tronos" (46,1.3.4). Seu papel, portanto, é aquele de juiz, como também é repetido e precisado mais adiante: "[...] se sentará sobre o trono de sua glória e os justos, diante dele, serão julgados com justiça" (62,3), enquanto condenará "os pecadores e os perversos" (62,2); "O Senhor dos espíritos pôs o Eleito sobre o trono da glória e (ele) julgará todas as obras dos santos no alto dos céus, com balança medirá suas ações" (61,8). Afirma-se também sua preexistência: "Seu nome estava diante do Príncipe dos dias; antes ainda que fossem criados o sol e os astros, antes que fossem feitas as estrelas do céu" (48,2-3). Seus atributos são gloriosos: "O Eleito" (62,1 e 46,3: "o Senhor dos espíritos escolheu precisamente a ele"), "o Justo e o Eleito" (53,6), "a Luz dos povos" (48,4), talvez também "o Ungido do Senhor" (48,10; 52,4: é incerto se seja atribuído ao Filho do Homem). Em 71,14, porém, é identificado com o próprio visionário Henoc: "Tu és o filho do homem nascido para a justiça". Releva Chialà: "Aqui, a metáfora transforma-se em *personagem* (primeiro nível de reinterpretação), recebe um *rosto humano* (segundo nível de reinterpretação)" (p. 316). Por isso, o estudioso considera o capítulo 71 "um acréscimo posterior" (*ibid*), ao passo que, segundo Schreiber, somente a identificação em 71,14 é obra de um redator judaico (p. 8).

Enfim, à parte, os escritos cristãos das origens. Do Filho do Homem fala o apocalipse de *4Esdras*, de finais do século I d.C., que o indica também com outras fórmulas semelhantes: "Este homem" (13,3), "esse homem" (13,12), "algo semelhante a um homem" (13,3). Trata-se de qualquer maneira sempre de um indivíduo chamado também por Deus "meu servo" (13,37.52) ou "meu servo, o Messias" (7,28). A cenografia da visão em parte é semelhante àquela de Dn 7, do qual retoma o motivo das nuvens: "Voava com as nuvens do céu" (13,3); mas é visto subindo do mar (13,5). Antes de sua aparição estava junto do Altíssimo (13,26). Aparecerá como guerreiro, mas "que não tinha nem espada nem outros instrumentos de guerra", capaz de aniquilar com "algo como fogo" os adversários na luta final, e de chamar a si "uma outra multidão pacífica", as tribos de Israel (13,5ss).

Vermes acendeu uma diatribe vivaz contestando que a fórmula evangélica "o Filho do Homem" originariamente exprimisse um título e indicasse uma misteriosa figura individual; segundo ele, estava pelo pronome pessoal "eu". Sua proposta, porém, foi criticada com vigor, contestando-lhe que no século I a fórmula aramaica original *bar-nasha* fosse usada nesse sentido. Na realidade, um vasto consenso de estudiosos considera que a referência seja para certo traço iconográfico, como gosta dizer Chialà, à misteriosa figura de Dn 7, mas sobretudo ao indivíduo das *Parábolas* de *1Henoc* e de *4Esdras*, em particular ao seu papel de juiz final.

Isso precisado, o problema principal para nós versa sobre a autenticidade histórica das palavras de Jesus. Devem-se descartar imediatamente os ditos sobre o Filho do Homem que morre e ressurge, sujeito das predições lembradas anteriormente, mas também daquelas outras passagens nas quais se diz que será entregue à morte (cf., por exemplo, Mc 14,21 e par.), porque são certamente da Igreja das origens (com licença de Colpe). Muitos estudiosos reconhecem a autenticidade histórica dos ditos sobre o Filho do Homem vagabundo e não ascético. Bultmann, por sua parte, admite a historicidade jesuana dos ditos sobre o Filho do Homem juiz final (cf., por exemplo Q: Lc 12,8-9 e Mt 10,32-33 e Mc 8,38), mas afirma que Jesus se referia a um outro. Sua proposta, porém, hoje não tem nenhum defensor. A discussão, ao contrário, gira em torno do seguinte ponto nevrálgico: o Nazareno identificou-se no Filho do Homem que virá julgar vivos e mortos? Hengel não nutre nenhuma dúvida: Jesus "se identificou, ele mesmo, com esta figura de juiz que está para vir" (*Il figlio di Dio*, pp. 56ss) e com ele muitos, por exemplo, Theissen. Mas não menos numerosos são aqueles que duvidam ou afirmam o contrário: foi a Igreja das origens a identificá-lo com o Filho do Homem vindouro. Com efeito, parece muito árduo pensar que ele tenha falado de si como do juiz celeste final; sua atenção estava focalizada, como vimos, sobre a realeza divina que irrompe e sobre seu papel de mediador histórico de tal evento.

A dificuldade maior que se opõe a essa última hipótese é a seguinte: se Jesus não se tivesse identificado com o Filho do Homem que julga no fim dos dias, como explicar que o tenha feito por iniciativa própria a Igreja das origens? E, nessa eventualidade, quem ou que coisa a teria impedido de lhe colocar na boca ditos de explícita identificação com o Filho do Homem vindouro e de criar claras confissões dos discípulos a respeito disso? Em outras palavras, não se explicaria a fórmula usada em terceira pessoa. Mas tal objeção não é tão peremptória, se se admite que Jesus tenha de fato falado do Filho do Homem vagabundo e em absoluto ascético, dois ditos da fonte Q de cuja autenticidade histórica não se pode duvidar, nos quais o significado da fórmula é simplesmente "um homem como eu". Tal identificação pode ter pesado bastante na elaboração cristológica dos primeiros crentes: conhecendo a figura apocalíptica do Filho do Homem de *1Henoc* e de especulações destinadas a ser escritas mais tarde em *4Esdras*, eles a identificaram com o Ressuscitado que virá no fim para julgar vivos e mortos. Não Jesus, mas a comunidade cristã das origens viveu tais sonhos apocalípticos. Se o Crucificado ressuscitado foi exaltado por Deus e feito sentar-se à sua direita nos céus, como vimos, e virá no último dia para fechar definitivamente as portas da história (cf. a invocação *Marana tha* mas também o motivo da *parousia* atestado em Paulo), não deve ter sido impossível identificá-lo discretamente, com a mesma fórmula em terceira pessoa por ele já usada — mesmo que seja com valor muito menos intenso —, no misterioso Filho do Homem apocalíptico. O processo completou-se quando se chegou a falar dele também como do Filho do Homem sofredor e mortal, assim como Ressuscitado. Nesta linha, posso citar, por exemplo, Fitzmyer em seu *Comentário a Lucas*: "Minha opinião é a de que ele [Jesus] tenha usado tal fórmula em sentido genérico (um ser humano, um mortal) e que sucessivamente na tradição antiga foi entendido como título e aplicado a ele" (p. 210).

O maior ceticismo, de qualquer maneira, reina entre os estudiosos. Burkett conclui seu exame dos estudos dos últimos decênios afirmando: "O debate sobre o Filho do Homem serve como primária ilustração dos limites da ciência do Novo Testamento [...]. Por causa desses limites, algumas questões nunca poderão ser resolvidas de modo satisfatório, ao menos com satisfação de todos. No fim do século XX, parece que o problema do Filho do Homem pode ser uma destas questões" (p. 124). Também Vögtle declara-se pessimista, embora menos catastrófico: "Mais do que uma possível hipótese não pode tratar-se" (p. 122), e assim Schlosser: "Uma solução plenamente satisfatória está indubitavelmente fora de alcance" (*Jésus de Nazareth*, p. 241).

2.6. O grande sacerdote do templo celeste

É uma novidade no panorama cristológico dos escritos das origens cristãs e pode ser vinculada ao messianismo sacerdotal de tradição judaica. O autor da Carta aos Hebreus relê, de fato, em chave cultual e vitimária a morte e, mais em geral, a pessoa de Cristo e o faz com uma espécie de contrapeso do culto hebraico. Esse aparece aos seus olhos como cópia (*hypodeigma*: Hb 8,5; 9,23), sombra (*skia*: Hb 8,5; 10,1) e "parábola" do culto de Cristo (*parabolē*: Hb 9,9); e, ainda: é de todo insuficiente para santificar verdadeiramente (Hb 7,28), impotente para obter o perdão dos pecados e portanto efêmero, destinado a ser substituído (Hb 8,7.13). Jesus, ao contrário, ofereceu o culto próprio dos tempos escatológicos ou decisivos (Hb 9,26); é o mediador de uma nova aliança substituta da primeira, ineficaz, que tinha como mediador Moisés, que cumpriu o rito fundador do sangue (Hb 9,15-21). Dito de outra maneira, ao culto levítico que se limitava a uma purificação externa da carne (Hb 9,13), sucedeu quem ofereceu (*prospherein*) a si mesmo obtendo uma vez para sempre a libertação do pecado (Hb 7,27); "com seu próprio sangue entrou no santuário uma vez por todas, obtendo uma redenção eterna" (Hb 9,12; cf. 9,28), santificando os seus "mediante a oferta, uma vez por todas, do corpo" seu (Hb 10,10; cf. 10,12) e conduzindo à perfeição aqueles que santifica "com uma só oferta" (Hb 10,14).

O confronto das respectivas ações sacerdotais se junta àquele entre os dois sacerdotes. O sacerdote levítico (Hb 7,11), ministro de um templo terreno (Hb 9,1), era também ele próprio vítima do pecado, portanto, antes de oferecer sacrifícios pelos pecados do povo, oferecia para os seus (Hb 5,3; 9,9). Jesus, ao contrário, é sacerdote ou sumo sacerdote eterno (Hb 5,6; 7,11 etc.), com uma dignidade sacerdotal perpétua (Hb 7,24), sem pecado (Hb 4,15), antes "santo, livre de todo mal, sem mancha, separado dos pecadores e elevado acima dos céus" (Hb 7,26). Ainda: é sacerdote segundo a tipologia de Melquisedec (Hb 5,6; 6,20; 7,11.15 etc.), Filho de Deus encarnado (Hb 1,5ss) e partícipe em tudo da vida humana terrena, sem excluir os sofrimentos e as provas (Hb 2,10ss), o qual pode chamar, com justiça, os homens seus irmãos (Hb 2,11); sacerdote misericordioso e confiável (Hb 2,17), ministro do verdadeiro santuário, o do céu, não feito por mãos humanas (Hb 8,2; 9,1; 9,24), que atravessou os céus (Hb 4,14) para comparecer diante de Deus por nós (Hb 9,24) e sentar-se à sua direita (Hb 8,1; 10,12).

Dois detalhes importantes. O primeiro: a oferta de si que fez a Deus em favor espiritual dos homens é, na realidade, um *sacrificium voluntatis et vitae*, como aparece nas palavras que lhe coloca nos lábios o autor citando a palavra do Saltério: "Tu [ó Deus] não quiseste nem vítima nem oferta; mas tu me preparaste um corpo. Não foram de teu agrado nem os holocaustos nem os sacrifícios pelo pecado; então eu disse: 'Eis que venho eu, Deus [...], para fazer tua vontade'" (Hb 10,5-9). O segundo: sua ação cultual, na realidade, desenvolve-se em dois tempos com protagonista o Jesus terreno e o Cristo ressuscitado e cobre tanto o passado quanto o presente: antes de tudo, sua morte horrenda fora da porta da cidade, enfrentada para santificar o povo (Hb 13,12); depois o ingresso, com seu sangue, no tabernáculo celeste para cumprir a expiação (Hb 2,17) e interceder, ele sempre vivo, pelos homens (Hb 7,25). Portanto, Jesus exerce uma função sacerdotal de caráter duplo, "sacrifical" e intercessora.

2.7. Cristologia explícita e cristologia implícita

Somente duas palavras a propósito de um problema bastante debatido. Se confrontarmos a compreensão de si que teve Jesus e a cristologia desenvolvida pela Igreja das origens, ninguém poderá negar a existência de uma grande distância. Mas dois destaques nos permitem sustentar uma substancial continuidade na diversidade, excluindo uma contraposição frontal pela qual o Jesus crido seria outro do Jesus crente. Antes de tudo, pode-se dizer que os primeiros cristãos explicitaram sua autocompreensão. Neste sentido: ele mostrou sentir-se o mediador definitivo do definitivo poder real de Deus irrompente na história; os títulos de glória que lhe foram atribuídos encontram inspiração e justificação, ao menos em parte, nessa sua função escatológica que o inseriu ativamente na iniciativa última que Deus tomou para a salvação da humanidade. Certamente, teve seu peso o contexto cultural grego. Enfim, os títulos de glória presentes nos hinos e nas orações não carecem de tonalidade poética e celebrativa, mais evocativas do que teologicamente rigorosas. A paganização da cristologia já nas origens aparece, mais de que como um crescimento objetivo, como um processo de linguagem em contextos culturalmente diversos daquele palestinense no qual viveu o Nazareno.

Contudo, ainda mais relevante é o segundo fator que influenciou de maneira decisiva na construção de uma cristologia gloriosa ausente, como tal, no nível de Jesus de Nazaré. Refiro-me à crença na sua ressurreição que, por um lado, legitimou a autocompreensão e também as imagens de Deus, e, por outro lado, constituiu o novo ponto de partida para o processo de "definição" de sua identidade e do papel ativo que ele desempenha no processo salvífico. Com efeito, se o Nazareno, como considero mais provável, não afirmou sua específica função na plena realização futura da realeza divina, tampouco mostrou de qualquer modo que considerava sua morte rica de valor expiatório — na onda da crença em Deus que o ressuscitou do reino dos mortos, primícias, como dirá Paulo em 1Cor 15,20.23, do evento final da ressurreição geral —, os crentes da primeira hora compreenderam que sua morte horrenda foi evento salvífico e que o Ressuscitado terá um papel ativo nos eventos que fecharão a história, dando origem a céus novos e terra nova. A cultura apocalíptica do judaísmo contemporâneo emprestou as categorias mentais, além das imagens, para esta sua "definição" em chave de mediador não só da realeza divina florescente já na história, mas também da ressurreição e do juízo final, assim como da realização da total submissão de todas as realidades a ele e ao Pai.

De resto, porquanto concerne à leitura soteriológica de sua morte não faltavam modelos culturais de tipo expiatório aptos para facilitar aos cristãos tal conquista. Em Flávio Josefo, de fato, podemos ler estas palavras do sumo sacerdote Anano durante o assédio de Jerusalém: "Se for necessário, irei sozinho e, como em um deserto, oferecerei minha própria vida em sacrifício para Deus (*tēn hemautou psykhēn epidōsō monēn hyper tou theou*)" (*Bell* 4,164). Também os seguintes escritos judaicos de marca helenista são testemunho eloquente a propósito disso. Matatias exorta os filhos ao martírio para a defesa das sagradas tradições religiosas: "Então, filhos, mostrai vosso zelo pela Lei e dai vossas vidas pela aliança de nossos antepassados" (1Mc 2,50); relata-se também que Eleazar "se entregou a si mesmo para salvar seu povo" (1Mc 6,44). Sobretudo, não faltam passagens caracterizadas pelo motivo da expiação: um dos sete filhos macabeus diz diante do tirano: "E entrego (*prodidōmi*) o corpo e a alma pelas Leis dos antepassados, invocando a Deus para que se mostre piedoso para com minha gente (*hileōs takhy tō-i ethnei genesthai*) [...]. Que a ira do Onipotente que justamente golpeou toda a nossa estirpe cesse por meio de mim e de meus irmãos" (2Mc 7,37-38).

Não menos significativo é o processo de desritualização da expiação atestado no rabinismo: ao rabi Yohoshua', que lhe mostrava a destruição do santuário jerosolimitano, lugar da expiação, assim responde rabban Yochanan ben Zakkai: "Nós temos um instrumento de expiação igualmente eficaz. E qual é? São as obras de misericórdia, como está escrito: 'Misericórdia quero, e não sacrifício' (Os 6,6)" (ARN-A 4).

Um só texto do ambiente pagão romano: narrando do valente e heroico Décio, Tito Lívio ligou doação da vida e seu valor "expiatório": *sicut caelo missus piaculum* (sacrifício expiatório, melhor "aplacador" da ira divina) *omnis deorum irae, qui pestem ab suis aversam in hostes ferret* (8,9,10).

O próprio Marxsen, que se caracteriza por uma abordagem bastante crítica às Escrituras apostólicas, não teme em afirmar: "A cristologia não é algo que comparece somente em um segundo momento; estava já presente desde o início" (*Il terzo giorno risuscitò*, p. 54); em outras palavras, a cristologia explícita deriva, ao menos em parte, daquela implícita de Jesus.

2.8. Fé cristã no Deus de Jesus Cristo

Para evitar mal-entendidos possíveis e também existentes, pelo qual se falou a propósito das origens cristãs de "uma cristologia sem Deus" ou de "uma jesuologia ateísta", ou também de uma "cristologia da morte de Deus" (cf. referências em Schrage), parece necessário precisar que a fé em Jesus dos primeiros cristãos não tomou o lugar da fé em Deus; eles não abjuraram em absoluto o monoteísmo hebraico, isto é, a confissão do único Deus existente. Exaltaram a não mais poder Jesus, sobretudo como o Senhor (Paulo em particular) e o *logos* eterno (o quarto evangelho), mas nunca se inclinaram a fazer dele um segundo deus. Vimos anteriormente que o prólogo do evangelho de João define "divino" (*theos* sem artigo) o *logos* eterno e depois encarnado, identificado com Jesus de Nazaré, enquanto Deus é o único Deus (*ho theos* com o artigo) ao qual aquele tende (*pros ton theon*). No mesmo sentido, deve-se interpretar a confissão de Tomé: "Ó meu senhor, ó meu Deus" (Jo 20,28). Para não dizer de Jo 10,34s, em que Jesus, à acusação dos adversários de fazer-se um deus (*theos*), responde citando uma passagem do saltério (Sl 82,6): "Sois deuses", reconhecendo assim um significado lato do vocábulo. Em Rm 9,5, o canto de louvor é direcionado a Deus, não a Cristo: "Seja louvado eternamente Deus que está acima de toda coisa". Tt 2,13, enfim, exalta a encarnação do "grande deus e salvador nosso Jesus Cristo", em que o primeiro atributo não diz mais que o segundo e este, no contexto dos escritos das origens cristãs, refere-se ao mediador da salvação, do qual operador principal permanece sempre Deus. Assim em 2Tm 1,9-10, afirma-se que foi Deus a salvar-nos e que a graça divina se manifestou "mediante a epifania do salvador nosso Jesus Cristo". Com relação a isso, note-se que a ação de salvação normalmente nos escritos paulinos tem Deus como sujeito e Jesus Cristo qual "causa instrumental" (*dia Iēsou Khristou*).

Na realidade, a fé em Jesus encontra sua exata colocação no quadro da fé em Deus. Certo, não se exprime como simples repetição da fé judaica, porque o único Deus que criou o mundo, o Deus de Abraão e de Moisés e dos profetas de Israel, se "redefiniu" na vida do Nazareno. Esta é a novidade de Deus e a novidade da fé nele: um monoteísmo cristológico, foi dito com justiça. Já vimos anteriormente que é definido por seu gesto com que ressuscitou Jesus, exatamente como nas Escrituras hebraicas era chamado o criador e o libertador da escravidão egípcia. "[...] nós que acreditamos naquele que ressuscitou Jesus (*epi ton egeiranta Iēsoun*), Senhor nosso, do reino dos mortos" (Rm 4,24). Também Gl 4,4 merece ser relembrado: o Deus único é aquele que enviou seu filho e este é seu enviado. Assim, também e sobretudo, a teologia e a cristologia joaninas, como vimos. Evoco ainda duas fórmulas de fé: os crentes de Tessalônica se converteram "a Deus abandonando os ídolos para dar culto (*douleuein*) ao Deus vivo e verdadeiro [fórmula expressiva do monoteísmo] e esperar a vinda do filho de Deus" (1Ts 1,9-10). Um só Deus/ um só Senhor (*heis theos/ heis Kyrios*), unidos no ato criativo e naquele redentor, mas com funções diversas: Jesus é mediador, e Deus o princípio primeiro: "Do qual tudo e nós finalizados a ele/ mediante o qual tudo e nós mediante ele" (1Cor 8,6). Veja também o binômio "Pai" e "Senhor" avizinhados nos votos auspiciosos do endereço das cartas paulinas: "Graça e paz a vós de Deus nosso Pai e do Senhor Jesus Cristo" (Rm 1,7; cf. 1Cor 1,3 etc.).

Deve ser destacada também a constatação de que Paulo, não sem ecos da tradição mais antiga — para não falar do quarto evangelho, do qual já cuidamos —, define Deus e Jesus em estreita correlação: o Pai e seu Filho: "Enviou seu Filho" (Gl 4,4; cf. Rm 8,3); "não poupou seu próprio Filho" (Rm 8,32); "foi de seu agrado me revelar seu Filho" (Gl 1,16). E insiste em precisar que se trata de Filho único no seu gênero, por isto o qualifica "Primogênito" (*prōtotokos*) (Rm 8,29). Sobre isso, João, no quarto evangelho e na Primeira Carta, é ainda mais categórico porque recorre a diversos vocábulos: Jesus é "o Filho" (*ho hyios*), enquanto os crentes nele são "filhos" (*tekna*). Para esse último vocábulo, veja também Paulo (Rm 8,16.17.21; 9,8). Enfim, Deus é definido não somente em Paulo, mas também em outros escritos das origens cristãs, na sua paternidade em relação a Jesus "o Deus e Pai do Senhor nosso Jesus Cristo" (Rm 15,6; 2Cor 1,3; 11,31; Ef 1,3; Cl 1,3; 1Pd 1,3; 1Jo 1,3).

Não pretendo em absoluto ser exaustivo; limito-me a relembrar outras duas confissões de fé das origens cristãs: "Um só Senhor (*heis kyrios*), uma só fé, um só batismo, um só Deus e pai de todos (*heis theos kai patēr pantōn*), que transcende, permeia e habita todas as coisas" (Ef 4,5-6: trad. R. Penna); "Um só Deus (*heis theos*), um só mediador (*heis mesitēs*) entre Deus e os homens, o homem Cristo Jesus" (1Tm 2,5).

Se já no nível do Nazareno valia a "definição" monoteísta nos termos de "Deus de Jesus", com maior razão se pode dizer que os primeiros cristãos acreditavam no "Deus de Jesus Cristo", naquele que o enviou ao mundo e o ressuscitou, exaltando-o à sua direita.

Bibliografia do capítulo

Divido a bibliografia em duas partes, segundo a articulação do capítulo:

A.

Allison, D. C. *Jesus of Nazareth, millenarian prophet*. Minneapolis, 1998.
Barbaglio, G. Il vissuto spirituale di Gesù di Nazaret. In: Barbaglio G., ed. *La spiritualità del Nuovo Testamento*. Bologna, EDB, 1988. pp. 63-97.
_____. Simbologia religiosa [del padre]: tradizione ebraica e cristiana. In: Vv. Aa. *Le figure del padre. Ricerche interdisciplinari*. Roma, Armando Editore, 2001. pp. 57-89.

Barr, J. 'Abba isn't "Daddy". In: *JThS* 39(1988), pp. 24-47.
Becker, J. Das Gottesbild Jesu und die älteste Auslegung von Ostern. In: *Jesus Christus in Historie und Theologie* (FS H. Conzelmann). Tübingen, 1975. pp. 105-126.
Dupont, J. Le Dieu de Jésus. In: *NRT* 109(1987), pp. 321-344.
Erlemann, K. *Das Bild Gottes in den synoptischen Gleichnissen.* Stuttgart, 1988.
Fabris, R. Gesù di Nazaret e il modello profetico. In: Penna, R., ed. *Il profetismo da Gesù di Nazaret al montanismo.* In: *Ricerche Storico-Bibliche* 5(1993)1, pp. 43-65.
Fitzmyer, J. A. Abba and Jesus' relation to God. In: Refoulé, F., ed. *À cause de l'Évangile. Études sur les Synoptiques et les Actes* (FS J. Dupont). Paris, 1985. pp. 15-38.
Fusco, V. Gesù e l'Apocalittica. I problemi e il metodo. In: Penna, R., ed. *Apocalittica e origini cristiane.* In: *Ricerche Storico-Bibliche* 7(1995)2, pp. 37-60.
_____. Apocalittica ed escatologia nel Nuovo Testamento: tendenze odierne della ricerca. In: Canobbio, G.; Fini, M., eds. *L'escatologia contemporanea. Problemi e prospettive.* Padova, Edizioni Il Messaggero, 1995. pp. 41-80.
Grelot, P. *Dieu, le Père de Jésus Christ.* Paris, 1994.
Hoffmann, P. "Er weiss was ihr braucht..." (Mt 6,7). Jesu einfache und konkrete Rede von Gott. In: Lohfink, N. et al., ed. *"Ich will euer Gott werden". Beispiele biblischen Redens von Gott.* 2 ed. Stuttgart, 1982. pp. 151-176.
Jeremias, J. *Abba.* Brescia, Paideia, 1968.
Kümmel, W. G. Die Gottesverkündigung Jesu und der Gottesgedanke des Spätjudentums. In: *Heilsgeschehen und Geschichte.* Marburg, 1965. pp.107-125.
Lentzen-Deis, F. Der Glaube Jesu. In: *TThZ* 80(1971), pp. 141-155.
Lohfink, G. Gott in der Verkündigung Jesu. In: Hengel, M.; Reinhardt, R., eds. *Heute von Gott reden.* München-Mainz, 1977. pp. 50-65.
Marchel, W. *Abba, Père! La prière du Christ et des chrétiens.* 2 ed. Rome, 1971.
Merklein, H. *La signoria di Dio nell'annuncio di Gesù.* Brescia, Paideia, 1994. pp. 179-204 (L'autocomprensione di Gesù).
Meyer, B. F. Jesus' ministry and self-understanding. In: Chilton, B.; Evans, C. A., eds. *Studying the Historical Jesus.* Leiden, Brill, 1994. pp. 337-352.
Müller, K. W. König und Vater. Streiflichter zur metaphorischen Rede über Gott in der Umwelt des Neuen Testaments. In: Hengel, M.; Schwemer, A. M., eds. *Königsherrschaft Gottes.* Tübingen, 1991. pp. 21-43.
Neusner, J. *Disputa immaginaria tra un rabbino e Gesù. Quale maestro seguire?* Casale Monferrato, Piemme, 1996.

O'Neill, B. F. *Who did Jesus think he was?* Leiden, 1995.
Patterson, S. J. *The God of Jesus. The historical Jesus and the search for meaning.* Harrisburg, 1998.
Pedersen, S. Die Gotteserfahrung bei Jesus. In: *ST* 41(1987), pp. 127-156.
Penna, R. Gesù di Nazaret e la sua esperienza di Dio: novità nel giudaismo. In: *Vangelo e inculturazione*. Cinisello Balsamo (MI), San Paolo, 2001. pp. 183-210.
Pesch, R. Gesù, un uomo libero. In: *Conc* 10(1974), pp. 467-483.
Ricoeur, P. A paternidade: da fantasia ao símbolo. In: *O conflito das interpretações. Ensaios de hermenêutica*. Rio de Janeiro, Imago, 1978. pp. 390-414.
Ringgren, H. 'ab. In: *GLAT* I, col. 5-40.
Schlosser, J. *Jésus de Nazareth*. Paris, 1999. pp. 241-258.
Schrage, W. Theologie und Christologie bei Paulus und Jesus auf dem Hintergrund der modernen Gottesfrage. In: *EvTh* 36(1976), pp. 121-154.
Schreiner, G. Auf Gott bezogenes "Mein Vater" und "euer Vater" in den Jesus-Worten der Evangelien. In: van Segbroeck, F., ed. *The four Gospels*, 1992 (FS F. Neirynck). Leuven, 1992. pp. 1751-1781.
Schrenk, G.; Quell, G. *patēr*. In: *GLNT* IX, col. 1115-1306.
Schürmann, H. Le problème fondamental posé à l'hermeneutique de la prédication de Jésus. Eschato-logie et théo-logie dans leur rapport mutuel. In: Schnackenburg, R. et al., ed. *Le message de Jésus et l'interprétation moderne*. Paris, 1969. pp. 115-149.
_____. *Regno di Dio e destino di Gesù. La morte di Gesù alla luce del suo annuncio del Regno*. Milano, Jaka Book, 1995.
Segalla, G. Gesù, profeta escatologico della restaurazione di Israele? In: *StPat* 40(1993), pp. 83-102.
_____. L'autocomprensione di Gesù alla luce della "terza ricerca". In: *StPat* 47(2000), pp. 383-409.
Sequeri, P. L'interesse teologico di una fenomenologia di Gesù: giustificazione e prospettive. In: *Teol* 23(1998), pp. 289-329.
Strotmann, A. *"Mein Vater bist du" (Sir 51,10). Zur Bedeutung der Vaterschaft Gottes in kanonischen und nichtkanonischen frühjüdischen Schriften*. Frankfurt a.M., 1991.
Vögtle, A. "Theo-logie" und "Eschato-logie" in der Verkündigung Jesu? In: Gnilka, J., ed. *Neues Testament und Kirche* (FS R. Schnackenburg). Freiburg i.B., 1974. pp. 371-398.
_____. Réflections exégétiques sur la psychologie de Jésus. In: Schnackenburg, R. et al. *Le message de Jésus et l'interprétation moderne*. Paris, 1969. pp. 41-113.
Witherington III, B. *The christology of Jesus*. Minneapolis, 1990.

B.
Bultmann, R. La coscienza messianica di Gesù e la confessione di fede di Pietro. In: *Exegetica*. Torino, Borla, 1971. pp. 11-23.
Burkett, D. *The Son of Man debatte. A history and evaluation*. Cambridge, 1999.
Charlesworth, J. H., ed. *The Messiah. Developments in earliest Judaism and Christianity*. Minneapolis, 1992.
Charlesworth, J. H.; Lichtenberger, H.; Oegema, G. S., eds. *Qumran-Messianism. Studies on the messianic expectations in the Dead Sea Scrolls*. Tübingen, 1998.
Chialà, S. *Libro delle parabole di Enoc*. Brescia, Paideia, 1997.
Chilton, B. (The) Son of (the) Man, and Jesus. In: Chilton, B.; Evans, C. A., eds. *Authenticating the words of Jesus*, Leiden-Boston-Köln, 1999. pp. 259-287.
Collins, J. J. Jesus and the Messiahs of Israel. In: Cancik, H.; Schäfer, P.; Lichtenberger, H., eds. *Geschichte-Tradition-Reflexion* (FS M. Hengel). Tübingen 1996. pp. 287-302.
_____. The Son of Man in first-century Judaism. In: *NTS* 38(1992). pp. 448-466.
_____. Jesus, messianism and the Dead Sea Scrolls. In: Charlesworth; Lichtenberger; Oegema, eds. *Qumran-Messianism*. pp. 100-119.
_____. *The scepter and the star. The messiahs of the Dead Sea Scrolls and other ancient Literature*. New York et al., 1995.
Colpe, C. *ho hyios tou anthrōpou*. In: *GLNT* XIV, col. 273-472.
Coppens, J. *Le messianisme et sa relève prophétique. Les anticipations vétérotestamentaires, leur accomplissement en Jésus*. Gembloux, 1974.
Dexinger, F. Reflections on the relationship between Qumran and Samaritan messianology. In: Charlesworth; Lichtenberger; Oegema, ed. *Qumran-Messianism*. pp. 83-99.
Evans, C. A. Mishnah and messiah in context. In: Chilton, B; Evans C. A., eds. *Jesus in context. Temple, purity and restoration*. Leiden, Brill, 1997. pp. 109-144.
Grappe, C. Jésus: messie prétendu ou messie prétendant? In: Marguerat, D.; Norelli, E; Poffet, J.-M., eds. *Jésus de Nazareth*. Genève, 1998. pp. 269-291.
Haacker, K. Jesus, Messias Israels? In: *EvTh* 51(1991), pp. 444-457.
Hengel, M. *Il figlio di Dio. L'origine della cristologia e la storia della religione giudeo-ellenistica*. Brescia, Paideia, 1984.
_____. Jesus, der Messias Israels. Zum Streit über das "messianische Sendungsbewustsein" Jesu. In: Grünwald, L. et al., ed. *Messiah and Christos* (FS D. Flusser). Tübingen, 1992. pp. 155-176.

Jossa, G. *Dal Messia al Cristo. Le origini della cristologia.* 2 ed. Brescia, Paideia, 2000.

Jüngel, E. *Paolo e Gesù. Alle origini della cristologia.* Brescia, Paideia, 1978. pp. 257-312 (Gesù e il figlio dell'uomo).

Klappert, B. Israel-Messias/Christus-Kirche. Kriterien einer nicht-antijüdischen Christologie. In: *EvTh* 55(1955), pp. 64-88.

Lichtenberger, H. Messianic expectations and messianic figures in the Second Temple Period. In: Charlesworth; Lichtenberger; Oegema, ed. *Qumran-Messianism.* pp. 9-20.

Maier, J. Der Messias. In: Sacchi, P., ed. *Il giudaismo palestinese dal I sec. a.C. al I secolo d.C.* Bologna, Fattoadarte, 1993. pp. 181-186.

Meyer, B. F. Jesus' ministry and self-understanding. In: Chilton, B.; Evans, C. A., eds. *Studying the historical Jesus.* Leiden, Brill, 1994. pp. 337-352.

Meyer, R. *Prophētēs.* In: *GLNT* XI, col. 552-567.

Müller, U. B. Parusie und Menschensohn. In: *ZNW* 92(2001), pp. 1-19.

Nickelsburg, G. W. E. Son of Man. In: *ABD* VI, pp. 137-150.

Oegema, G. S. Messianic expectations in the Qumran writings: Theses on their development. In: Charlesworth; Lichtenberger; Oegema, eds. *Qumran-Messianism.* pp. 53-82.

Penna, R. *I ritratti originali di Gesù il Cristo,* I. Cinisello Balsamo (MI), San Paolo, 1996. pp. 119-153 (I titoli cristologici).

_____. La figura reale di Gesù e quella virtuale dell'"Uomo divino" (*theios anēr*): un confronto sbilanciato. In: *Vangelo e inculturazione.* pp. 211-230.

Prato, L. Davide: modelli biblici e prospettive messianiche. Introduzione. In: *Ricerche storico-bibliche* 7(1995)1, pp. 5-15.

Rochais, G. L'influence de quelques idées-forces de l'apocalyptique sur certains mouvements messianiques et prophétiques populaires juifs du 1er siècle. In: Marguerat; Norelli; Poffet, eds. *Jésus de Nazareth.* pp. 177-208.

Sacchi, P. *L'apocalittica giudaica e la sua storia.* Brescia, Paideia, 1990. pp. 199-219 (Messianismo e apocalittica).

Schenk, W. *Das biographische Ich-Idiom Menschensohn in den frühen Jesus-Biographien: Der Ausdruck, seine Codes und seine Rezeption in ihren Kontexten.* Göttingen, 1997.

Schiffman, L. H. Messianic figures and ideas in the Qumran scrolls. In: Charlesworth, J. H., ed. *The messiah.* pp. 116-129.

Schreiber, S. Henoch als Menschensohn. Zur problematischen Schlussidentifikation in den Bildreden des äthiopischen Henochbuches (äthHen 71,14). In: *ZNW* 91(2000), pp. 1-17.

Talmon, S. The concepts of mashiah and messianism in early Judaism. In: Charlesworth, J. H. ed. *The Messiah.* pp. 79-115.

Theissen, G.; Merz, A. *Il Gesù storico. Un manuale.* Brescia, Queriniana, 1999. pp. 623-688 (Il Gesù storico e gli inizi della cristologia). [Ed. bras.: *O Jesus histórico.* São Paulo, Loyola, 2002].

Vermes, G. *Gesù l'ebreo.* Roma, Borla, 1983. pp. 97-260 (I titoli di Gesù).

Vögtle, A. *Die Gretchenfrage des Menschensohnproblems. Bilanz und Perspektive.* FreiburgBasel-Wien, 1994.

Vv. Aa. *chriō, christos.* In: *GLNT* XV, col. 845-1092.

ÍNDICE DAS FONTES CITADAS

ESCRITOS JUDAICOS
Canônicos (AT)

GÊNESIS	
1	193, 592
1,27	463, 465
2	592
2,2-3	438
2,24	463, 465
5,24	556
9,4	532
12,7	560
14,14.16	135
17,1	560
22,4	553
49,29	389

ÊXODO	
3,2	560
4,22-23	592
6,20	127
8,15	253
12,46	493, 498
15,18	266, 273
16,6	552
20,2-3	600
20,8-10	433
20,11	433
20,12	389
20,13	466
20,14	467
20,17	468
21,12	466
21,24s	459
30,11-16	163, 522
31,17	374
34,28	374

LEVÍTICO	
10,10	440
11	440
11-15	188
11,15	449
16,29ss	199, 376
17,10-12	532
18,16	211
19,18	451, 452, 472
19,34	452
20,21	211
24,17	466
24,20	459
25,1ss	170

NÚMEROS	
5,11-31	460
19	188
23,7.18	312
24,17	616, 619
35,16ss	466

DEUTERONÔMIO	
4,30	325
5,6-7	600
5,12-13	433
5,15	433, 489
5,16	389
5,18	466
5,21	468
6,4	600
6,5	472
6,21	490
7,7-8	592
7,25	490
8,14	552
8,28	490
10,17-18	291
14,1-2	592
18	611, 616, 618
19,21	459
21,22-23	488, 508, 540
24	463, 472
24,1	463
25,1	558
30,19	194
32,11	592
34,3	141

JOSUÉ	
	124

JUDITE	
11,13	164

JUÍZES	
1,16	141
5	265
8,23	265
13	130

1 SAMUEL	
10,12	312

2 SAMUEL	
7	615, 618, 622
7,4	616
7,12-14	126
12,1-10	317
15,4	558

1 REIS	
3,5	560
8,32	558
17,7	248
17,7-16	223
17,17-24	223
17,23Lxx	248
17,24	223
18	222
18,36	223
19,19-21	363
21	211, 292

2 REIS	
2,1.11	556
2,8	223
2,14	223
2,19-22	223
2,23-25	223
4,1-7	223
4,8-17	223
4,18-37	223
4,38-41	223
4,42-44	224
5	224
6,1-7	224
6,8-23	224

1 CRÔNICAS	
17,14	265
23,21-22	135
28,5	265

2 CRÔNICAS	
16,12	241
24,5	522

ESDRAS	
9-10	200

NEEMIAS		22,2	492, 538	13,24	420
8,17	120	22,9	492	14,1	420
9	200	22,16	493	14,20	420
10,38-40	164	22,19	492, 493	14,21	420
13,5.10-14	164	22,29	265	14,31	421
1 MACABEUS		30,3	241	15,1	421
2,27-28	369	31,6	492	15,15	421
2,38	433	38	242	15,17	421
2,41	433	38,1.4-5	242	16,8	421
2,42	179	41	242	16,14	466
2,50	637	41,4	241	16,16	421
3,49	164	41,4-5	242	16,32	421
6,44	637	41,10	382, 491	17,5	421
6,49	170	42,6.12	492	17,13	421
7,13	179	44,5	273	17,17	421
10,31	164	51,12	442	17,23	421
11,35	164	68,25	273	18,22	421
15,5	164	69,22	492, 493	19,4	421
2 MACABEUS		72,1-2.4.12-14	292	19,14	421
1,27	384	76	291	19,15	421
2,18	384	76,10	291	19,18	421
7	549	81,3	558	19,19	466
7,9	549	82	255	20,4	421
7,14	549	82,6	639	20,13	421
7,36	549	84,4	273	21,3	421
7,37-38	638	93	266	21,9	422
14,6	179	93-99	265	21,13	422
ESTER		95	266	21,19	422
13,9	266	96	266	22,1	422
13,15	266	97	266	24,29	459
14,3	266	98	266	25,21	452
14,12	267	99	266	27,4	466
TOBIAS		103,19	265	39,3	312
1,6-8	164	110	623	COÉLET	
2,7s	384	115,5	552	9,8	326
3,13-14	384	121,2	552	12,7	323
4,3s	389	125,4	454	SIRÁCIDA	
4,15	469	145,9	455	1-2	422
6,15	389	145,11.12.13	265	3,1ss	422
13	266	146,7-10	291	6,5ss	422
13,5	384	147,9	449	7,31	164
JÓ		PROVÉRBIOS		8,1ss	422
14,1-2	128	8,22ss	628	9,1ss	422
15,14	128	10-22	420	9,16	296
22,28	226	10,1	420	10ss	422
25,4	128	10,4	420	12,8ss	422
SALMOS		10,12	420	14,3ss	422
1,1-3	292	11,1	420	19,2	428
2	265, 622	11,22	420	20,1ss	422
2,6-7	593	11,28	420	23,1.4	593
5,3	273	12,4	420	23,10-12	460
6,3	241	12,27	420	23,23	463
8,5	631	13,7	420	24,8-12	628
		13,11	420	26,14bLXX	430

Índice das fontes citadas

31,15	469	55,6	326	4,22	267
32,11	164	56,1ss	288	4,28-29	267
36,10	384	56,6	276	7	267, 497, 633
36,27	388	56,7	521	7,9-14	268
38,1.3.6-7	241	60,1ss	288	7,13-14	632
38,1-15	241	60,12	288	7,13-15	631
38,2	241	61,1	205, 257	7,17-18.27	268
38,9	241	61,1-3LXX	293	7,27	632
38,10-11	242	61,11	292	12,2	549
38,12	241	62,5	280, 342	12,12	293
38,14	241	63,16	592	13,3	632, 633
38,15	242	65,17	447	13,5	633
38,27.28LXX	89	65,19	341	13,5ss	633
40-48	58	66,24	61	13,26	633
51,10	593	Jeremias		Joel	
Sabedoria		7,11	521	1,15	276
2,24	550	7,14	502	3,5	630
3,1.4	550	16,14-15	552	4,13	352
3,11	550	22,18-19	389	Oseias	
10,10	265	23,7-8	552	6,2	553
12,24-25	295	25,33	389	6,6	638
Isaías		26,11-12ss	502	10,8	492
2,1-3	288	31,31-33	448	11,1-5	592
3,18-22	619	Lamentações		14,2	325
5	319	3,25	455	Miqueias	
5,1-2	530	Baruc		4,6-7	266, 292
6,1-6	561	4,37	289, 384	Sofonias	
7	132	5,5	384	1,14	276
8,23	125	Ezequiel		3,15	266
11	619	1,1	93	3,17	342
11,1ss	617	2,1.3.6	631	Abdias	
11,1-5	615, 619	7,7	276	21	265
11,4-5	292	17,2	312	Ageu	
17,5	352	18,23	341	2,11-14	442
19,24	288	20,41	281	Zacarias	
25,6	289	28,22.25	281	1,3	325
29,13	443	34,4.11.16.22.31	341	4,12.14	616
29,18-19	205, 257	36,20	281	9,9	262
35,5-6	205, 257	36,22-23	281	11,12	492
40,3	212	36,24	281	11,12s	492
41,21	266	36,25-26	192	12,10	493, 498
43,15	266	38,23	281	13,7	492
43,18	447	39,27	281	14,9.17	266
44,6	266	Daniel		Malaquias	
49,6	288	2,31ss	267	1,6	592
50,8	276, 558	2,32-34	267	2,16	462
51,5	276	2,35	267	3,1	207, 212, 213
52,1ss	293	2,37-40	267	3,23	205, 213
52,7	266	2,44	267	3,23-24	214, 611, 616
53,12	492, 531				

Apócrifos (palestinenses)

Assunção de Moisés (AssMos)		84,6	299	17,27.41	292
7,3-10	442	91,16-17	447	17,29-30	271
10,1	255, 276, 299	IV Livro de Esdras (4Esd)		17,32.33	271
10,1ss	615	1,29	447	17,34-36.37	272
10,1.3	271	4,26	447	17,40-41.42	272
10,3.7-8	300	7,28	633	17,44	280, 384
10,4-6	271	7,75	447	17,46	272
10,7	271, 288	11-12	620	18	272
10,9-10	271	13,3	632	18,6	280
Apocalipse de Baruc		13,5ss	633	Testamentos dos 12 Patriarcas	
(ou 2 Baruc)		13,12	633	*Benjamim*	
32,6	447	13,26	633	10,6-7	288
40	620	13,37	633	*Dã*	
44,12	447	13,52	633	1,3	467
57,2	447	Livro dos Jubileus (Jub)		1,8	467
70	620	1,27-28	270	2,2-3	467
1Henoc ou Henoc etiópico		2,29-30	434	3,1-2	467
9,4-5	270	5,6	256	5,10-11	255
10,4-8	242	10,7-8	256	5,13	270
12,3	270	12,19	270	*Issacar*	
25,3	270	20,4	468	7,2	468
27,39	270	24,30	288, 300	*José*	
37-71	632	32,1-15	164	19,11	618
46,1.3.4	632	49,1	541	*Judá*	
46,3	632	50,9	270	25,3	255
48,2-3	632	50,12-13	435	*Levi*	
48,4	632	Salmos de Salomão (SlSal)		9,3-4	164
48,10	632	4,5	468	18,2.9a.9b.10-12	618
50,3s	459	17	271, 300, 616	18,12	255
51,1-5	549	17,1	271	*Neftali*	
52,4	632	17,3	271, 287, 616	1,6	469
53,6	632	17,3.8	300	*Simeão*	
61,8	632	17,5-20	617	6,6	255
62,1	632	17,7-8	287	Testamento de Moisés	
62,2.3	632	17,8	271	(TestMos)	
71	632	17,21-42	617	5,3-5	523
71,14	632	17,22-23	271	7,1-6	523
72,1	447	17,26	300	10,1	256
83-90	616	17,26-27	271	Testamento de Jó (TestJó)	
84,2-3.5	270	17,27	287	18,6-8	320

Qumrã

1QS		3,7-8	442	5,7-8	460
1,3-4.9-11	452	3,8-9	189	5,7-9	364
1,6	468	4,20-22	190	5,11-12	364
2,19	277	5,1	169	5,13-14	189
3,4-8	189	5,1-2	364	5,24	365

Índice das fontes citadas

6,1	296	14,7	290	2,1	628
6,2-4	365	19,1	269	*4Q252*	
6,6-8	364, 365	*1QH*		5,3-4	618
6,8-10	365	5,20-21	190	*4Q285*	
6,13-16	365	6,3	290	7,4	
6,21-22	365	8,19	190	+1	502
7	365	9,21-22	190, 442	*4QshirShabb*	
8,10-12	441	10,8-10	367	(4Q400-407)	268
8,12-14	213	10,13	367	*4Q400*	
9,11	618	10,18	367	1,2,1	268
10,17-18	459	10,31-32	367	2,3	269
10,20-21	459	11,23-24	367	2,5	268
1Qsa		12,5	367	*4Q401*	
2,11-12.14	618	12,23	367	14,1,6	268
1QSb		12,26-27	367	14,1,14	269
5,20-29	619	12,29-30	190	14,1,17	269
CD		15,7	367	14,1,28	268
1,9-11	366	15,10	367	14,1,33	269
1,13	436	15,20-21	367	14,1,34	268
1,18	436	15,27	367	14,1,38	268
2,14-15	366	16,4-5	368	*4Q403*	
3,12	436	*1QapGen*		1,1,3	268
3,14	436	20,16-17	224	1,1,5	268
4,19-5,2	462	20,28-29	224	11,7	268
6,2-4	366	*1QpHab*		*4Q404*	
6,14	366	1,13	501	5,6	268
7,6-7	366	2,7-10	367	*4Q405*	
7,18-21	619	7,1-2	367	13,2,11	268
9,2ss	296	8,1-3	367	20,2-21-22,1	269
10,4ss	366	11,7	501	23,1,3	269
10,11	190, 366	*4QpIsa*		23,1,9	269
10,17-11,17	434	3,18-22	619	*4Q521*	
12,1-2	366, 441	*4QpNah*		2,2,1-13	205
12,23-13,1	618	3-4,1,2	436	2,2,11-13	257
13,11-13	366	3-4,1,7b-8	507	*11Qmelch*	
14,3-4	366	*4Q159*		2,6.13	616
14,6	287	1,2,6-7	522	2,12-13	255
14,12-13	366	*4QFlorilegium (4Q174)*		2,15ss	269
14,19	618	1,10-13	126	*11Qtempl (Rolo do Templo)*	
15,1-2	460	3,1-6	270	18,14-16	384
16,7	366, 460	3,2b-6	521	29,7-10	521
20,1	618	3,3-4	287	43,1-44,3	164
1QM		3,11	618	57,5-7	384
2,7s	384	*4Q175*		57,16-19	462
3,13-14	384	5	618	61,12	459
4,14	342	12-13	618	64,6b-8a	507
6,6	269	*4Q242*		64,9b-11a	507
7,3-5	269, 295	1-3,2-5	224	64,11b	508
12,3	269	*4Q246*		66,15-17	472
12,7	269				
12,8	269				

Rabinismo

Orações

Das Dezoito bênçãos
    272, 273

Qaddish
    272, 276, 281, 601

Mishná

Berakhot
3,1a	390
4,2	375
5,5	227
6,1	532
9,5	521

Gittin
9,10	462

Shabbat
1	436
2	436
3	436
5	436
6	436
7,2	436
16,1	436
18,3	435

Pesahim
8,8	191

Yoma
4,1-3	273
6,2	273
8,6	435

Taanit
3,8	226

Sanhedrin
4,4	370

Pirqê Abôt (mAbôt)
1,1	371, 372, 424
1,2	371, 439
1,4	372, 374
1,5	424
1,6	372
1,7	424
1,10	424
1,11	375
1,13	371, 375, 424
1,14	424
1,15	372, 424, 452
2,1	424
2,2	372
2,3	424
2,4	424
2,6	424

2,8	371, 424
2,9	372
2,10	374
2,13	424, 469
2,15	372, 424, 425
2,17	372, 425
2,18	425
3,1	371, 425
3,2	425
3,7	372
3,9	373
3,9-10	228
3,10	373
3,12	425
3,16	425
3,18	373, 425
3,19	425
3,20	425
4,2	425
4,3	425, 452
4,5	375
4,9	425
4,24	425, 452
4,27	425
5,11	425
5,13	374
5,16	374
5,25	425
6,5	375

Tosefta

Taanit
2,13	226

Ketubbot
12,6	163

Sota
5,9	462

Targum

Onqelos Ex
15,18	273

Tg Is
24,23	273
63,16	593

TgPal I Lev
22,28	596

Midrash

Mekilta Ex
14,5	324
20,2	324
20,6	593
31,13-14	435

Sifra Lev
20,26	593
26,9	322

Sifré Deut
305	375

Gen Rabba (Bereshit Rabba)
13,7	226
33,3,1	455
56,1	553

Ex Rabba
30,9	325

Deut Rabba
2,24	325
7,9 a 29,1	455

Cant Rabba
1,7-8	322
4,12	324
8,13	164

Midrash Sal
10,1	326
22,3	454
25,7b	325

Hallel
    323

Talmude palestino ou jerosolimitano

Berakhot
2,8,5c	322

Taanit
4,5	620

Sanhedrin
1,18a 42-44	513
6,23s	327

Talmude babilônico

Berakhot
11b	273
33a	227
34b	227, 228
47a	532
47b	372

Gittin
56ab	424
89a	462

Shabbat
31a	469
43a	377, 485
128b	439
152b	323
153a	326

Índice das fontes citadas

Yoma			43a	49, 220, 377, 485, 509	26	426, 469
53b		228	118b	301	29	426, 469
71b		288	*Ketubbot*		30	426
85b		435	63a	373	31	426
Sukka			96a	375	32	424
28a		374	*Shebuot*		55	372
Taanit			36a	461	Pirqê de-rabbi Eliezer	
23a		226	Abôt de-rabbi Natan (ARN)		51	553
23b		595	*ARN-A*		Semahoth	
24b		228	3	372	3,3	323
24b-25a		228	4	424, 638	Seder Eliyahu Zuta II	
25a		454	6	373, 374		323
25b		273	15	469	Pesiqta	
Yebamot			16	344	178b	374
63b		374, 462	23	426	Pesiqta Rabbati	
Baba Kama			29	426	12	468
50a		228	*ARN-B*		44	325
Sanhedrin			6	424	Toledôth Jeshû	
39b		455	22	425		486, 539

Judaísmo helenista

Carta de Aristéias (Arist)		Fílon alexandrino		210	156
128	442	*Abrahamo*		290	156
139	441	202	342	299	158
142	169, 442	*Somniis*		302	158
143	442	2,178s	342	310	157
147	443	*De Vita Mosis*		312	164
148	443	2,68-69	138	317	157
168	443	*De Vita contemplativa*		*Hypothetica*	
207	469	2	180	11,1ss	177
227	452	13	180	11,14	137
IV Livro dos Macabeus (4Mc)		18	138, 180	Flávio Josefo	40, 124, 151,
5,19ss	442	20-38	180		160, 165, 368,
2 Henoc ou Henoc eslavo		65-90	180, 181		412, 509, 521
71,29	616	*Quod omnis probus liber sit*		*Antiquitates*	
Oráculos Sibilinos (OrSib)		75-91		2,205	130
3,371	280	+9	177	4,240	164
3,767	288	84	460	8,45	225
3,767ss	270	*In Flaccum*		8,47-48	225
3,767-771	270	6,36-39	537	8,354	363
3,780	271	*Legatio ad Caium*		13,133	163
3,783-784	271	10	145	13,256	104
3,795	271	22	145	13,297-298	171
3,797	271	115	156	13,380	505, 507
4,192	280	132	164	13,380 e 381	505
Pseudo-Focílides		162	156	14,22-24	226
406-408		188	156	14,54	141
+20	422	191	156	14,63	434
				14,76	147

14,77	145	18,23	101, 155, 265	1,429	148		
14,78	332	18,26.34	47	1,431	148		
14,159	103	18,26-35	92	1,437	148		
14,202	170	18,35	92	1,443	148		
14,385	146	18,36-38	96	1,550-551	148		
14,415	103	18,55-59	157	1,628	148		
14,421-430	103	18,60-62	158	1,646	149		
14,473	170	18,63	220	1,648-655	152		
14,487	121	18,63-64	47	1,659-660	148		
15,7	170	18,64	377, 485	1,664	148, 149		
15,22	146	18,85	102, 368	1,665	121, 148		
15,96	141	18,85-87	158	1,666	148		
15,267	146	18,89	88, 158	2,1-13	152		
15,268-269	146	18,95	92	2,55-65	499		
15,272	147	18,106	151	2,56	153		
15,273-276	147	18,109-119	150	2,57-59	153		
15,298	147	18,117	187, 191	2,60-65	154		
15,308	148	18,118	210	2,117	149, 513		
15,318	147	18,118-119	210	2,119-121	174		
15,322	120	18,203	47	2,120	138		
15,365	122, 148	18,237	151	2,122-123	174		
15,368s	460	18,240-255	150	2,124-127	174		
15,380	93, 147	18,252	151	2,128-133	175		
15,417	41, 514	18,256	156	2,129	188		
15,420	147	18,263	156	2,134-136	175		
16,151	148	18,271	156	2,135	460		
16,153-158	148	18,289-309	156	2,137-142	175		
16,392-394	148	19,274	151	2,138	189		
17,15	172	19,329	146	2,143	175		
17,41	171	19,350	151	2,145-149	176		
17,41-42	171	20,9	89	2,147	434		
17,42	460	20,34-46	181, 182	2,149	189, 441		
17,148	148	20,97-98	102, 368	2,150	176, 189		
17,149-150	369	20,102	101, 155	2,154-155	176		
17,149-159	152	20,167-168	368	2,159	176		
17,191	89, 121, 148	20,169-170	102, 368	2,160	138		
17,247-251	148	20,169-171	500	2,160-161	177		
17,271-272	153	20,181	523	2,161	189		
17,271-284	102	20,198	47, 92	2,162-166	173		
17,272.273.278	102	20,200	134	2,168	151		
17,273-276	153	20,200-203	90, 514	2,169-174	157		
17,278-283	154	20,206-207	523	2,174	457		
17,285	102, 154	*Bellum*		2,178	151		
17,308	122	1,53	163	2,181	151		
17,317-319	149	1,78	369	2,183	151		
17,344	149	1,146	434	2,195-198	458		
17,355	149	1,194	146	2,197	522		
18	171, 173	1,199	146	2,215	151		
18,1-2	121	1,265	147	2,219	151		
18,4-6	154	1,282	146	2,232-240	105		
18,8-10	155	1,307	103	2,259	102, 368, 500		
18,12-14	172	1,309-313	103	2,306	505		
18,16	172	1,342ss	146	2,308	505		
18,18-20	174	1,401	93, 147	2,409-410	157, 522		
18,19	188, 196	1,422	147	2,444	197		

Índice das fontes citadas

3,35-58	139	6,125	514	423 e 425	47
3,450	119	6,288-309	120	*Contra Apionem*	
3,506-521	140	6,300-309	101, 501	1,60	98
4,160ss	155	6,301	197	2,29	452
4,164	637	6,312-313	194, 621	2,103-110	162, 163
4,459	120	7,118	197	2,106	521
4,467-470.474	141	7,154	197	2,108	97, 521
4,476.478-479.482	141	7,166-167	147	2,119	160
4,510	197	7,203	505	2,146	169
5,70	142	7,218	163	2,165	272
5,136-146		7,420-424	163	2,165-167.169-172	165
+3	142	*Vita*		2,173-219	
5,184-237	159	1	46	+13	165
5,449	505	11	190	2,277	168
5,450	505	10-12	376	2,291-292	168
5,451	503	76	47		

ESCRITOS PAGÃOS

Anthologia Latina		Crates	407, 419	6,69	418
415	504	Diógenes de Sinope		6,71	407
Antístenes	297, 362, 418		404, 406, 418	6,72	406
Apolônio de Tiana	362	+2	362	6,76	404
	231	+6	405	6,87	407
Apuleio		Diógenes Laércio		6,95	419
Metamorphoses		*Vidas dos filósofos*		6,105	418
5,9	234	2,22	360	7,3	360
6,32,1	504	2,48	360	7,5	360
Aristóteles	360, 428	4,2	359	7,10-11	360
Artemidoro		5,2	360	7,23	428
Onirocrit	506	5,3	360	7,30	361
Celso		5,4	360	7,33	361, 419
Doutrina veraz	49	5,20	428	8,3	358
Cícero		6,3	419	8,10	359
Divinatione		6,7	297, 419	8,11	358
2,28	221	6,11	419	8,14	358
In Verrem		6,12	419	8,15	358
2,5,63,16s	506	6,21	362	8,23	470
2,5,64,165	504	6,22	404	8,41	358
2,5,66,169	506	6,31	362	8,42	359
Republica		6,32	418	8,45	358
1,56	274	6,37	406, 418	8,46	358
Pro Rabirio		6,38	406, 407	8,67	234
5,16	504	6,42	418	9,21	360
10	507	6,45	418	10,1	361
Confúcio		6,50	418	10,9	361
Diálogos		6,57	406	10,10-11	361
5,11	459	6,54	418	10,12	361
		6,60	407	10,17	362
		6,63	418	10,18	362
		6,65	418	Diógenes Laércio	
		6,66	418	*Vidas dos filósofos*	
				6,69	407

Dio Cássio	686	416
Historia	694	416
54,3,7 504	695-705	417
60,6,6 43	707-714	417
	710-711	458
Dio de Prusa	715-716	417
Orationes	719-721	417
36,35 273	724-726	417
36,36 274, 602	Homero	
Epicuro 361	*Ilíada*	
Epicteto	1,544	591
Diatribe	20,232ss	556
2,18,14s 468	*Odisséia*	
3,22,54 453, 459	1,28	591
3,22,69 138	4,561-569	556
4,1,79 459	*Hino xxxiii*	234
22,46-48 407	Juvenal	
Ésquilo	*Satira*	
Eumênides	6,219	506
647-648 550	Lucano	
Estrabão	*Pharsalia*	504
Geografia	Luciano	
17,3,25 149	*De morte Peregrini*	
Eurípides	11	484
Andrômaca	13	484
270-274 428	*Philopseudês*	222
Filóstrato	*Prometheus*	
Vida de Apolônio	4	505
1,13 138, 390	*Piscator*	
3,17 234	2	506
3,39 234	Mara Bar Sarapion	46, 518
4,10 233, 234	Marco Cornélio Frontão	
4,15 234	*Oração contra os cristãos*	
4,20 233		45, 484
4,45 232	Marco Aurélio	
4,47 362	*Meditações*	
6,43 231, 232	2,1	453
8,30 234	7,22	453
8,31 556	Marcial	
Heródoto	*Epigramas*	
Historia	11,32,8	291
3,142,3 470	Musônio Rufo	
Hesíodo	*Diatribe*	
Os trabalhos e os dias	10	459
342-343 414	Paulus	
346-351 414	*Sententiae*	
352-395	5,17,2	504
353-354 453		
409-472		

Petrônio		
Satyricon		
58,2	506	
Pitágoras	361, 358	
Platão		
Protágoras		
310bss	359	
348e	359	
349a	359	
Críton		
49bc	453	
Ménon		
71e	453	
Apologia		
33a-b	359	
Plauto		
Asinaria	504	
Plínio, o Jovem		
Epistulae		
10,96	43	
10,97	45	
Plínio, o Velho		
Naturalis Historia		
2,276	137	
5,15	179	
Plotino		
Enéadas		
3,6,6,70-72	550	
Plutarco		
Vidas	58	
Alexandre		
2,6	131	
Sila		
38,4	453	
Políbio		
Historiae		
16,12	222	
Protágoras	359	
Sêneca		
De beneficiis		
4,25,1	453	
4,26,1	453	
De ira		
1,3,3	467	
1,5,2	467	
1,12,5	467	

Índice das fontes citadas

2,32,1	467	430ss	389	15,44,2-5	41
2,32,2	467	523	389	15,44,4	504
3,42,1	467	875	467	15,60,1	503
Epistulae morales		924	389	44,15,3	88, 484
87,40	290	SUETÔNIO		*Historiae*	
101,12	505	*Augustus*		2,72,2	506
101,13	505	94	131	4,11,3	506
101,14	505	*Caligula*		4,81	235
Diálogos		32,2	503	5,9,2	159
6,20,3	503	*Claudius*		TITO LÍVIO	
Phoenissae		25	43	*Historiae*	
494	470	*Nero*		1,3-4	130
SÓCRATES	359, 453	16	42	1,15	131
SÓFOCLES		*Domitianus*		1,16	20, 556
Antígona		10,1	504	8,9,10	638
29-30	389	TÁCITO	20, 39, 50,	39,43,2-5	212
74	389		484, 509	43,14,5	461
204-206	389	*Annales*		ZENÓDOTO ESTÓICO	360
395-396	389	3,50,1	506	ZENÃO	361, 419, 428

ESCRITOS CRISTÃOS

Escritos canônicos (NT)

MATEUS		3,2	208, 216	5,17	429, 472
1,21	120	3,3	198	5,17-19	56
10,8b	403	3,5	198	5,20	56
1-2	69, 119, 129	3,6.13	198	5,21-22a	466
1,1	125, 622	3,7-10	195	5,21-48	465
1,13	138	3,11	192	5,22b	466
1,16	130	3,12	193	5,23s	432
1,18-25	50, 130	3,13	199	5,27-28	467
1,18ss	129	3,14-15	200	5,31-32	463
1,20	125, 129, 130, 622	3,16	201	5,34a.37a	461
1,21	120	4,1-11	201	5,39	431
1,22-23	133	4,12	202	5,39-40	456
1,24-25	129, 130	4,12-13	123	5,41	432, 457
1,25b	130	4,13	94	5,43-44	451
2,1	123	4,15	125	5,43-45	450
2,1ss	121	4,17	107	5,43-48	114
2,2	262	4,18-20	386	5,44	596
2,4-5	126	4,23	236	5,45	451, 596, 610
2,6	126	4,23-25	240	5,48	596
2,13ss	129	5	114, 432	6,1-4.5-6.16-18	432
2,16	121	5-7	57	6,7	432
2,19	121	5-9	240	6,9	594, 595
2,19-23	125	5,2	397	6,9-13	408, 601
2,19ss	129	5,3	71, 108	6,10	107, 281
2,23	124	5,3.4.6	289	6,19-20	112, 431
3,1	198	5,10-11	451	6,21	113, 431
3,1-2	191	5,14	71, 432	6,22-23	113, 431

6,24	113, 388, 431	10,33	630	13,37-42	313
6,24b	113, 431	10,33-34	631	13,41	262
6,25-34	405, 427, 432, 448	10,34	429	13,44	309, 328
		10,37	391	13,44-46	69, 110
6,25ss	113	10,38	391	13,45-46	309, 328
6,33	598	10,39	391	13,47-48	309, 328, 352
6,34ab	432	11,1	396	13,47-50	69, 110
7,3-5	471	11,2-6	204, 377	13,55	127
7,6	432	11,2-19	206, 215	13,55-56	133
7,7	432, 599	11,3-19	213	14,3-12	210
7,9-10	328, 334, 450	11,4b-5	280	14,3ss	202
7,9-11	309	11,5	240, 247, 256	14,9	262
7,11	599	11,6a	404	14,14	236, 240
7,12	469	11,10	207	14,28-31	69
7,24-27	110, 300	11,11	207	15,11	72, 443
8-9	241	11,12	208, 216	15,14	312
8,5-13	240, 287	11,12-13	208, 279	15,21-28	236
8,6.8	243	11,13	208	15,24	286
8,10	245	11,14	215	15,29-31	240
8,11	610	11,16-17	207, 213, 427	15,32-39	98, 248
8,11-12	288	11,16-19	207, 309	16,1.6.11.12	195
8,19-22	388	11,18-19	199, 296	16,16	132, 623, 626
8,20	428, 631	11,19	214, 400, 427, 607, 612, 631	16,16-17	562
8,21-22	389			16,16-19	561
9,1	94	11,19b	337, 400	16,18	57
9,3	439	11,20-24	106, 220	16,21-22	623
9,9	387	11,21	94, 239	16,21-23	202
9,18ss	248	11,21-24	301	16,23	623
9,27-31	240, 243	11,25	295, 345, 600	16,24	390
9,28	245	12	239	16,27	631
9,29	244, 245	12,7	439	16,28	262
9,32	237	12,8	437	17,13	216
9,32-34	236, 243	12,11	439	17,24-27	69, 250
9,35	236, 240	12,22	236, 238, 243, 252	18	57, 67, 330, 341
9,36	240	12,22-23	236	18,12-13	328
9,37	71, 404, 428	12,22-24	238, 243	18,12-14	110, 309, 334
10	57	12,22-30	252	18,17	57, 296
10,1	396	12,24	106, 220	18,20	372
10,1-2	381	12,25	427	18,23	262
10,1-4	111, 382	12,27	236	18,23-35	69, 300, 309, 328, 329, 332, 349, 605
10,1.7-11.14	381	12,28	107, 108, 236, 252, 261, 277, 339, 603		
10,2	379, 380				
10,4	516			19,2	236, 240
10,5	105	12,29	253	19,9	463
10,7	276, 294	12,41-42	302	19,12	137, 399, 428
10,7-8	303, 385	12,46-50	399	19,16-22	387
10,10	403, 428	13	57	19,23-26	388
10,16	404	13,16-17	257, 279	19,24	261
10,16.9-10a.7-8. 10b-11.14-15	403	13,24-30	110, 309, 327	19,28	111, 381
		13,24-30.47-50	300	20,1ss	607
10,23	283, 451	13,31-32	327, 330	20,1-16	69, 110, 309, 322, 328, 336, 343
10,24	394, 427	13,33	110, 286, 309, 328, 609		
10,24s	397				
10,32-33	633	13,36-43	69	20,12	608

20,16	314, 428	26,73	90	1,22	396		
20,21	262	26,75	496	1,23	237		
20,29-34	240	27,2ss	517	1,23-28	235, 239		
21,5	262	27,3-10	69, 492	1,24	124		
21,11	120, 123	27,4	493	1,24-25	238		
21,14	236, 240, 595	27,5ss	511	1,26	238		
21,18-19	109	27,11.29.37	262	1,27	238, 396		
21,18-22	249	27,19	493	1,29	94		
21,28-31	328	27,19-24s	69	1,29-31	240, 396, 398		
21,28-31a	209, 297	27,24	494	1,31	244, 245		
21,28-32	110, 309, 328, 335	27,25	495	1,32-34	236, 240, 396		
		27,34	492	1,35-38	396		
21,31	108	27,37	518	1,38	398		
21,31.43	261	27,42	262	1,39	236, 396		
21,31-32	400	27,43	492	1,40	243		
21,31b-32	209, 297	27,51-52	498	1,40-45	240, 246, 247		
22,1-10	309, 313, 328	27,53	548	1,41	244, 257		
22,1-14	110, 344, 609	27,55-56	393	1,42	244		
22,2.7.11.13	262	27,57-61	539	1,44	244, 245		
22,11-12	309	27,61	565	2,1	94		
22,11-13	345	27,62-66	539, 566	2,1-12	240, 243, 245		
22,34	195, 451	28	564, 565	2,5	612		
23	100	28,1-8	565	2,7	511		
23,6.16	100	28,6	552	2,10	396, 631		
23,7-8	377	28,8	379	2,11	244		
23,8-9	408	28,9-10	566	2,12	244, 245		
23,9	599	28,11-15	566	2,13-14	387		
23,12	426	28,16	380	2,13-17	296, 612		
23,34	379	28,16-20	566	2,15-17	339, 400, 606, 612		
23,37	95, 530	28,18-20	570	2,17	337, 427, 429		
24-25	57	28,19-20	396	2,17a	297		
24,20	436	MARCOS		2,17b	297		
24,26	631	8,31	552	2,18	199, 376, 511		
24,42-51	110	10,47	124	2,18-19	280		
24,43-44	309, 328	1-15	565	2,18-22	395		
24,45-51	323	1,1	61	2,19	427		
25,1-13	69, 110, 309, 328	1,2	207	2,21-22	429, 447		
25,14-30	110, 328	1,3	212	2,23	398		
26,2	498	1,4	188, 191, 198	2,23-28	395, 437		
26,3-4	511	1,5	191, 195, 198	2,24	511		
26,15	511	1,6	191	2,25-26	438		
26,17	492	1,7	192	2,27	61, 429, 437		
26,25	377, 498	1,8	192	2,27a	438		
26,28	191	1,9	123, 198, 199	2,28	437, 631		
26,29	528	1,10	98, 201	3,1-6	240, 245, 437		
26,44	516	1,11	132, 626	3,4	439		
26,49	377	1,12	245	3,5	244		
26,52	535	1,12-13	201	3,6	100, 101, 510		
26,52-54	498	1,14	54, 202	3,7-12	236, 240		
26,54	492	1,14-15	94, 276, 395	3,8	398		
26,57	511	1,15	107, 294, 298	3,11	626		
26,61	524	1,16-18	395	3,13-16	380		
26,64	497	1,16-20	111, 386	3,13-19	111, 382		
26,69	124	1,21	94, 198	3,14	111, 381		

3,19	516	6,14	188, 204, 576	8,34	390
3,20-21	61	6,16ss	202	8,35	391
3,21	127, 399, 599	6,17	150	8,36	430
3,22	106, 220	6,17-29	61, 210, 211, 379	8,37	430
3,22-30	254	6,24	188	8,38	630, 633
3,24-25.27	427	6,29	377, 577	9,1	283
3,31	127, 133, 599	6,30	379	9,5	377
3,31-32	408	6,32	398	9,13	213
3,31-35	399	6,32-44	98, 248	9,14-29	236, 238, 242
3,35	128, 427	6,39	93	9,17-18.22	237
4	66, 109	6,45	94	9,26-27	238
4,1-9.20-29.30-32	609	6,45-52	249	9,28-29	395
4,3-8	109, 327, 350	6,45-8,26	61	9,31	395, 524, 528, 552, 553, 631
4,3-9	309	6,53	94		
4,10-13	395	6,53-56	240	9,33-37	395
4,11	296, 313, 600	7	173	9,42-50	430
4,13-20	313, 350	7,1ss	462	9,43.45.47	468
4,14-20	109, 313	7,1-16	395	9,47	108
4,21	112	7,2-4	61	9,48	61
4,21-25	430	7,3	511	9,49	112
4,26ss	108	7,8	444	10,1.32	93, 94
4,26-29	61, 286, 309, 327	7,15	72, 429, 443, 446, 472	10,2	462, 511
4,30-32	285, 309, 327	7,17	312	10,2-9	462
4,34	395	7,17-23	395	10,7-8	610
4,35	94, 398	7,19	444	10,9	463
4,35-41	248	7,24.31	94	10,10	395
4,35-8,10	241	7,24-30	236	10,11b-12	463
4,41	249	7,25	237	10,14	295
5,1	398	7,28	238, 628	10,17-22	387
5,1-20	236	7,30	238	10,23	108
5,3-5	237	7,31	94	10,23-27	388
5,7	626	7,31-36	240, 247	10,25	427
5,7-8	238	7,32	243	10,28-31	392
5,15	238, 245	7,32-37	61	10,33	631
5,21	94	7,33-34	244	10,33-34	528, 552
5,21-24.35-43	247	7,34	90	10,34	553
5,23ss	286	7,35	244	10,43	531
5,25-26	244	7,37	245	10,45	531
5,25-34	240	8,1-10	248	10,45b	531
5,28-29.34	244	8,10	94	10,46	94
5,29	244	8,11	202, 511	10,46-52	240, 243, 246
5,34	245	8,11-12	104, 257, 302	10,47	624
5,41	594	8,13	94	10,48	624
6	135	8,15	511	10,51	377
6,1ss	94, 123, 128, 137, 400	8,22	94, 243	10,52	244, 245
		8,22-26	61, 240, 244, 245, 246, 251	11,1	94
6,3	89, 127, 133, 135			11,1-10	519
6,3ss	136	8,23	398	11,1.11	93
6,4	136, 400, 427	8,27	94, 398	11,12-14	109, 249, 314
6,6	398	8,27-30	395	11,15-17	520
6,6b-13	402	8,28	631	11,15-19	249, 314
6,7	111, 379, 385	8,29	623	11,20-21	249, 314
6,11	402	8,31	395, 524, 528, 553, 631	11,20-26	209, 249
6,12	385			11,21	377

11,25	595	14,53	511	1,26-38	214
11,27	511, 530	14,53-65	495, 496	1,27	126, 129
11,27-33	209, 314	14,54-64	511	1,31	120
12,1	530	14,57	493	1,31-33	126, 622
12,1ss	110, 309	14,58	519, 523	1,32-33	214
12,1.12	530	14,61	623	1,33	262
12,1-11	314, 328, 613	14,61-64	493	1,34	130
12,1-12	313	14,62	497	1,35	130, 132
12,13	100, 101	14,64	493, 511	1,36	132
12,13-40	314	14,65	495	1,45	132
12,17	428	14,66-72	547	1,46-55	214
12,18-27	550	14,67	124	1,57-66	214
12,27	577	14,72	496	1,59-63	214
12,28-35	472	15,1	511	1,67-79	214
12,32-34	61	15,2	262, 518	1,69	126
12,34	401	15,9.18.26	262	1,76	214
12,35-37	623	15,2-15	495	1,80	214
12,43-44	395	15,3	511	2,1-4	121
13	66	15,11-14	511	2,1-7	214
13,2	523, 525	15,14	493	2,4-5	129
13,26-27	631	15,16	493	2,4-7	123
13,30	283	15,17-20	518	2,11	57, 126, 622
13,32	283	15,22-41	537	2,16	129
13,34	309, 328	15,24	492	2,19	132
14-15	66	15,26	518	2,20	93
14,1	511	15,30-31	524	2,21	214
14,1a	542	15,31-32	511	2,22	129
14,1-2	495	15,32	262, 518	2,30	126
14,10	381, 511	15,34	492	2,33	129
14,12	541	15,38	538	2,39	125, 129, 214
14,12-16	542	15,39	132, 493, 626	2,41-50	91
14,12ss	93	15,40	135	2,48-49	129
14,14	394	15,40-41	128, 137, 393	2,50	129
14,14-15	401	15,42	541	2,51	129, 132
14,18	382, 491	15,42-47	538	3-19	67
14,18-21	516	15,44-45	61, 539	3,1-2	92, 215
14,20	381	15,47	564	3,2-3	198
14,21	382, 491, 633	16	60	3,4-6	198
14,22-25	531	16,1-8	564, 575	3,6	57, 215
14,25	107, 282, 528, 581	16,6	124, 552	3,7-9	195, 215
14,26	395, 535	16,9-16	569	3,10-14	215
14,27	492	16,9-20	564	3,15	214
14,32	535	16,12	577	3,16	192, 214
14,32-42	496	16,14	380	3,17	193
14,32b-42	535	Lucas		3,19-20	202, 210
14,34	492	10,5-6	403	3,21	199, 201
14,36	90, 496, 497, 594	10,12-15	220	3,23	92, 128
14,43	381, 511	1-2	67, 119, 214	4,1-13	201
14,43-52	495	1,1-4	59	4,16	94, 126
14,45	377	1,5	121	4,22	127
14,48-49	536	1,5-25	214	4,24	400
14,49	492	1,14-17	214	4,33-37	236
14,50	111, 530, 547	1,20	132	4,34	124
14,51-52	61	1,26ss	129	4,35-37	68

5,1-11	249, 386	7,31-32	207, 213, 427	11,1	199, 377
5,12	628	7,31-34	207	11,2	281, 594, 595
5,20	397	7,31-35	309	11,2-4	408, 601
5,27-28	387	7,33-34	199, 296	11,2-13	430
6,5	75, 437, 440	7,34	400, 607, 612, 631	11,5-8	110, 310, 328, 334
6,12-13	381	7,34b	337, 400	11,5b-8	67
6,12-16	111, 382	7,35	214, 427	11,9	432, 450, 599
6,13	380	7,36-47	67	11,11-12	309, 328, 334
6,15	101	7,36-50	298, 400, 401	11,13	599
6,16	516	7,36ss	398	11,14	237, 238
6,20	71, 108	7,40-43	67	11,14-15	236, 238, 243
6,20-23	289	7,41-43	310, 328, 335	11,14-23	252, 430
6,27	431	8,1-3	111, 137, 393	11,15	106, 220
6,27ss	114	8,19-21	399	11,17.21-22	427
6,27-28.35	450	8,46ss	248	11,19	236
6,27-36	430	9	402	11,20	107, 108, 236,
6,29	456	9,1	111		252, 277, 339, 603
6,29a	431	9,1-6	381	11,21-22	253
6,30	431	9,2	385, 403	11,27-28	408
6,31	431, 469	9,3.4-12	403	11,29-35	430
6,35	451, 596	9,20	623	11,31-32	302
6,36	431, 451, 596	9,23	390	11,34	113, 431
6,37-42	430	9,33	378	11,37	401
6,37a	431	9,51	555	11,42	164
6,38a	431	9,51-56	105	11,49	379
6,38c	431	9,52	94, 398	12,2-12	430
6,39	312, 431, 470	9,54-55	105	12,6-7	450
6,40	394, 397, 427	9,56	398	12,8-9	631, 633
6,40a	431	9,58	428, 631	12,16-21	310, 315, 328
6,41	431	9,58-60	388	12,16b-20	67
6,41-42	471	9,60	428	12,22-31	405, 430
6,43	431	9,60b	390	12,22-32	432
6,43-45	430	9,61-62	389, 390	12,22ss	113
6,44	431	9,62	428	12,24.27-28	427
6,45a-b	431	10	402, 430	12,30	598
6,47-49	110, 300	10,2	71, 404, 428	12,31	598
7,1-10	106, 240, 287	10,7	403, 428	12,32	599
7,3.7	243	10,7a	403	12,33	112, 431
7,7	628	10,7b	403	12,34	113, 431
7,9	245	10,9	294, 303	12,35-46	431
7,11	94	10,10.12	403	12,39-40	328
7,11-17	247, 248	10,11	107, 276	12,39s	309
7,11b-15	68	10,13	94, 239, 243	12,41-46	323
7,11b-17	67	10,13-15	106, 301	12,49	429
7,13	207, 257	10,18	254, 303	12,49-59	431
7,16	248	10,21	295, 345, 600	13,1-5	300
7,16-17	108, 261	10,23-24	257, 279	13,6-9	109, 310, 328, 346
7,18-23	204, 377	10,25-37	315, 329	13,6b-9	67
7,18-35	206	10,25ss	105	13,10-17	67, 68, 240, 437
7,22	240, 247, 256, 280	10,29-37	110	13,11-12	243
7,24-35	213	10,30-37	67, 68, 310, 333	13,12-13	244
7,27	207	10,36-37	335	13,13	244, 245
7,28	128	10,38ss	398	13,15	439
7,29-30	209	11	239	13,16	68, 243, 245, 254

Índice das fontes citadas

13,18-19	327, 330	17,21	263, 278	23,46	492, 497
13,20-21	108, 110, 286, 309,	17,23-37	431	23,47	493
328, 609		17,24	631	23,48	496
13,24-30	431	17,33	391, 431	23,49	393
13,28-29	288	18,1-8	310	23,50-55	539
13,31	279, 401, 529	18,2-5	329	24	564, 566
13,32	149, 220	18,2-8a	67	24,1-12	566
13,34	95, 530	18,9-14	310, 315,	24,7	553
14,1	401		329, 608	24,9.33	380
14,1-6	240, 437	18,10-14a	67	24,10	379
14,2-5	67, 68	18,18-23	387	24,13-35	567
14,2-6	245	18,24-27	388	24,19	124
14,3	439	18,37	124	24,26	556
14,4	244	18,41	378	24,30-49	568
14,11.16-24.26-27	431	19,1ss	398	24,34	552
14,15-24	110, 344, 609	19,1-10	400, 401	24,35	534
14,16-24	309, 328	19,2-10	67	24,47	57
14,26	391	19,9	57, 68, 297	24,50-51	555, 568
14,27	391	19,10	68, 297	João	
14,28-30	310	19,12	329	14,2-3.12.28	555
14,28-32	328, 335, 392	19,12-27	309, 328	18,3	512
14,31-32	310, 329	20,7	567	1,1.14	55
14,34-35	431	21,29-33	249	1,1-3	627
15	110, 298, 315, 330, 337,	21,31	107, 276	1,7-8	216
338, 339, 342		22,3	381, 516	1,12-13	455
15,1-2	297	22,14	379	1,14	627
15,1-3	314	22,15-18	533	1,15	216
15,3-6	328	22,15-20	531	1,18	55, 627
15,4-7	309, 332, 334	22,18	528	1,19	216
15,4-10	607	22,19-20	533	1,19-23	216
15,7	313, 341	22,20	448	1,26-27	216
15,10	341	22,26	531	1,28	198
15,11-32	67, 310, 328, 332,	22,27	531	1,29	200
333, 606		22,29-30	262	1,29-30	216
16,1-8	300, 310, 328,	22,30	111, 381	1,33	193
	348, 428	22,37	492	1,33-34	200
16,1b-8a	67	22,50-51	247	1,34	201, 216
16,10	324	22,52	496, 511	1,35-51	377
16,12	472	22,54	511	1,35ss	56, 91, 202, 387
16,13	113, 388, 431	22,61	496	1,36	216
16,13b	113, 431	22,62	496	1,38.49	377
16,16	208, 279	22,63-65	536	1,45	120, 128
16,16b	208	22,66	512	1,45-46	123
16,18	463	22,67-23,5	512	1,45-51	401
16,19-31	67, 68, 110, 300,	23,2	518	1,49	262
	310, 315, 329	23,3.37s	262	2	249
17,5	379	23,13-25	512	2,1	95
17,7-10	67	23,14-16	494	2,1-11	106, 249
17,11-19	240	23,27	496	2,12	95, 133, 398
17,11ss	105	23,27-31	497	2,13	93, 95
17,12-18	67	23,30	492	2,13.23	56
17,14	244	23,34	497	2,13-17	520
17,19	245	23,42	262, 494	2,14ss	95
17,20-21	107	23,43	497	2,19	524

2,21	524	5,38	627	10,40	95, 198		
2,22	524	6,1	95	11	95, 247, 248		
3	539	6,1ss	55	11-12	401		
3,1ss	95	6,1-13	106	11,1ss	106		
3,1-21	401	6,1-15	248	11,1-44	398		
3,3.5	261	6,4	56, 93	11,8	377		
3,6	193	6,15	518	11,45ss	519		
3,13	555, 630	6,16-21	249	11,47-53	495		
3,14	554, 630	6,25	377	11,55	56, 93		
3,16	55	6,27.53	630	12,1	56		
3,16-18	627	6,29	627	12,1-11	398		
3,18	627	6,30	104	12,4	516		
3,22	91, 198, 202, 203	6,38.39	627	12,6	517		
3,22-24	56	6,42	127	12,12-19	519		
3,23	198	6,57	550	12,13	262		
3,24	202	6,62	630	12,15	262		
3,25-26	377	6,64-71	517	12,20ss	499		
3,25ss	202	6,69	623	12,23	630		
3,26	91, 198	6,70	381, 516	12,25	391		
3,28	216	6,71	381, 516	12,26	392		
3,29	216	7-8	95	12,27	496, 535		
3,30	216	7,3	133	12,31	256		
4	105	7,5	133	12,32	554		
4,1	91, 198, 202, 203	7,10	95, 133	12,34	554, 630		
4,2	203	7,20	252	12,44	627		
4,3	202	7,28	627	13,1	56, 93, 555		
4,4ss	202	7,33	627	13,1-13	541		
4,31	377	7,41	125, 518, 622	13,2	516		
4,34	627	7,52	125, 622	13,3	627		
4,37	203	7,53-8,11	60	13,16	380		
4,38	203	8,18.26	627	13,21-30	516		
4,44	400	8,28	554, 630	13,27	516		
4,46	95, 287	8,35	627	13,31	556, 630		
4,46-54	106, 240	8,46	77	14,6	498		
4,46ss	55	8,48	105	14,9	498		
4,47.49	243	8,48.52	252	14,11	498		
4,50	244	8,57	93	15-17	498		
4,50-53	245	9	95, 240, 246	15,1	499		
5	246	9,1ss	106, 437	15,1ss	109, 310		
5,1	93, 95	9,1.6-7	247	16,5	627		
5,1ss	106	9,2	377	16,7.28	555		
5,1-9	240	9,4	627	16,28	499		
5,1-18	437	9,7	244, 627	17,1	499, 556		
5,5	244	9,9	244	17,3	627		
5,8	244	9,34	570	17,5	556		
5,9	244, 245	9,35-37	630	18,1	535		
5,14	243	10	95	18,2	516		
5,24	627	10,1ss	310	18,5-6	498		
5,25-29	627	10,11ss	310	18,5.7	124		
5,26	627	10,20	252	18,8	530		
5,27	630	10,22-23	95	18,10a	496		
5,30	627	10,30	613, 627	18,10b	496		
5,33-36	216	10,34s	639	18,12	512		
5,37	627	10,36	627	18,12ss	56		

18,13	92	21,18-19	570	19	220
18,13-14	512	21,19	392	19,1-7	377
18,14	494, 519	21,19.22	392	19,1ss	91, 203
18,19	512	21,20	392	19,8	261
18,19ss	496	ATOS DOS APÓSTOLOS		20	568
18,24	512	1,3	549, 555	20,25	261
18,25-27	547	1,5	194	20,35	74
18,28	512	1,9.11	555	21,38	101
18,29-32	512	1,13	112, 382	22,8	124
18,31	513	1,14	127, 133	23,6-9	550
18,31.38	512	1,15-26	112	23,35	149
18,31-33.37-38	60	1,18-20	517	24,5	124
18,33	518	1,22	91, 548	26,9	124
18,33.37.39	262	2,1ss	127	26,23	57
18,35	496	2,1-4	194	28,23.31	261
18,36	262	2,12	127	ROMANOS	
18,36-37	498	2,22	106, 124, 220, 236	1,3	52, 126, 557
18,37	623	2,22-24	51	1,3-4	28, 132, 552, 622
18,38-40	495	2,23	487	1,7	629, 639
19,1-3	518	2,24.32	551	1,18-3,20	196
19,3.14s	262	2,32-33	554	3,25	527
19,4ss	518	2,36	622	3,26	589
19,6	513	3,6	124	4,18	551
19,7	496, 498	3,13	487	4,24	552, 639
19,7.12.14	512	3,14	515	4,25	551, 559
19,11	496	3,15	551	5,1	629
19,12	494	3,17	487	5,3	504
19,14	93	4,10	124, 551	5,8	527, 622
19,14-15	498	4,25-28	487	6,4	552
19,15	513	5,1-11	250	6,5	548
19,17-37	537	5,30	551	6,9	550
19,19	124, 518	5,30-31	554	6,10	551
19,21	262	6,14	124, 523	7	578
19,24	493	7,45	120	8,3	640
19,25-27	127	7,55.56	554	8,11	548, 551, 552, 559
19,28	493	7,55-60	509	8,15	594
19,29	493	7,56	630	8,16.17.21	640
19,31	95, 541	8,12	261	8,29	559, 640
19,31-37	538	9,36	396	8,29-30	626
19,36	493, 498	10,38	106, 123, 236	8,32	640
19,37	493, 498	10,39-40	551, 553	8,34	554
19,38-42	539	11,26	124, 622	9,5	639
19,41	569	13,8-12	250	9,8	640
20	564, 567	13,24-25	215	10,7	555
20,1-10	576	13,27-31	51	10,9	548, 551, 552, 628
20,11-18	569	13,28-29	487	10,10	548
20,15	573	13,29	540	10,13	630
20,16	377	13,31	560	12,14	52
20,19-29	569	13,33	626	14-15	446
20,24	111, 382	13,33.34	551	14,9	549
20,28	639	13,47	57	14,20	445
21	564, 570	14,14	379	15,6	640
21,1-14	249	14,15	550	16,7	379
21,7	570	17,31	551	16,20	629

1 Coríntios		15,26	559	3,12	562
1,2	630	15,35	577	Colossenses	
1,3	629, 639	15,42-53	577	1,3	640
1,13	527	15,57	629	1,13	262
1,13.17.18.23	52, 486	16,21	629	1,18	549
1,17	379	16,22	553	1,20	527
1,17-18	583	16,23	629	2,12	552
1,23	487, 508	2 Coríntios		2,16	436
2,2.8	52, 486	1,2	629	4,10	135
3,1-2	295	1,3	640	1 Tessalonicenses	
4,20	261	3,6	448	1,9	550
6,9-10	261	4,14	552	1,9-10	553, 626, 639
6,14	551, 559	5,14.15	527	1,10	132, 551
7	464	5,15	622	2,12	261
7,10	463	5,17	448	2,15	52, 487
7,10-11	52	5,21	77	4,14	552
8	440	11,31	640	5,10	527, 622
8-10	446	13,4	551	1 Timóteo	
8,6	628, 630, 639	13,13	629	1,17	262
8,11	622	Gálatas		2,5	640
9	403	1,1	378, 552	3,16	548, 555, 557, 558
9,1	201, 378, 561, 562	1,12	562	6,13	51, 487
9,4	403	1,15	562	6,15	262
9,5	47, 133	1,15-16	626	2 Timóteo	
9,6	379	1,16	379, 562, 640	1,9-10	639
9,14	52	1,19	47, 133	Tito	
10,16	534	2,11-14	446	2,13	639
11	533	2,16	589	2,14	527
11,23	486	2,21	622	Hebreus	
11,23-25	52	3,13-14	508, 557	1,3	555
11,23-26	531	3,26	455	1,5ss	636
11,25	448	4,4	128, 639, 640	2,6.13	616
12,3	629	4,4-5	53, 455, 626	2,10ss	636
13,11	295	4,6	594	2,11	636
15,1.3-5	548	4,10	436	2,17	527, 636
15,3	527	5,11	508	4,8	120
15,3-4	486	5,21	261	4,14	554, 636
15,3-5	53, 54, 131, 552	Efésios		4,15	77, 202, 635
15,4	524, 553	1,3	640	5,3	635
15,4-5	560	1,7	527	5,6	635, 636
15,5	111, 380, 569	1,20	555	5,7	535
15,5-7	379	4,5-6	640	5,7-8	51, 487
15,5ss	561	4,10	556	5,13-14	295
15,6-8	560	5,5	262	6,20	636
15,7	378, 572	Filipenses		7,3	616
15,8	201, 562	2	627, 628	7,11	635, 636
15,12	548	2,5-11	53, 486, 548, 554, 557	7,14	51
15,12.20	552	2,6	628	7,15	636
15,12ss	548	2,8	508	7,24	635
15,15	551	2,9-11	629	7,25	636
15,20.23	637	3,4-6	173	7,26	635
15.24.50	261	3,7-12	201	7,27	527, 635
15,24-26	262	3,7ss	562	7,28	635
15,24-28	626				

8,1	555, 636	10,10	527, 635	1 João	
8,2	636	10,12	527, 635, 636	2,2	527
8,5	635	10,14	635	4,9	627
8,7	635	11,19	312	Apocalipse	
8,8	448	12,2	508, 555	1,5	549
8,13	635	13,12	51, 487, 636	1,9	261
9,1	635, 636	13,13	487, 508	1,18	549, 551
9,9	312, 635	Tiago		11,15	261, 262
9,12	527, 635	5,12	51, 461	12,7-9	254
9,13	635	1 Pedro		12,9-10	256
9,15-21	635	1,3	640	12,10	261
9,23	635	1,18	527	14,14-20	352
9,24	554, 636	1,21	552, 556	15,3	262
9,26	635	3,18	527, 551	17,14	262
9,28	527, 635	3,22	555	19,16	262
10,1	635	2 Pedro		20,2-3.7	256
10,5-9	636	1,11	262	21,14	379
				22,20	276, 629

Apócrifos

Evangelho Árabe da Infância		Evangelho de Pedro		36	449
	250	1,1-8,33	488	37	449
Evangelho dos Ebionitas		2,3.6	540	42	432
3	198	2,5	541	45	113
4	200, 201	5,19	538	46	207
5	131	6,21.23	540, 541	47	113, 432
Evangelho dos Hebreus e Nazarenos		6,24	540	49	73, 74
		8,28-33	540	51	73
5	387	9,34-11,49	570	54	71
6	311	12,50-54	571	55	392
10	572	13,55-57	571	57	108, 110, 261, 310, 351
11	572	14,58-60	571	63	310
14	200	Evangelho da Infância de Tomé		64	72, 73, 110, 310, 344
Evangelho de Egerton		3,1-3	250	65	110, 310, 529
2	68, 69	Evangelho de Tomé		67	432
Proto-Evangelho de Tiago		1	73	71	523
9,2	134	2	113, 432	73	71
9,3	134	3	73, 108, 261, 279	75	74, 432
17,2	134	4	432	76	108, 110, 261, 310
17,3	134	8	75, 110, 310, 330, 352	78	206
18,1	134	9	72, 110, 310, 350	81	71
19,2	134	14	72, 240, 403	82	71, 75, 108, 261
19,3	134	16	73	86	388, 631
20,1-3	134	20	108, 310	92	113, 432
Evangelho Secreto de Marcos		21b	310	96	110, 310
	69, 219	22	108, 261	97	71, 110, 310
Evangelho de Nicodemos		27	73	98	71, 110, 310
	486	31	113, 400, 432	99	108, 261
		32	71, 432	101	392
		34	113, 341, 432	103	310
				105	133

107	110, 310, 313, 340	12	311	Papiros de Oxirrinco	
109	110, 310, 324	Carta dos Apóstolos		1	71
111	73	11-12	572	1,5	400
113	73, 108, 261, 279			110	629
114	73	Acta Pilati		654	71
Evangelho de Tomé		Carta de Pilatos a Cláudio		655	71, 449
42	70		486, 509	655,36.37	449
Apócrifo de Tiago		Diálogo do Salvador		840	75, 446
7	311	53b	403	1224	75, 451

Escritos patrísticos

Agapio

História universal   48

Agostinho

Quaest Evang
2,19   314

Clemente Alexandrino

Stromata
124,158   75

Dionísio, o Pequeno   123

Epifânio   131

Hegésipo

Memórias
20,1   51

Eusébio

Hist eccl
2,15,1   54
2,23,1   136
3,19 + 20,1-6   52
3,20,1   136
3,39,15   54
4,22,4   136
5,1,44   504
6,12,1-9   487
6,12,2-6   69

In Psalm
16,2   75

Praeparatio Evangelica
15   15

Jerônimo

In Ephes
5,4   75

Adversus Helvidium   135

Justino

Apologia
1,16,5   461
1,66,3   54

Diálogos
8   620
10,2   54
49   620
69,7   486
88   89
100,1   54
100,4   54
103,8   54

Historia passionis Domini
f. 44r   495

Inácio de Antioquia

Romanos
5,3   504

Ireneu

Adversus Haereses
3,1.1   54
3,11,7-9   54

Minúcio Félix

Octavius
9,4   45, 484

Orígenes

Contra Celsum
1,28   50, 220
1,32   50
2,35   485
2,47   485
6,10   485

De oratione
2,2   75
14,1   75

Comment in Mt
10,17   134
12,49   135
27,22-26   504

Comment in Ev Joh
19,7   75

Paulo Orósio

Historiae adversus paganos
7,6,15   43

Pápias   54

Serapion de Antioquia   69, 487

Sozomenos

Hist eccl
1,8,12 e 13   507

Taciano   54

Tertuliano

De jejunio
10,3   54

De spectaculis
30,3   50

Adversus Marcionem
4,19   122, 136

Apologeticus
2,20   504

De praescriptione haereticorum
36,3   506

Didaqué
1,2   471
9,1-4   533
10,1-5   533
11,6a   404
13,1   403

ÍNDICE DOS AUTORES CITADOS

A

Ådna, J. 159, 182, 542
Agnew, F. H. 408
Aguirre, R. 35
Aland, K. 61
Albertz, M. 24, 93
Aletti, J.-N. 35
Allison, D. C. 114, 217, 612, 640
Amsler, F. 62, 82
Antonini, P. C. 542
Ardusso, F. 114
Arens, E. 338, 353
Asgeirsson, J. M. 82, 83
Aune, D. E. 411, 426, 477

B

Back, S. O. 477
Bagatti, B. 125
Barbaglio, G. 114, 143, 182, 303, 304, 353, 454, 456, 477, 592, 597, 598, 600, 640
Barr, J. 595, 641
Bauckham, R. 353
Bauer, B. 20
Beavis, M. A. 320, 353
Becker, J. 115, 192, 195, 196, 217, 264, 278, 300, 304, 477, 483, 517, 542, 641
Ben-Chorin, Sh. 614
Ben-David, A. 143
Berger, K. 82, 124, 143, 477
Betz, H. D. 35, 478, 517, 522, 542
Betz, O. 115, 542
Billerbeeck, P. 374, 454
Blackburn, B. L. 246, 258
Blanchard, Y. M. 544
Blank, J. 115
Blinzler, J. 135, 136, 143, 482, 483, 542

Bloch, E. 256, 258
Blomberg, C. L. 353
Boccaccini, G. 97, 115, 182
Bockmuehl, M. 408
Boff, L. 115
Boffo, L. 40, 82
Bof, G. 114
Borg, M. J. 7, 31, 32, 34, 35, 36, 115, 263, 412, 478
Bornkamm, G. 17, 29, 31, 115, 517
Brambilla, F. G. 573, 581, 587
Brandon, S. G. F. 32, 520
Braun, H. 471
Breech, J. 318
Broer, J. 478, 479, 480
Brown, R. E. 143, 488, 534, 541, 542
Bruce, F. F. 82
Buber, M. 625
Bultmann, R. 17, 24, 25, 26, 27, 28, 29, 30, 35, 36, 37, 52, 76, 93, 115, 235, 238, 246, 249, 255, 258, 282, 329, 348, 353, 397, 412, 456, 526, 527, 582, 583, 610, 613, 633, 643
Burchard, C. 115, 278, 304
Burkett, D. 613, 634, 643
Burridge, R. A. 58, 82
Busch, P. 258

C

Calimani, R. 115
Campbell, R. A. 217
Camponovo, O. 304
Cancik, H. 643
Canobbio, G. 641
Cantarella, R. 389
Cappellotti, F. 37
Carlston, Ch. E. 411, 428, 478

Casalini, N. 182
Casey, P. M. 517, 542
Castello, G. 519, 542
Cavalletti, S. 16, 182
Cavallin, H. C. C. 98, 182
Cazelles, H. 292
Cerfaux, L. 82
Charlesworth, J. H. 34, 35, 36, 40, 76, 82, 89, 94, 104, 115, 116, 182, 183, 186, 478, 544, 545, 621, 625, 643, 644, 645
Chialà, S. 632, 633, 643
Chilton, B. C. 7, 34, 35, 36, 82, 83, 84, 115, 143, 183, 217, 218, 258, 304, 305, 353, 478, 517, 542, 543, 544, 588, 641, 643, 644
Cirillo, L. 189, 191, 217
Clermont Ganneau, Ch. 41
Cohn, Ch. 482, 543
Collins, J. J. 587, 588, 615, 620, 624, 625, 632, 643
Colpe, C. 633, 643
Conzelmann, H. 181, 183, 480, 641
Coppens, J. 306, 643
Cortese, E. 169, 183
Coulot, C. 391, 392, 409
Crossan, J. D. 7, 32, 34, 35, 36, 63, 69, 70, 71, 78, 90, 115, 124, 229, 241, 246, 250, 258, 263, 338, 353, 403, 409, 412, 481, 488, 491, 540, 543

D

Dalferth, I. U. 575, 587
Dalla Vecchia, F. 82
Dautzenberg, G. 82, 478
Davies, W. D. 258
Davis, S. T. 573, 588
Deines, R. 184

Delobel, J. 306
Delorme, J. 353, 354
Del Verme, M. 164, 183
Dessì, F. 235
Destro, A. 306
De Troyer, K. 82, 83
Dewey, A. J. 488
Dexinger, F. 643
Dianich, S. 114, 543
Dibelius, M. 24, 93, 573, 586
Dihle, A. 470, 478
Di Segni, R. 543
Dodd, C. H. 263, 315, 353
Downing, F. G. 7, 31, 34, 36, 63, 409
Drews, A. 20
Duling, D. C. 305
Dunn, J. D. G. 183, 217, 409
Dupont, J. 37, 258, 291, 304, 305, 316, 338, 347, 351, 353, 380, 409, 479, 544, 609, 610, 641
Duquoc, C. 115

E

Ebner, M. 393, 402, 405, 409, 426, 444, 445, 448, 450, 475, 478
Eddy, P. R. 409, 478
Egger, P. 518, 543
Eid, V. 305, 478
Eisenman, R. H. 502
Eisler, R. 32
Ellis, E. E. 60, 65, 82
Erlemann, K. 323, 354, 641
Ernst, J. 190, 192, 194, 198, 202, 203, 205, 217
Evans, C. A. 35, 36, 76, 80, 82, 83, 84, 143, 183, 217, 218, 258, 304, 353, 478, 522, 526, 542, 543, 544, 588, 621, 641, 643, 644

F

Fabris, R. 36, 37, 115, 545, 612, 641

Falk, H. 7, 34, 115
Farmer, W. R. 83
Ferrière, C. 351
Fiedler, P. 478
Fiensy, D. A. 89, 183
Fílon 7, 15, 40, 120, 137, 145, 156, 158, 164, 169, 170, 177, 179, 180, 181, 342, 364, 460, 472, 537, 628
Finegan, J. 124
Fini, M. 641
Firpo, G. 122, 143
Fitzmyer, J. A. 183, 202, 587, 594, 600, 634, 641
Flusser, D. 7, 34, 36, 115, 183, 264, 320, 321, 354, 478, 482, 643
Foerster, W. 143
Foraboschi, D. 143, 155, 183
Ford, R. Q. 354
Fortna, R. T. 491, 543
Franco, E. 37
Fredriksen, P. 115
Frenschkowski, M. 62, 66, 83
Freud, S. 591
Freyne, S. 30, 36, 96, 125, 155, 183
Frickenschmidt, D. 83
Fuchs, E. 282, 338, 349
Funk, R. W. 32, 36, 81, 83
Fusco, V. 36, 37, 59, 76, 79, 83, 316, 319, 354, 387, 409, 478, 641

G

Geoltrain, P. 217
George, A. 230, 234, 258
Gerhardsson, B. 58, 83
Ghiberti, G. 561, 575, 587
Giesen, H. 305
Giorgi, A. M. 543
Girard, R. 454, 597
Girlanda, A. 354
Gnilka, J. 115, 203, 306, 457, 642
Goguel, M. 136

Goppelt, L. 115
Grappe, Ch. 305, 643
Grässer, E. 478
Grelot, P. 115, 183, 641
Grundmann, W. 125
Grünwald, L. 643
Guijarro Oporto, S. 392, 399, 401, 409

H

Haacker, K. 625, 643
Hanson, J. S. 102, 155, 184
Hanson, K. D. 183
Harnack, A. von 8, 23
Harnisch, W. 354
Harrington, D. J. 36
Harvey, A. E. 115
Hedrick, C. W. 83, 318, 354
Hengel, M. 103, 111, 155, 183, 184, 268, 290, 305, 306, 368, 390, 405, 409, 469, 478, 502, 507, 543, 581, 614, 623, 624, 628, 630, 633, 641, 643
Hennecke, E. 495
Hoffmann, P. 62, 64, 85, 284, 305, 464, 478, 587, 588, 641
Hofius, O. 75, 83
Hollenbach, P. W. 195, 198, 200, 203, 204, 205, 217
Holl, K. 610
Holmén, T. 77, 83
Holtzmann, H. J. 21, 575
Hoover, R. 36
Horsley, R. A. 7, 33, 34, 36, 102, 155, 184, 197, 264, 519, 543
Hultgren, A. J. 354

I

Iwand H. J. 628

J

Jacobson, A. D. 63, 83
Jaubert, A. 541
Jellinek, A. 323

Jensen, P. 20
Jeremias, G. 11, 29, 36, 58, 59, 75, 78, 83, 116, 143, 179, 184, 280, 297, 298, 305, 309, 315, 316, 324, 327, 337, 354, 389, 502, 522, 525, 528, 543, 593, 594, 595, 608, 641
Jeremias, J. 11, 29, 36, 58, 59, 75, 78, 83, 116, 143, 179, 184, 280, 297, 298, 305, 309, 315, 316, 324, 327, 337, 354, 389, 502, 522, 525, 528, 543, 593, 594, 595, 608, 641
Johns, L. L. 89, 104, 182, 183, 186
Johnson, E. S. 543
Johnson, L. T. 36, 116
Jossa, G. 83, 184, 514, 543, 644
Jülicher, A. 314, 316, 319, 354
Jüngel, E. 305, 318, 347, 349, 354, 479, 612, 644
Juster, J. 143

K

Kaestli, J. D. 83
Kähler, M. 24, 27
Karrer, M. 397, 409
Käsemann, E. 17, 25, 27, 28, 29, 31, 37, 76, 282, 517
Kazmieriski, C. R. 217
Kee, H. C. 251, 258, 305
Kelber, W. H. 36
Kendall, D. 588
Kertelge, K. 258, 478, 479, 543
Kessler, H. 548, 563, 573, 576, 577, 581, 582, 585, 587
Kirk, A. 66, 83, 430
Kittel, G. 409, 587
Klappert, B. 628, 644
Klassen, W. 479, 517, 543
Klauck, H. J. 492, 517, 543
Klausner, J. 34, 474, 575, 608

Kloppenborg, J. S. 35, 37, 62, 63, 84, 85
Kollmann B. 460, 479
Kuhn, H. W. 502, 543
Kümmel, W. G. 37, 116, 263, 305, 479, 610, 641

L

Laconi, M. 83
Lambiasi, F. 84
Laurentin, R. 119, 143
Légasse, S. 193, 217, 519, 544
Lémonon, J.-P. 158, 184, 517, 544
Lentzen-Deis, F. 641
Leonardi, C. 143
Leonardi, G. 409
Léon-Dufour, X. 84, 258, 528, 531, 544, 586, 587
Lessing, G. E. 17, 37, 81
Lichtenberger, H. 620, 643, 644
Lindemann, A. 64, 66, 84
Linnemann, E. 283, 305, 491, 544
Loader, W. R. G. 479
Lohfink, G. 612, 641
Lohfink, N. 265, 304, 305, 641
Lohse, E. 378, 409
Loisy, A. 304
Lüdemann, G. 116, 128, 133, 143, 573, 575, 578, 579, 587, 588
Lupieri, E. 206, 217

M

Machovec, M. 116
Mack, B. 7, 31, 34, 37, 63, 84
Maggioni, B. 544
Magnani, G. 184
Magne, J. 544
Maier, G. 258
Maier, J. 49, 50, 84, 98, 184, 620, 644
Malina, B. J. 84

Manns, F. 37, 84, 184
Manson, T. W. 84
Marchadour, A. 544
Marchel, W. 641
Marcheselli-Casale, C. 37, 98, 184
Marcus, J. 253, 258
Marguerat, D. 34, 36, 37, 83, 84, 185, 186, 474, 475, 479, 480, 544, 643, 644
Martini, C. M. 36, 39, 84, 409
Martone, C. 16, 502, 544
Marxsen, W. 582, 584, 587, 638
Massonnet, J. 184
Mayer, B. 82, 184
McCane, B. R. 540, 544
McDonald, J. I. H. 305
McGing, B. C. 158, 184
McNamara, M. 84
Meier, J. P. 7, 48, 71, 78, 84, 90, 101, 116, 143, 170, 173, 184, 200, 201, 204, 205, 206, 217, 219, 246, 248, 249, 258, 305, 383, 409, 541
Mell, U. 354
Ménard, J. E. 84
Merkel, H. 279, 283, 305
Merklein, H. 143, 261, 280, 283, 299, 302, 305, 479, 612, 614, 641
Merz, A. 70, 85, 117, 186, 218, 237, 256, 259, 306, 354, 410, 480, 545, 588, 645
Meyer, B. F. 31, 77, 82, 83, 116, 184, 192, 201, 217, 641, 644
Meyer, M. W. 31, 77, 82, 83, 116, 184, 192, 201, 217, 644
Meyer, R. 31, 77, 82, 83, 116, 184, 192, 201, 217, 644
Meyers, E. M. 141, 143, 184

Michel, O. 298
Moloney, F. J. 84
Mommsen, T. 518
Moraldi, L. 15, 84, 490, 510
Muddiman, J. B. 479
Müller, K. 464, 472, 479
Müller, K. W. 273, 306, 601, 641
Müller, P. 37
Müller, U. B. 573, 581, 587, 602, 629, 644
Murphy-O'Connor, J. 198, 202, 217, 523, 525, 544
Mussner, F. 258, 479
Myllykoski, M. 544

N

Neirynck, F. 63, 84, 479, 642
Neudecker, R. 409
Neugebauer, F. 457, 479
Neusner, J. 16, 97, 104, 172, 173, 183, 184, 226, 229, 320, 370, 441, 456, 620, 621, 641
Nickelsburg, G. W. E. 185, 644
Nodet, E. 544
Norden, E. 59
Norelli, E. 36, 37, 70, 83, 84, 185, 186, 479, 480, 544, 643, 644

O

Oakman, D. E. 183, 185
Oberlinner, L. 587
Oegema, G. S. 619, 643, 644
Otto, R. 303, 590
Ouaknin, M. A. 16
Özen, A. 587

P

Paesler, K. 524, 525, 544
Paffenroth, K. 67, 84
Parente, F. 37, 564, 574
Patterson, S. J. 84, 642
Paul, A. 84, 185

Paulus, H. E. G. 19, 85, 184, 305, 504, 506, 575, 642
Pedersen, S. 310, 354, 607, 642
Penna, R. 48, 84, 97, 116, 182, 185, 186, 234, 250, 258, 306, 459, 479, 544, 573, 575, 576, 588, 640, 641, 642, 644
Perkins, P. 588
Perrin, N. 263, 284, 306, 479
Perrot, C. 116, 185, 544
Pesce, M. 112, 306, 401, 409
Pesch, R. 143, 248, 491, 493, 573, 580, 581, 588, 589, 642
Piñero, A. 85
Pirola, G. 37
Poffet, J.-M. 36, 37, 83, 84, 185, 186, 479, 480, 544, 643, 644
Poirier, J. C. 480
Porter, S. E. 83, 143
Prato, L. 644
Preisendanz, K. 220
Prete, B. 544
Puech, É. 176, 185
Puig I Tarrech, A. 37

Q

Quell, G. 642
Quesnel, M. 544

R

Rahner, K. 306, 611
Ravasi, G. 354
Ravenna, A. 15, 226
Refoulé, F. 641
Reimarus, H. S. 17, 18, 21, 32, 37, 264, 520, 563, 573, 574, 589
Reinhardt, R. 641
Reiser, M. 58, 59, 85, 299, 300, 302, 306, 452, 453, 480

Remus, H. 258
Renan, E. 21
Rengstorf, K. H. 359, 362, 370, 397, 410
Reumann, J. 26
Riches, J. 116, 185
Ricoeur, P. 264, 354, 591, 642
Riesner, R. 410, 480
Ringgren, H. 642
Rivkin, E. 88, 483, 514, 544
Robinson, J. M. 17, 37, 62, 66, 71, 82, 85
Rochais, G. 621, 644
Roh, T. 407, 410
Rossano, P. 354

S

Sacchi, P. 15, 37, 97, 143, 144, 183, 185, 217, 255, 422, 443, 480, 615, 644
Sanders, E. P. 7, 30, 31, 34, 35, 79, 80, 97, 99, 100, 104, 116, 145, 172, 173, 179, 184, 185, 188, 258, 278, 298, 304, 306, 340, 383, 410, 440, 441, 471, 480, 515, 517, 521, 544
Sanders, J. T. 185
Savino, E. 550
Schaeder, H. H. 124
Schäfer, P. 643
Schaller, B. 37
Scheeben, M. J. 589
Schenk, W. 644
Schiffman, L. H. 644
Schillebeeckx, E. 116, 565, 573, 579, 580, 585, 588
Schlosser, J. 25, 37, 116, 279, 306, 480, 525, 544, 635, 642
Schmeller, J. 103, 116
Schmidt, K. L. 24, 93
Schmithals, W. 58, 81, 85
Schnabel, E. J. 519, 544
Schnackenburg, R. 264, 306, 642
Schneider, Joh. 507
Schnelle, U. 63

Índice dos autores citados

Schottroff, L. 457, 480
Schottroff, W. 410
Schrage, W. 480, 638, 642
Schreiber, S. 632, 644
Schreiner, G. 642
Schrenk, G. 600, 642
Schröter, J. 66, 85, 480
Schubert, K. 306
Schürer, E. 104, 122, 142, 149, 150, 180, 185
Schüssler-Fiorenza, E. 33, 38, 116
Schweitzer, A. 17, 18, 21, 22, 23, 24, 25, 26, 38, 117, 263, 282, 283, 306, 476, 604
Schweizer, E. 85, 117
Schwemer, A. M. 268, 305, 306, 641
Segalla, G. 38, 85, 258, 338, 354, 525, 545, 642
Sembrano, L. 306
Sequeri, P. 589, 642
Sievers, J. 186
Smilevitch, E. 16
Smith, M. 7, 34, 35, 38, 70, 117, 219, 239, 250, 259
Sobrino, J. 117
Söding, T. 144, 440, 526, 545
Stanton, G. 58, 85
Steck, O. H. 530, 545
Stegemann, H. 100, 143, 169, 179, 186, 188, 197, 217, 283
Stegner, W. R. 217
Stemberger, G. 164, 179, 186
Strauss, D. F. 18, 19, 20, 21, 26, 573, 577, 578, 585
Strecker, G. 290
Strotmann, A. 642

Stuhlmacher, P. 83, 117
Sung, C.-H. 306

T

Taeger, J. N. 480
Talmon, S. 615, 645
Tassin, C. 544
Taylor, J. E. 538, 545
Theissen, G. 7, 33, 34, 70, 80, 81, 85, 117, 155, 186, 217, 218, 237, 256, 259, 306, 354, 394, 398, 401, 402, 410, 457, 458, 472, 480, 545, 575, 588, 612, 614, 624, 625, 633, 645
Theobald, M. 410
Thiede, C. 60, 85
Thüsing, W. 614
Trilling, W. 381, 410
Trocmé, E. 117, 316
Troiani, L. 422
Tuckett, C. M. 64, 85
Twelftree, G. H. 246, 259

V

van Cangh J. M. 531, 534
van Segbroeck, F. 642
Vermes, G. 7, 30, 33, 35, 37, 38, 117, 186, 229, 259, 633, 645
Verweyen, H. 573, 582, 587, 588
Via, D. O. 254, 303, 318, 319, 355
Victor, U. 60, 85
Vivian, A. 508
Vögtle, A. 201, 306, 561, 585, 586, 588, 604, 613, 635, 642, 645

von Lips, H. 479
von Rad, G. 273
von Scheliha, A 37
von Soden, H. 144

W

Wansbrough, H. 410, 477
Watson, A. 117
Weaver, W. R. 36
Webb, R. J. 192, 195, 197, 218
Weder, H. 275, 277, 306, 310, 314, 317, 347, 355, 475, 529
Weiss, J. 21, 23, 38, 263, 278, 282, 306, 604
Wellhausen, J. 34, 35, 263
Wells, G. A. 20, 117
Westermann, C. 320, 355
Wick, P. 480
Winter, D. 80, 81, 85, 545
Winter, J. 80, 81, 85, 545
Wischemeyer, O. 480
Wise, M. 502
Witherington, III B. 410, 480, 642
Wrede, W. 24, 38, 76, 623
Wright, N. T. 17, 36, 117

Y

Young, B. H. 321, 355

Z

Zager, W. 300, 307
Zahrnt, H. 29
Zehetbauer M. 287, 307, 384, 385, 410
Zeller, D. 450, 480
Zias, J. 545
Zumstein, J. 41

SUMÁRIO

Prefácio 7

Abreviaturas 11

Edições e traduções das fontes 15

Capítulo I – História da pesquisa: fases, tendências, resultados 17
   1. Os pontos fundamentais da *old quest* 18
   2. Os anos do desinteresse intencional: *no quest* 24
   3. A retomada da *new quest* 26
   4. A atual *third quest* 30
   Bibliografia do capítulo 35

Capítulo II – Fontes de informação 39
   1. Do mundo romano: Tácito, Suetônio, Plínio 41
   2. Testemunhos judaicos 46
   3. Fontes cristãs 51
      3.1. As cartas autênticas de Paulo 52
      3.2. Os quatro evangelhos canônicos 54
      3.3. Além de nossos evangelhos: as fontes Q, L, M 60
      3.4. Os outros "Evangelhos" 69
      3.5. Ditos esparsos de Jesus: os agrapha 74
      3.6. Leitura crítica 76
   Bibliografia do capítulo 82

Capítulo III – Trama de sua vida: certezas, plausibilidades, hipóteses, lacunas ... 87
   1. O fim trágico 87
   2. As origens 89
   3. A entrada em cena 91
   4. Coordenadas cronológicas e topográficas de sua atividade 91
      4.1. Cronologia 92
      4.2. O mapa topográfico 94
   5. Um hebreu da Galileia 96
   6. Alguns marcos de sua atividade pública 106
   Bibliografia do capítulo 114

Capítulo IV – Documento de identidade 119
   1. Um nome comum 119
   2. Nascido antes de Cristo (!) 121
   3. De Nazaré 123
   4. Filho de José e de Maria 127
   5. Uma família numerosa 133
   6. Estado civil: solteiro? 137
   7. Sua região: olhar geográfico 139
   Bibliografia do capítulo 143

Capítulo V – O mundo no qual viveu 145
   1. A situação política 145
      1.1. Herodes, o Grande, rex socius dos romanos 145
      1.2. Os sucessores: Arquelau, Antipas, Filipe, Agripa 149
      1.3. Rebeliões 151
      1.4. O prefeito romano Pôncio Pilatos 157
   2. As instituições religiosas 159
      2.1. O templo 159
      2.2. A lei de Moisés 165
      2.3. A terra de Israel 169
   3. As "escolas filosóficas" 170
      3.1. Confronto entre fariseus, saduceus e essênios 170
      3.2. Os essênios 173
      3.3. Os terapeutas 179
   4. Judeus e gentios 181
   Bibliografia do capítulo 182

Capítulo VI – Na escola do Batista 187
   1. A figura histórica do Batista 188
   2. Jesus, batizado por João 199
   3. Jesus "batista", seguidor do Batista 201
   4. Como se viram Jesus e João 204
   5. Morte violenta do Batista 210
   6. Releituras cristãs 212
   Bibliografia do capítulo 217

Capítulo VII – Curandeiro em um mundo de curandeiros 219
   1. Taumaturgos, exorcistas e curandeiros 221
      1.1. O testemunho judaico 222
      1.2. No mundo greco-romano 229
   2. Jesus exorcista 235

3. Relatos de cura 239
   4. Taumaturgo excepcional? 247
   5. Sentido e alcance de seus "milagres" 251
   Bibliografia do capítulo 258

Capítulo VIII – Evangelista do Reino de Deus 261
   1. O símbolo régio no mundo hebraico 264
      1.1. Tradição bíblica 265
      1.2. Na literatura de Qumrã 268
      1.3. Nos escritos pseudoepigráficos ou apócrifos do AT 270
      1.4. Outros testemunhos 272
   2. Uma alusão ao mundo greco-romano 273
   3. O Reino de Deus anunciado por ele 274
      3.1. Proximidade 276
      3.2. Ingresso real no hoje de Jesus 277
      3.3. Contudo, permanece evento futuro 281
      3.4. Vínculo entre presente e futuro 284
      3.5. Interessa antes de tudo a Israel 286
      3.6. Os párias, beneficiários por graça do Reino 289
      3.7. Reino e juízo de Deus 299
      3.8. O Reino de Deus, Jesus e a Igreja 302
   Bibliografia do capítulo 304

Capítulo IX – Criador de ficções narrativas: as parábolas 309
   1. Terreno sólido para a pesquisa histórica 309
   2. História das interpretações 312
   3. As parábolas rabínicas 320
   4. Os relatos de Jesus 327
      4.1. Motivos temáticos 327
      4.2. Os personagens das histórias 329
      4.3. Os sentimentos dos protagonistas 331
      4.4. O parabolista interpela os ouvintes 334
      4.5. Cruzamento de juízos 335
   5. A "história" representada do Deus de Jesus 337
      5.1. Busca dos perdidos e alegria pelo reencontro 338
      5.2. Acolhida com incondicionada graça 343
      5.3. Extraordinária chance oferecida 346
      5.4. Graça exigente 348
      5.5. "Domínio" régio, agora e no futuro 350
   Bibliografia do capítulo 353

Capítulo X – Carismático itinerante e seus seguidores 357
   1. Mestres e discípulos no mundo grego 358

2. Seguimento e discipulado na tradição judaica 362
   2.1. O chamado de Eliseu 363
   2.2. O Mestre de Justiça e seus seguidores 363
   2.3. Seguimento dos profetas escatológicos de sinais 368
   2.4. Mestre e discípulo (rab-talmîd) no rabinismo 369
   2.5. Flávio Josefo, discípulo de Banno 376
   2.6. Os discípulos do Batista 376
3. Jesus chamado *rabbi* 377
4. Aqueles que lhe estavam próximos não se chamavam apóstolos 378
5. "Os Doze", um grupo escolhido por Jesus 380
6. Os seguidores 385
   6.1. Relatos de vocação 385
   6.2. Exigências radicais 388
   6.3. Mulheres no seguimento 393
7. Os discípulos 394
8. Configuração sociológica do líder e de seu grupo 398
   8.1. Jesus, um itinerante 398
   8.2. Um apátrida acompanhado de apátridas 400
   8.3. Itinerantes missionários 402
   8.4. Analogias, antecedentes, paralelos? 405
   8.5. Familia dei 407
Bibliografia do capítulo 408

Capítulo XI – Sábio entre os sábios da antiguidade 411
1. Sabedoria de matriz grega 413
   1.1. Hesíodo 414
   1.2. Os cínicos 417
2. Sabedoria judaica 419
   2.1. As coleções de ditos dos Provérbios e do Sirácida 419
   2.2. O Pseudo-Focílides 422
   2.3. A sabedoria dos ditos rabínicos 423
3. Os ditos sapienciais de Jesus 426
4. As coleções 429
5. Provérbios e aforismos 432
   5.1. Dois ditos sobre o sábado 433
   5.2. O que verdadeiramente contamina o homem 440
   5.3. O duplo dito sobre o manto e os odres de vinho 447
   5.4. Os corvos que não semeiam e os lírios que não tecem 448
6. Exortações 450
   6.1. Amai vossos inimigos 450
   6.2. Resposta não violenta aos violentos 456
   6.3. Não jureis em absoluto 460

 6.4. O divórcio é adultério 461
 6.5. A cólera, um homicídio e o adultério já no coração 465
 6.6. A regra de ouro do agir 469
7. Torá, sabedoria, realeza divina 471
 7.1. Jesus e a Lei mosaica 471
 7.2. Profeta e sábio 474
Bibliografia do capítulo 477

Capítulo XII – Crucifixus sub Pontio Pilato 481

1. As fontes e suas tendências 484
 1.1. Testemunhos greco-romanos e judaicos 484
 1.2. Atestações cristãs antigas 486
 1.3. O apócrifo Evangelho de Pedro 487
 1.4. Os evangelhos canônicos 490
2. Casos análogos: o Batista, Jesus, filho de Ananias 499
3. Mors turpissima crucis 502
4. Os responsáveis 509
 4.1. O prefeito romano Pôncio Pilatos 509
 4.2. O sumo sacerdote Caifás 510
 4.3. Judas, o traidor 516
5. Causa poenae 517
 5.1. "Rei dos judeus" 518
 5.2. Motivo político e causa religiosa 519
 5.3. Inimigo do templo 520
6. Jesus diante de sua morte 526
 6.1. Uma morte anunciada 527
 6.2. As palavras da ceia de despedida 530
7. As estações da *via crucis* 534
 7.1. Os particulares da prisão 535
 7.2. Dentro do palácio do sumo sacerdote e perante o tribunal de Pilatos 536
 7.3. Sobre o Gólgota 537
 7.4. A sepultura 538
Bibliografia do capítulo 542

Capítulo XIII – Nós cremos que Deus o ressuscitou 547

1. O antigo formulário da fé pascal 548
 1.1. Deus ressuscitou o Crucificado 548
 1.2. Deus o exaltou 553
 1.3. Deus lhe fez justiça 557
 1.4. Jesus se fez "ver" a 559
2. Os relatos evangélicos 563
 2.1. Nenhuma aparição do Ressuscitado no Evangelho de Marcos 564
 2.2. Os trechos de Mt 28 565

    2.3. Aparições na Judeia no relato de Lc 24 566
    2.4. O capítulo 20 do quarto evangelho 568
    2.5. Duas conclusões adicionais nos evangelhos de Marcos e de João 569
    2.6. O apócrifo Evangelho de Pedro 570
    2.7. Outros dois antigos relatos apócrifos 571
  3. Gênese da fé cristã de pedro e companheiros 572
    3.1. Vazia ou cheia a tumba? 573
    3.2. As aparições ou "visões" do Ressuscitado 577
    3.3. Memória reavivada do Jesus terreno 580
    3.4. Uma palavra crítica sobre o debate ainda em curso 582
  Bibliografia do capítulo 587

Capítulo XIV – Fé de Jesus e fé em Jesus 589
  1. A fé de Jesus 590
    1.1. O símbolo religioso paterno e real 590
    1.2. Suas imagens divinas nas parábolas 605
    1.3. A imagem de si perante seu Deus 611
  2. A fé em Jesus 613
    2.1. As correntes messiânicas da tradição bíblico-judaica 615
    2.2. Jesus, o Messias 621
    2.3. O filho de Deus 625
    2.4. O Senhor 628
    2.5. O Filho do Homem 630
    2.6. O grande sacerdote do templo celeste 635
    2.7. Cristologia explícita e cristologia implícita 636
    2.8. Fé cristã no Deus de Jesus Cristo 638
  Bibliografia do capítulo 640

Índice das fontes citadas 647

Índice dos autores citados 669